全本全注全译丛书

中华经典名著

陈桥驿 叶光庭 叶扬◎译 陈桥驿 王东◎注

水经注 五

中华书局

第五册目录

卷三十二

潦水　蕲水　决水　沘水　泄水
肥水　施水　沮水　漳水　夏水
羌水　涪水　梓潼水　涔水

【题解】

卷三十二标题下共有十四条水，是《水经注》全书各卷标题中记载河流最多的一卷。但所有这些河流都是小河，有些今天已经很难考实。十四条河流分成四个水系：羌水、梓潼水、涪水属于今嘉陵江水系；涔水、潦水属于今汉江水系；沮水、漳水、夏水属于今长江水系，所以沮水也见于卷三十五《江水》篇；决水、沘水、泄水、肥水属于今淮河水系；而蕲水在今湖北蕲春以南注入长江，施水则在安徽注入巢湖，巢湖经裕溪河与长江沟通。

羌水即今嘉陵江上游白龙江。梓潼水今称梓潼江，在今四川射洪注入涪江。涪江即《水经注》涪水，是嘉陵江的西支。

涔水在卷二十七《沔水》篇中已见于《经》文："（沔水）又东过成固县南，又东过魏兴安阳县南，涔水出自旱山，北注之。"这条《经》文之下，《注》文长达一千五百余字，但对于涔水，郦道元除"涔水出西南而东北入汉"一句外，没有其他任何解释。现在，卷三十二中《涔水》专立一篇，

《经》文仍说:"浕水出汉中南郑县东南旱山,北至安阳县,南入于沔。"郦道元对它的解释比《沔水》篇为多,如"浕水,即黄水也","(成固)城北水旧有桁,北渡浕水","黄水右岸有悦归馆,浕水历其北""(浕水)北至安阳。左入沔,为浕水口也"。按魏晋安阳县在今陕西石泉县南,今天在这一带却找不到可以和浕水或称黄水相当的河流。郦道元在《沔水》篇和《浕水》篇中,只字不提《水经》两度指出的浕水发源地旱山。熊会贞在《水经注疏》的《沔水》篇中作了一条按语,认为郦氏置旱山不论,隐有不从《经》文之意,正其矜慎处。所以郦道元对《水经》浕水可能是存在怀疑的。现在的地图上,在陕西西乡、石泉两县间,汉江的较大支流有牧马河和泾洋河,是否《水经》浕水,不得而知。

　　澳水是涢水的支流,今其上游已建成先觉庙水库,下游在今湖北随州以南的浙河注入涢水。

　　夏水按《水经》也是沔水支流,从现在的地图上可以与夏水相当的河流有大富水和溾水两条,都是北河支流,北河东流与涢水汇合,然后入沔。但郦道元的说法与《水经》不同,他说:"夫夏之为名,始于分江,冬竭夏流,故纳厥称。既有中夏之目,亦苞大夏之名矣。当其决入之所,谓之堵口焉。"又说:"自堵口下,沔水通兼夏目,而会于江,谓之夏汭也。"按照郦道元的说法,夏水只不过是沔水入江的若干汊道中的一条而已。

　　漳水和沮水都是长江的支流,均发源于荆山南麓,漳水在西,沮水在东,南流至湖北当阳以南汇合,称为沮漳河,在江陵以南注入长江。

　　蕲水今名蕲河,从湖北、安徽边境南流,在湖北蕲春以南注入长江。

　　施水发源于今安徽合肥以西,上游已建成董铺水库。东流经合肥而南折,注入巢湖。《注》文说:"施水又东迳湖口戍,东注巢湖,谓之施口也。"现在施口这个地名仍然不变。巢湖因通过裕溪河与长江沟通,所以施水也是长江的支流。

　　决、泄、沘、肥四水,均是古代淮水支流,决水在《注》文中说得很清楚:"(决水)世谓之史水。决水又西北,灌水注之。"所以决水就是今天的史河,在河南固始以北与灌河汇合,东流在安徽、河南边界入淮。泄水今称汲河,北流经城东湖入淮。沘水即今淠河,北流在正阳关附近入淮。肥水即今东淝河,北流经瓦埠湖,从安徽寿县北八公山南入淮。

潒水

潒水出江夏平春县西[①],

潒水北出大义山[②],南至厉乡西[③],赐水入焉[④]。水源东出大紫山[⑤],分为二水。一水西迳厉乡南,水南有重山[⑥],即烈山也。山下有一穴,父老相传,云是神农所生处也[⑦],故《礼》谓之烈山氏[⑧]。水北有九井,子书所谓神农既诞[⑨],九井自穿,谓斯水也。又言汲一井则众水动。井今埋塞,遗迹仿佛存焉。亦云,赖乡,故赖国也[⑩],有神农社。赐水西南流入于潒,即厉水也。赐、厉声相近,宜为厉水矣。一水出义乡西[⑪],南入随[⑫],又注潒。

【注释】

①潒(liáo)水:溳水的支流。即今湖北随州东漂水。其上游已建成先觉庙水库,下游在随州以南的浙河注入溳水。江夏:即江夏郡。西汉高帝六年(前201)置。治所在西陵县(今湖北武汉新洲区西二里)。平春县:东汉置,属江夏郡。治所在今河南信阳西北。西晋属义阳郡。

②大义山:在今湖北随州东北。

③厉(lài)乡:即下文的"赖乡"。在今湖北随州东北。

④赐水:即今湖北随州东北漂水。

⑤大紫山:在今湖北随州东北百三十里。

⑥重山:亦称烈山、厉山。在今湖北随州北四十里。

⑦神农：我国古代传说中的帝王名。相传他教人从事农业生产，又
　亲尝百草，发明医药。故号神农，亦称炎帝。

⑧烈山氏：又名厉山氏。传说中炎帝神农氏的别称。

⑨子书：诸子百家书。

⑩赖国：即厉国。西周、春秋时诸侯国。姜姓。在今湖北随州东北。

⑪义乡：即义乡县。南朝梁置，属上川郡。治所在今河南桐柏县东。

⑫随：即随县。战国楚置。后入秦，属南郡。西汉属南阳郡。治所
　在今湖北随州。

【译文】

澺水

澺水发源于江夏郡平春县西边，

　　澺水发源于北方的大义山，南流到厉乡西边，有赐水注入。赐水源出
东方的大紫山，分为两条。一条往西流经厉乡南边，水南有重山，就是烈
山。山下有个洞穴，据父老们相传，都说这是神农出生的地方，所以《礼》
称他为烈山氏。水北有九口井，子书中说，神农出生后，九井不借人力而
自然穿通，说的就是这条水。又说在一口井中汲水，诸井的水也都会动荡
起来。现在井已埋塞，但遗迹仍依稀可辨。又说，赖乡就是古时的赖国，
有神农社。赐水就是厉水，往西南流，注入澺水。赐、厉音近，无怪赐水成
为厉水了。赐水的另一条从义乡西边流出，南流进入随县，又注入澺水。

澺水又南迳随县，注安陆也①。

【注释】

①安陆：即安陆县。战国秦置，属南郡。治所在今湖北安陆西北
　五十三里。西汉属江夏郡。西晋为江夏郡治。东晋末徙治今湖
　北安陆。南朝宋为安陆郡治。

【译文】

澺水又南经随县，往安陆流去。

南过安陆,入于涢。

【译文】

滠水往南流过安陆县,注入涢水。

蕲水

蕲水出江夏蕲春县北山①,

山,即蕲柳也②。水首受希水枝津③,西南流历蕲山,出蛮中④,故以此蛮为五水蛮⑤。五水,谓巴水、希水、赤亭水、西归水⑥,蕲水其一焉。蛮左凭居⑦,阻藉山川⑧,世为抄暴⑨。宋世沈庆之于西阳上下诛伐蛮夷⑩,即五水蛮也。

【注释】

①蕲(qí)水:即今湖北蕲春西南之蕲河。源出蕲春东北四流山,西南流,至蕲口入江。蕲春县:西汉置,属江夏郡。治所在今湖北蕲春西南蕲水东岸土门。

②蕲柳:一作蕲山。《水经注疏》杨守敬按:"《一统志》,蕲山在蕲州(今湖北蕲春)北六十里,蕲水发源于此。"

③希水:即今湖北浠水县东南之浠水。枝津:支流。

④蛮中:古代蛮人居住之地。

⑤五水蛮:东晋南朝时居住在长江的五条支流巴水、希水、赤亭水、西归水、蕲水等流域的少数民族,被称为"五水蛮"。

⑥巴水:在今湖北东北部,为长江支流。源出湖北罗田北,西南流为黄冈和浠水县界河,南流入长江。赤亭水:即今湖北东部长江北岸支流举水。西归水:即今湖北东北部之倒水。

⑦蛮左:蛮夷。凭居:犹言盘踞。

⑧阻藉山川：凭借山川为险阻。

⑨抄暴：掠夺侵害。

⑩沈庆之：字弘先。南朝宋吴兴武康（今浙江德清）人。勇敢有谋略。屡次出击汉沔群蛮，平定朝中内乱。西阳：即西阳郡。东晋改西阳国置。治所在西阳县（今湖北黄冈东）。

【译文】

蕲水

蕲水发源于江夏郡蕲春县的北山，

北山也就是蕲柳山。蕲水上游承接希水的支流，往西南流经蕲山，从蛮中流出，所以把这个地区的蛮族称为五水蛮。五水指的是巴水、希水、赤亭水、西归水，蕲水也是其中之一。蛮族恶徒恃着他们居处山川的险阻，世世代代干着抢劫的勾当。宋时沈庆之在西阳一带讨伐蛮夷，就是这五水蛮。

南过其县西，

晋改为蕲阳县①，县徙江洲，置大阳戍②。后齐齐昌郡移治于此也③。

【注释】

①蕲阳县：东晋孝武帝改蕲春县置，属南新蔡郡。治所在今湖北蕲春西北六里罗州城。

②大阳戍：在今湖北蕲春西南蕲水东岸。

③后齐：即北齐。高洋代东魏称帝，国号齐，史称北齐，又称后齐。齐昌郡：南齐置，属郢州。治所在齐昌县（今湖北蕲春西北六里罗州城）。

【译文】

蕲水往南流过县西，

晋时改蕲春县为蕲阳县,把县治迁到江洲,并设置大阳戍。后来齐时齐昌郡的郡治也迁到这里。

又南至蕲口①,南入于江。

蕲水南对蕲阳洲②,入于大江,谓之蕲口。洲上有蕲阳县徙。

【注释】

①蕲口:一名蕲阳口。在今湖北蕲春西南长江北岸蕲州镇。

②蕲阳洲:一名石穴洲。在今湖北蕲春西南蕲州镇西北沙洲。东晋改蕲春县为蕲阳县,徙县治此。

【译文】

蕲水又往南流到蕲口,往南注入江水。

蕲水南对蕲阳洲,流入大江,汇流处叫蕲口。洲上有迁过来的蕲阳县。

决水

决水出庐江雩娄县南大别山①,

俗谓之为檀公岘②,盖大别之异名也。其水历山委注而络其县矣③。

【注释】

①决水:源出安徽金寨西南牛山,名牛山河。东北流经河南固始东南,名史河。又东至安徽霍邱界入淮。庐江:即庐江郡。三国魏置,属扬州。治所在六安县(今安徽六安北十里城北乡)。雩(xū)娄县:西汉置,属庐江郡。治所在今河南固始东南。三国魏属边城郡。大别山:即今湖北东北与安徽西南部交界处之大别山。

②檀公岘（xiàn）：大别山之异名。

③历山：沿途经历群山。委注：曲折流注。

【译文】

决水

决水发源于庐江郡雩娄县南方的大别山，

大别山俗称檀公岘，是大别山的异名。决水经大别山流出，在雩娄县兜了一个大弯。

北过其县东，

县，故吴也。《春秋左传·襄公二十六年》①，楚子、秦人侵吴，及雩娄，闻吴有备而还是也。《晋书地道记》云②：在安丰县之西南③，即其界也。故《地理志》曰：决水出雩娄。

【注释】

①襄公二十六年：前547年。

②《晋书地道记》：书名。又称《晋地道志》《晋地道记》。东晋王隐撰。今存清人辑本。

③安丰县：战国秦置，属九江郡。治所在今河南固始东南。西汉属六安国。东汉属庐江郡。三国魏属安丰郡。

【译文】

决水往北流过县东，

雩娄县古时是吴国地方。《春秋左传·襄公二十六年》，楚子、秦人入侵吴国，到了雩娄，听说吴已做好准备，就退了回去。《晋书地道记》说：雩娄在安丰县西南，与安丰接境。所以《地理志》说：决水发源于雩娄。

又北过安丰县东，

决水自雩娄县北迳鸡备亭①。《春秋·昭公二十三年》②，吴败诸侯之师于鸡父者也③。安丰县故城，今边城郡治也④，王莽之美丰也。世祖建武八年⑤，封大将军凉州牧窦融为侯国⑥。晋立安丰郡⑦。决水自县西北流，迳蓼县故城东⑧，又迳其北。汉高帝六年⑨，封孔聚为侯国⑩。世谓之史水。决水又西北，灌水注之⑪。其水导源庐江金兰县西北东陵乡大苏山⑫，即淮水也。许慎曰：出雩娄县，俗谓之浍水⑬。褚先生所谓神龟出于江、灌之间⑭，嘉林之中。盖谓此水也。

【注释】

①鸡备亭：在今河南固始东南。

②昭公二十三年：前519年。

③鸡父：春秋楚邑。在今河南固始东南。

④边城郡：南朝宋元嘉末置，属南豫州。治所在边城县（今河南固始东南）。

⑤建武八年：32年。

⑥窦融：字周公。东汉扶风平陵（今陕西咸阳西北）人。累世为河西官吏。新莽末，为波水将军，继降更始帝刘玄，任张掖属国都尉。刘玄败，他联合酒泉、敦煌等五郡，割据河西，称行河西五郡大将军事。以跟从刘秀破隗嚣有功，封安丰侯。

⑦安丰郡：三国魏黄初元年（220）分庐江郡置，属豫州。治所在安风县（今安徽霍邱西南二十里）。

⑧蓼（liǎo）县故城：在今河南固始东北蓼城冈。

⑨汉高帝六年：前201年。

⑩孔聚：从刘邦起兵，历任执盾、左司马、将军。高祖时封蓼侯。

⑪灌水：即今河南固始西南之灌河。

⑫金兰县：西汉置，不见于《汉书·地理志》。当在今湖北罗田北或河南商城南。东陵乡：在今河南商城东南。大苏山：即今河南商城东四十里南大山。

⑬俗谓之浍水：《水经注疏》熊会贞按："《寰宇记》，灌水俗音讹，或为浍水。后周置浍州，以水名。"

⑭褚先生：指褚少孙。颍川（今河南禹州）人。西汉后期史学家、经学家。寓居沛县（今江苏沛县）。西汉中后期时做过博士。据《汉书》载，司马迁死后，《史记》在流传过程中散失了十篇，仅存目录。褚少孙做了补充、修葺的工作。

【译文】

决水又往北流过安丰县东边，

决水从雩娄县往北流经鸡备亭。《春秋·昭公二十三年》，吴在鸡父打败诸侯军队，指的就是鸡备亭。安丰县老城，现在是边城郡的治所，就是王莽的美丰。世祖建武八年，把安丰封给大将军凉州牧窦融，立为侯国。晋时设立安丰郡。决水从该县往西北流，经过蓼县老城东边，又流经老城北边。汉高帝六年，把蓼县封给孔藂，立为侯国。人们称这一段为史水。决水又往西北流，汇合了灌水。灌水发源于庐江金兰县西北的东陵乡大苏山，也就是淮水。许慎说：灌水发源于雩娄县，俗称浍水。褚先生所谓神龟出产于江、灌之间，嘉林之中，指的就是这条水。

灌水东北迳蓼县故城西，而北注决水。故《地理志》曰：决水北至蓼入淮。灌水亦至蓼入决。《春秋·宣公八年》[①]，冬，楚公子灭舒蓼[②]。臧文仲闻之曰[③]：皋陶、庭坚[④]，不祀忽诸[⑤]，德之不逮，民之无援，哀哉！决水又北，右会阳泉水[⑥]。水受决水，东北流迳阳泉县故城东[⑦]。故阳泉乡也。汉献帝中[⑧]，封太尉黄琬为侯国[⑨]。又西北流，左入决水，谓之阳泉口也。

【注释】

① 宣公八年：前 601 年。

② 舒蓼：春秋时小国。群舒之一。偃姓。在今安徽舒城至庐江县东古龙舒城之间。

③ 臧文仲：臧孙氏，名辰。臧哀伯次子。春秋时鲁国大夫，世袭司寇，执礼以护公室。谥文，故又称臧文仲。

④ 皋陶（yáo）：即咎繇。传说虞舜时的司法官。庭坚：皋陶之子。

⑤ 忽：忽焉，一转眼。形容时间迅疾。

⑥ 阳泉水：即今安徽霍邱西之泉河。

⑦ 阳泉县：西汉置，属六安国。治所在今安徽霍邱西北八十里临水镇。

⑧ 汉献帝：东汉灵帝中子，名协。

⑨ 黄琬：字子琰。东汉江夏安陆（今湖北安陆南）人。桓帝时，曾任五官中郎将。复封关内侯。董卓秉政，以其名臣，征为司徒，迁太尉，更封阳泉乡侯。后与司徒王允谋诛董卓。董卓部将李傕、郭汜袭破长安，被捕下狱死。

【译文】

灌水往东北流经蓼县老城西边，然后北流注入决水。所以《地理志》说：决水北流，到蓼县注入淮水。灌水也是到蓼县注入决水的。《春秋·宣公八年》冬，楚公子灭舒蓼。臧文仲听到这个消息时说：对皋陶、庭坚，一下子又不去祭祀了，恩惠没有施及百姓，使他们无援无助，这多么可悲呀！决水又往北流，在右边汇合了阳泉水。阳泉水上游承接决水，往东北流经阳泉县老城东边。阳泉县就是旧时的阳泉乡。汉献帝时，封给太尉黄琬，立为侯国。又往西北流，向左注入决水，汇流处叫阳泉口。

又北入于淮。

俗谓之浍口①。非也，斯矣决、灌之口②。余往因公，至于淮津，舟车所届③，次于决水④。访其民宰，与古名全违。

脉水寻《经》[5]，方知决口[6]。盖灌、浍声相伦，习俗害真耳[7]。

【注释】

①浍口：《水经注疏》熊会贞按："此决水入淮，本决口，灌水入决以
　　入淮，亦可曰灌口，而流俗传呼失实，误灌口为浍口。"

②决、灌之口：即决水与灌水的入淮口。

③舟车：车与船。届：至，到。

④次：驻扎，停留。

⑤脉水：探察水脉。寻《经》：寻查《水经》上的记载。

⑥决口：即浍口。

⑦习俗害真耳：当地俗读损害了地名的真实。陈桥驿按，郦氏在其
　　因公外出（今所谓出差）之时，也不忘为了河川之事，"访其民宰"。
　　对于河川水利与地理，他确是个有心人。

【译文】

决水又往北注入淮水。

决水入淮处，俗称浍口。是不对的，这其实是决水、灌水的入淮口。
从前我曾因公到过淮水渡口，舟车到后，就在决水边歇宿。我走访老百
姓和地方官，地名与古名全不一致。探究水脉，查考《水经》，才知道这是
决口。只因灌、浍读音相同，民间沿用惯了，反而把真名埋没罢了。

沘水

沘水出庐江灊县西南霍山东北[1]，

灊者，山、水名也[2]。《开山图》[3]，灊山围绕大山为霍山。
郭景纯曰[4]：灊水出焉，县即其称矣。《春秋·昭公二十七
年》[5]，吴因楚丧，围灊是也。《地理志》曰：沘水出沘山，不
言霍山。沘字或作淠。淠水又东北迳博安县[6]，泄水出焉[7]。

【注释】

①沘（bǐ）水：即淠水。今安徽中部之淠河。发源于安徽霍山县，北流经霍邱在正阳关附近入淮河。灊（qián）县：西汉置，属庐江郡。治所在今安徽霍山县东北。东汉改为潜县。霍山：即今安徽霍山县西南天柱山。

②山：即灊山。水：即灊水。亦作潜水。即今安徽潜山市之潜水。

③《开山图》：书名。《水经注疏》杨守敬按："《文选》李《注》引作《遁甲开山图》。"所记皆天下名山及洪古帝王发迹之处。

④郭景纯：即郭璞，字景纯。东晋河东闻喜（今山西闻喜）人。曾注《尔雅》《方言》《山海经》《穆天子传》等。

⑤昭公二十七年：前515年。

⑥博安县：三国魏置，属庐江郡。治所在今安徽六安西。

⑦泄水：相当于今安徽霍邱东之东汲河。

【译文】

沘水

沘水发源于庐江郡灊县西南的霍山东北，

灊是山名和水名。据《开山图》，灊山围绕的大山是霍山。郭景纯说：灊水发源于此，县也按水命名。《春秋·昭公二十七年》，吴国乘楚国有丧事而包围了灊。《地理志》说：沘水发源于沘山，而不说霍山。沘字也有写作淠字的。淠水又往东北流经博安县，泄水从这里分流出来。

东北过六县东①，

淠水东北，右会蹹鼓川水②。水出东南蹹鼓川，西北流，左注淠水。

【注释】

①六县：秦置，属九江郡。治所在今安徽六安北十里城北乡。西汉

为六安国治。东汉改为六安侯国，属庐江郡。三国魏改为六安县，
为庐江郡治。

②蹹（tà）鼓川水：当在今安徽六安东南。

【译文】

澼水往东北流过六县东边，

澼水往东北流，在右边汇合了蹹鼓川水。此水发源于东南方的蹹鼓
川，往西北流，在左边注入澼水。

澼水又西北迳马亭城西①，又西北迳六安县故城西②。
县，故皋陶国也③。夏禹封其少子④，奉其祀。今县都陂中有
大冢，民传曰公琴者⑤，即皋陶冢也。楚人谓冢为琴矣。汉
高帝元年⑥，别为衡山国⑦，五年属淮南⑧；文帝十六年⑨，复
为衡山国；武帝元狩二年⑩，别为六安国⑪。王莽之安风也。
《汉书》所谓以舒屠六⑫。晋太康三年⑬，庐江郡治。

【注释】

①马亭城：当作马亭城。即今安徽六安北六十里澼河东岸的马头镇。

②六（lù）安县故城：在今安徽六安北十里城北乡。

③皋陶国：即六国。夏至春秋时诸侯国。为皋陶之后，偃姓。皋陶，
传说虞舜时的司法官。

④少子：这里指皋陶的小儿子。

⑤公琴：即皋陶冢。在今安徽六安东北。

⑥汉高帝元年：前 206 年。

⑦衡山国：楚汉之际，项羽以秦衡山郡置国，都邾（今湖北黄冈黄州
区西北），以境内包有衡山（今安徽霍山）周围地区而得名。汉初
为郡，属淮南国。文帝十六年（前 164）复为国。

⑧五年：即汉高祖五年，前 202 年。淮南：即淮南国。西汉高祖以九

江、衡山、庐江、豫章四郡置。治所在六县(今安徽六安北十里城
北乡)。

⑨文帝十六年：前 164 年。文帝，西汉文帝刘桓。

⑩元狩二年：前 121 年。元狩，西汉武帝刘彻的年号(前 122—前 117)。

⑪六安国：西汉元狩二年(前 121)分九江郡置。治所在六县(今安
徽六安北十里北城乡)。东汉建武十三年(37)并入庐江郡。

⑫以舒屠六：以舒人屠杀六人。事见《汉书·高帝纪》："(高祖五年
冬)十一月，刘贾入楚地，围寿春。汉亦遣人诱楚大司马周殷。殷
畔楚，以舒屠六。"舒，在今安徽舒城。

⑬太康三年：282 年。太康，西晋武帝司马炎的年号(280—289)。

【译文】

　　沘水又往西北流经马亭城西边，又往西北流经六安县老城西边。六
安县就是旧时的皋陶国。夏禹把这地方封给他的小儿子，料理对他的祭
祀。现在陂塘中有一座大墓，民间相传叫公琴的，就是皋陶墓。楚人称
坟墓为琴。汉高帝元年，把六安划出来立为衡山国，五年改属淮南国；文
帝十六年又恢复衡山国；武帝元狩二年立为六安国。就是王莽的安风。
《汉书》中说的以舒人屠杀六人，六即指六安。晋太康三年，这里是庐江
郡的治所。

　　沘水又西北分为二水，芍陂出焉①。又北迳五门亭西②，
西北流迳安丰县故城西③。《晋书地道记》④，安丰郡之属县
也⑤，俗名之曰安城矣。又北会濡水⑥，乱流西北注也。

【注释】

①芍(què)陂：又名龙泉陂。在今安徽寿县南。

②五门亭：《水经注疏》熊会贞按："芍陂有五门，吐纳川流。此亭取
以为名。在今寿州(今安徽寿县)西南。"

③安丰县：东晋末置，南朝宋为安丰郡治。治所在今安徽霍邱西南二十里。

④《晋书地道记》：书名。又称《晋地道志》《晋地道记》。东晋王隐撰。今存清人辑本。

⑤安丰郡：三国魏黄初元年（220）分庐江郡置，属豫州。治所在安风县（今安徽霍邱西南二十里）。

⑥濡水：《水经注疏》："泄水亦谓之濡水。"泄水，相当于今安徽霍邱东之东汲河。

【译文】

　　淠水又往西北流，分为两条，芍陂就由此分出。又往北流经五门亭西边，往西北流经安丰县老城西边。查考《晋书地道记》，安丰县是安丰郡的属县，俗称安城。又往北流，汇合了濡水，然后乱流向西北奔去。

北入于淮。
水之决会谓之沘口也①。

【注释】

①沘口：《水经注疏》杨守敬按："今淠河北流，迳霍山县（今安徽霍山县），又东北迳六安州（今安徽六安），又西北至霍邱县（今安徽霍邱）东北入淮，俗谓之溜子口。"

【译文】

　　淠水往北注入淮水。

　　沘水与淮水汇合的地方，叫沘口。

泄水
泄水出博安县①，

　　博安县,《地理志》之博乡县也,王莽以为扬陆矣。泄水自县上承沘水于麻步川[②],西北出,历濡溪,谓之濡水也[③]。

【注释】

①泄水:相当于今安徽霍邱东之东汲河。北流经城东湖入淮。博安县:三国魏置,属庐江郡。治所在今安徽六安西。

②麻步川:《水经注疏》杨守敬按:"《地形志》霍州边城郡,治麻步山(今安徽金寨东南)。此川盖以山得名。"

③濡溪:《水经注疏》"全(祖望)云:《汉志》,六安国六县如溪水首受沘,东北至寿春入芍陂,即濡溪水也。"

【译文】

泄水

泄水发源于博安县,

　　博安县就是《地理志》里的博乡县,王莽称为扬陆。泄水上游在博安县麻步川承接沘水,往西北流出,经过濡溪,称为濡水。

北过芍陂,西与沘水合。

　　泄水自濡溪迳安丰县,北流注于淠,亦谓之濡须口[①]。

【注释】

①濡须口:在今安徽含山县西南六十里濡须山与无为西北五十里七宝山之间,两山夹峙,濡须水从中流过,古称濡须水口。

【译文】

泄水往北流过芍陂,西流与沘水汇合,

　　泄水从濡溪流经安丰县,北流注入淠水,汇流处也叫濡须口。

西北入于淮。

乱流同归也。

【译文】

往西北注入淮水。

此后水就汇合，一齐注入淮水。

肥水

肥水出九江成德县广阳乡西①，

吕忱《字林》曰②：肥水出良馀山③，俗谓之连枷山④，亦或以为独山也⑤。北流分为二水，施水出焉⑥。

【注释】

①肥水：即今安徽寿县之东淝河。源出合肥西北将军岭，北流至寿县东北两河口（今名起台子）入淮河。因下游流势不畅，中游已壅为瓦埠湖。九江：即九江郡。战国秦置。治所在寿春县（今安徽寿县）。成德县：西汉置，属九江郡。治所在今安徽寿县东南。

②吕忱《字林》：吕忱，字伯雍。任城（今山东济宁）人。晋文字学家。所撰《字林》七卷，是一部以《说文解字》为基础并补其阙，以隶书为主体而又不违篆文笔意的字书。

③良馀山：俗谓之连枷山。即今安徽肥西县西之紫蓬山。

④连枷山：《水经注疏》杨守敬按："《寰宇记》谓之蓝家山。蓝家与连枷音近，又俗称之变名也。"

⑤独山：在今安徽六安西南独山镇东。

⑥施水：即今南淝河。源于安徽肥西县东北将军岭，东南流经鸡鸣山东麓，穿合肥城折而向南流，在施口入巢湖。

【译文】

肥水

肥水发源于九江郡成德县广阳乡西边，

吕忱《字林》说：肥水发源于良馀山，俗称连枷山，也有人叫独山。北流分为两条，施水就从这里分出。

肥水又北迳获城东①，又北迳获丘东②，右会施水枝津。水首受施水于合肥县城东③，西流迳成德县，注于肥水也。

【注释】

①获城：或作狄城。在今安徽寿县东南。

②获丘：或作狄丘。在今安徽寿县东南。

③合肥县：西汉置，属九江郡。治所在今安徽合肥西二里。

【译文】

肥水又往北流经获城东边，又往北流经获丘东，在右边汇合了施水的支流。此水上口在合肥县东边承接施水，往西流经成德县，注入肥水。

北过其县西，北入芍陂①。

肥水自获丘北迳成德县故城西②，王莽更之曰平阿也。又北迳芍陂东，又北迳死虎塘东③。芍陂渎上承井门④，与芍陂更相通注，故《经》言入芍陂矣。

【注释】

①芍（què）陂：又名龙泉陂。在今安徽寿县南。

②成德县：西汉置，属九江郡。治所在今安徽寿县东南。

③死虎塘：又名宛塘。在今安徽寿县东南。

④井门：为芍陂五门之一。当在今安徽寿县南。

【译文】

肥水往北流过县西，北流注入芍陂。

肥水从获丘往北流，经过成德县老城西边，王莽改名为平阿。又往北流经芍陂东边，又往北流经死虎塘东边。芍陂渎上游承接井门，与芍陂水流往来相通，所以《水经》说注入芍陂。

肥水又北，右合阎涧水。上承施水于合肥县，北流迳浚道县西①，水积为阳湖②。阳湖水自塘西北迳死虎亭南，夹横塘西注③。宋泰始初④，豫州司马刘顺⑤，帅众八千据其城地，以拒刘勔⑥。赵叔宝以精兵五千⑦，送粮死虎，刘勔破之此塘。水分为二，洛涧出焉⑧，阎浆水注之⑨。水受芍陂。陂水上承涧水于五门亭南⑩，别为断神水，又东北迳五门亭东，亭为二水之会也。断神水又东北迳神迹亭东⑪，又北，谓之豪水。虽广异名，事寔一水。又东北迳白芍亭东⑫，积而为湖，谓之芍陂。陂周百二十许里，在寿春县南八十里⑬，言楚相孙叔敖所造⑭。魏太尉王凌与吴将张休战于芍陂⑮，即此处也。陂有五门，吐纳川流⑯。西北为香门陂⑰，陂水北迳孙叔敖祠下⑱，谓之芍陂渎。又北分为二水，一水东注黎浆水⑲，黎浆水东迳黎将亭南⑳。文钦之叛㉑，吴军北入，诸葛绪拒之于黎浆㉒，即此水也。东注肥水，谓之黎浆水口㉓。

【注释】

①浚道县：即逡道县。治所在今安徽肥东县东二十里龙城村。

②阳湖：《水经注疏》熊会贞按："当在今合肥县（今安徽合肥）北。"

③横塘：在今安徽寿县东。

④泰始：南朝宋明帝刘彧（yù）的年号（465—471）。

⑤豫州：西汉武帝置，为十三刺史部之一。司马：官名。专管军事。
　刘顺：豫州刺史殷琰的部将。

⑥刘勔（miǎn）：字伯猷。彭城（今江苏徐州）人。南朝宋官吏。豫
　州刺史殷琰叛，朝廷命他致讨，战无不捷。及殷琰请降，他屡令三
　军不得妄动，士庶感悦。

⑦赵叔宝：当为杜叔宝。京兆杜陵（今陕西西安东南）人。明帝立，
　他起兵反之。后为豫州刺史殷琰长史。刘勔破之于横塘。

⑧洛涧：即今安徽淮南市东北之窑河。源出安徽定远东南，西北流
　至淮南市东今洛口镇入淮河。

⑨阎浆水：又称神断水、豪水。即今安徽寿县南陡涧河。

⑩五门亭：《水经注疏》熊会贞按："芍陂有五门，吐纳川流。此亭取
　以为名。在今寿州（今安徽寿县）西南。"

⑪神迹亭：《水经注疏》熊会贞按："亭亦在今寿州西南。"

⑫白芍亭：《水经注疏》熊会贞按："亭亦在今寿州西南。"

⑬寿春县：战国后期为楚都。后入秦，为九江郡治。治所在今安徽
　寿县。东晋孝武帝时以避郑太后讳，改为寿阳县。南朝宋又改睢
　阳县，北魏复名寿春县。

⑭楚相孙叔敖：即蒍（wěi）敖。蒍氏，名敖，字孙叔。春秋时楚国期
　思（河南淮滨）人。官令尹。佐楚庄王，大胜晋军。于期思、雩娄间，
　兴水利，有政绩。曾三为令尹而不喜，三罢之而不忧。

⑮王凌：字彦云。三国魏太原祁（今山西祁县）人。汉司徒王允之侄。
　屡次讨吴有功，曹芳正始二年（241），迁司空，进封南乡侯。嘉平
　元年（249），任太尉。后与其甥令狐愚谋废曹芳，事泄，服毒死。
　张休：字叔嗣。彭城（今江苏徐州）人。张昭少子。三国吴将领。

⑯吐纳川流：分流和接纳众流。

⑰香门陂：当在今安徽寿县。

⑱孙叔敖祠：《水经注疏》杨守敬按："孙叔敖庙在今寿州南。"

⑲黎浆水：在今安徽寿县东南。上承芍陂，东流经黎浆亭南后注入
　　肥水。

⑳黎将亭：《水经注疏》杨守敬按："亭在今寿州东南。"

㉑文钦：字仲若。谯郡（今安徽亳州）人。曹操部将文稷之子，三国
　　魏将领。与毌丘俭等起兵讨伐司马师，兵败投吴。后封谯侯。

㉒诸葛绪：西晋琅邪阳都（今山东沂南）人。文王司马昭时的雍州刺
　　史。参与灭蜀之战，其间被锺会诬陷而收其军队。入晋封乐安亭侯。

㉓黎浆水口：《水经注疏》杨守敬按："水在今寿州东南。"

【译文】

　　肥水又往北流，在右边汇合了阎涧水。阎涧水上游在合肥县承接施
水，往北流经逡道县西边，水流蓄积成为阳湖。阳湖水从堤塘西北流经死
虎亭南边，在横塘之间向西流注。宋泰始初，豫州司马刘顺率兵八千占据
了县城和周围一带地方，抗拒刘勔。杜叔宝带了五千精兵，送粮到死虎，
被刘勔打得大败。塘水分成两条，洛涧就由此流出，有阎浆水注入。阎浆
水来自芍陂。陂水上游在五门亭南面承接涧水，分出断神水，又往东北流
经五门亭东面，五门亭在两水的汇合处。断神水又往东北流经神迹亭东
面，又往北流，称为豪水。虽然名称不同，但实际上是一条水。又往东北
流经白芍亭东面，蓄积成湖，称为芍陂。芍陂周围约一百二十里，在寿春
县南八十里，据说是楚国宰相孙叔敖所造。魏太尉王凌与吴将张休在芍
陂作战，就是这地方。芍陂有五道闸门，以调节水流。西北有香门陂，陂
水往北流经孙叔敖祠下，叫芍陂渎。又往北流，分成两条，一条东流注入
黎浆水，黎浆水往东流经黎浆亭南面。文钦反叛，吴军北进，诸葛绪在黎
浆据守抗拒，说的就是此水。黎浆水往东注入肥水，汇流处叫黎浆水口。

又北过寿春县东，

　　肥水自黎浆北迳寿春县故城东为长濑津[①]，津侧有谢堂

北亭②,迎送所薄③,水陆舟车是焉萃止。

【注释】

①长濑津:即今安徽寿县东五里之东津渡。

②谢堂北亭:《水经注疏》熊会贞按:"《凤台县志》,谢堂北亭当在今东津渡,肥水西岸高岗上。陆路东通凤阳、定远,西通六、霍、颍、亳,水路通淮,与《水经注》所谓'迎送萃止'合。堂亭久废,无迹。"

③薄:迫近,止。

【译文】

肥水又往北流过寿春县东边,

肥水从黎浆北流,经过寿春县老城东边,就到了长濑津。旁边有谢堂北亭,迎宾送友都要来到这里,无论是水路陆路,过往舟车都要聚集在这里歇息。

又西北,右合东溪。溪水引渎北出,西南流迳导公寺西①。寺侧因溪建刹五层,屋宇闲敞,崇虚携觉也②。又西南流注于肥。

【注释】

①导公寺:当在今安徽寿县。

②崇虚:高耸。携觉:其义未详。一作嶕峣(jiāo yáo)。峻峭,高耸。

【译文】

肥水又往西北流,在右边汇合了东溪。溪水向北分出一条水渠,往西南流经导公寺西边。寺旁临溪建塔,高五层,寺院屋宇闲静宽敞,溪边丘冈高峻陡峭。溪水又往西南流,注入肥水。

肥水又西迳东台下①,台即寿春外郭东北隅阿之榭也②。

东侧有一湖,三春九夏,红荷覆水。引渎城隍,水积成潭,谓之东台湖[3],亦肥南播也。

【注释】

①东台:在今安徽寿县县城内东北隅。

②郭:外城。隅阿之榭:楼台亭榭。

③东台湖:在今安徽寿县县城东北隅。

【译文】

肥水又往西流经东台下,此台就是寿春外城东北角的水榭。东边有湖,夏日里红艳艳的荷花盖满湖面。流水经沟渠引入护城河,积成水潭,称作东台湖,也是肥水南流形成的。

肥水西迳寿春县故城北,右合北溪。水导北山,泉源下注,漱石颓隍[1]。水上长林插天,高柯负日。出于山林,精舍右,山渊寺左,道俗嬉游,多萃其下。内外引汲,泉同七净[2],溪水沿注,西南迳陆道士解南精庐[3],临侧川溪,大不为广,小足闲居,亦胜境也。溪水西南注于肥水。

【注释】

①颓隍:从隍涧中向下流。

②七净:佛教中比喻七种净德:一戒净、二心净、三见净、四度疑净、五分别道净、六行断知见净、七涅槃净。这里取清净之义。

③陆道士:即南朝宋道士陆修静,字见寂。吴兴(今浙江湖州)人。少怀虚素,博精象纬,好方外游。尝与陶渊明、僧惠连结社庐阜。一日忽然尸解,谥简寂先生。解(xiè):同"廨"。此指修炼的住处。

【译文】

肥水往西流经寿春县老城北边,在右边汇合了北溪。溪水发源于北山,泉水从山上奔泻而下,冲刷着溪石,流泻于山涧中。山涧上面,密林插天,高枝上挂着太阳。涧水流出山林,流过僧舍的右边、山渊寺的左边,僧道和世俗男女常聚集在那边嬉游。寺内寺外的人都从溪里汲水,泉水十分清净。溪水往西南流,陆道士的解南精庐就建在溪旁,庐舍虽不大,但平日闲居,尽够容身了,也是一处胜境。溪水往西南流,注入肥水。

北入于淮。

肥水又西分为二水:右即肥之故渎,遏为船官湖①,以置舟舰也。肥水左渎又西迳石门桥北。亦曰草市门②,外有石梁渡北洲③。洲上有西昌寺④,寺三面阻水。佛堂设三像,真容妙相,相服精炜⑤,是萧武帝所立也⑥。寺西,即船官坊⑦,苍兕都水⑧,是营是作⑨。湖北对八公山⑩,山无树木,惟童阜耳⑪。山上有淮南王刘安庙⑫。刘安是汉高帝之孙⑬,厉王长子也⑭。折节下士,笃好儒学,养方术之徒数十人,皆为俊异焉,多神仙秘法鸿宝之道。忽有八公⑮,皆须眉皓素,诣门希见,门者曰:吾王好长生,今先生无住衰之术,未敢相闻。八公咸变成童,王甚敬之。八士并能炼金化丹,出入无间。乃与安登山薶金于地⑯,白日升天,余药在器,鸡犬舐之者,俱得上升。其所升之处,践石皆陷,人马迹存焉。故山即以八公为目。

【注释】

①船官湖:在今安徽寿县北。

②草市门:《水经注疏》熊会贞按:"当是今凤台县(今安徽凤台)城北门,今草市尚在北门内外也。"

③北洲:《水经注疏》杨守敬按:"北洲即今盛家湖北五株山南之高滩。"

④西昌寺:《水经注疏》杨守敬按:"寺当在今高滩。久废。"

⑤精炜(wěi):精美有光彩。炜,光彩,光泽。

⑥萧武帝:即南朝梁开国皇帝萧衍,字叔达。兰陵(今江苏常州)人。汉朝相国萧何之后。博学多通,好筹略,有文武才干。即帝位后,崇信佛教。

⑦船官坊:《水经注疏》杨守敬按:"坊在今凤台县城北。"

⑧苍兕(sì):官名。掌管舟船。都水:官名。都水使者的简称。掌陂池灌溉等水利之事。汉武帝时,以各处水官多,置都水使者以统辖之。东汉时,罢都水官,置河堤谒者。

⑨是营是作:都在那里营建。

⑩八公山:一名肥陵山。在今安徽寿县北五里,南滨东淝河,西、北面临淮河。

⑪童阜:光秃秃的山冈。童,山岭、土地无草木。

⑫淮南王刘安庙:《水经注疏》熊会贞按:"《凤台县志》按,庙地即今五株山。萧景云曰:庙在五株山巅,遗址尚可寻。"

⑬刘安:淮南厉王刘长之子。汉文帝十六年(前164)封为淮南王。好神仙术,喜交宾客。与门客著有《淮南鸿烈》(即《淮南子》)一书传世。

⑭厉王:即淮南厉王刘长。汉高祖少子。高祖十一年(前196)封。以辇车四十乘反,事觉,治之,处蜀地严道县邛邮。后在道上不食而死。

⑮八公:即高诱《淮南子》注中所认为的苏非、李尚、左吴、田由、雷被、毛被、伍被、晋昌等八人。

⑯安登山:即八公山。薶(mái):埋藏。

【译文】

肥水北流注入淮水。

肥水又往西流,分为两条:右边的一条就是肥水的旧河道,截流蓄水，形成船官湖，用以停泊大小船只。左边的一条继续西流，经过石桥门北边。石桥门又叫草市门，外面有石桥通向北洲。洲上有西昌寺，寺院三面临水。佛殿里有三尊佛像，容貌逼真，神态庄严，衣服华美艳丽，是萧武帝所造。寺院西边就是船官坊，掌管舟楫的苍兕和管理水利的都水等官，都在那里营造制作。此湖北对八公山，这是一座林木不生的光山。山上有淮南王刘安庙。刘安是汉高帝的孙子，厉王的长子。他礼贤下士，十分爱好儒家之学，招致了几十个擅长方术的人，个个都是出众的英才，有奇能异术，掌握着许多神仙秘法和道术宝典。一天忽然来了八位须眉皆白的老者，到门前求见，守门人说：我们大王喜欢长生，现在各位先生并没有防止衰老的秘术，我们也不敢去禀报。八位老者就都变成童子，淮南王十分敬重他们。八位术士都能炼金化丹，他们出入都和刘安一起，十分亲密。于是和他一同登山，把黄金埋在地里，白日升天而去，器皿里还留下仙药，鸡犬舔过的，也都升天了。在他们升天的地方，踏过的岩石都下陷了，留下人马的足迹。所以这座山就得了八公山的名称。

余登其上，人马之迹无闻矣，惟庙像存焉。庙中图安及八士像，皆坐床帐如平生。被服纤丽，咸羽扇裙帔①，巾壶枕物，一如常居。庙前有碑，齐永明十年所建也②。山有隐室石井③，即崔琰所谓④：余下寿春，登北岭淮南之道室，八公石井在焉。亦云：左吴与王春、傅生等寻安⑤，同诣玄洲⑥。还为著记，号曰《八公记》⑦，都不列其鸡犬升空之事矣。按《汉书》⑧，安反伏诛，葛洪明其得道⑨，事备《抱朴子》及《神仙传》⑩。

【注释】

①帔（pī）：披肩。

②永明十年:492年。永明,南朝齐武帝萧赜(zé)的年号(483—493)。

③石井:《水经注疏》杨守敬按:"《名胜志》石井,俗名八角井。《一统志》,八角井在寿州(今安徽寿县)八公山之阳。"

④崔琰:字季珪。清河东武城(今山东德州)人。东汉末年名士,曹操帐下谋士。有伯夷之风、史鱼之直。后被曹操赐死。

⑤左吴:西汉淮南王刘安近臣。淮南王谋反时,日夜与左吴、伍被研究舆地图,部署进军路线。王春、傅生:西汉时人,与左吴同时。具体不详。

⑥玄洲:传说中的海内十洲之一。

⑦《八公记》:书名。具体不详。

⑧《汉书》:这里指《汉书·淮南衡山济北王传》。

⑨葛洪:字稚川。东晋丹阳句容(今江苏句容)人。隐罗浮山炼丹,自号抱朴子。著作有《抱朴子》《神仙传》《西京杂记》等。

⑩《抱朴子》:书名。晋葛洪撰。分内篇和外篇。《内篇》论神仙吐纳符箓等,纯为道家之言;外篇则论时政得失、人事臧否。

【译文】

我曾攀登到山上,但人马的足迹已没有了,只有庙里的塑像还在。庙中塑了刘安和八位术士的像,都坐在挂了帷幔的坐榻上,就同他们生时一样。被服都非常华丽,手执羽毛扇,身穿衣裙,手巾、水壶、枕头等什物,都同寺院里所见一样。庙前有碑,是齐永明十年所立。山上有暗室和石井,崔琰说:我到寿春,登临北岭淮南王修道的静室,八公石井还在,就指的是这些遗迹。又说:左吴和王春、傅生等去寻找刘安,一同来到玄洲。崔琰回来后写了一篇记,题目叫《八公记》,其中都没有提到鸡犬升天的事。查考《汉书》,刘安是谋反被杀的,葛洪却说他得道,在《抱朴子》和《神仙传》中都有详细的记载。

肥水又左纳芍陂渎,渎水自黎浆分水,引渎寿春城北,迳芍陂门右，北入城。昔钜鹿时苗为县长①，是其留犊处也。淏东有东都街，街之左道北，有宋司空刘勔庙②，宋元徽二年建于东乡孝义里③。庙前有碑，时年碑功方创，齐永明元年方立④。沈约《宋书》言⑤，泰始元年⑥，豫州刺史殷琰反⑦，明帝假勔辅国将军⑧，讨之。琰降。不犯秋毫，百姓来苏⑨，生为立碑，文过其实。建元四年⑩，故吏颜幼明为其庙铭⑪，故佐庞珽为庙赞⑫，夏侯敬友为庙颂⑬，并附刊于碑侧。淏水又北迳相国城东⑭，刘武帝伐长安所筑也⑮。堂宇厅馆，仍故以相国为名。又北出城注肥水。

【注释】

①时苗：字德胄。东汉末钜鹿（今河北平乡）人。少清白，为人疾恶如仇。建安中，入丞相府。出为寿春令，令行风靡。为令数年，不肃而治。是其留犊处：据说时苗出任寿春令时，乘牛车而来。一年多以后，牛生一犊。等他离开寿春时，把牛犊留在了寿春。

②宋司空刘勔（miǎn）庙：《水经注疏》杨守敬按：“勔没后赠司空。庙当在今凤台县（今安徽凤台）城内东南，久废。”司空，官名。掌管土木建筑和水利工程。

③元徽二年：474年。元徽，南朝宋后废帝刘昱的年号（473—477）。

④永明元年：483年。

⑤沈约《宋书》：沈约，字休文。南朝梁吴兴武康（今浙江德清）人。少时孤贫，笃志好学。历南朝宋、齐、梁三朝。梁武帝时，封建昌县开国侯。其《宋书》，记刘宋六十年史事，有纪、传、志而无表。

⑥泰始元年：465年。泰始，南朝宋明帝刘彧的年号（465—471）。

⑦殷琰：字敬珉。南朝宋陈郡长平（今河南西华）人。前废帝时，为

南梁郡太守。宋明帝刘彧新立,以为豫州刺史。殷琰本拟投降北
魏,后纳主簿夏侯详之议,投降刘勔。官至少府、给事中。

⑧明帝:即南朝宋明帝刘彧,字休炳,小字荣期。假:谓授以代理官
职。辅国将军:官名。领兵征伐。

⑨百姓来苏:老百姓因之得到休养生息。

⑩建元四年:482年。建元,南朝齐高帝萧道成的年号(479—482)。

⑪颜幼明:刘勔的老部下。其余不详。铭:文体名。古代常刻于碑
版或器物上,用以称颂功德。

⑫庞琁:刘勔的老部下。其余不详。赞:文体名。以颂扬人物为主旨。

⑬夏侯敬友:刘勔的老部下。其余不详。颂:文体名。以颂扬为宗旨。

⑭相国城:在今安徽寿县旧城东。

⑮刘武帝:即南朝宋开国皇帝刘裕,字德舆,小名寄奴。祖籍彭城(今
江苏徐州)。元熙二年(420),代晋称帝,国号宋。当政期间,有
禁世家大族隐匿户口田地等善政。

【译文】

　　肥水又在左边接纳了芍陂渎,渎水自黎浆分出,引水流向寿春城北
边,经过芍陂门右侧,北流入城。从前钜鹿时苗当县官,这里就是他留下
小牛的地方。芍陂渎东边有东都街,大街左边一条路北面,有宋司空刘
勔庙,是宋元徽二年在东乡孝义里修建的。庙前有碑,那年开始刻碑,但
直到齐永明元年方才把它立在庙前。沈约《宋书》说:泰始元年,豫州刺
史殷琰造反,明帝授予刘勔以辅国将军的封号,前去讨伐。殷琰只得投
降。刘勔军令严明,秋毫无犯,百姓得到休养生息,在他生时就为他立碑,
碑文美化他言过其实。建元四年,原属吏颜幼明作庙铭,原僚佐庞琁作
庙赞,夏侯敬友作庙颂,都附刻在石碑侧面。芍陂渎水又往北流经相国
城东面,相国城是武帝刘裕攻长安时所筑。厅堂馆舍,仍旧以相国为名。
渎水北流出城,注入肥水。

又西迳金城北①，又西，左合羊头溪水②。水受芍陂，西北历羊头溪，谓之羊头涧水。北迳熨湖③，左会烽水渎。渎受淮于烽村南④，下注羊头溪。侧迳寿春城西，又北历象门，自沙门北出金城西门逍遥楼下，北注肥渎。

【注释】

①金城：当在今安徽寿县。

②羊头溪水：《水经注疏》熊会贞按："溪水在今寿州（今安徽寿县）南。"

③熨湖：《水经注疏》熊会贞按："《寿州志》今有西湖，在州西门外，水集则淮、肥合流数十里，即此湖也。"

④烽村：《水经注疏》熊会贞按："今寿州西南之丰庄铺，当即故烽村地。"

【译文】

肥水继续西流，经过金城北面，又往西流，在左边汇合了羊头溪水。羊头溪水上口由芍陂给水，往西北流经羊头溪，称为羊头涧水。北经熨湖，在左边汇合了烽水渎。烽水渎在烽村南面承接淮水，往下注入羊头溪。溪水旁经寿春城西面，又北流经象门，从沙门往北流出，经过金城西门逍遥楼下面，往北注入肥水。

肥水北注旧渎之横塘①，为玄康南路驰道②，左通船官坊也。

【注释】

①横塘：《水经注疏》熊会贞按："此横塘与阎涧水下之横塘各一地。当在今八公山南麓二里姚湾滨肥北岸处，久湮。"

②驰道：古代供君王行驶车马的道路。后泛指可以驰马的大道。

【译文】

肥水北流注入旧渠的横塘，这条堤塘是玄康南路的驰道，左通船官坊。

肥水迳玄康城^①，西北流，北出，水际有曲水堂^②，亦嬉游所集也。

【注释】

①玄康城：《水经注疏》熊会贞按："《凤台县志》，玄康城不知何由得名，考其地，当在今八公山下，肥水北曲处。土名姚湾，城址虽废，耕者犹时得古城砖。"

②曲水堂：《水经注疏》熊会贞按："堂当在今八公山十一峰西南麓，直肥流曲处，久废。"

【译文】

肥水经玄康城往西北流，又向北流，水边有个曲水堂，是游人纷集的地方。

又西北流，昔在晋世，谢玄北御苻坚^①，祈八公山，及置阵于肥水之滨。坚望山上草木，咸为人状，此即坚战败处。非八公之灵有助，盖苻氏将亡之惑也。

【注释】

①谢玄：字幼度。陈郡阳夏（今河南太康）人。东晋名将。苻坚：字永固。氐族人。十六国前秦君主。

【译文】

肥水又往西北流，从前晋时，谢玄抗击苻坚南侵，到八公山祈祷，在肥水之滨布置战阵。苻坚遥望山上草木，仿佛都成人形，这里就是苻坚战败的地方。这不是什么八公的神灵在保佑晋军,实际上是苻坚将亡,神志迷乱之故。

　　肥水又西北注于淮,是曰肥口也①。

【注释】

①肥口:在今安徽寿县东北。

【译文】

肥水继续往西北流,注入淮水,汇流处叫肥口。

施水

　　施水亦从广阳乡肥水别①,东南入于湖。

　　施水受肥于广阳乡,东南流迳合肥县②。应劭曰③:夏水出城父东南④,至此与肥合,故曰合肥。阚骃亦言⑤,出沛国城父东⑥,至此合为肥。余按川殊派别,无沿注之理。方知应、阚二说,非实证也。盖夏水暴长,施合于肥,故曰合肥也,非谓夏水。

【注释】

①施水:即今南淝河。源出安徽肥西县东北将军岭,东南流经鸡鸣山东麓,穿合肥城折而向南流,在施口入巢湖。肥水别:从肥水分出。

②合肥县:西汉置,属九江郡。治所在今安徽合肥西二里。

③应劭:字仲远,一作仲瑗。汝南南顿(今河南项城)人。东汉末学者。撰有《风俗通义》《汉官仪》《地理风俗记》等。

④夏水:即今肥水。古沙水支津,淮水支流。故道自今河南郸城东南分沙水东南流,经今安徽亳州南,涡阳、利辛二县之西,至凤台

西南入淮水。城父：即城父县。西汉置，属沛郡。治所在今安徽
亳州东南城父镇。

⑤阚骃（kàn yīn）：字玄阴。敦煌（今甘肃敦煌）人。北凉至北魏学者。
所撰《十三州志》为地理类著作。

⑥沛国：东汉建武二十年（44）改沛郡置。治所在相县（今安徽淮北
市相山区）。

【译文】

施水

施水也从广阳乡肥水分出，往东南注入湖中。

施水在广阳乡引入肥水，往东南流经合肥县。应劭说：夏水发源于
城父东南，到这里与肥水汇合，所以地名叫合肥。阚骃也说：夏水发源于
沛国城父东边，到这里汇合了肥水。我查考这两条水的水脉、流向完全
不同，夏水绝无注入肥水的道理。可知应、阚两人的说法都不是确实的
证据。原来夏月诸水暴涨，于是施水汇合于肥水，所以地名叫合肥，并不
是说夏水汇合肥水。

施水自成德东迳合肥县城南①，城居四水中，又东有逍
遥津②，水上旧有梁。孙权之攻合肥也③，张辽败之于津北④，
桥不撤者两版⑤，权与甘宁蹴马趋津⑥，谷利自后着鞭助势⑦，
遂得渡梁。凌统被铠落水⑧，后到追亡，流涕津渚。

【注释】

①成德：即成德县。西汉置，属九江郡。治所在今安徽寿县东南。
三国魏属淮南郡。

②逍遥津：在今安徽合肥东北隅。古为肥水上的渡口。

③孙权：字仲谋。吴郡富春（今浙江富阳）人。孙坚次子。继其兄孙
策据有江东六郡。建安十三年（208），和刘备联军大败曹操于赤

壁。黄龙元年（229）于武昌（今湖北鄂城）称帝，建国号吴。不久
迁都建业（今江苏南京）。

④张辽：字文远。雁门马邑（今山西朔州）人。三国时曹操部将。初
随吕布，后归曹操。屡立战功。建安二十年（215），孙权攻合肥，
他以勇士八百大破吴军，官迁征东将军。后率军攻吴，病死军中。

⑤版：此指木桥的桥板。

⑥甘宁：字兴霸。巴郡临江（今重庆忠县）人。三国吴将领。以勇闻
名。建安二十年（215），随孙权攻合肥，战不利，仍奋勇作战，深
为孙权倚重。死后，孙权十分痛惜。蹴（cù）：踢。

⑦谷利：三国吴人。本为左右给使，以谨直为孙权所亲信。性忠果
亮烈，言不苟且。逍遥津之战因救主有功，被拜为都亭侯。

⑧凌统：字公绩。吴郡馀杭（今浙江杭州余杭区）人。三国时吴将。
凌操之子。作战勇猛。

【译文】

施水自成德东流，经过合肥县城南，县城四面环水，又东有逍遥津，
从前水上原来有桥。孙权攻合肥时，张辽在逍遥津北打败他，木桥桥板
只留着两截没有拆去，孙权和甘宁踢马奔向桥头，谷利在后面扬鞭助势，
于是才冲过桥梁。凌统身披铠甲，掉到水里，他好久才赶到，悼念阵亡的
亲从，在渡头水边痛哭流涕。

　施水又东分为二水，枝水北出焉，下注阳渊①。施水又
东迳湖口戍②，东注巢湖③，谓之施口也④。

【注释】

①阳渊：一作阳湖。在今安徽长丰南。

②湖口戍：《水经注疏》熊会贞按："当在今合肥县（今安徽合肥）东
南。"

③巢湖：一作焦湖。即今安徽中部之巢湖。在合肥、巢湖、庐江、肥东、
　肥西诸市县间。

④施口：即今安徽肥东县南长临河镇西之施口，南淝河入巢湖处。

【译文】

　　施水继续往东流，分为两条，支流向北分出，注入阳渊。施水又往东
流经湖口戍，往东注入巢湖，汇流处叫施口。

沮水

　沮水出汉中房陵县淮水①，东南过临沮县界②，

　　沮水出东汶阳郡沮阳县西北景山③，即荆山首也。高峰
霞举，峻竦层云。《山海经》云：金玉是出。亦沮水之所导。
故《淮南子》曰：沮出荆山。高诱云④：荆山在左冯翊怀德县⑤。
盖以洛水有漆沮之名故也⑥。斯谬证耳。杜预云⑦：水出新
城郡之西南发阿山⑧。盖山异名也。

【注释】

①沮（jǔ）水：亦作睢水。即今湖北西部长江支流沮河、沮漳河。源
　出荆山南麓，东南流经远安、当阳，在当阳以南与漳水汇合，称沮
　漳河，在江陵以南注入长江。汉中：即汉中郡。战国秦惠王更元
　十三年（前312）置。治所在南郑县（今陕西汉中东）。因汉水而
　得名。东汉末张鲁改为汉宁郡。东汉建安二十年（215）复改为
　汉中郡。房陵县：秦置，属汉中郡。治所在今湖北房县。淮水：陈
　桥驿按，武英殿本《水经注》："案二字舛误，据《汉书》作'东山'。"
　《水经注疏》杨守敬按："赵改睢山，非也。沮、睢虽同，一句二字
　错出，必无此理。《山海经·中次八经》，荆山之首曰景山，睢水出
　也。此'淮水'当据之作'景山'。"译文从之。

②临沮县：西汉置，属南郡。治所在今湖北远安西北。以临沮水为名。东汉改为临沮侯国，后复为临沮县。

③东汶阳郡：当作汶阳郡。"东"为衍文。汶阳郡，东晋义熙初析新城郡置。治所在高安县（北周改远安县，今湖北远安西北旧县镇）。景山：亦名雁山、荆山。在今湖北保康西南。

④高诱：涿郡涿县（今河北涿州）人。汉末三国时儒家学者，为当时名儒卢植门人。曾注《战国策》《淮南子》《吕氏春秋》等。

⑤荆山：此荆山在今陕西大荔东南朝邑镇南。左冯翊（píng yì）：即冯翊郡。西汉太初元年（前104）改左内史置。为三辅之一。治所在长安城（今陕西西安市西北）。怀德县：战国秦置，属内史。治所在今陕西大荔东南。西汉属左冯翊。

⑥洛水：一名北洛水。即今陕西洛河。漆沮：漆水与沮水合流后之通称。漆水即今陕西岐山县南之横水河，沮水即今陕西岐山县东之沣河，两水合流后，水名互为通称，亦称漆沮水。

⑦杜预：字元凯。京兆杜陵（今陕西西安）人。西晋经学家。撰《春秋左氏经传集解》。

⑧新城郡：三国魏黄初元年（220）改房陵郡置，属荆州。治所在房陵县（今湖北房县）。发阿山：一名望夫山。在今湖北保康西南。

【译文】

沮水

沮水发源于汉中郡房陵县的景山，往东南流过临沮县境，

沮水发源于汶阳郡沮阳县西北的景山，就是荆山的前缘。景山峰峦峻峭高耸，上接层云。《山海经》说：这里出产金玉。也是沮水的发源地。所以《淮南子》说：沮水发源于荆山。高诱说：荆山在左冯翊怀德县，这是因为洛水有漆沮一名的缘故。这里的引证却是错误的。杜预说：沮水发源于新城郡西南的发阿山。这是山的异名。

沮水东南流迳沮阳县东南^①,县有潼水^②,东迳其县南,下入沮水。

【注释】

①沮(zǔ)阳县:南朝宋置,属汶阳郡。治所在今湖北保康南。

②潼水:《水经注疏》熊会贞按:"今有歇马河,出保康县(今湖北保康)西南,东南流至南漳县(今湖北南漳)西南,入霸王河,或以为沮水北源者,盖即潼水也。"

【译文】

沮水往东南流经沮阳县东南,县里有一条潼水,往东流经县南,注入沮水。

沮水又东南迳汶阳郡北,即高安县界^①。郡治锡城^②,县居郡下城,故新城之下邑^③。义熙初^④,分新城立。西表悉重山也。

【注释】

①高安县:东晋义熙初置,为汶阳郡治。治所在亭子山下(今湖北远安西北旧县镇)。

②锡城:在今湖北远安西北旧县镇。

③新城:即新城郡。下邑:下辖的县邑。

④义熙:东晋安帝司马德宗的年号(405—418)。

【译文】

沮水又往东南流,经过汶阳郡北边,即高安县境。汶阳郡治所在锡城,高安县治所在郡治下,城即旧时新城郡的下邑。汶阳郡是义熙初年分新城郡而设置的。郡城西边都是重沓的山岭。

　　沮水南迳临沮县西,青溪水注之^①。水出县西青山,山之东有滥泉^②,即青溪之源也。口径数丈,其深不测,其泉甚灵洁,至于炎阳有亢,阴雨无时,以秽物投之,辄能暴雨。其水导源东流,以源出青山,故以青溪为名。寻源浮溪,奇为深峭。盛弘之云^③:稠木傍生,凌空交合,危楼倾崖,恒有落势。风泉传响于青林之下,岩猿流声于白云之上,游者常若目不周玩,情不给赏。是以林徒栖托,云客宅心,泉侧多结道士精庐焉。青溪又东流入于沮水。

【注释】

①青溪水:《水经注疏》杨守敬按:“今清溪水出远安县(今湖北远安)西南三界岭,而有青山在岭东十余里清溪北。”

②滥泉:《水经注疏》杨守敬按:“《寰宇记》,滥水,即清溪源也。”当在今湖北远安西南。

③盛弘之:南朝宋文学家、史学家。曾任临川王刘义庆侍郎。撰《荆州记》三卷,记述荆州地区的郡县城郭、山水名胜等。《水经注》中描写三峡的千古佳作,其实就是郦道元化用盛弘之《荆州记》中的文字重新创作而成的。

【译文】

　　沮水南经临沮县西,有青溪水注入。青溪水发源于县西的青山,青山东边有滥泉,就是青溪的源头。源头口径数丈,深不可测,泉水洁净而灵异,一到盛夏骄阳如火、久旱无雨时,如以秽物投入,就会降下暴雨。水自源头东流,因发源于青山,所以叫青溪。荡着轻舟溯流寻源,溪谷幽深峻峭,景色奇丽。盛弘之说:两旁林木茂密,枝叶凌空相接,悬崖峭壁上建造有危楼,看去常有摇摇欲坠之势。风声水声回荡于青林之下,岩上猿鸣流漾于白云上面,游人常感目不暇接,来不及欣赏。所以山林隐

逸之士喜欢在这里栖身,水边修建了不少道士的庐舍。青溪水又往东流,
注入沮水。

沮水又屈迳其县南。晋咸和中为沮阳郡治也①。

【注释】

①咸和:晋成帝司马衍的年号(326—334)。沮阳郡:《水经注疏》杨
　守敬按:"沮阳郡不见于他书,当是晋置旋废,故《宋志》无之。"

【译文】

沮水又绕到临沮县南。晋咸和年间,这里是沮阳郡的治所。

沮水又东南迳当阳县故城北①。城因冈为阻,北枕沮
川②。其故城在东百四十里,谓之东城,在绿林长坂南③。长
坂,即张翼德横矛处也④。

【注释】

①当阳县:西汉置,属南郡。治所在今湖北当阳。

②枕:靠近,毗邻。

③绿林长坂:亦名长坂坡、栎林长坂。在今湖北当阳东北。一说在
　今城西长坂公园。

④张翼德:即张飞,字益德。三国时涿郡(今河北涿州)人。少与关羽
　俱事刘备。曾在当阳之长坂,据水断桥,瞋目横矛,击退曹操追兵。

【译文】

沮水又往东南流,经过当阳县老城北边。老城利用山冈的险阻之势
而筑,北濒沮水。老城在东面一百四十里,所以叫东城,在绿林长坂以南。
长坂,就是张翼德横矛却敌的地方。

　　沮水又东南迳驴城西、磨城东①，又南迳麦城西②。昔关云长诈降处③，自此遂叛。《传》云④：子胥造驴、磨二城以攻麦邑⑤。即谚所云：东驴西磨，麦城自破者也⑥。

【注释】

①驴城、磨城：俱在今湖北当阳东南。

②麦城：在今湖北当阳东南四十四里两河乡东北麦城村。

③关云长：字云长，本字长生。河东解（今山西临猗）人。三国蜀汉
　　名将。东汉末，亡命奔涿郡，从刘备起兵。为保麦城诈降孙权。

④《传》：具体不详。

⑤子胥：即伍子胥，名员。春秋时楚国人。父伍奢、兄伍尚为楚平王
　　所杀。伍子胥奔吴，佐吴伐楚。入郢都时，楚平王已卒，乃掘其墓，
　　鞭尸三百。后吴败越，越王勾践请和，劝王灭越，杀勾践，并阻吴
　　王伐齐，吴王均不纳，终被赐死。

⑥麦城自破：古代用驴拉磨来磨麦子，故有“东驴西磨，麦城自破”
　　之说。

【译文】

　　沮水又往东南流经驴城西边、磨城东边，又往南流经麦城西边，这就是从前关云长诈降的地方，接着又在这里反叛了。《传》说：伍子胥筑驴、磨两城来进攻麦城。就是谚语所说的：东驴西磨，麦城自破。

　　沮水又南迳楚昭王墓①，东对麦城，故王仲宣之《赋登楼》云②：西接昭丘是也③。沮水又南与漳水合焉④。

【注释】

①楚昭王墓：在今湖北当阳东南七十里。楚昭王，芈姓，熊氏，名壬，

又名轸（珍）。春秋时期楚国国君。楚平王之子。

②王仲宣：即王粲，字仲宣。山阳高平（今山东微山县）人。《赋登楼》：即《登楼赋》。是王粲避乱荆州时所作，赋文起叙登楼所见，景物信美，由此引发故乡之思。

③昭丘：即楚昭王墓。

④漳水：即今湖北中部之漳河。源出湖北南漳西南，东南流至当阳东南与沮水合，注于长江。

【译文】

沮水又往南流经楚昭王墓，陵墓东对麦城，所以王仲宣《登楼赋》说：西接昭丘。沮水继续往南流，与漳水汇合。

又东南过枝江县东①，南入于江。

沮水又东南迳长城东②。又东南流注于江，谓之沮口也③。

【注释】

①枝江县：西汉置，属南郡。治所在今湖北枝江市东北百里洲上。

②长城：即方城。《水经注疏》熊会贞按："余考《续汉志》叶县（今河南叶县）有长城，号曰方城。是方城、长城通称，准以地望，此长城在荆州之西北、当阳（今湖北当阳）之东南，即方城无疑，盖以方城、长城兼称也。"

③沮口：《水经注疏》杨守敬按："沮口当即今枝江县（今湖北枝江市）东北之江口。"

【译文】

沮水又往东南流过枝江县东边，南流入江水。

沮水又往东南流经长城东边。又往东南流，注入江水，汇流处叫沮口。

漳水

漳水出临沮县东荆山^①，东南过蓼亭^②，又东过章乡南^③。

荆山在景山东百余里新城沶乡县界^④。虽群峰竞举，而荆山独秀。

【注释】

①漳水：即今湖北中部之漳河。源出湖北南漳西南，东南流至当阳东南与沮水合，在江陵以南注于长江。临沮县：西汉置，属南郡。治所在今湖北远安西北。以临沮水为名。东汉改为临沮侯国，后复为临沮县。荆山：在今湖北南漳西。

②蓼（liǎo）亭：《水经注疏》杨守敬按："亭当在今荆门州（今湖北荆门）西北。"

③章乡：一作漳乡。在今湖北当阳东北漳水北岸。

④景山：亦名雁山。在今湖北保康西南。新城：即新城郡。三国魏黄初元年（220）改房陵郡置，属荆州。治所在房陵县（今湖北房县）。沶（shì）乡县：一作祁乡县。三国魏置，属新城郡。治所在今湖北南漳西蛮河旁长坪镇附近。

【译文】

漳水

漳水发源于临沮县东边的荆山，往东南流过蓼亭，又往东流过章乡南边。

荆山在景山东边百余里新城郡沶乡县边界上。虽然群峰竞相高举，但荆山却独出众峰之上。

漳水东南流，又屈西南，迳编县南^①，县旧城之东北百四十里也。西南高阳城②,移治许茂故城③。城南临漳水。

【注释】

①编县:西汉置,属南郡。治所在今湖北荆门西北。东晋隆安中移
　　治今当阳东北漳水东岸。

②高阳城:在今湖北兴山县北丰邑坪。三国吴置兴山县治此。

③许茂故城:在今湖北南漳。

【译文】

　漳水往东南流,又折向西南,流经编县城南,城在旧县城东北
一百四十里。西南有高阳城,后来把治所迁移到许茂旧城。城南濒临漳水。

　　又南历临沮县之章乡南。昔关羽保麦城①,诈降而遁,
潘璋斩之于此②。

【注释】

①保:依凭,凭借。麦城:在今湖北当阳东南四十四里两河镇东北麦
　　城村。相传为楚昭王所建。

②潘璋:字文珪。东郡发干(今山东冠县东南)人。三国时吴将。虽
　　为人粗猛,但治军严肃。

【译文】

　漳水又往南流经临沮县章乡南边。从前关羽为保麦城,诈降而逃,
潘璋就在这里杀了他。

　　漳水又南迳当阳县①,又南迳麦城东。王仲宣登其东南
隅②,临漳水而赋之曰:夹清漳之通浦,倚曲沮之长洲是也。

【注释】

①当阳县：西汉置，属南郡。治所在今湖北荆门西南。东晋移治今
　湖北当阳。

②王仲宣：即王粲。引文出自其《登楼赋》。

【译文】

漳水又往南流经当阳县，又往南流经麦城东边。王仲宣在东南角登
楼，面对漳水作赋，写道：依傍着澄清的漳水河湾，凭依弯曲的沮水长洲。

漳水又南，浼水注之①。《山海经》曰：浼水出东北宜诸
之山②，南流注于漳水。

【注释】

①浼（wéi）水：即湖北松滋、公安二县南之浼河。

②宜诸之山：当在今湖北当阳东南。

【译文】

漳水继续往南流，汇合了浼水。《山海经》说：浼水发源于东北的宜
诸之山，南流注入漳水。

又南至枝江县北乌扶邑①，入于沮。

《地理志》曰：《禹贡》②，南条荆山，在临沮县之东北③，
漳水所出，东至江陵入阳水④，注于沔⑤。非也。今漳水于当
阳县之东南百余里而右会沮水也⑥。

【注释】

①枝江县：西汉置，属南郡。东汉改为枝江侯国。三国魏复为枝江县。
　治所在今湖北枝江市东北。

②《禹贡》：即《尚书·禹贡》。详细记载了古代九州的划分、山川的方位、物产分布以及土壤性质等。

③临沮县：西汉置，属南郡。治所在今湖北远安西北。以临沮水为名。东汉改为临沮侯国，后复为临沮县。

④江陵：即江陵县。战国秦置，为南郡治。治所即今湖北荆州市荆州区旧江陵县。西晋为荆州治。阳水：上承江陵赤湖（在今湖北荆州市荆州区西北）。

⑤沔：即沔水。据《水经注》，北源出自今陕西留坝西，一名沮水者为沔水；西源出自今陕西宁强北者为汉水。两水合流后通称沔水或汉水。

⑥沮水：亦作睢水。即今湖北西部长江支流沮河、沮漳河。源出保康西南，东南流经远安、当阳，至荆州市西注入长江。

【译文】

又往南流到枝江县北边的乌扶邑，注入沮水。

《地理志》说：按《禹贡》，南条荆山在临沮县东北，漳水就发源于这里，往东到江陵，流进阳水，注入沔水。这不对。现在漳水在当阳县东南百余里处，在右边汇合入沮水。

夏水

夏水出江津于江陵县东南①，

江津豫章口东有中夏口②，是夏水之首，江之氾也③。屈原所谓过夏首而西浮，顾龙门而不见也④。龙门，即郢城之东门也⑤。

【注释】

①夏水：《水经》以为沔水支流。郦注以为夏水不过是沔水入江的若

干汉道中的一条而已。故道从今湖北荆州东南分江水东出,流经
监利北,折东北至仙桃附近入汉水。自此以下之汉水,亦称为夏
水。江陵县:秦置,为南郡治。治所在今湖北荆州市荆州区旧江
陵县。

②豫章口:在今湖北荆州附近。中夏口:在今湖北潜江市北。

③氾:由主流分出又汇合进主流的支流。

④屈原所谓过夏首而西浮,顾龙门而不见:语见《离骚·九章·哀
郢》。王逸注:"夏首,夏水口也。船独流为浮也。龙门,楚东门也。
言己从西浮而东行,过夏水之口,望楚东门,蔽而不见,自伤日以远
也。"屈原,名平,字原,又自云名正则,字灵均。为楚王室同姓贵族。

⑤郢城:即楚国的都城。今湖北荆州市荆州区故江陵县城西北纪
南城。

【译文】

夏水

夏水在江陵县东南从江津分出,

江津豫章口东边有中夏口,这是从江水分出的夏水的上口。屈原说:
经过夏水口向西航行,回望却看不见龙门。龙门也就是郢城的东门。

又东过华容县南①,

县,故容城矣②。《春秋·鲁定公四年》③,许迁于容城
是也④。北临中夏水,自县东北迳成都郡故城南⑤。晋永嘉
中⑥,西蜀阻乱,割华容诸城为成都王颖国⑦。

【注释】

①华容县:西汉置,属南郡。治所在今湖北监利北周家咀关西三里。

②容城:春秋许邑。在今河南鲁山县东南。与华容相距颇远,疑郦
注有误。

③鲁定公四年：前506年。

④许：一名鄦。西周初封国。姜姓。都城在今河南许昌东三十六里古城。春秋时附于楚，屡次迁都。

⑤成都郡：西晋永嘉中置。治所在华容县（今湖北监利北）。建兴二年（314）废。

⑥永嘉：西晋怀帝司马炽的年号（307—312）。

⑦成都王颖：即司马颖，字章度。河内温县（今河南温县西）人。西晋武帝第十六子。封成都王。

【译文】

夏水又往东流过华容县南边，

华容县就是旧时的容城。《春秋·定公四年》，许人迁移到容城，就是此城。容城北濒中夏水，水从华容县东北流经成都郡旧城南边。晋永嘉年间，西蜀因变乱与外界阻绝，把华容诸城划为成都王司马颖的封国。

夏水又迳交趾太守胡宠墓北①。汉太傅广身陪陵②，而此墓侧有广碑，故世谓广冢，非也。其文言是蔡伯喈之辞③。历范西戎墓南④。王隐《晋书地道记》曰⑤：陶朱冢在华容县⑥，树碑云是越之范蠡。《晋太康地记》、盛弘之《荆州记》、刘澄之《记》⑦，并言在县之西南，郭仲产言在县东十里⑧。检其碑题云：故西戎令范君之墓⑨。碑文缺落，不详其人，称蠡是其先也。碑是永嘉二年立⑩，观其所述，最为究悉，以亲迳其地，故违众说，从而正之。

【注释】

①交趾太守胡宠墓：《水经注疏》杨守敬按："在今监利县（今湖北监利）西北。"

②太傅：官名。帝王辅政之官。广：即胡广，字伯始。南郡华容（今湖北监利）人。其所辟命，皆天下名士。陪陵：古代指臣子的灵柩葬在皇帝坟墓的近旁。

③蔡伯喈：即蔡邕，字伯喈。陈留圉（今河南杞县南）人。蔡文姬之父。东汉文学家、书法家。

④范西戎墓：《水经注疏》杨守敬按："墓在今监利县西北。"

⑤王隐：字处叔。陈郡陈（今河南周口淮阳区）人。东晋史学家。撰《晋书》，今佚。

⑥陶朱：即范蠡（lǐ），字少伯。春秋末越国大夫，越王勾践忠臣。越王勾践被吴王夫差打败后，范蠡与文种辅佐勾践，恢复国力，灭掉吴国。后功成身退。

⑦《晋太康地记》：书名。又称《太康地记》。撰者不详。成书于晋太康三年（282）。记载晋初州、郡、县建制沿革、地名取义、山水、物产等。盛弘之：南朝宋文学家、史学家。曾任临川王刘义庆侍郎。所撰《荆州记》三卷，记述荆州地区的郡县城郭、山水名胜等。刘澄之：南朝宋武帝刘裕的族弟刘遵考之子。著作有《永初山川记》等。

⑧郭仲产：里籍不详。曾任南朝宋尚书库部郎。撰有《襄阳记》等。

⑨西戎令：《水经注疏》杨守敬按："《晋·地理志》无西戎县。《职官志》，武帝置西戎校尉于长安。此'令'或'校尉'之讹。"

⑩永嘉二年：308 年。

【译文】

夏水又流经交趾太守胡宠墓北。汉太傅胡广是陪葬于皇陵的，但此墓旁却有一块胡广碑，所以世人就以为是他的墓了，但实际上不是。碑文据说是蔡伯喈写的。夏水流经范西戎墓南。王隐《晋书地道记》说：陶朱公墓在华容县，立碑称，这是越国范蠡的坟墓。《晋太康地记》、盛弘之《荆州记》、刘澄之《永初山川记》，都说墓在华容县西南，郭仲产说在县东十里。细看墓碑,所题的字说:故西戎令范君之墓。碑文已剥蚀残缺,无法了解其人的生平了,只说范蠡是他的祖先。墓碑立于永嘉二年,我曾亲自到过那里,看过碑文中的记述,了解得也最清楚,所以这里应对诸说的错误加以纠正。

　　夏水又东迳监利县南①。晋武帝太康五年立②。县土卑下,泽多陂池。西南自州陵东界③,迳于云杜、沌阳④,为云梦之薮矣⑤。韦昭曰⑥:云梦在华容县。按《春秋·鲁昭公三年》⑦,郑伯如楚⑧,子产备田具以田江南之梦⑨。郭景纯言⑩,华容县东南巴丘湖是也。杜预云:枝江县、安陆县有云梦⑪,盖跨川亘隰⑫,兼苞势广矣⑬。

【注释】

①监利县:三国吴置,属南郡。治所在今湖北监利东北。

②太康五年:284 年。太康,西晋武帝司马炎的年号(280—289)。

③州陵:即州陵县。西汉置,属南郡。治所在今湖北洪湖市东北。

④云杜:即云杜县。西汉置,属江夏郡。治所在今湖北京山市。后徙治今湖北仙桃西北。西晋属竟陵郡。沌(zhuàn)阳:西晋末置,为江夏郡治。治所在今湖北武汉蔡甸区东临嶂山下。

⑤云梦之薮:古代"九薮"之一。荆州泽薮曰云梦。本在今湖北江陵以东,江汉之间。

⑥韦昭:字弘嗣。吴郡云阳(今江苏丹阳)人。三国吴史学家。后因避司马昭之讳,改为韦曜。著有《国语注》《汉书音义》。

⑦鲁昭公三年:前 539 年。

⑧郑伯:指春秋时郑国国君郑简公。

⑨子产:即春秋时郑国大夫公孙侨,字子产。执政四十余年,晋、楚

不能加兵于郑。田：田猎。江南之梦：指江南的云梦泽。

⑩郭景纯：即郭璞，字景纯。东晋河东闻喜（今山西闻喜）人。曾注《尔雅》《方言》《山海经》《穆天子传》等。

⑪枝江县：西汉置，属南郡。东汉改为枝江侯国。三国魏复为枝江县。治所在今湖北枝江市东北。安陆县：战国秦置，属南郡。治所在今湖北安陆西北五十三里。西汉属江夏郡。西晋为江夏郡治。东晋末徙治今湖北安陆。南朝宋为安陆郡治。《水经注疏》熊会贞按："《释例》楚地内，南郡枝江县西有云梦城。江夏安陆县东南亦有云梦城。"

⑫亘隰：绵延广阔的湿地。亘，延绵。隰，低洼、低湿的地方。

⑬兼苞势广：所包括的地域非常广阔。苞，通"包"。

【译文】

夏水又往东流经监利县南边。监利县在晋武帝太康五年立县。那里地势低洼，陂塘池沼很多。西南从州陵东部边界经云杜、沌阳，就是云梦泽地带。韦昭说：云梦在华容县。查考《春秋·昭公三年》，郑伯赴楚，子产准备了农具来耕耘江南的云梦。郭景纯说：云梦就是华容县东南的巴丘湖。杜预说：枝江县、安陆县有云梦，其范围包括河流与河流两侧大片湿地，地域十分宽广。

夏水又东，夏杨水注之①。水上承杨水于竟陵县之柘口②，东南流与中夏水合，谓之夏杨水。又东北迳江夏惠怀县北而东北注③。

【注释】

①夏杨水：《水经注疏》熊会贞按："今潜江县（今湖北潜江市）西南有东荆河，东南流迳江陵县、监利县（今湖北监利）境，当即夏杨水。"

②竟陵县：战国楚置。后入秦，属南郡。治所在今湖北潜江市西北。

西汉元狩二年（前 121）改属江夏郡。西晋属竟陵郡。

③江夏：即江夏郡。西汉高帝六年（前 201）置。治所在西陵县（今湖北武汉新洲区西二里）。惠怀县：东晋置，属江夏郡。治所在今湖北仙桃南。

【译文】

夏水又往东流，有夏杨水注入。夏杨水上游在竟陵县的柘口承接杨水，往东南流，与中夏水汇合，称为夏杨水。又往东北流经江夏惠怀县北边，向东北流去。

又东至江夏云杜县①，入于沔。

应劭《十三州记》曰②：江别入沔为夏水源。夫夏之为名，始于分江。冬竭夏流，故纳厥称。既有中夏之目，亦苞大夏之名矣。当其决入之所，谓之堵口焉③。郑玄注《尚书》④，沧浪之水⑤，言今谓之夏水。来同，故世变名焉。刘澄之著《永初山川记》云：夏水，古文以为沧浪，《渔父》所歌也。因此言之，水应由沔。今按夏水是江流沔，非沔入夏。假使沔注夏，其势西南，非《尚书》又东之文。余亦以为非也。自堵口下，沔水通兼夏目，而会于江，谓之夏汭也⑥。故《春秋左传》称⑦，吴伐楚，沈尹射奔命夏汭也⑧。杜预曰：汉水曲入江，即夏口矣⑨。

【注释】

①云杜县：西汉置，属江夏郡。治所在今湖北京山市。后徙治今湖北仙桃西北。

②应劭《十三州记》：应劭，字仲远，一作仲瑗。汝南南顿（今河南项城）人。东汉末学者。撰有《风俗通义》《汉官仪》《地理风俗记》

等。其《十三州记》,郑德坤《水经注引书考》:"注中引记文颇多,
然《隋志》《两唐志》均不录。"

③堵口:在今湖北仙桃东,为古夏水入沔水(今汉江)之口。

④郑玄:字康成。北海高密(今山东高密)人。东汉著名的经学家。
遍注群经。

⑤《渔父》所歌:见《楚辞·渔父》:"渔父莞尔而笑,鼓枻而去,乃歌
曰:'沧浪之水清兮,可以濯我缨;沧浪之水浊兮,可以濯我足。'
遂去,不复与言。"

⑥夏汭(ruì):当汉水(汉水自沔阳以下兼称夏水)入江之口,即汉口
(今湖北武汉汉口区)。汭,支流注入干流的尾端。

⑦《春秋左传》:此指《左传·昭公四年》。

⑧沈尹射:沈之县尹,名射。沈,在今安徽临泉。

⑨夏口:又称沔口。为夏水(汉水)入长江之口。三国吴黄武二年(223)
在大江东岸今湖北武汉黄鹄山(俗称蛇山)东北筑城,因名夏口。

【译文】

夏水又往东流到江夏郡云杜县,注入沔水。

应劭《十三州记》说:从江水分支流入沔水的是夏水的水源。夏水
一名,是由分江而来的。冬天水涸断流,到了夏天又有水流通了,所以有
夏水之称。此水既有中夏的称呼,也就包含了大夏一名了。水流注入处,
称为堵口。郑玄注《尚书》,释沧浪之水时说,现在叫夏水。来源相同,只
是年代久远,名称也变了。刘澄之著《永初山川记》说:夏水,古文以为
就是沧浪,《楚辞·渔父》歌中曾唱到它。照此说来,夏水应当是从沔水
流过来的。但现在看来,夏水是江水分支流入沔水,而不是从沔水注入
夏水的。若是沔水注入夏水,那么就势必往西南流,不会有《尚书》中又
往东流的说法了。我也以为不是这样的。从堵口以下起,沔水统兼夏水
之名,与江水汇合,称为夏汭。《春秋左传》说,吴攻楚,沈尹射逃到夏汭。
杜预说:汉水曲折长流入江,汇流处就是夏口。

羌水

羌水出羌中参狼谷①，

彼俗谓之天池白水矣。《地理志》曰：出陇西羌道②。东南流迳宕昌城东③，西北去天池五百余里。

【注释】

①羌水：又名强川。即发源于今甘肃岷县东南之岷江。因在羌族地区而得名。屈曲东南至今舟曲东与古桓水（今白龙江）合，又东南至今四川广元西南注入西汉水（今嘉陵江）。故今白龙江、白水江与岷江合流的一段，古时皆有羌水之名。羌中：秦汉时指羌族居住的地区。即今青海、西藏及四川西北部、甘肃西南部。

②陇西：即陇西郡。战国秦昭襄王二十八年（前279）置。治所在狄道县（今甘肃临洮南）。以在陇山之西而得名。羌道：即羌道县。西汉置，属陇西郡。治所在今甘肃舟曲西北。

③宕昌城：在今甘肃宕昌西南。北魏时为宕昌国都城。

【译文】

羌水

羌水发源于羌中县参狼谷，

羌水俗称天池白水。《地理志》说：发源于陇西羌道，往东南流经宕昌城东边，宕昌城西北距天池五百余里。

羌水又东南迳宕婆川城东而东南注①。昔姜维之寇陇右也②，闻锺会入汉中③，引还。知雍州刺史诸葛绪屯桥头④，从孔函谷将出北道⑤，绪邀之此路⑥，维更从北道。渡桥头入剑阁⑦，绪追之不及。

【注释】

①宕婆川城:《水经注疏》杨守敬按:"城当在今阶州(今甘肃陇南市武都区)西北。"

②姜维:字伯约。天水冀(今甘肃甘谷)人。本为魏将,后归蜀,得诸葛亮信重,迁征西将军。亮死,继领其军。后任大将军,屡攻魏无功。魏军攻蜀,他坚守剑阁,刘禅出降,始被迫降于锺会。咸熙元年(264),锺会叛魏,他伪与联结,拟乘机恢复蜀汉,事败被杀。寇:侵扰,侵略。陇右:古地区名。泛指陇山以西地区。古代以西为右,故名。相当于今甘肃陇山、六盘山以西,黄河以东一带。

③锺会:字士季。三国魏颍川长社(今河南长葛)人。锺繇子。司马昭重要谋士。司马昭欲大举图蜀,以会为镇西将军、假节都督关中诸军事。因接受姜维投降,封为司徒,进封县侯。后有异志,被司马昭乱兵所杀。汉中:即汉中郡。战国秦惠王更元十三年(前312)置。治所在南郑县(今陕西汉中东)。因汉水而得名。

④诸葛绪:琅邪阳都(今山东沂南)人。任魏历太山太守、雍州刺史。入晋后为太常、卫尉等官。桥头:在今甘肃文县东南白龙江畔。

⑤孔函谷:在今甘肃舟曲南。

⑥邀:拦截,阻拦。

⑦剑阁:在今四川剑阁东北剑门镇剑门关。在大剑山口,两崖相对,关置于上,为戍守要地。

【译文】

羌水又往东南流经宕婆川城东边,向东南流去。从前姜维进犯陇右,听说锺会已进入汉中,就领兵退回。他知道雍州刺史诸葛绪驻兵于桥头,从孔函谷将要往北路走,诸葛绪在这条路上拦截他,但姜维却改走北路。他渡过桥头,进入剑阁,诸葛绪去追,却没有追上。

羌水又东南,阳部水注之①。水发东北阳部溪②,西南迳安民戍^③，又西南注羌水。

【注释】

①阳部水：《水经注疏》杨守敬按："水当在今阶州（今甘肃陇南市武都区）西。"

②阳部溪：当在今甘肃陇南市武都区。

③安民戍：《水经注疏》杨守敬按："戍当在今阶州西北。"

【译文】

羌水又往东南流，阳部水注入。阳部水发源于东北的阳部溪，往西南流经安民戍，又往西南注入羌水。

又东南迳武街城西南^①，又东南迳葭芦城西^②，羊汤水入焉^③。水出西北阴平北界汤溪^④，东南迳北部城北^⑤，又东南迳五部城南^⑥，东南右合姜水^⑦。傍西南出，即水源所发也。

【注释】

①武街城：当在今甘肃成县西北。

②葭芦城：亦作茄芦城。在今甘肃陇南市武都区东南七十里白龙江东岸。

③羊汤水：《水经注疏》杨守敬按："《文县志》有五渡河，在县北七十里，源出洋汤池，东入白龙江，即羊汤水也。"

④阴平：即阴平县。西汉武帝置阴平道，属广汉郡。为北部都尉治。治所在今甘肃文县西北五里。东汉为广汉属国治。三国魏改为阴平县。

⑤北部城：在今甘肃文县东北。

⑥五部城：《水经注疏》杨守敬按："此城当在今阶州（今甘肃陇南市武都区）西。"

⑦妄水:《水经注疏》熊会贞按:"水当在今阶州西南。"

【译文】

羌水又往东南流经武街城西南,又往东南流经葭芦城西边,羊汤水注入。羊汤水发源于西北方阴平北境的汤溪,往东南流经北部城北边,又往东南流经五部城南边,往东南流,在右边汇合了妄水。妄水从西南流来,水源所出处不远。

羌水又迳葭芦城南,迳馀城南,又东南,左会五部水。水有二源,出南、北五部溪①,西南流合为一水,屈而东南注羌水。

【注释】

①五部溪:《水经注疏》熊会贞按:"此五部溪当在今阶州(今甘肃陇南市武都区)东南,因有二源,分为北五部溪、南五部溪。"

【译文】

羌水又流经葭芦城南,流经馀城南,又往东南流,在左边汇合了五部水。五部水有两个源头,出自南五部溪和北五部溪,往西南流,合成一条,然后转向东南,注入羌水。

羌水又东南流至桥头合白水。东南去白水县故城九十里①。

【注释】

①白水县:西汉置,属广汉郡。治所在今四川青川东北沙州镇。

【译文】

羌水又往东南流,到桥头汇合了白水。桥头东南距白水老城九十里。

又东南至广魏白水县^①，与汉水合。又东南过巴郡阆中县^②，又南至垫江县东^③，南入于江。

【注释】

①广魏：即广魏郡。三国魏置，属雍州。治所在临渭县（今甘肃天水东北，南临渭水）。

②巴郡：东汉兴平元年（194）刘璋分巴郡为三郡，以垫江以上置巴郡，属益州。治所在安汉县（今四川南充北）。阆（làng）中县：战国秦惠文王于巴国别都阆中置，属巴郡。治所在今四川阆中。

③垫江县：战国秦置，属巴郡。治所在今重庆合川区。

【译文】

羌水又往东南流，到广魏郡白水县与汉水汇合。又往东南流过巴郡阆中县，又往南到垫江县东边，南流入江。

涪水

涪水出广魏涪县西北^①，

涪水出广汉属国刚氐道徼外^②，东南流迳涪县西。王莽之统睦矣。臧宫进破涪城^③，斩公孙恢于涪^④。自此水上，县有潺水^⑤。出潺山^⑥，水源有金银矿。洗取火合之，以成金银。潺水历潺亭而下注涪水^⑦。

【注释】

①涪（fú）水：亦名涪江、内水、垫江水。为嘉陵江南支。源出四川，于重庆合川区南注入嘉陵江。广魏：应为广汉。涪县：西汉高帝六年（前201）置，属广汉郡。治所在今四川绵阳涪江东岸。

②广汉属国：东汉永初三年（109）改广汉北部都尉置，后属益州。

治所在阴平道（今甘肃文县西五里）。刚氐道：亦作刚瓩道。西汉
置，属广汉郡。治所在今四川平武东南三十里古城镇。东汉属广
汉属国都尉。三国蜀汉改为刚氐县。徼（jiào）：边界，边塞。

③臧宫：字君翁。颍川郏县（今河南郏县）人。从光武帝刘秀征战，
诸将多称其勇。以谨信质朴，故常见任用。

④公孙恢：扶风茂陵（今陕西兴平东北）人。公孙述弟。时更始初立，
天下动荡。述自立为蜀王，都成都。光武建武元年（25），述自称
天子，号成家，建元龙兴，以恢为大司空。十二年，述败，恢为光武
将臧宫所杀。

⑤潺水：亦作屏江。即今重庆涪江西支流凯江。

⑥潺山：亦作屏山，又名潺亭山。在今四川德阳罗江区西南。

⑦潺亭：当在今四川德阳罗江区。

【译文】

涪水

涪水发源于广汉郡涪县西北，

涪水发源于广汉属国刚氐道的境外，往东南流经涪县西边。涪县就
是王莽的统睦。臧宫进军攻破涪城，就在这里杀了公孙恢。从这里溯流
而上，县境内有潺水。潺水发源于潺山，水源有金银矿。用水来淘取矿砂，
用火来熔冶，就可以制成金银。潺水流经潺亭，注入涪水。

涪水又东南迳绵竹县北①。臧宫溯涪至平阳②，公孙述
将王元降③，遂拔绵竹。

【注释】

①绵竹县：西汉置，属广汉郡。治所在今四川德阳北黄许镇。

②平阳：《水经注疏》熊会贞按："平阳乡，当在今绵竹县（今四川绵
竹）界。"

③公孙述：字子阳。扶风茂陵（今陕西兴平东北）人。新莽时，为导江
　卒正（蜀郡太守）。后起兵，据益州称帝，号成家。建武十二年（36），
　为汉军所破，被杀。王元：字惠孟。新莽末年长陵（今陕西咸阳）人。
　隗嚣割据河西时，任大将军。隗嚣死，王元复奔蜀投公孙述，为将军。
　后举众诣降东汉。初拜上蔡令，迁东平相。后因垦田不实，下狱死。

【译文】

涪水又往东南流经绵竹县北边。臧宫从涪江逆流而上，直到平阳，
公孙述的部将王元投降，于是攻取了绵竹。

涪水又东南与建始水合①。水发平洛郡西溪②，西南流
屈而东南流，入于涪。

【注释】

①建始水：《水经注疏》杨守敬按："此水发郡西溪，惟今白马河足以当
　之。白马河出平武县（今四川平武）东北，西南流至县西北入洛。"
②平洛郡：《水经注疏》杨守敬按："《涪水注》亦云，建始水发平洛郡
　西溪，而《地形志》脱此郡，当在今平武县东北。"

【译文】

涪水又往东南流，与建始水汇合。建始水发源于平洛郡的西溪，先
往西南流，然后转向东南，注入涪水。

涪水又东南迳江油戍北①。邓艾自阴平景谷步道②，悬
兵束马入蜀③，迳江油、广汉者也④。

【注释】

①江油戍：亦作江由戍、江油关。在今四川平武东南南坝镇旧州。
②邓艾：字士载。义阳棘阳（今河南南阳南）人。三国魏镇西将军，

与郭淮共拒蜀将姜维。阴平：即阴平县。西汉武帝置阴平道,属广
汉郡。为北部都尉治。治所在今甘肃文县西北五里。东汉为广汉
属国治。三国魏改为阴平县。景谷步道：景谷为今四川青川东北白
水镇西之青川河(古名西谷水)河谷,沿此河谷道路,称为景谷道。

③悬兵：把兵器收起来。束马：包裹马足,以防滑跌。形容山路险隘
难行。

④江油：即江油郡。北魏孝武帝时置。治所在今四川平武东南涪江
西岸南坝镇北旧州。

【译文】

涪水继续往东南流,经过江油戍北边。邓艾从阴平县景谷小路跋山
历险奇袭蜀国,就是经过江油、广汉的。

涪水又东南迳南安郡南①,又南与金堂水会②。水出广
汉新都县③,东南流入涪。

【注释】

①南安郡：南朝宋置,属益州。治所在南安县(今四川剑阁下寺镇西
南普安镇)。梁于此置南梁州(后改安州)。

②金堂水：亦名金堂河。即今四川金堂境内之沱江。

③新都县：本战国时蜀国之新都。后置县,秦属蜀郡,西汉属广汉郡。
治所在今四川新都东二里。

【译文】

涪水又往东南流经南安郡南边,又南流与金堂水汇合。金堂水发源
于广汉郡新都县,往东南流,注入涪水。

涪水又南,枝津出焉,西迳广汉五城县为五城水①,又
西至成都入于江②。

【注释】

①五城县:三国蜀汉置,属广汉郡。治所在今四川中江县东南。五城水:即今重庆涪江支流凯江。

②成都:战国时蜀国都城。在今四川成都,与广都、新都号为三都。

【译文】

涪水又往南流,分出一条支水,西经广汉郡五城县,叫五城水,又西流到成都,注入江水。

南至小广魏①,与梓潼水合②。

小广魏,即广汉县地③,王莽更名曰广信也。

【注释】

①小广魏:亦名广魏县。治所在今四川射洪南六十里柳树镇。后改广汉县。

②梓潼水:即今四川梓潼、盐亭、射洪等境之潼江、梓江。

③广汉县:西汉高帝六年(前201)置,属广汉郡。治所在今四川射洪南六十里柳树镇。

【译文】

涪水往南到小广魏,与梓潼水汇合。

小广魏,是广汉县地区,王莽改名为广信。

梓潼水

梓潼水出其县北界,西南入于涪。

故广汉郡①,公孙述改为梓潼郡②。刘备嘉霍峻守葭萌之功③,又分广汉以北,别为梓潼郡,以峻为守。县有五女,蜀王遣五丁迎之,至此见大蛇入山穴,五丁引之,山崩,压五丁及五女，因氏山为五妇山^④，又曰五妇候。驰水所出，一曰五妇水，亦曰潼水也。其水导源山中，南迳梓潼县^⑤。王莽改曰子同矣。自县南迳涪城东^⑥，又南入于涪水，谓之五妇水口也。

【注释】

①广汉郡：汉高帝六年（前201）分巴、蜀二郡置。治所在乘乡（一作绳乡，在今四川金堂东）。东汉移治涪县（今四川绵阳东），又治雒县（今四川广汉北）。

②梓潼郡：东汉建安二十二年（217）刘备置，属益州。治所在梓潼县（今四川梓潼）。西晋属梁州，永嘉后移治涪县（今四川绵阳涪江东岸）。

③刘备：字玄德。涿郡涿县（今河北涿州）人。西汉中山靖王刘胜的后代，三国时期蜀汉开国皇帝。霍峻：字仲邈。三国蜀汉南郡枝江（今湖北枝江市东北）人。初依刘表，后归刘备，为中郎将。刘备自葭萌南还袭刘璋，留峻守葭萌城。张鲁使人诱之，峻坚拒不从。后刘璋将扶禁、向存等率万余人攻围之，且一年，不能下。葭萌：古邑名。本苴邑，在今四川广元西南昭化镇。

④五妇山：又名五妇候。今四川梓潼东北。

⑤梓潼县：西汉元鼎元年（前116）置，为广汉郡治。治所在今四川梓潼。

⑥涪城：在今四川绵阳东涪江东岸。

【译文】

梓潼水

梓潼水发源于该县北界，往西南注入涪水，

小广魏，就是旧时的广汉郡，公孙述改名为梓潼郡。刘备嘉奖霍峻守葭萌有功，又划广汉北部另立梓潼郡，派霍峻当太守。县里有五个姑娘,蜀王派遣五个兵丁去迎她们,到了这里,看见一条大蛇爬进山洞,五个兵丁去拖它,拉崩了山,五个兵丁和五个姑娘都被压在下面,因此称此山为五妇山,又叫五妇候。驰水就发源于这里,又名五妇水,也叫潼水。这条水发源于山中,往南流经梓潼县。王莽改名为子同。水从县南流经涪城东边,又往南注入涪水,汇流处叫五妇水口。

又西南至小广魏南,入于垫江^①。

亦言涪水至此入汉水,亦谓之为内水也^②。北迳垫江。昔岑彭与臧宫自江州从涪水上^③,公孙述令延岑盛兵于沈水^④。宫左步右骑,夹船而进,势动山谷,大破岑军,斩首、溺水者万余人,水为浊流。沈水出广汉县,下入涪水也。

【注释】

①垫江:即涪水。

②内水:亦称内江。今四川之涪江,为嘉陵江之主要支流。

③岑彭:字君然。南阳棘阳(今河南南阳东南)人。王莽时为本县长。后归光武帝刘秀,以为邓禹军师。击秦丰有功,封为舞阴侯。曾镇压荆州等地的割据势力,后率军进攻公孙述,进至成都附近,被公孙述派人刺死。臧宫:字君翁。颍川郏县(今河南郏县)人。从光武帝刘秀征战,诸将多称其勇。以谨信质朴,故常见任用。江州:即江州县。战国周慎王五年(前316)秦灭巴国置,为巴郡治。治所在今重庆市区嘉陵江北岸。

④延岑:字叔牙。南阳(今河南南阳)人。东汉地方割据者。沈水:即今四川射洪东南洋溪河。

【译文】

梓潼水又往西南流,到小广魏以南注入垫江。

也有人说,涪水到这里注入汉水,又称内水。在北面流经垫江。从前岑彭和臧宫从江州出发循涪水而上,公孙述命令延岑在沈水部署强大的兵力。臧宫左翼为步兵,右翼为骑兵,在两边拥着船前进,声势震动整个山谷,大败延岑军,斩首和落水淹死的多达万余人,把整条江水都弄浑浊了。沈水发源于广汉县,下注于涪水。

涔水

涔水出汉中南郑县东南旱山①,北至安阳县②,南入于沔。

涔水,即黄水也③。东北流迳成固南城北④。城在山上,或言韩信始立⑤,或言张良创筑⑥,未知定所制矣。义熙九年⑦,索遏为果州刺史⑧,自成固治此,故谓之南城。城周七里,衿涧带谷⑨,绝壁百寻⑩。北谷口造城东门,傍山寻涧,五里有余,盘道登陟,方得城治。城北水旧有桁⑪,北渡涔水。水北有赵军城⑫,城北又有桁,渡沔取北城。城,即大成固县治也⑬。黄水右岸有悦归馆⑭,涔水历其北,北至安阳。左入沔,为涔水口也⑮。

【注释】

①涔(cén)水:据《水经》,在今陕西汉中南郑区。但今为何水,不得而知。汉中:即汉中郡。战国秦惠王更元十三年(前312)置。治所在南郑县(今陕西汉中东)。因汉水而得名。东汉末张鲁改为汉宁郡。东汉建安二十年(215)复改为汉中郡。南郑县:战国秦置,为汉中郡治。旱山:在今陕西汉中南郑区南。

②安阳县:西汉置,属汉中郡。治所在今陕西洋县北。三国魏移治

今陕西石泉东南。

③黄水:《水经注疏》杨守敬按:"黄水当鬵(qín)水之误,即《汉志》安阳之鬵水也。淁、鬵通,鬵与黄形近,故致讹……水在今城固县(今陕西城固)南,或以出西乡县(今陕西西乡)东南之洋河当之。"译文从之。

④成固南城:在今陕西城固东八里湑水河西岸。

⑤韩信:秦末淮阴(今江苏淮安淮阴区)人。初从项羽,后归刘邦,拜为大将,帮助刘邦打败项羽,战功卓著,与萧何、张良合称汉兴三杰。

⑥张良:即留侯张子房。韩人,因在博浪沙刺杀秦始皇未遂,而被大索天下,求贼甚急。改名,亡匿下邳。在下邳为黄石公取履,黄石公授其《太公兵法》。刘邦起事,辅佐刘邦。能运筹帷幄之中,决胜千里之外。西汉建立,甚有功焉。封为留侯。

⑦义熙九年:413年。义熙,东晋安帝司马德宗的年号(405—418)。

⑧索邈:当为索邈之讹。索邈,敦煌(今甘肃敦煌)人。东晋义熙中为梁州刺史。陈桥驿编著《水经注地名汇编》引钱大昕曰:"六朝无果州之名,必是梁州之讹。《通鉴》是年有索邈为梁州刺史。邈与邈字形相涉,其为梁州无疑。"译文从之。

⑨衿涧:溪涧像衣领一样交汇于此。带谷:四周缠绕着山谷。

⑩百寻:形容极高。寻,古代一寻为八尺。

⑪桁(háng):浮桥。

⑫赵军城:《水经注疏》熊会贞按:"城当在今城固县南。"

⑬大成固县治:即城固县治。在今陕西城固东八里湑水河西岸。

⑭悦归馆:《水经注疏》熊会贞按:"馆当在今城固县南。"

⑮淁水口:一作三水口。当在今陕西城固。《水经注疏》熊会贞按:"汉水居中,壻水于此南入汉,淁水于此北入汉,三水相会,因名三水口。"

【译文】

浈水

浈水发源于汉中郡南郑县东南的旱山,往北流到安阳县,往南注入沔水。

浈水就是鬵水。往东北流经成固南城北边。城在山上,有人说是韩信开始修筑的,也有人说是张良创建的,不知到底是谁造的。义熙九年,索邈任梁州刺史,身在成固而设治于此,所以叫南城。城周长七里,前临山涧,四周山谷环绕,悬崖绝壁高不可攀。从北边谷口到城东门,沿山边循着溪涧走,从盘旋曲折的山路登山,约五里余,才到城里。城北水上旧时有浮桥,可通浈水北岸。水北有赵军城,城北又有一道浮桥跨过沔水,可到北城。这座北城就是大成固县的治所。鬵水右岸有悦归馆,浈水流经馆北,北流到安阳县。在左边注入沔水,汇流处叫浈水口。

卷三十三

江水一

【题解】

　　卷三十三、三十四、三十五三卷都是《江水》。在古代，"江"是长江的专名。"江水"是古代对长江的正规称呼，简称就作"江"。《水经注》全书约有近二十个卷篇都提及"江"，指的就是长江。另外，如同黄河称为"大河"一样，长江也被称为"大江"。《水经注》全书约有十多个卷篇提到"大江"这个名称。但包括《经》文和《注》文，《水经注》全书没有出现"长江"这个名称。从现存的古代文献来看，"长江"一名三国时期已经出现。《三国志·吴书·周瑜传》"且将军大势，可以拒操者，长江也"，又《鲁肃传》"竟长江所及，据而有之"，均是其例。但大概由于这个名称尚未广泛流行，所以《水经注》没有使用。

　　《水经》记述的长江之源是："岷山在蜀郡氐道县，大江所出，东南过其县北。"这是因为《禹贡》说："岷山导江，东别为沱。"《禹贡》是经书，在古代受到极大的尊重，大家都不敢背离它，所以郦道元也只好顺着《水经》说："岷山，即渎山也，水曰渎水矣。又谓之汶阜山，在徼外，江水所导也。"

　　其实，古人很早就知道，长江还有比岷江更长的源流。《山海经·海内经》说："有巴遂山，绳水出焉。"这个绳水，就是长江的正源金沙江。《海内经》一般认为是西汉初期的作品,说明人们对于江源的认识,到西汉初期,已比《禹贡》成书的年代即战国末期前进了一步。到了《汉书·地理志》,情况就更为清楚:"绳水出徼外,东至僰道入江。"僰道即今四川宜宾,正是金沙江与岷江汇合之处。

《水经注》记载的长江上游,又大大地超过了《汉书·地理志》。卷三十六《若水》篇说:"绳水出徼外,《山海经》曰,巴遂之山,绳水出焉。东南流,分为二水:其一水枝流东出,迳广柔县,东流注于江;其一水南迳旄牛道,至大莋与若水合,自下亦通谓之绳水矣。"若水即今雅砻江,若水与绳水汇合,其下游仍称绳水,这条绳水,就是今金沙江。《若水》篇最后说:"若水至僰道,又谓之马湖江。绳水、泸水、孙水、淹水、大渡水,随决入而纳通称。是以诸书录记群水,或言入若,又言注绳,亦咸言至僰道入江。正是异水沿注,通为一津,更无别川可以当之。"从这段《注》文中,可见郦道元对当时长江上游的干支流情况,已经清楚了。《注》文中的绳水,即今金沙江的通称,淹水是今金沙江的上游,泸水是今金沙江的中游,马湖江是今金沙江的下游,孙水是今安宁河,大渡水是今康定西的坝拉河。尽管他没有突破《禹贡》的框框,仍把岷江作为长江的正源,但在实际上已经把长江上游的干支流分布记载清楚了。

此外,他在卷三十七《淹水》篇中,《注》文还叙述了:"淹水迳(姑复)县之临池泽而东北,迳云南县西,东北注若水也。"临池泽即今云南永胜南的程海,这是《水经注》明确记载的长江干流所到达的最远之处,说明郦道元对长江上游所掌握的资料已经相当可观了。

卷三十五《江水》篇在记载到今湖北与江西两省交界处的青林湖后就告结束。虽然以上《沔水》篇的"题解"中已经说明,长江的最后一段,可能已合入《沔水》篇中。自来郦学家也有认为《江水》应该尚有第四篇,但这第四篇已经亡佚。戴震在武英殿本《水经注·江水》结束后做了案语,认为郦道元在《沔水》篇中所写的江水很简略,详细内容当在《江水》篇中。他说:"(《沔水》)下雉县以下大江入海之大略固具,在道元于《江水》

叙次必详悉,自宋时已阙逸矣。"全祖望在其《水经·江水篇跋》(《鲒埼亭集外编》卷二十二)中也说:"《江水》失去第四篇,而青林湖以下竟无考。"

《水经注》是一部残籍,这类问题很多,无法详究。读者如需进一步深入研究《江水》篇,可参阅陈桥驿《水经·江水注研究》一文,此文发表于《杭州大学学报》(哲学社会科学版 1984 年第 2 期,又收入《水经注研究二集》,山西人民出版社出版)。

江水一

岷山在蜀郡氐道县①,大江所出②,东南过其县北。

岷山,即渎山也,水曰渎水矣。又谓之汶阜山,在徼外③,江水所导也。《益州记》曰④:大江泉源,即今所闻,始发羊膊岭下⑤。缘崖散漫,小水百数,殆未滥觞矣⑥。东南下百余里至白马岭⑦,而历天彭阙⑧,亦谓之为天彭谷也。秦昭王以李冰为蜀守⑨,冰见氐道县有天彭山,两山相对,其形如阙,谓之天彭门,亦曰天彭阙。江水自此已上至微弱,所谓发源滥觞者也。汉元延中⑩,岷山崩,壅江水⑪,三日不流。扬雄《反离骚》云⑫:自岷山投诸江流,以吊屈原⑬,名曰《反骚》也。

【注释】

①岷山:亦作崏山、汶山、渎山、汶阜山、汶焦山。在今四川西北部,绵延四川、甘肃两省边境。为岷江水系与嘉陵江水系的发源处,高山白雪皑皑。蜀郡:周赧王元年(前 314)秦惠王置。治所在成都县(今四川成都)。氐道县:西汉置,以其地为氐族所居,故名。治所在今甘肃武山县东南。东汉末废。

②大江:即江水。今长江。

③徼外:边塞之外。

④《益州记》：书名。《水经注疏》杨守敬按："宋任豫、梁李膺并有《益
　　州记》，此未详谁作。"

⑤羊膊岭：亦名大分水岭。在今四川松潘西北二百四十里，为岷山
　　支脉。岷江西支发源于此。

⑥滥觞（làn shāng）：本指江河发源的地方，水少只能浮起酒杯。泛
　　指事物的起源。

⑦白马岭：即今四川松潘西北之喇嘛岭。

⑧天彭阙：亦称天彭谷。在今四川松潘西北。

⑨秦昭王：即秦昭襄王嬴稷，一名则。战国时秦国国君。李冰：战国
　　末秦水利专家。秦昭王时为蜀郡太守。与其子一同修建了都江堰，
　　以灌溉诸郡，造福于蜀地人民。

⑩元延：西汉成帝刘骜（ào）的年号（前 12—前 9）。

⑪雍：堵塞，阻塞。

⑫扬雄《反离骚》：扬雄，一作杨雄，字子云。蜀郡成都（今四川成都）
　　人。西汉文学家。其《反离骚》，为凭吊屈原之作。名虽为反，实
　　际上却是在哀吊屈原。

⑬吊：凭吊，吊唁。屈原：名平，字原，又自云名正则，字灵均。为楚
　　王室同姓贵族。深得楚怀王信任，曾任三闾大夫、左徒等官职。
　　后深感挽救楚国危亡无望，悲叹国事衰落，自沉于汨罗江中。

【译文】

江水一

岷山在蜀郡氐道县，大江就发源于这里，往东南流过县北。
岷山就是渎山，水叫渎水。又叫汶阜山，远在边境以外，江水就发源
于那里。《益州记》说：大江的源泉，按现今所知，开头是从羊膊岭下流出。
众多的泉水沿着山崖之下展布，形成数以百计的涓涓细流，浅得几乎连
酒杯也浮不起。水向东南流泻百余里，到达白马岭，经过天彭阙，天彭阙
又叫天彭谷。秦昭王派李冰当蜀郡太守，李冰见氐道县有天彭山，两山

相对，形状如门，称为天彭门，又叫天彭阙。江水在此以上的河段，非常细小，所谓发源时只能浮起酒杯，就指的是这里。汉元延年间，岷山崩塌，堵塞了江水，以致江水三日不流。扬雄作赋，在《反离骚》中说：从岷山投入江流之中，以吊屈原，名为《反骚》。

　　江水自天彭阙东迳汶关①，而历氏道县北。汉武帝元鼎六年②，分蜀郡北部置汶山郡以统之③。县，本秦始皇置，后为昇迁县也④。《益州记》曰：自白马岭回行二十余里至龙涸⑤，又八十里至蚕陵县⑥，又南下六十里至石镜⑦，又六十余里而至北部⑧，始百许步。

【注释】

①汶关：《水经注疏》杨守敬按："关当在今松潘厅（治今四川松潘）西北，或谓即西北二十八里之虹桥关。"

②元鼎六年：前111年。元鼎，西汉武帝刘彻的年号（前116—前111）。

③汶山郡：西汉元鼎六年（前111）置。治所在汶江县（今四川茂县北）。

④昇迁县：西晋改湔（jiān）氐道置，属汶山郡。治所在今四川松潘西北。

⑤龙涸：又名龙鹤、龙鹄。在今四川松潘。

⑥蚕陵县：西汉元鼎六年（前111）置，属汶川郡。治所在今四川茂县西北一百二十里叠溪镇南迭溪。

⑦石镜：即石镜山。在今四川茂县西北。山侧有石，圆径二尺，明澈如镜，故名。

⑧北部：即北部都尉。西汉地节三年（前67）改汶山郡置。治所在汶江县（今四川茂县北三里）。

【译文】

江水从天彭阙东经汶关，又流过氐道县北面。汉武帝元鼎六年，划蜀郡北部设置汶山郡,以管辖该县。氐道县原是秦始皇所置,后来改为升迁县。《益州记》说:江水从白马岭萦纡流奔二十余里到龙涧,又八十里到蚕陵县,又南下六十里到石镜,又六十余里到北部都尉治,江宽才有百余步。

又西百二十余里至汶山故郡①,乃广二百余步;又西南百八十里至湿坂②,江稍大矣。故其精则井络瀍曜③,江、汉晒灵④。《河图括地象》⑤:岷山之精,上为井络,帝以会昌,神以建福。故《书》曰⑥:岷山导江。泉流深远,盛为四渎之首⑦。《广雅》曰:江,贡也⑧。《风俗通》曰:出珍物,可贡献。《释名》曰:江,共也,小水流入其中,所公共也⑨。

【注释】

①汶山故郡:《水经注疏》熊会贞按:"《宋》《齐志》无汶山县,而汶山郡治都安,则晋时已他徙,故称故郡耳。"

②湿坂:亦作湿坂山。在今四川汶川南漩口镇东北。

③井络:此指井星,二十八星宿之一。瀍曜:一作垂耀。垂下光辉。

④晒(bǐng)灵:灿烂,照耀。

⑤《河图括地象》:书名。汉代谶纬类著作。撰者不详。

⑥《书》:这里指《尚书·禹贡》。

⑦四渎:古代把长江、黄河、淮河、济水合称为四渎。

⑧江,贡也:语见《广雅·释水》。

⑨"江"几句:语见《释名·释水》。

【译文】

江水又西流一百二十余里,到达旧汶山郡时,宽度才有两百余步;又向西南奔流了一百八十里,到湿坂,江才稍大了一点。所以有了它的精气,井星就熠熠生辉,大江、汉水,灵光照耀。《河图括地象》说:岷山的精气,上升成为井星,帝王因其会合而昌盛,神明赖以为人类造福。所以《尚书》说:岷山是江水所出处。泉流既深且远,流量之大,在四渎之中首屈一指。《广雅》说:江,就是贡的意思。《风俗通》说:江里出产稀珍之物,可以朝贡。《释名》说:江,就是共的意思,小水流进江中,因而是诸水所公共的。

东北百四十里曰崃山①,中江所出,东注于大江。崃山,邛崃山也,在汉嘉严道县②,一曰新道南山。有九折坂③,夏则凝冰,冬则毒寒,王阳按辔处也④。平恒言⑤:是中江所出矣。郭景纯《江赋》曰⑥:流二江于崌崃⑦。又东百五十里曰崌山,北江所出,东注于大江。《山海经》曰:崌山,江水出焉,东注大江。其中多怪蛇⑧。

【注释】

①崃(lái)山:又名邛崃山。即今四川荥经与汉源交界之大相岭山。

②汉嘉:即汉嘉郡。三国蜀汉章武元年(221)改蜀郡蜀国都尉置,属益州。治所在汉嘉县(今四川芦山县)。严道县:秦置,属蜀郡。治所在今四川荥经西五里古城坪。后属汉嘉郡。

③九折坂:亦名邛崃坂。即今四川汉源北清溪镇北大相岭山南坡山道七十四盘。

④王阳按辔处:琅邪王阳为益州刺史,行部至邛崃九折坂,叹曰:"奉先人遗体,奈何数乘此险!"后以病去。王阳,一作王吉,字子阳。琅邪皋虞(今山东青岛即墨区)人。宣帝时为益州刺史。按辔,紧扣马缰绳使马缓行或停止。

⑤平恒:字继叔。北魏燕郡蓟县(今北京)人。勤学博闻,安贫乐道。

　　曾撰《略注》百余篇，记述周、秦以来帝王将相之是非得失。

⑥郭景纯《江赋》：郭景纯，即郭璞，字景纯。所撰《江赋》，为其记述
　　川渎之美的赋作。

⑦崌（jū）崍：即崌山。在今四川眉山市彭山区东北。毕沅以为似为
　　今四川雅安名山区的蒙山。

⑧"崌山"几句：语见《山海经·中次九经》。

【译文】

　　东北一百四十里有崍山，是中江的发源地，中江东流注入大江。崍
山就是邛崍山，在汉嘉郡严道县，又名新道南山。有九折坂，夏天都会结
冰，冬天更是酷寒，是王阳勒马的地方。平恒说：这就是中江的发源地。
郭景纯《江赋》说：在崌崍山流奔着两条江。又东流一百五十里，有崌山，
北江发源于此，东流注入大江。《山海经》说：崌山是江水的发源地，往东
注入大江。江中怪蛇很多。

　　**江水又迳汶江道①，汶出徼外岷山西玉轮坂下而南行②，
又东迳其县而东注于大江。故苏代告楚曰③：蜀地之甲④，浮
船于汶，乘夏水而下江，五日而至郢⑤。谓是水也。又有湔
水入焉⑥。水出绵虒道⑦，亦曰绵虒县之玉垒山⑧。吕忱云⑨：
一曰半浣水也，下注江。**

【注释】

①汶江道：东汉改汶江县置，属蜀郡。治所在今四川茂县北三里。
　　建安中刘备定蜀，于此置汶山郡。

②汶：即汶江。今四川岷江上源黑水河。

③苏代：一说为战国苏秦弟。洛阳（今河南洛阳）人。亦习纵横家言。
　　曾受燕昭王重用，昭王召其与谋伐齐，破之。又使约诸侯从亲如

苏秦时,天下由此宗苏氏之纵约。

④甲:此指装备着盔甲的士兵。

⑤郢:春秋战国时楚国都城。在今湖北荆州市荆州区(故江陵县城)西北十里纪南城。

⑥湔(jiān)水:上游出玉垒山后即入岷江,当指今汶川与都江堰市间岷江支流白沙河;中游经今新繁镇、新都与洛水合,当指今都江堰市、金堂岷江支流青白江;下游即今金堂以下的沱江。

⑦绵虒道:东汉改绵虒县置,属蜀郡。治所在今四川汶川西南四十里绵虒镇。

⑧绵虒县:西汉元鼎六年(前111)置,属汶山郡。治所在今四川汶川西南四十里绵虒镇。地节二年(前67)属蜀郡。东汉时改绵虒道。玉垒山:在今四川都江堰市西北隅。

⑨吕忱:字伯雍。任城(今山东济宁东南)人。晋文字学家,官义阳王典祠令。撰《字林》七卷。

【译文】

江水又流经汶江道,汶水发源于边境外岷山西边的玉轮坂下,先往南流,然后往东流经该县,往东注入大江。所以苏代对楚王说:蜀地的军队在汶水上船,趁着夏季水涨下江,五天就能到楚国郢都。他说的就是这条水。又有湔水注入。湔水发源于绵虒道——也叫绵虒县——玉垒山。吕忱说:湔水又叫半浣水,流注入江。

　　江水又东别为沱①,开明之所凿也②。郭景纯所谓玉垒作东别之标者也③。县,即汶山郡治,刘备之所置也。渡江有笮桥④。

【注释】

①沱:即沱水。亦作沱江。有两条:一在今四川成都郫都区西南,为

古郫江之前身；一在今四川汶川西，相当于今杂谷脑河。

②开明：战国时蜀君。原为蜀王杜宇相，因治水有功，杜宇效尧舜禅
让之义，禅位于他。

③玉垒作东别之标：语出郭璞《江赋》。意思是说：玉垒山作为长江
分流为沱江的标志。

④笮（zuó）桥：在今四川茂县西北太平乡境。以竹篾为索，架于江
水上方。

【译文】

江水东流，又分出沱江，是开明所凿。就是郭景纯所说的，玉垒山可
作为东流分出沱水的标志。绵虒县是汶山郡的治所，为刘备所置。有竹
索桥可以渡江。

江水又历都安县①，县有桃关、汉武帝祠②，李冰作大堰
于此③，壅江作堋④。堋有左右口，谓之湔堋⑤。江入郫江、
捡江以行舟⑥。《益州记》曰：江至都安，堰其右⑦，捡其左，
其正流遂东，郫江之右也。因山颓水⑧，坐致竹木⑨，以溉诸
郡。又穿羊摩江灌江西⑩，于玉女房下白沙邮，作三石人立水
中，刻要江神。水竭不至足，盛不没肩。是以蜀人旱则藉以
为溉，雨则不遏其流。故《记》曰⑪：水旱从人，不知饥馑⑫，
沃野千里，世号陆海⑬，谓之天府也⑭。邮在堰上，俗谓之都
安大堰，亦曰湔堰，又谓之金堤。左思《蜀都赋》云⑮：西逾
金堤者也。诸葛亮北征，以此堰农本，国之所资。以征丁
千二百人主护之，有堰官⑯。益州刺史皇甫晏至都安⑰，屯观
坂⑱。从事何旅曰⑲：今所安营，地名观坂，上观下反⑳，其征
不祥。不从，果为牙门张和所杀㉑。

【注释】

① 都安县：三国蜀汉置，属汶山郡。治所在今四川都江堰市东南二十里导江铺。

② 桃关：即今四川汶川南岷江东岸桃关。汉武帝祠：具体不详。

③ 李冰：战国末秦水利专家。秦昭王时为蜀郡太守。与其子一同修建了都江堰，以灌溉诸郡，造福于蜀地人民。大堰：即今都江堰。我国古代著名的水利工程之一。由分水堤、进水口、泄洪道、灌溉渠道等组成的完整系统的水利工程。在今四川都江堰市西北岷江中。

④ 壅：拦截，阻拦。堋（péng）：分水的堤坝。

⑤ 湔（jiān）堋：即今四川岷江及都江堰市西都江堰分水堤北之北江。陈桥驿按，此处有佚文。由于古人引书，常常杂以己语，故虽明说引自郦氏，但何者为郦语，何者为引者语，甚难区分。此处在《名胜志》四川卷六成都府灌县下所引一段郦语，语言分明，而多数版本均不取，直到《元史》才又书之。《名胜志》所引《水经注》云："李冰作大堰于此，立碑六字曰：深淘滩（tān），浅包隝。隝者，于江作堋，堋有左右口。"此"深淘滩，浅包隝，隝者"八字，并无引者语，插入此处，正是当年所佚。

⑥ 郫（pí）江：相当于今四川成都平原之柏条河。捡江：相当于今四川成都平原之走马河。全祖望《五校》《七校本水经注》、赵一清《水经注释》均作"检江"。译文从之。

⑦ 堰：此指修筑堤堰。

⑧ 颓水：下注的水流。

⑨ 坐致竹木：把竹木从山上滑落入江水中，随流漂致，不须搬运，故曰"坐致"。

⑩ 羊摩江：相当于今四川都江堰市南之羊马河。

⑪ 《记》：当即上文之《益州记》。

⑫饥馑：谷不熟为饥，蔬不熟为馑。泛指灾荒，荒年。

⑬陆海：物产富饶之地。言其地高陆而饶物产，如海之无所不出，故云陆海。

⑭天府：谓土地肥沃、物产丰富之地。

⑮左思《蜀都赋》：左思，字太冲。齐国临淄（今山东淄博东北）人。西晋文学家。著有《三都赋》，名重一时，"洛阳为之纸贵"。《蜀都赋》为《三都赋》之一，另外两赋是《魏都赋》《吴都赋》。

⑯堰官：专门负责监管堤堰的官员。

⑰皇甫晏：魏晋时人。晋朝建立后，被封为益州刺史。泰始八年（272），冒暑率军伐汶山胡，从事何旅固谏，不从。牙门张弘等因众怨，诬其谋反，杀之。

⑱屯：驻扎。观坂：在今四川都江堰市西。

⑲从事：官名。汉以后三公及州郡长官皆自辟僚属，多以从事为称。何旅：皇甫晏的部下。其余不详。

⑳上观下反：地名"观坂"的上字为"观"，下字为"坂"。

㉑牙门：官名。即牙门将军，或称牙门将。三国时置。南朝梁时，为杂号将军。张和：一作张弘。

【译文】

江水又往东流经都安县，县里有桃关和汉武帝祠，李冰在这里修建了一条大堰，截住江流。堰坝左右两边都有出水口，称为湔堋。大江流入郫江、检江，以便通航。《益州记》说：大江流到都安，在右边筑堰堵水，在左边造堤控流，江的干流于是就移到东边，位于郫江右面。利用山势滑放竹木入江，不费力气就可以运到，水还可以灌溉诸郡。李冰又凿穿羊摩江以灌溉外江以西的农田，在西边玉女房下的白沙邮，造了三个石人，立在水中，以镇伏江神。枯水时不露脚，涨水时不没肩。因而蜀人天旱时可用来灌溉，多雨时不堵塞水流。所以《益州记》说：水旱人们都应对自如，饥荒绝迹，沃野千里，因此世人把它号称陆海，又叫天府。邮亭就在堰上，民间称此堰为都安大堰，也叫湔堰，又称金堤。左思《蜀都赋》说：向西越过金堤。即指此堤。诸葛亮北征时，将此堰视为农业的命脉，国家赖以给养。他征召了一千二百名兵丁负责护堰，并设堰官。益州刺史皇甫晏来到都安，屯兵于观坂。从事何旅说：现在扎营的地方名叫观坂，上观下反，是不祥的征兆。皇甫晏不听他的话，果然被牙门张和所杀。

江水又迳临邛县①，王莽之监邛也。县有火井、盐水②，昏夜之时，光兴上照。

【注释】

①临邛县：战国时秦置，属蜀郡。治所在今四川邛崃市。秦惠王二十七年（前 311）建城。

②火井：出产可燃天然气的井。古代多用来煮盐。

【译文】

江水又往东流经临邛县，就是王莽的监邛。县里有火井、盐水，黑夜时分，就会升起一片火光。

江水又迳江原县①，王莽更名邛原也。𨛬江水出焉②。

【注释】

①江原县：西汉置，属蜀郡。治所在今四川崇州东南三十里江源场东。

②𨛬（shòu）江水：当在今四川崇州一带。

【译文】

江水又流经江原县，王莽改名为邛原。𨛬江水就发源于那里。

江水又东北迳郫县下①。县民有姚精者，为叛夷所杀，掠其二女。二女见梦其兄，当以明日自沉江中，丧后日当至②，可伺候之。果如所梦,得二女之尸于水。郡县表异焉。

【注释】

①郫(pí)县:秦于周慎王五年(前316)灭蜀国后在郫邑置,属蜀郡。
　治所在今四川成都郫都区北一里。

②丧:尸体,尸首。

【译文】

　江水又往东北流经郫县境。县里有个叫姚精的人,夷人叛乱,把他杀了,两个女儿也被掳去。姑娘们托梦给她们的哥哥,明天她们将投江自尽,尸体后天当可漂到,叫他等候着。果然他在江水中捞到两个姑娘的尸体,就和梦中所说的一样。郡县都旌表这件异事。

　江水又东迳成都县①,县以汉武帝元鼎二年立②。县有二江,双流郡下,故扬子云《蜀都赋》曰③:两江珥其前者也④。《风俗通》曰⑤:秦昭王使李冰为蜀守⑥,开成都两江,溉田万顷。江神岁取童女二人为妇,冰以其女与神为婚,径至神祠劝神酒。酒杯恒澹澹⑦,冰厉声以责之,因忽不见。良久,有两牛斗于江岸旁。有间⑧,冰还,流汗谓官属曰:吾斗大亟⑨,当相助也。南向腰中正白者,我绶也⑩。主簿刺杀北面者⑪,江神遂死。蜀人慕其气决⑫,凡壮健者,因名冰儿也。

【注释】

①成都县:战国秦惠王二十七年(前311)于蜀国都城成都置,为蜀郡治。治所在今四川成都。

②元鼎二年:前115年。

③扬子云《蜀都赋》:扬子云,即扬雄,一作杨雄。蜀郡成都(今四川

成都）人。西汉文学家。其《蜀都赋》记述蜀地山川形势、风俗物
产。为汉赋名篇之一。

④珥：此指如左右耳一样。

⑤《风俗通》：书名。一名《风俗通义》。东汉应劭撰。主要收录有
关古代历史、风俗礼仪、山河泽薮、怪异传闻等内容。

⑥秦昭王：即秦昭襄王嬴稷，一名则。战国时秦国国君。

⑦潈潈：水波动荡貌。

⑧有间：过了一会儿。

⑨大亟：非常紧迫。

⑩绶：衣带。

⑪主簿：官名。汉代中央及郡县官署多置，主管文书等事务。

⑫气决：勇敢果决。

【译文】

江水又往东流经成都县，该县设置于汉武帝元鼎二年。县里有两条
江，都流经郡城下面，所以扬子云《蜀都赋》说：两江从前面左右穿过。《风
俗通》说：秦昭王派李冰去当蜀郡太守，在成都开凿了两条河渠，可以灌
溉百顷田亩。江神每年需要两个小姑娘做妻子，李冰把自己的女儿送去
与江神成亲，直入神祠，向神劝酒。但江神不饮，酒杯里只泛起一丝丝波
纹，李冰厉声斥责，于是他和江神忽然都不见了。过了好久，江岸旁有两
牛相斗。一会儿，李冰回来了，满身大汗地对下属说：我斗得精疲力竭了，
你们该帮我一下。南面那头牛腰间纯白色，那就是我的绶带。于是主簿
刺杀了北面那头牛，江神于是就死了。蜀人敬佩他的胆略和果决，因而
把身强力壮的孩子都称为冰儿。

秦惠王遣张仪与司马错等灭蜀①，遂置蜀郡焉②。王莽
改之曰导江也。仪筑成都，以象咸阳③。晋太康中④，蜀郡为
王国⑤，更为成都内史⑥，益州刺史治⑦。《地理风俗记》曰⑧：

华阳黑水惟梁州⑨。汉武帝元朔二年⑩，改梁曰益州，以新启犍为、牂柯、越嶲⑪，州之疆壤益广，故称益云。初治广汉之雒县⑫，后乃徙此。故李固《与弟圄书》曰⑬：固今年五十七，鬓发已白，所谓容身而游，满腹而去⑭。周观天下，独未见益州耳。昔严夫子常言⑮：经有五⑯，涉其四；州有九⑰，游其八。欲类此子矣。初，张仪筑城取土处，去城十里，因以养鱼，今万顷池是也⑱。

【注释】

①秦惠王：名驷。秦孝公之子。在位期间，四处征伐，为秦统一中国打下坚实基础。张仪：战国时魏国人。纵横家。司马错：秦惠王臣子。司马错与张仪争伐蜀，秦惠王听从张仪之策，起兵伐蜀，于是惠王使司马错将兵伐蜀，遂拔，以之为郡守。

②蜀郡：周赧王元年（前314）秦惠王置。治所在成都县（今四川成都）。

③象：与……相像。咸阳：古都邑名。在今陕西咸阳东北二十里窑店镇一带。

④太康：西晋武帝司马炎的年号（280—289）。

⑤蜀郡为王国：《水经注疏》杨守敬按："（《华阳国志》）八云：太康八年（287），武帝子成都王颖受封，以蜀郡、广汉、犍为、汶山十万户为王国。"

⑥更为成都内史：此指易蜀郡太守为成都内史。

⑦益州：西汉武帝置，为十三州刺史部之一。东汉治所在雒县（今四川广汉北）。兴平中移治成都县（今四川成都）。

⑧《地理风俗记》：书名。东汉应劭撰。今仅存辑本。

⑨华阳：地区名。因在陕西华山之阳（南）得名。相当于今陕西秦岭以南及四川、云南、贵州一带。东晋常璩所著《华阳国志》，就是记

载这一地区的历史。黑水：其说不一，有今澜沧江、金沙江、怒江等说法。梁州：三国魏景元四年（263）分益州置。治所在沔阳县（今陕西勉县东旧州铺）。西晋太康三年（282）移治南郑县（今陕西汉中东）。

⑩元朔二年：前127年。元朔，西汉武帝刘彻的年号（前128—前123）。

⑪犍（qián）为：即犍为郡。汉武帝建元六年（前135）分广汉郡南部及夜郎国地置，属益州。治所先在鳖县（今贵州遵义西），其后又移治南广（今四川筠连境）、僰道县（今四川宜宾西南）、武阳县（今四川眉山市彭山区东）。牂柯（zāng kē）：即牂柯郡。西汉元鼎六年（前111）置。治所在故且兰县（今贵州黄平西南，一说在今贵阳附近）。越嶲（xī）：即越嶲郡。西汉元鼎六年（前111），以邛都国地置。治所在邛都县（今四川西昌东南五里）。

⑫广汉：即广汉郡。西汉高帝六年（前201）分巴、蜀二郡置，初治乘乡（亦作绳乡，在今四川金堂县东），后徙治梓潼县（今四川梓潼）。雒县：汉高祖六年（前201）置，属广汉郡。治所在今四川广汉。

⑬李固：字子坚。汉中南郑（今陕西汉中南郑区）人。少好学，闻名当时。曾任广汉雒县令，至白水关，解印绶，还汉中，闭门不交人事。《与弟圄书》为其写给弟李圄的书信。

⑭容身而游，满腹而去：意思是说，对物质条件要求甚少，只要能有个安身之所，能够填饱肚子就满足了，就可以去寻求精神上的闲适恬淡。

⑮严夫子：即严助之父严忌。吴人。本姓庄，当时尊尚，号曰夫子。史家避汉明帝刘庄讳，故遂为严耳。严忌为游说之士，以文辩著名，有五经涉其四、九州游其八之语。

⑯经有五：即《诗》《书》《礼》《易》《春秋》五经。

⑰州有九：即九州。古代分中国为九州。说法不一。一说为冀、兖、青、徐、扬、荆、豫、梁、雍九州。

⑱万顷池：《水经注疏》熊会贞按："在今成都县（今四川成都）北。"

【译文】

秦惠王二十七年，派张仪和司马错等人去灭蜀，设置了蜀郡。王莽改名为导江。张仪按咸阳的格局修筑了成都城。晋太康年间，蜀郡立为王国，改为成都内史，是益州刺史的治所。《地理风俗记》说：华阳黑水一带属梁州地区。汉武帝元朔二年，把梁州改为益州，因为新开发了犍为、牂柯、越巂三地，州郡的疆域更加辽阔了，所以称为益州。开始时治所在广汉的雒县，以后才迁到这里来。所以李固《与弟圕书》说：我今年五十七岁，鬓发都白了，正像人们所说的：有了安身之所、能吃饱肚子，就可以去追求精神上的闲适了。我周游天下，只是还没有看到过益州。从前严夫子常说：经有五部，已读过四部；州有九个，已游历八个。我是很想能像这位先生一样。当初张仪筑城时，取土的地方离城十里，后来就用来养鱼，这就是现在的万顷池。

城北又有龙堤池，城东有千秋池①，西有柳池，西北有天井池，津流径通，冬夏不竭。西南两江有七桥②。直西门郫江上曰冲治桥③。西南石牛门曰市桥④，吴汉入蜀⑤，自广都令轻骑先往焚之⑥，桥下谓之石犀渊。李冰昔作石犀五头以厌水精⑦，穿石犀，渠于南江，命之曰犀牛里。后转犀牛二头，一头在府市市桥门，一头沉之于渊也。大城南门曰江桥⑧，桥南曰万里桥⑨，西上曰夷星桥⑩，下曰笮桥。南岸道东有文学。始，文翁为蜀守⑪，立讲堂，作石室于南城。永初后⑫，学堂遇火，后守更增二石室。后州夺郡学，移夷星桥南岸道东。道西城，故锦官也⑬。言锦工织锦，则濯之江流，而锦至鲜明；濯以他江，则锦色弱矣，遂命之为锦里也⑭。蜀有回复水⑮，江神尝溺杀人。文翁为守，祠之，劝酒不尽，拔剑击之，遂不为害。

【注释】

①千秋池:《水经注疏》熊会贞按:"在今华阳县(今四川剑阁)东五里。"

②七桥:即冲治桥、市桥、江桥、万里桥、夷星桥(即笮桥)、长升桥和升仙桥等七座桥梁。

③郫(pí)江:战国秦蜀守李冰开凿。相当于今四川成都平原之柏条河。

④市桥:《水经注疏》熊会贞按:"今曰金花桥。在成都县(今四川成都)西四里。"

⑤吴汉:字子颜。东汉南阳宛(今河南南阳)人。后归光武帝刘秀,拜偏将军,勇鸷有智谋。伐蜀与公孙述战,八战八克。位至大司马,封广平侯。

⑥广都:即广都县。西汉元朔二年(前127)置,属蜀郡。治所在今四川成都双流区东中和镇。

⑦厌:镇压,制服。

⑧江桥:战国秦建于郫江上。在今四川成都旧城文庙前街一带。

⑨万里桥:亦名笃泉桥。战国秦建于检江上。即今四川成都南跨南河之南门大桥。

⑩夷星桥:亦称笮桥。在今四川成都西南南河上。

⑪文翁:西汉庐江舒(今安徽庐江)人。少好学,通《春秋》。景帝末为蜀郡守。修学官,兴教化。文翁终于蜀,吏民为立祠堂,岁时祭祀不绝。至今巴蜀好文雅,乃文翁之化。

⑫永初:东汉安帝刘祜(hù)的年号(107—113)。

⑬锦官:城名。故址在今四川成都西南郊南河(锦江)南岸。成都市旧有大城、少城。少城古为掌织锦官员之官署,因称锦官城。后用作成都市的别称。

⑭锦里:陈桥驿按,国人有几种有关"南方丝绸之路"的著作,流往东邻日本,有人信,也有人不信,议论纷纭。1992年,日本文部省

请我们夫妇入蜀调查，由他们提供全部经费，是真是假，仅需撰写五百言的调查结果。于是我们遍查文献，入蜀逾一月有半，撰成《关于四川省蚕桑丝绸业的发展和南方丝绸之路的论证》一文，除按约交日本文部省外，亦全文在《郑州大学学报》（哲社版）1993年第2期发表。文章证明，"南方丝绸之路"确实存在。此项工作，四川省丝绸局尽其全力支持，所以此段《注》文中的一切均为我们所亲睹。

⑮回复水：湍急而打着漩涡的流水。

【译文】

　　城北有龙堤池，城东有千秋池，城西有柳池，西北有天井池，都有水渠相通，冬夏不涸。西南两江上有七座桥梁。郫江上通西门的叫冲治桥。西南在石牛门的叫市桥，吴汉入蜀时，从广都派遣了一支轻骑兵先去烧了它，桥下的水潭叫石犀渊。从前李冰造了五头石犀，用以镇压水妖。他通过石犀在南江开了一条渠道，把那地方叫犀牛里。后来又把两头犀牛移掉，一头移到府城市场的市桥门，一头就沉在渊里。在大城南门的叫江桥，在桥南的是万里桥，向西走是夷星桥，下面是笮桥。南岸路东有一所学堂。起初，文翁当蜀郡太守，创立讲堂，又在南城修筑石室。永初以后，学堂失火焚毁，后任太守又增加了两所石室。后来州衙门侵占郡学基址，就把郡学移到夷星桥南岸的路东去。路西有城，就是旧时的锦官城。据说织锦工人织成锦缎后，在江水里洗濯，锦缎就色泽鲜艳；如在别的江河里洗濯，锦缎就会褪色，于是取名为锦里。蜀郡有回复水，水里的江神曾溺死过人。文翁做了太守后，立祠奉祀，为江神斟酒劝饮而江神不饮尽，文翁拔剑刺他，江神就不再害人了。

　　江水东迳广都县。汉武帝元朔二年置①，王莽之就都亭也。李冰识察水脉，穿县盐井。江西有望川原②，凿山崖度水，结诸陂池，故盛养生之饶。即南江也。

【注释】

①元朔二年：前127年。

②江西：府河之西。望川原：《水经注疏》熊会贞按："朱锡谷《蜀水考补注》，新开河在郫县南五里，名酸枣河，后汉所凿之望川源，下流为元时之马坝渠，俗又呼为马坝河。"

【译文】

江水往东流经广都县。广都县置于汉武帝元朔二年，就是王莽的就都亭。李冰能察看水脉，他开凿了县里的盐井。江西有望川原，开凿山崖引水形成诸多陂塘，因此，这里盛产各种水产品。这就是南江。

又从冲治桥北折，曰长升桥①。城北十里曰升仙桥②，有送客观③。司马相如将入长安④，题其门曰：不乘高车驷马，不过汝下也！后入邛蜀，果如志焉。李冰沿水造桥，上应七宿⑤。故世祖谓吴汉曰⑥：安军宜在七桥连星间⑦。汉自广都乘胜进逼成都，与其副刘尚南北相望⑧，夹江为营，浮桥相对⑨。公孙述使谢丰扬军市桥⑩，出汉后袭破，汉坠马落水，缘马尾得出入壁⑪，命将夜潜渡江，就尚击丰，斩之于是水之阴。江北则左对繁田⑫，文翁又穿湔浕以溉灌繁田千七百顷⑬。湔水又东绝绵、洛⑭，迳五城界至广都北岸⑮，南入于江，谓之五城水口⑯。斯为北江。

【注释】

①长升桥：《水经注疏》熊会贞按："在今成都县（今四川成都）西。"

②升仙桥：《水经注疏》熊会贞按："即今成都县北。"

③送客观：成都之北大路经此，故于桥旁或桥上建观为送客之所。

④司马相如：字长卿。蜀郡成都（今四川成都）人。长安：西汉都城。
　在今陕西西安市西北。

⑤上应七宿：地下的七座桥（即冲治桥、市桥、江桥、万里桥、夷星桥、
　长升桥和升仙桥）对应上天的北斗七星。

⑥世祖：光武帝刘秀。

⑦七桥连星间：即连成一线如天上的北斗七星一样的七座桥梁之间。

⑧刘尚：吴汉之副将。官武威将军。

⑨浮桥：在并列的船或筏子上铺上木板而搭成的桥，也指用浮箱代
　替桥墩而搭成的桥。

⑩公孙述：字子阳。扶风茂陵（今陕西兴平东北）人。新莽时，为导
　江卒正（蜀郡太守）。后起兵，据益州称帝。建武十二年（36），为
　汉军所破，被杀。谢丰：公孙述部将。被吴汉所杀。

⑪缘：抓着，攀缘。壁：军垒。

⑫繁田：灌溉灌县东部及彭县、新繁大片田地，这一带在汉代大部分
　属繁县，故下文云"灌溉繁田"。繁县，西汉置，属蜀郡。治所在今
　四川彭州西北。三国蜀汉延熙十年（247）移治今新都西北新繁镇。

⑬湔浟（jiān yú）：《水经注疏》熊会贞按："《方舆纪要》称湔浟口在
　新繁县西，引《志》云，湔水自灌县东北流，经新繁县界，入新都县，
　即此水也。"

⑭湔水：上游出玉垒山后即入岷江，当指今汶川与都江堰市间岷江
　支流白沙河；中游经今新繁镇、新都县与洛水合，当指今都江堰
　市、金堂间岷江支流青白江；下游即今金堂以下的沱江。绝：横过，
　直渡。绵：即绵水。今四川绵竹东北之绵远河。洛，即洛水，亦作
　雒水。今四川成都平原东北之石亭江。

⑮五城：即五城县。三国蜀汉置，属广汉郡。治所在今四川中江县
　东南。

⑯五城水口：《水经注疏》熊会贞按："五城水为今中江县（今四川中

江县）之罗江河，其东至潼川府城南入涪处，即五城水口。"

【译文】

江水又从冲治桥北转，有桥叫长升桥。城北十里叫升仙桥，有送客观。司马相如将去长安时，在门上题字说：我不乘高车驷马，决不从你下面走过！后来回到了邛蜀，果然如愿以偿。李冰沿江造了七座桥，与天上的北斗七星相对应。所以世祖对吴汉说：部署军队应当选在连成七星的七座桥梁之间。吴汉从广都乘胜进逼成都，和他的副将刘尚南北相呼应，隔江在两岸建立军营，其间以浮桥相连。公孙述派谢丰在市桥逞兵，迂回到吴汉背后攻破他的阵地，吴汉落马跌入水中，幸而拉着马尾又得以出水，他进入军营，命令部将连夜偷偷渡江，向刘尚靠拢，合兵进攻谢丰，终于在江水南岸杀了谢丰。大江北岸，左边与繁县县境相对，文翁又凿通湔澳水来灌溉繁县一千七百顷的田亩。湔水又往东流到绵、洛，经五城边界到广都北岸，南流注入江水，汇流处叫五城水口。这就是北江。

江水又东至南安为璧玉津①。故左思云②：东越玉津也③。

【注释】

①南安：即南安县。南齐置，为南安郡治。治所在今四川剑阁（下寺镇）西南普安镇。璧玉津：在今四川犍为之东北。

②左思：字太冲。齐国临淄（今山东淄博）人。西晋文学家。

③东越玉津：语出左思《蜀都赋》："西逾金堤，东越玉津。"

【译文】

江水又往东流到南安，有璧玉津。所以左思说：向东越过玉津。

又东南过犍为武阳县①，青衣水、沫水从西南来②，合而注之。

县，故大夜郎国[3]，汉武帝建元六年开置郡县[4]。太初四年[5]，益州刺史任安城武阳[6]。王莽更名，郡曰西顺，县曰戢成。光武谓之士大夫郡[7]。有鄨江入焉[8]。出江原县[9]，首受大江，东南流至武阳县注于江。县下江上，旧有大桥，广一里半，谓之安汉桥[10]。水盛岁坏[11]，民苦治功。后太守李严凿天社山[12]，寻江通道，此桥遂废。县有赤水[13]，下注江。建安二十四年[14]，有黄龙见此水，九日方去。此县藉江为大堰[15]，开六水门[16]，用灌郡下。北山，昔者王乔所升之山也[17]。

【注释】

①武阳县：战国末秦置，属蜀郡。治所在今四川眉山市彭山区东北十五里江口镇平获村与五一村交界处。西汉太初四年（前101）为犍为郡治。

②青衣水：在今四川宜宾南溪区南。沫水：即今四川西部大渡河或青衣江。

③大夜郎国：战国至西汉时国名。主要在今贵州西部、北部、云南东北、四川南部及广西北部部分地区。汉武帝元鼎六年（前111），于其地置牂牁郡。

④建元六年：前135年。建元，西汉武帝刘彻的年号（前140—前135）。

⑤太初四年：前101年。太初，西汉武帝刘彻的年号（前104—前101）。

⑥任安：字少卿。荥阳（今河南荥阳东北）人。汉武帝时任益州刺史、北军使者等官。

⑦光武：东汉光武帝刘秀。士大夫郡：朱谋㙔《水经注笺》引《华阳国志》："及公孙述有蜀郡，据守，述伐之。郡功曹朱遵逆战，死之。而任君业闭户，费贻素隐。光武帝嘉之，曰：'士大夫之郡也！'"

⑧鄨（shòu）江：出江原县（今四川崇州），东南流至武阳县（今四川眉

⑨江原县：西汉置，属蜀郡。治所在今四川崇州东南三十里江源场东。

⑩安汉桥：当在今四川眉山市彭山区北岷江与府河汇流处之上游，跨岷江上。

⑪岁坏：(安汉桥)每年都会被冲坏。

⑫李严：一名李平，字正方。南阳(今河南南阳)人。三国蜀汉重臣，与诸葛亮同为刘备临终前的托孤之臣。官擢为太守。东汉建安二十一年(216)凿天社山。天社山：即修觉山。在今四川新津南，当邛崃水(南河)注入岷江处。

⑬赤水：即今四川成都双流区东南黄龙溪。发源于成都龙泉区长松乡境，西南流经借田铺，至回水(大佛寺)入府河。

⑭建安二十四年：219年。建安，东汉献帝刘协的年号(196—220)。

⑮大堰：据刘琳《华阳国志校注》，此堰今亦名解放渠，系于新津城东南三江(金马河、西河、南河)汇流处、邓公场北之江中筑堤。

⑯六水门：六道水门。《水经注疏》杨守敬按："在今眉州(今四川眉山市)北。"

⑰王乔：蜀郡武阳(今四川眉山市彭山区)人。为官柏人(今河北隆尧柏人城)县令数年，后弃官在隆尧的宣务山修炼道术，得道后乘白鹤升天。

【译文】

江水又往东南流过犍为郡武阳县，青衣水、沫水从西南流来，汇合后注入江水。

武阳县就是旧时的大夜郎国，汉武帝建元六年开拓了那个地区，设置了郡县。太初四年，益州刺史任安筑武阳城。王莽改名，郡称西顺，县名戢成。光武帝称之为士大夫郡。有鄨江流入。鄨江发源于江原县，上游承接大江，往东南流到武阳县，注入江水。武阳县下游的江上，江面宽一里半，原有大桥，叫安汉桥。每年江水盛涨，就会被冲毁，百姓苦于修桥。后来太守李严在天社山开山，找了另一条过江通道，此桥也就被废弃了。武阳县有赤水，流注入江。建安二十四年，此水出现黄龙，接连九天方才离去。县里在江上造了一条大堰，开了六处水门，以灌溉郡内的田亩。北山就是从前王乔升仙的地方。

　　江水又与文井江会^①，李冰所导也^②。自莋道与濛溪分水^③，至蜀郡临邛县与布仆水合^④。水出徼外成都西沈黎郡^⑤。汉武帝元封四年^⑥，以蜀都西部邛莋邛^⑦，理旄牛道^⑧。天汉四年置都尉^⑨，主外羌^⑩，在邛崃山表^⑪。自蜀西度邛莋，其道至险，有弄栋八渡之难^⑫，扬母阁路之阻^⑬。水从县西布仆来，分为二流。一水迳其道，又东迳临邛县，入文井水。文井水又东迳江原县。县滨文井江，江上有常氏堤，跨四十里。有朱亭，亭南有青城山^⑭，山上有嘉谷^⑮，山下有蹲鸱^⑯，即芋也。所谓下有蹲鸱，至老不饥，卓氏之所以乐远徙也^⑰。文井江又东至武阳县天社山下入江。其一水南迳越巂邛都县西^⑱，东南至云南郡之青蛉县^⑲，入于仆。郡本云川地也，蜀建兴三年置^⑳。仆水又南迳永昌郡邪龙县^㉑，而与贪水合^㉒。水出青蛉县，上承青蛉水^㉓，迳叶榆县^㉔，又东南至邪龙入于仆。仆水又迳宁州建宁郡^㉕。州，故庲降都督屯^㉖，故南人谓之屯下，刘禅建兴三年^㉗，分益州郡置^㉘。历双柏县^㉙，即水入焉^㉚。水出秦臧县牛兰山^㉛，南流至双柏县，东注仆水。又东至来唯县入劳水^㉜。水出徼外，东迳其县与仆水合。仆水东至交州交趾郡耄泠县^㉝，南流入于海。

【注释】

① 文井江:即今四川邛崃市之邛崃河(南河)。

② 李冰:战国末秦水利专家。秦昭王时为蜀郡太守。与其子一同修
建了都江堰,以灌溉诸郡,造福于蜀地人民。

③ 莋道:当作筰道。据刘琳《华阳国志校注》,筰道当指文井江源头
一带。即今崇庆之极西,与芦山、宝兴、汶川三县交界地带。盖古
时这一带为筰人地区,故得筰道之名。濛溪:即今芦山河,古之青
衣江、大渡水等。

④ 临邛县:战国时秦置,属蜀郡。治所在今四川邛崃。秦惠王二十
七年(前 311)建城。布仆水:在今四川邛崃西南。

⑤ 徼外:边塞之外。沈黎郡:西汉元鼎六年(前 111),以筰都置沈黎
郡,以邛都置越嶲郡,同时置汶山郡、武都郡。

⑥ 元封四年:前 107 年。元封,西汉武帝刘彻的年号(前 110—前 105)。

⑦ 邛莋:即邛筰山,也作邛筰山。为古蜀国时"邛人"和"筰人"之
间的界山。

⑧ 理:治理。旄牛道:古道名。两汉、三国蜀汉通西南夷道路之一,
与灵关道相接。以路经牦牛夷境或牦牛县为名。从今四川成都
西南行,经邛崃、雅安、荥经,越大相岭至汉源北清溪镇,再南经汉
源,渡大渡河,西南至越嶲郡治邛都(今四川西昌东南)。

⑨ 天汉四年:前 97 年。天汉,西汉武帝刘彻的年号(前 100—前
97)。都尉:地方武官名。佐太守主管一郡武事,防备盗贼等。

⑩ 外羌:山外之羌族。羌,古代对中国西部氐羌族群的通称。

⑪ 邛崃山:即今四川荥经与汉源交界之大相岭山。表:外。

⑫ 弄栋:即若栋、弱栋。《元和郡县图志》:"弱栋坂在(四川)名山县
东北八里,长二里,道至险阻。"八渡之难:具体不详。

⑬ 扬母阁:在今四川荥经至汉源之间大相岭上。

⑭ 青城山:亦名赤城山。在今四川都江堰市西南三十里。

⑮嘉谷：生长奇异的禾谷，古人以之为吉兆。如一般是一谷一穗，而嘉谷则一谷两穗、三穗等。

⑯蹲鸱：一种形状很大的芋，其形类蹲着的鸱鸮鸟。

⑰卓氏之所以乐远徙：事见《史记·货殖列传》："蜀卓氏之先，赵人也，用铁冶富。秦破赵，迁卓氏。卓氏见虏略，独夫妻推辇，行诣迁处。诸迁虏少有余财，争与吏，求近处，处葭萌。唯卓氏曰：'此地狭薄。吾闻汶山之下沃野，下有蹲鸱，至死不饥。民工于市，易贾。'乃求远迁。致之临邛，大喜，即铁山鼓铸，运筹策，倾滇蜀之民，富至僮千人，田池射猎之乐拟于人君。"

⑱邛都县：西汉元鼎六年（前111）于邛都国置，为越巂郡治。治所在今四川西昌东南五里。

⑲云南郡：三国蜀汉建兴三年（225）析永昌、益州、越巂三郡地置，属庲降都督。治所在弄栋县（今云南姚安西北十七里旧城）。青蛉县：西汉元鼎六年（前111）置，属越巂郡。治所在今云南大姚。三国蜀汉建兴三年（225）属云南郡。

⑳建兴三年：225年。建兴，三国蜀汉后主刘禅（shàn）的年号（223—237）。

㉑仆水：即今云南南部之红河。汉至南朝称仆水。永昌郡：东汉永平十二年（69）哀牢内属，以其地并析益州郡西部六县合置。治所在巂唐县（今云南云龙西南七十里漕涧镇）。邪龙县：西汉元封二年（前109）置，属益州郡。治所在今云南巍山彝族回族自治县北。《巍山县地名志》：彝语"邪"为喜欢，"龙"即龙，意即龙喜欢的地方。东汉永平十二年（69）属永昌郡。

㉒贪水：《水经注疏》杨守敬按："《云南通志稿》，万花溪水出云南县西，直太和县东，汉叶榆境，下流为白崖江，与阳江合，即贪水也。"

㉓青蛉水：即青蛉河。在云南大姚。

㉔叶榆县：西汉元封二年（前109）置，属益州郡。治所在今云南大

理西北六十里喜洲。

㉕宁州：西晋泰始七年（271）分益州置。治所在滇池县（今云南
昆明晋宁区东北三十二里晋城镇）。建宁郡：三国蜀汉建兴三年
（225）改益州郡置，属庲降都督。治所在味县（今云南曲靖西北
十五里三岔）。

㉖庲降都督：官名。东汉末年刘备置，以招徕南部边境各郡。治所
在南昌县（今云南镇雄），后移治味县（今云南曲靖）。庲降与江州、
永安、汉中四都督，均为军政长官，不治民，南中诸郡民政仍属益
州刺史。庲降，取招徕、降服之意，非地名。

㉗刘禅（shàn）：字公嗣。涿郡涿县（今河北涿州）人。刘备之子。
昏庸无谋。建兴三年：226年。

㉘益州郡：西汉元封二年（前109）武帝开滇置。治所在滇池县（今
云南昆明晋宁区东北三十二里晋城镇）。

㉙双柏县：西汉元封二年（前109）置，属益州郡。治所在今云南双
柏境。三国蜀汉建兴三年（225）属建宁郡。

㉚即水：即今绿汁江。在云南楚雄彝族自治州东部，汉至南朝称即水。

㉛秦臧县：西汉元封二年（前109）置，属益州郡。治所在今云南禄
丰。三国蜀汉建兴三年（225）属建宁郡。西晋太安二年（303）
属益州郡。东晋属晋宁郡。牛兰山：在今云南禄丰东北。

㉜来唯县：西汉元封二年（前109）置，属益州郡。治所在今越南北
部莱州附近。东汉废。劳水：即今李仙江和下游黑水河。在云南
南部及越南西北部。汉至南朝称劳水。

㉝交州：东汉建安八年（203）改交州刺史部置。治所在广信县（今
广西梧州）。十五年（210）移治番禺县（今广东广州）。交趾郡：
秦亡后南越赵佗置。西汉武帝元鼎六年（前111）归汉。西汉时
治所在赢陵县（今越南河内西北）。东汉移治龙编县（今越南北宁
省仙游东）。耄泠（míng líng）县：西汉占领瓯雒地区后置，属交

趾郡。治所在今越南富寿省安朗县西夏雷村。东汉建武十六年
（40），其县雒将之女徵侧、徵贰姊妹自立为王，建都于此。三国吴
孙皓后，为新昌郡治。

【译文】

　　江水又与李冰疏导的文井江汇合。文井江从笮道与漾溪分水，到蜀
郡临邛县与布仆水汇合。布仆水发源于边境外成都西边的沈黎郡。汉
武帝元封四年，以蜀郡西部的邛笮设置沈黎郡，管辖旄牛道。天汉四年，
在邛崃山设置都尉，掌管外羌。从蜀郡西行经过邛笮，道路极险，有弄栋
八渡的难关，有扬母栈道的险阻。布仆水来自县西的布仆，分为两条。
一条往东流经临邛县，注入文井水。文井水又往东流经江原县。县城濒
文井江，江上有常氏堤，长四十里。还有个朱亭，亭南有青城山，山上有
生长奇异的稻谷，山下有蹲鸱——就是芋头。所谓山下有蹲鸱，到老都
不会闹饥荒，这就是卓氏之所以乐于远道迁徙的缘故。文井江又往东流，
到武阳县天社山下注入江水。另一条往南流经越巂郡邛都县西面，向东
南流到云南郡青蛉县注入仆水。云南郡本来是云川的地方，置于蜀建兴
三年。仆水又往南流，经过永昌郡邪龙县，与贪水汇合。贪水发源于青
蛉县，上游承接青蛉水，流经叶榆县，然后往东南流，到邪龙注入仆水。
仆水又流经宁州建宁郡。宁州原来是庲降都督驻兵的地方，所以南方人
称之为屯下，刘禅建兴三年，分益州郡而设置。仆水流经双柏县，汇合了
即水。即水发源于秦臧县牛兰山，往南流到双柏县，往东注入仆水。仆
水又往东流，到来唯县注入劳水。劳水发源于边境外，往东流经来唯县
与仆水汇合。仆水往东流到交州交趾郡麊泠县，往南流入大海。

　　江水自武阳东至彭亡聚[①]。昔岑彭与吴汉溯江水入蜀[②]，
军次是地。知而恶之，会日暮不移，遂为刺客所害。谓之平
模水[③]，亦曰外水。此地有彭冢[④]，言彭祖冢焉。

【注释】

①武阳：即武阳县。战国末秦置，属蜀郡。治所在今四川眉山市彭山区东北十五里江口镇平获村与五一村交界处。西汉太初四年（前101）为犍为郡治。彭亡聚：在今四川眉山市彭山区东北十里江口镇。

②岑彭：字君然。南阳棘阳（今河南南阳南）人。王莽时为本县长。后归光武帝刘秀，以为邓禹军师。击秦丰有功，封为舞阴侯。

③平模水：即今四川中部之岷江。

④彭冢：即彭祖冢。彭祖，传说善养生，有导引之术，活到八百高龄。因封于彭，故称。

【译文】

江水从武阳往东流到彭亡聚。从前岑彭与吴汉溯江水进入蜀境，队伍在这里住宿。他听到这个地名感到很厌恶，但当时天色已晚，也就没有转移营地，于是就被刺客暗杀。这段江流称为平模水，也叫外水。这里有个彭冢，据说就是彭祖的坟。

　　江水又东南迳南安县西①，有熊耳峡②，连山竞险，接岭争高。汉河平中③，山崩地震，江水逆流。悬溉有滩，名垒坻④，亦曰盐溉，李冰所平也。县治青衣江会⑤，衿带二水矣⑥，即蜀王开明故治也⑦。来敏《本蜀论》曰⑧：荆人鳖令死⑨，其尸随水上，荆人求之不得。令至汶山下复生⑩，起，见望帝⑪。望帝者，杜宇也，从天下。女子朱利⑫，自江源出为宇妻，遂王于蜀，号曰望帝，望帝立以为相。时巫山峡而蜀水不流⑬。帝使令凿巫峡通水⑭，蜀得陆处。望帝自以德不若，遂以国禅，号曰开明。县南有峨眉山⑮，有濛水，即大渡水也⑯。水发濛溪⑰，东南流与洩水合⑱。水出徽外，迳汶江道⑲。吕忱曰[20]:涐水出蜀[21]。许慎以为涐水也[22],出蜀汶江徼外。从水,我声。南至南安入大渡水,大渡水又东入江。故《山海经》曰:濛水出汉阳西,入江涐阳西[23]。

【注释】

①南安县:秦置,属蜀郡。治所在今四川乐山市。西汉属犍为郡。

②熊耳峡:即岷江三峡之总称。在今四川乐山市北六十里。

③河平:西汉成帝刘骜(áo)的年号(前28—前25)。

④垒坻:亦曰盐溉。即离堆。据刘琳《华阳国志校注》,当在今四川乐山市东凌云山大佛岩。古代此岩当更突出江中,沫水冲来,水急漩大,形成险滩,故李冰凿平其突出的部分。

⑤青衣江:古名大渡水、沫水、平羌江、雅河。在今四川西部,为大渡河最大支流。会:此指青衣江与长江交汇处。

⑥衿带二水:谓二水交汇犹如衣领相交一样。

⑦开明:战国时蜀君。原为蜀王杜宇相,因治水有功,杜宇效尧舜禅让之义,禅位于他。

⑧来敏:字敬达。义阳新野(今河南新野)人。三国蜀汉经学家。《本蜀论》:书名。具体不详。

⑨鳖(bì)令:即传说中的蜀王开明。又作鳖灵、鳖泠。本楚人,后率众入蜀,为蜀王杜宇之相。蜀地大水灾,杜宇不能治,鳖灵遂领导众民决玉垒山(在今四川汶山县、灌县一带)除水患,以治水功代杜宇为蜀王,称开明氏,号丛帝。

⑩汶山:即今四川西北部之岷山,绵延四川、甘肃两省边境。为岷江水系与嘉陵水系的发源处。

⑪望帝:相传战国末年杜宇在蜀称帝,号望帝,为蜀除水患有功。后禅位,退隐西山,蜀人思之,时适二月,子规(杜鹃)啼鸣,以为其魂化为子规,故名之为杜宇。

⑫朱利：女仙名。杜宇之妻。辅佐杜宇称帝，教民务农。

⑬巫山：在今重庆巫山县。

⑭巫峡：长江三峡之一。在重庆巫山县东，因巫山而得名。

⑮峨眉山：又名牙门山、峨嵋大山、大峨山。在今四川峨眉山市西南十三里。

⑯大渡水：又名濛水、青衣江。在今四川西部。

⑰濛溪：青衣江、大渡水之上游。

⑱浊（é）水：即今四川西部之大渡河。

⑲汶江道：东汉改汶江县置，属蜀郡。治所在今四川茂县北三里。建安中刘备定蜀，于此置汶山郡。

⑳吕忱：字伯雍。任城（今山东济宁东南）人。晋文字学家，官义阳王典祠令。撰《字林》七卷。

㉑渽（zāi）水：即今大渡河。

㉒许慎：字叔重。汝南召陵（今河南漯河市召陵区）人。东汉著名的经学家、文字学家。著《说文解字》。

㉓濛水出汉阳西，入江渽阳西：此处疑郦注引用有误。

【译文】

江水又往东南流，经过南安县西面，那里有个熊耳峡，连绵不断的峰峦，比邻相接的山岭，似乎在竞相比险争高。汉河平年间，发生地震山崩，江水倒流。有个急滩，名叫垒坻，又叫盐溉，是李冰把它凿平的。南安县的治所在青衣江与江水汇流处，夹在两条水之间，这里也就是蜀王开明原来的治所。来敏《本蜀论》说：荆人鳖令死后，尸体随水漂向上游，因此荆人找不到他。鳖令漂到汶山下面却复活了，他起来去见望帝，望帝就任命他为宰相。望帝就是杜宇，他是从天上下来的。有个叫朱利的姑娘，从江水的源头出来，做了杜宇的妻子，于是杜宇就在蜀称王，号称望帝。当时因巫山山峡太窄，蜀水不能畅通，望帝派鳖令去开凿巫峡，以疏通水流，于是蜀人才得以在陆地上居处。望帝自以为恩德比不上他，就让国给他，号为开明。南安县南有峨眉山，有濛水，就是大渡水。濛水源出濛溪，往东南流，与渽水汇合。渽水源出边境以外，流经汶江道。吕忱说：渽水发源于蜀。许慎认为所谓渽水就是渽水，发源于蜀汶江的边境以外。渽字偏旁从水，读作我。渽水南流到南安，注入大渡水，大渡水又往东流，注入江水。所以《山海经》说：濛水发源于汉阳西，在濆阳西边流入江水。

又东南过僰道县北^①，若水、淹水合从西来注之^②。又东，渚水北流注之^③。

县，本僰人居之^④。《地理风俗记》曰^⑤：夷中最仁，有仁道，故字从人。《秦纪》所谓僰僮之富者也^⑥。其邑，高后六年城之^⑦。汉武帝感相如之言^⑧，使县令南通僰道，费功无成。唐蒙南入斩之^⑨，乃凿石开阁^⑩，以通南中^⑪，迄于建宁^⑫。二千余里，山道广丈余，深三四丈，其錾凿之迹犹存。王莽更曰僰治也。山多犹猢^⑬，似猴而短足，好游岩树，一腾百步，或三百丈，顺往倒返，乘空若飞。县有蜀王兵兰^⑭，其神作大难^⑮，江中崖峻阻险，不可穿凿。李冰乃积薪烧之^⑯，故其处悬岩，犹有五色焉，赤白照水玄黄。鱼从僰来，至此而止，言畏崖屿^⑰，不更上也。《益部耆旧传》曰^⑱：张真妻，黄氏女也，名帛。真乘船覆没，求尸不得。帛至没处滩头，仰天而叹，遂自沉渊。积十四日，帛持真手于滩下出。时人为说曰：符有先络^⑲，僰道有张帛者也。

【注释】

①僰（bó）道县：战国秦置，属蜀郡。治所在今四川宜宾。一说今宜

宾西安边场。西汉属犍为郡。始元元年（前86）移犍为郡治于此，后移治武阳城。东汉属犍为郡。王莽改为犍治县。

②若水：即今雅砻江及与雅砻江合流后至云南巧家县的一段金沙江。为蜀地至云南西部必经之地。淹水：即今与雅砻江合流以上的金沙江。在四川、云南间。东汉至南朝称淹水。

③渚水：具体不详。

④僰人：我国古代称居住在西南地区的一个少数民族。为古氐羌人的一部分。秦以前主要分布于以僰道（治今四川宜宾西南）为中心的今川南和滇东北等地，曾建立过僰侯国（僰国）。

⑤《地理风俗记》：书名。东汉应劭撰。今仅存辑本。

⑥《秦纪》：书名。郑德坤《水经注引书考》认为，应是魏左氏尚书姚和的《秦纪》。僰僮：被掳掠贩卖的僰人。

⑦高后六年：前182年。高后，汉高祖刘邦之妻吕雉，字娥姁。

⑧相如：即司马相如，字长卿。蜀郡成都（今四川成都）人。

⑨唐蒙：西汉武帝时，任番阳令。上书建议开通夜郎道，武帝应许。被任为中郎将，奉命前往夜郎，以厚礼招致夜郎侯多同归汉。汉于其地设犍为郡（今四川宜宾）。

⑩阁：阁道。指架空的通道、栈道。

⑪南中：地区名。相当于今四川大渡河以南及云南、贵州两省。三国蜀汉以巴蜀为根据地，其地在巴蜀之南，故名。

⑫建宁：即建宁郡。三国蜀汉建兴三年（225）改益州郡置，属庲降都督。治所在味县（今云南曲靖西北十五里三岔）。

⑬犹猢：即犹。猴属，形似麂。善于攀缘树木。

⑭蜀王兵兰：传说蜀王曾于此山贮藏兵器，故称蜀王兵兰。兵兰，放置兵器的栏架，一说兵栏即驻兵之营寨。

⑮神作大难：神灵作祟，降下大难。大难，一作大滩。

⑯积薪烧之：古代开凿坚硬岩石，常以烈火焚烧使其膨胀，再以冷水

使其骤然收缩而爆裂。

⑰崖屿(yǔ)：悬崖。

⑱《益部耆旧传》：书名。魏晋陈寿撰。记录由汉及魏益州的人物事迹。今存辑本。

⑲符有先络：常璩《华阳国志》卷三"蜀志"："符县……永建元年（126）十二月，县长赵祉遣吏先尼和拜檄巴郡守，过成湍滩，死。子贤求丧，不得。女络年二十五，有二子并数岁。乃分金珠，作二锦囊系儿头下。至二年二月十五日，女络乃乘小船，至父没所，哀哭自沉。见梦告贤曰：'至二十一日与父尸俱出。'至日，父子浮出。县言郡，太守萧登高之，上尚书，遣户曹掾为之立碑。人为语曰：'符有先络，覆道张帛。求其夫，天下无有其偶者矣。'"符，即符县。西汉元鼎二年（前115）置，属犍为郡。治所在今四川合江县。东汉改为符节县。

【译文】

　　江水又往东南流过僰道县北边，若水、淹水汇合西来注入。又东流，渚水北流注入。

　　僰道县原是僰人的居地。《地理风俗记》说：僰人在夷人中最仁，有仁爱之风，所以僰字偏旁从人。《秦纪》也说：有很多僰人僮仆。僰道县在高后六年筑城。汉武帝听了司马相如的话，派遣县令开路南通僰道，但枉费人力，没有开成。唐蒙去南方把他杀了，于是凿石开辟栈道，以通南中，直到建宁为止。其间两千余里的山路，宽一丈有余，深三四丈，凿痕都还存在。王莽改名，称为僰治。山中多犹狖，形状像猴子，但足稍短，喜欢在岩头和树上嬉戏，一跳远达百步，甚至三百丈，凌空上下往返，像飞一般矫捷。僰道县有蜀王兵营的栅栏，山神大肆作祟，江中崖壁险阻，无法开凿。于是李冰堆柴去烧，所以那里的悬崖还留有斑斓的色彩，或红或白，映着江水黄黑相间。鱼从僰道游来，到这里就停下了，据说是害怕崖壁和险礁，不敢再向上游了。《益部耆旧传》说：张真妻是黄家女儿，名帛。张真乘船覆没,找不到尸体。黄帛到沉船处的滩头,仰天长叹,投水沉入深渊。十四天后,黄帛抓着张真的手在滩下浮上来。当时人们有句谚语说:符有先络,僰道有张帛。

江水又与符黑水合①。水出宁州南广郡南广县②。县,故犍为之属县也,汉武帝太初元年置③,刘禅延熙中④,分以为郡。导源汾关山⑤,北流,有大涉水注之⑥。水出南广县,北流注符黑水。又北迳僰道入江,谓之南广口⑦。渚水则未闻也。

【注释】

①符黑水:即今四川宜宾和高县、珙(gōng)县境内之南广河,为长江支流。

②南广郡:三国蜀汉延熙中置,属益州。治所在南广县(今四川筠连西南至云南盐津一带)。南广县:西汉太初元年(前104)置,属犍为郡。始元元年(前86)郡治移僰道,仍属犍为郡。三国蜀汉延熙中为南广郡治。

③太初元年:前104年。太初,西汉武帝刘彻的年号(前104—前101)。

④延熙:蜀汉后主刘禅的年号(238—257)。

⑤汾关山:在今云南威信东,南广河源。

⑥大涉水:即今四川、贵州境内之赤水河。

⑦南广口:在今四川宜宾东南南广镇。

【译文】

江水又与符黑水汇合。符黑水源出宁州南广郡南广县。南广县原是犍为郡的属县,置于汉武帝太初元年,到刘禅延熙年间分设为郡。符黑水发源于汾关山,往北流,有大涉水注入。大涉水源出南广县,往北流,注入符黑水。又往北经僰道入江,汇流处叫南广口。渚水却没有听说过。

　　又东过江阳县南①,洛水从三危山②,东过广魏洛县南③,东南注之。

　　洛水出洛县漳山④,亦言出梓潼县柏山⑤。《山海经》曰:三危在炖煌南⑥,与岷山相接⑦,山南带黑水⑧。又《山海经》不言洛水所导,《经》曰出三危山,所未详。常璩云⑨:李冰导洛通山水,流发瀑口,迳什邡县⑩。汉高帝六年⑪,封雍齿为侯国⑫,王莽更名曰美信也。

【注释】

①江阳县:西汉置,属犍为郡。治所在今四川泸州。以县在大江(长江)之阳,故名。东汉为枝江都尉治。建安十八年(213)为江阳郡治。

②洛水:亦作雒水。今四川沱江诸源之一。即今四川成都平原东北之石亭江。三危山:今甘肃敦煌东南有三危山,距雒水甚远,不知《水经》何据。

③广魏:应作广汉,即广汉郡。西汉高帝六年(前201)分巴、蜀二郡置,初治乘乡(亦作绳乡,在今四川金堂东),后徙治梓潼县(今四川梓潼)。永初二年(108)移治涪县(今四川绵阳东),又徙治雒县(今四川广汉)。洛县:应为雒县。西汉高帝时置,属广汉郡。治所在今四川广汉北。

④漳山:一作章山,即洛通山。在今四川什邡西北六十里。

⑤梓潼县:西汉元鼎元年(前116)置,为广汉郡治。治所在今四川梓潼。

⑥炖煌:即敦煌县。西汉置,为敦煌郡治。治所在今甘肃敦煌西。

⑦岷山:在今四川西北部,绵延四川、甘肃两省边境。

⑧带:缠绕。黑水:说法不一。一说以为梁、雍二州的黑水和导川的

黑水是一条水，发源于雍州，南流过梁州，入南海；一说以为梁、雍二州各有一条黑水，导川的为雍州的黑水；一说以为梁、雍及导川的为三条黑水。

⑨常璩（qú）：字道将。东晋时蜀郡江原（今四川崇庆）人。少好学。仕成汉为散骑常侍，掌著作。永和三年（347），桓温伐蜀，他劝成汉主李势降。复为桓温参军，随至建康。所撰《华阳国志》，是我国现存有关汉中、四川地区的一部最早而较完整的地方史。

⑩什邡县：东汉改汁方县置，属广汉郡。治所在今四川什邡。西晋改为什方县，属新都郡。

⑪汉高帝六年：前201年。

⑫雍齿：秦末泗水沛（今江苏沛县）人。秦二世元年（前209），随刘邦起兵反秦。汉高帝三年（前204），以赵将复从刘邦击项羽。六年（前201）分封功臣时，诸将争功不决。张良建议先封雍齿以安抚群臣，遂封为什邡侯。

【译文】

江水又往东流过江阳县南边，洛水从三危山往东流过广汉郡雒县南面，往东南注入。

洛水发源于雒县漳山，也有人说发源于梓潼县柏山。《山海经》说：三危在敦煌南，与岷山相连接，黑水在山南流过。此外，《山海经》不提洛水发源地，而《水经》则说洛水发源于三危山，不知有何根据。常璩说：李冰导洛水流过山间，水从瀑口出发，流经什邡县。汉高帝六年，将这地方封给雍齿，立为侯国。王莽改名为美信。

洛水又南迳洛县故城南①，广汉郡治也。汉高祖之为汉王也②，发巴渝之士③，北定三秦④。六年乃分巴蜀⑤，置广汉郡于乘乡⑥。王莽之就都，县曰吾雒也。汉安帝永初二年⑦，移治涪城⑧，后治洛县。先是洛县城南，每阴雨常有哭声，闻于府中,积数十年。沛国陈宠为守⑨,以乱世多死亡,暴骸不葬故也,乃悉收葬之,哭声遂绝。刘备自将攻洛,庞士元中流矢死于此⑩。益州旧以蜀郡、广汉、犍为为三蜀⑪,土地沃美,人士隽乂⑫,一州称望。县有沈乡⑬,去江七里,姜士游之所居⑭。诗至孝,母好饮江水,嗜鱼脍⑮,常以鸡鸣溯流汲江。子坐取水溺死,妇恐姑知⑯,称托游学,冬夏衣服,寔投江流。于是至孝上通,涌泉出其舍侧,而有江之甘焉。诗有田,滨江泽卤⑰,泉流所溉,尽为沃野。又涌泉之中,旦旦常出鲤鱼一双,以膳焉⑱。可谓孝悌发于方寸⑲,徽美著于无穷者也。

【注释】

①洛县故城:应为雒县故城。在今四川广汉北。

②汉王:刘邦未称帝前,被项羽立为汉王。

③巴渝:蜀古地名。在今四川、重庆一带。

④三秦:项羽后入秦,封司马欣为塞王,都栎阳,领有今陕西咸阳以东地区;董翳为翟王,都高奴,领有今陕西北部地区;章邯为雍王,都废丘,领有今陕西中部咸阳以西和甘肃东部之地。合称三秦。

⑤六年:汉高帝六年,即前201年。巴蜀:巴国和蜀国(秦汉时对古蜀国地之通称。在今四川盆地西部地区)。

⑥乘乡:亦作绳乡。在今四川金堂东。

⑦永初二年:108年。永初,东汉安帝刘祜(hù)的年号(107—113)。

⑧涪(fú)城:指涪县县城。在今四川绵阳东涪江东岸。

⑨陈宠:字昭公。沛国洨(今安徽固镇县东)人。初为州郡吏。和帝即位后,险遭太后之弟侍中窦宪陷害,调任广汉太守等职。

⑩庞士元:即庞统,字士元,号凤雏。襄阳(今湖北襄阳)人。诸葛亮

荐之于刘备,刘备甚器重之,以为治中从事,亲待仅次于诸葛亮,遂与亮并为军师中郎将。进围雒县,庞统率众攻城,为流矢所中,卒,时年三十六。

⑪益州:西汉武帝置,为十三州刺史部之一。治所在雒县(今四川广汉北)。蜀郡:周赧王元年(前314)秦惠王置。治所在成都县(今四川成都)。犍(qián)为:即犍为郡。西汉建元六年(前135)分广汉郡南部及夜郎国地置,属益州。治所在鳖县(今贵州遵义西)。三蜀:秦灭蜀国置蜀郡,西汉高帝分蜀郡置广汉郡,武帝又分置犍为郡,本一蜀国,称为三蜀。

⑫隽乂:才智出众。

⑬沈乡:在今四川德阳西北孝感镇。

⑭姜士游:即姜诗,字士游。当时非常有名的孝子。

⑮鱼脍(kuài):切得很细或切成薄片的鱼肉。

⑯妇:此指姜士游妻子。姑:婆婆。

⑰泽卤:地低洼而多盐碱。

⑱膳:制作饭食。

⑲孝悌(tì):对长辈孝敬,对晚辈爱护。

【译文】

洛水又往南流经雒县老城南边,这是广汉郡的治所。汉高祖立为汉王,派巴渝兵士北征,去平定三秦。六年,才从巴蜀三郡划地,在乘乡设置广汉郡。乘乡就是王莽的就都,县名吾雒。汉安帝永初二年,把治所迁到涪城,以后又设在雒县。先前雒县城南,每逢阴雨,衙门中常常听到哭声,接连数十年之久。沛国陈宠当太守,认为这是因为乱世死人很多,尸骨暴露于野外不得安葬之故,于是就全给收葬了,哭声于是也断绝了。刘备亲自率兵攻雒,庞士元被流矢射中,死在这里。益州旧时把蜀郡、广汉、犍为称为三蜀,土地肥沃,士人才智出众,在一州之中负有声望。县里有个沈乡,离江七里,是姜士游的住处。姜诗的母亲喜欢喝江水,吃薄

鱼片。他十分孝敬母亲,常常听到鸡啼就早起到上游去汲水。他的儿子
姜坐打水时失足淹死,妻子怕婆婆知道悲痛,就瞒着她说姜坐出外读书
去了,每年冬夏给他缝衣,实际上却投到江里。他们这种极致的孝心感
动了上天,于是在他们屋边从地下涌出泉水,和江水一样甘洌。姜诗有
田坐落在江边,是低洼盐碱地,但经此泉浇灌后,就成为一片沃野。此外,
涌泉之中天天常有一对鲤鱼出现,以供食用。这真可以说是孝敬之情发
自心灵深处,美德的典范百世流芳了。

　　洛水又南迳新都县^①。蜀有三都:谓成都、广都,此其一
焉。与绵水合^②,水西出绵竹县^③,又与湔水合^④。亦谓之郫
江也^⑤,又言是涪水^⑥。吕忱曰:一曰湔。然此二水俱与洛
会矣。

【注释】

①新都县:本战国时蜀国之新都。后置县。秦属象郡。治所在今四
　　川成都新都区东二里。西汉属广汉郡。西晋泰始二年(266)属
　　新都郡。太康六年(285)复属广汉郡。

②绵水:即今四川绵竹东北之绵远河。

③绵竹县:西汉置,属广汉郡。治所在今四川德阳北黄许镇。

④湔(jiān)水:上游出玉垒山后即入岷江,当指今汶川与都江堰市
　　间岷江支流白沙河;中游经今新繁镇、新都与洛水合,当指今都江
　　堰市、金堂间岷江支流青白江;下游即今金堂以下的沱江。

⑤郫(pí)江:战国秦蜀守李冰开凿。相当于今四川成都平原之柏条河。

⑥涪水:亦名涪江、内水、垫江水。在今四川中部,为嘉陵江主要支流。

【译文】

　　洛水继续南流,经过新都县。蜀有三都:指成都、广都,新都也是其
中之一。洛水与发源西边绵竹县的绵水汇合,又与湔水汇合。湔水也叫

郫江，又称涪水。吕忱说：又叫湔水。那么两条水都与洛水相汇合了。

　　又迳犍为牛鞞县为牛鞞水[①]。昔罗尚乘牛鞞水东征李雄[②]，谓此水也。县以汉武帝元封二年置[③]。又东迳资中县[④]，又迳汉安县[⑤]，谓之绵水也。自上诸县，咸以溉灌。故语曰：绵、洛为没沃也[⑥]。绵水至江阳县方山下入江[⑦]，谓之绵水口[⑧]，亦曰中水。江阳县枕带双流[⑨]，据江、洛会也[⑩]。汉景帝六年[⑪]，封赵相苏嘉为侯国[⑫]，江阳郡治也[⑬]。故犍为枝江都尉[⑭]，建安十八年[⑮]，刘璋立[⑯]。江中有大阙、小阙焉[⑰]，季春之月，则黄龙堆没[⑱]，阙乃平也。昔世祖微时[⑲]，过江阳县，有一子，望气者言[⑳]，江阳有贵儿象，王莽求之而獠杀之[㉑]。后世祖怨，为子立祠于县，谪其民，罚布数世[㉒]。扬雄《琴清英》曰[㉓]：尹吉甫子伯奇至孝[㉔]，后母谮之[㉕]，自投江中，衣苔带藻。忽梦见水仙，赐其美药，思惟养亲，扬声悲歌，船人闻之而学之。吉甫闻船人之声，疑似伯奇，援琴作《子安之操》。

【注释】

①牛鞞县：西汉元鼎二年（前115）置，属犍为郡。治所在今四川简阳西北石桥镇。东晋永和中改属蜀郡。牛鞞水：即今四川简阳市一段之沱江。

②罗尚：字敬之，一名仲。西晋襄阳（今湖北襄阳）人。巴氐族。十六国时成国建立者。在位三十年，简刑约法，轻徭薄赋，生产得以发展。

③元封二年：前109年。元封，西汉武帝刘彻的年号（前110—前105）。

④资中县：西汉置，属犍为郡。治所在今四川资阳。

⑤汉安县：东汉置，属犍为郡。治所在今四川内江市西二里。建安
十八年（213）属江阳郡。

⑥绵、洛为没沃：绵水、洛水可以灌溉良田沃土。没沃，据《水经注
疏》，当为"浸沃"之讹。译文从之。

⑦江阳县：西汉置，属犍为郡。治所在今四川泸州。以县在大江（长
江）之阳，故名。东汉为枝江都尉治。建安十八年（213）为江阳
郡治。方山：又名回峰山、云峰山。在今四川泸县西南四十里。

⑧绵水口：绵水入江之口。

⑨枕带：近处缠绕。

⑩江、洛会：江水与洛水的交汇处。

⑪汉景帝六年：前151年。汉景帝，西汉皇帝刘启。

⑫苏嘉：西汉时苏建之长子，苏武之长兄。封江阳侯。

⑬江阳郡：东汉建安十八年（213）改枝江都尉置，属益州。治所在
江阳县（今四川泸州）。

⑭枝江都尉：东汉置，属犍为郡。治所在江阳县（今四川泸州）。

⑮建安十八年：213年。建安，东汉献帝刘协的年号（196—220）。

⑯刘璋：字季玉。东汉末江夏竟陵（今湖北潜江市西北）人。袭父
刘焉为益州牧，与张鲁为仇敌。曹操加璋振威将军。汉献帝建安
十六年（211），迎刘备入蜀，使击张鲁。十九年（214）围成都，降
备。被安置于南郡公安。

⑰大阙、小阙：当是江中巨石耸立如阙，故名。

⑱黄龙堆：一名紫金堆。在今四川泸州东长江中。

⑲世祖：东汉光武帝刘秀。微时：贫贱卑下之时，未显贵之时。

⑳望气：古代方士的一种占候术。观察云气以预测吉凶。

㉑獠杀：捕捉杀害。

㉒罚布：以纳钱或交纳布匹等作为处罚。布，可指帛绢布匹等，亦可

指钱。

㉓扬雄：一作杨雄，字子云。蜀郡成都（今四川成都）人。西汉文学家。
《琴清英》：书名。扬雄撰，具体不详。清英即精华之义。

㉔尹吉甫：即兮伯吉父。兮氏，名甲，字伯吉父（一作甫）。尹是官名。
辅佐周宣王。伯奇：尹吉甫之长子，名伯奇。生母死，后母欲立其
亲生子伯封为长子，遂中伤伯奇。吉甫不知，乃怒恨伯奇，放于野。
伯奇自投江中，衣苔带藻，后得水仙相救。

㉕谮（zèn）：诬陷，中伤。

【译文】

洛水又流经犍为郡牛鞞县，称为牛鞞水。从前罗尚乘牛鞞水东征李
雄，说的就是此水。牛鞞县置于汉武帝元封二年。牛鞞水又往东流经资
中县，又流经汉安县，称为绵水。以上各县都利用这条水来灌溉。所以
俗话说：绵、洛可以淹灌。绵水又称中水，到江阳县方山脚下入江，汇流
处叫绵水口。江阳县濒临两条水，位于江水和洛水的汇流处。汉景帝六
年，将这地方封给赵国宰相苏嘉，立为侯国，是江阳郡的治所。旧时的犍
为枝江都尉，是建安十八年刘璋所设。江中有大阙和小阙，暮春时节水
涨，黄龙堆淹没，两阙也就平了。从前世祖贫贱之时，经过江阳县，他有
个儿子，因为望气者说江阳有出贵儿的气象，王莽派人去找那人，结果捕
杀了他儿子。后来世祖怨恨，在县城为儿子立祠，并谴责当地百姓，接连
几代要他们罚布。扬雄《琴清英》说：尹吉甫的儿子伯奇极其孝顺，因受
后母诬陷而投江，身上缠满了青苔和水草。他忽然梦见水仙赠送良药，
心中想拿回去奉养父母，于是就高声唱起悲歌来，船夫听到，也学着唱。
尹吉甫听到船夫的歌声，觉得很像伯奇，就抱琴来弹了一曲《子安之操》。

　　江水迳汉安县北。县虽迫，山川土地特美，蚕桑鱼盐家
有焉。江水东迳樊石滩①，又迳大附滩②，频历二险也。

【注释】

①樊石滩：《水经注疏》熊会贞按："当在今泸州（今四川泸州）东。"

②大附滩：《水经注疏》熊会贞按："当在今泸州东。"

【译文】

江水流经汉安县北。汉安县虽然处于江河和山陵之间，地势局促，但土壤特别肥沃，蚕桑鱼盐家家户户都有。江水往东流经樊石滩，又流经大附滩，接连经过两处险地。

又东过符县北邪东南①，鳛部水从符关东北注之②。

县，故巴夷之地也。汉武帝建元六年③，以唐蒙为中郎将④，从万人出巴符关者也。元鼎二年立⑤，王莽之符信矣。县治安乐水会⑥，水源南通宁州平夷郡鳖县⑦，北迳安乐县界之东⑧，又迳符县下，北入江。县长赵祉遣吏先尼和⑨，以永建元年十二月⑩，诣巴郡⑪，没死成湍滩。子贤求丧不得⑫，女络年二十五岁，有二子，五岁以还。至二年二月十五日⑬，尚不得丧。络乃乘小船至父没处，哀哭自沉，见梦告贤曰：至二十一日与父俱出。至日，父子果浮出江上。郡县上言，为之立碑，以旌孝诚也。其鳛部之水，所未闻矣，或是水之殊目⑭，非所究也。

【注释】

①符县：西汉元鼎二年（前115）置，属犍为郡。治所在今四川合江县。建安中属江阳郡。

②鳛（xí）部水：即今四川、贵州两省境内之赤水河。符关：亦作苻关、笮关。西汉置。即今四川合江县。

③建元六年：前135年。建元，西汉武帝刘彻的年号（前140—前135）。

④唐蒙:西汉武帝时任番阳令。上书汉武帝,建议开通夜郎道,武帝
　应许。被任为中郎将,奉命前往夜郎,以厚礼招致夜郎侯多同归
　汉。汉于其地设犍为郡(今四川宜宾)。中郎将:官名。汉武帝分
　五官、左、右三署,各置中郎将以统领皇帝的侍卫。

⑤元鼎二年:前115年。元鼎,西汉武帝刘彻的年号(前116—前111)。

⑥安乐水:即今四川、贵州两省境内之赤水河。

⑦平夷郡:西晋永嘉五年(311)分牂柯郡置,属益州。治所在平夷
　县(今贵州毕节境)。东晋改名平蛮郡。鳖县:秦始皇二十七年
　(前220),废鳖国置鳖县,属巴郡。县治在今贵州遵义境内。汉
　武帝建元六年(前135),置犍为郡,鳖县为郡治。未知何时曾属
　平夷郡。

⑧安乐县:东晋永和中置(一说南齐置),属东江阳郡。治所在今四
　川合江县。以安乐水为名。

⑨赵祉、先尼和:具体不详。

⑩永建元年:126年。永建,东汉顺帝刘保的年号(126—132)。

⑪巴郡:东汉兴平元年(194)刘璋分巴郡为三郡,垫江以上置巴郡,
　属益州。治所在安汉县(今四川南充北)。建安六年(201)改为
　巴西郡。

⑫丧:尸首。

⑬二年:即永建二年,127年。

⑭殊目:不同的名称。

【译文】

江水又往东流过符县北邪东南,鳛部水从符关往东北注入。

符县旧时属于巴夷的地域。汉武帝建元六年,任唐蒙为中郎将,带
了一万人出巴符关。符县设置于元鼎二年,就是王莽的符信。县治在安
乐水与江水汇合处。安乐水的源头南通宁州平夷郡的鳖县,往北流经安
乐县边界以东,又流经符县,往北注入江水。县官赵祉派遣下属先尼和,

于永建元年十二月去巴郡,在成湍滩覆舟淹死。他的儿子先贤找不到他的尸体。女儿先络二十五岁,有两个儿子,都还不到五岁。到永建二年二月十五日,仍没有找到尸体。于是先络就乘小船到父亲溺死的地方悲哭,自己也投水了,并托梦告诉先贤说:到二十一日我会和父亲一起出来的。到了那天,父女果然一起在江上浮出。郡县上报,为她立碑,以表扬她的孝心。至于鳛部水,却没有听到过,也许是水的别名吧,不过我没有研究过。

又东北至巴郡江州县东①,强水、涪水、汉水、白水、宕渠水②,五水合,南流注之。

强水,即羌水也。宕渠水,即潜水、渝水矣。巴水出晋昌郡宣汉县巴岭山③。郡隶梁州④,晋太康中立⑤,治汉中⑥。县南去郡八百余里,故属巴渠⑦。西南流历巴中⑧,迳巴郡故城南、李严所筑大城北⑨,西南入江。庾仲雍所谓江州县对二水口⑩,右则涪内水,左则蜀外水⑪。即是水也。江州县,故巴子之都也⑫。《春秋·桓公九年》⑬,巴子使韩服告楚⑭,请与邓好是也⑮。及七国称王,巴亦王焉。秦惠王遣张仪等救苴侯于巴⑯,仪贪巴、苴之富,因执其王以归,而置巴郡焉,治江州。

【注释】

①江州县:战国周慎王五年(前316)秦灭巴国置,为巴郡治。治所在今重庆市区嘉陵江北岸。

②强水:即羌水,又名强川。即发源于今甘肃岷县东南之岷江。因在羌族地区而得名。涪水:亦名涪江、内水、垫江水、涪内水。在

今四川中部,为嘉陵江主要支流。汉水:即西汉水,今四川嘉陵江。源出甘肃天水南嶓冢山,入四川后在略阳北入嘉陵江。白水:即今重庆武隆西之大溪河(鸭江)。宕渠水:即今四川渠江及其上游南江。

③巴水:在今四川东北部。有东西两源:西源小通江,东源肖水河(大通江),均出陕西汉中南郑区、镇巴境内米仓山,南流至四川通江县南汇流,称为通江,西南流至平昌南与南江合流,称为巴河(南江),下游为渠江、嘉陵江。宣汉县:东汉和帝时置,属巴郡。治所在今四川达州。建安六年(201)属巴西郡。三国蜀汉属宕渠郡,寻属巴西郡。未知何时属晋昌郡。巴岭山:即今四川、陕西边界之大巴山。

④梁州:三国魏景元四年(263)分益州置。治所在沔阳县(今陕西勉县东旧州铺)。西晋太康三年(282)移治南郑县(今陕西汉中东)。

⑤太康:西晋武帝司马炎的年号(280—289)。

⑥汉中:今陕西汉中。

⑦巴渠:即巴渠郡。东汉和帝永元八年(96),析渠县置宣汉县。南朝刘宋永初年间(420—422),升宣汉县为巴渠郡。

⑧巴中:指川东地区。

⑨巴郡故城:即北府城。在今重庆渝中区江北刘家台街一带。东汉巴郡曾移治于此。李严:一名平,字正方。南阳(今河南南阳)人。三国蜀汉重臣,与诸葛亮同为刘备临终前的托孤之臣。官犍为太守。

⑩庾仲雍:晋人。撰有《湘州记》《江水记》等。二水口:即涪内水(涪江)和蜀外水(岷江)。

⑪蜀外水:即今四川成都府河及其下游岷江。

⑫巴子之都:巴子国的都城。巴子国,西周初封国。子爵,因称为巴子国。战国时,巴国亦称王。都江州(今重庆市区)。

⑬桓公九年：前703年。

⑭韩服：巴国行人。行人掌管接待来往宾客，通使外邦。

⑮邓：西周春秋时封国。曼姓。一说在今湖北襄阳襄城区西北邓城。

⑯秦惠王：名驷，秦孝公之子。苴侯：蜀王别封弟葭萌于汉中，号苴侯，命其县邑曰葭萌。

【译文】

江水又往东北流到巴郡江州县东边，强水、涪水、汉水、白水、宕渠水五水相汇合，南流注入江水。

强水就是羌水。宕渠水就是潜水、渝水。巴水发源于晋昌郡宣汉县巴岭山。晋昌郡属梁州，置于晋太康年间，州治在汉中。宣汉县南距巴郡八百余里，原属巴渠郡。巴水往西南流过巴中，又经巴郡老城以南、李严所筑的大城以北，往西南注入江水。庾仲雍说：江州县与两处水口相望，右边是涪内水，左边是蜀外水。说的就是这条水。江州县昔时是巴子的都邑。《春秋·桓公九年》，巴子遣韩服规劝楚国，请他们与邓修好。到了七国称王时，巴也称王了。秦惠王派遣张仪等去巴援救苴侯，张仪贪图巴、苴的财富，于是就俘虏了它们的国王回来，并在那里设置巴郡，以江州为郡治。

汉献帝初平元年①，分巴为三郡，于江州，则永宁郡治也②。至建安六年③，刘璋纳塞胤之讼④，复为巴郡，以严颜为守⑤。颜见先主入蜀，叹曰：独坐穷山，放虎自卫，此即拊心处也⑥！汉世郡治江州，巴水北，北府城是也⑦，后乃徙南城⑧。刘备初以江夏费观为太守⑨，领江州都督⑩。后都护李严更城⑪，周十六里，造苍龙、白虎门⑫，求以五郡为巴州治⑬，丞相诸葛亮不许，竟不果。地势侧险，皆重屋累居，数有火害。又不相容，结舫水居者五百余家。承二江之会，夏水增盛,坏散颠没,死者无数。

【注释】

①初平元年:190年。初平,东汉献帝刘协的年号(190—193)。

②永宁郡:东汉兴平元年(194)刘璋分巴郡置,属益州。治所在江州县(今重庆江北区嘉陵江北岸)。

③建安六年:201年。建安,东汉献帝刘协的年号(196—220)

④刘璋:字季玉。江夏竟陵(今湖北天门)人。东汉末年割据军阀之一。 蹇胤:东汉末鱼复(今重庆奉节)人。建安六年(201),建议刘璋争巴名,璋乃改永宁郡为巴郡,以固陵郡为巴东郡,改庞羲为巴西太守,是为三巴。

⑤严颜:三国巴郡临江(今重庆忠县)人。益州牧刘璋任为巴郡太守。刘璋迎刘备入蜀,严颜拊心而叹"此所谓独坐穷山,放虎自卫",并率众拒守。建安十九年(214),张飞等攻破江州,严颜被擒。张飞壮而释之,引为宾客。

⑥拊心:拍胸。表示悲愤。

⑦北府城:即巴郡故城。在今重庆渝中区江北刘家台街一带。

⑧南城:在今重庆渝中区,嘉陵江南岸。

⑨费观:字宾伯。江夏鄳(今河南罗山西)人。为刘璋女婿,蜀汉四相之一费祎的族父。后投刘备,为巴郡太守、江州都督。

⑩江州都督:蜀汉设江州、永安、汉中、庲降四都督,领重兵镇守四地。

⑪都护:官名。统领西域诸属国以及归附少数民族。更城:重新建造大城。在今重庆市区。

⑫苍龙:此指苍龙门,即东门。苍龙为古代二十八宿中东方七宿的总称。后代指东方。 白虎:此指白虎门,即西门。白虎为古代二十八宿中西方七宿的总称。后代指西方。

⑬五郡:指巴、巴西、巴东、涪陵、宕渠五郡。

【译文】

汉献帝初平元年,分巴郡为三郡,江州则是永宁郡的治所。到了建安六年,刘璋接受赵韪的意见,又恢复了巴郡,派严颜去做太守。严颜见先主入蜀,叹道:独坐在深山里,放虎出来保卫自己,在这里有一天该要捶胸顿足,痛悔无及了! 汉时郡治是江州,就是巴水北岸的北府城,以后才迁到南城。刘备起初派江夏费观当太守,兼任江州都督。后来都护李严又重建城垣,周长十六里,建造了苍龙、白虎等城门,要求把五郡交给巴州管辖,但丞相诸葛亮不许,终于没有实现。江州地势倾斜而峻险,山坡上建屋,都是层层相叠,因此火灾经常发生。人们又互不相容,造船住在水上的有五百余家。这里地处两江的汇合处,夏季江水猛涨,船只被冲毁沉没,淹死的人不计其数。

县有官橘、官荔枝园,夏至则熟,二千石常设厨膳①,命士大夫共会树下食之。县北有稻田,出御米也。县下又有清水穴②,巴人以此水为粉,则皓曜鲜芳③,贡粉京师,因名粉水④,故世谓之为江州堕林粉,粉水亦谓之为粒水矣。江之北岸有塗山⑤,南有夏禹庙、塗君祠⑥,庙铭存焉。常璩、庾仲雍并言禹娶于此⑦。余按群书,咸言禹娶在寿春当塗⑧,不于此也。

【注释】

①二千石:汉朝郡守的俸禄为二千石,因此俗称郡守为二千石。

②清水穴:《水经注疏》杨守敬按:"《舆地纪胜》,清水穴在重庆府西三十步,水常清冷。《名胜志》,今涂山(今重庆东南)下有清水溪,即其处。"

③皓曜(hào yào):洁白光亮。

④粉水：即今重庆南由龙门注入长江之清水溪。

⑤涂山：俗名真武山。在今重庆东南。

⑥涂君：即涂山氏，传说中大禹的妻子。

⑦常璩（qú）：字道将。东晋时蜀郡江原（今四川崇州）人。少好学，初仕成汉。后投桓温，为参军。撰《华阳国志》。

⑧寿春：即寿春县。战国楚邑。后入秦，为九江郡治。治所即今安徽寿县。当涂：即涂山。在今安徽怀远东南淮河南岸。

【译文】

县里有官府的橘园和荔枝园，到了夏天，果实成熟，太守常常备了饭菜，招士大夫到树下来会聚同食。县北有稻田，出产专供皇室食用的稻米。县内又有清水穴，巴人用这洞穴里的水来磨粉，磨出的粉洁白照眼，鲜美芳香，用以进贡京城，因名此水为粉水，所以人们把这种粉叫江州堕林粉，粉水又叫粒水了。江水北岸有涂山，南岸有夏禹庙、涂君祠，庙铭还在。常璩、庾仲雍都说禹就是在这里娶妻的。我查过许多书，都说禹在寿春当涂娶妻，不是在这里。

又东至枳县西①，延江水从牂柯郡北流西屈注之②。

江水东迳阳关巴子梁③。江之两岸，旧有梁处，巴之三关④，斯为一也。延熙中⑤，蜀车骑将军邓芝为江州都督⑥，治此。

【注释】

①枳（zhǐ）县：战国秦于枳邑置，属巴郡。治所在今重庆涪陵区东乌江东岸。三国蜀汉移治今涪陵区。

②延江水：即今重庆和贵州境内之乌江。牂柯郡：西汉元鼎六年（前111）置。治所在故且兰县（今贵州黄平西南，一说在今贵阳附近）。

③阳关：战国时巴国置，为巴国三关之一。在今重庆东北石洞关。

④巴之三关：即阳关、捍关及沔关。

⑤延熙：三国蜀汉后主刘禅的年号（238—257）。

⑥车骑将军：官名。典京师兵卫，四夷屯警。邓芝：字伯苗。义阳新
　　野（今河南新野）人。东汉司徒邓禹之后。汉末入蜀，刘备时历广
　　汉太守、尚书。善恤卒伍，赏罚明断。旋出督江州，迁车骑将军。

【译文】

　　江水又往东流到枳县西边，延江水从牂柯郡北流，向西折转
注入。

　　江水往东流，经过阳关巴子梁。江的两岸现在还有桥梁遗址，是巴郡
三关之一。延熙年间，蜀国的车骑将军邓芝任江州都督，治所就在这里。

　　江水又东，右迳黄葛峡①。山高险，全无人居。

【注释】

①黄葛峡：即今重庆东北二十里之铜锣峡。

【译文】

　　江水继续往东流，右边流过黄葛峡。这里的山体又高又险，完全无
人居住。

　　江水又左迳明月峡①，东至梨乡②，历鸡鸣峡③。江之南
岸，有枳县治④。《华阳记》曰⑤：枳县在江州巴郡东四百里，
治涪陵水会⑥。庾仲雍所谓有别江出武陵者也。水乃延江
之枝津，分水北注，迳涪陵入江，故亦云涪陵水也。其水南
导武陵郡⑦，昔司马错溯舟此水⑧，取楚黔中地⑨。延熙中，
邓芝伐徐巨⑩，射玄猿于是县，猿自拔矢，卷木叶塞射创。芝
叹曰：伤物之生，吾其死矣！

【注释】

①明月峡：即今重庆东北长江明月沱。

②梨乡：《水经注疏》杨守敬按："乡当在今涪州（今重庆涪陵区）西。"

③鸡鸣峡：在今重庆涪陵区西龟龙关。

④枳县治：在今重庆涪陵区东乌江东岸。

⑤《华阳记》：书名。又名《华阳国志》。东晋常璩撰。记录了从远古到东晋永和三年（347），古代中国西南地区历史、地理、物产等。

⑥涪陵水会：涪陵水与江水交汇之处。涪陵水，即涪水。今四川、贵州两省境内之乌江。

⑦武陵郡：汉高帝改黔中郡置。治所在今湖南溆浦南。

⑧司马错：秦惠王臣子。与张仪争伐蜀，秦惠王听从张仪之策，起兵伐蜀，于是惠王使司马错将兵伐蜀，遂拔，以之为郡守。

⑨黔中地：即今贵州之别称。

⑩徐巨：三国涪陵夷首领之一。蜀汉延熙十一年（248）九月，在涪陵郡（今重庆彭水苗族土家族自治县）起兵反蜀汉，被车骑将军邓芝平定。

【译文】

江水左边又流过明月峡，往东流到梨乡，流过鸡鸣峡。江水南岸有枳县治所。《华阳国志》说：枳县在江州巴郡东四百里，治所在涪陵水与江水的汇流处。这就是庾仲雍说的：有支江自武陵分出。此水是延江的支派，分水北注，经涪陵入江，所以也叫涪陵水。此水导源于南方的武陵郡，从前司马错沿此江逆流而上，夺取了楚国的黔中地区。延熙年间，邓芝征讨徐巨，在枳县射中黑猿，黑猿自己拔掉箭，卷起树叶塞住伤口。邓芝叹道：残害动物的生命，我恐怕要死了！

江水又东迳涪陵故郡北①。后乃并巴郡，遂罢省。

【注释】

①涪陵故郡：东汉建安二十一年（216）刘备改巴东属国置涪陵郡，属益州。治所在涪陵县（今重庆彭水苗族土家族自治县）。

【译文】

江水又往东流过旧涪陵郡北边。涪陵以后并入巴郡，于是撤废。

江水又东迳文阳滩①。滩险难上。

【注释】

①文阳滩：具体不详。

【译文】

江水又往东流过文阳滩。此滩水势险恶，上行十分困难。

江水又东迳汉平县二百余里①，左自涪陵东出百余里，而届于黄石②，东为桐柱滩③。又迳东望峡④，东历平都⑤。峡对丰民洲⑥，旧巴子别都也⑦。《华阳记》曰：巴子虽都江州，又治平都。即此处也。有平都县，为巴郡之隶邑矣。县有天师治⑧，兼建佛寺，甚清灵。县有市肆，四日一会。江水右迳虎须滩⑨，滩水广大，夏断行旅。

【注释】

①汉平县：三国延熙十三年（250）置，属涪陵郡。治所在今重庆武隆西北。

②黄石：《水经注疏》杨守敬按："在今涪州（今重庆涪陵区）东。"

③桐柱滩：《水经注疏》杨守敬按："《方舆纪要》，铜柱滩在涪陵江口，最峻急。《一统志》，在今涪州东。"

④东望峡：《水经注疏》熊会贞按："约在涪州下八十里。"

⑤平都：春秋战国时巴国别都。在今重庆丰都。

⑥丰民洲：今重庆丰都南长江岸丰稔坝。

⑦巴子别都：巴子国的陪都。

⑧天师治：道教徒所居住的祠庙。清黄生《义府·冥通记》："道家以符法禁治鬼神，故名其所居为治。"

⑨虎须滩：在今重庆忠县西南。

【译文】

江水又继续往东流，经过汉平县二百余里，左边从涪陵东出百余里，流到黄石，东边是桐柱滩。又流经东望峡，东经平都。东望峡与丰民洲相望，昔时是巴子的陪都。《华阳国志》说：巴子虽然建都于江州，但也以平都为治所，指的就是这地方。有平都县，是巴郡的属县，县里有天师治，还兼建佛寺，十分清幽灵验。还有个市场，每四天开市一次。江水右岸经流虎须滩，滩阔水域面积广大，夏季行旅断绝。

江水又东迳临江县南①，王莽之监江县也。《华阳记》曰：县在枳东四百里，东接朐忍县②，有盐官③。自县北入盐井溪④，有盐井营户⑤。溪水沿注江。

【注释】

①临江县：西汉置，属巴郡。治所在今重庆忠县。

②朐（chǔn）忍县：秦置，属巴郡。治所在今重庆云阳东三坝乡。东汉末属巴东郡。

③盐官：主管盐务的官署。

④盐井溪：又名盐溪。即今重庆忠县东北之干井河。盛产盐。

⑤盐井营户：即负责生产盐的营户。十六国、东晋、南北朝时，各族统治者将所虏之民户配置各地，归军队管辖，称营户。

【译文】

江水又往东流经临江县南，这就是王莽的监江县。《华阳国志》说：县在枳东四百里，东与朐忍县接壤，驻有盐官。从县城往北进入盐井溪，有经营盐井的民户。溪水流注入江。

江水又东得黄华水口①，江浦也②。左迳石城南③。庾仲雍曰：临江至石城黄华口一百里。又东至平洲④，洲上多居民。又东迳壤涂而历和滩⑤。又东迳界坛⑥，是地，巴东之西界⑦，益州之东境⑧，故得是名也。

【注释】

①黄华水口：在今重庆忠县东，为长江岐道。

②江浦：河流汇入长江的入口处。

③石城：在今重庆忠县东一百里长江北岸。

④平洲：《水经注疏》熊会贞按："在今忠州（今重庆忠县）东北，万县（今重庆万州区）西南。"

⑤壤涂：即瀼途驿。今重庆万州区西南瀼渡镇。和滩：亦名湖滩。在今重庆万州区西南六十里长江中。

⑥界坛：《水经注疏》熊会贞按："当在今万县西南。"

⑦巴东：即巴东郡。东汉建安六年（201）改固陵郡置，属益州。治所在鱼復县（今重庆奉节东十里白帝城）。

⑧益州：西汉武帝置，为十三州刺史部之一。公孙述改为司隶校尉。东汉复为益州。治所在雒县（今四川广汉北）。

【译文】

江水又往东流到黄华水口，黄华水口是个江湾。左边经石城南面。庾仲雍说：从临江到石城黄华口一百里。又往东流，到了平洲，洲上居民很多。又往东流，经过壤涂，流过和滩。又往东流，经过界坛，这是巴东的西界，益州的东境，因有此名。

又东过鱼復县南①，夷水出焉②。

江水又东，右得将龟溪口③。《华阳记》曰：朐忍县出灵龟。咸熙元年④，献龟于相府，言出自此溪也。

【注释】

①鱼復县：在今重庆奉节东十里白帝城。
②夷水出焉：陈桥驿按，从此卷《经》文"又东过鱼復县南，夷水出焉"开始，大江两岸景色，可谓渐入佳境。当年我们走遍蜀境，发现其最佳处尚在卷三十四。夷水：又名盐水。即今湖北西南部之清江。为长江支流。
③将龟溪口：《水经注疏》杨守敬按："溪口在今万县（今重庆万州区）南。"
④咸熙元年：264年。咸熙，三国魏元帝曹奂的年号（264—265）。

【译文】

江水又往东流过鱼復县南边，夷水发源于这里。

江水继续往东流，右岸有将龟溪口。《华阳国志》说：朐忍县出产灵龟。咸熙元年，有人到宰相府里献龟，说是此溪所出。

江水又东会南、北集渠①。南水出涪陵县界②，谓之阳溪，北流迳巴东郡之南浦侨县西③。溪硖侧④，盐井三口，相去各数十步，以木为桶，径五尺，修煮不绝。溪水北流注于江，谓之南集渠口，亦曰于阳溪口。北水出新浦县北高梁山分溪⑤，南流迳其县西，又南百里至朐忍县，南入于江，谓之北集渠口，别名班口，又曰分水口，朐忍尉治此。

【注释】

①南集渠:又称阳溪。《水经注疏》熊会贞按:"今有渡口溪,出万县 (今重庆万州区)东南,当即此水,但水源去故涪陵(今重庆涪陵 区)稍远耳。"北集渠:在今重庆万州区西南。

②涪陵县:西汉置,属巴郡。治所在今重庆彭水苗族土家族自治县。 东汉建安六年(201)为巴东属国都尉治。三国蜀汉为涪陵郡治。

③南浦侨县:《水经注疏》杨守敬按:"(南浦县)即今万县治,在江北, 此南浦侨县在江南,未详何时置。《一统志》疑晋改置于江南。"

④溪硖(xiá):溪谷。硖,同"峡"。两山间的溪谷。

⑤新浦县:南朝宋永初中分汉丰县置,属巴东郡。治所在今重庆开 州区西南跳蹬场。高梁山:即今重庆梁平区东南与万州区交界之 精华山(铁凤山)。

【译文】

江水又往东流,汇合了南集渠和北集渠。南水源出涪陵县界,称为 阳溪,往北流经巴东郡的南浦侨县西边。溪流所经的山峡旁有盐井三口, 相距各数十步,用直径五尺的大木桶来装,不停地煮盐。溪水往北流注 入江水,汇流处称为南集渠口,又叫于阳溪口。北水源出新浦县北方高 梁山的分溪,往南流经该县西边,又往南流了一百里,到了朐忍县,然后 往南注入江水,汇流处称为北集渠口,别名班口,又叫分水口,朐忍尉的 治所就在这里。

江水又东,右迳氾溪口①,盖江氾决入也②。

【注释】

①氾溪口:《水经注疏》熊会贞按:"此溪在江之右,乃今万县(今重 庆万州区)江南岸之水。"

②氾:由主流分出又汇合进主流的支流。

【译文】

江水又往东流,右边流经汜溪口,是江水分流后重又注入处。

　　江水又东迳石龙而至于博阳二村之间^①。有磐石^②,广四百丈,长六里,阻塞江川,夏没冬出,基亘通渚^③。又东迳羊肠虎臂滩^④。杨亮为益州^⑤,至此舟覆。惩其波澜,蜀人至今犹名之为使君滩。

【注释】

①石龙、博阳:《水经注疏》杨守敬按:"二村在今万县(今重庆万州区)境。"石龙,在今重庆万州区西南盘龙碛(qì)。

②磐石:巨石。

③基亘通渚:磐石基横亘着通畅的水流。亘,横亘,横着。

④羊肠虎臂滩:亦曰使君滩。在今重庆万州区东二里长江中。

⑤杨亮:弘农华阴(今陕西华阴东南)人。东晋将领。汉太尉杨震后裔,杨林子。

【译文】

江水又往东流经石龙,流到博阳两村之间。有块宽四百丈、长六里的巨石阻塞江流,夏季没入水中,冬季露出水面,巨石横亘在通畅的水流中。又往东流经羊肠虎臂滩。杨亮任益州刺史,到这里翻了船。为了警醒世人,此滩中波澜非常险恶,蜀人至今还把它叫使君滩。

　　江水又东,彭水注之^①。水出巴渠郡獠中^②,东南流迳汉丰县东^③,清水注之^④。水源出西北巴渠县东北巴岭南獠中^⑤,即巴渠水也。西南流至其县,又西入峡,檀井溪水出焉。又西出峡,至汉丰县东而西注彭溪,谓之清水口。彭溪水又南,迳朐忍县西六十里，南流注于江，谓之彭溪口。

【注释】

①彭水：又称彭溪水。即今重庆开州区、云阳境内之小江河（开江），为长江支流。

②巴渠郡：南朝宋置，属梁州。治所在宣汉县（今四川达州）。獠中：古代獠民居住的区域。獠，指中国古代的一个少数民族，分布在今广东、广西、湖南、四川、云南、贵州等地区，当今壮侗语族及仡佬族等，多为其苗裔。

③汉丰县：东汉建安二十一年（216）刘备置，属固陵郡。治所在今重庆开州区南二里。

④清水：亦名叠江、清江河、巴渠水。即今重庆开州区东北之东河，为小江（开江）东支流。

⑤巴渠县：南朝宋置，属巴渠郡。治所在今四川宣汉东北下八乡（下八庙场）。

【译文】

江水又往东流，有彭水注入。彭水发源于巴渠郡獠中，往东南流经汉丰县东面，汇合了清水。清水发源于西北方巴渠县东北巴岭以南的獠中，就是巴渠水。此水往西南流到该县，又往西流进入山峡——檀井溪水就发源于这里。清水又西流出峡，到汉丰县东，往西注入彭溪，汇流处叫清水口。彭溪水又往南流，经过朐忍县西六十里，南流注入江水，汇流处叫彭溪口。

江水又东，右迳朐忍县故城南①。常璩曰：县在巴东郡西二百九十里，县治故城，跨其山阪②，南临大江。江之南岸有方山，山形方峭，枕侧江濆③。

【注释】

①胸忍县故城：在今重庆云阳东三坝乡。

②跨：占据。山阪：山坡。

③枕侧：靠近，毗邻。江渍：江边，沿江一带。

【译文】

江水又往东流，右边流经胸忍县老城南。常璩说：胸忍县在巴东郡西二百九十里，县治就在老县城，坐落在山坡上，南濒大江。大江南岸有方山，山呈方形，十分陡峭，一侧濒江。

　　江水又东迳瞿巫滩①，即下瞿滩也，又谓之博望滩。左则汤溪水注之②。水源出县北六百余里上庸界③，南流历县，翼带盐井一百所④，巴、川资以自给。粒大者方寸，中央隆起，形如张伞，故因名之曰伞子盐。有不成者，形亦必方，异于常盐矣。王隐《晋书地道记》曰⑤：入汤口四十三里⑥，有石煮以为盐。石大者如升⑦，小者如拳，煮之水竭盐成。盖蜀火井之伦⑧，水火相得，乃佳矣。汤水下与檀溪水合⑨。水上承巴渠水，南历檀井溪，谓之檀井水，下入汤水。汤水又南入于江，名曰汤口。

【注释】

①瞿巫滩：亦称下瞿滩、博望滩。在今重庆云阳东长江中。

②汤溪水：即今重庆云阳东北之汤溪河。

③上庸：即上庸郡。东汉建安二十二年（217）置，属荆州。治所在上庸县（今湖北竹山县西南四十里堵水北岸）。

④翼带盐井：这里指汤溪水左右两边的区域拥有盐井。

⑤王隐《晋书地道记》：书名。又称《晋地道志》《晋地道记》。东晋

王隐撰。

⑥汤口：即汤溪水注入长江之口。在今重庆云阳东。

⑦升：量粮食的器具，容量为斗的十分之一。

⑧火井：盛产可燃天然气的井。古代多用以煮盐。

⑨汤水：即今重庆云阳东北之汤溪河。檀溪水：在今重庆云阳北江口镇西北。

【译文】

江水又往东流，经过瞿巫滩，就是下瞿滩，又叫博望滩。左岸有汤溪水注入。汤溪水源出县北六百余里的上庸边界，往南流经县城，两岸有盐井一百余处，巴、川就靠这些盐井来自给。盐粒大的一寸见方，中央隆起，形状就像一把张开的伞，所以叫伞子盐。有的虽然不呈伞状，但也一定是方形的，和普通的盐不同。王隐《晋书地道记》说：从汤口进去四十三里，有石头可以煮出盐来。石头大的像升，小的像拳头，煮到水都干尽，盐也就结成了。这大概也是蜀地的天然气井一类，水火互相配合，才能煮出好盐来。汤水下游与檀溪水汇合。檀溪水上游承接巴渠水，向南流经檀井溪，叫檀井水，下游注入汤水。汤水又往南流，注入江水，汇流处叫汤口。

江水又迳东阳滩①。江上有破石，故亦通谓之破石滩，苟延光没处也②。常璩曰：水道有东阳、下瞿数滩，山有大、小石城势③，灵寿木及橘圃也④。故《地理志》曰：县有橘官⑤，有民市。

【注释】

①东阳滩：在今重庆云阳东长江中。

②苟延光：具体不详。

③大、小石城势：即大石城山、小石城山。在今重庆云阳县云阳镇东。

势,古代巴郡、汉中一带称形势险要之山为"势"。

④灵寿木:木名。似竹,有枝节。质韧轻便,是做手杖的上等木材。因此杖不仅助步,亦可祛病延寿,因名灵寿木。产于重庆云阳龙硐溪谷中。橘圃:即橘园。

⑤橘官:管理橘园事务的官署。

【译文】

江水又流经东阳滩。江中有一块破石,所以也通称为破石滩,就是苟延光淹死的地方。常璩说:水道中有东阳、下瞿等滩,山有大石城势和小石城势,有灵寿木和橘园。所以《地理志》说:县里有橘官,有民间市场。

江水又迳鱼復县之故陵①。旧郡治故陵溪西二里故陵村②。溪即永谷也。地多木瓜树③,有子,大如甒④,白黄,实甚芬香,《尔雅》之所谓楙也。

【注释】

①鱼復县故陵:在今重庆奉节西。

②故陵溪:亦名永谷水。即今重庆云阳东南长滩河。

③木瓜树:木名。落叶灌木或小乔木,叶子长椭圆形,花淡红色,果实长椭圆形,黄色,有香气,可入药。

④甒(wǔ):古代盛酒的瓦器。

【译文】

江水又流经鱼復县的故陵。老郡治在故陵溪西二里的故陵村。故陵溪靠近永谷。当地木瓜树很多,木瓜树结的果实大的像酒壶,呈黄白色,十分芳香,就是《尔雅》所说的楙。

江水又东为落牛滩①。迳故陵北,江侧有六大坟。庾仲雍曰：楚都丹阳所葬②，亦犹枳之巴陵矣③，故以故陵为名也。有鱼復尉戍此。江之左岸有巴乡村，村人善酿，故俗称巴乡清，郡出名酒。村侧有溪，溪中多灵寿木。中有鱼，其头似羊，丰肉少骨，美于余鱼。溪水伏流迳平头山，内通南浦故县陂湖④。其地平旷，有湖泽，中有菱、芡、鲫、雁⑤，不异外江。凡此等物，皆入峡所无。地密恶蛮，不可轻至。

【注释】

①落牛滩：在今重庆云阳东故陵镇（高坪）一带之长江中。

②丹阳：西周、春秋初楚国都城。在今湖北秭归东南。

③枳（zhǐ）之巴陵：《水经注疏》熊会贞按：“《华阳国志》一，巴子虽都江州，其先王陵墓，多在枳。”枳，即枳县。战国秦于枳邑置，属巴郡。治所在今重庆涪陵区东乌江东岸。三国蜀汉移治今涪陵区。

④南浦故县：三国蜀汉建兴八年（230）改羊渠县置南浦县，属巴东郡。治所在今重庆万州区。

⑤芡（qiàn）：多年生草本植物，生在水池中。像荷叶，浮在水面。略像鸡头，故亦名鸡头。

【译文】

江水又往东流，就是落牛滩。流经故陵北边，江边有六大坟。庾仲雍说：这是楚建都于丹阳时所葬，正像枳的巴陵一样，所以用故陵作为地名。有鱼復尉驻守在这里。江水左岸有个巴乡村，村人善于酿酒，所以民间把那里酿的酒称为巴乡清，郡中出产名酒。村边有溪，溪里灵寿木很多。水中有鱼，鱼头像羊，肉多骨少，比别的鱼味更鲜美。溪水潜流经平头山底下，与旧南浦县的湖塘相通。这一带土地平旷，有湖泊沼泽，生长菱、芡等水生植物，还有鲫鱼和大雁，与外江没有两样。这些东西都是进峡之后所看不到的。这地方有很多凶恶的蛮人，不可轻率前去。

　　江水又东,右迳夜清而东历朝阳道口^①,有县治,治下有市,十日一会。

【注释】

①夜清、朝阳道口:《水经注疏》熊会贞按:"夜清、朝阳道皆无考。当在今奉节县(今重庆奉节)西。"

【译文】

江水又东流,右边流经夜清,又往东流过朝阳道口,这里有县治,县治下有市场,十天一次集市。

　　江水又东,左迳新市里南^①。常璩曰:巴旧立市于江上,今新市里是也。

【注释】

①新市里:《水经注疏》熊会贞按:"《华阳国志》一文,里在今奉节县(今重庆奉节)西。"

【译文】

江水又东流,左边流经新市里南。常璩说:先前巴地在江上立市,就是现今的新市里。

　　江水又东,右合阳元水^①。水出阳口县西南高阳山东^②,东北流迳其县南,东北流,丙水注之^③。水发县东南柏枝山^④。山下有丙穴^⑤,穴方数丈,中有嘉鱼,常以春末游渚,冬初入穴,抑亦褒汉丙穴之类也^⑥。其水北流入高阳溪^⑦。溪水又东北流,注于江,谓之阳元口^⑧。

【注释】

①阳元水:在今重庆奉节西南安平乡一带。

②阳口县:南朝梁置,属巴东郡。治所在今重庆奉节西南长江南岸安平乡。

③丙水:《水经注疏》熊会贞按:"据《注》山当在今奉节县(今重庆奉节)西南,今老马溪东有五龙溪,《一统志》疑即丙水。"

④柏枝山:在今重庆梁平区南。

⑤丙穴:在今重庆城口南一百四十里。

⑥抑:或许,大概。

⑦高阳溪:即阳元水。在今重庆奉节西南。

⑧阳元口:当在今重庆奉节一带。

【译文】

江水又往东流,在右边汇合了阳元水。阳元水发源于阳口县西南的高阳山东边,往东北流经该县南,往东北流,有丙水注入。丙水发源于该县东南的柏枝山。山下有丙穴,洞宽数丈,洞中有嘉鱼,常常在暮春时节游到沙洲旁,初冬时进入洞内,或许也像褒汉的丙穴之类吧。丙水往北流,注入高阳溪。溪水又往东北流,注入江水,汇流处叫阳元口。

江水又东迳南乡峡①,东迳永安宫南②。刘备终于此,诸葛亮受遗处也③。其间平地可二十许里,江山迥阔,入峡所无。城周十余里,背山面江,颓墉四毁④,荆棘成林,左右民居,多垦其中。

【注释】

①南乡峡:在今重庆奉节西四十五里。

②永安宫:在今重庆奉节城内奉节师范学校。

③诸葛亮受遗处:指诸葛亮接受刘备遗诏,辅佐后主刘禅治理蜀国

处。章武三年（223）春，刘备于永安病笃，召亮于成都，嘱以后事，谓亮曰："君才十倍于丕，必能安国，终定大事。若嗣子可辅，辅之；如其不才，君可自取。"亮涕泣曰："臣敢竭股肱之力，效忠贞之节，继之以死！"

④颓墉：颓败的城墙。

【译文】

江水继续往东流，经过南乡峡，东经永安宫南面。刘备就死在这里，这也是诸葛亮接受遗诏的地方。其间平地约二十余里，江面宽阔，山谷宽敞，是入峡后所没有的。城墙周长十余里，背后倚山，面前临江，四面城墙都已坍塌，荆棘成林，附近居民有不少在其间垦种。

江水又东迳诸葛亮图垒南①。石碛平旷②，望兼川陆③。有亮所造八阵图④，东跨故垒，皆累细石为之。自垒西去，聚石八行，行间相去二丈，因曰：八阵既成，自今行师，庶不覆败。皆图兵势行藏之权⑤，自后深识者所不能了。今夏水漂荡，岁月消损，高处可二三尺，下处磨灭殆尽。

【注释】

①诸葛亮图垒：指诸葛亮八阵图石堆。

②石碛（qì）：沙石积成的浅滩。

③望兼川陆：山川与陆野尽收眼底。

④八阵图：史载为诸葛亮创造的一种阵法，敌军陷入后便无法走脱。

⑤行藏之权：出兵与隐藏的计谋。

【译文】

江水又往东流，经过诸葛亮八阵图石堆南面。石滩平坦开阔，河流和田野一览无余。这里有诸葛亮所造的八阵图，向东跨越军营遗址，都用细石堆砌而成。从遗址向西，堆叠了八行石头，行距二丈，于是他说：

八阵排成了，从今天起，用兵大概可以不致打败仗了吧。八阵图所表示的都是用兵虚虚实实、随机应变的战术，后世对兵法有高深研究的人也看不懂。现在因夏季大水的冲去，岁月的侵蚀消磨，高处还留下二三尺，低处差不多把痕迹都荡尽了。

　　江水又东迳赤岬城西^①。是公孙述所造^②，因山据势，周回七里一百四十步，东高二百丈，西北高千丈。南连基白帝山^③。其高大，不生树木，其石悉赤。土人云：如人袒胛，故谓之赤岬山。《淮南子》曰：彷徨于山岬之旁。《注》曰^④：岬，山胁也。郭仲产曰^⑤：斯名将因此而兴矣。

【注释】

①赤岬（jiá）城：亦作赤田城。在重庆奉节东十里赤岬山。

②公孙述：字子阳。扶风茂陵（今陕西兴平东北）人。新莽时，为导江卒正（蜀郡太守）。后起兵，据益州称帝，号成家。建武十二年（36），为汉军所破，被杀。

③白帝山：在今重庆奉节东十里长江北岸白帝城。

④《注》曰：《水经注疏》杨守敬按："此是许慎《淮南》注。"

⑤郭仲产：曾任南朝宋尚书库部郎。撰有《襄阳记》等。

【译文】

　　江水又往东流，经过赤岬城西面。公孙述依据山势筑成此城，周长七里一百四十步，东高二百丈，西北高达千丈。南面的城基则与白帝山相连。白帝山极其高大，山上不生树木，岩石都呈赭红色。当地人说，这山就像一个人袒露着肩胛，所以叫赤岬山。《淮南子》说：彷徨在山岬旁边。《注》说：岬就是山的胁下。郭仲产说：这个名称将因此而流行了。

　　江水又东迳鱼復县故城南①,故鱼国也②。《春秋左传·文公十六年》③,庸与群蛮叛④,楚庄王伐之⑤,七遇皆北⑥,惟裨、儵、鱼人逐之是也⑦。《地理志》,江关都尉治⑧。公孙述名之为白帝⑨,取其王色。蜀章武二年⑩,刘备为吴所破,改白帝为永安⑪,巴东郡治也⑫。汉献帝兴平元年⑬,分巴为二郡⑭,以鱼復为故陵郡⑮。蹇胤诉刘璋⑯,改为巴东郡,治白帝山城。周回二百八十步,北缘马岭⑰,接赤岬山。其间平处,南北相去八十五丈,东西七十丈。

【注释】

①鱼復县故城:在今重庆奉节东十里白帝城。

②鱼国:周朝诸侯国。曾都鱼復(今白帝城)。

③文公十六年:前611年。

④庸:国名。今湖北竹山县东四十里有上庸故城,即其地。后为楚属国。群蛮:指散处楚国西南(今湖南沅陵、芷江一带)的少数民族。

⑤楚庄王:芈姓,熊氏,名侣(一作吕、旅)。春秋楚国国君,又称荆庄王。春秋五霸之一。

⑥北:败走,失败。

⑦裨、儵(chóu)、鱼:庸之三邑。裨,群蛮国。当距庸(今湖北西部)不远。儵,古庸国邑名。同鱼(今重庆奉节)邻近。

⑧江关都尉:《水经注疏》杨守敬按:"巴、楚相攻,故置江关。旧在赤甲(岬)城,后移在江州南岸,对白帝城,故基在鱼復县南。《地理通释》,古江关即今瞿塘关,在今奉节县界。"

⑨白帝:据《元和郡县图志》,公孙述据蜀期间,殿前井有白龙出,自称白帝,因更鱼復城为白帝城。

⑩章武二年:222年。章武,三国蜀汉昭烈帝刘备的年号(221—223)。

⑪永安：即永安县。三国蜀汉章武二年（222）改鱼复县置，为巴东
　　郡治。治所在今重庆奉节东十里白帝城。

⑫巴东郡：东汉建安六年（201）改固陵郡置，属益州。治所在鱼复
　　县（三国蜀汉改为永安，在今重庆奉节东十里白帝城）。

⑬兴平元年：194年。兴平，东汉献帝刘协的年号（194—195）。

⑭二郡：当为三郡之讹。三郡，指巴郡、永宁郡和固陵郡。

⑮故陵郡：一作固陵郡。东汉兴平元年（194）分巴郡置，属益州。
　　治所在鱼复县（今重庆奉节东十里白帝城）。

⑯蹇胤：东汉末鱼复（今重庆奉节）人。建安六年（201），建议刘璋
　　争巴名，璋乃改永宁郡为巴郡，以固陵郡为巴东郡，改庞羲为巴西
　　太守，是为三巴。刘璋：字季玉。江夏竟陵（今湖北天门）人。东
　　汉末年割据军阀之一。

⑰马岭：《水经注疏》杨守敬按："岭在今奉节县（今重庆奉节）东十
　　里。"

【译文】

　　江水又往东流，经过鱼复县老城南面，鱼复县就是昔时的鱼国。《春
秋左传·文公十六年》，庸和群蛮反叛，楚庄王出兵征讨，连打了七次败
仗，实际上是禅、儵、鱼各族把他们赶走的。据《地理志》载，这是江关都
尉的治所。公孙述称它为白帝，是以在当地现形的白龙王取名的。蜀国
章武二年，刘备被东吴打败，把白帝改名为永安，是巴东郡的治所。汉献
帝兴平元年，把巴分为三郡，把鱼复立为固陵郡。蹇胤向刘璋建议改为
巴东郡，治所是白帝城。城周长二百八十步，北面沿着马岭，与赤岬山相
接。山间平坦的地方，南北相距八十五丈，东西七十丈。

　　又东旁东瀼溪①，即以为隍②。西南临大江，窥之眩目。
惟马岭小差委迤③，犹斩山为路，羊肠数四，然后得上。益州
刺史鲍陋镇此④，为谯道福所围⑤。城里无泉，乃南开水门，

凿石为函道⑥,上施木天公⑦,直下至江中,有似猿臂相牵引汲,然后得水。水门之西,江中有孤石,为淫预石⑧。冬出水二十余丈,夏则没,亦有裁出处矣⑨。县有夷溪⑩,即佷山清江也⑪。《经》所谓夷水出焉。

【注释】

①东瀼(ràng)溪:即今重庆奉节东之草堂河。瀼,涧水横通山谷入江河,谓之瀼。今重庆云阳、奉节,湖北巴东一带入江水道以瀼为名者甚多。

②隍:护城河。

③马岭:《水经注疏》杨守敬按:"岭在今奉节县(今重庆奉节)东十里。"

④鲍陋:东晋安帝时人。官益州刺史。卒于白帝城。

⑤谯道福:东晋安帝时人。谯纵的辅国将军、梁州刺史。攻陷巴东郡,杀守将温祚、时延祖。

⑥函道:涵洞,隧道。

⑦木天公:古人设计的一种汲水的装置。具体不详。

⑧淫预石:亦称滟滪滩。在今重庆奉节东南。

⑨裁:仅仅。

⑩夷溪:即佷山清江,亦称夷水。

⑪佷(héng)山:即佷山县。西汉置,属武陵郡。治所在今湖北长阳土家族自治县西三十六里州衙坪。东汉属南郡。三国吴属宜都郡。清江:又名夷水、盐水。在今湖北西南部。为长江支流。源出湖北利川西部齐岳山东麓,东流至枝城北注入长江。

【译文】

东瀼东瀼溪,就作为护城河。西南俯临大江,下望令人头晕目眩。唯有马岭只是稍稍有点绵延曲折,但也凿山筑路,羊肠小道七转八弯,然后才能上去。益州刺史鲍陋镇守在这里,被谯道福所包围。城里没有水,于是在南面开了水门,在岩壁上凿出函道,上面装了木天公,一直放到江里,好像猴子手牵着手那样来汲水,方才弄到了水。水门西面,江中有一块孤石,就是淫预石。冬天露出水面二十余丈,夏天没在水下,也有只露出一点的地方。县里有夷溪,就是很山的清江。《水经》里说夷水发源于这里,指的就是此水。

　　江水又东迳广溪峡①,斯乃三峡之首也②。其间三十里,颓岩倚木③,厥势殆交。北岸山上有神渊,渊北有白盐崖④,高可千余丈,俯临神渊。土人见其高白,故因名之。天旱,燃木岸上,推其灰烬,下秽渊中,寻即降雨。常璩曰:县有山泽水神,旱时鸣鼓请雨,则必应嘉泽。《蜀都赋》所谓应鸣鼓而兴雨也⑤。峡中有瞿塘、黄龛二滩⑥,夏水回复,沿溯所忌⑦。瞿塘滩上有神庙,尤至灵验,刺史二千石迳过,皆不得鸣角伐鼓。商旅上水,恐触石有声,乃以布裹篙足。今则不能尔,犹缋荐不辍⑧。此峡多猿,猿不生北岸,非惟一处。或有取之放著北山中,初不闻声⑨。将同猳兽渡汶而不生矣⑩。其峡盖自昔禹凿以通江。郭景纯所谓巴东之峡⑪,夏后疏凿者。

【注释】

①广溪峡:即长江三峡之瞿塘峡。在今重庆奉节东十三里。

②三峡:《水经注》以广溪峡、巫峡、西陵峡为三峡,即今天的瞿塘峡、巫峡、西陵峡。

③颓岩:颓落欲坠的岩石。

④白盐崖:即白盐山。在今重庆奉节东十七里长江南岸。隔江与赤岬山相对,中夹江为瞿塘峡,为蜀之咽喉。

⑤《蜀都赋》：即左思的《蜀都赋》。《三都赋》之一。

⑥黄龛滩：亦名黄龙滩。在今重庆奉节东长江瞿塘峡内。

⑦沿：顺流而下。溯：逆水而上。

⑧飨（xiǎng）：设酒食祭祀。荐：进献。

⑨初不：一点也不。

⑩狢（hé）兽：像狐狸。狢，同"貉"。汶：即汶水。古代济水的支流，发源于山东临沂的沂山。今称大汶河。

⑪郭景纯：即郭璞，字景纯。东晋河东闻喜（今山西闻喜）人。注《尔雅》《方言》《山海经》《穆天子传》等。巴东：即巴东郡。东汉建安六年（201）改固陵郡置。治所在鱼复县（今重庆奉节东）。

【译文】

江水继续往东流，经过广溪峡，这是三峡的上端。峡长三十里，其间惊险的危岩、斜出的树木，看来几乎两边要互相交接似的。北岸山上有神渊，渊北有白盐崖，高达千余丈，俯临神渊。当地人看到它又高又白，所以取了这个名字。天旱时在岸上焚烧树木，把灰烬推到深潭中，弄脏潭水，不久就会下雨。常璩说：县里有山泽水神，天旱时击鼓求雨，就一定应验，会有甘霖喜降。这就是《蜀都赋》所说的：一敲鼓就会下雨。峡中有瞿塘、黄龛两处险滩，夏天洪水激起漩涡，船只上行和下行都要提心吊胆。瞿塘滩上有个神庙，尤其灵验，刺史二千石一级官员经过这里，都不可吹号打鼓。商旅上下水时，怕碰到石头发出声响，就用布包起撑竿的下端。现在虽不这样做了，但祭祀水神还是没有中断过。峡中猿很多，但北岸却没有猿——这里不是仅指某一处。有人捕捉了猿放到北山去，却一点也听不到它的叫声了。也许就像狢那样，过了汶水就不能生存了吧。这条山峡大概是从前大禹开凿出来疏导江水的。郭景纯也说过，巴东山峡是夏禹王开凿，以疏通水流的。

卷三十四

江水二

【题解】

《江水》三卷，已在卷三十三叙明，此为《江水》的第二卷，我在前一卷"题解"中指出，在该卷《经》文"又东过鱼復县南，夷水出焉"以下，渐入佳境。此卷起自江关，此江关一名捍关，在今重庆奉节以东的赤甲山，正是两岸连山的三峡佳处。终于江陵，即今沙市附近的江陵县，已进入古代湖河交织的云梦泽地区。水域毕竟不如山景，所以《江水》篇的佳境正在此篇江关与江陵之间。其中《经》文"又东过夷陵县南"下有一段《注》文，与前面《河水》篇中的孟门（壶口瀑布）一段，可称《水经注》全书写景的双绝。但孟门为郦氏所亲见，而三峡非郦氏足迹所及，他是将当时尚未亡佚的写景佳作，细读精选，组成此绝妙文章千古流传，值得今人欣赏吟诵，甚至熟练背诵。

江水二

又东出江关①，入南郡界②，

江水自关东迳弱关、捍关③。捍关，廪君浮夷水所置也④。弱关在建平秭归界⑤。昔巴、楚数相攻伐，藉险置关，以相防捍。秦兼天下,置立南郡,自巫东上^⑥,皆其域也。

【注释】

①江关:一名捍关。战国时巴国置。在今重庆奉节东赤甲山。

②南郡:战国秦昭王二十九年(前278)置。治所在郢(今湖北荆州市荆州区故江陵县城西北纪南城)。后徙治江陵县(今荆州市荆州区故江陵县城)。又经历次改国、改郡。东汉章帝元和二年(85)复为南郡。

③弱关:当在今湖北秭归境。

④廪君:名务相。武落锺离山(今湖北长阳土家族自治县境内)人。古代巴人首领。尊为廪君。带领巴、樊、暉、相、郑五姓部落沿夷水(今清江)向西发展,又向川东扩展。夷水:即今湖北西南部之清江。为长江支流。

⑤建平:即建平郡。三国吴永安三年(260)置,属荆州。治所在信陵县(今湖北秭归西北)。秭归:即秭归县。西汉置,属南郡。治所在今湖北秭归(茅坪镇)西北归州镇。三国吴永安三年(260)属建平郡。

⑥巫:即巫县。战国秦昭襄王三十年(前277)改楚巫郡置,属南郡。治所在今重庆巫山县。

【译文】

江水二

又往东流出江关,流入南郡界,

江水从关东流经弱关、捍关。捍关是廪君乘船下夷水时所设。弱关在建平郡秭归县境内。从前巴、楚常常打仗,所以在险要处设关互相防御。秦统一天下后,设置南郡,于是从巫县东上,就都是秦的领土了。

又东过巫县南,盐水从县东南流注之^①。

江水又东,乌飞水注之②。水出天门郡溇中县界③,
北流迳建平郡沙渠县南④,又北流迳巫县南,西北历山道
三百七十里,注于江,谓之乌飞口。

【注释】

①盐水:即今重庆东部之大宁河。

②乌飞水:《水经注疏》杨守敬按:"《寰宇记》,乌飞山在巫山县西南
　　六十里,言山高,鸟飞不能越也。水盖以山得名,而此作乌,异。"

③天门郡:三国吴永安六年(263)置,属荆州。治所在溇中县(今湖
　　南慈利西三官寺土家族乡)。溇中县:三国吴分充、零阳二县置,
　　为天门郡治。

④建平郡:三国吴永安三年(260)置,属荆州。治所在信陵县(今湖
　　北秭归西北)。沙渠县:三国吴置,属建平郡。治所在今湖北恩施。

【译文】

江水又往东流过巫县南边,盐水从县城东南流来注入。

江水又往东流,有乌飞水注入。乌飞水发源于天门郡溇中县境内,
往北流经建平郡沙渠县南边,又往北流经巫县南边,于是往西北经过山
间三百七十里的流程,注入江水,汇流处叫乌飞口。

江水又东迳巫县故城南①,县,故楚之巫郡也,秦省郡
立县,以隶南郡。吴孙休分为建平郡②,治巫城。城缘山为
墉③,周十二里一百一十步,东、西、北三面皆带傍深谷,南
临大江,故夔国也④。

【注释】

①巫县故城:即今重庆巫山县。

②孙休：即三国吴景帝，字子烈。吴郡富春（今浙江富阳）人。孙权
之子。

③墉：城垣。

④夔国：一名隗国。周时封国。楚同姓。

【译文】

　　江水又往东流，经过巫县老城南，巫县就是旧时楚国的巫郡，秦废巫郡而改置为县，划归南郡管辖。吴孙休分设建平郡，以巫城为治所。巫城倚山筑城，周围十二里一百一十步，东、西、北三面都依傍深谷，南临大江，从前是夔国的地方。

　　江水又东，巫溪水注之①。溪水导源梁州晋兴郡之宣汉县东②，又南迳建平郡泰昌县南③，又迳北井县西④，东转历其县北。水南有盐井，井在县北，故县名北井，建平一郡之所资也。盐水下通巫溪，溪水是兼盐水之称矣。溪水又南屈迳巫县东。县之东北三百步有圣泉，谓之孔子泉⑤，其水飞清石穴，洁并高泉。下注溪水，溪水又南入于大江。

【注释】

①巫溪水：亦称盐水。即今重庆东部之大宁河。

②晋兴郡：西晋永嘉五年（311）前凉张轨置。治所在晋兴县（今青海民和回族土族自治县西北湟水南岸）。宣汉县：东汉和帝时置，属巴郡。治所在今四川达州。建安六年（201）属巴西郡。三国蜀汉属宕渠郡，寻属巴西郡。未知何时属晋兴郡。疑郦注有误。

③泰昌县：西晋太康初置，属建平郡。治所在今重庆巫山县西北一百二十里大昌镇。

④北井县：东汉末置，属巴东郡。治所在今重庆巫山县北九十五里

洋溪乡南宁河。

⑤孔子泉:当在今重庆巫山县东北。

【译文】

江水又东流,巫溪水注入。巫溪水发源于梁州晋兴郡宣汉县东边,往南流经建平郡泰昌县南面,又流经北井县西面,转向东边,流经县城北面。南岸有盐井,都在县城北面,所以县名叫北井,建平全郡食盐都仰赖这些盐井供应。盐水下通巫溪,溪水于是也兼有盐水之名了。溪水又往南流,转弯流经巫县东边。巫县东北三百步有圣泉,叫孔子泉,清泉从石洞中飞流而出,莹洁可与名泉媲美。泉流下注溪水,溪水又南流注入大江。

江水又东迳巫峡①。杜宇所凿②,以通江水也。郭仲产云③:按《地理志》④,巫山在县西南⑤,而今县东有巫山,将郡、县居治无恒故也。江水历峡东迳新崩滩⑥。此山,汉和帝永元十二年⑦,晋太元二年又崩⑧,当崩之日,水逆流百余里,涌起数十丈。今滩上有石,或圆如箪⑨,或方似屋,若此者甚众,皆崩崖所陨,致怒湍流,故谓之新崩滩。其颓岩所余,比之诸岭,尚为竦桀⑩。其下十余里有大巫山⑪,非惟三峡所无⑫,乃当抗峰岷、峨⑬,偕岭衡、疑⑭。其翼附群山,并概青云⑮,更就霄汉,辨其优劣耳。神孟涂所处⑯。《山海经》曰:夏后启之臣孟涂⑰,是司神于巴⑱,巴人讼于孟涂之所,其衣有血者执之,是请生⑲。居山上,在丹山西。郭景纯云⑳:丹山在丹阳㉑,属巴。丹山西即巫山者也。

【注释】

①巫峡:在重庆巫山县东,因巫山而得名。

②杜宇:传说中古代蜀国国王,号曰望帝。遇水灾,其相开明成功去

除水害。他遂效尧舜禅让之义，禅位于开明。

③郭仲产：里籍不详。南朝宋尚书库部郎，后为南郡王从事。著有《襄
　阳记》等。

④《地理志》：即《汉书·地理志》。概述先秦至汉地理沿革、西汉行
　政区划、山川名胜、户口物产及中外交通等。

⑤巫山：在今重庆巫山县东。

⑥新崩滩：亦作东奔滩。在今重庆巫山县东长江中。为三峡险滩之一。

⑦永元十二年：100 年。永元，东汉和帝刘肇的年号（89—105）。

⑧太元二年：377 年。太元，东晋孝武帝司马曜（yào）的年号（376—
　396）。

⑨箪（dān）：古代盛饭用的圆形竹器。

⑩竦桀：高峻。竦，同“耸”。

⑪大巫山：在今重庆巫山县东。清光绪《巫山县志》卷六：大巫山“一
　名大丹山。县东三十里”。

⑫三峡：《水经注》以广溪峡、巫峡、西陵峡为三峡，即今天的瞿塘峡、
　巫峡、西陵峡。

⑬岷（mín）：即岷山。在今四川西北部，绵延四川、甘肃两省边境。
　峨：即峨眉山。在今四川峨眉山市西南十三里。

⑭偕：齐等，比肩。衡：即衡山。在今湖南衡阳、衡山县境，为湘水与
　资水的分水岭。疑：即九嶷（yí）山。在今湖南宁远南六十里。

⑮概：相摩，连接。

⑯孟涂：相传为夏朝国君启之臣子。在巴地（今重庆巫山）主狱讼。
　《山海经·海内南经》记载孟涂是巴地之神。

⑰夏后启：姒姓。夏朝的国君启。禹之子。相传禹推举东夷族的伯
　益为继承人。禹死后，启夺取王位，杀死伯益，从而确立传子世袭
　制度。同姓有扈氏不服，为启所灭。一说禹死后，伯益谦让，启被
　众诸侯拥戴继位。

⑱巴:在今四川东部和重庆一带。

⑲请生:有好生之德,不滥杀无辜。

⑳郭景纯:即郭璞,字景纯。东晋河东闻喜(今山西闻喜)人,曾注《尔雅》《方言》《山海经》《穆天子传》等。

㉑丹阳:在今湖北秭归东南。

【译文】

　　江水继续东流,穿过巫峡。巫峡是杜宇所凿,借以疏通江水。郭仲产说:查考《地理志》,巫山在巫县县城西南,但现在县城东却有巫山,或许是郡县治所地址常有迁移变动的缘故吧。江水穿过山峡往东流,经过新崩滩。汉和帝永元十二年,此处山崩,晋太元二年再次山崩,山崩那天,江水倒流百余里,水涌高达数十丈。现在滩上有很多巨石,圆的如饭箩,方的如房屋,都是从山崖上塌下的,急流受阻,奔腾怒吼,所以叫新崩滩。崩塌后留下的石峰,与许多别的山岭相比起来,显得还是相当高峻的。下游十余里有大巫山,山势之高不但是三峡所没有的,而且可以与岷山、峨眉山一争上下,与衡山、九嶷山互比高低。周围相连的群山,都是高入青云,只有攀登到天上,才分辨得出它们的高下。大巫山是司法之神孟涂所居之处。《山海经》说:夏启的臣子孟涂,在巴国做了司法之神,巴人到孟涂的住所来告状,他只把衣服上有血迹的人抓起来,绝不滥杀无辜,而有好生之德。他住在山上,在丹山西面。郭景纯说:丹山在丹阳,属巴郡。丹山西就是巫山。

　　又帝女居焉,宋玉所谓天帝之季女①,名曰瑶姬②。未行而亡③,封于巫山之阳④,精魂为草,寔为灵芝⑤。所谓巫山之女、高唐之阻⑥,旦为行云,暮为行雨,朝朝暮暮,阳台之下⑦。旦早视之,果如其言。故为立庙,号朝云焉。其间首尾百六十里,谓之巫峡,盖因山为名也。

【注释】

①宋玉：战国时楚人。辞赋家。或称为屈原弟子。季女：小女。

②瑶姬：中国神话中炎帝的女儿。未嫁而亡，其精魂变为瑶草，被封
　　为巫山的云雨之神，即巫山神女。

③行：出嫁。

④巫山之阳：巫山的南边。古人以山南水北为阳。

⑤寔（shí）：通"实"。实际上。灵芝：传说中的仙草。

⑥高唐：战国时楚台观名。在云梦泽中。阻：一作姬。

⑦阳台：在今重庆巫山县城内北隅。一说即阳台山，在湖北汉川南。

【译文】

　　此外，炎帝的女儿也住在这里，就是宋玉所说的天帝的小女儿，名
叫瑶姬。她还没有出嫁就死了，葬在巫山的南面，精魂化成草，其实就
是灵芝。这就是所谓的巫山神女、高唐之阻，早上她是飘荡的云，向晚
她是游移的雨，每天早晚都在阳台下面。早上楚王起来去看，果然像人
们所说的一样，于是就为她修建庙宇，号为朝云。山峡从起点到终点长
一百六十里，称为巫峡，就是因巫山而得名。

　　自三峡七百里中，两岸连山，略无阙处①。重岩叠嶂②，
隐天蔽日，自非停午夜分③，不见曦月④。至于夏水襄陵⑤，
沿溯阻绝⑥。或王命急宣，有时朝发白帝⑦，暮到江陵⑧，其
间千二百里，虽乘奔御风，不以疾也⑨。春冬之时，则素湍绿
潭⑩，回清倒影，绝巘多生怪柏⑪，悬泉瀑布，飞漱其间⑫，清
荣峻茂⑬，良多趣味。每至晴初霜旦，林寒涧肃，常有高猿长
啸，属引凄异⑭，空谷传响，哀转久绝。故渔者歌曰：巴东三
峡巫峡长，猿鸣三声泪沾裳。

【注释】

①略无：全无，没有一点。阙处：空隙，缺口。

②嶂（zhàng）：形势高险像屏障的山峦。

③自非：除非。停午：正午。夜分：半夜。

④曦（xī）月：太阳和月亮。陈桥驿按，此一段："自三峡七百里中"至"不见曦月"，也是《水经注》中的写景绝句。尚不知此句源自袁山松《宜都记》或盛弘之《荆州记》，抑自郦氏据上述各文所独创？我意或以郦氏所独创的可能性较大。

⑤襄陵：水漫上山陵。

⑥沿：顺流而下。溯：逆水而上。

⑦白帝：即白帝城。东汉初公孙述筑。在今重庆奉节东十里白帝山上。

⑧江陵：即江陵县。战国秦置，为南郡治。西晋为荆州治。今湖北荆州。

⑨不以疾：也算不上疾速。陈桥驿按，唐李白名作《早发白帝城》："朝辞白帝彩云间，千里江陵一日还。两岸猿声啼不住，轻舟已过万重山。"即受此段启发，构思而成。李白才高，但郦注实其佳作之源。

⑩素湍：洁白的急湍。

⑫绝巘（yǎn）：极高的山峰。巘，险峻的山峰或山崖。

⑫飞漱（shù）：疾速地冲荡。

⑬清荣峻茂：水清，树荣，山高，草茂。

⑭属引：呼应鸣叫。

【译文】

三峡七百里的水路间，两岸山体连绵不绝，其间没有一点空缺的地方。层叠的岩石和峰峦，把天空和阳光都遮住了，不到中午和夜半，看不到太阳和月亮。到了夏天，大水升涨，漫到了山体上，不论上水或下水就都阻断了。如果朝廷颁发诏令须火急传达，有时早上从白帝城出发，晚间就可到江陵，其间行程一千二百里，虽然骑着快马，乘着疾风，也没有这般迅速。春天和冬天时节,又另是一番景象:白浪轻扬,澄潭泛绿,清波间映着倒影,陡峻的峰峦上长满姿态奇诡的柏树,悬崖上的瀑布飞奔直下,这种林泉山石的奇秀风光,真是引人入胜。每逢初晴的日子和凝霜的清晨,山林寒寂、涧水无声,高处却常常传来猿的一声声不断的长啸,声音十分凄楚,空谷里回荡着余音,久久方才消失。所以渔夫唱道:巴东三峡巫峡长,猿鸣三声泪沾裳。

　　江水又东迳石门滩^①,滩北岸有山,山上合下开,洞达东西,缘江步路所由。刘备为陆逊所破^②,走迳此门。追者甚急,备乃烧铠断道。孙桓为逊前驱^③,奋不顾命,斩上夔道^④,截其要径。备逾山越险,仅乃得免。忿恚而叹曰^⑤:吾昔至京,桓尚小儿,而今追孤,乃至于此! 遂发愤而薨矣^⑥。

【注释】

①石门滩:在今湖北巴东县东长江中。

②陆逊:字伯言。吴郡吴县(今江苏苏州)人。世江东大族。以吕蒙荐,孙权拜为偏将军右部督。黄武元年(222),孙权命陆逊为大都督,领兵迎战刘备,以火攻破之。

③孙桓:字叔武。吴郡吴县(今江苏苏州)人。孙河之子。拜安东中郎将,与陆逊共拒刘备。

④夔道:通往夔州(即今重庆奉节)的道路。

⑤忿恚(huì)而叹:愤恨叹息。

⑥薨(hōng):死的讳称。

【译文】

　　江水又往东流过石门滩,石门滩北岸有一座山,上合下开,东西畅通,沿江步行,都要经过这里。刘备被陆逊打得大败,逃经这道门户。追兵逼得很紧,于是刘备烧掉铠甲,破坏了栈道。孙桓充当陆逊的前锋,他奋不顾身地追击，切断了通往夔州的要道。刘备爬山越岭，通过重重险阻，仅仅逃得了性命。气愤地叹息道：从前我到京城时，孙桓还不过是个小孩子，现在却逼我到这地步！一气就气死了。

又东过秭归县之南①，

县，故归乡。《地理志》曰：归子国也②。《乐纬》曰③：昔归典叶声律④。宋忠曰⑤：归即夔，归乡，盖夔乡矣。古楚之嫡嗣有熊挚者⑥，以废疾不立，而居于夔，为楚附庸，后王命为夔子⑦。《春秋·僖公二十六年》⑧，楚以其不祀，灭之者也⑨。袁山松曰⑩：屈原有贤姊，闻原放逐，亦来归，喻令自宽。全乡人冀其见从，因名曰秭归。即《离骚》所谓女嬃婵媛以詈余也⑪。县城东北依山即坂⑫，周回二里，高一丈五尺，南临大江。古老相传，谓之刘备城⑬，盖备征吴所筑也。县东北数十里有屈原旧田宅，虽畦堰縻漫⑭，犹保屈田之称也⑮。县北一百六十里有屈原故宅，累石为室基，名其地曰乐平里⑯。宅之东北六十里有女嬃庙⑰，捣衣石犹存⑱。故《宜都记》曰⑲：秭归盖楚子熊绎之始国⑳，而屈原之乡里也。原田宅于今具存，指谓此也。

【注释】

①秭归县：西汉置，属南郡。治所在今湖北秭归（茅坪镇）西北归州镇。

②归子国：即夔国。周时封国。与楚同姓。在今湖北秭归（茅坪镇）西北归州镇东夔子城。

③《乐纬》：书名。汉代谶纬类著作。三国魏宋均曾为其作注。

④典：掌管，主持。叶（xié）：调适，和谐。声律：音乐。

⑤宋忠：字仲子。南阳章陵（今湖北枣阳）人。东汉末学者。王肃、尹默等先后从之受学。

⑥熊挚：芈姓，熊氏，名挚（一作鸷）。西周时夔国的创立者。楚国国君嫡嗣。因有恶疾，未能立为国君。居于归，因立国于夔（归、夔通用），为楚附庸。

⑦夔子：夔的国君为子爵，故名为夔子。

⑧僖公二十六年：前634年。

⑨楚以其不祀，灭之：事见《左传·僖公二十六年》：“夔子不祀祝融和鬻熊。楚人让之，对曰：‘我先王熊挚有疾，鬼神弗赦，而自窜于夔，吾是以失楚，又何祀焉？’秋，楚成得臣、斗宜申帅师灭夔，以夔子归。”

⑩袁山松：即袁崧，字山松。晋陈郡阳夏（今河南太康）人。孙恩事起，安帝隆安五年（401），山松守沪渎，城陷被杀。撰《后汉书》一百卷，已佚。

⑪《离骚》：《楚辞》篇名。战国楚人屈原代表作。集中表现了诗人忧国忧民、不肯与世沉浮的高尚情操，以及政治理想不能实现的苦闷。离，通“罹”。遭受。骚，忧愁。女媭（xū）：屈原姊。一说古时楚人谓姊为媭。婵媛（chán yuán）：牵持不舍貌。詈余：责骂我。

⑫坂（bǎn）：山坡。

⑬刘备城：在今湖北秭归（茅坪镇）西北归州镇。

⑭畦堰：田地塍埂。縻漫：消散模糊。

⑮屈田：屈原耕种的田地。

⑯乐平里：屈原故里在湖北秭归城东北六十里，旧名乐平里。

⑰女媭庙：《水经注疏》熊会贞按：“《一统志》引《元和志》，屈原宅在兴山县（今湖北兴山县）北三十里。在今县北，女媭庙在县东北。”

⑱捣衣石：河溪边捣洗衣服的石头。

⑲《宜都记》：书名。晋袁山松撰。详记宜都（今湖北宜都）山川地

理、名胜古迹、物产风俗等。书中记载秭归屈原故宅、三峡猿鸣等
名胜多处。原书亡佚。

⑳熊绎：芈姓。周时楚国国君。周成王时受封，称楚子，居丹阳（今
湖北秭归东南）。

【译文】

江水又往东流过秭归县南边，

秭归县就是旧时的归乡。《地理志》说：就是归子国。《乐纬》说：古
时归是掌管音乐的。宋忠说：归就是夔，归乡该就是夔乡了。古时楚王
的嫡子有个叫熊挚的，因为残疾不能继承王位，因而在夔居住，作为楚的
附庸国，以后楚王称他为夔子。《春秋左传·僖公二十六年》，楚因夔子
不祭祀，就灭了夔国。袁山松说：屈原有个贤惠的姐姐，听说屈原被放逐，
也来和他一起，劝他想开些。全乡的人也都希望他能听姐姐的话，因此
称那地方为秭归。就是《离骚》中所说的：女嬃牵着我依依不舍，一边又
责骂我。县城东北背靠山坡，城墙周围长二里，高一丈五尺，南濒大江。
据老人们相传，称为刘备城，大概是刘备征吴时所筑。县城东北数十里，
有屈原过去的田地和住宅，虽然田埂已经消散崩坏，可是仍保留着屈田
的名称。县城以北一百六十里有屈原故居，用石头砌筑成屋基，那地方
取名乐平里。故居东北六十里有女嬃庙，捣衣石也还在。所以《宜都记》
说：秭归是楚子熊绎最早的封国，也是屈原的故乡。屈原田园住宅至今
还在，指的就是这地方。

江水又东迳一城北，其城凭岭作固，二百一十步。夹
溪临谷，据山枕江①，北对丹阳城②。城据山跨阜③，周八里
二百八十步。东北两面，悉临绝涧，西带亭下溪④，南枕大
江，险峭壁立，信天固也。楚子熊绎始封丹阳之所都也。《地
理志》以为吴之丹阳⑤，论者云：寻吴、楚悠隔，繼缕荆山⑥，

无容远在吴境,是为非也⑦。又楚之先王陵墓在其间,盖为
征矣。

【注释】

①据:依靠。枕:靠近,毗邻。

②丹阳城:西周、春秋初楚国都城。在今湖北秭归东南。

③跨阜:占据山冈。阜,高山,山冈。

④带:缠绕,环绕。

⑤吴之丹阳:即丹阳县。秦置,属鄣郡。治所在今安徽当涂东北
五十里与江苏江宁相连的丹阳镇。西汉属丹阳郡。

⑥纙缕:即褴褛。亦称筚路蓝缕。意思是说驾着柴车,穿着破旧的
衣服去开辟山林。形容创业的艰辛。

⑦是为非也:"吴之丹阳"这种说法是不正确的。

【译文】

江水又往东流过一座城的北边,此城凭依山岭修筑加固,长二百一
十步。城在两溪之间,下临山谷,据山濒江,北对丹阳城。丹阳城依山修
筑,跨过丘冈,周围八里二百八十步。东北两面都是下临绝涧,西边靠近
亭下溪,南傍大江,陡崖险峻如壁,实在是天然的险要之地。这是楚子熊
绎初封于丹阳时的都邑。《地理志》以为那是吴的丹阳,有人辩驳道:推
想起来吴、楚两地相距遥远,熊绎在荆山艰苦经营,丹阳不可能远在吴的
境内,所以此说是错误的。而且楚国前代帝王的陵墓也在那里,这也可
作为证据。

江水又东南迳鄀城南①,跨据川阜②,周回一里百一十
八步,西北背枕深谷,东带乡口溪③,南侧大江。城内西北
角有金城④,东北角有圆土狱⑤,西南角有石井,口径五尺。
熊挚始治巫城,后疾移此,盖鄀徙也。《春秋左传·僖公

二十六年》⑥,楚令尹子玉城夔者也⑦。服虔曰⑧:在巫之阳,
秭归归乡矣。

【注释】

①夔城:在今湖北秭归(茅坪镇)西北归州镇东夔子城。

②跨据:占据。川阜:河流与山冈。

③乡口溪:即今湖北秭归(茅坪镇)西北窑湾溪,北流入长江。

④金城:城中之牙城、小城。

⑤圆土狱:牢狱。

⑥僖公二十六年:前634年。

⑦楚令尹子玉:成得臣字子玉。楚成王时,因战功被子文推荐为令
尹。围宋,与救宋之晋、齐、秦联军战于城濮(今山东鄄城临濮
集),兵败自杀。

⑧服虔:字子慎,初名重,又名祇。河南荥阳(今河南荥阳)人。东
汉经学家。

【译文】

江水又往东南流,经过夔城南面,夔城据山川形势而修筑,周围一里
一百十八步,西北背依深谷,东边靠近乡口溪,南濒大江边。城内西北角
有金城,东北角有圆形土牢,西南角有石井,口径五尺。熊挚开始把治所
设在巫城,后来有病,迁移到这里,大概是从夔迁过来的。《春秋左传·僖
公二十六年》,楚国的令尹子玉在夔筑城。服虔说:夔在巫山南面,就是
秭归的归乡。

江水又东迳归乡县故城北①。袁山松曰:父老传言,原
既流放,忽然暂归②,乡人喜悦,因名曰归乡。抑其山秀水
清,故出俊异;地险流疾,故其性亦隘。《诗》云:惟岳降神,

生甫及申③。信与！余谓山松此言可谓因事而立证，恐非名县之本旨矣。县城南面重岭，北背大江，东带乡口溪。溪源出县东南数百里，西北入县，迳狗峡西④。峡崖龛中，石隐起有狗形，形状具足，故以狗名峡。乡口溪又西北迳县下入江，谓之乡口也。

【注释】

①归乡县：东晋置，属建平郡。治所在今湖北秭归（茅坪镇）西北。

②暂：突然。

③惟岳降神，生甫及申：语见《诗经·大雅·崧高》。岳，四岳。甫，即甫侯仲山甫。周宣王时大臣，封于樊，亦称樊仲。申，即申伯。申国的国君，伯爵。二人都是周宣王卿士，周王室干臣。袁山松引用这两句意思是说，英伟大贤多出于山泽。

④狗峡：一名白狗峡。在今湖北秭归（茅坪镇）西北。

【译文】

江水又往东流，经过归乡旧城北面。袁山松说：据老人相传，屈原被流放后，忽然又回来居住，乡人们很高兴，因而称为归乡。或许因为那里山明水秀，所以会出天才人物；地势险要，水流迅疾，所以性格也有点过急。《诗经》说：四岳的神灵下降，仲山甫和申伯于是诞生。确实如此！我要说，袁山松这番话可说是因史事而设证，恐怕不是该县命名的原意。县城南面山岭重叠，北面靠着大江，东面乡口溪回环流过。乡口溪源出该县东南数百里，往西北进入县境，流经狗峡西边。这里山峡崖壁的凹处，有一块岩石隆起像狗的样子，形状齐全，所以称为狗峡。乡口溪又往西北流，经过县境注入大江，汇流处叫乡口。

江水又东迳信陵县①。南临大江，东傍深溪。溪源北发梁州上庸县界②，南流迳县下而注于大江也。

【注释】

①信陵县：三国吴永安三年（260）置，为建平郡治。治所在今湖北秭归（茅坪镇）西北。西晋属建平郡。

②上庸县：春秋楚置。在今湖北竹山县西南四十里堵水北岸。汉属汉中郡。东汉建安末为上庸郡治。

【译文】

江水又往东流经信陵县南。信陵县面临大江，东傍深溪。溪水发源于北方的梁州上庸县地界，南流经县境注入大江。

又东过夷陵县南①，

江水自建平至东界峡②，盛弘之谓之空泠峡③。峡甚高峻，即宜都、建平二郡界也④。其间远望，势交岭表⑤，有五六峰参差互出，上有奇石如二人像，攘袂相对⑥。俗传两郡督邮争界于此⑦，宜都督邮厥势小东倾，议者以为不如也。江水历峡，东迳宜昌县之插灶下⑧。江之左岸，绝岸壁立数百丈，飞鸟所不能栖。有一火烬，插在崖间，望见可长数尺。父老传言，昔洪水之时，人薄舟崖侧⑨，以余烬插之岩侧，至今犹存，故先后相承，谓之插灶也⑩。

【注释】

①夷陵县：西汉置，属南郡，为都尉治。治所在今湖北宜昌东南长江北岸。东汉建安十四年（209）为宜都郡治。

②建平：即建平郡。三国吴永安三年（206）置，属荆州。治所在信陵县（今湖北秭归西北）。东界峡：《水经注疏》杨守敬按："下言峡即宜都、建平二郡界，此为宜都之西界，即建平之东界，故谓之东界峡。"

③盛弘之：南朝宋文学家、史学家。曾任临川王刘义庆侍郎。撰《荆州记》三卷，记述荆州地区的郡县城郭、山水名胜等。空泠峡：一名空舲峡。在今湖北秭归（茅坪镇）西北。

④宜都：即宜都郡。东汉建安十四年（209）刘备改临江郡置，属荆州。治所在夷陵县（今湖北宜昌东南长江北岸）。

⑤势交岭表：这里指空泠峡高峻的山势，超出山岭之外。

⑥攘袂（rǎng mèi）：撸起衣袖。形容奋起貌。攘，撸起，捋起。

⑦督邮：官名。汉置，郡的重要属吏，代表太守督察县乡，宣达教令，兼司狱讼捕亡。

⑧宜昌县：东晋置，属宜都郡。治所在今湖北宜昌西北长江南岸。插灶：即插灶岩。《水经注疏》杨守敬按："插灶岩在今归州（今湖北秭归）东。"

⑨薄：停泊。

⑩插灶：朱谋㙔《水经注笺》曰："《洽闻记》云：空舲峡绝壁上有一火烬，长数尺，名曰插灶。相传尧时洪水，行者泊舟崖侧，炊爨，以余烬插之。"

【译文】

江水又往东流过夷陵县南边，

江水又从建平流到东界峡，盛弘之称之为空泠峡。峡极高峻，这是宜都、建平二郡的分界。这里山势陡峭，在峡中远望，两岸山岭高与天接，五六座山峰参差错落地耸立着，上有奇石，状如两人奋臂相向。按民间传说，两郡督邮在这里争界，宜都督邮姿势稍稍向东倾斜，人们指点谈论，以为不及对方强。江水穿过东界峡，往东流经宜昌县的插灶岩下面。左岸是悬崖峭壁，高达数百丈，连飞鸟也不能栖息。崖岸间插着一根未曾燃尽的木头，望去长约数尺。父老相传，从前发洪水时，人们停船于崖旁，把一根烧过的柴火插在岩边，直到如今还在，所以世代相传，称为插灶岩。

　　江水又东迳流头滩①,其水并峻激奔暴,鱼鳖所不能游,行者常苦之。其歌曰:滩头白勃坚相持②! 倏忽沦没别无期! 袁山松曰:自蜀至此五千余里,下水五日,上水百日也。

【注释】

①流头滩:在今湖北宜昌西陵区西。

②白勃:汹涌的白色波浪。

【译文】

　　江水又往东经流头滩,这里也是急流奔腾,势极凶猛,连鱼鳖也不能游过,旅人常视为畏途。有一首歌谣说:在滩头汹涌的白浪中,大伙要奋力坚持! 霎时沉没下去,告别就太迟! 袁山松说:从蜀地到这里行程五千余里,下水只消五天就到,上水却要一百天。

　　江水又东迳宜昌县北,分夷道、佷山所立也①。县治江之南岸,北枕大江②,与夷陵对界③。《宜都记》曰:渡流头滩十里,便得宜昌县。

【注释】

①夷道:即夷道县。西汉置,属南郡。治所在今湖北宜都西一里。

　佷(héng)山:即佷山县。西汉置,属武陵郡。在今湖北长阳土家族自治县西三十六里州衙坪。东汉属南郡。三国吴属宜都郡。

②枕:靠近,毗邻。

③夷陵:战国楚邑。在今湖北宜昌东南长江北岸。

【译文】

　　江水又往东流经宜昌县北面,宜昌县是划出夷道、佷山两县部分地区设立的。县治在江流南岸,北濒大江,与夷陵相对,以江为界。《宜都记》说:过了流头滩十里,就到宜昌县。

江水又东迳狼尾滩而历人滩①。袁山松曰：二滩相去二里，人滩水至峻峭，南岸有青石，夏没冬出。其石嵚崟②，数十步中悉作人面形，或大或小，其分明者，须发皆具，因名曰人滩也。

【注释】

①狼尾滩：在今湖北宜昌西陵区西长江中。人滩：在今湖北宜昌西陵区西。

②嵚崟（qīn yín）：形容山石高耸。

【译文】

江水又往东流，经过狼尾滩后又流过人滩。袁山松说：两滩相距二里，人滩水流极其险急，南岸有青石，夏天没在水中，冬天露出水面。这块高耸的怪石，数十步内看去，都是人面的样子，或大或小，从有的角度看来更加清楚，甚至须发齐全，所以叫人滩。

江水又东迳黄牛山①，下有滩，名曰黄牛滩②。南岸重岭叠起，最外高崖间有石，色如人负刀牵牛，人黑牛黄，成就分明。既人迹所绝，莫得究焉。此岩既高，加以江湍纡回，虽途迳信宿③，犹望见此物。故行者谣曰：朝发黄牛，暮宿黄牛。三朝三暮，黄牛如故④。言水路纡深，回望如一矣。

【注释】

①黄牛山：一名黄牛峡。在今湖北宜昌西陵区西长江西陵峡中段南岸。

②黄牛滩：在今湖北宜昌西陵区西长江西陵峡中段江中。

③信宿：两日。

④"朝发黄牛"几句：陈桥驿按，郦道元为文善于利用民谣童歌、行

人旅语。文章本天成，妙手自得之。此处"朝发黄牛，暮宿黄牛。三朝三暮，黄牛如故"，是当时旅人在此段江上长期往来不断体验、逐年吟诵而加工完成的，但以之描述江道曲折，用千言万语也抵不上这千锤百炼的四句"行者谣"。郦道元的"妙手"，确是《水经注》得以为历代文人传诵的重要原因。

【译文】

江水继续东流，经过黄牛山，山下有滩，叫黄牛滩。南岸峰岭层叠而起，最外层的高崖间有一块岩石，色彩斑驳，形状像一个人背着刀，牵着牛，人色黑，牛色黄，完全是天然形成，形象十分清晰。但那是人迹不到的地方，也就无法去看个究竟了。这块山岩很高，又加上湍急的江流回环曲折，因而虽经两天的航程，还能看到这块奇岩。所以行人编了一首歌谣说：清晨出发看到黄牛，晚上就宿又见黄牛。航行三天三夜，看见黄牛依然如故。歌谣是说水路迂回深曲，回望总是一成不变

江水又东迳西陵峡①。《宜都记》曰：自黄牛滩东入西陵界，至峡口百许里，山水纡曲。而两岸高山重障，非日中夜半，不见日月。绝壁或千许丈，其石彩色，形容多所像类。林木高茂，略尽冬春②。猿鸣至清，山谷传响，泠泠不绝③。所谓三峡，此其一也。山松言：常闻峡中水疾，书记及口传，悉以临惧相戒，曾无称有山水之美也④。及余来践跻此境⑤，既至欣然，始信耳闻之不如亲见矣。其叠嶂秀峰⑥，奇构异形，固难以辞叙。林木萧森，离离蔚蔚，乃在霞气之表。仰瞩俯映，弥习弥佳，流连信宿，不觉忘返。目所履历，未尝有也。既自欣得此奇观，山水有灵，亦当惊知己于千古矣！

【注释】

①西陵峡：长江三峡之一。在今湖北宜昌西陵区西。东起宜昌西北
　南津关，西至秭归香溪口。

②林木高茂，略尽冬春：树高林密，冬春常绿不凋。

③泠泠（líng）：形容声音清越。

④曾无：全无，一点也没有。

⑤余：此指袁山松。践跻（jiàn jì）：踩踏，登临。按，这段为郦道元引
　袁山松的文字。

⑥叠崿（è）：重重叠叠的高崖。

【译文】

　　江水又往东流经西陵峡。《宜都记》说：从黄牛滩往东进入西陵境内，
到峡口的百里左右航程中，山水萦纡曲折。两岸高山峻岭层层叠叠，不
到正午或夜半，看不见太阳和月亮。绝壁有的高达千丈，岩石色彩缤纷，
形状常常很像某种事物。树高林密，冬春常绿不凋。猿啼声极其清越，
山谷里回声荡漾，久久不绝。所谓三峡，这就是其中之一。袁山松说：常
听人们说，峡中水流险急，书中记载和口头传闻，都是讲述身临险境时的
可怕情景，以此来相告诫，却没有人谈到这里山水之美的。待到我亲身
踏上这片土地，一到这里就满怀欣喜，这才相信耳闻不如亲见了。那层
沓的崖壁，秀丽的峰峦，奇形怪状，姿态万千，实在难以笔墨形容。林木
参差，郁郁葱葱，高与云霞相接。仰观山色，俯视倒影，愈看愈感美妙，流
连游赏了两天，不觉乐而忘返。平生亲眼所见的景物，没有像这样壮丽
的了。我一边为自己能一睹这样的奇观而高兴，一边又想山水如果有灵，
那么千秋万代之中能够得到一个知己，也该感到惊喜了！

　　江水历禹断江南①，峡北有七谷村，两山间有水清深，
潭而不流。又耆旧传言②：昔是大江，及禹治水，此江小不足
泻水，禹更开今峡口，水势并冲，此江遂绝，于今谓之断江也。

江水出峡东南流,迳故城洲③,洲附北岸,洲头曰郭洲④,长二里,广一里,上有步阐故城⑤,方圆称洲⑥,周回略满。故城洲上,城周五里,吴西陵督步骘所筑也⑦。孙皓凤凰元年⑧,骘息阐复为西陵督⑨,据此城降晋,晋遣太傅羊祜接援⑩,未至,为陆抗所陷也⑪。

【注释】

①禹断江:《水经注疏》熊会贞按:"在今东湖县(今湖北宜昌)西北二十余里。"

②耆旧:年高望重者。

③故城洲:在今湖北宜昌附近长江中。

④郭洲:在今湖北宜昌。

⑤步阐故城:即今湖北宜昌。步阐,临淮淮阴(今江苏淮安淮阴区)人。三国吴将领。继父步骘为西陵督。后降晋。晋以其为都督西陵诸军事、卫将军、仪同三司,加侍中,假节领交州牧,封宜都公。后被陆抗所杀。

⑥称洲:与一个洲的大小相称。

⑦步骘:字子山。临淮淮阴(今江苏淮安市淮阴区)人。三国吴孙权为讨虏将军,召骘为主记,除海盐长。建安十五年(210),出领鄱阳太守。徙交州刺史。赤乌九年(246),代陆逊为丞相。

⑧孙皓:字元宗。吴郡富春(今浙江富阳)人。三国吴皇帝。为人粗暴骄盈。后投晋朝,封归命侯。凤凰元年:272年。凤凰,三国吴末帝孙皓的年号(272—274)。

⑨息:子,儿子。

⑩羊祜(hù):字叔子。泰山南城(今山东平邑)人。蔡邕外孙,景献皇后同产弟。博学能属文,善谈论。襄阳百姓为之立碑,岁时飨祭。

荆州人为避祜讳,屋室皆以门为称,不称户,改户曹为辞曹。

⑪陆抗:字幼节。吴郡吴县(今江苏苏州)人。三国吴著名将领。

【译文】

江水流经禹断江以南,山峡北岸有七谷村,两山间有一清澈的深潭,澄澈深沉,静止不流。又据老人传说:古时这里是大江,到了大禹治水时,因此江太小,泄水不畅,于是禹又另开了今天这道峡口,水势全从这里直冲而下,此江于是就断了,现在称为断江。江水出峡后,往东南流经故城洲,洲与北岸相连,洲头叫郭洲,长二里,宽一里,洲上有步阐旧城,方圆大致与洲相称,只是周围稍留有余地。故城洲上的城墙周围五里,是吴西陵都督步骘所筑。孙皓凤凰元年,步骘的儿子步阐又当了西陵都督,他据有此城向晋投降,晋派太傅羊祜去接应他,没等羊祜赶到,就被陆抗攻陷了。

江水又东迳故城北,所谓陆抗城也①。城即山为墉②,四面天险。江南岸有山孤秀,从江中仰望,壁立峻绝。袁山松为郡,尝登之瞩望焉。故其《记》云③:今自山南上至其岭,岭容十许人。四面望诸山,略尽其势,俯临大江,如萦带焉,视舟如凫雁矣。北对夷陵县之故城④,城南临大江。秦令白起伐楚⑤,三战而烧夷陵者也。应劭曰⑥:夷山在西北,盖因山以名县也。王莽改曰居利。吴黄武元年⑦,更名西陵也⑧。后复曰夷陵。县北三十里有石穴,名曰马穿⑨。尝有白马出穴,人逐之,入穴潜行出汉中⑩。汉中人失马亦尝出此穴,相去数千里。

【注释】

①陆抗城:在今湖北宜都西。

②墉:城墙。

③《记》：即袁山松的《宜都记》。

④夷陵县：西汉置，属南郡，为都尉治。治所在今湖北宜昌东南长江
　北岸。

⑤白起：郿（今陕西眉县）人。秦朝名将。善用兵，事秦昭王。以上
　将军击赵于长平，前后坑斩首虏四十五万。

⑥应劭：字仲远，一作仲瑗。汝南南顿（今河南项城）人。东汉末学者。
　撰有《风俗通义》《汉官仪》《地理风俗记》等。

⑦黄武元年：222年。黄武，三国吴大帝孙权的年号（222—229）。

⑧西陵：即西陵县。三国吴黄武元年（222）改夷陵县置，宜都郡治。
　治所在今湖北宜昌东南长江北岸。

⑨马穿：《水经注疏》杨守敬按："《隋志》亦云，夷陵有马穴，在今东
　湖县（今湖北宜昌）北。"

⑩潜行：这里指在石穴中行走，不显露于地面。汉中：即汉中郡。战
　国秦惠文王更元十三年（前312）置。治所在南郑县（今陕西汉中
　东）。

【译文】

江水继续往东流，经过一座老城北面，这就是所谓的陆抗城。此城
依山修筑城墙，四面都是天险。大江南岸有一座山，孤峰独秀，从江中仰
望，峭壁依天，险峻至极。袁山松当郡守时曾攀登此峰，临高凭眺。所以
他在《宜都记》中说：现在从山南攀登，爬上岭头，上面可以容纳十来个
人。放眼眺望四方，山川形胜，历历在目，俯瞰大江，萦回如带，至于船只，
更小得像鹅鸭一般了。北边与夷陵县老城相望，老城南临大江。秦国命
令白起去攻楚，打了三仗，把夷陵烧了。应劭说：夷山在西北，夷陵就是
以山来取名的。王莽改名为居利。吴黄武元年改名西陵。以后又恢复
夷陵一名。县北三十里有个石洞，名叫马穿。从前曾有白马从洞中出来，
人们去追逐它，又逃进洞里，循着洞走直到汉中才出来。汉中人有马不
见了，马也曾从这个洞口重新出现，而两地相距远达数千里。

　　袁山松言：江北多连山，登之望江南诸山，数十百重，莫识其名。高者千仞，多奇形异势。自非烟褰雨霁①，不辨见此远山矣。余尝往返十许过，正可再见远峰耳②。

【注释】

①自非：除非，如果……不。褰（qiān）：散开，消散。霁（jì）：雨过天晴。

②正可：仅仅，只是。再见：见到两次。

【译文】

　　袁山松说：江北山岭大都互相连接，登山遥望江南群山，层层叠叠，多达数十或上百重，都不知道山名。高的上千仞，山形千奇百怪，山势也迥异寻常。不是烟散雨收的好天气，是分辨不出这样的远山的。我曾往来行走过十来次，但看清这些远峰，也不过两次罢了。

　　江水又东迳白鹿岩①。沿江有峻壁百余丈，猿所不能游，有一白鹿，陵峭登崖，乘岩而上，故世名此岩为白鹿岩。

【注释】

①白鹿岩：当在今湖北宜昌。

【译文】

　　江水又往东流经白鹿岩。沿江有峻峭的石壁，高达百余丈，就连猿也不能攀登上去嬉游，但有一头白鹿竟乘岩而上，登上险峻的高崖，所以世人把此岩称为白鹿岩。

　　江水又东历荆门、虎牙之间①。荆门在南，上合下开，暗彻山南②。有门像虎牙在北，石壁色红，间有白文③，类牙形，并以物像受名。此二山，楚之西塞也。水势急峻，故郭景纯

《江赋》曰④：虎牙桀竖以屹崒⑤，荆门阙竦而盘薄⑥，圆渊九回以悬腾，溢流雷响而电激者也⑦。汉建武十一年⑧，公孙述遣其大司徒任满、翼江王田戎⑨，将兵数万，据险为浮桥，横江以绝水路，营垒跨山，以塞陆道。光武遣吴汉、岑彭将六万人击荆门⑩，汉等率舟师攻之，直冲浮桥，因风纵火，遂斩满等矣。

【注释】

①荆门：即荆门山。在今湖北宜都西北四十四里长江南岸，与北岸虎牙山隔江对峙。虎牙：即虎牙山。在今湖北宜昌夷陵区东南长江东岸虎牙滩处，与荆门山斜对。

②暗彻：暗通。

③文：纹理。

④郭景纯《江赋》：郭景纯，即郭璞。东晋河东闻喜（今山西闻喜）人。其《江赋》与木华的《海赋》，是我国文学史上描写江海大川的著名篇章。

⑤桀竖：高峻耸立的样子。屹崒（yì zú）：屹立险峻。崒，险峻。

⑥阙竦：像阙门一样高耸。盘薄：即盘礴。广大雄伟的样子。

⑦溢（pèn）流：水声很大的激流。雷响（xǔ）：像雷吼一样。形容声音很大。

⑧建武十一年：35 年。

⑨公孙述：字子阳。扶风茂陵（今陕西兴平东北）人。新莽时，为导江卒正（蜀郡太守）。后起兵，据益州称帝，号成家。建武十二年（36），为汉军所破，被杀。任满、田戎：公孙述部属。

⑩光武：东汉光武帝刘秀。吴汉：字子颜。东汉南阳宛（今河南南阳）人。后归光武帝刘秀，勇鸷有智谋。伐蜀与公孙述战，八战八克。

位至大司马,封广平侯。岑彭:字君然。南阳棘阳(今河南南阳东南)人。王莽时为本县长。后归光武帝刘秀,以为邓禹军师。击秦丰有功,封为舞阴侯。

【译文】

江水继续往东流过荆门、虎牙之间。荆门在南,上合下开,暗通山南。北边有座虎牙形的石门,石壁呈赭红色,间有白色的花纹,形状像牙齿,都是以事物形象命名。这两座山是楚国西部的边塞。这里水势湍急,所以郭景纯的《江赋》说:虎牙冲天竖立,高峻而险峭;荆门屹若城阙,宏大而雄伟;深渊涡流回旋,骇浪奔腾;洪涛声如巨雷,势若闪电。汉建武十一年,公孙述派遣他的大司徒任满、翼江王田戎,率兵数万,凭险建造浮桥,横跨江上截断航道,又跨山修筑营垒,堵死陆上通路。光武帝派遣吴汉、岑彭带领六万人去袭击荆门,吴汉等率水兵向浮桥直冲过来,凭借风势放火烧桥,于是杀了任满等。

又东南过夷道县北①,夷水从佷山县南②,东北注之。

夷道县,汉武帝伐西南夷,路由此出,故曰夷道矣。王莽更名江南。桓温父名彝,改曰西道③。魏武分南郡置临江郡④。刘备改曰宜都⑤。郡治在县东四百步故城。吴丞相陆逊所筑也⑥,为二江之会也。北有湖里渊⑦,渊上橘柚蔽野,桑麻暗日。西望佷山诸岭,重峰叠秀,青翠相临,时有丹霞白云游曳其上。城东北有望堂⑧,地特峻,下临清江⑨,游瞩之名处也⑩。县北有女观山⑪,厥处高显,回眺极目。古老传言,昔有思妇,夫官于蜀,屡愆秋期⑫,登此山绝望,忧感而死。山木枯悴,鞠为童枯⑬。乡人哀之,因名此山为女观焉。葬之山顶,今孤坟尚存矣。

【注释】

①夷道县：西汉置，属南郡。治所在今湖北宜都西一里。

②夷水：又名盐水。即今湖北西南部之清江。为长江支流。佷（héng）
　　山县：西汉置，属武陵郡。治所在今湖北长阳土家族自治县西
　　三十六里州衙坪。东汉属南郡。三国吴属宜都郡。

③桓温父名彝，改曰西道：桓温避父亲桓彝的讳，将夷道改为西道。
　　桓温，字元子。谯国龙亢（今安徽怀远）人。东晋名臣。晋明帝之
　　婿。彝，即桓彝，字茂伦。性通朗，早获盛名。元帝任其为安东将
　　军。寻辟丞相中兵属，累迁中书郎、尚书吏部郎，名显朝廷。

④魏武：三国魏武帝曹操。南郡：战国秦昭王二十九年（前278）置。
　　治所在郢（今湖北荆州市荆州区故江陵县城西北纪南城）。后徙
　　治江陵县（今荆州市荆州区故江陵县城）。临江郡：东汉建安十三
　　年（208）曹操置。治所在夷道县（今湖北宜都）。

⑤宜都：即宜都郡。东汉建安十四年（209）刘备改临江郡置，属荆
　　州。治所在夷陵县（今湖北宜昌东南长江北岸）。

⑥陆逊：字伯言。吴郡吴县（今江苏苏州）人。世江东大族。

⑦湖里渊：在今湖北宜都西北。

⑧望堂：在今湖北宜都东北。

⑨清江：又名夷水、盐水。在今湖北西南部。为长江支流。源出湖
　　北利川西部齐岳山东麓，东流至枝城北注入长江。

⑩游瞩（zhǔ）：游玩观赏。

⑪女观山：在今湖北宜都北。

⑫愆（qiān）：违背，违失。秋期：谓男女相约团聚的日期。

⑬鞠（jū）：困穷。童枯：光秃枯竭。

【译文】

　　江水又往东南流过夷道县北边，夷水从佷山县南边往东北
注入。

　　夷道县,因汉武帝征伐西南夷时,行军路线是从这里走的,所以叫夷道。王莽改名为江南。桓温父亲名彝,夷、彝同音,为避讳将夷道改名西道。魏武帝把南郡分开,另设临江郡。刘备改名宜都。郡治设在县治东边四百步处。老城是吴丞相陆逊所筑,地点在两江的汇合处。北边有湖里渊,渊上橘柚绿荫蔽野,桑麻密得不透阳光。西望很山的群峰,层峦叠嶂,青苍的翠色一重接着一重,常有红霞白云在山巅飘荡。城中东北边有望堂,那地方很高峻,下临澄碧的江流,是一处有名的游览胜地。县北有女观山,位置高旷,眼界开阔,可以极目远眺。老人们相传,从前有个女子,丈夫在蜀地做官,屡次延误归期,她登临此山,望眼欲穿,终于忧伤而死。山上的树木也都枯死了,成了一座秃岭。乡人哀悼她,因称此山为女观山。那个不幸的女子就葬在山顶,至今孤坟依然存在。

又东过枝江县南①,沮水从北来注之②。

　　江水又东迳上明城北③。晋大元中④,苻坚之寇荆州也⑤,刺史桓冲徙渡江南⑥,使刘波筑之⑦,移州治此城。其地夷敞,北据大江,江汜枝分,东入大江,县治洲上,故以枝江为称。《地理志》曰:江沱出西,东入江是也。其地,故罗国⑧,盖罗徙也。罗故居宜城西山⑨,楚文王又徙之于长沙⑩,今罗县是矣⑪。县西三里有津乡⑫,津乡,里名也。《春秋·庄公十九年》⑬,巴人伐楚,楚子御之,大败于津。应劭曰:南郡江陵有津乡⑭。今则无闻矣。郭仲产云:寻楚御巴人⑮,枝江是其涂。便此津乡,殆即其地也。

【注释】

　　①枝江县:西汉置,属南郡。治所在今湖北枝江市东北百里洲上。
　　②沮水:亦作睢水。即今湖北西部长江支流沮河、沮漳河。源出保

康西南,东南流经远安、当阳,至荆州市西注入长江。

③上明城:在今湖北松滋北三十六里老城镇西。

④大元:即太元。东晋孝武帝司马曜的年号(376—396)。

⑤苻坚:字永固。氐族人。十六国时期前秦君主。大举进攻东晋,
与谢玄等战于淝水,大败而还。后为姚苌所杀。荆州:西汉武帝置,
为十三刺史部之一。

⑥桓冲:字幼子。东晋谯国龙亢(今安徽怀远)人。接替兄桓温掌兵
权。时前秦威胁东晋,谢安执政,他与谢安协力抗前秦,继而出任
荆州刺史,积极防守,后病死。

⑦刘波:字道则。彭城(今江苏徐州)人。刘隗孙。初仕为后赵石虎
将王洽参军。石虎死,同王洽一起归附东晋,为襄城太守。桓温
西征,为建威将军、淮南内史,留镇石头城。苻坚弟苻融围攻襄阳,
刘波率众营救,因畏敌而不敢前进,免官。后复官,累迁散骑常侍。
太元中死。

⑧罗国:春秋国名。在今湖北宜城西。

⑨宜城西山:在今湖北宜城西。

⑩楚文王:芈姓,熊氏,名赀。春秋楚国国君。楚武王之子。长沙:
即长沙郡。战国秦置。治所在临湘县(今湖南长沙)。

⑪罗县:战国秦置,属苍梧郡(后又称长沙郡)。治所在今湖南汨罗
西北。因罗子国为名。

⑫津乡:在今湖北枝江市西。

⑬庄公十九年:前675年。

⑭江陵:即江陵县。战国秦置,为南郡治。治所在今湖北荆州市荆
州区旧江陵县。

⑮寻:考寻,考察。

【译文】

江水又往东流过枝江县南边,沮水从北方流来注入。

江水继续往东流,经过上明城北边。晋太元年间,苻坚侵犯荆州,刺史桓冲渡江迁徙到江南,命刘波修筑此城,把州治迁移到这里。这一带地势平旷,北面据有大江,江水分支流出后,又往东重新注入大江,县治就在洲上,所以用枝江作为地名。《地理志》说:江水的支流从西面分出,向东流入江。这地方古时原是罗国,罗人曾迁徙到这里。罗人原来居于宜城的西山,楚文王把他们迁往长沙,就是现在的罗县。县西三里有津乡,津乡是个乡里的地名。《春秋·庄公十九年》,巴人攻楚,楚子出兵抵抗,在津打了个大败仗。应劭说:南郡江陵有津乡。现在不再听说有这个地名了。郭仲产说:考察发现楚国起来抵抗巴人,枝江就是他们必经之路。这个津乡大概就是那地方了。

盛弘之曰①:县旧治沮中②,后移出百里洲西③,去郡百六十里,县左右有数十洲,盘布江中,其百里洲最为大也。中有桑田甘果,映江依洲。自县西至上明,东及江津④,其中有九十九洲⑤。楚谚云:洲不百,故不出王者。桓玄有问鼎之志⑥,乃增一洲以充百数,僭号数旬⑦,宗灭身屠,及其倾败,洲亦消毁。今上在西,忽有一洲自生,沙流回薄⑧,成不淹时⑨。其后未几,龙飞江汉矣⑩。县东二里有县人刘凝之故宅⑪。凝之字志安,兄盛公高尚不仕⑫。凝之慕老莱、严子陵之为人⑬,立屋江湖,非力不食。妻梁州刺史郭诠女⑭,亦能安贫。宋元嘉中⑮,夫妻隐于衡山⑯,终焉不返矣。

【注释】

①盛弘之:南朝宋时人。曾任临川王刘义庆侍郎。撰《荆州记》三卷,记述荆州地区的郡县城郭、山水名胜等。

②沮中:亦作祖中。指今湖北南漳、宜城两县市蛮河流域一带。一

说为今湖北沮河上游地区。

③百里洲：即中洲。在今湖北枝江市南部长江与松滋河之间。

④江津：即江津戍。一名奉城。在今湖北荆州南长江中。

⑤其中有九十九洲：陈桥驿按，江水进入云梦古泽以后，河湖交错，一片泽国。此"九十九洲"就是当时之景。可惜后人为了利用陆地耕作，不断填湖为陆。原来的全国第一大淡水湖洞庭湖，如今亦退居在江西鄱阳湖之下了。中国古代有许多大湖，如今却已成为一个贫湖国。我往年在加拿大和美国讲学，曾沿美、加之间的五大湖观察。因为美、加两国都是与我国面积相似的大国，所以我曾在湖泊之事上作过一番粗略的对比。在美国，每国土面积一万平方公里，有淡水湖二百六十平方公里。在加拿大，每国土面积一万平方公里，有淡水湖一百三十平方公里。而在我们中国，每国土面积一万平方公里，只有淡水湖十七平方公里。我的统计虽然粗略，但彼此间的差距之大，是不争的事实。我们已经成为一个贫湖国了，值得引起重视。

⑥桓玄：字敬道，一名灵宝。谯国龙亢（今安徽怀远）人。大司马桓温之子。问鼎之志：指图谋夺取政权的志向。

⑦僭（jiàn）号：冒用帝王的称号。

⑧薄：逼近。

⑨不淹时：指时间很短。

⑩龙飞江汉：这里指宋文帝刘义隆登基。据朱谋㙔《水经注笺》，上文"今上"为盛弘之《荆州记》中语，彼时"今上"为宋文帝。

⑪刘凝之故宅：《水经注疏》熊会贞按："宅在今枝江县（今湖北枝江市）东。"刘凝之，字志安。南郡枝江（今湖北枝江市）人。慕老莱子、严子陵为人，自食其力。州、朝廷征辟皆不就。荆州刺史尝送钱十万，凝之悉分与贫民。性好山水，后携妻子隐居于衡山，终焉不返。

⑫盛公：刘凝之兄长。《水经注疏》杨守敬按："《渚宫旧事》五，刘盛公，南郡人。少有肥遁之操。司空桓豁在荆镇，亲诣其庐，必凿垣而去。"

⑬老莱：即老莱子。春秋时楚国人，约与孔子同时。相传居蒙山之阳，自耕而食，有孝行。拒绝楚王召请，偕妻隐居江南。严子陵：名光。东汉末会稽馀姚（今浙江余姚）人。西汉末年曾与刘秀同学。刘秀称帝后，聘严为谏议大夫，他坚辞不受，只以故友身份入朝叙旧，后归隐于富春江。

⑭梁州：三国魏景元四年（263）分益州置。治所在沔阳县（今陕西勉县东旧州铺）。郭诠：当作郭铨。东晋官吏。安帝时任梁州刺史。

⑮元嘉：南朝宋文帝刘义隆的年号（424—453）。

⑯衡山：即南岳衡山。在今湖南衡阳、衡山县境，为湘水与资水的分水岭。

【译文】

盛弘之说：旧县治在沮中，后来迁到百里洲，西距郡治一百六十里。县城左右有数十个沙洲散布在江中，百里洲是最大的一个。洲上有桑田果园，在岸边与碧水相映。从县城西至上明，东至江津，其间有九十九个洲。楚地民谚说：洲数不满百，所以出不了帝王。桓玄怀有称帝野心，于是增筑一洲，以凑足百数，但只称王了几十天，终至杀身灭族，他败亡之后，洲也被毁了。当今皇上就在西边，江中忽又自然形成一个沙洲，流沙逐水上涌，冲积成洲，很短的时间就成了。后来不久，宋文帝登基即位。县城以东二里，有县人刘凝之故居。刘凝之，字志安，他的哥哥盛公志行高远，不肯做官。刘凝之欣慕老莱子、严子陵的为人，在江湖上盖起小屋，完全靠自己劳动来生活，他的妻子梁州刺史郭铨的女儿，也能安于贫困。宋元嘉年间，夫妻两人隐居在衡山，就在那里终老，没有再回来。

县东北十里土台北岸有迆洲①，长十余里，义熙初②，烈武王斩桓谦处③。县东南二十里富城洲上有道士范侪精庐④。

自言巴东人⑤,少游荆土,而多盘桓县界,恶衣粗食,萧散自
得⑥。言来事多验,而辞不可详⑦。人心欲见,欻然而对⑧,
貌言寻求⑨,终弗遇也。虽迳跨诸洲,而舟人未尝见其济涉
也。后东游广陵⑩,卒于彼土。侪本无定止处,宿憩一小庵
而已。弟子慕之,于其昔游,共立精舍,以存其人。县有陈
留王子香庙⑪,颂称子香于汉和帝之时⑫,出为荆州刺史,有
惠政,天子征之,道卒枝江亭中⑬。常有三白虎出入人间,送
丧逾境。百姓追美甘棠⑭,以永元十八年立庙设祠⑮,刻石铭
德,号曰枝江白虎王君,其子孙至今犹谓之为白虎王。

【注释】

①迤洲:在今湖北枝江市南。

②义熙:东晋安帝司马德宗的年号(405—418)。

③烈武王:即南朝宋临川烈武王刘道规,字道则。彭城(今江苏徐州)
　人。高祖刘裕少弟。少倜傥有大志,与谋诛桓玄。以勋封华容县
　公。桓谦:字敬祖。谯国龙亢(今安徽怀远)人。东晋将领。桓冲子。
　元兴初将伐桓玄,因谦父有遗惠于荆楚,惧人情向背,故任其为荆
　州刺史。桓玄篡位,令他领扬州刺史。桓振乱时,保护乘舆有功。
　桓振败后,投奔姚兴。后为刘道规所杀。

④富城洲:在今湖北枝江市南。范侪精庐:《水经注疏》杨守敬按:"在
　今枝江县(今湖北枝江市)东北。"

⑤巴东:即巴东郡。东汉建安六年(201)改固陵郡置,属益州。治
　所在鱼復县(三国蜀汉改为永安,西晋复为鱼復,在今重庆奉节东
　十里白帝城)。二十一年(216)复改固陵郡。三国蜀汉章武元年
　(221)复为巴东郡。

⑥萧散:犹潇洒,闲散舒适。

⑦详：明白，知晓。

⑧欻（xū）然：忽然，突然。

⑨貌：无实。

⑩广陵：即广陵郡。东汉建武十八年（42）改广陵国置。治所在广陵县（今江苏扬州西北蜀冈上）。

⑪王子香：东汉和帝时陈留（今河南南阳）人。官荆州刺史。

⑫汉和帝：东汉皇帝刘肇。

⑬亭：秦汉时亭这一行政机构所设的供旅客宿食的处所。后指驿亭。

⑭甘棠：相传召伯曾在甘棠树下听讼决狱，公正无私。召公卒，百姓有甘棠之思，遂有《诗经·召南·甘棠》一诗。

⑮永元十八年：当为永元十六年，104 年。永元，东汉和帝刘肇的年号（89—105）。

【译文】

县城东北十里的土台北岸有地洲，长十余里，是义熙初年烈武王杀桓谦的地点。县城东南二十里的富城洲上有道士范侪的精庐。范侪自称是巴东人，少年时期游历荆州地区，大部分时间都在该县境内游历，他衣服破烂，食物粗劣，但闲散自在，自得其乐。他预言未来的事，常常应验，但言辞隐晦难解。人们真心想见他，一忽儿就在眼前了，但如虚言要找他，却总碰不到。他能跨过诸多沙洲，船夫却从未见他乘船或涉水过河。以后他东游广陵，就死在那边。范侪本来没有固定的住所，住宿安息，不过一个小庵罢了。他的弟子思慕他，就在他从前游历过的地方修建道院来纪念他。县里有陈留王子香庙，人们还传颂着，王子香在汉和帝时出任荆州刺史，有利民的政绩，皇帝征召他，他在旅途死于枝江亭中。当他的灵柩运送还乡时，常有三只白虎出入于人间，为他送丧，一直送出县境。百姓追思他的恩德，于永元十六年为他建庙立祠，刻碑记载他的德政，并号为枝江白虎王君，他的子孙后代直到现在还把他称为白虎王。

江水又东会沮口^①,楚昭王所谓江、汉、沮、漳^②,楚之望也^③。

【注释】

①沮口:沮水入江水之口。沮水,亦作雎水。即今湖北西部长江支流沮河、沮漳河。源出保康西南,东南流经远安、当阳,至荆州市西注入长江。

②楚昭王:芈姓,熊氏,名壬,又名轸(珍)。楚平王之子。春秋时期楚国国君。汉:即汉水。漳:即漳水。即今湖北中部之漳河。源出湖北南漳西南荆山南麓,东南流至当阳东南与沮水合,在江陵以南注于长江。

③望:地理位置。

【译文】

江水又往东流,汇合沮口,这就是楚昭王所说的江、汉、沮、漳,都是楚国祭祀河川的地方。

又南过江陵县南^①,

县北有洲,号曰枚回洲^②,江水自此两分,而为南、北江也。北江有故乡洲^③。元兴之末^④,桓玄西奔^⑤,毛祐之与参军费恬射玄于此洲^⑥。玄子升年六岁,辄拔去之。王韶之云^⑦:玄之初奔也^⑧,经日不得食,左右进粗粥咽不下。升抱玄胸抚之,玄悲不自胜。至此,益州都护冯迁斩玄于此洲^⑨,斩升于江陵矣。下有龙洲^⑩,洲东有宠洲^⑪,二洲之间,世擅多鱼矣。渔者投罟历网^⑫,往往絓绝^⑬。有潜客泳而视之,见水下有两石牛,尝为罾害矣^⑭。故渔者莫不击浪浮舟,鼓枻而去矣⑮。其下谓之邴里洲⑯,洲有高沙湖,湖东北有小水通江,名曰曾口。

【注释】

①江陵县:战国秦置,为南郡治。治所在今湖北荆州市荆州区旧江陵县。

②枚回洲:在今湖北荆州市荆州区故江陵县城西长江中。

③故乡洲:《水经注疏》杨守敬按:"故乡洲在今江陵县(今湖北荆州市荆州区)西南。"

④元兴:东晋安帝司马德宗的年号(402—404)。

⑤桓玄:字敬道,一名灵宝。谯国龙亢(今安徽怀远)人。晋大司马桓温之子。袭爵南郡公。后起兵反对司马道子,与朝廷对抗,并代晋自立,终被刘裕击败斩杀。

⑥毛祐之:荥阳阳武(今河南原阳)人。益州刺史毛璩之部将。屯骑校尉毛脩之的兄长。费恬:益州刺史毛璩之部将。

⑦王韶之:字休泰。琅邪临沂(今山东临沂)人。好史籍,博涉多闻。私撰《晋安帝阳秋》。以善叙事及辞论可观,被誉为"佳史"。宋高祖刘裕受禅后,王韶之掌修宋史。

⑧奔:逃亡。

⑨都护:当为"督护"之讹。督护,官名。两晋南北朝府、州、郡佐官,掌督辖、护理军队。其名称开始于西晋末年,晋诸将行军时常临时差遣上佐参军等督护诸军,从事征讨,故名。冯迁:东晋将领。任益州督护。元兴三年(404),桓玄为刘毅等击败西逃,被迁斩杀。

⑩龙洲:即龙陂。在今湖北荆州市荆州区(故江陵县)北纪南城西南。

⑪宠洲:在今湖北荆州市西长江中。

⑫投罟(gǔ)历网:抛洒下渔网。投,投掷,抛洒。罟,网。历,费解。《荆州记》作"挥"。

⑬絓绝:挂住而断绝。絓,挂住,绊住。

⑭罾(zēng)害:损害罾网。罾,一种用木棍或竹竿做支架的方形渔网。

⑮鼓枻(yì):划动船桨。枻,船桨。

⑯邴里洲:又名景里洲、景理洲。在今湖北荆州市荆州区(故江陵县)西南。

【译文】

江水又往南流过江陵县南边,

江陵县北面有个沙洲,称为枚回洲,江水在这里分为两条,就是南江和北江。北江有故乡洲。元兴末年,桓玄往西奔逃,毛祐之和参军费恬就在此洲射中桓玄。桓玄的儿子桓升只有六岁,立即把箭拔掉。王韶之说:桓玄开始逃亡时,整天没有东西吃,侍从送了粗米粥给他,他又不能下咽。小桓升抱住桓玄的胸爱抚着,桓玄不禁悲痛欲绝。到了这里,益州督护冯迁就在洲上杀了桓玄,又在江陵杀了小桓升。下游有龙洲,洲东有宠洲,这两个沙洲之间,世代以多鱼著称。渔人撒网,常被什么东西钩住,以致拉破了网。有个会潜水的人游到水下去看,见有两头石牛,弄破渔网的就是这些东西。所以渔船到了这里,无不使劲荡桨击浪而去。下游有洲,叫邴里洲,洲中有高沙湖,湖东北有一条细流与江相通,水口叫曾口。

江水又东迳燕尾洲北①,合灵溪水②。水无泉源,上承散水,合承大溪,南流注江。江溪之会有灵溪戍③,背阿面江,西带灵溪,故戍得其名矣。江水东得马牧口④,江水断洲通会。

【注释】

①燕尾洲:在今湖北荆州市荆州区(故江陵县城)西南十五里。

②灵溪水:又称零水。在今湖北荆州市荆州区(故江陵县城)西。

③灵溪戍:在今湖北荆州市荆州区(故江陵县城)西南。

④马牧口：在今湖北荆州市荆州区（故江陵县城）南。

【译文】

江水又东流经燕尾洲北，汇合了灵溪水。灵溪水没有主源，上游承接一些散流的水，合为大溪，南流注入江水。江水与大溪汇合的地方，有灵溪戍，背靠山陵，面临江流，灵溪就在西边流过，这个驻防城堡也就因此而得名。江水东流到马牧口，水流切断沙洲，使两边江道相通了。

　　江水又东迳江陵县故城南。《禹贡》：荆及衡阳惟荆州①。盖即荆山之称，而制州名矣，故楚也。子革曰②：我先君僻处荆山③，以供王事，遂迁纪郢④。今城，楚船官地也⑤，《春秋》之渚宫矣⑥。秦昭襄王二十九年⑦，使白起拔鄢郢⑧，以汉南地而置南郡焉⑨。《周书》曰⑩：南⑪，国名也。南氏有二臣，力钧势敌，竞进争权，君弗能制，南氏用分为二南国也⑫。按韩婴叙《诗》云⑬：其地在南郡、南阳之间⑭。《吕氏春秋》所谓禹自塗山巡省南土者也⑮。是郡取名焉。后汉景帝以为临江王荣国⑯。王坐侵庙壖地为宫⑰，被征。升车出北门而轴折，父老窃流涕曰：吾王不还矣！自后北门不开，盖由荣非理终也。汉景帝二年⑱，改为江陵县。王莽更名，郡曰南顺，县曰江陆。

【注释】

①荆及衡阳惟荆州：荆，即荆山。在今湖北南漳西。漳水所出。古为豫州与荆州界山。衡，即南岳衡山。在今湖南衡阳、衡山县境，为湘水与资水的分水岭。阳，山南水北为阳。荆州，西汉武帝置，为十三刺史部之一。东汉治所在汉寿县（今湖南常德东北）。刘表徙治襄阳（今湖北襄阳汉水南岸襄阳城）。

②子革：即然丹，又称郑丹。郑穆公孙，因事奔楚，官至右尹。

③先君：楚国始封之君，这里指熊绎。

④纪郢：即楚都郢（今湖北荆州市荆州区故江陵县城西北纪南城）。

⑤船官：主管造船、修船事务的官署。

⑥渚宫：春秋楚国别宫，为成王所建。在今湖北荆州市荆州区故江陵县城西南隅。后世以渚宫为江陵之别称。

⑦秦昭襄王二十九年：前278年。秦昭襄王，即秦昭王嬴稷，一名则。战国秦国国君。

⑧白起：郿（今陕西眉县）人。战国时秦国名将。善用兵，事秦昭王。以上将军击赵于长平，前后坑斩首虏四十五万。鄢郢：战国楚都的通名。即楚都郢（今湖北荆州市荆州区故江陵县城西北纪南城）与别都鄢（今湖北宜城东南）的连称。

⑨南郡：战国秦昭王二十九年（前278）置。治所在郢（今湖北荆州市荆州区故江陵县城西北纪南城）。

⑩《周书》：书名。即《逸周书》。先秦典籍，主要记载自周文王、武王至景王年间的历史。内容庞杂，体例不一，是研究周代历史的重要资料。

⑪南：国名。汉韩婴认为其地在南郡和南阳郡之间。

⑫二南国：具体不详。

⑬韩婴叙《诗》：即韩婴《韩诗外传》。汉初燕人韩婴撰。因杂引古事古语，证以《诗》句，与经义不相比附，所述多与周秦诸子相出入。

⑭南阳：即南阳郡。战国秦昭王三十五年（前272）置。治所在宛县（今河南南阳）。

⑮堂山：一说在今安徽怀远东南淮河南岸。巡省：巡视考察。

⑯汉景帝：西汉皇帝刘启，汉文帝刘恒之子。后人将其和文帝统治时期合称文景之治。临江王荣：景帝第二子刘荣。孝景前元四年（前153）为皇太子，后废为临江王。因侵庙墙地为宫，被孝景帝

召见。中尉郅都责讯，刘荣畏惧自杀。

⑰庙壖（ruán）地：宗庙处的空地。壖，隙地。

⑱汉景帝二年：前155。

【译文】

江水又往东流经江陵县老城南边。《禹贡》说，荆山及衡山南面都属荆州地区。大概就是依荆山之名来取州名的，从前这是楚国地方。子革说：我们的祖先居住在偏僻的荆山，因为要为王室服务，就迁移到纪郢。现在这座城就是楚国船官的地方，也就是《春秋》里说到的渚宫。秦昭襄王二十九年，派白起去攻取鄢郢，在汉水以南地区设置南郡。《逸周书》说：南是国名。南氏有两个大臣，势均力敌，彼此争位争权，连君主都不能制止，因而南氏就分成两个南国。按韩婴为《诗》作序说：那地方在南郡、南阳之间。《吕氏春秋》所谓禹从塗山巡察南方，指的也是这里。于是郡名就叫南郡。东汉景帝将它作为临江王刘荣的封国。临江王因侵占庙墙旁边的空地修建宫室，被征召赴京。上车出门后，车轴忽然折断，封国的父老暗中流泪道：我们的君王不会回来了！此后北门就关闭了，那是因为刘荣结局不幸的缘故。汉景帝二年，改为江陵县。王莽改名，郡称南顺，县名江陆。

旧城，关羽所筑①。羽北围曹仁②，吕蒙袭而据之③。羽曰：此城吾所筑，不可攻也，乃引而退。杜元凯之攻江陵也④，城上人以瓠系狗颈示之⑤，元凯病瘿故也⑥。及城陷，杀城中老小，血流沾足，论者以此薄之⑦。江陵城地东南倾，故缘以金堤⑧，自灵溪始⑨。桓温令陈遵造⑩。遵善于方功⑪，使人打鼓，远听之，知地势高下，依傍创筑，略无差矣。城西有栖霞楼⑫，俯临通隍⑬，吐纳江流。城南有马牧城⑭，西侧马径。此洲始自枚回⑮，下迄于此，长七十余里。洲上有奉城⑯,故江津长所治。旧主度州郡贡于洛阳,因谓之奉城,亦曰江津戍也。戍南对马头岸⑰,昔陆抗屯此与羊祜相对⑱。大宏信义,谈者以为华元、子反复见于今矣⑲。北对大岸,谓之江津口,故洲亦取名焉。江大自此始也。《家语》曰⑳:江水至江津,非方舟避风㉑,不可涉也。故郭景纯云:济江津以起涨㉒。言其深广也。

【注释】

①关羽:字云长。三国蜀汉河东解(今山西临猗)人。从刘备起兵,情同手足。

②曹仁:字子孝。沛国谯县(今安徽亳州)人。曹操从弟。从曹操征袁术、袁绍、陶谦、马超等,屡立战功。

③吕蒙:字子明。汝南富陂(今安徽阜阳西南)人。少依孙权,屡进奇计,以战功迁横野中郎将。随周瑜大破曹操于赤壁,又袭取荆州,杀关羽。通晓兵法,果敢有胆略,后病死军中。

④杜元凯:即杜预,字元凯。京兆杜陵(今陕西西安)人。西晋经学家、将领。撰《春秋左氏经传集解》。

⑤瓠(hù):葫芦。

⑥病瘿(yǐng):大脖子病。瘿,中医指生长在脖子上的一种囊状的瘤子,主要指甲状腺肿大等病症。

⑦薄:谴责,鄙薄。

⑧金堤:在今湖北荆州市荆州区(故江陵县)东南。

⑨灵溪:在今湖北荆州市荆州区(故江陵县城)西。

⑩桓温:字元子。谯国龙亢(今安徽怀远西北)人。晋明帝之婿。陈遵:桓温部将。善于土功建筑之事。

⑪方功:指计量土功及建筑之事。《水经注疏》:"赵(一清)云:师古曰:古谓掘地为坑曰方,今荆楚俗,土功筑作算程课者,犹以方

　　计之。"

⑫栖霞楼：旧在今湖北黄冈黄州区郡仪门外西南隅。

⑬通隍：畅通无阻的沟渠。

⑭马牧城：在今湖北荆州市荆州区故江陵县城南。

⑮枚回：即枚回洲。在今湖北荆州市荆州区故江陵县城西长江中。

⑯奉城：即江津戍。在今湖北荆州市（沙市）南长江中。

⑰马头岸：即马头城。在今湖北公安北。

⑱陆抗：字幼节。吴郡吴县（今江苏苏州）人。三国吴著名将领。丞相陆逊之子。羊祜（hù）：字叔子。泰山南城（今山东平邑）人。蔡邕外孙，景献皇后同产弟。博学能属文，善谈论。

⑲华元：春秋时宋国大夫。历事昭公、文公、共公、平公四君。宋共公十年（前579），他约会晋、楚两国在宋国西门外结第一次"弭兵"之约。子反：即公子侧。春秋时楚国司马。作为楚国重要将领参加过邲之战、鄢陵之战等许多重要战役。

⑳《家语》：书名。即《孔子家语》。原本题周孔丘门人撰，已佚。今本为三国魏王肃为驳难郑玄，杂抄诸书所载孔子逸事纂辑而成。

㉑方舟：舟船并在一起。方，并列，并排。

㉒济江津以起涨：语见郭璞《江赋》。济，渡过。江津，即江津戍。

【译文】

　　老城是关羽所筑。关羽北上围曹仁，吕蒙趁虚进袭，占据了江陵。关羽说：这座城是我筑的，不可进攻，于是就退兵了。杜元凯进攻江陵，城上的人把葫芦缚在狗脖子上揶揄他，因为他颈上长了个瘤。城被攻破后，他把城中老小都杀了，血流遍地，走过时脚都浸湿了，人们评论此事，都鄙薄其人。江陵城地势向东南倾斜，因而从灵溪开始沿岸筑了金堤，这道堤防是桓温命令陈遵建造的。陈遵善于计量土功及建筑之事，他叫人去打鼓，自己远远听着，就能知道地势的高低，于是修筑起来的堤岸，也就分毫不差了。城西有栖霞楼，下面就是护城河，引江流从河里流过。

城南有马牧城,西傍马径。这个沙洲上自枚回,下迄于此,长七十余里。洲上有奉城,旧时属江津长管辖。原来执掌各州郡去洛阳朝贡时在此过渡,因此称为奉城,也叫江津戍。城堡南对马头岸,从前陆抗驻扎在这里,与羊祜相对抗。两人都很讲信义,人们谈论到他们,都称赞他们真是华元、子反再现于今世。北面与大岸相对,称为江津口,所以洲也以江津取名。江面从这里开始变得宽阔了。《孔子家语》说:江水到了江津,如果不把船连在一起抵挡风浪,是不能渡江的。所以郭景纯说:渡江津时水势高涨。这是说江水又深又阔。

　　江水又东迳郢城南①,子囊遗言所筑城也②。《地理志》曰:楚别邑,故郢矣。王莽以为郢亭。城中有赵台卿冢③,岐平生自所营也④。冢图宾主之容⑤,用存情好,叙其宿尚矣。

【注释】

①郢城:即楚都郢(今湖北荆州市荆州区故江陵县城西北纪南城)。

②子囊:即公子贞,字子囊。楚庄王之子,楚共王之弟。春秋时为楚令尹。

③赵台卿冢:《水经注疏》杨守敬按:"章怀注,冢在荆州古郢城(今湖北荆州市荆州区故江陵县城西北纪南城)中。"

④岐:即赵岐,初名嘉,字台卿,后改字邠卿。京兆长陵(今陕西咸阳)人。东汉经学家。

⑤冢:指赵岐冢。图:图画。据《后汉书·赵岐传》可知,赵岐先自为寿藏,图画季札、子产、晏婴、叔向四像,居宾位,又自画其像,居主位,皆为赞颂。

【译文】

　　江水又往东流经郢城南边,这是按子囊的遗嘱修筑起来的城。《地理志》说:这是楚国的别邑,旧时的郢。王莽名为郢亭。城中有赵台卿墓,是他生时亲自建造的。墓上画有主人和宾客的肖像,以纪念他们之间的情谊,表现他平素所看重的东西。

江水又东得豫章口^①,夏水所通也^②。西北有豫章冈^③,盖因冈而得名矣。或言因楚王豫章台名^④,所未详也。

【注释】

①豫章口:在今湖北荆州市附近。

②夏水:故道从今湖北荆州市东南分江水东出,流经监利北,折东北至仙桃附近入汉水。自此以下之汉水,亦称为夏水。

③豫章冈:《水经注疏》熊会贞按:"豫章冈在江津(今湖北荆州市南长江中)北。"

④楚王豫章台:楚国台名。故址在今湖北荆州市东南。

【译文】

江水又东流,到了豫章口,水口通夏水。西北有豫章冈,大概这地方就是因冈而得名的。也有人说是因楚王豫章台而得名,这就不大清楚了。

卷三十五

江水三

【题解】

这是《江水》三卷中的最后一卷，在卷三十三"题解"中已经做了全局的解释。此卷起自华容，这是西汉所置属于南郡的县邑，位置当在今湖北监利以北；终于下雉县，也是西汉所置，属江夏郡。但其结尾的青林湖，一般认为在今江西、安徽两省之间，所以全卷实在只写了长江的很短一段，故如全祖望所说，《江水》必然还有第四卷。宋初该卷亡佚以后，北方人不懂南方水系，拼凑以足四十卷，就把沔水也拉扯进去，所以造成了极大的错误。

江水三

又东至华容县西①，夏水出焉②。

江水左迤为中夏水③，右则中郎浦出焉④。江浦右迤⑤，南派屈西⑥，极水曲之势，世谓之江曲者也⑦。

【注释】

①华容县：西汉置，属南郡。治所在今湖北监利北周家咀关西三里。

②夏水：故道从今湖北荆州市东南分江水东出，流经监利北，折东北
　　至仙桃附近入汉水。自此以下之汉水，亦称为夏水。

③左迤：向左溢流。

④中郎浦：《水经注疏》熊会贞按："中郎浦无考。当在今公安县（今
　　湖北公安）东北。江浦右迤，即谓中郎浦。"

⑤江浦：长江中的河湾或港汊。浦，与河流相连通的水湾或小的湖
　　泊，或江河中的港汊、河湾。

⑥派：别流，分流。

⑦江曲：《水经注疏》熊会贞按："今大江东流，迳江陵县（今湖北荆
　　州市荆州区），自沙市以下，折而西南流，成一大曲。"

【译文】

江水三

又往东流到华容县西边，夏水从这里分出。

江水向左边分支流出，是中夏水，右边有中郎浦分出。港汊通向右
边，南支流向西弯，流势极度弯曲，世人称之为江曲。

又东南当华容县南，涌水入焉①。

江水又东，涌水注之。水自夏水南通于江，谓之涌口②。
二水之间，《春秋》所谓阎敖游涌而逸者也③。

【注释】

①涌水：长江北枝津。自今湖北荆州市沙市区南分长江水东流，至
　　洪湖市西境复入长江。

②涌口：亦作浦口。古涌水入江水处。在今湖北洪湖市西境长江北岸。

③阎敖游涌而逸：语见《左传·庄公十八年》。阎敖，楚大夫。逸，逃
　　逸，逃跑。

【译文】

江水又往东南流，在华容县南边有涌水注入。

江水又往东流，有涌水注入。涌水从夏水分派南流与江水相通，汇流处叫涌口。两水之间就是《春秋》所说的阎敖游过涌水逃跑的地方。

江水又迳南平郡屋陵县之乐乡城北①，吴陆抗所筑②。后王濬攻之③，获吴水军督陆景于此渚也④。

【注释】

①南平郡：西晋太康元年（280）改南郡置，属荆州。治所在作唐县（今湖南安乡北）。后移治江安县（今湖北公安）。南齐移治屋陵县。

屋陵县：战国秦置，属南郡。治所在今湖北公安西南。东汉建安二十四年（219），孙权封吕蒙为屋陵侯于此。西晋属南平郡。南齐为南平郡治。乐乡城：在今湖北松滋东北四十八里涴市镇。

②陆抗：字幼节。吴郡吴县（今江苏苏州）人。三国吴名将。丞相陆逊之子。

③王濬：字士治。弘农湖（今河南灵宝）人。

④水军督：官名。主率水军驻守于要冲之地。陆景：字士仁。吴丞相陆逊之孙，大司马陆抗之子。

【译文】

江水又流经南平郡屋陵县乐乡城北边，此城是吴国陆抗所筑。以后王濬攻城，就在渚上俘虏了吴国水军督陆景。

又东南，油水从东南来注之①。

又东，右合油口②。又东迳公安县北③。刘备之奔江陵④，使筑而镇之。曹公闻孙权以荆州借备⑤，临书落笔。杜预克定江南⑥,罢华容置之,谓之江安县⑦,南郡治⑧。吴以华容之南乡为南郡。晋太康元年⑨,改曰南平也。县有油水,水东有景口,口即武陵郡界⑩。景口东有沧口,沧水南与景水合,又东通澧水及诸陂湖⑪。自此渊潭相接,悉是南蛮府屯也。故侧江有大城,相承云仓储城⑫,即邸阁也⑬。江水左会高口⑭,江浦也;右对黄州⑮。江水又东得故市口⑯,水与高水通也。

【注释】

①油水:一作繇水。在今湖北公安西。

②油口:一名油江口。在今湖北公安西北隅。

③公安县:三国蜀汉置,属南郡。治所在油口(今湖北公安)。

④奔:逃亡。江陵:即江陵县。秦置,为南郡治。治所在今湖北荆州市荆州区旧江陵县。

⑤孙权:字仲谋。吴郡富春(今浙江富阳)人。孙坚次子。继其兄孙策据有江东六郡。黄龙元年(229)于武昌(今湖北鄂城)称帝,建国号吴。不久迁都建业(今江苏南京)。荆州:西汉武帝置,为十三刺史部之一。初平元年(190)刘表徙治襄阳(今湖北襄阳汉水南岸襄城区)。后治所屡徙。

⑥杜预:字元凯。京兆杜陵(今陕西西安)人。西晋经学家、将领。撰《春秋左氏经传集解》。

⑦江安县:西晋太康元年(280)改公安县置,为南平郡治。治所在今湖北公安。

⑧南郡:应为南平郡。

⑨太康元年:280年。太康,西晋武帝司马炎的年号(280—289)。

⑩武陵郡:汉高帝改黔中郡置。治所在义陵县(今湖南溆浦南)。东

汉移治临沅县(今湖南常德)。

⑪澧水:在今湖南西北部。源出桑植北,东流经张家界、慈利、澧县等市县,在澧县新洲入洞庭湖,长三百七十二公里。

⑫仓储城:故址在今湖北公安东北长江边。

⑬邸阁:屯集粮食或其他物资的场所。

⑭高口:《水经注疏》杨守敬按:"高口在今石首县(今湖北石首)西北。"

⑮黄州:据《水经注疏》,当在今湖北公安南。

⑯故市口:《水经注疏》杨守敬按:"在今石首县西北。"

【译文】

江水又往东南流,油水从东南流来注入。

江水又往东流,在右侧汇合了油口。又往东流经公安县北面。刘备奔逃到江陵时,派人筑城镇守。曹操正在写信,听说孙权把荆州借给刘备,吃了一惊,不觉把笔掉在地上。杜预平定江南后,撤废华容,另行设县,叫江安县,是南平郡治所。吴国把华容的南乡设为南郡。晋太康元年,改名南平。县里有油水,水东有景口,靠近武陵郡边界。景口东有沦口,沦水在南面与景水汇合,又往东流,与澧水和各湖塘相通。从这里开始,深潭接连不断,岸上全都是南蛮府驻军的地方。旧时江边有大城,相传是仓储城,就是存放军粮、军需物资的仓库。江水左岸汇合了高口,这里是个江湾,与右岸的黄州相望。江水又往东流到故市口,这里的水与高水相通。

江水又右迳阳岐山北①。山枕大江②,山东有城,故华容县尉旧治也③。大江又东,左合子夏口④。江水左迤北出,通于夏水,故曰子夏也。大江又东,左得侯台水口⑤,江浦也。大江右得龙穴水口⑥,江浦右迤也,北对虎洲⑦。又洲北有龙巢⑧,地名也。昔禹南济江,黄龙夹舟,舟人五色无主。

禹笑曰:吾受命于天,竭力养民,生,性也;死,命也,何忧龙哉?于是二龙弭鳞掉尾而去焉⑨。故水地取名矣。江水自龙巢而东得俞口⑩,夏水泛盛则有,冬无之。

【注释】

①阳岐山:即今湖北石首市内绣林山。

②枕:靠近,毗邻。

③县尉:官名。战国秦置。商鞅变法,每县置令、丞和尉。县尉主管一县的军事,主盗贼、案察奸宄等。

④子夏口:又名江夏口。在今湖北石首东北长江北岸合作村附近。即古夏水通长江之口。

⑤侯台水口:《水经注疏》熊会贞按:"在今石首县(今湖北石首)东北。"

⑥龙穴水口:《水经注疏》熊会贞按:"《方舆纪要》,龙盖山在石首县东二里,上有石湫,号龙穴水,下流入江。"

⑦虎洲:《水经注疏》熊会贞按:"在今石首县东。"

⑧龙巢:《水经注疏》熊会贞按:"在今石首县东。"

⑨弭鳞:收敛鱼鳞。掉尾:摇尾巴。

⑩俞口:《水经注疏》熊会贞按:"在今石首县东。"

【译文】

江水右边又流经阳岐山北面。阳岐山靠近大江,东边有城,是旧时华容县尉的治所。大江又往东流,左边汇合于子夏口。江水左岸分出支流,奔向北方,与夏水相通,所以叫子夏。大江又往东流,左岸有侯台水口,是个水湾。大江右岸有龙穴水口,也是水湾,有港汊通入右岸,水口北对虎洲。洲北有龙巢,是个地名。古时禹南下渡江,游来两条黄龙,把船夹在中间,船夫吓得丧魂落魄。禹笑道:我受上天之命,竭尽全力为百姓谋福利,求生是天性,死是天命,又何必怕龙呢?于是二龙收敛起鳞甲,摇摆着尾巴游走了。水名和地名就是因此而来的。江水从龙巢往东流,有俞口,夏天水大时才有水,冬天就干涸无水了。

　　江之北岸上有小城,故监利县尉治也①。又东得清阳、土坞二口②,江浦也。大江右迳石首山北③,又东迳赭要④。赭要,洲名,在大江中,次北湖洲⑤。江水左得饭筐上口⑥,秋夏水通下口⑦,上下口间,相距三十余里。赭要下即杨子洲⑧,在大江中,二洲之间,常苦蛟害。昔荆佽飞济此⑨,遇两蛟,斩之,自后罕有所患矣。江之右岸,则清水口⑩,口上即钱官也⑪。水自牛皮山东北通江⑫,北对清水洲⑬,洲下接生江洲⑭。南即生江口,水南通澧浦。江水左会饭筐下口,江浦所入也。

【注释】

①监利县:三国吴置,属南郡。治所在今湖北监利东北。

②清阳、土坞二口:《水经注疏》熊会贞按:"俱在今石首县(今湖北石首)东。"

③石首山:在今湖北石首北。

④赭要:洲名。当在今湖北石首东。

⑤北湖洲:《水经注疏》熊会贞按:"在今石首县东。"

⑥饭筐上口:《水经注疏》熊会贞按:"在今石首县东北。"

⑦下口:即饭筐下口。《水经注疏》熊会贞按:"在石首县调弦口之东北对岸。"

⑧杨子洲:当在今湖北石首东。

⑨荆:即荆楚。佽飞:官名。汉置。原名左弋,汉武帝太初元年(前104)改名佽飞。掌弋射。其长官称令,次长官称丞,属少府。

⑩清水口:《水经注疏》杨守敬按:"在今石首县东。"

⑪钱官:铸造钱币的官署。

⑫牛皮山:《水经注疏》杨守敬按:"牛皮山无考。当在今石首县东。"

⑬清水洲:《水经注疏》杨守敬按:"洲取清水为名,在今石首县东。"

⑭生江洲:《水经注疏》杨守敬按:"洲取生江水为名,在今石首县东。"

【译文】

江北岸有个小城,先前是监利县尉的治所。又往东流,有清阳、土坞两个水口,都是江湾。大江右边流经石首山北边,又往东流经过赭要。赭要是洲名,在大江中接近北湖州下端。江水左岸有饭筐上口,夏秋间水通饭筐下口,上下口之间,相距三十余里。赭要以下就是杨子洲,位于大江中央,两洲之间,常常苦于蛟龙为害。从前荆楚的伙飞在这里过渡,碰到两条蛟龙,他挥剑斩了蛟龙,从此以后,就很少再有蛟害了。大江右岸有清水口,口上就是钱官所驻处。此水从牛皮山往东北通大江,水口北对清水洲,洲的下端与生江洲相接。南边就是生江口,有水南通澧浦。江水左边又汇合饭筐下口,是江湾的入口。

江水又右得上檀浦^①,江溠也^②。

【注释】

①上檀浦:《水经注疏》杨守敬按:"此浦当在今监利县(今湖北监利南)南。"

②江溠(zhà):长江上的水湾处。

【译文】

江水右岸又有上檀浦,是一条小港汊。

江水又东迳竹町南^①,江中有观详溠^②。溠东有大洲,洲东分为爵洲^③,洲南对湘江口也^④。

【注释】

①竹町（dīng）：《水经注疏》杨守敬按："在今监利县（今湖北监利南）东南。"

②观详溠：及下"大洲"，《水经注疏》杨守敬按："俱在今监利县东南、巴陵县（今湖南岳阳）西北。"

③爵洲：《水经注疏》杨守敬按："在今监利县东南、巴陵县北。"

④湘江口：《水经注疏》杨守敬按："在今巴陵县北。"

【译文】

江水又往东流经竹町南边，江中有观详溠。这条港汊以东有大洲，大洲东头又分隔成一个爵洲，洲南与湘江口相望。

又东至长沙下隽县北①，澧水、沅水、资水合②，东流注之。

凡此诸水，皆注于洞庭之陂③。是乃湘水，非江川④。

【注释】

①长沙：即长沙郡。战国秦置。治所在临湘县（今湖南长沙）。西汉高帝五年（前202）改为长沙国，东汉复为郡。下隽县：西汉置，属长沙国。治所在今湖北通城西北。因隽水得名。东汉属长沙郡。

②澧水：在今湖南西北部。源出桑植北，东流经张家界、慈利、澧县等市县，在澧县新洲入洞庭湖。沅水：即今湖南西北境沅江。资水：在今湖南中部。南源夫夷水出广西资源南；西源赧水出城步苗族自治县北，在邵阳汇合后，北流经新化、安化等县折向东，经益阳到湘阴临资口入洞庭湖。

③洞庭之陂：即洞庭湖。我国第二大淡水湖。在今湖南北部、长江南岸。

④江川：长江的支流。

【译文】

江水又往东流到长沙郡下隽县北边，澧水、沅水、资水汇合后，往东流注入。

以上诸水都注入洞庭湖的陂泽。这些都是湘地的江河，不是江水的支流。

湘水从南来注之①。

江水右会湘水，所谓江水会者也②。

【注释】

①湘水：亦称潇湘。湖南最大的河流。源出广西灵川东、海洋山西麓，东北流贯湖南东部，经永州、衡阳、湘潭、长沙等地，至湘阴芦林潭入洞庭湖。上古时洞庭湖较小，湘水直接注入长江。

②江水会：江水与湘水交汇之处。

【译文】

湘水从南边流来注入。

江水右岸汇合湘水，就是所谓江水会。

江水又东，左得二夏浦①，俗谓之西江口。又东迳忌置山南②，山东即隐口浦矣③。江之右岸有城陵山④，山有故城，东接微落山⑤，亦曰晖落矶⑥。江之南畔名黄金濑⑦，濑东有黄金浦、良父口⑧，夏浦也⑨。又东迳彭城口，水东有彭城矶⑩，故水受其名。即玉涧水，出巴丘县东玉山玉溪⑪，北流注于江。江水自彭城矶东迳如山北⑫。北对隐矶⑬，二矶之间，有独石孤立大江中。山东江浦，世谓之白马口⑭。

【注释】

①二夏浦：即西江口，又名三江口。在今湖北监利东南。

②忌置山：在今湖北监利东南，长江北岸白螺镇一带。

③隐口浦：在今湖南岳阳东北。

④城陵山：《水经注疏》杨守敬按："山在今巴陵县（今湖南岳阳）北十五里，蜀江西来，洞庭南注，合流于此，为一郡水口，山下有矶，谓之城陵矶。"

⑤微落山：即今湖南岳阳东北道人矶。

⑥晖落矶：陈桥驿按，从此处起，《注》文出现这种称"矶"的地貌事物，因为江道早已进入平原，不是"两岸连山"了。平原上有些孤山独阜，有的突入江边，这种地貌实体就称为"矶"。李白的归宿处安徽采石矶与美景如画的南京燕子矶，都是著名的矶，但由于出名都晚于郦氏，所以没有记在《注》文之中。

⑦黄金濑（lài）：在今湖南岳阳东北。濑，河水流经石质浅滩形成的急流。中原谓之碛（qì），吴越谓之濑。

⑧良父口：《水经注疏》杨守敬按："在今临湘县（今湖南临湘市）西南。"

⑨夏浦：夏季才出现的水湾。

⑩彭城矶：又作彭城洲。在今湖南岳阳东北。

⑪玉山、玉溪：《水经注疏》熊会贞按："皆无考。当在今巴陵县之东，临湘县之南。"巴丘县：三国吴分新淦、石阳两县置，属庐陵郡。治所在今江西峡江县西南巴邱镇北里许。

⑫如山：在今湖南岳阳东北陆城镇东北。

⑬隐矶：即今湖北监利东南的杨林矶。

⑭白马口：在今湖南岳阳东北。

【译文】

江水又往东流，左岸有二夏浦，俗称西江口。又往东流经忌置山南边，忌置山东边就是隐口浦。江水右岸有城陵山，山上有个老城，东边与微落山相接——微落山又称晖落矶。大江南岸江边叫黄金濑，濑东有黄金浦、良父口，都是夏季出现的水湾。又往东流经彭城口，水东有彭城矶，所以水也因矶而得名。这条水就是玉涧水，发源于巴丘县东边玉山的玉溪，北流注入江水。江水从彭城矶往东流，经过如山北边。如山北对隐矶，两矶之间有一整块巨石，孤零零地屹立在大江中。如山东边是个水湾，世人称之为白马口。

　　江水又左迳白螺山南^①，右历鸭兰矶北^②，江中山也。东得鸭兰、治浦二口^③，夏浦也。江水左迳上乌林南^④，村居地名也。又东迳乌黎口^⑤，江浦也，即中乌林矣。又东迳下乌林南。吴黄盖败魏武于乌林^⑥，即是处也。

【注释】

①白螺山：在今湖北监利东南长江北岸。

②鸭兰矶：《水经注疏》熊会贞按："在今临湘县（今湖南临湘市）东北十五里。"

③鸭兰、治浦二口：《水经注疏》熊会贞按："俱在今临湘县东北。"

④上乌林：《水经注疏》熊会贞按："今沔阳州（今湖北仙桃西南）东南二百余里，有乌林矶。此上、中、下三乌林，俱在州境。"乌林，即今湖北洪湖东北长江北岸邬林矶。

⑤乌黎口：《水经注疏》熊会贞按："乌林、乌黎音近，盖乡俗变名也。"

⑥黄盖：字公覆。零陵泉陵（今湖南零陵）人。三国吴名将。初为郡吏，后从孙坚起兵，为孙氏宿将，曾多次进攻山越。赤壁之战，建议火攻，并领满载薪草、灌有膏油的船只数十艘诈降，乘机纵火，大破曹操军。魏武：即曹操。

【译文】

江水左岸又流经白螺山南边，右岸流过鸭兰矶北边，这是一座江中的山。往东有鸭兰、治浦两个水口，都是夏季出现的水湾。江水左边流经上乌林南边，上乌林是个村落名。又往东流经乌黎口，是个水湾，即中乌林。又往东流经下乌林南边。吴将黄盖在乌林打败魏武帝，就是这地方。

江水又东，左得子练口①。北通练浦②。又东合练口，江浦也。南直练洲③，练名所以生也。江之右岸得蒲矶口④，即陆口也。水出下隽县西三山溪⑤，其水东迳陆城北⑥，又东迳下隽县南，故长沙旧县⑦，王莽之闰隽也。宋元嘉十六年⑧，割隶巴陵郡⑨。陆水又屈而西北流，迳其县北，北对金城⑩，吴将陆涣所屯也⑪。陆水又入蒲圻县北⑫，迳吕蒙城西⑬，昔孙权征长沙、零、桂所镇也⑭。陆水又迳蒲矶山⑮。北入大江，谓之刀环口。

【注释】

①子练口：《水经注疏》熊会贞按："称子练口以别于下练口，犹大城中小城号子城也。在今沔阳州（今湖北仙桃西南）东南。"

②练浦：《水经注疏》熊会贞按："准其地望，练浦在今沔阳州东南。"

③练洲：《水经注疏》熊会贞按："在今沔阳州东南，嘉鱼县（今湖北嘉鱼）西南。"

④蒲矶口：又作蒲圻口、陆口、陆溪口、刀环口。在今湖北嘉鱼西南四十八里陆溪镇。东汉末及三国时为军事要地。

⑤下隽县：西汉置，属长沙国。治所在今湖北通城西北。因隽水得名。东汉属长沙郡。

⑥陆城：即今湖南岳阳东北陆城镇。

⑦长沙：即长沙郡。战国秦置。治所在临湘县（今湖南长沙）。西汉高帝五年（前202）改为长沙国。东汉复为郡。

⑧元嘉十六年:439年。元嘉,南朝宋文帝刘义隆的年号(424—453)。

⑨巴陵郡:南朝宋元嘉十六年(439)分长沙郡置,属湘州(后属郢州)。治所在巴陵县(今湖南岳阳)。梁为巴州治。

⑩金城:《水经注疏》杨守敬按:"此城当在今通城县(今湖北通城)西北。"

⑪吴将陆涣:《水经注疏》杨守敬按:"陆涣,《吴志》无传,下文云翼际山上有吴江夏太守陆涣所治城。则涣乃郡守也。"

⑫陆水:即今湖北东部隽水、陆水,为长江支流。源于通城南幕阜山,北流经崇阳、赤壁至陆溪口西入长江。蒲圻(qí)县:三国吴黄武二年(223)析沙羡县置,属长沙郡。治所在兢江口(今湖北赤壁市东北西梁湖畔衙门咀遗址)。

⑬吕蒙城:在今湖北赤壁市西北、嘉鱼西南的陆溪镇附近。吕蒙,字子明。汝南富陂(今安徽阜阳)人。孙权的得力武将。

⑭零:即零陵郡。西汉元鼎六年(前111),分桂阳郡置。治所在零陵县(今广西全州西南)。东汉移治泉陵县(今湖南永州北二里)。桂:即桂阳郡。汉高帝置。治所在郴县(今湖南郴州)。

⑮蒲矶山:一名蒲圻山。即今湖北赤壁市西北赤壁山。

【译文】

江水又往东流,左岸有子练口。北与练浦相通。又往东流汇合于练口,练口是个水湾。练口南面正对练洲,练口一名就是由此而来的。江水右岸有蒲矶口,就是陆口。此口的水发源于下隽县西面的三山溪,溪水往东流经陆城北边,又东经下隽县南边,这是旧时长沙郡的旧县,就是王莽的闰隽。宋元嘉十六年,把该县划归巴陵郡管辖。陆水又折向西北流,经过下隽县北边,县城与北岸的金城相望,这是吴将陆涣屯过兵的地方。陆水又流入蒲圻县北边,经过吕蒙城西边,从前孙权出征长沙郡、零陵郡、桂阳郡等地,曾镇守在这里。陆水又流经蒲矶山,北流注入大江,汇流处叫刀环口。

又东迳蒲矶山北,北对蒲圻洲^①,亦曰擎洲,又曰南洲。洲头,即蒲圻县治也,晋太康元年置^②。洲上有白面洲^③,洲南又有灊口^④。水出豫章艾县^⑤,东入蒲圻县,至沙阳西北鱼岳山入江^⑥。山在大江中扬子洲南^⑦,孤峙中洲。江水左得中阳水口^⑧,又东得白沙口^⑨,一名沙屯,即麻屯口也,本名蔑默口,江浦矣。南直蒲圻洲,水北入百余里,吴所屯也。

【注释】

①蒲圻洲:亦曰擎洲、南洲。《水经注疏》杨守敬按:"洲在今嘉鱼县(今湖北嘉鱼)西南。"

②太康元年:280 年。太康,西晋武帝司马炎的年号(280—289)。

③白面洲:在今湖北嘉鱼西南。

④灊口:《水经注疏》杨守敬按:"在今嘉鱼县西。"

⑤豫章:即豫章郡。西汉高帝六年(前 201)分九江郡置。治所在南昌县(今江西南昌东)。艾县:春秋吴艾邑。西汉置县,属豫章郡。治所在今江西修水县西司渣津镇东南龙岗坪。

⑥沙阳:即沙阳县。西晋太康元年(280)置,属武昌郡。治所在今湖北嘉鱼东北。鱼岳山:在今湖北嘉鱼中部。

⑦扬子洲:在今湖北嘉鱼西长江鱼岳山北。

⑧中阳水口:当在今湖北嘉鱼西南。

⑨白沙口:一名沙屯,即麻屯口。在今湖北嘉鱼南。

【译文】

江水又往东流经蒲矶山北边,此山北对蒲圻洲,一名擎洲,又称南洲。洲头就是蒲圻县的治所,是晋太康元年所置。洲的上游有白面洲,洲南有灊口。灊口的水发源于豫章艾县,往东流入蒲圻县境,到沙阳西北鱼岳山注入大江。鱼岳山在大江中扬子洲的南面,孤峰屹立于洲上。

江水左岸有中阳水口,又东有白沙口,又名沙屯,就是麻屯口,原名蔑默口,这里是个江湾。白沙口南面正对蒲圻洲,水口有水北流百余里,是吴屯过兵的地方。

　　又迳鱼岳山北,下得金梁洲①。洲东北对渊洲②,一名渊步洲。江渍从洲头以上③,悉壁立无岸,历蒲圻至白沙方有浦④,上甚难。江中有沙阳洲⑤,沙阳县治也。县,本江夏之沙羡矣⑥,晋太康中改曰沙阳县,宋元嘉十六年⑦,割隶巴陵郡。江之右岸有雍口,亦谓之港口。东北流为长洋港。

【注释】

①金梁洲:在今湖北嘉鱼西北。

②渊洲:一名渊步洲。《水经注疏》熊会贞按:"洲在今嘉鱼县(今湖北嘉鱼)西北。"

③江渍(fén):水边,崖岸。

④白沙:即上文的白沙口。在今湖北嘉鱼南。浦(pǔ):与河流连通的水湾或小的湖泊,或是河流中的港汊或水湾。

⑤沙阳洲:当在今湖北武汉江夏区。

⑥江夏:即江夏郡。西汉高帝六年(前201)置。治所在西陵县(今湖北武汉新洲区西二里)。沙羡:即沙羡县。西汉置,属江夏郡。治所在今湖北武汉江夏区西金口镇。

⑦元嘉十六年:439年。元嘉,南朝宋文帝刘义隆的年号(424—453)。

【译文】

　　又流经鱼岳山北,下游有金梁洲。金梁洲东北与渊洲相望,渊洲又名渊步洲。江边从洲头开始,一直向上游延伸过去,全是峭壁,没有低岸;过了蒲圻到白沙以后才有河湾,但由此向上逆水航行很困难。江中有沙阳洲,是沙阳县治所在地。沙阳县本来是江夏郡的沙羡县,晋太康年间,改名沙阳县,宋元嘉十六年被划归巴陵郡。江水右岸有雍口,也叫港口。江水往东北流,就是长洋港。

  又东北迳石子冈①,冈上有故城,即州陵县之故城也②。庄辛所言③,左州侯国矣④。又东迳州陵新治南⑤,王莽之江夏也。港水东南流注于江⑥,谓之洋口。南对龙穴洲⑦,沙阳洲之下尾也。洲里有驾部口⑧,宋景平二年⑨,迎文帝于江陵⑩,法驾顿此⑪,因以为名。文帝车驾发江陵,至此,黑龙跃出,负帝所乘舟,左右失色。上谓长史王昙首曰⑫:乃夏禹所以受天命矣⑬,我何德以堪之?故有龙穴之名焉。

【注释】

①石子冈:当在今湖北洪湖市东北。

②州陵县故城:州陵县(西汉置,属南郡)治所。在今湖北洪湖市东北。

③庄辛:战国时楚大夫,事楚襄王。封阳陵君。

④州:本为州国,春秋时楚灭之为邑。在今湖北洪湖市东北。

⑤州陵新治:《水经注疏》杨守敬按:"新治在故城之东,未详何时徙。"

⑥港水:《水经注疏》杨守敬按:"水在今沔阳州(今湖北仙桃西南)东南。"

⑦龙穴洲:《水经注疏》杨守敬按:"洲在今嘉鱼县(今湖北嘉鱼)北。"

⑧驾部口:在今湖北嘉鱼东北。

⑨景平二年:424年。景平,南朝宋少帝刘义符的年号(423—424)。

⑩文帝:即南朝宋文帝刘义隆。武帝刘裕第三子。

⑪法驾:皇帝的车驾。

⑫长史：官名。官府、军府属吏之长。王昙首：南朝宋琅邪临沂（今
　　山东临沂）人。王弘少弟。后入刘义隆府，为功曹、长史，刘裕目
　　为"宰相才"。

⑬夏禹所以受天命：据《吕氏春秋·知分》载，昔禹南济江，黄龙夹
　　舟，舟人五色无主，禹笑曰：吾受命于天，竭力养民，生，性也；死，
　　命也。

【译文】

　　又往东北流经石子冈，冈上有个旧城，即州陵县的旧城。庄辛所说
的左有州侯国，就是这地方。又往东流经州陵县新治所南边，就是王莽
的江夏。港水往东南流，注入江水，汇流处称为洋口。洋口南对龙穴洲，
是沙阳洲的下端。洲里有驾部口，宋景平二年，在江陵迎接文帝，车驾曾
在这里歇宿，因此得名。文帝车驾从江陵出发，到了这里，腾跃出一条黑
龙，把文帝所乘的船背负起来，旁边的侍臣都吓坏了。文帝对长史王昙
首说：夏禹就是这样受命于天的，我有什么恩德担当得起呢？因此有龙
穴的地名。

　　江水又东，右得聂口①，江浦也。左对聂洲②。江水左
迳百人山南③，右迳赤壁山北④，昔周瑜与黄盖诈魏武大军
处所也⑤。江水东迳大军山南⑥，山东有山屯，夏浦，江水
左迤也。江中有石浮出，谓之节度石⑦。右则漳水注之⑧。
水出江州武昌郡武昌县金山⑨，西北流迳汝南侨郡故城南⑩。
咸和中⑪，寇难南逼，户口南渡⑫，因置斯郡，治于漳口⑬。漳
水历县西又西北流，注于江。

【注释】

①聂口：《水经注疏》杨守敬按："口在今嘉鱼县（今湖北嘉鱼）东北。"

②聂洲:《水经注疏》杨守敬按:"洲在今嘉鱼县东北。"

③百人山:即今湖北武汉汉南区长江北岸纱帽山。

④赤壁山:位于湖北蒲圻西北三十六公里的长江南岸,古名石头关。即历史上著名的以少胜多战役"赤壁之战"的古战场。

⑤周瑜:字公瑾。庐江舒县(今安徽舒城)人。三国吴名将。少与孙策为友。后归策,为建威中郎将,助策在江东创立孙氏政权。策死,与张昭同辅孙权,任前部大都督。建安十三年(208),率吴军大破曹兵于赤壁。黄盖:字公覆。零陵泉陵(今湖南零陵)人。三国吴名将。初从孙坚起兵,为孙氏宿将,曾多次进攻山越。赤壁之战,建议火攻,并亲行诈降计,乘机纵火,大破曹军。

⑥大军山:在今湖北武汉蔡甸区东南军山镇。

⑦节度石:在今湖北鄂州东。

⑧涂水:即今湖北咸宁淦河及武汉之金水。

⑨武昌郡:三国魏黄初二年(221)孙权置。治所在武昌县(今湖北鄂州)。不久改为江夏郡。西晋太康初又改为武昌郡。武昌县:三国魏黄初二年(221)吴孙权置,属荆州。治所在今湖北鄂州。东晋属江洲。

⑩汝南侨郡故城:《水经注疏》杨守敬按:"《寰宇记》引《荆湘记》,金水北岸有汝南旧城,在今江夏县(治今湖北武汉武昌城区)西南六十里。"

⑪咸和:晋成帝司马衍的年号(326—334)。

⑫户口:百姓。

⑬涂口:今称金口。在今湖北武汉江夏区西金口镇。

【译文】

江水继续往东流,右岸有聂口,这里是个江湾。聂口左对聂洲。江水左边流经百人山南边,右边流经赤壁山北边,这就是从前周瑜和黄盖诈降蒙骗魏武帝大军的地方。江水往东流经大军山南,山的东面有屯垦区，有个在夏季才有的水湾，是江水左泄形成的。江中有一块岸石露出水面，叫节度石。右岸有塗水注入。塗水发源于江州武昌郡武昌县的金山，往西北流经汝南侨郡旧城南边。咸和年间，敌寇向南进逼，家家户户渡江南下避难，因此设置这个侨郡，治所在塗口。塗水经县西又向西北流，注入江水。

江水又东迳小军山南①，临侧江津，东有小军浦②。

【注释】

①小军山：在今湖北武汉蔡甸区东南军山镇北。

②小军浦：《水经注疏》杨守敬按："浦在今汉阳县（今湖北武汉蔡甸区）西南。"

【译文】

江水又往东流经小军山南边，近旁有个渡口，东边有小军浦。

江水又东迳鸡翅山北①，山东即土城浦也②。

【注释】

①鸡翅山：《水经注疏》杨守敬按："在今（江夏）县（今湖北武汉武昌城区）南九十五里。"

②土城浦：《水经注疏》杨守敬按："浦在今汉阳县（今湖北武汉蔡甸区）西南。"

【译文】

江水又往东流经鸡翅山北边，山的东边就是土城浦。

又东北至江夏沙羡县西北①，沔水从北来注之②。

沌水上承沌阳县之太白湖③,东南流为沌水。迳沌阳县南,注于江,谓之沌口④,有沌阳都尉治⑤。晋永嘉六年⑥,王敦以陶侃为荆州⑦,镇此,明年徙林鄣⑧。

【注释】

①江夏:即江夏郡。西汉高帝六年(前201)置。治所在西陵县(今湖北武汉新洲区西二里)。沙羡县:西汉置,属江夏郡。治所在今湖北武汉江夏区西金口镇。

②沔水:即今汉水。据《水经注》,北源出自今陕西留坝县西,一名沮水者为沔水;西源出自今陕西宁强北者为汉水。两水合流后通称沔水或汉水。又沔水入江后,今湖北武汉以下的长江,古代亦通称沔水,因此《水经》叙沔水下游直至入海。

③沌(zhuàn)水:自今湖北武汉蔡甸区西,分汉水,西南流入太白湖,又自湖东南流,至今沌口镇入长江。沌阳县:西晋末置,为江夏郡治。治所在今湖北武汉蔡甸区东临嶂山下。太白湖:在今湖北武汉蔡甸区西南汉江分洪区一带。

④沌口:在今湖北武汉蔡甸区东南沌口镇。

⑤都尉:官名。汉景帝时改秦郡尉为都尉,辅佐郡守并掌全郡的军事。

⑥永嘉六年:312年。永嘉,西晋怀帝司马炽的年号(307—312)。

⑦王敦:字处仲。东晋琅琊临沂(今山东临沂)人。王导从父兄。历任要职。陶侃:字士行。本鄱阳(今江西鄱阳)人,吴亡后,徙家庐江之寻阳(今江西九江)。勤于吏职,恭而近礼。

⑧林鄣:即林鄣城。在今湖北武汉汉阳区东北汉江南岸。

【译文】

江水又往东北流到江夏郡沙羡县西北,沔水从北方流来注入。

沌水上游承接沌阳县的太白湖,往东南流就是沌水。沌水流经沌阳县南边，注入江水，汇流处叫沌口，沌阳都尉治所就在这里。晋永嘉六年，王敦因陶侃任荆州刺史镇守在这里，次年就迁往林鄣。

江水又东迳叹父山[①]，南对叹州，亦曰叹步矣。江之右岸当鹦鹉洲南[②]，有江水右迤，谓之驿渚。三月之末，水下通樊口水。

【注释】

①叹父山：《水经注疏》熊会贞按："《舆地纪胜》，叹父山在汉阳县(今湖北武汉蔡甸区)。在今县西南。叹州同。"

②鹦鹉洲：在今湖北武汉武昌区黄鹄矶西长江中。

【译文】

江水又往东流经叹父山，此山南对叹州，又称叹步。江水右岸正对鹦鹉洲南端，有江水向右侧泄流而出，形成水湾称为驿渚。到了三月底，春水升涨，下与樊口水相通。

江水又东迳鲁山南[①]，古翼际山也。《地说》曰[②]：汉与江合于衡北翼际山旁者也。山上有吴江夏太守陆涣所治城[③]，盖取二水之名。《地理志》曰：夏水过郡入江，故曰江夏也。旧治安陆[④]。汉高帝六年置[⑤]，吴乃徙此城。中有晋征南将军荆州刺史胡奋碑[⑥]，又有平南将军王世将刻石[⑦]，记征杜曾事[⑧]，有刘琦墓及庙也[⑨]。山左即沔水口矣[⑩]。沔左有郤月城[⑪]，亦曰偃月垒，戴监军筑[⑫]，故曲陵县也[⑬]，后乃沙羡县治。昔魏将黄祖所守[⑭]，遣董袭、凌统攻而擒之[⑮]。祢衡亦遇害于此[⑯]。衡恃才倜傥，肆狂狷于无妄之世[⑰]，保身不足，遇非其死，可谓咎悔之深矣[⑱]！

【注释】

①鲁山：一名翼际山。即今湖北武汉汉阳区龟山。

②《地说》：书名。具体不详。

③吴江夏太守陆涣：《水经注疏》杨守敬按："陆涣，《吴志》无传，下文云翼际山上有吴江夏太守陆涣所治城。则涣乃郡守也。"

④安陆：即安陆县。战国秦置，属南郡。治所在今湖北安陆西北五十三里。西汉属江夏郡。

⑤汉高帝六年：前201年。

⑥征南将军：官名。汉魏以来所设置的四征将军之一。胡奋：字玄威。西晋安定临泾（今甘肃镇原南）人。开朗有筹略，好武事。

⑦平南将军：官名。魏晋时多与平西、平东、平北将军合称四平将军，权任颇重，多兼领镇守地区的刺史，统管军政事务。王世将：即王廙（yì），字世将。琅邪临沂（今山东临沂）人。东晋丞相王导从弟。

⑧杜曾：新野（今河南新野）人。少骁勇绝人，始为镇南参军，迁南蛮校尉，勇冠三军。永嘉之乱时，胡亢聚众自称楚公，假杜曾竟陵太守。后他斩胡亢而并其众，自号南中郎将，领竟陵太守。后为梁州刺史周访所破，被杀。

⑨刘琦墓及庙：《水经注疏》杨守敬按："《后汉书·刘表传》，二子：琦、琮。表为琮娶后妻蔡氏之侄，蔡氏爱琮恶琦，琦不自宁。会表将江夏太守黄祖为孙权所杀，琦遂求代其任。后刘备表琦为荆州刺史，寻卒。《舆地纪胜》，汉阳军载刘琦墓在今汉阳县（今湖北武汉蔡甸区）东北。"

⑩沔水口：又称夏口。为夏水（汉水）入长江之口。

⑪郤（xì）月城：在今湖北武汉汉口区西南。

⑫戴监军：《水经注疏》杨守敬按："《晋书·戴邈传》：元帝时出为征南军司，未知即此戴监军否？"

⑬曲陵县：西晋太康元年（280）改石阳县置，属江夏郡。治所在今

湖北汉川西北。

⑭黄祖:东汉末人。为江夏太守。袁术使孙坚攻荆州,黄祖奉刘表
之命,战于樊、邓(俱在今湖北襄阳)间,军士射杀孙坚。后所部
为孙权将吕蒙、凌统等击溃于沔口(今湖北武汉),被杀。

⑮董袭:字元代。会稽馀姚(今浙江余姚)人。三国时吴将。凌统:
字公绩。吴郡馀杭(今浙江余杭)人。三国时吴将。凌操之子。
作战勇猛。

⑯祢(mí)衡:字正平。平原般(今山东临邑)人。少有才辩,性格刚
毅傲慢,好侮慢权贵。因拒绝曹操召见,曹操怀忿,罚作鼓吏,祢
衡则当众裸身击鼓,反辱曹操。曹操怒,欲借刘表手杀之,刘表又
转送之与黄祖,因冒犯黄祖而被杀。

⑰狂狷:狂妄褊急。无妄之世:邪行灾祸之世道。

⑱咎悔:灾难,灾祸。

【译文】

江水又往东流经鲁山南边,就是古时的翼际山。《地说》说:汉水和
江水在衡北翼际山旁汇合。山上有吴时江夏太守陆涣所筑的城,江夏就
是以这两条水取名的。《地理志》说:夏水经过郡城注入江水,所以叫江
夏。旧治所在安陆。置于汉高帝六年,吴时才把治所迁到这里来。城内
有晋征南将军荆州刺史胡奋碑,又有平南将军王世将所刻的石碑,记载
征讨杜曾的事迹,还有刘琦的坟墓和祠庙。山的左边就是沔水口。沔水
左岸有郤月城,又称偃月垒,戴监军所筑,旧时是曲陵县城,以后才成为
沙羡县治所。从前魏将黄祖驻守在这里,吴派遣董袭、凌统去攻城,俘获
了黄祖。祢衡也是在这里被杀的。祢衡恃才倨傲,洒脱不羁,在这容易
灾祸邪行的世上,对言行不自检点,恣意以偏激为快,因而不能保全自
身,终于惨遭杀身之祸,可以说太不幸了!

江之右岸有船官浦①,历黄鹄矶西而南矣②,直鹦鹉洲

之下尾③。江水溠洄洑浦④,是曰黄军浦⑤。昔吴将黄盖军师所屯⑥,故浦得其名,亦商舟之所会矣。船官浦东即黄鹄山⑦,林涧甚美,谯郡戴仲若野服居之⑧。山下谓之黄鹄岸⑨,岸下有湾,目之为黄鹄湾⑩。黄鹄山东北对夏口城⑪,魏黄初二年⑫,孙权所筑也。依山傍江,开势明远,凭墉藉阻⑬,高观枕流⑭。上则游目流川,下则激浪崎岖。寔舟人之所艰也⑮。对岸则入沔津,故城以夏口为名⑯,亦沙羡县治也。江水左得湖口⑰,水通太白湖⑱。又东合滠口⑲。水上承涓水于安陆县⑳,而东迳滠阳县北㉑,东流注于江。

【注释】

①船官浦:在今湖北武汉武昌区西。

②黄鹄矶:亦名黄鹤矶。在今湖北武汉武昌区蛇山。

③鹦鹉洲:在今湖北武汉武昌区黄鹄矶西长江中。

④溠洄(zhà huí):弯曲回绕。洑(fú):打漩涡。

⑤黄军浦:在今湖北武汉武昌区西南,因三国东吴老将黄盖的军队曾驻扎于此而得名。

⑥黄盖:字公覆。零陵泉陵(今湖南零陵)人。三国吴名将。

⑦黄鹄山:一名黄鹤山。即今湖北武汉武昌区蛇山。

⑧戴仲若:即戴颙(yóng),字仲若。谯郡铚县(zhì,今安徽宿州)人。精通音律。栖止黄鹤山。野服:穿上村夫野老的衣服。

⑨黄鹄岸:在今湖北武汉武昌区。

⑩目:称作。黄鹄湾:在今湖北武汉武昌区。

⑪夏口城:在今湖北武汉武昌区蛇山。

⑫黄初二年:221年。黄初,三国魏文帝曹丕的年号(220—226)。

⑬凭墉:依傍着城墙。墉,城墙,城垣。藉阻:依恃险要。

⑭高观（guàn）：高耸的楼台。枕：靠近，毗邻。

⑮寔（shí）：通"实"。实在，的确。

⑯故城以夏口为名：因沔水又称夏水。

⑰湖口：《水经注疏》熊会贞按："口在今夏口厅（今湖北武汉汉口区）东。"

⑱太白湖：《水经注疏》熊会贞按："湖当在今夏口厅东北。"

⑲滠（shè）口：即滠水入长江之口。在今湖北武汉黄陂区南。

⑳涢（yún）水：汉水支流。源出湖北随州西南大洪山，北流折而东南流，经随州南，安陆、云梦之东，至武汉西新沟入汉江。安陆县：战国秦置，属南郡。治所在今湖北安陆西北五十三里。西汉属江夏郡。西晋为江夏郡治。东晋末徙治今湖北安陆。南朝宋为安陆郡治。

㉑滠（shè）阳县：西晋永安元年（304）置，属江夏郡。治所在今湖北武汉黄陂区西南。

【译文】

　　江水右岸有船官浦，在黄鹄矶西面，江的南岸，正对鹦鹉洲下端。江水弯进一条港汊形成江湾，就是黄军浦。从前吴将黄盖曾在这里屯过兵，因而得名，这也是商船集中的地方。船官浦东就是黄鹄山，山林溪涧十分优美，谯郡戴仲若身穿山野村夫的衣服住在这里。山下叫黄鹄岸，岸下有湾，名为黄鹄湾。黄鹄山东北与夏口城相望，夏口城是魏黄初二年孙权所筑。倚山临江，凭险建城，视野开阔，高高的城楼俯临江流。城楼上可以眺望奔流的大江，城楼下是激浪汹涌的险流。船夫在这里航行实在非常艰苦。对岸可通沔水，所以城以夏口为名，也是沙羡县的治所。江水左岸有湖口，水通太白湖。又往东流，汇合于滠口。滠水上游在安陆县承接涢水，往东流经滠阳县北边，东流注入江水。

　　江水又东，湖水自北南注，谓之嘉吴江①。右岸频得二夏浦②,北对东城洲西③,浦侧有雍伏戍④。江之右岸,东会龙骧水口⑤。水出北山蛮中,江之左有武口⑥,水上通安陆之延头⑦。宋元嘉二年⑧,卫将军荆州刺史谢晦阻兵上流⑨,为征北檀道济所败⑩,走奔于此⑪,为戍主光顺之所执处也⑫。南至武城⑬,俱入大江。南直武洲⑭,洲南对杨桂水口⑮,江水南出也,通金女、大文、桃班三治⑯。吴旧屯所在,荆州界尽此⑰。

【注释】

①嘉吴:"加湖"的音讹。在今湖北武汉黄陂区东南。

②二夏浦:《水经注疏》熊会贞按:"二浦在今江夏县(今湖北武汉武昌城区)东北。"

③东城洲:《水经注疏》熊会贞按:"洲在今江夏县东北。"

④雍伏戍:具体不详。

⑤龙骧水口:在今湖北武汉黄陂区西南。

⑥武口:又名沙芜口、沙武口。在今湖北武汉黄陂区东南五十里长江北岸沙口村。

⑦延头:亦名延头戍。在今湖北大悟东南。

⑧元嘉二年:425年。元嘉,南朝宋皇帝刘义隆的年号(424—453)。

⑨卫将军:官名。掌宿卫。谢晦:字宣明。南朝宋陈郡阳夏(今河南太康)人。博学通史。初事宋武帝刘裕。少帝刘义符即位,加中书令,与徐羡之、傅亮共同辅政。文帝刘义隆立,诛羡之,讨晦。晦发兵反,军败被诛。

⑩檀道济:高平金乡(今山东金乡北)人。南朝宋名将。高祖创义,道济从入京城,参高祖建武军事。文帝即位,进封武陵郡公。讨谢晦,事平,拜征南大将军、江州刺史。后彭城王义康召入朝,收

　　而诛之。

⑪走奔:逃亡,逃跑。

⑫戍主:或称戍将,地方军队武官。光顺之:谢晦之故吏。执:逮捕,
　　捉拿。

⑬武城:一名武口城。在今湖北武汉黄陂区东南长江北岸沙口村。

⑭直:正对着。武洲:《水经注疏》熊会贞按:"洲在今黄陂县(今湖
　　北武汉黄陂区)东南,已没。"

⑮杨桂水口:《水经注疏》杨守敬按:"在今江夏县东北。"

⑯三治:当为"三冶"之讹。冶,指冶炼金属的官署之处。陈桥驿按,
　　金女、大文、桃班三治,历来为人们所费解。清李兆洛《历代地理
　　志汇编今释》卷首李鸿章《序》云:"金女、大文、桃班、阳口、历口
　　之类,皆不见于诸志……亦不能无疑也。"李鸿章当然博学,但对
　　这些称"治"的地名(因为既称"治",当然是大地名),却也有疑而
　　无解。杨、熊《水经注疏》改"治"为"冶",杨守敬按:"《隋志》,江
　　夏县有铁。《寰宇记》,冶唐山在江夏县东南二十六里。旧《记》云:
　　晋、宋时依山置冶,故名。疑即《注》所指之冶。"今从之。

⑰荆州:西汉武帝置,为十三刺史部之一。

【译文】

　　江水继续东流,湖水从北面向南流注,称为加湖。右岸接连有两个
夏季才出现的水湾,北面正对着东城洲西侧,水湾旁有雍伏戍。江水右
岸,东汇合于龙骧水口。龙骧水发源于北山蛮中,左岸有武口,水的上游
通安陆的延头。宋元嘉二年,卫将军荆州刺史谢晦拥兵于上游,被征北
大将军檀道济打败,逃到这里,被戍主光顺之抓住。两水往南流到武城,
都注入大江。武城南对武洲,武洲南对杨桂水口,江水从这里向南流出,
与金女、大文、桃班三处冶金官署相通。这是从前吴军的屯垦区,荆州的
疆域就到此为止了。

江水东迳若城南①。庾仲雍《江水记》曰②：若城至武城口三十里者也。南对郭口③，夏浦，而不常泛矣④。东得苦菜夏浦⑤，浦东有苦菜山⑥。江迳其北，故浦有苦菜之名焉。山上有苦菜⑦，可食。江水左得广武口⑧，江浦也。江之右岸有李姥浦⑨，浦中偏无蚊蚋之患矣。北对峥嵘洲⑩，冠军将军刘毅破桓玄于此洲⑪，玄乃挟天子西走江陵矣。

【注释】

①若城：《水经注疏》熊会贞按："城在今黄冈县（今湖北黄冈黄州区）西北。"

②庾仲雍：晋人。撰有《湘州记》《江水记》《汉水记》。

③郭口：《水经注疏》杨守敬按："口在今江夏县（今湖北武汉武昌城区）东北。"

④泛：漫溢，涨溢。

⑤苦菜夏浦：《水经注疏》杨守敬按："浦在今江夏县东北。"

⑥苦菜山：当在今湖北武汉武昌城区东北。

⑦苦菜：学名叫荼，俗名叫白花菜，又叫苦荬菜。味苦，嫩叶可食。

⑧广武口：《水经注疏》杨守敬按："浦在今黄冈县西北。"

⑨李姥浦：《水经注疏》杨守敬按："浦在今江夏县东北。"

⑩峥嵘洲：在今湖北黄冈黄州区西北长江中。

⑪冠军将军：官名。杂号将军之一。秦末宋义曾为卿子冠军，统诸军，冠军之名自此始。东汉献帝时，杨秋始为冠军将军。以后魏晋南北朝均置。刘毅：字希乐。东晋彭城沛（今江苏沛县）人。桓玄：字敬道，一名灵宝。大司马桓温之子。

【译文】

江水往东流经若城南边。庾仲雍《江水记》说：若城到武城口三十里。若城南对郭口，郭口是个夏季水湾，江水在此不是经常泛溢。往东流到苦菜夏浦，东边有苦菜山。江水从北面流过，所以该水湾有苦菜之名。山上有苦菜，味苦，可以吃。江水左岸有广武口，是个江湾。江水右岸有李姥浦，这里没有蚊子为患。李姥浦北对峥嵘洲，冠军将军刘毅就在洲上大败桓玄，于是桓玄就胁持皇帝向西逃到江陵去。

又东过邾县南①，

江水东迳白虎矶北②，山临侧江渍③。又东会赤溪④，夏浦浦口，江水右迤也。又东迳贝矶北⑤，庾仲雍谓之沛岸矣⑥。江右岸有秋口⑦，江浦也。又东得乌石水，出乌石山⑧，南流注于江。江水右得黎矶⑨，矶北亦曰黎岸也。山东有夏浦。又东迳上碛北⑩，山名也。仲雍谓之大、小竹碛也⑪。北岸烽火洲⑫，即举洲也，北对举口⑬。仲雍作莒字，得其音而忘其字，非也。举水出龟头山⑭，西北流迳蒙茏戍南⑮，梁定州治⑯，蛮田秀超为刺史⑰。

【注释】

①邾（zhū）县：秦置，为衡山郡治。治所在今湖北黄冈黄州区禹王城。

②白虎矶：一名白浒山、白浒矶。在今湖北鄂州西北长江南岸。

③江渍：长江岸。

④赤溪：《水经注疏》熊会贞按："浦在今武昌县（今湖北鄂州）西北。"

⑤贝矶：在今湖北鄂城西北长江南岸。

⑥庾仲雍谓之沛岸：《水经注疏》熊会贞按："贝、沛音近……字随音变。矶又称岸，犹下黎矶亦曰黎岸也。"

⑦秋口：《水经注疏》熊会贞按："在今黄冈县（今湖北黄冈黄州区）西北。"

⑧乌石水、乌石山：《水经注疏》熊会贞按："此山此水在今（黄冈）县西北。"

⑨黎矶：亦曰黎岸。《水经注疏》熊会贞按："在今武昌县西北。"

⑩上碛（qì）：当为"七碛"之讹。

⑪大、小竹碛：《水经注疏》熊会贞按："仲雍称大、小竹碛，足征碛非一，亦本名七碛之证。"

⑫烽火洲：即举洲。《水经注疏》杨守敬按："俗名鸭蛋洲，在今黄冈县西北团风镇南江中。"

⑬举口：《水经注疏》杨守敬按："在今黄冈县西北五十五里。"

⑭举水：即今湖北麻城东、武汉新洲区西境之举水。龟头山：又名龟峰山。在今湖北麻城东六十里。

⑮蒙笼戍：《水经注疏》杨守敬按："此戍在今麻城县（今湖北麻城）东北。"

⑯定州：南朝梁置。治所在今蒙龙城（今湖北麻城东北）。

⑰田秀超：应作田超秀。蛮族。梁武帝萧衍以为定州刺史。刺史：官名。时为一州的行政长官。

【译文】

江水又往东流过邾县南边，

江水往东流经白虎矶北边，这座山就靠着江边。又往东流，与赤溪汇合，这是一个夏季水湾的湾口，江水由此口向右侧泄流。又往东流经贝矶北边，就是庾仲雍所谓的沛岸。江水右岸有秋口，这是一个江湾。又往东流，汇合了乌石水，乌石水发源于乌石山，南流注入江水。江水右岸流经黎矶，矶北也叫黎岸。山的东边有个夏季水湾。又往东流经七碛北边，七碛是山名，庾仲雍称为大竹碛和小竹碛。北岸是烽火洲，就是举洲，北与举口相望。庾仲雍把举字写作莒字，读音虽听准了，但却把字忘了，其实不对。举水发源于龟头山，往西北流经蒙笼戍南，是梁定州的治所，蛮族人田超秀当刺史。

举水又西流，左合垂山之水①。水北出垂山之阳②，与弋阳澴水同发一山③，故是水合之。水之东有南口戍④，又南迳方山戍西⑤，西流注于举水。又西南迳梁司、豫二州东⑥，蛮田鲁生为刺史⑦。治湖陂城⑧，亦谓之水城也。举水又西南迳颜城南⑨。又西南迳齐安郡西⑩，倒水注之⑪。水出黄武山⑫，南流迳白沙戍西⑬，又东南迳梁达城戍西⑭，东南合举水。举水又东南历赤亭下⑮，谓之赤亭水。又分为二水，南流注于江，谓之举口，南对举洲。《春秋左传·定公四年》⑯，吴、楚陈于柏举⑰。京相璠曰⑱：汉东地矣。江夏有洰水，或作举，疑即此也。左水东南流入于江，江浒曰文方口⑲。江之右岸有凤鸣口⑳，江浦也，浦侧有凤鸣戍。

【注释】

①垂山之水：即垂山水。今湖北麻城北之白塔河，为举水正源。

②垂山：在今河南新县东南。为古澴水（今白露河）及垂山水发源处。

③弋阳：即弋阳县。西汉置，属汝南郡。治所在今河南潢川西北十二里隆古乡。三国魏为弋阳郡治。澴水：一作淠水。俗名白鹭水。即今白露河。源出今河南新县东南小界岭，北流经光山、潢川，至淮滨东南入淮河。

④南口戍：在今湖北麻城北。

⑤方山戍：在今湖北麻城东北。

⑥司：即司州。南朝梁天监三年（504）置。治所在南义阳郡（今湖北孝感北）。豫州：此指北豫州。南朝梁天监十三年（514）置。治所在湖陂城（今湖北麻城西南）。后废。

⑦田鲁生：北魏田益宗之子。在州贪敛无厌，魏帝召之不至。梁天监十二年（513），魏帝遂发兵入州治广陵（今河南息县）。鲁生与

诸弟出奔降梁，攻取光城以南诸戍，梁武帝以其为北司州刺史，旋为魏军所败。

⑧湖陂城：亦谓之水城。在今湖北麻城西南。

⑨颜城：《水经注疏》杨守敬按："城亦在今麻城县（今湖北麻城）西南。"

⑩齐安郡：南齐置，属司州。治所在齐安县（今湖北麻城西南）。

⑪倒水：即今湖北麻城西浮桥河。

⑫黄武山：在今河南新县南。为小潢河发源处。

⑬白沙戍：即白沙关。在今河南新县西南。

⑭梁达城戍：《水经注疏》熊会贞按："戍在今麻城县西北。"

⑮赤亭：在今湖北麻城西南。

⑯定公四年：前506年。

⑰柏举：一作柏莒。在今湖北麻城东南。

⑱京相璠（fán）：西晋地理学者裴秀的门客。撰有《春秋土地名》三卷。

⑲浒（hǔ）：水边，水岸。

⑳凤鸣口：《水经注疏》杨守敬按："口在今武昌县（今湖北鄂州）西北。"

【译文】

举水又往西流，左边汇合了垂山之水。垂山水发源于北方的垂山南麓，与弋阳浒水发源于同一座山，与浒水汇合。垂山水东有南口戍，又往南流经方山戍西边，西流注入举水。举水又往西南流，经过梁司、豫二州东边，蛮族人田鲁生当刺史。治所在湖陂城，也叫水城。举水又往西南流经颜城南边。又往西南流经齐安郡西边，有倒水注入。倒水发源于黄武山，往南流经白沙戍西边，又往东南流经梁达城戍西边，往东南与举水汇合。举水又往东南流经赤亭下，叫赤亭水。以下分成两条水，一条南流注入江水，汇流处叫举口，南边与举洲相望。《春秋左传·定公四年》，吴、楚两军在柏举列阵。京相璠说：这是汉东地区。江夏有洰水，有人把洰字写作举字，可能就是这条水。左边的水往东南流，注入江水，江边那地方叫文方口。江水右岸有凤鸣口，是个江湾，旁边有凤鸣戍。

　　江水又东迳邾县故城南^①。楚宣王灭邾^②，徙居于此，故曰邾也。汉高帝元年^③，项羽封吴芮为衡山王^④，都此。晋咸和中^⑤，庾翼为西阳太守^⑥，分江夏立^⑦。四年，豫州刺史毛宝、西阳太守樊俊共镇之^⑧，为石虎将张格度所陷^⑨，自尔丘墟焉^⑩。城南对芦洲^⑪，旧吴时筑客舍于洲上，方便惟所止焉。亦谓之罗洲矣。

【注释】

①邾县：秦置，为衡山郡治。治所在今湖北黄冈黄州区禹王城。

②楚宣王：名良夫。战国楚国国君。楚悼王之子，楚肃王之弟。邾：周时诸侯国名。姬姓。周武王封颛顼之后于此。都邾（今山东曲阜东南南陬村）。战国时灭于楚。

③汉高帝元年：前206年。

④吴芮：初为秦番阳（今江西鄱阳）令，称番君。秦亡，项羽分封诸侯，吴芮受封为衡山王。汉朝立，改封长沙王。

⑤咸和：晋成帝司马衍的年号（326—334）。

⑥庾翼：字稚恭。东晋颍川鄢陵（今河南鄢陵）人。庾亮之弟。庾亮去世后，代镇武昌。翼胸有大志，戎政严明，以收复北方为己任。不顾朝中大臣阻挠，移屯襄阳，准备进攻后赵。不久病卒。西阳：即西阳郡。东晋改西阳国置。治所在西阳县（今湖北黄冈东）。

⑦江夏：即江夏郡。西汉高帝六年（前201）置。治所在西陵县（今湖北武汉新洲区西二里）。

⑧毛宝：字硕真。荥阳阳武（今河南原阳）人。东晋将领。王敦执政时，
　　任临湘令。王敦卒，为温峤平南参军。破苏峻有功，任为庐江太守。
　　后庾亮表授为豫州刺史，进征虏将军，守邾城。石季龙遣将围攻，
　　城陷，毛宝突围出，赴江溺死。樊俊：南阳湖阳（今河南唐河县西
　　南湖阳镇）人。官西阳太守。

⑨石虎：字季龙。羯族人。十六国时期后赵君主。穷兵黩武，四出
　　征伐。张格度：亦作张贺度、张狢度。石虎部将。

⑩丘墟：此指变成了废墟。

⑪芦洲：在今湖北鄂州西北二十里。

【译文】

　　江水又往东流经邾县老城南边。楚宣王灭邾国，把邾人迁到这里居
住，所以叫邾。汉高帝元年，项羽封吴芮为衡山王，建都在这里。晋咸和
年间，庾翼当西阳太守，把江夏分开，另设邾县。咸和四年，豫州刺史毛
宝、西阳太守樊俊共同镇守此城，被石虎的大将张格度攻陷，自此以后，
成为一片废墟。老城南对芦洲，从前孙吴时在洲上建造客店，方便行旅
歇宿。这个江中水渚，也叫罗洲。

鄂县北①，

　　江水右得樊口②。庾仲雍《江水记》云：谷里袁口③，江
津南入，历樊山上下三百里④，通新兴、马头二治⑤。樊口之
北有湾，昔孙权装大船⑥，名之曰长安，亦曰大舶，载坐直之
士三千人⑦，与群臣泛舟江津。属值风起，权欲西取芦洲，谷
利不从⑧，乃拔刀急上，令取樊口薄⑨，舶船至岸而败，故名其
处为败舶湾⑩。因凿樊山为路以上，人即名其处为吴造岘⑪，
在樊口上一里，今厥处尚存。

【注释】

①鄂县：秦置，属江夏郡。治所在今湖北鄂州。

②樊口：在今湖北鄂州西北五里樊港入江处。

③袁口：即樊口。《水经注疏》杨守敬按："袁山即樊山，见下，因樊
　　山一名袁山，故樊口亦谓之袁口。"

④樊山：又名袁山、来山、西山、寿昌山。在今湖北鄂州西。

⑤二治：当为"二冶"之讹。陈桥驿按，杨、熊《水经注疏》亦改"治"
　　为"冶"。熊会贞按："《晋志》，武昌县有新兴、马头铁官。《唐志》，
　　武昌有铁。《御览》八百三十三引《武昌记》：北济湖当是新兴冶
　　塘湖，元嘉发水冶……《一统志》，新兴冶在大冶县西。"译文从之。

⑥装：备办，建造。

⑦坐直：当班，当值。

⑧谷利：孙权牙将。本左右给使，以谨直为亲近监。性忠果亮烈，言
　　不苟且。孙权爱信之。

⑨取：趋向。薄：停泊，停靠。

⑩败舶湾：在今湖北鄂州西北。

⑪吴造岘（xiàn）：在今湖北鄂州西。

【译文】

鄂县北边，

江水右岸有樊口。庾仲雍《江水记》说：谷里的袁口，江水支流从这
里向南通入，经过樊山上下三百里，与新兴、马头两个冶金官署相通。樊
口北面有湾，从前孙权造了一艘大船，名叫长安，又名大舶，载了当值兵
士三千人，与群臣在江上畅游。不巧大风骤起，孙权想西航去芦洲，谷利
却不听他，于是拔刀急忙上前，命令开到樊口停泊，可是船到岸时却撞毁
了，所以把这地方取名为败舶湾。船毁后，他们就在樊山开路上去，人们
就把这地方叫吴造岘，地点就在樊口上游一里，现在还在。

　　江水又左迳赤鼻山南①，山临侧江川。又东迳西阳郡南②，郡治即西阳县也③。《晋书地道记》以为弦子国也④。江之右岸有鄂县故城⑤，旧樊楚地。《世本》称熊渠封其中子红为鄂王⑥。《晋太康地记》以为东鄂矣⑦。《九州记》曰⑧：鄂，今武昌也⑨。孙权以魏黄初元年，自公安徙此⑩，改曰武昌县。鄂县徙治于袁山东⑪，又以其年立为江夏郡，分建业之民千家以益之⑫。

【注释】

①赤鼻山：一名赤壁山。在今湖北黄冈黄州区西北一里。

②西阳郡：东晋改西阳国置。治所在西阳县（今湖北黄冈黄州区东）。

③西阳县：属江夏郡。治所在今河南光山县西二十里。三国魏为弋阳郡治。西晋末徙治今湖北黄冈东，为西阳郡治。

④《晋书地道记》：书名。又称《晋地道志》《晋地道记》。东晋王隐撰。今存清人辑本。弦子国：西周封国。在今河南光山县西北。春秋时为楚国所灭。

⑤鄂县故城：在今湖北鄂州。

⑥《世本》：书名。撰者不详，成书时代亦不可考。该书记录自黄帝至春秋帝王公卿大夫的氏姓、世系、都邑、器物的制作和发明等。熊渠：芈姓，熊氏，名渠。西周时楚国君主。熊杨之子。红：即熊渠子熊红。

⑦《晋太康地记》：书名。又称《太康地记》等。撰者不详。成书于晋太康三年（282）。记载晋初州、郡、县建制沿革、地名取义、山水、物产等。

⑧《九州记》：书名。西晋荀绰撰。分为《冀州记》《兖州记》等各篇。与司马彪《九州春秋》之例略同。

⑨武昌：三国时为吴国都。今湖北鄂州。

⑩黄初元年：220年。黄初，三国魏文帝曹丕的年号（220—226）。

　　公安：即公安县。三国蜀汉置，属南郡。治所在油口（今湖北公安）。

⑪袁山：即樊山。又名来山、西山、寿昌山。在今湖北鄂州西。

⑫建业：三国时孙吴都城。今江苏南京。211年，孙权自京（今江苏镇江）迁都秣陵，次年改名建业。后又曾徙都鄂（今湖北鄂州）。229年定都建业。

【译文】

　　江水又在左边流经赤鼻山南边，山在江边。又往东流经西阳郡南边，郡治就在西阳县城。《晋书地道记》认为那就是弦子国。江水右岸有鄂县老城，旧时属樊楚地域。《世本》说，熊渠封他的第二个儿子熊红为鄂王。《晋太康地记》以为那地方就是东鄂。《九州记》说，鄂，就是现在的武昌。孙权在魏黄初元年从公安迁到这里，改为武昌县，把鄂县的治所迁到袁山东面去，当年又设立为江夏郡，从建业居民中分出一千家来补充它的人口。

　　至黄龙元年①，权迁都建业，以陆逊辅太子镇武昌②。孙皓亦都之③，皓还东，令滕牧守之④。晋惠帝永平中⑤，始置江州⑥，傅综为刺史⑦，治此城。后太尉庾亮之所镇也⑧，今武昌郡治⑨。城南有袁山，即樊山也。《武昌记》曰⑩：樊口南有大姥庙⑪，孙权常猎于山下。依夕，见一姥问权⑫：猎何所得？曰：正得一豹。母曰：何不竖豹尾⑬？忽然不见。应劭《汉官序》曰⑭：豹尾过后，执金吾罢屯解围⑮。天子卤簿中⑯，后属车施豹尾于道路⑰，豹尾之内为省中⑱。盖权事应在此⑲，故为立庙也。

【注释】

①黄龙元年:229年。黄龙,三国吴孙权的年号(229—231)。

②陆逊:字伯言。吴郡吴县(今江苏苏州)人。黄武元年(222)为大都督,领兵拒蜀汉大军,用火攻连破刘备四十余营。赤乌七年(244)位至丞相。因孙权欲废太子和,上疏力争,不见纳,复为权所责备,遂愤恚而卒。

③孙皓:字元宗。吴郡富春(今浙江富阳)人。三国吴国皇帝。是历史上著名的暴君,为人粗暴骄盈。后投晋朝,封归命侯。

④滕牧:又名滕密(避丁密讳,改为牧)。三国时北海剧县(今山东寿光)人。初为五官中郎将。末帝孙皓元兴元年(264),因女儿被立为皇后,拜卫将军,录尚书事。后被远徙苍梧,在道以忧死。

⑤永平:应为元康。

⑥江州:西晋惠帝元康元年(291)置。治所在南昌县(今江西南昌东)。

⑦傅综:《水经注疏》杨守敬按:"傅综,《晋书》无传,未详为刺史在何时?"

⑧庾亮:字元规。东晋颍川鄢陵(今河南鄢陵西北)人。妹为明帝皇后。历仕东晋元帝、明帝、成帝三朝。

⑨武昌郡:三国魏黄初二年(221)孙权置,属荆州。治所在武昌县(今湖北鄂州)。不久改为江夏郡。西晋太康初又改为武昌郡。

⑩《武昌记》:书名。南朝宋人史筌(一作史岑)撰。具体不详。

⑪樊口:在今湖北鄂州西北五里樊港入江处。

⑫姥(mǔ):老妇人。

⑬豹尾:本指豹子的尾巴。亦指天子属车上的饰物,悬于最后一车。后亦用于天子卤簿仪仗。

⑭应劭:字仲远,一作仲瑗。汝南南顿(今河南项城)人。东汉末学者。其《汉官仪》,记载汉官名称、职掌及玺绶制度等。

⑮执金吾:官名。东汉时掌宫外戒司非常水火之事等。罢屯解围:

天子出行,为了防备不虞,而常常把某个地方包围起来戒严,等悬
挂有豹尾饰物的天子车队的最后一车过去之后,执金吾就要解除
这些屯围。

⑯天子卤簿:古代帝王驾出时扈从的仪仗队。宋叶梦得《石林燕语》
卷四:"唐人谓卤,櫓也,甲楯之别名。凡兵卫以甲楯居外为前导,
捍蔽其先后,皆著之簿籍,故曰'卤簿'。"

⑰属车:帝王出行时的侍从车。

⑱豹尾之内为省中:《资治通鉴》服虔注:"大驾属车八十一乘,作三
行,尚书、御史乘之,最后一乘悬豹尾,豹尾以前皆为省中。"省中,
官禁之中。门户有禁,非侍御者不得入,故曰禁中。天子行道路
上,豹尾之内亦曰禁中。汉代避孝元帝刘奭皇后王政君的父亲王
禁的讳,改禁中为省中。

⑲权事应在此:老姥"何不竖豹尾"预言孙权以后将称天子,因为天
子卤簿属车施豹尾。

【译文】

到了黄龙元年,孙权迁都建业,派陆逊去辅佐太子镇守武昌。孙皓
也在那里建过都,孙皓以后又回到东方,就命令滕牧驻守在这里。晋惠
帝元康年间,开始设置江州,傅综当刺史,治所就在武昌城。以后太尉庾
亮也镇守过这里,现在是武昌郡的治所。城南有袁山,就是樊山。《武昌
记》说:樊口南有大姥庙,孙权常常在山下打猎。一天傍晚,碰到一个老
妇人,问孙权道:今天打到什么呀? 孙权说:只打到一头豹子。老妇人说:
为什么不把豹子尾巴竖起来呢? 说完忽然不见了。应劭《汉官仪》说:
豹尾车过去之后,执金吾就撤去禁卫,解除戒严。皇帝的仪仗队中,最后
一辆车装了一条豹尾拖在路上,豹尾车内坐的是王公。因孙权称帝的事
在这里应验,所以为神立庙。

又孙皓亦尝登之,使将害常侍王蕃①,而以其首虎争之②。

北背大江，江上有钓台③，权常极饮其上，曰：堕台醉乃已。张昭尽言处④。城西有郊坛⑤，权告天即位于此，顾谓公卿曰：鲁子敬尝言此⑥，可谓明于事势矣。城东故城，言汉将灌婴所筑也⑦。江中有节度石三段⑧，广百步，高五六丈，是西阳、武昌界⑨，分江于斯石也。

【注释】

①常侍：官名。常给事皇帝左右，兼掌文书、诏令。王蕃：字永元。庐江（今安徽庐江西南）人。三国吴大臣。

②而以其首虎争之：陈桥驿按，武英殿本《水经注》："案此句有脱误。"裴松之引《江表传》云："使亲近将跳蕃首，作虎跳狼争咋啮之。"

③钓台：《水经注疏》熊会贞按："今在武昌县（今湖北鄂州）西北江滨。"

④"权常极饮其上"几句：《三国志·吴书·张昭传》："权于武昌，临钓台，饮酒大醉。权使人以水洒群臣曰：'今日酣饮，惟醉堕台中，乃当止耳。'昭正色不言，出外车中坐。权遣人呼昭还……昭对曰：'昔纣为糟丘酒池长夜之饮，当时亦以为乐，不以为恶也。'权默然有惭色，遂罢酒。"张昭，字子布。彭城（今江苏徐州）人。东汉末渡江，任孙策长史、抚军中郎将。每朝见，辞气壮厉，敢于直言，多不见用，然举邦惮之。

⑤郊坛：古代为祭祀所筑的土坛，设在南郊。

⑥鲁子敬：即鲁肃，字子敬。临淮东城（今安徽定远）人。三国吴名臣。

⑦灌婴：睢阳（今河南商丘）人。西汉初大臣。从刘邦攻秦军，有功，封颍阴侯。协助陈平、周勃同除吕氏，迎立文帝，任太尉、丞相。卒谥懿。

⑧节度石：在今湖北鄂州东。

⑨西阳：即西阳县。西汉置，属江夏郡。治所在今河南光山县西

二十里。三国魏为弋阳郡治。西晋末徙治今湖北黄冈东,为西阳
郡治。武昌:即武昌县。三国魏黄初二年(221)孙权自公安迁都
于此。改名武昌县。治所在今湖北鄂州。

【译文】

此外,孙皓也曾来这里登山,他叫一个将军杀了常侍王蕃,又叫近侍
装作虎跳狼争的样子把王蕃的头吃掉。袁山北背大江,江上有钓台,孙
权常在台上痛饮,说:今天要一直喝到在台上醉倒才罢。这也是张昭向
他苦口婆心地进谏的地方。城西有郊坛,孙权就是在这里祭天即帝位的,
他环顾着公卿们说:鲁子敬曾提及此事,可说对世情时势看得很清楚了。
城东有座老城,据说是汉将灌婴所筑。江中有节度石三段,宽百步,高
五六丈,是西阳、武昌的界石,两郡就凭此石划定江中的分界线。

又东得次浦①,江浦也。东迳五矶北②,有五山,沿次江
阴③,故得是名矣。仲雍谓之五圻④。

【注释】

①次浦:《水经注疏》杨守敬按:"浦在今武昌县(今湖北鄂州)东。"

②五矶:《水经注疏》熊会贞按:"《名胜志》,五圻在五丈口(今湖北
　鄂州东)之下。"

③沿次:依次坐落。江阴:江水南岸。古人称山南水北为阳。反之
　为阴。

④仲雍:即庾仲雍。晋朝人。撰有《湘州记》《江水记》《汉水记》。

【译文】

江水继续往东流,有次浦,是个江湾。往东流经五矶北边,这里有五
座山丘,在江南沿岸依次排列,所以得名。庾仲雍称之为五圻。

江水左则巴水注之①。水出雩娄县之下灵山②,即大别

山也。与决水同出一山③,故世谓之分水山,亦或曰巴山。南历蛮中,吴时旧立屯于水侧,引巴水以溉野。又南迳巴水戍④,南流注于江,谓之巴口⑤。

【注释】

①巴水:在今湖北东北部,为长江支流。源出湖北罗田北,西南流为黄冈黄州区和浠水县界河,南流入长江。

②雩娄县:西汉置,属庐江郡。治所在今河南固始东南。三国魏属边城郡。下灵山:又名分水山、巴山。即今湖北东北与安徽西南部交界处之大别山。

③决水:源出安徽金寨西南牛山,名牛山河。东北流经河南固始东南,名史河。又东至安徽霍邱界入淮。

④巴水戍:在今湖北浠水县西七十里巴河镇。

⑤巴口:在今湖北黄冈黄州区东巴水入江处。

【译文】

江水左岸有巴水注入。巴水发源于雩娄县的下灵山——即大别山,也与决水发源于同一座山,所以世人称之为分水山,也有人叫它巴山的。巴水往南流过蛮中,吴时曾在水滨设立屯垦区,引巴水来灌溉田野。又往南流经巴水戍,南流注入江水,汇流处叫巴口。

又东迳轪县故城南①,故弦国也②。《春秋·僖公五年》③,秋,楚灭弦,弦子奔黄者也④。汉惠帝元年⑤,封长沙相利仓为侯国⑥。城在山之阳,南对五洲也⑦。江中有五洲相接,故以五洲为名。宋孝武帝举兵江州⑧,建牙洲上⑨,有紫云荫之,即是洲也。

【注释】

①轪（dài）县：西汉元封元年（前110）改轪侯国置，属江夏郡。治所在今河南光山县西北。三国魏属弋阳郡。西晋永嘉乱后，侨置于今湖北浠水县西南长江边，属西阳国。

②弦国：西周一个较弱小的诸侯国，国君为嬴姓（一说隗姓）。在今河南光山县西北。前655年亡于楚国。

③僖公五年：前655年。

④弦子：弦国的国君，子爵。奔：逃亡。黄：西周封国，嬴姓。都城在今河南潢川西北十二里隆古乡。

⑤汉惠帝元年：前194年。汉惠帝，即西汉皇帝刘盈。刘邦之子。

⑥利仓：曾任长沙王丞相。汉惠帝二年（前193）四月，以任长沙王丞相而被封为轪侯。

⑦五洲：一名伍洲。在今湖北浠水县西南长江中戴家洲。

⑧宋孝武帝：即刘骏，字休龙。文帝刘义隆之子。

⑨建牙：建立牙旗。牙旗，古称将军之旗。

【译文】

江水又往东流经轪县老城南边，这是旧时的弦国。《春秋·僖公五年》秋，楚灭弦国，弦子逃奔到黄国。汉惠帝元年，把这地方封给长沙王相利仓，立为侯国。城在山的南边，南对五洲。江中有五个相连的沙洲，所以名叫五洲。宋孝武帝在江州起兵，在洲上竖起牙旗，有紫云遮在旗上，说的就是此洲。

东会希水口①。水出灊县霍山西麓②，山北有灊县故城。《地理志》曰：县南有天柱山。即霍山也，有祠南岳庙③，音潜，齐立霍州治此④。西南流分为二水，枝津出焉。希水又南，积而为湖，谓之希湖⑤。湖水又南流迳轪县东而南流注于江，是曰希水口者也。然水流急浚，霖雨暴涨，漂溢无常，行者难之。大江右岸有厌里口、安乐浦⑥，从此至武昌⑦，尚方作部诸屯相接⑧，枕带长江⑨。又东得桑步，步下有章浦⑩，本西阳郡治⑪，今悉荒芜。江水左得赤水浦⑫，夏浦也。

【注释】

①希水口：《水经注疏》杨守敬按："《一统志》引旧《志》谓之兰溪口，在今蕲水县（今湖北浠水县东）西南。"

②水：即希水。即今湖北浠水县东南之浠水。灊（qián）县：西汉置，属庐江郡。治所在今安徽霍山县东北。霍山：灊山围绕大山，称作霍山。即今安徽霍山县西南天柱山。

③有祠南岳庙：《水经注疏》杨守敬按："汉武以衡山辽远，因谶纬，皆以霍山为南岳，故移其神于此。"

④齐：当作梁。霍州：南朝梁天监六年（507）置。治所在岳安郡（今安徽霍山县）。

⑤希湖：当在今湖北浠水县一带。

⑥厌里口、安乐浦：《水经注疏》杨守敬按："厌里口在今武昌县（今湖北鄂州）东。《舆地纪胜》，安乐矶在武昌县东三十里……此安乐浦盖在矶侧矣。"

⑦武昌：即武昌县。治所在今湖北鄂州。

⑧尚方作部诸屯：《水经注疏》杨守敬按："尚方作部诸屯无考，疑吴屯也。"尚方作部，官署名。制造刀剑等器物。

⑨枕带：毗邻并缠绕。

⑩桑步、章浦：《水经注疏》杨守敬按："桑步、章浦并在今大冶县（今湖北大冶）东北。"

⑪西阳郡：东晋改西阳国置。治所在西阳县（今湖北黄冈东）。

⑫赤水浦：《水经注疏》熊会贞按："浦在今蕲水县（今湖北浠水县东）西南。"

【译文】

江水又往东流,在希水口汇合希水。希水发源于灊县霍山西麓,山北有灊县老城。《地理志》说:县南有天柱山。就是霍山,那里有个南岳庙。灊,音潜。梁设置霍州,治所就在灊县。希水往西南流,分成两条,伸出一条支流。希水又往南流,蓄积成湖,称为希湖。湖水又往南流经轪县东边,南流注入大江,汇流处叫希水口。但水流湍急深沉,每逢时雨连绵,河水暴涨,泛滥无定,行人往来很感困难。大江右岸有厌里口、安乐浦,从这里到武昌,掌管宫中器物制作的尚方官署所设的作坊点,连接不断地散布在江岸一带。又往东流,有桑步,是个埠头,下游有章浦,原来是西阳郡的治所,现在已经完全荒芜了。江水左岸有赤水浦,是个夏季水湾。

江水又东迳南阳山南①。又曰芍矶,亦曰南阳矶,仲雍谓之南阳圻,一名洛至圻,一名石姥。水势迅急。

【注释】

①南阳山:又名芍矶、南阳矶。在今湖北蕲春西长江江滨,接浠水县界。

【译文】

江水又往东流经南阳山南边。南阳山又名芍矶,也叫南阳矶,庾仲雍称之为南阳圻,又名洛至圻,又名石姥。矶下水势湍急。

江水又东迳西陵县故城南①。《史记》秦昭王遣白起伐楚②,取西陵者也。汉章帝建初二年③,封阴堂为侯国④。江水东历孟家溠⑤,江之右岸有黄石山⑥,水迳其北,即黄石矶也,一名石茨圻,有西陵县,县北则三洲也。山连延江侧,东山偏高,谓之西塞⑦,东对黄公九矶⑧,所谓九圻者也。于行

小难,两山之间为阙塞⑨,从此济于土復⑩。土復者,北岸地
名也。

【注释】

①西陵县:战国秦置,属南郡。治所在今湖北武汉新洲区西二里。
西汉为江夏郡治。

②秦昭王:即秦昭襄王嬴稷,一名则。战国时秦国国君。白起:郿(今
陕西眉县)人。秦朝名将。善用兵,事秦昭王。以上将军击赵于
长平,前后坑斩首虏四十五万。

③建初二年:77年。建初,东汉章帝刘炟(dá)的年号(76—84)。

④阴堂:《后汉书·孝明八王·梁节王畅传》:"梁节王畅,永平十五
年封为汝南王。母阴贵人有宠,畅尤被爱幸,国土租入倍于诸国。
肃宗立,缘先帝之意,赏赐恩宠甚笃。建初二年,封畅舅阴棠为西
陵侯。"

⑤孟家溠(zhà):《水经注疏》杨守敬按:"溠在今蕲州(今湖北蕲春)
西。"

⑥黄石山:即黄石矶,一名石茨圻。在今湖北黄石北黄石港区。

⑦西塞:在今湖北黄石东南西塞山下。

⑧黄公九矶:亦名九圻。《水经注疏》熊会贞按:"九矶在今大冶县(今
湖北大冶)东。"

⑨阙塞:两山夹峙形成的关塞。

⑩土復:长江北岸的地名。当在今湖北蕲春一带。

【译文】

江水又往东流,经过西陵县旧城南边。《史记》载,秦昭王派遣白起
去攻楚,占领西陵,就是此城。汉章帝建初二年,把西陵封给阴堂,立为
侯国。江水东流经孟家溠,右岸有黄石山,就是黄石矶,又名石茨圻,江
水就从矶北流过,西陵县县城就在这里,城北是三洲。江边山岭连绵,东

面的山偏高，称为西塞，东边与黄公九矶相对，就是所谓九坼。这里山路难行，两山之间是阙塞，从这里渡江，可到土復。土復是北岸的地名。

又东过蕲春县南①，蕲水从北东注之②。

江水又得苇口③，江浦也。浦东有苇山④。江水东迳山北，北崖有东湖口⑤，江波左迤⑥，流结成湖，故谓之湖口矣。

【注释】

①蕲春县：西汉置，属江夏郡。治所在今湖北蕲春西南蕲水东岸土门。三国魏为蕲春郡治。

②蕲水：即今湖北蕲春西南之蕲河。源出蕲春东北四流山，西南流，至蕲口入江。

③苇口：江浦名。当在今湖北阳新。

④苇山：《水经注疏》熊会贞按："山在今兴国州（今湖北阳新）东北。"

⑤东湖口：《水经注疏》熊会贞按："东湖口在今蕲州（今湖北蕲春）西。"

⑥迤：河水外溢或外泄。

【译文】

江水又往东流过蕲春县南边，蕲水从北向东方流来注入。

江水又流到苇口，这里是个江湾。湾东有苇山。江水往东流经山北，北崖有东湖口，江水在此向左溢泄成湖，所以叫湖口。

江水又东得空石口①，江浦在右。临江有空石山，南对石穴洲②，洲上有蕲阳县治③。又东，蕲水注之。

【注释】

①空石口：《水经注疏》熊会贞按："口在今蕲州（今湖北蕲春）西南。"

②石穴洲：一名蕲阳洲。在今湖北蕲春西南蕲州镇西北沙洲。东晋
　　改蕲春县为蕲阳县，徙县治此。

③蕲阳县：东晋孝武帝改蕲春县置，属南新蔡郡。

【译文】

江水又往东流，有空石口，江的右侧有一个江湾。濒江有空石山，南
与石穴洲相对，洲上有蕲阳县县城。又往东流，有蕲水注入。

　　江水又东迳蕲春县故城南。世祖建武三十年[1]，封陈俊
子浮为侯国[2]。

【注释】

①建武三十年：54年。

②陈俊子浮：陈俊，字子昭，南阳西鄂（今河南南阳）人。少为郡吏。
　　从刘秀经营河北，任安集掾、强弩将军等。刘秀称帝，建武十三年
　　（37）以军功封陈俊为祝阿侯。卒后，子陈浮嗣，徙封蕲春侯。

【译文】

江水又往东流，经过蕲春县老城南边。世祖建武三十年，把这里封
给陈俊的儿子陈浮，立为侯国。

　　江水又东得铜零口[1]，江浦也。大江右迳虾蟆山北[2]，
而东会海口[3]。水南通大湖，北达于江，左右翼山。江水迳
其北，东合臧口[4]，江浦也。

【注释】

①铜零口：即泠口。在今湖北蕲春西南蕲州镇东南。

②虾蟆山：《水经注疏》杨守敬按："山在今兴国州（今湖北阳新）

东北。"

③海口:《水经注疏》杨守敬按:"今海口湖在兴国州东北六十里。"

④臧口:《水经注疏》杨守敬按:"口在今兴国州东北。"

【译文】

　　江水又往东流,有铜零口,此处是个江湾。大江右边流经虾蟆山北边,往东流汇合于海口。此口的水南通大湖,北到大江,左右两岸都是山岭。江水流经山岭北面,东流与臧口汇合,此处是个江湾。

　　江水又左迳长风山南,得长风口①,江浦也。

【注释】

①长风山、长风口:《水经注疏》杨守敬按:"此长风山、长风口,在今广济县(今湖北武穴北)西南七十里。"

【译文】

　　江水又在左边流经长风山南边,有长风口,这是个江湾。

　　江水又东迳积布山南①,俗谓之积布矶,又曰积布圻,庾仲雍所谓高山也。此即西阳、寻阳二郡界也②。右岸有土复口③,江浦也。夹浦有江山,山东有护口④,江浦也,庾仲雍谓之朝二浦也。

【注释】

①积布山:亦称积布矶、积布圻、高山。在今湖北武穴西北。

②西阳:即西阳郡。东晋改西阳国置。治所在西阳县(今湖北黄冈黄州区东)。寻阳:即寻阳郡。西晋惠帝永兴元年(304)分庐江、武昌二郡置。治所在寻阳县(今湖北黄梅西南)。

③土復口：江浦名。当地多有此地名。

④护口：江浦名。《水经注疏》熊会贞按："口在今兴国州（今湖北阳新）东北。"

【译文】

江水又往东流经积布山南边，俗称积布矶，又叫积布圻，也就是庾仲雍所说的高山。是西阳和寻阳两郡间的分界。右岸有土復口，是个江湾。江湾两侧是江山，山的东边有护口，是个江湾，庾仲雍称之为朝二浦。

又东过下雉县北①，利水从东陵西南注之②。

江水东迳琵琶山南，山下有琵琶湾③。又东迳望夫山南④。又东得苦菜水口⑤，夏浦也。江之右岸，富水注之⑥。水出阳新县之青溢山⑦，西北流迳阳新县，故豫章之属县矣⑧。地多女鸟。《玄中记》曰⑨：阳新男子于水次得之，遂与共居，生二女，悉衣羽而去。豫章间养儿不露其衣，言是鸟落尘于儿衣中，则令儿病，故亦谓之夜飞游女矣⑩。又西北迳下雉县，王莽更名之润光矣，后并阳新。水之左右，公私裂溉，咸成沃壤，旧吴屯所在也。

【注释】

①下雉县：西汉置，属江夏郡。治所在今湖北阳新东南。

②利水：当在今湖北武穴北。东陵：当在今湖北武穴。

③琵琶山、琵琶湾：《水经注疏》熊会贞按："此山与湾在今广济县（今湖北武穴北）西南。"

④望夫山：《水经注疏》熊会贞按："山在今广济县西南。"

⑤苦菜水口：《水经注疏》熊会贞按："口在今广济县西南。"

⑥富水：一名长河。即今湖北东南部之富水。源出通山县西南，东

北流至阳新东富池口入长江。

⑦阳新县：三国吴置，属武昌郡。治所在今湖北阳新西南六十里。

⑧豫章：即豫章郡。西汉高帝六年（前201）分九江郡置。治所在南昌县（今江西南昌东）。

⑨《玄中记》：书名。又称《郭氏玄中记》。旧称郭璞撰。晋代地理博物类志怪小说。

⑩夜飞游女：《水经注疏》："朱翌猗《觉寮杂记》，岭外人家婴儿衣，暮则急收，不可露夜。土人云有虫名暗衣，夜见小儿衣，必飞毛著其上，儿必病寒热，久则瘦不可疗。其形大如蝴蝶，《水经》谓之夜飞游女。"

【译文】

江水又往东流过下雉县北边，利水从东陵西南注入。

江水往东流经琵琶山南边，山下有琵琶湾。又往东流经望夫山南边。又往东流，有苦菜水口，是个夏季江湾。江水右岸，有富水注入。富水发源于阳新县的青溢山，往西北流经阳新县，是旧时豫章的属县。那一带地方女鸟很多。《玄中记》说：阳新有个男人，在水边碰到了女鸟，就和她同居，生了两个女儿，都长了羽毛飞走了。豫章一带居民抚养孩子，都不让孩子的衣服暴露在外面，说这种鸟把尘土落在孩子的衣服上，就会使孩子得病，所以也称女鸟为夜飞游女。富水又往西北流经下雉县，王莽改名为润光，后来并入阳新县。富水左右两岸，无论公田私田，只要有水灌溉，就都成为良田沃土，从前是吴屯田的地方。

江水又东，右得兰溪水口①，并江浦也。又东，左得青林口②。水出庐江郡之东陵乡③。江夏有西陵县④，故是言东矣。《尚书》云：江水过九江至于东陵者也⑤。西南流，水积为湖，湖西有青林山⑥。宋太始元年⑦，明帝遣沈攸之西伐子勋⑧，伐栅青山⑨，睹一童子甚丽，问伐者曰：取此何为？答：欲讨贼。童子曰：下旬当平，何劳伐此？在众人之中，忽不复见。故谓之青林湖^⑩。湖有鲫鱼，食之肥美，辟寒暑。湖水西流，谓之青林水。又西南历寻阳^⑪，分为二水：一水东流通大雷^⑫；一水西南流注于江，《经》所谓利水也。右对马头岸^⑬，自富口迄此五十余里，岸阻江山。

【注释】

①兰溪水口：《水经注疏》熊会贞按："在今瑞昌县（今江西瑞昌）西北。"

②青林口：《水经注疏》杨守敬按："在今广济县（今湖北武穴北）南七十里。"

③庐江郡：楚汉之际分秦九江郡置。汉武帝后治舒县（今安徽庐江西南三十里城池乡）。

④江夏：即江夏郡。西汉高帝六年（前201）置。治所在西陵县（今湖北武汉新洲区西二里）。西陵县：西汉置，为江夏郡治。

⑤江水过九江至于东陵者：《尚书·禹贡》："过九江，至于东陵。"伪孔传："江分为九道，在荆州。东陵，地名。"

⑥青林山：在今湖北武穴东。

⑦太始元年：465年。太始，即泰始。南朝宋明帝刘彧的年号（465—471）。

⑧明帝：即南朝宋明帝刘彧，字休炳，小字荣期。文帝之子。沈攸之：字仲达。吴兴武康（今浙江德清）人。南朝宋将领。子勋：即刘子勋，字孝德。宋武帝刘骏第三子。

⑨栅：建造营寨。青山：即青林山。

⑩青林湖：在今湖北武穴西。

⑪寻阳：即寻阳县。西汉置，属庐江郡。治所在今湖北黄梅西南。

⑫大雷：亦称雷港。在今安徽望江县东二十四里雷池乡。

⑬马头岸:当在今湖北黄梅。

【译文】

江水又往东流,右岸有兰溪水口,也是江湾。又往东流,左岸在青林口,汇合青林水。青林水发源于庐江郡东陵乡。江夏有西陵县,所以这里称为东陵。这就是《尚书》说的:江水经过九江流到东陵。水往西南流,积聚成为湖泊,湖西有青林山。宋泰始元年,明帝派遣沈攸之西征,讨伐子勋,在青林山伐木作桩建造营寨,看到一个十分清秀的孩子,问伐木人道:你们砍这些树做什么用? 答道:用来打叛贼。孩子说:下旬就该可以平定了,何必麻烦砍树呢? 说罢在人群中忽然一闪就不见了。山名青林山,所以湖就叫青林湖。湖中有鲫鱼,吃起来又肥又鲜,并能抵御寒暑。湖水往西流,称为青林水。又往西南流经寻阳,分成两条水:一条往东流,通大雷;一条往西南流,注入江水,就是《水经》里所说的利水。寻阳右边与马头岸相对,自富口到这里五十余里,两岸山重水复,路途多险阻。

卷三十六

青衣水　桓水　若水　沫水
延江水　存水　温水

【题解】

卷三十六记载了七条河流，其中青衣水、桓水、若水、沫水、延江水五水，都是长江水系的河流，而存水和温水则是珠江水系的河流。

青衣水今称青衣江，是岷江的支流。桓水是嘉陵江的上游，即今白龙江。若水即今雅砻江。但《经》文和《注》文都说若水至僰道入江，僰道就是今四川宜宾，所以《水经注》若水，包括雅砻江及雅砻江注入金沙江后直至宜宾的这一段金沙江在内。沫水即今大渡河。延江水是今贵州境内的乌江，北流在今重庆涪陵区注入长江。

存水是今北盘江的一段，温水即今南盘江。温水是卷三十六中的最大一篇，其中《经》文"东北入于郁"之下，《注》文写了六千多字，在《水经注》全书中也算得上一篇长注。从《注》文内容来看，此郁水即今西江支流上源右江，但其下游包括今西江，《注》文也常称郁水，当然，这其中还有许多错误。

以上说明的是《水经注》记载的这个地区的河流与现代河流对应的大概情况。由于郦道元没有到过这个地区，完全依靠当时搜集的文献资料从事写作,所以仔细阅读《注》文,常常可以发现错误。清陈澧为此在道光年间专门撰写了一本《水经注西南诸水考》,他在该书序言中指出:"郦道元身处北朝,其注《水经》,北方诸水,大致精确;至西南诸水,则几乎无一不误。"陈澧在该书中对《水经注》中提到的温水、浪水、若水、淹水、沫水、青衣水、叶榆河、存水等河流,逐条纠正了其错误。

青衣水

青衣水出青衣县西蒙山①,东与沫水合也②。

县,故青衣羌国也③。《竹书纪年》,梁惠成王十年④,瑕阳人自秦道岷山、青衣水来归⑤。汉武帝天汉四年⑥,罢沈黎郡⑦,分两部都尉⑧,一治青衣,主汉民。公孙述之有蜀也⑨,青衣不服⑩,世祖嘉之,建武十九年以为郡⑪。安帝延光元年⑫,置蜀郡属国都尉⑬。青衣王子心慕汉制,上求内附。顺帝阳嘉二年⑭,改曰汉嘉⑮,嘉得此良臣也。县有蒙山,青衣水所发。东迳其县,与沫水会于越嶲郡之灵关道⑯。

【注释】

①青衣水:在今四川宜宾南溪区南。青衣县:西汉高帝六年(前201)置,属蜀郡。治所在今四川雅安名山区北。以青衣羌国为名。天汉四年(前97)为西部都尉治。东汉阳嘉二年(133)改为汉嘉县。蒙山:即今四川雅安名山区西与雅安交界之蒙山。

②沫水:即大渡河。古名减水、渽水、沫水、羊山江(阳山江)、铜河、中镇水。在今四川西部,为岷江最大支流。

③青衣羌国:战国秦时小国。都于青衣(今四川芦山县,一说在四川雅安名山区)。以青衣水为名。西汉高帝六年于此置青衣县。

④梁惠成王十年：前 360。梁惠成王，即魏惠王。

⑤瑕阳：战国魏邑。在今山西临猗西南。秦：秦国。道：沿着。来归：来归附。岷山：又名汶山、渎山、汶阜山、汶焦山。在今四川西北部，绵延川、甘两省边境。

⑥天汉四年：前 97 年。天汉，西汉武帝刘彻的年号（前 100—前 97）。

⑦沈黎郡：亦作沈犁郡。西汉元鼎六年（前 111）置。治所在莋都县（今四川汉源东北九襄镇）。

⑧两部都尉：即两处都尉。一处治所居旄牛，主徼外夷；一处治所在青衣，主管当地汉族百姓的事务。

⑨公孙述：字子阳。扶风茂陵（今陕西兴平东北）人。新莽时，为导江卒正（蜀郡太守）。后起兵，据益州称帝，号成家。建武十二年（36），为汉军所破，被杀。之有蜀：指公孙述据益州称帝，号成家。

⑩青衣：指少数民族青衣羌。

⑪建武十九年以为郡：《水经注疏》杨守敬按："建武时以青衣县为青衣郡，他无所见。岂光武既置青衣郡，旋复废，至安帝乃置属国都尉耶？"建武十九年，43 年。

⑫延光元年：122 年。延光，东汉安帝刘祜（hù）的年号（122—125）。

⑬蜀郡：周赧王元年（前 314）秦惠王置。治所在成都县（今四川成都）。属国都尉：设在少数民族聚居地区，掌管民事。《汉书·百官公卿表》："农都尉、属国都尉，皆武帝初置。"

⑭阳嘉二年：133 年。阳嘉，东汉顺帝刘保的年号（132—135）。

⑮汉嘉：即汉嘉县。东汉阳嘉二年（133）改青衣县置，为蜀郡蜀国都尉治。治所在今四川芦山县。

⑯越巂（xī）郡：西汉元鼎六年（前 111）以邛都国地置。治所在邛都县（今四川西昌东南五里）。灵关道：亦作零关道、灵道县、零道县、灵关县。西汉置，属越巂郡。治所在今四川甘洛县东北。一说在今云南峨边彝族自治县南大凉山北麓。县以灵关为名。三国蜀

汉改为新道县。

【译文】

青衣水

青衣水发源于青衣县西部的蒙山，东流与沫水汇合。

青衣县，就是从前的青衣羌国。查考《竹书纪年》，梁惠成王十年，瑕阳人由秦人引导，经过岷山和青衣水前来归附。汉武帝天汉四年，撤废沈黎郡，分设两部都尉，其中一处治所就在青衣，管理汉民事务。公孙述割据蜀地时，青衣羌不肯降服，受到世祖的赞扬，建武十九年设置为郡。安帝延光元年，又置蜀郡属国都尉。青衣王子仰慕汉朝制度，请求归附。顺帝阳嘉二年，改名为汉嘉县，庆贺得到这位贤臣。县里有蒙山，是青衣水的发源地。青衣水往东流经县境，在越巂郡的灵关道和沫水汇合。

青衣水又东，邛水注之①。水出汉嘉严道邛来山②，东至蜀郡临邛县③，东入青衣水。

【注释】

①邛（qióng）水：即今四川荥经、天全两县境之荥经河。

②汉嘉：即汉嘉郡。三国蜀汉章武元年（221）改蜀郡属国都尉置，属益州。治所在汉嘉县（今四川芦山县）。西晋永嘉以后废。严道：即严道县。秦置，属蜀郡。治所在今四川荥经西五里古城坪。邛来山：亦作邛崃山。即今四川荥经与汉源分界之大相岭山。

③临邛县：战国时秦置，属蜀郡。治所在今四川邛崃。

【译文】

青衣水又往东流，邛水注入。邛水发源于汉嘉郡严道县的邛来山，东流到蜀郡临邛县，往东注入青衣水。

至犍为南安县①，入于江。

青衣水迳平乡②,谓之平乡江。《益州记》曰③:平乡江东迳峨眉山④,在南安县界,去成都南千里⑤。然秋日清澄,望见两山,相峙如峨眉⑥。青衣水又东,注于大江。

【注释】

①犍(qián)为:即犍为郡。西汉建元六年(前135)分广汉郡南部及夜郎国地置,属益州。治所在鳖县(今贵州遵义西)。南安县:秦置,属蜀郡。治所即今四川乐山市。西汉属犍为郡。

②平乡:即平乡县。西晋初置,属汉嘉郡。治所在今四川洪雅西。

③《益州记》:当为宋任豫的《益州记》。

④峨眉山:又名牙门山、峨嵋大山、大峨山。在今四川峨眉山市西南十三里。

⑤成都:战国时蜀国都城。在今四川成都,与广都、新都号为三都。

⑥峨眉:即峨嵋。

【译文】

青衣水流到犍为郡南安县,注入江水。

青衣水流经平乡,叫平乡江。《益州记》说:平乡江往东流,经过峨眉山,山在南安县境,在成都南面一千里。但在秋高气爽的日子,远远可以望见两峰对峙,状如峨嵋。青衣水又往东流,注入大江。

桓水

桓水出蜀郡岷山①,西南行羌中,入于南海②。

《尚书·禹贡》③:岷、嶓既艺④,沱、潜既道⑤,蔡、蒙旅平⑥,和夷底绩⑦。郑玄曰⑧:和上⑨,夷所居之地也。和,读曰桓。《地理志》曰:桓水出蜀郡蜀山,西南行羌中者也。《尚书》又曰:西倾因桓是来⑩。马融、王肃云⑪:西治倾山,惟因桓水自来,言无他道也。余按《经》据《书》,岷山、西倾,俱有桓水,桓水出西倾山,更无别流,所导者惟斯水耳。浮于潜、汉而达江、沔⑫,故《晋地道记》曰⑬:梁州南至桓水⑭,西抵黑水⑮,东限捍关⑯。今汉中、巴郡、汶山、蜀郡、汉嘉、江阳、朱提、涪陵、阴平、广汉、新都、梓潼、犍为、武都、上庸、魏兴、新城⑰,皆古梁州之地。

【注释】

① 桓水:即今四川、甘肃境内之白龙江。此水发源于甘肃西南西倾山南,屈曲东南流至今舟曲东与古羌水合,又东南至今文县东与古白水(今白水江)合,又东南流入今嘉陵江。其与羌水合流后的一段白龙江,与今白水江合流后的一段白水江,古时也兼称桓水。

② 南海:古时南海之名,所指因时而异。先秦古籍或泛指南方各族居地,或指一定海域。

③《尚书·禹贡》:《尚书》中的一篇。详细记载了古代九州的划分、山川的方位、物产分布以及土壤性质等。

④ 岷、嶓(bō)既艺:岷山和嶓冢山因为大洪水已经退去,可以种植农作物了。嶓,此指今陕西宁强北之嶓冢山,土人名汉源山,当为《禹贡》"嶓冢导漾"之嶓冢山。艺,种植。

⑤ 沱、潜既道:沱水和潜水已经从梁州发源。沱,沱水,亦作沱江。梁州沱水有二:一在今四川成都郫都区西南,为古郫江之前身,为检江之别流,东出至成都还入流江。二在今四川汶川西,相当于今杂谷脑河。潜水,即宕渠水。指今四川渠江及其上游南江。

⑥ 蔡:即蔡山。在今四川雅安东南五里。蒙:即今四川雅安名山区西与雅安交界之蒙山。旅:祭祀山神。平:治水之事完毕。

⑦ 和夷:指今四川天全南天全河(古名和川水)一带之民族。一说指

今四川大渡河以南民族。底绩:取得功绩。

⑧郑玄:字康成。北海高密(今山东高密)人。东汉著名的经学家。遍注群经。

⑨和上:一作和川。在今四川天全。

⑩西倾:即上文的彊(jiàng)台山、西强山。在今青海东部、甘肃西南部。属秦岭西端。是来:桓水发源于甘肃西南西倾山,南行而来。

⑪马融:字季长。扶风茂陵(今陕西兴平东北)人。东汉经学家。卢植、郑玄皆尝师事之。王肃:字子雍。东海郯(今山东郯城)人。三国魏经学家。善贾逵、马融之学而反郑玄。

⑫汉:即西汉水,今四川嘉陵江。一名漾水。源出甘肃天水南嶓冢山。沔:即今汉水。

⑬《晋地道记》:亦称《晋书地道记》《晋书地道志》。东晋史学家王隐撰。

⑭梁州:三国魏景元四年(263)分益州置。治所在沔阳县(今陕西勉县东旧州铺)。

⑮黑水:历来说法不一:一说以为梁、雍二州的黑水和导川的黑水是一条水,发源雍州,南流过梁州,入南海;一说以为梁、雍二州各有一黑水,导川的黑水,即为雍州的黑水;也有说梁、雍及导川为三黑水。

⑯捍(hàn)关:即江关。在今重庆奉节东赤甲山。

⑰汉中:即汉中郡。战国秦惠文王更元十三年(前312)置。治所在南郑县(今陕西汉中东)。因水为名。巴郡:战国秦灭巴置。治所在江州县(今重庆江北区,三国蜀汉移治南岸区)。汶山:即汶山郡。西汉元鼎六年(前111)置。治所在汶江县(今四川茂县北)。江阳:即江阳郡。东汉建安十八年(213)改枝江都尉置,属益州。治所在江阳县(今四川泸州)。朱提:即朱提郡。东汉建安十九年(214),刘备改犍为属国置,属庲降都督。治所在朱提县(今云南昭通境)。涪(fú)陵:即涪陵郡。东汉建安二十一年(216)

刘备改巴东属国置,属益州。治所在涪陵县(今重庆彭水苗族土
家族自治县)。阴平:即阴平郡。东汉建安末曹操改广汉属国置,
蜀汉建兴七年(229)地入蜀汉。治所在阴平县(今甘肃文县西五
里)。广汉:即广汉郡。西汉高帝六年(前201)分巴、蜀二郡置,
初治乘乡(亦作绳乡,在今四川金堂东),后徙治梓潼县(今四川梓
潼)。新都:即新都郡。西晋泰始二年(266)改广汉郡置,属梁州。
治所在雒县(今四川广汉)。梓潼:即梓潼郡。东汉建安二十二年
(217)刘备置,属益州。治所梓潼县(今四川梓潼)。犍(qián)为:
即犍为郡。西汉建元六年(前135)分广汉郡南部及夜郎国地置,
属益州。治所在鳖县(今贵州遵义西)。武都:即武都郡。西汉元
鼎六年(前111)置。治所在武都县(今甘肃西和南仇池山东麓)。
上庸:即上庸郡。东汉建安二十二年(217)置,属荆州。治所在
上庸县(今湖北竹山县西南四十里堵水北岸)。三国魏黄初元年
(220)并入新城郡。太和二年(228)复置。魏兴:即魏兴郡。三
国魏改西城郡置,属荆州。治所在西城县(今陕西安康西北四里
汉水北岸)。新城:即新城郡。三国魏黄初元年(220)改房陵郡置,
属荆州。治所在房陵县(今湖北房县)。

【译文】

桓水

桓水发源于蜀郡的岷山,往西南流过羌中,注入南海。

《尚书·禹贡》:岷山、嶓冢山都可以耕种了,沱水、潜水经疏导后都
畅通了,蔡山、蒙山治水工程已经完竣,和夷也来通报大功告成了。郑玄
说:和上,是夷人所居的地方。和,读作桓。《地理志》说:桓水发源于蜀
郡的蜀山,往西南流经羌中。《尚书》又说:从西倾山可由桓水来到这里。
马融、王肃说:西部所辖的倾山,只能由桓水到这里来,这是说再没有别
的道路了。我依据《水经》和《尚书》来看,岷山、西倾山都有桓水,桓水
发源于西倾山,山间再也没有别的河流,所通的也只有这条水了。由潜

水、汉水乘船可到达江水、沔水,所以《晋地道记》说:梁州疆域南到桓水,西到黑水,东以捍关为界。现在的汉中、巴郡、汶山、蜀郡、汉嘉、江阳、朱提、涪陵、阴平、广汉、新都、梓潼、犍为、武都、上庸、魏兴、新城,都是古时梁州的地域。

　　自桓水以南为夷,《书》所谓和夷底绩也。然所可当者,惟斯水与江耳。桓水,盖二水之别名,为两川之通称矣。郑玄注《尚书》言:织皮①,谓西戎之国也;西倾,雍州之山也②。雍、戎二野之间,人有事于京师者,道当由此州而来。桓是,陇坂名,其道盘桓,旋曲而上,故名曰桓是③。今其下民谓是、坂曲为盘也④,斯乃玄之别致,恐乖《尚书》因桓之义⑤,非浮潜入渭之文。余考校诸书,以具闻见,今略辑综川流沿注之绪,虽今古异容,本其流俗,粗陈所由。然自西倾至葭萌入于西汉⑥,即郑玄之所谓潜水者也。自西汉溯流而届于晋寿界⑦,沮、漾枝津⑧,南历冈穴,迤逦而接汉⑨,沿此入漾,《书》所谓浮潜而逾沔矣⑩。历汉川至南郑县⑪,属于褒水⑫,溯褒暨于衙岭之南⑬,溪水枝灌于斜川⑭,届于武功而北达于渭水⑮,此乃水陆之相关,川流之所经,复不乖《禹贡》入渭之宗,寔符《尚书》乱河之义也⑯。

【注释】

①织皮:西戎之国。一说为毛布。

②雍州:古九州之一。在今陕西、甘肃和青海东部地区。

③"桓是"几句:段玉裁《说文解字注》:"见《夏书·禹贡》曰:西倾因桓是来。郑注云:桓是,陇坂名。其道盘桓旋曲而上,故曰桓是。"

④今其下民谓是、坂曲为盘也:此句疑有错讹,当作"今其下民谓坂

为是，曲为盘也"。

⑤恐乖《尚书》因桓之义：《尚书》中的"因桓"之义是说织皮与西倾之贡品因桓水而来，与郑玄的解释不同。

⑥葭萌：古邑名。本苴邑，在今四川广元西南昭化镇。西汉：即西汉水。即今四川嘉陵江。一名漾水。

⑦溯流：逆流而上。晋寿：即晋寿郡。东晋太元十五年（390）分梓潼郡北部置，属梁州。治所在晋寿县（今四川广元西南昭化镇。一说广元南元坝区西南黄龙乡）。

⑧沮：即沮水。在今陕西勉县西。为汉水别源。漾：即漾水。今四川嘉陵江。枝津：支流。

⑨迤逦（yǐ lǐ）：曲折绵延貌。

⑩浮潜而逾沔：乘船渡过潜水，越过沔水。

⑪汉川：即西汉水。即今四川嘉陵江。一名漾水。南郑县：战国秦置，为汉中郡治。治所在今陕西汉中东二里。

⑫褒水：亦称褒河。上源名紫金水。源出今陕西太白东南太白山，西南流经留坝，至勉县东、汉中西入汉水。

⑬暨：至，到。衙岭：即衙岭山。在今陕西眉县西南三十里。

⑭枝灌：支流灌注。斜川：即斜水。亦名斜谷水。即今陕西岐山县南渭水南岸支流桃川河、石头河。源出太白县南太白山，东北流至岐山县南入渭河。

⑮武功：即武功县。战国秦孝公置。治所在今陕西眉县东四十里渭水南岸。秦属内史。西汉属右扶风。东汉永平八年（65）移治故斄城（今陕西咸阳西南杨陵区永安村）。

⑯寔（shí）：同"实"。的确，确实。乱：汇聚，汇合。

【译文】

桓水以南是夷人地区，就是《尚书》里说的来通报大功告成的和夷。但可相对应的水，只有此水和江水了。桓水大概就是这两条水的别名，也是它们的通称。郑玄给《尚书》作注时说：织皮，是指西戎之国；西倾，则是雍州的山。雍州、西戎两个地区之间，人们有事要去京师，所走的路应当从此州而来。桓是，这是陇地山坡名，那里道路盘桓曲折上行，所以叫桓是。现在山下的人把山坡叫是，曲折叫盘，这是郑玄的一家之说，恐怕违背《尚书》由桓水前来之说的本意，也是不符由潜水乘船入渭水这句话的含义的。我翻阅了各种典籍以广见闻，现在大略综述一下河流的来龙去脉，虽然古今地貌有所不同，但按一般说法，还是可以大致叙述一下诸水所经的地方的。那么从西倾到葭萌注入西汉水的，就是郑玄所说的潜水了。从西汉水溯流到达晋寿边界，沮水、漾水等支流往南流过山冈下的洞穴，逶迤流奔，与汉水相接，又沿汉水而进入漾水——这就是《尚书》所谓从潜水乘船到达沔水了。经汉水到南郑县，连接褒水，从褒水溯流而上，达到衙岭的南溪水，分支注入斜川，抵达武功县，往北直到渭水，这是有水路、陆路相互衔接，有河流所经的路线可循的，并不违背《禹贡》中入渭的说法，实际上也是符合《尚书》中汇聚河水的意思。

若水

若水出蜀郡旄牛徼外①，东南至故关②，为若水也。

《山海经》曰：南海之内③，黑水之间，有木名曰若木④，若水出焉。又云：灰野之山有树焉⑤，青叶赤华，厥名若木。生昆仑山西，附西极也。《淮南子》曰：若木在建木西，木有十华，其光照下地⑥。故屈原《离骚·天问》曰：羲和未阳，若华何光是也⑦？然若木之生非一所也。黑水之间，厥木所植。水出其下，故水受其称焉。若水沿流，间关蜀土⑧。黄帝长子昌意⑨，德劣不足绍承大位，降居斯水，为诸侯焉。娶蜀山氏女⑩，生颛顼于若水之野⑪。有圣德，二十登帝位，承少暤金官之政⑫，以水德宝历矣⑬。

【注释】

①若水：即今雅砻江及与雅砻江合流后至云南巧家县的一段金沙江。为蜀地至云南西部必经之地。旄牛：即旄牛县。西汉元鼎六年（前111）置，属沈黎郡。治所在今四川汉源南大渡河南岸。徼（jiào）外：塞外，边外。徼，边境，边界。

②故关：这里指在若水上所修建的关隘。

③南海：具体不详。

④若木：一种红色的树木，青叶赤花。传说生长在昆仑山之西尽头。

⑤灰野之山：《山海经·大荒北经》中记录的山名。具体位置不详。

⑥"若木在建木西"几句：语见《淮南子·地形训》："若木在建木西，末有十日，其华照下地。"郦道元抄变其辞。建木，传说中的神木名。华（huā），花。

⑦羲和未阳，若华何光是也：羲和尚未御日出行，若木之花为何放光？羲和，古代神话中驾驭日车的神。未阳，一作未扬，作未扬鞭解。

⑧间关：曲折辗转。

⑨昌意：古史传说中黄帝之子。母为嫘祖，封在若水，娶蜀山氏之女昌仆（即女枢）为妻，生帝颛顼。

⑩蜀山氏：传说中的上古帝王，即古蜀国传说中的创建者蚕丛、鱼凫等诸古蜀国国王。

⑪颛顼（zhuān xū）：上古帝王名。五帝之一，号高阳氏。相传为黄帝之孙、昌意之子，生于若水，居于帝丘（今河南濮阳西南）。

⑫少暤（hào）：亦作少昊。名挚（一作质），号金天氏。传说中古代东夷部落首领。东夷部落曾以鸟为图腾，相传少暤曾以鸟名为官名。金官之政：即金官所掌管之职事。金官，古代五行之官，即金正，掌金之长官。

⑬以水德宝历：一作以水德膺历。水德，古代阴阳家称帝王受命的五德之一。谓以水而德王。膺历，帝王承受国祚之称。

【译文】

若水

若水发源于蜀郡旄牛县边境以外,往东南流到故关的,就是若水。

《山海经》说:南海以内,黑水之间,有一棵树叫若木,若水就发源于这里。又说:灰野山上有一棵树,青叶红花,名叫若木。它生在昆仑山西边,依傍着西极。《淮南子》说:若木在建木西,树上有十朵花,光芒照耀着大地。所以屈原《离骚·天问》说:日神羲和尚未御日出行,若木的花为何放出光芒?但若木生长的地方不止一处。若木生在黑水之间,水从树下流出,所以也因木而得名了。若水在蜀地崎岖的山岭间辗转奔流。黄帝的长子昌意品德恶劣,不配继承王位,因而被贬,谪居于若水,成为诸侯。他娶了蜀山氏的女儿,就在若水之野生了颛顼。颛顼有圣人的德望,二十岁就登上帝位,接过少皞的金官职务,以水德而为王。

若水东南流,鲜水注之①,一名州江。大度水出徼外②,至旄牛道③,南流入于若水。又迳越巂大莋县入绳④。绳水出徼外。《山海经》曰:巴遂之山⑤,绳水出焉。东南流,分为二水:其一水枝流东出,迳广柔县⑥,东流注于江;其一水南迳旄牛道,至大莋与若水合。自下亦通谓之为绳水矣。莋,夷也⑦。汶山曰夷⑧,南中曰昆弥⑨,蜀曰邛,汉嘉、越巂曰莋。皆夷种也⑩。

【注释】

①鲜水:一名州江。即今四川西部雅砻江支流鲜水河。

②大度水:指今四川西部雅砻江支流鲜水河。

③旄牛道:古道路名。两汉、三国蜀汉通西南夷道路之一,与灵关道

相接。以路经旄牛夷境或旄牛县为名。从今四川成都西南行,经
邛崃、雅安、荥经,越大相岭至汉源北清溪镇,再南经汉源,渡大渡
河,西南至越嶲郡治邛都(今西昌东南)。东汉中叶荒废,三国蜀
汉延熙中修复。

④越嶲(xī):即越嶲郡。西汉元鼎六年(前111)以邛都国地置。治
所在邛都县(今四川西昌东南五里)。大莋(zuó)县:西汉元鼎六
年(前111)置,属越嶲郡。治所在今四川盐边北鱼乡南。绳:
即绳水。指今四川、云南间之金沙江。先秦至南朝称绳水。

⑤巴遂之山:《水经注疏》熊会贞按:"巴萨通拉木山(今西藏北部及
西藏、青海间的唐古拉山),即《山海经》巴遂之山。"

⑥广柔县:西汉元鼎六年(前111)置,属汶山郡。治所在今四川理
县东北桃坪乡古城村。

⑦莋(zuó),夷也:刘琳《华阳国志校注》:"'莋'当是其部族自称的
译音。"

⑧汶山:即汶山郡。西汉元鼎六年(前111)置。治所在汶江县(今
四川茂县北)。

⑨南中:地区名。相当于今四川大渡河以南及云、贵两省。三国蜀
汉以巴蜀为根据地,其地在巴蜀之南,故名。

⑩皆夷种:都是夷族。

【译文】

若水往东南流,接纳了鲜水,又名州江。大度水发源于边境以外,到
旄牛道,往南流注入若水。若水又经越嶲大莋县注入绳水。绳水发源于
边境以外。《山海经》说:巴遂山是绳水的发源地。往东南流分为两条:
其中一条分支东出,经过广柔县东流注入江水;另一条往南流经旄牛道,
到大莋县与若水汇合。自此以下,也就通称绳水了。莋是夷族。住在汶
山的叫夷,住在南中的叫昆弥,住在蜀的叫邛,住在汉嘉、越嶲的叫莋。
都是夷族。

南过越嶲邛都县西^①，直南至会无县^②，淹水东南流注之^③。

邛都县，汉武帝开邛、筰置之^④。县陷为池，今因名为邛池^⑤，南人谓之邛河。河中有蜯嶲山^⑥。应劭曰：有嶲水^⑦，言越此水以章休盛也。后复反叛。元鼎六年^⑧，汉兵自越嶲水伐之，以为越嶲郡，治邛都县。王莽遣任贵为领戎大尹^⑨，守之，更名为集嶲也。县，故邛都国也^⑩。越嶲水即绳、若矣^⑪，似随水地而更名矣。又有温水^⑫，冬夏常热，其源可燖鸡豚^⑬；下汤沐洗，能治宿疾。昔李骧败李流于温水是也^⑭。

【注释】

①邛都县：西汉元鼎六年（前111）于邛都国置，为越嶲郡治。治所在今四川西昌东南五里。

②直南：正直向南。会无县：西汉元鼎六年（前111）置，属越嶲郡。治所即今四川会理。

③淹水：即今与雅砻江合流以上的金沙江，在四川、云南间。东汉至南朝称淹水。

④邛、筰：古西南夷二国。在今四川西南部荥经南至西昌一带。

⑤邛池：即今四川西昌东南之邛海。

⑥蜯（bàng）嶲山：亦作奉嶲山。即今四川西昌南邛海西之泸山。

⑦嶲（xī）水：亦名越嶲水。即流经今四川西昌的安宁河。

⑧元鼎六年：前111年。元鼎，西汉武帝刘彻的年号（前116—前111）。

⑨王莽：字巨君。东平陵（今山东济南东）人。弑西汉平帝刘衎，立孺子婴为帝而摄政。初始元年（8）称帝，改国号新。在位期间在全国实行官制、钱币等改制。由于法令细苛，赋役繁重，激起农民起义，身死国亡。任贵：王莽时越嶲郡人。曾率种人杀太守枚根，

自立为邛谷王。王莽遂以任贵为领戎大尹。光武帝刘秀封任贵为邛王，建武十四年（38），任贵遣使上三年计，被授越巂太守印绶。后被武威将军刘尚所诛杀。领戎：刘琳《华阳国志校注》认为："王莽大改地名，边郡多用侮辱少数民族的名称，如改天水郡为镇戎、陇西郡为厌戎、北地郡为威戎等。改越巂郡为'领戎'与此类，后又改为集巂。"大尹：王莽按照《礼记·王制》改太守为卒正、连率、大尹。

⑩邛都国：古西南夷所建之政权。汉通西南夷置邛都县，故治在今四川西昌东南。南齐废。

⑪绳：即绳水。指今四川、云南间之金沙江。先秦至南朝称绳水。若：即若水。

⑫温水：即今四川西昌北七十里热水河。

⑬燖（xún）：用热水烫后去毛。

⑭李骧：巴西宕渠（今四川渠县）人。李雄称成都王时，以之为太傅。其子李寿即位，追尊为献帝，庙号汉始祖。李流：当为"李钊"之讹。官越巂太守。曾为成汉李雄所执，自蜀逃归。李雄遣李骧、任回攻李钊。李钊自南秦与汉嘉太守王载共拒之，战于温水，李钊败绩，遂降成汉。

【译文】

若水往南流过越巂郡邛都县西，一直南流到会无县，淹水往东南流注入若水。

邛都县是汉武帝开辟邛、筰时所设。县城地面沉降，成为池沿，因而现在名为邛池，南方人叫邛河。河中有蜯巂山。应劭说：有巂水，意思是说越过此水以彰明美善兴盛。后来夷人又反叛了。元鼎六年，汉朝从越巂水出兵讨伐，设置越巂郡，治所在邛都县。王莽派遣任贵为领戎大尹镇守在这里，改名集巂。邛都县从前是邛都国。越巂水就是绳水、若水，似乎是随水流所经之地而更名的。又有温水，冬夏常热不变，源头温度很高，可以煮熟鸡肉和猪肉；在温泉里洗澡，能治愈多年顽疾。从前李骧曾在温水打败李流。

　　若水又迳会无县，县有骏马河[①]。水出县东高山，山有天马径，厥迹存焉。马日行千里，民家马牧之山下，或产骏驹，言是天马子。河中有贝子，胎铜[②]，以羊祠之，则可取也。又有孙水焉[③]。水出台高县[④]，即台登县也。孙水一名白沙江，南流迳邛都县，司马相如定西南夷[⑤]，桥孙水，即是水也。又南至会无入若水。

【注释】

①骏马河：即今四川会理县境之会川河、城河。

②河中有贝子，胎铜："贝子"疑衍。胎铜，当作铜胎。朱谋㙔《水经注疏》认为铜胎即铜璞（铜矿石）。

③孙水：一名白沙江。即流经今四川西昌的安宁河。

④台高县：即台登县。西汉元鼎六年（前111）置，属越巂郡。治所在今四川冕宁南泸沽镇。

⑤司马相如：字长卿。蜀郡成都（今四川成都）人。西汉著名辞赋家。

【译文】

若水又流经会无县，县里有骏马河。骏马河发源于县东的高山，山上有天马径，马的足迹还在。马日行千里，居民的马放牧到山下，如果生了茁壮的小马，都说是天马之子。河中有贝子，是铜胎，用羊祭祀就可以捞到。又有孙水。孙水发源于台高县，就是台登县。孙水又叫白沙江，往南流过邛都县，司马相如安抚了西南夷，在孙水架桥，就是这条水。孙水往南流到会无县注入若水。

　　若水又南迳云南郡之遂久县①,青蛉水入焉②。水出青蛉县西③,东迳其县下,县以氏焉。有石猪坼④,长谷中有石猪,子母数千头。长老传言,夷昔牧此,一朝化为石,迄今夷人不敢往牧。贪水出焉⑤。青蛉水又东注于绳水。绳水又迳三绛县西⑥,又迳姑复县⑦,北对三绛县,淹水注之。三绛一曰小会无,故《经》曰:淹至会无注若水。

【注释】

①云南郡:三国蜀汉建兴三年(225)析永昌、益州、越嶲三郡地置,属庲降都督。治所在弄栋县(今云南姚安西北十七里旧城)。遂久县:西汉元鼎六年(前111)置,属越嶲郡。治所在今云南丽江玉龙纳西族自治县境。三国蜀汉建兴三年(225)属云南郡。

②青蛉水:即今青蛉河。在云南大姚。

③青蛉县:西汉元鼎六年(前111)置,属越嶲郡。治所在今云南大姚。

④石猪坼(qí):在今云南大姚境内。

⑤贪水:即今云南弥渡西毗雄县。汉至南朝称贪水。

⑥三绛县:西汉元鼎六年(前111)置,属越嶲郡。治所在今云南元谋北八十二里,金沙江北姜驿。东汉改三缝县。

⑦姑复县:西汉元鼎六年(前111)置,属越嶲郡。治所在今云南永胜县境。三国蜀汉建兴三年(225)属云南郡。

【译文】

　　若水又往南流,经过云南郡的遂久县,接纳了青蛉水。青蛉水发源于青蛉县西,往东流过县城下,县就是因水而得名的。县里有石猪坼,深长的山谷中有许多石猪,母猪、小猪多达数千头。据老人们相传,从前夷人在这里牧猪,一天猪忽然都变成了石头,因此至今夷人仍不敢到那里去放牧。贪水发源于这里。青蛉水又往东流,注入绳水。绳水又流经三

绛县西,又流经姑复县,姑复县北对三绛县,有淹水注入。三绛又名小会
无,所以《水经》说:淹水到会无注入若水。

　　若水又与母血水合①。水出益州郡弄栋县东农山母血
谷②,北流迳三绛县南,北入绳。绳水又东,涂水注之③。水
出建宁郡之牧靡南山④,县、山并即草以立名。山在县东北
乌句山南五百里⑤,山生牧靡,可以解毒。百卉方盛,鸟多误
食乌喙⑥,口中毒,必急飞往牧靡山,啄牧靡以解毒也。涂水
导源腊谷,西北流至越嶲入绳。绳水又迳越嶲郡之马湖县⑦,
谓之马湖江⑧。又左合卑水⑨。水出卑水县⑩,而东流注马
湖江也。

【注释】

①母血水:又作无血水。即今云南楚雄彝族自治州境内之龙川江。
　　汉至南朝称母血水。

②益州郡:西汉元封二年(前109)武帝开滇置。治所在滇池县(今
　　云南昆明晋宁区东北三十二里晋城镇)。弄栋县:又作桥栋县。
　　西汉元封二年(前109)置,属益州郡。治所在今云南姚安西北
　　十七里光禄镇南旧城。三国蜀汉建兴三年(225)为云南郡治。
　　西晋属云南郡。东农山:又名连山。在今云南姚安东南。

③涂水:即今云南东北部之牛栏江。

④建宁郡:三国蜀汉建兴三年(225)改益州郡置,属庲降都督。治
　　所在味县(今云南曲靖西北十五里三岔)。牧靡:即牧靡县。西汉
　　元封二年(前109)置,属益州郡。治所在今云南寻甸回族彝族自
　　治县境。

⑤乌句山:当在今云南寻甸回族彝族自治县一带。

⑥乌喙：有毒植物名。即乌头，又名土附子。茎叶、根都有毒。

⑦马湖县：三国蜀汉置，属越巂郡。治所在今四川雷波东北黄琅镇。

⑧马湖江：即今与美姑河汇合处起至四川宜宾一段金沙江。两晋至清称马湖江。

⑨卑（bān）水：即今四川美姑县境美姑河。

⑩卑水县：西汉元鼎六年（前111）置，属越巂郡。治所在今四川昭觉东北庆恒乡。

【译文】

　　若水又与母血水汇合。母血水发源于益州郡弄栋县东农山母血谷，往北流经三绛县南，往北注入绳水。绳水又往东流，涂水注入。涂水发源于建宁郡牧靡县的南山，县和山都以草取名。牧靡山在该县东北乌句山以南五百里，山上长着牧靡草，可以解毒。当百草生长旺盛时，鸟常误食乌喙中毒后，就必定会急急忙忙地飞往牧靡山，啄食牧靡草来解毒。涂水发源于腊谷，往西北流，到越巂注入绳水。绳水又流经越巂郡的马湖县，称为马湖江。又在左边汇合了卑水。卑水发源于卑水县，往东注入马湖江。

又东北至犍为朱提县西①，为泸江水②。

　　朱提③，山名也。应劭曰：在县西南，县以氏焉④。犍为属国也，在郡南千八百许里。建安二十年立朱提郡⑤，郡治县故城。郡西南二百里得所绾堂琅县⑥，西北行，上高山，羊肠绳屈八十余里，或攀木而升，或绳索相牵而上，缘陟者若将阶天。故袁休明《巴蜀志》云⑦：高山嵯峨⑧，岩石磊落⑨。倾侧萦回，下临峭壑。行者扳缘，牵援绳索。三蜀之人⑩，及南中诸郡⑪，以为至险。有泸津⑫，东去县八十里，水广六七百步，深十数丈，多瘴气⑬，鲜有行者。晋明帝太宁二年⑭，李骧等侵越巂，攻台登县^⑮，宁州刺史王逊遣将军姚岳击之^⑯，战于堂琅^⑰，骧军大败，岳追之至泸水，赴水死者千余人。逊以岳等不穷追，怒甚，发上冲冠，帢裂而卒^⑱。

【注释】

①犍为：即犍为郡。西汉建元六年（前135）分广汉郡南部及夜郎国地置，属益州。治所在鳖县（今贵州遵义西）。朱提县：西汉建元六年（前135）置，属犍为郡。治所在今云南昭通市昭通坝子内。

②泸江水：即今金沙江流经云南昭通西至四川宜宾一段。东汉称泸江水。

③朱提：即朱提山。在今云南昭通境内。

④氏：取名。

⑤建安二十年：215年。建安，汉献帝刘协的年号（196—220）。朱提郡：东汉建安十九年（214），刘备改犍为属国置，属庲降都督。治所在朱提县（今云南昭通境）。

⑥绾（wǎn）：总管，控制。堂琅县：西汉建元六年（前135）置，属犍为郡。治所在今云南巧家县东七十里老店子。

⑦袁休明《巴蜀志》：《隋书·经籍志》："《巴蜀记》一卷。"不著撰人。或即为袁休明所撰。

⑧嵯峨（cuó é）：山高峻耸立的样子。

⑨磊落：众多堆积貌。

⑩三蜀：秦灭蜀国置蜀郡，西汉高帝分蜀郡置广汉郡，武帝又分置犍为郡，本一蜀国，称为三蜀。辖地相当于今四川中部，贵州北部赤水河流域及云南金沙江下游以东，会泽以北地区。

⑪南中：地区名。相当于今四川大渡河以南及云、贵两省。三国蜀汉以巴蜀为根据地，其地在巴蜀之南，故名。

⑫泸津:古渡口。在今云南巧家县西的金沙江上。晋至南朝称泸津。

⑬瘴气:指我国南部、西南部地区山林间湿热蒸发能致病之气。

⑭太宁二年:324年。太宁,东晋明帝司马绍的年号(323—325)。

⑮台登县:西汉元鼎六年(前111)置,属越嶲郡。治所在今四川冕宁南泸沽镇。

⑯宁州:西晋泰始七年(271)分益州置。治所在滇池县(今云南昆明晋宁区东北三十二里晋城镇)。王逊:东晋元帝时宁州刺史。永昌元年(322),遣子澄入质朝廷,并使澄率渝、濮杂夷数百人随从入朝。姚岳:东晋人。为宁州刺史王逊部将。

⑰堂琅:即堂琅县。西汉建元六年(前135)置,属犍为郡。治所在今云南巧家县东七十里老店子。

⑱帢(qià)裂而卒:帽子撑裂而死。形容极其愤怒。帢,缣帛制的便帽。

【译文】

若水又往东北流到犍为郡朱提县西边,就是泸江水。

朱提是山名。应劭说:山在朱提县西南,县也因山而得名。朱提县原是犍为属国,在郡治南约一千八百里。建安二十年置朱提郡,郡治就设在旧县城。郡城西南二百里有该郡所辖的堂琅县,往西北走,羊肠小道弯弯曲曲地伸上高山,路程八十余里,有的地方要攀着树木上登,有的地方要用绳索互相牵挽着爬上去,登山真有如登天。所以袁休明《巴蜀志》说:高山险峻巍峨,巨石参差错落。山径曲折倾斜,下临陡峭绝壑。行人攀援登山,还须牵挽绳索。三蜀以及南中诸郡的人,都认为这条路极险。县城东八十里,有泸津,那里水面宽达六七百步,深十几丈,而且多瘴气,很少有人行走。晋明帝太宁二年,李骧等侵犯越嶲,进攻台登县,宁州刺史王逊派将军姚岳去进剿,在堂琅打了一仗,李骧的军队大败,姚岳追到泸水,落水而死的千余人。王逊因姚岳等人没有穷追到底,怒发冲冠,帽裂而死。

按永昌郡有兰仓水①,出西南博南县②,汉明帝永平二年置③。博南④,山名也,县以氏之。其水东北流迳博南山,汉武帝时通博南山道,渡兰仓津⑤,土地绝远,行者苦之。歌曰:汉德广,开不宾⑥。渡博南,越仓津,渡兰仓,为作人⑦。山高四十里。兰仓水出金沙,越人收以为黄金。又有珠光穴,穴出光珠⑧。又有琥珀、珊瑚,黄、白、青珠也。

【注释】

①永昌郡:东汉永平十二年(69)哀牢内属,以其地并析益州郡西部六县合置。治所在嶲唐县(今云南云龙西南七十里漕涧镇)。兰仓水:即今云南西部之澜沧江。汉至南朝称兰仓水。

②博南县:东汉永平十二年置,属永昌郡。治所在今云南永平西南二十四里花桥。

③永平二年:59年。永平,东汉明帝刘庄的年号(58—75)。

④博南:即博南山。在今云南永平西南花桥以西,澜沧江东岸。

⑤兰仓津:兰仓水上的渡口。

⑥宾:宾服,归附。

⑦作人:指役夫、匠人等劳动者。

⑧光珠:有光之珠。即江珠。

【译文】

永昌郡有兰仓水,发源于西南的博南县,县在汉明帝永平二年设置。博南是山名,县因山而得名。兰仓水往东北流经博南山,汉武帝时开通了博南山道,在兰仓津过渡口,道路极其遥远,往来行人深以为苦。有一首歌谣说:汉朝恩德广大无边,教化未归顺的夷民。翻过博南山,越过兰仓津,渡过兰仓江,全是服役人。博南山高四十里。兰仓水出产金沙,越人淘沙制成黄金。又有珠光穴,洞穴里出产光珠。还出产琥珀、珊瑚和黄的、白的、青的珠子。

兰仓水又东北迳不韦县与类水合①。水出嶲唐县②,汉武帝置。类水西南流,曲折又北流,东至不韦县注兰仓水。

【注释】

①不韦县:西汉元封二年(前109)置,属益州郡。治所在今云南保山市东北二十二里金鸡村。类水:即今云南云龙西之沘江。汉至南朝称类水。

②嶲(xī)唐县:西汉元封二年(前109)置,属益州郡。治所在今云南云龙西南七十里漕涧镇。东汉永平十年(67)为益州郡西部都尉治。永平十二年(69)为永昌郡治。建初元年(76)后郡治他移,仍属永昌郡。

【译文】

兰仓水又往东北流经不韦县,与类水相汇合。类水发源于嶲唐县,县在汉武帝时设置。类水往西南流,弯弯曲曲地又转向北流,往东到不韦县注入兰仓水。

又东与禁水合①。水自永昌县而北迳其郡西②,水左右甚饶犀象。山有钩蛇,长七八丈,尾末有岐。蛇在山涧水中,以尾钩岸上人、牛食之。此水傍瘴气特恶,气中有物,不见其形,其作有声,中木则折,中人则害,名曰鬼弹③。惟十一月、十二月差可渡④,正月至十月迳之,无不害人。故郡有罪人,徙之禁旁,不过十日皆死也。

【注释】

①禁水:《水经注疏》熊会贞按:“即今蒙化厅(今云南巍山彝族回族自治县西北郊开南村)之漾濞江也。”

②永昌县：《水经注疏》熊会贞按："《齐志》，永昌郡有永安县。《一统
　　志》依此作永昌。梁荒废。疑即今保山县（今云南保山市）治。"

③鬼弹：或曰瘴母。指瘴气。因其能于无形中摧折树木，使人中毒
　　而病，故称。

④差：稍微，略略。

【译文】

兰仓水又往东流，与禁水相汇合。禁水从永昌县往北流，经过郡城
西面，两岸犀牛、大象很多。山上有钩蛇，长七八丈，尾端分叉。蛇躲在
山涧的水中，用尾巴来钩岸上的人和牛吞食。这条水边瘴气特别厉害，
瘴气中有个东西，虽然看不到它的形状，出动时却有声音，若打着树木则
树木折断，若打着人则人丧命，名叫鬼弹。只有十一或十二月还勉强可
以渡河，如在正月到十月之间经过，无人不受其害。所以郡里有犯人，就
把他们流放到禁水旁，不出十天就都死了。

禁水又北注泸津水①，又东迳不韦县北而东北流。两岸
皆高山数百丈，泸峰最为杰秀，孤高三千余丈。是山于晋太
康中崩②，震动郡邑③。水之左右，马步之径裁通④。而时有
瘴气，三月、四月迳之必死，非此时犹令人闷吐。五月以后，
行者差得无害。故诸葛亮《表》言⑤：五月渡泸，并日而食⑥，
臣非不自惜也，顾王业不可偏安于蜀故也⑦。《益州记》曰⑧：
泸水源出曲罗巂⑨，下三百里曰泸水⑩。两峰有杀气⑪，暑月
旧不行⑫，故武侯以夏渡为艰⑬。

【注释】

①泸津水：《水经注疏》熊会贞按："永昌郡东北八十里泸仓津，此江
　　有瘴气，指兰仓水（今云南西部之澜沧江）。即此所谓泸津水也。"

②太康：西晋武帝司马炎年号（280—289）。

③震动郡邑：此指地震。

④裁通：仅仅能够通行。

⑤诸葛亮《表》：指诸葛亮的《前出师表》。作于蜀建兴五年（227）。为作者率军北驻汉中，临发前所作。文中追思先帝遗德，规谏后主刘禅应亲贤臣，远小人，执法公正，赏罚一致。并认为此时应该北定中原，兴复汉室。

⑥并日而食：两日当作一日吃饭。指条件非常艰苦。

⑦偏安：苟且偷安于一隅，而不思统一全国。

⑧《益州记》：《水经注疏》杨守敬按："宋任豫、梁李膺并有《益州记》，此未详谁作？"

⑨曲罗巂：居住在曲罗（今四川冕宁西南雅砻江弯曲地区）的巂种人。

⑩下三百里曰泸水：此句有讹误，未详。

⑪杀气：这里指能杀人的瘴气。

⑫暑月：夏月。约相当于农历六月前后小暑、大暑之时。

⑬武侯：诸葛亮谥曰忠武侯。

【译文】

禁水又往北流，注入泸津水，泸津水又往东流经不韦县北，然后往东北流。两岸都是几百丈的高山，其中以泸峰最为高峻秀丽，孤峰拔起，高三千余丈。此山在晋太康年间崩塌，震得整个郡城都摇动起来。泸津水左右两岸，仅有小径相通，可步行或骑马。但时常有瘴气，三月和四月间经过这里，必死无疑，即使不在这个时候，也还使人胸闷或呕吐。五月以后危害才较少。所以诸葛亮《前出师表》说：五月渡泸，两天只吃一天的食粮，我不是不珍惜自己，只是因为王业不可能偏处蜀地一隅而保持安定的缘故。《益州记》说：泸水的源头出自曲罗巂，下流三百里才叫泸水。两峰有杀人的瘴气，过去在酷暑季节是不能行走的，所以武侯把夏天渡泸水看作一件难事。

泸水又下合诸水,而总其目焉,故有泸江之名矣。自朱提至僰道有水步道①,水道有黑水、羊官水②,至险难。三津之阻,行者苦之。故俗为之语曰:楢溪、赤水③,盘蛇七曲。盘羊、乌栊④,气与天通。看都濩泚⑤,住柱呼伊⑥。庲降贾子⑦,左担七里⑧。又有牛叩头、马搏颊坂⑨,其艰险如此也!

【注释】

①朱提(shū shí):古县名。西汉建元六年(前135)置,属犍为郡。治所在今云南昭通市昭通坝子内。僰(bó)道:即僰道县。在今四川宜宾。水步道:水路和步行的陆路。

②黑水:任乃强《华阳国志校补图注》认为,此即云南盐津县之普耳渡。羊官水:任乃强认为,此即云南大关县之大渡。

③楢(yóu)溪:长满楢树的溪流。楢,古书上指一种质地柔软的树木。赤水:一作赤木。具体不详。

④盘羊、乌栊(lóng):任乃强认为此为二山名。乌栊即乌蒙山,在朱提、堂琅界上。

⑤濩泚(huò cǐ):大汗淋漓的样子。

⑥住柱:肩负者用丁拐支撑所负而休息。呼伊:语气词,表示疲劳痛苦的叹息声。

⑦庲(lái)降:屯名。在今云南镇雄附近。贾子:贩贸于南中之商贾。

⑧左担:因为山势险要不能换肩,只能用左肩承担。

⑨牛叩头、马搏颊:任乃强认为,形容牛马负重经过时,竭力引首向下,以长脊力,至于额颊抵地,而后能进,艰苦之至也。头直下,则额抵地,直下至于顿颡,犹不能进,则偏其首,以颊抵地,较叩头又进一步之形容语也。

【译文】

泸水下游又汇合了诸水,但都以此水为总称,所以有泸江这个水名。

从朱提到僰道有水路和步行小路,水路有黑水、羊官水,极其艰险难行。要过三处险渡,行人深以为苦。所以民间谚语说:楢溪、赤水曲又弯,东流西转像蛇盘。盘羊、乌栊二山,瘴气直与天相通。大汗淋漓爬山苦,拄杖小憩呼伴侣。庲降小贩多苦劳,七里险路左肩热。又有牛叩头坂和马搏颊坂,道路是这样艰险难行!

又东北至僰道县,入于江。

若水至僰道,又谓之马湖江。绳水、泸水、孙水、淹水、大渡水①,随决入而纳通称②。是以诸书录记群水,或言入若,又言注绳,亦咸言至僰道入江。正是异水沿注,通为一津,更无别川可以当之。水有孝子石,昔县人有隗叔通者,性至孝,为母给江膂水③,天为出平石至江膂中,今犹谓之孝子石。可谓至诚发中,而休应自天矣④。

【注释】

①绳水:指今四川、云南间之金沙江。先秦至南朝称绳水。泸水:即今雅砻江下游及与雅砻江合流后至云南巧家县一段金沙江。在四川、云南二省间。汉至唐称泸水。孙水:即今四川西昌西南之安宁河。淹水:即今与雅砻江合流以上的金沙江。在四川、云南间。东汉至南朝称淹水。大渡水:一作大度水。指今四川西部雅砻江支流鲜水河。

②决入:决堤和汇入。通称:统称。

③江膂(lǚ):江心。

④休应:嘉应,瑞应。

【译文】

若水又往东北流到僰道县,注入大江。

　　若水流到僰道，又叫马湖江。绳水、泸水、孙水、淹水、大渡水，随着诸水相汇流，于是也得到了通称。所以各种书籍记述诸水，有的说注入若水，也有说注入绳水，又有说到僰道入江。这正是因为各水流注相通，成为一水之故，除却此水，再也没有别的可相对应的河流了。水上有孝子石，从前县里有个叫隗叔通的人，生性非常孝顺，天天为母亲从江心汲水，于是上天为他把一片平坦的岩石伸到江心，现在还叫孝子石。这真可说是内心有极大的诚意，上天也会降福了。

沫水
沫水出广柔徼外①，

　　县有石纽乡②，禹所生也。今夷人共营之，地方百里，不敢居牧。有罪逃野，捕之者不逼，能藏三年，不为人得，则共原之，言大禹之神所佑之也。

【注释】

①沫水：即大渡河。在今四川西部，为岷江最大支流。源出川、青交界的果洛山，上源曰大金川，在丹巴纳小金河后始称大渡河。南流经泸定、石棉、汉源、峨边，于乐山市西纳青衣江后注入岷江。广柔：即广柔县。西汉元鼎六年（前111）置，属汶山郡。治所在今四川理县东北桃坪乡古城村。徼（jiào）外：塞外，边外。徼，边境，边界。

②石纽乡：在今四川汶川（威州镇）西南四十里飞沙关。一说在今北川羌族自治县西北禹里乡附近。

【译文】

沫水

沫水发源于广柔县境外，

广柔县有石纽乡,是大禹诞生的地方。此乡方圆百里,现在由夷人共同经管,人们不敢在此居住和放牧。有罪的人逃到这片荒野之地,要抓他的人如不逼得很紧,能够藏身三年,抓他不到,大家也就宽宥了他,以为他得到大禹神灵的保佑。

东南过旄牛县北①,又东至越巂灵道县②,出蒙山南③,

灵道县,一名灵关道。汉制,夷狄曰道④。县有铜山⑤,又有利慈渚⑥。晋太始九年⑦,黄龙二见于利慈池。县令董玄之率吏民观之⑧,以白刺史王濬⑨,濬表上之,晋朝改护龙县也⑩。沫水出岷山西⑪,东流过汉嘉郡⑫,南流冲一高山,山上合下开,水迳其间,山,即蒙山也。

【注释】

①旄牛县:西汉元鼎六年(前111)置,属沈黎郡。治所在今四川汉源南大渡河南岸。天汉四年(前97)为蜀郡都尉治。东汉延光元年(122)属蜀郡蜀国都尉。三国蜀汉属汉嘉郡。十六国成汉时属沈黎郡,东晋永和中废。

②越巂(xī):即越巂郡。西汉元鼎六年(前111)以邛都国地置。治所在邛都县(今四川西昌东南五里)。灵道县:即灵关道。治所在今四川甘洛东北。

③蒙山:即今四川雅安之蒙山。

④夷狄曰道:行政区划名。秦汉在少数民族地区所置相当于县的行政区。

⑤铜山:在今四川荥经东北三十里。

⑥利慈渚:在今四川甘洛东北。

⑦太始九年：273年。太始，即泰始，西晋武帝司马炎的年号（265—274）。

⑧董玄之：人名。具体不详。

⑨白：禀告，禀报。王濬：字士治。弘农湖（今河南灵宝）人。博涉坟典，恢廓有大志。历巴郡太守、广汉太守、益州刺史等。

⑩护龙县：又名灵道县。西晋改新道县置，属越嶲郡。治所在今四川甘洛东北。

⑪岷山：亦作汶山。在今四川西北部，绵延川、甘两省边境。为岷江水系与嘉陵水系的发源处。

⑫汉嘉郡：三国蜀汉章武元年（221）改蜀郡属国都尉置，属益州。治所在汉嘉县（今四川芦山县）。

【译文】

沫水往东南流过旄牛县北边，又往东流到越嶲郡灵道县，从蒙山南边流出，

灵道县又名灵关道。按汉朝的制度，夷狄地区的行政区划叫道。县里有铜山，又有利慈渚。晋泰始九年利慈池两次出现黄龙。县令董玄之带领官吏和百姓前去观看，报告刺史王濬，王濬向皇帝上表，于是晋朝将它改名为护龙县。沫水发源于岷山西边，东流经汉嘉郡，然后往南向一座高山流去，这座山顶上合拢，山下洞开，水就从中间流过，这座山就是蒙山。

东北与青衣水合①，

《华阳国志》曰②：二水于汉嘉青衣县东③，合为一川，自下亦谓之为青衣水。沫水又东，迳开刊县④，故平乡也，晋初置。沫水又东迳临邛南⑤，而东出于江原县也⑥。

【注释】

①青衣水：在今四川宜宾南溪区南。

②《华阳国志》：书名。又名《华阳国记》。东晋常璩撰。全书共
　　十二卷。记录了从远古到东晋永和三年（347），古代中国西南地
　　区历史、地理、人物、物产等，为现存有关汉中、四川地区最早之地
　　方史志。

③青衣县：西汉高帝六年（前201）置，属蜀郡。治所在今四川雅安
　　名山区北，以青衣羌国为名。天汉四年（前97）为西部都尉治。
　　东汉阳嘉二年（133）改为汉嘉县。

④开刊县：西晋改平乡县置，属汉嘉郡。治所在今四川洪雅西。

⑤临邛：即临邛县。战国秦置，属蜀郡。治所在今四川邛崃。

⑥江原县：西汉置，属蜀郡。治所在今四川崇州东南三十里江源场东。

【译文】

沫水往东北与青衣水汇合，

《华阳国志》说：这两条水在汉嘉郡青衣县东面汇合成为一条河流，
自此以下也叫青衣水。沫水又往东流，经过开刊县，这就是旧时的平乡县，
是晋初所置。沫水又往东流，经过临邛县南面，然后从江原县往东流去。

东入于江。

昔沫水自蒙山至南安西溷崖①，水脉漂疾，破害舟船，
历代为患。蜀郡太守李冰发卒凿平溷崖②，河神嶮怒③，冰乃
操刀入水与神斗，遂平溷崖，通正水路。开处即冰所穿也。

【注释】

①南安：即南安县。秦置，属蜀郡。治所即今四川乐山市。西汉属
　　犍为郡。溷（hùn）崖：在今四川乐山市东二里凌云山大佛岩。

②蜀郡：周赧王元年（前314）秦惠王置。治所在成都县（今四川成
　　都）。李冰：战国末秦水利专家。秦昭王时为蜀郡太守，与其子一
　　同修建了都江堰。还凿离堆以灌溉诸郡，造福于蜀地人民。发卒：

发动士卒。

③赑（bì）怒：盛怒。赑，怨怒。

【译文】

沫水往东注入大江。

从前沫水从蒙山到南安西面的溷崖，水流湍急，船只常被冲毁，是历代的大患。蜀郡太守李冰调遣兵卒，凿平溷崖，河神暴怒，李冰握刀跳进水里与河神搏斗，终于制伏了河神，凿平了溷崖，水路也畅通了。如今崖上的水口，就是李冰打通的。

延江水

延江水出犍为南广县①，东至牂柯鳖县②，又东屈北流，

鳖县，故犍为郡治也。县有犍山③。晋建兴元年置平夷郡④。县有鳖水⑤，出鳖邑西不狼山⑥，东与温水合⑦。温水一曰暖水，出犍为符县而南入黚水⑧。黚水亦出符县，南与温水会。阚骃谓之阚水⑨，俱南入鳖水。鳖水于其县而东注延江水。延江水又与汉水合⑩。水出犍为汉阳道山阖谷⑪。王莽之新通也。东至鳖邑入延江水也。

【注释】

①延江水：即今重庆、贵州境内之乌江。犍（qián）为：即犍为郡。西汉建元六年（前135）分广汉郡南部及夜郎国地置，属益州。治所在鳖县（今贵州遵义西）。元光五年（前130）移治南广（今四川筠连县境）。后治所多有变动。南广县：西汉太初元年（前104）置，属犍为郡。治所在今四川筠连西南至云南盐津一带。

②牂柯（zāng kē）：即牂牁郡。西汉元鼎六年（前111）置。治所在

故且兰县(今贵州黄平西南,一说在今贵阳附近)。鳖(bì)县:西
汉置,为犍为郡治。治所在今贵州遵义西。

③犍山:刘琳《华阳国志校注》认为:"当在遵义一带,或即大娄山。"

④建兴元年:313年。建兴,西晋愍帝司马邺的年号(313—316)。
平夷郡:西晋永嘉五年(311)分牂柯郡置,属益州。治所在平夷
县(今贵州毕节境内)。

⑤鳖(bì)水:即今贵州遵义东湘江。

⑥不狼山:即今贵州遵义北龙岩山。

⑦温水:一曰暖水。即今贵州绥阳西洛安江。

⑧符县:西汉元鼎二年(前115)置,属犍为郡。治所即今四川合江
县。黚(jiān)水:也称阚水。即今贵州湄潭西湄江。

⑨阚骃(kàn yīn):字玄阴。敦煌(今甘肃敦煌)人。北凉至北魏学者。
所撰《十三州志》为地理类著作。

⑩汉水:即今贵州西部乌江上源三岔河。

⑪汉阳道:即汉阳县。西汉置,属犍为郡。治所在今贵州威宁彝族
回族苗族自治县东南。东汉属犍为属国。三国蜀汉属朱提郡。
山阘(tà)谷:山谷名。在今贵州威宁彝族回族苗族自治县一带。

【译文】

延江水

延江水发源于犍为郡南广县,往东流到牂柯郡鳖县,又往东
转向北流,

鳖县从前是犍为郡的治所。县里有犍山。晋建兴元年设置平夷郡。
县里有鳖水,发源于鳖邑西边的不狼山,东流与温水汇合。温水又名暖
水,发源于犍为郡符县,往南注入黚水。黚水也发源于符县,往南流与温
水汇合。阚骃称温水为阚水,两条水都往南流,注入鳖水。鳖水在鳖县
往东流注入延江水。延江水又与汉水汇合。汉水发源于犍为郡汉阳道
山阘谷。汉阳道就是王莽的新通。汉水往东流到鳖邑注入延江水。

至巴郡涪陵县①，注更始水②。

更始水，即延江枝分之始也③。延江水北入涪陵水④。涪陵水出县东，故巴郡之南鄙⑤，王莽更名巴亭，魏武分邑，立为涪陵郡⑥。张堪为县⑦，会公孙述击堪⑧，同心义士，选习水者筏渡堪于小别江，即此水也。其水北至枳县入江⑨。更始水东入巴东之南浦县⑩，其水注引渎口石门。空岫阴深⑪，邃涧暗密，倾崖上合，恒有落势。行旅避瘴，时有经之，无不危心于其下。又谓之西乡水，亦谓之西乡溪⑫。溪水间关二百许里⑬，方得出山，又通波注远。复二百余里，东南入迁陵县也⑭。

【注释】

①巴郡：战国秦惠文王后元九年（前316）灭巴国置。治所在江州县（今重庆江北区，三国蜀汉移治南岸区）。涪（fú）陵县：西汉置，属巴郡。治所即今重庆彭水苗族土家族自治县。

②更始水：即今重庆、贵州境内之乌江。

③延江：即延江水。

④涪陵水：即涪水。今重庆、贵州境内之乌江。

⑤鄙：边邑。边远的地方。

⑥魏武分邑，立为涪陵郡：《晋书·地理志》，蜀置涪陵郡。此处"魏武分邑，立为涪陵郡"怀疑有误。魏武，魏武帝曹操。涪陵郡，东汉建安二十一年（216）刘备改巴东属国置，属益州。治所在涪陵县（今重庆彭水苗族土家族自治县）。

⑦张堪：字君游。南阳宛（今河南南阳）人。从学长安，号称圣童。东汉光武帝刘秀召拜郎中。随吴汉讨伐公孙述。又拜蜀郡太守，安抚吏民，收检库藏，蜀人悦服。拜渔阳太守，匈奴不敢犯边。鼓

励农耕,开垦稻田八千余顷,郡内殷富。

⑧公孙述:字子阳。扶风茂陵(今陕西兴平东北)人。新莽时,任蜀
　郡太守。后起兵,据益州称帝,号成家。建武十二年(36),为汉
　军所破,被杀。

⑨枳(zhǐ)县:战国秦于枳邑置,属巴郡。治所在今重庆涪陵区东乌
　江东岸。

⑩巴东:即巴东郡。东汉建安六年(201)改固陵郡置,属益州。治
　所在鱼復县(三国蜀汉改为永安,西晋复为鱼復,在今重庆奉节东
　十里白帝城)。南浦县:三国蜀汉建兴八年(230)改羊渠县置,属
　巴东郡。治所即今重庆万州区。

⑪空岫(xiù):空旷的山峦。阴深:幽深。

⑫西乡溪:又谓之西乡水,在迁陵县(今湖南保靖东北)故城上五十里。

⑬间关:曲折辗转。

⑭迁陵县:战国秦置,属黔中郡。治所在今湖南保靖东北十里乳香岩。

【译文】

延江水到巴郡涪陵县,注入更始水。

更始水就是延江分支流的源头。延江水北流注入涪陵水。涪陵水
发源于涪陵县东面,涪陵是旧时巴郡的南疆,王莽改名为巴亭,魏武帝分
邑,立为涪陵郡。张堪当县令,适逢公孙述来攻打他,有个同心的义士挑
选了熟悉水性的人,用竹筏送他渡过小别江,就是此水。水往北流,到枳
县入江。更始水往东流入巴东郡南浦县,水流注入渠口的石门。空寂的
山谷沉浸在浓重的阴影里,深邃的山涧幽暗而寂静,倾斜的悬崖顶上合
拢,望去像是就要崩塌下来的样子。往返行人躲避瘴气,时常从这里经
过,到了崖下无人不感到提心吊胆的。这条水又叫西乡水,也称西乡溪。
溪水辗转奔流约两百里,方才出山,又泛着清波流向远方。又奔流了两
百余里,就往东南进入迁陵县。

又东南至武陵酉阳县①，入于酉水②。

《武陵先贤传》曰③：潘京世长为郡主簿④，太守赵伟甚器之⑤。问京：贵郡何以名武陵？京答曰：鄙郡本名义陵，在辰阳县界⑥，与夷相接，数为所破。光武时⑦，移治东山之上，遂尔易号。《传》曰：止戈为武⑧。《诗》云：高平曰陵⑨。于是名焉。酉水北岸有黚阳县⑩，许慎曰：温水南入黚⑪。盖鳖水以下，津流沿注之通称也，故县受名焉。西乡溪口在迁陵县故城上五十里，左合酉水。酉水又东际其故城北⑫，又东迳酉阳故县南，而东出也。两县相去，水道可四百许里，于酉阳合也。

【注释】

①武陵：即武陵郡。汉高帝改黔中郡置。治所在义陵县（今湖南溆浦南）。酉阳县：战国秦置，属洞庭郡。治所在今湖南永顺东南九十里王村镇。

②酉水：沅江支流。在今湖南西北部及与重庆、湖北交界处。源出湖北宣恩县境，西南流经重庆西南隅，折而东流至湖南沅陵入沅江。

③《武陵先贤传》：书名。《隋书·经籍志》中未见著录。具体不详。

④潘京：字世长。西晋武陵汉寿（今湖南常德东北）人。初辟郡主簿，有机辩。历巴丘、邵陵、泉陵三县令。明于政术，道不拾遗。迁桂林太守，不就。主簿：官名。汉代中央及郡县官署多置，主管文书等事务。

⑤赵伟：《晋书·潘京传》作赵廞（xīn）。赵廞，字和叔。巴西安汉（今四川南充北）人。历长安令，天门、武陵太守。官扬烈将军、益州刺史、加折冲将军、大长秋等职。《华阳国志》卷八"大同志"中有

记载。译文从之。

⑥辰阳县:西汉置,属武陵郡。治所在今湖南辰溪县西十余里。

⑦光武:东汉光武帝刘秀。

⑧止戈为武:《左传·宣公十二年》:"楚子曰:'非尔所知也。夫文,
止戈为武。'""武"的古文从"止""戈"。

⑨高平曰陵:高而且平坦的地形叫陵。

⑩黚(qián)阳县:三国吴置,属武陵郡。治所在今湖南龙山县南。

⑪温水:即今贵州绥阳西洛安江。黚(qián):即黚水。即今贵州湄
潭西湄江。

⑫际:临近,靠近。

【译文】

更始水又往东南流到武陵郡酉阳县,注入酉水。

《武陵先贤传》说:潘京世世代代都在郡里做主簿,太守赵廞非常器
重他。赵廞问道:贵郡为什么叫武陵呢?潘京答道:鄙郡本来叫义陵,在
辰阳县边境与夷人地区邻接,屡次被夷人攻破。光武帝时,把郡治迁移
到东山上,就把郡名改了。《左传》说:止戈为武。《诗经》说:高而且平
叫陵。于是就叫武陵。酉水北岸有黚阳县。许慎说:温水往南流入黚水。
黚水大概是鳖水以下各支流的通称,所以县也得名了。西乡溪口在迁陵
县老城上游五十里,左边与酉水汇合。酉水又往东流,傍着老城北面流
过,又东经酉阳县老城南面,然后往东流去。两县县城之间,水路相距
四百里左右,在酉阳汇合。

酉水东南至沅陵县①,入于沅②。

【注释】

①沅(yuán)陵县:汉高帝五年(前202)置,属武陵郡。治所在今湖
南沅陵南沅水南岸。东汉移治今沅陵西南。

②沅：即沅水。即今湖南西北境沅江。

【译文】

酉水往东南流到沅陵县，注入沅水。

存水

存水出犍为郁鄢县①，

王莽之屠鄢也。益州大姓雍闿反②，结垒于山③，系马
枊柱④。柱生成林，今夷人名曰雍无梁林。梁，夷言马也。
存水自县东南流，迳牧靡县北⑤，又东迳且兰县北⑥，而东南
出也。

【注释】

①存水：即今云南宣威东革香河。汉至南朝称存水。郁鄢（cún mǎ）
县：西汉建元六年（前135）置，属犍为郡。治所在今云南宣威东
北。东汉废。

②益州：西汉武帝置，为十三州刺史部之一。雍闿（kǎi）：三国时地
方豪族。初，闿投刘备。刘备死后，闿杀蜀所署太守正昂，降于吴。
吴遥署闿为永昌太守。

③结垒：修建军壁。指阵地上的防御工事。

④枊（àng）柱：系马桩。

⑤牧靡县：西汉元封二年（前109）置，属益州郡。治所在今云南寻
甸回族彝族自治县境。

⑥且兰县：西晋改故且兰县置，属牂柯郡。治所在今贵州黄平西北。

【译文】

存水

存水发源于犍为郡郁鄢县，

郁鄢就是王莽的犀鄢。益州大姓雍闿造反,在山上构筑堡垒,在木桩上拴马。木桩后来长成树林,现在夷人把它称为雍无梁林。梁,夷语指马。存水从郁鄢县往东南流,经过牧靡县北面,又东经且兰县北面,然后向东南流去。

东南至郁林定周县^①,为周水^②。

存水又东,迳牂柯郡之毋敛县北^③,而东南与毋敛水合^④。水首受牂柯水^⑤,东迳毋敛县为毋敛水,又东注于存水。存水又东迳郁林定周县为周水,盖水变名也。

【注释】

①郁林:即郁林郡。西汉元鼎六年(前111)置。治所在布山县(今广西桂平西南古城)。定周县:西汉置,属郁林郡。治所在今广西宜州。

②周水:即今广西柳江支流龙江。

③毋敛县:西汉置,属牂柯郡。治所在今贵州独山县附近。

④毋敛水:当在今贵州独山县一带。

⑤牂柯水:即牂柯江。即今云南、贵州两省境内之北盘江及广西之红水河。或说即今都江。

【译文】

存水往东南流到郁林郡定周县,叫周水。

存水又往东流,经过牂柯郡的毋敛县北面,然后往东南流,与毋敛水汇合。毋敛水上游承接牂柯水,往东流经毋敛县叫毋敛水,又往东流注入存水。存水又往东流,经过郁林郡定周县,称为周水,是这条水的变名。

又东北至潭中县^①,注于潭^②。

【注释】

①潭中县：西汉元鼎六年（前111）置，属郁林郡。治所在今广西柳州东南驾鹤山间。

②潭：即潭水。即今广西北部之融江、柳江，为郁江支流。

【译文】

存水又往东北流到潭中县，注入潭水。

温水

温水出牂柯夜郎县①，

县，故夜郎侯国也②。唐蒙开以为县③。王莽名曰同亭矣。温水自县西北流，迳谈藁与迷水合④。水西出益州郡之铜濑县谈虏山⑤，东迳谈藁县，右注温水。

【注释】

①温水：即今云南东部及贵州、广西间之南盘江。汉至南朝称温水。夜郎县：西汉置，属牂柯郡。为都尉治。治所在今贵州关岭布依族苗族自治县西南。

②夜郎侯国：战国至西汉时国名。主要在今贵州大部分地区以及四川、云南、广西之一部。国都旧址迄无定论。

③唐蒙：西汉官吏。武帝时，任番阳令。上书汉武帝建议开通夜郎道，被任为中郎将。奉诏前往夜郎，以厚礼招致夜郎侯多同，晓谕汉之威德，遂与蒙约，归汉。西汉政府于其地设犍为郡。

④谈藁（gǎo）：即谈藁县。西汉元鼎六年（前111）置，属牂柯郡。治所在今云南富源与贵州盘州间。三国蜀汉废。迷水：又作米水。即今云南曲靖之阿幢河。汉至南朝称迷水。

⑤益州郡：西汉元封二年（前109）武帝开滇置。治所在滇池县（今

云南昆明晋宁区东北三十二里晋城镇）。铜濑县：西汉元封二年
（前109）置，属益州郡。治所在今云南曲靖马龙区。东汉改同濑
县。谈虏山：又作铜虏山。在今云南曲靖马龙区北。

【译文】

温水

温水发源于牂柯郡夜郎县，

夜郎县就是旧时的夜郎侯国。唐蒙开拓夜郎，设置为县。王莽称为
同亭。温水从夜郎往西北流，经谈蒙与迷水汇合。迷水发源于西方益州
郡铜濑县谈虏山，往东流过谈蒙县，在右岸注入温水。

温水又西迳昆泽县南[1]，又迳味县[2]，县，故滇国都也[3]。
诸葛亮讨平南中[4]，刘禅建兴三年[5]，分益州郡置建宁郡于
此[6]。水侧皆是高山，山水之间，悉是木耳夷居[7]，语言不同，
嗜欲亦异。虽曰山居，土差平和[8]，而无瘴毒。

【注释】

①昆泽县：西汉元封二年（前109）置，属益州郡。治所在今云南宜
　良东北北古城镇附近。

②味县：西汉元封二年（前109）置，属益州郡。治所在今云南曲靖
　西北十五里西山街道（三岔）。

③滇国都：滇国的国都。在今云南昆明晋宁区东北三十二里晋城附近。

④南中：地区名。相当于今四川大渡河以南及云、贵两省。三国蜀
　汉以巴蜀为根据地，其地在巴蜀之南，故名。

⑤刘禅（shàn）：字公嗣。刘备之子。魏黄初四年（223）袭位于成都，
　时年十七。昏庸无谋。建兴三年：225年。

⑥建宁郡：三国蜀汉建兴三年改益州郡置，属庲降都督。治所在味
　县（今云南曲靖西北十五里三岔）。

⑦木耳夷：刘琳《华阳国志校注》："中外历史上曾有些民族有用小
　　木棍或竹筒穿耳的习俗。'木耳'或即此类。"

⑧差：差不多，大致。

【译文】

温水又西流，经过昆泽县南面，又流经味县，味县是旧时滇国的都
城。诸葛亮平定南中，刘禅建兴三年，分益州郡另立建宁郡，治所就设在
这里。水边都是高山，山水之间都是木耳夷的居住区，夷人语言不同，生
活习惯也互异。他们虽说是山居，但土地比较平和，没有瘴气之毒。

温水又西南迳滇池城①，池在县西北，周三百许里，上
源深广，下流浅狭，似如倒流，故曰滇池也②。长老传言，池
中有神马，家马交之则生骏驹，日行五百里。晋太元十四年③，
宁州刺史费统言④：晋宁郡滇池县两神马⑤，一白一黑，盘戏
河水之上⑥。有滇州⑦，元封三年立益州郡⑧。治滇池城，刘
禅建宁郡也。

【注释】

①滇池城：滇池县城。在今云南昆明晋宁区东北三十二里晋城镇。

②滇池：又称滇池泽。即今云南中部之滇池。

③太元十四年：389年。太元，东晋孝武帝司马曜的年号（376—396）。

④宁州：西晋泰始七年（271）分益州置。治所在滇池县（今云南昆
　　明晋宁区东北三十二里晋城镇）。费统：东晋官吏。孝武帝太元中，
　　任宁州刺史。

⑤晋宁郡：东晋元帝时改益州郡置，属宁州。治所在滇池县（今云
　　南昆明晋宁区东北三十二里晋城镇）。滇池县：西汉元封二年（前
　　109）置，为益州郡治。

⑥盘戏：犹游戏、嬉戏。

⑦滇州：即元封三年（前108）设益州之地。

⑧元封三年：前108年。元封，汉武帝刘彻的年号（前110—前105）。

【译文】

温水又往西南流经滇池城，滇池在县城西北，周围约三百里，上游的源头又深又阔，下游却又浅又狭，看来就像倒流似的，所以叫滇池。据老人们相传，池中有神马，与家马相交配，就产下骏驹，能日行五百里。晋太元十四年，宁州刺史费统说：晋宁郡滇池县有两匹神马，一匹是白马，一匹是黑马，在河水上嬉戏。有滇州，元封三年设置益州郡。治所在滇池城，就是刘禅的建宁郡。

温水又西会大泽①，与叶榆、仆水合②。温水又东南迳牂柯之毋单县③。建兴中④，刘禅割属建宁郡。桥水注之⑤。水上承俞元之南池⑥，县治龙池洲，周四十七里，一名河水，与邪龙分浦⑦。后立河阳郡⑧，治河阳县⑨，县在河源洲上⑩。又有云平县⑪，并在洲中。桥水东流至毋单县，注于温。

【注释】

①大泽：即今云南宜良、澄江、呈贡三县间之阳宗海。

②叶榆：又称叶榆水。即今云南洱海源的弥苴佉江和洱海出口的西洱河、黑惠江。三国至南朝称叶榆河。仆水：即今云南南部之红河。汉至南朝称仆水。

③毋单县：西汉元鼎六年（前111）置，属牂柯郡。治所在今云南宜良南。三国蜀建兴三年（225）属建宁郡。

④建兴：三国蜀汉后主刘禅的年号（223—237）。

⑤桥水：即今云南澄江市南抚仙湖东入南盘江的海口河。汉至南朝

称桥水。

⑥俞（shù）元：即俞元县。西汉元封二年（前109）置，属益州郡。治所在今云南澄江市东南旧城。三国蜀汉建兴三年（225）属建宁郡。南池：又称河水。即今云南澄江、江川、华宁三县间之抚仙湖。汉至南朝称南池。

⑦邪龙：即邪龙县。西汉元封二年（前109）置，属益州郡。治所在今云南巍山彝族回族自治县北。

⑧河阳郡：西晋永嘉五年（311）析云南、永昌两郡置，属宁州。治所在河阳县（今云南大理东南凤仪镇）。

⑨河阳县：西晋永嘉五年（311）置，为河阳郡治。治所在今云南大理东南凤仪镇。

⑩河源洲：当在今云南大理一带。

⑪云平县：西晋咸宁五年（279）析云南县置，为云南郡治。治所在今云南宾川境。

【译文】

温水又汇合了西面的大泽，与叶榆、仆水合流。温水又往东南流，经过牂柯的毋单县。建兴年间，刘禅把毋单县划入建宁郡。桥水在这里注入温水。桥水又名河水，上游承接俞元的南池，县治在龙池洲上，该洲周长四十七里，俞元县与邪龙县以桥水水口为分界。后来设置河阳郡，治所在河阳县，县城在河源洲上。还有云平县也在洲上。桥水往东流到毋单县，注入温水。

温水又东南迳兴古郡之毋掇县东①，王莽更名有掇也，与南桥水合②。水出县之桥山③，东流，梁水注之④。梁水上承河水于俞元县，而东南迳兴古之胜休县⑤，王莽更名胜僰县。梁水又东迳毋掇县，左注桥水。桥水又东注于温。

【注释】

①兴古郡：三国蜀汉建兴三年（225）析牂柯郡西南部、益州郡南部
置，属庲降都督。治所在宛温县（今云南砚山县西北四十六里维
摩彝族乡）。毋棳（zhuō）县：西汉元封二年（前109）置，属益州郡。
治所在今云南华宁南境。

②南桥水：即今云南南部之曲江。汉代称桥水，南朝称南桥水。

③桥山：即今云南玉溪市江川区西南架雄山。汉至晋称桥山。

④梁水：即今泸江。南盘江与泸江合流后的一段也称梁水。在云南
南部。三国至南朝称梁水。

⑤胜休县：西汉元封二年（前109）置，属益州郡。治所在今云南玉
溪市江川区北二十六里江城镇龙街。

【译文】

温水又往东南流经兴古郡毋棳县东面，王莽改名为有棳，与南桥水
汇合。南桥水发源于县内的桥山，往东流，有梁水注入。梁水上游在俞
元县承接河水，往东南流，经过兴古郡的胜休县，王莽改名为胜僰县。梁
水又往东流过毋棳县，向左注入桥水。桥水又往东流，注入温水。

温水又东南迳律高县南①。刘禅建兴三年②，分牂柯置
兴古郡，治温县③。《晋书地道记》④，治此。

【注释】

①律高县：西汉元封二年（前109）置，属益州郡。治所在今云南弥
勒南一百里朋普村。

②建兴三年：225年。

③温县：《水经注疏》杨守敬按："汉置县，属牂柯郡，后汉因，蜀属兴
古郡，晋、宋、齐因，梁荒废。在今宣威州（今云南宣威）南。"

④《晋书地道记》：书名。又称《晋地道志》《晋地道记》《地道记》。

东晋王隐撰。今存清人辑本。

【译文】

温水又往东南流,经过律高县南面。刘禅建兴三年,分牂柯郡设置兴古郡,治所在温县。据《晋书地道记》,治所在此。

温水又东南迳梁水郡南①,温水上合梁水②,故自下通得梁水之称。是以刘禅分兴古之盬南③,置郡于梁水县也④。温水东南迳镡封县北⑤,又迳来惟县东⑥,而仆水右出焉。

【注释】

①梁水郡:三国蜀汉析兴古郡盬南置,属庲降都督,旋废。西晋永嘉五年(311)复置,属宁州。治所在梁水县(今云南开远)。

②梁水:即今泸江。南盘江与泸江合流后的一段也称梁水。在云南南部。三国至南朝称梁水。

③盬(xù):山名,即盬町山。今称皈依底山,在云南弥勒东南隅。

④梁水县:三国蜀汉置,为梁水郡治,旋废。西晋永嘉五年(311)复置,仍为梁水郡治。治所即今云南开远。

⑤镡(xín)封县:西汉元鼎六年(前111)置,属牂柯郡。治所在今云南砚山县西北一百二十里平远街。

⑥来惟县:亦作来唯县。西汉元封二年(前109)置,属益州郡。治所在今越南北部莱州省莱州附近。东汉废。

【译文】

温水又往东南流,经梁水郡南面,温水在此与从上面来的梁水汇合,所以自此以下也就有了梁水的通称。刘禅划出兴古郡的盬町山之南,就在梁水县设立郡治。温水往东南流,经过镡封县北面,又经过来惟县东面,仆水在这里从右边分出。

又东至郁林广郁县①,为郁水②,

秦桂林郡也③,汉武帝元鼎六年④,更名郁林郡。王莽以为郁平郡矣。应劭《地理风俗记》曰⑤:《周礼》,郁人掌祼器⑥,凡祭酹宾客之祼事⑦,和郁鬯以实樽彝⑧。郁,芳草也,百草之华,煮以合酿黑黍,以降神者也。或说今郁金香是也。一曰:郁人所贡,因氏郡矣。

【注释】

①郁林:即郁林郡。西汉元鼎六年(前 111)置。治所布山县(今广西桂平西南古城)。广郁县:西汉置,属郁林郡。治所在今广西凌云东南。

②郁水:汉、魏、南北朝时期之郁水,指今广西之右江、郁江、浔江及广东之西江。

③桂林郡:秦始皇三十三年(前 214)略取陆梁地置。治所在布山县(今广西桂平西南)。西汉元鼎六年(前 111)改为郁林郡。

④元鼎六年:前 111 年。元鼎,汉武帝刘彻的年号(前 116—前 111)。

⑤应劭《地理风俗记》:应劭,字仲远,一作仲瑗。汝南南顿(今河南项城)人。东汉末学者。其《地理风俗记》今仅存辑本。

⑥郁人:古代的官名。祼(guàn)器:祼祭所用的祭器。祼,古代酌酒灌地的祭礼。

⑦祭酹(zhuì):祭祀时以酒洒地。

⑧郁鬯(chàng):用鬯酒和郁金香汁调制的香酒。古时用于祭祀或待宾。鬯,古代宗庙祭祀用的香酒,以郁金香合黑黍酿成。樽彝(zūn yí):古代祭礼用的酒器。

【译文】

温水又往东流到郁林郡广郁县,叫郁水,

郁林，就是秦时的桂林郡，汉武帝元鼎六年改名为郁林郡。王莽称为郁平郡。应劭《地理风俗记》说：据《周礼》，郁人掌管祭祀的酒器，凡是祭祀和敬客之类事务，就由他把芳香的美酒注满酒樽。郁是香草，为百草中的精华，煮郁草与黑黍一起酿酒，用以祭神，求神降福。有人说那就是现在的郁金香。有一种说法：这是郁人所贡，因此就作为郡名了。

温水又东迳增食县①，有文象水注之②。其水导源牂柯句町县③。应劭曰：故句町国也④。王莽以为从化。文象水、蒙水与卢惟水、来细水、伐水⑤，并自县东历广郁至增食县，注于郁水也。

【注释】

①增食县：西汉置，属郁林郡。治所在今广西隆安东。

②文象水：即今云南东南部及广西西部之西洋江。汉至南朝称文象水。

③句町（gōu dīng）县：西汉元鼎六年（前111）置，属牂柯郡。治所在今云南广南县南。

④句町国：战国、秦时国名。在今云南广南县一带。西汉置为县。

⑤蒙水：亦作濛江。在今广西蒙山县南，浔江支流。卢惟水、来细水、伐水：均在句町县（今云南广南县）境内。

【译文】

温水又往东流，经过增食县，有文象水注入。文象水发源于牂柯郡句町县。应劭说：那就是旧时的句町国。王莽改为从化。文象水、蒙水和卢惟水、来细水、伐水都从句町县往东流，经过广郁到增食县，注入郁水。

又东至领方县东①，与斤南水合②。

县有朱涯水③，出临尘县④，东北流，骊水注之⑤。水源上承牂柯水^⑥，东迳增食县而下注朱涯水。朱涯水又东北迳临尘县，王莽之监尘也。县有斤南水、侵离水^⑦，并迳临尘，东入领方县，流注郁水。

【注释】

①领方县：西汉置，属郁林郡，为都尉治。治所在今广西宾阳东南古城村。

②斤南水：即今广西西南部左江及上源平而水。

③朱涯水：即今广西西南部左江支流水口河。

④临尘县：秦始皇三十三年（前214）置，为象郡治。治所即今广西崇左。西汉属郁林郡。

⑤骦（huān）水：即今广西西南部左江支流黑水河。

⑥牂柯（zāng kē）水：即牂柯江。即今云南、贵州两省境内之北盘江及广西之红水河。或说即今都江。

⑦侵离水：即今广西西南部左江支流明江。

【译文】

郁水又东流到领方县东面，与斤南水汇合。

领方县有朱涯水，发源于临尘县，往东北流，有骦水注入。骦水源头在上游承接牂柯水，往东流经增食县，下游注入朱涯水。朱涯水又往东北流，经过临尘县，就是王莽的监尘。县内有斤南水、侵离水，都经临尘，往东流进入领方县，注入郁水。

东北入于郁。

郁水，即夜郎豚水也^①。汉武帝时，有竹王兴于豚水^②。有一女子浣于水滨^③，有三节大竹流入女子足间，推之不去，闻有声。持归破之，得一男儿。遂雄夷濮^④，氏竹为姓，所捐破竹,于野成林,今竹王祠竹林是也⑤。王尝从人止大石上,命作羹⑥,从者白无水,王以剑击石出水,今竹王水是也⑦。后唐蒙开牂柯,斩竹王首,夷獠咸怨⑧,以竹王非血气所生,求为立祠。帝封三子为侯,及死,配父庙⑨。今竹王三郎祠,其神也。

【注释】

①夜郎:战国至西汉时国名。主要在今贵州西部及北部,并包括云南东北、四川南部及广西北部部分地区。豚水:即今北盘江。源于云南宣威,流经贵州西境。汉至南朝称豚水。

②竹王:汉时夜郎国王。传说生于大竹中,故名。

③浣(huàn):洗衣。

④雄夷濮:在夷濮称雄。

⑤竹王祠:当在夜郎县(今贵州关岭布依族苗族自治县西南)一带。

⑥羹:古代指带汁的肉。

⑦竹王水:当在夜郎县一带。

⑧夷獠:古代对西南少数民族之称。

⑨配父庙:在父庙中配享。配,配享,合祭。

【译文】

斤南水往东北注入郁水。

郁水就是夜郎豚水。汉武帝时,有个竹王曾在豚水上兴起。一天,有个女人在水边洗衣服,忽然漂来三节大竹,漂到她的两脚间,推也推不开,而且听到里面有声音。她把大竹拿回家中,剖了开来,竟得到一个男孩子。以后他就在夷濮称雄,以竹为姓,丢弃的破竹在田野间长成了竹林,就是现在竹王祠周围那片竹林。竹王曾与侍从一起在大石上歇息,叫他们做羹,侍从禀告说没有水,竹王用剑向岩石捅了一下,岩石里就流出水来,这就是现在的竹王水。后来唐蒙开拓牂柯,砍了竹王的头,夷獠各族都心怀怨恨,因竹王不是人的血气所生,要求给他立祠。皇帝封竹王的三个儿子为侯,死后也附于他们父亲的祠庙,同享祭祀。现在的竹王三郎祠奉的就是他们的神灵。

　　豚水东北流迳谈藁县①,东迳牂柯郡且兰县②,谓之牂柯水。水广数里,县临江上,故且兰侯国也③,一名头兰,牂柯郡治也。楚将庄蹻④,溯沅伐夜郎⑤,椓牂柯系船⑥,因名且兰为牂柯矣。汉武帝元鼎六年开⑦。王莽更名同亭,有柱浦关⑧。牂柯,亦江中两山名也。左思《吴都赋》云⑨:吐浪牂柯者也⑩。元鼎五年⑪,武帝伐南越⑫,发夜郎精兵下牂柯江,同会番禺是也⑬。牂柯水又东南迳毋敛县西⑭,毋敛水出焉⑮。又东,骊水出焉。又迳郁林广郁县为郁水。

【注释】

①谈藁(gǎo)县:即谈稿县。西汉元鼎六年(前111)置,属牂柯郡。治所在今云南富源与贵州盘州间。

②且兰县:西晋改故且兰县置,属牂柯郡。治所在今贵州黄平西北。

③且兰侯国:战国至汉初古国。在今贵州东部以黄平为中心的沅水上游潕水、清水江流域。

④庄蹻(qiāo):一作庄豪。战国末年楚将。前279年率军通过黔中向西南地区进攻,攻占夜郎(辖地主要在今贵州西部及北部),直入滇池。后因黔中郡为秦攻占,与楚本土联系断绝无法东归,遂变服从俗,就滇地称王。

⑤溯:逆水而上。沅(yuán):即沅水。即今湖南西北境沅江。

⑥椓(zhuó):敲,捶。牂柯:船只停泊时用以系缆绳的木桩。

⑦元鼎六年：前111年。元鼎，西汉武帝刘彻的年号（前116—前111）。

⑧柱浦关：当在今贵州黄平一带。

⑨左思：字太冲。齐国临淄（今山东淄博临淄区）人。西晋文学家。
其《三都赋》（包括《蜀都赋》《吴都赋》《魏都赋》）名重一时，曾
使"洛阳为之纸贵"。《吴都赋》：左思的《三都赋》之一。

⑩吐浪牂柯：今《吴都赋》云"修鲵吐浪"，无"吐浪牂柯"之文。

⑪元鼎五年：前112年。

⑫南越：西汉高帝四年（前203），南海龙川令赵佗自立为南越武王。
十一年（前196），高帝遣陆贾立佗为南越王，高后时自号为南越
武帝，都番禺（今广东广州）。

⑬番禺：即番禺县。秦始皇三十三年（前214）统一南越后置，为南
海郡治。治所即今广东广州。

⑭毋敛县：西汉置，属牂柯郡。治所在今贵州独山县附近。

⑮毋敛水：当在今贵州独山县一带。

【译文】

豚水往东北流经谈薰县，东流经过牂柯郡且兰县，称为牂柯水。水
阔好几里，县城在江边，就是旧时的且兰侯国，又名头兰，是牂柯郡的治
所。楚国将军庄蹻，溯沅水而上，去讨伐夜郎，敲下木桩来系船，夜郎称
木桩为牂柯，因此就把且兰称为牂柯了。牂柯是汉武帝元鼎六年开设的。
王莽改名为同亭，有柱浦关。牂柯也是江中的两座山名。左思《吴都赋》
说：在牂柯激扬波浪。元鼎五年，武帝征南越，调发夜郎精兵下牂柯江，
会师于番禺。牂柯水又往东南流，经过毋敛县西面，毋敛水就发源于那
里。又往东流，骦水在那里分出。又流经郁林郡广郁县，称为郁水。

又东北迳领方县北，又东迳布山县北①，郁林郡治也。
吴陆绩曰②：从今以去六十年，车同轨，书同文③。至太康元
年④，晋果平吴。又迳中留县南与温水合⑤。又东入阿林县⑥，

潭水注之^⑦。水出武陵郡镡成县玉山^⑧，东流迳郁林郡潭中县^⑨，周水自西南来注之^⑩。潭水又东南流与刚水合^⑪。水西出牂柯毋敛县，王莽之有敛也，东至潭中入潭。潭水又迳中留县东、阿林县西，右入郁水。《地理志》曰：桥水东至中留入潭^⑫。又云：领方县又有桥水。余诊其川流^⑬，更无殊津，正是桥、温乱流^⑭，故兼通称^⑮。作者咸言至中留入潭，潭水又得郁之兼称，而字当为温，非桥水也，盖书字误矣。郁水右则留水注之^⑯。水南出布山县，下迳中留入郁。

【注释】

①布山县：西汉元鼎六年（前111）置，为郁林郡治。治所在今广西桂平西南古城。

②陆绩：字公纪。三国吴郡吴县（今江苏苏州）人。博学多识，星历算数，无不该览。孙权辟为奏曹掾，好直言，出为郁林太守，加偏将军。虽在军中，不废著述，作《浑天图》、注《易》释《玄》。

③车同轨，书同文：车辙的宽度相同，文字相同。多借代国家统一。轨，车子两轮之间的距离。古代有定制，其广度为古制八尺。

④太康元年：280年。太康，西晋武帝司马炎的年号（280—289）。

⑤中留县：秦置，属桂林郡。治所在今广西武宣西南。西汉属郁林郡。

⑥阿林县：西汉置，属郁林郡。治所在今广西桂平东南油麻镇。

⑦潭水：即今广西北部之融江、柳江，为郁江支流。

⑧武陵郡：汉高帝改黔中郡置。治所在义陵县（今湖南溆浦南）。镡（xín）成县：西汉置，属武陵郡。治所在今湖南靖州苗族侗族自治县南。

⑨潭中县：西汉元鼎六年（前111）置，属郁林郡。治所在今广西柳州东南驾鹤山间。

⑩周水：即今广西柳江支流龙江。

⑪刚水：《水经注疏》熊会贞按："今劳村江源出荔波县（今贵州荔
　　波），东南流经南丹土州河池州为龙江，又东经宜山县（今广西宜
　　州）至柳城县（今广西柳城南凤山镇西北涂家村）西入柳江，即刚
　　水也。"

⑫桥水：即今云南澄江市南抚仙湖东入南盘江的海口河。汉至南朝
　　称桥水。

⑬余：郦道元。诊：考察，探寻。

⑭桥、温乱流：桥水与温水相汇合。

⑮故兼通称：所以兼有其统称。即桥水可称为温水，温水亦可称为
　　桥水。

⑯留水：《水经注疏》熊会贞按："段玉裁云：溜水即今柳州府之柳江
　　（在今广西柳州南，为西江支流）。"

【译文】

　　郁水又往东北流，经过领方县北面，又往东流，经过布山县北面，这
是郁林郡治所。吴国陆绩说：从今以后六十年，车辆要用同样的轮距，
书写要用同样的文字。到了太康元年，晋果然平定了吴国。郁水又流经
中留县南面，与温水汇合。郁水又往东流入阿林县境，有潭水注入。潭
水发源于武陵郡镡成县的玉山，往东流经郁林郡潭中县，周水从西南流
来注入。潭水又往东南流，与刚水汇合。刚水发源于西边的牂柯郡毋敛
县——就是王莽的有敛——东流到潭中注入潭水。潭水又流经中留县
东面、阿林县西面，向右注入郁水。《地理志》说：桥水东流到中留县，注
入潭水。又说：领方县也有桥水。我考查这条河流再也没有别的支流了，
正是因为桥水与温水汇合，所以就兼有通称了。各书作者又都说桥水到
中留注入潭水，潭水又兼有郁水的名称，其实应当写作温字，不是桥水，
这大概是书写造成的错误。郁水右岸有留水注入。留水发源于南面的
布山县，下游经中留注入郁水。

郁水东迳阿林县,又东迳猛陵县^①,浪水注之^②。又东迳苍梧广信县^③,漓水注之^④。

【注释】

①猛陵县:西汉置,属苍梧郡。治所在今广西苍梧西北五十里人和镇孟陵。

②浪(yín)水:即今广西东北部柳江、洛清江。

③苍梧:即苍梧郡。西汉元鼎六年(前 111)置。治所在广信县(今广西梧州)。广信县:西汉置,为苍梧郡治。治所即今广西梧州。

④漓水:即今广西之漓江、桂江,为西江支流。

【译文】

郁水往东流过阿林县,又往东流过猛陵县,有浪水注入。又往东流过苍梧广信县,有漓水注入。

郁水又东,封水注之^①。水出临贺郡冯乘县西^②,谢沐县东界牛屯山^③,亦谓之临水^④。东南流迳萌渚峤西^⑤,又东南,左合峤水^⑥。庾仲初云^⑦:水出萌渚峤,南流入于临。临水又迳临贺县东^⑧,又南至郡,左会贺水^⑨。水出东北兴安县西北罗山^⑩,东南流迳兴安县西。盛弘之《荆州记》云^⑪:兴安县水边有平石,上有石履,言越王渡溪脱履于此^⑫。贺水又西南流至临贺郡东,右注临水。郡对二水之交会,故郡县取名焉。临水又西南流迳郡南,又西南迳封阳县东^⑬,为封溪水^⑭。故《地理志》曰:县有封水。又西南流入广信县^⑮,南流注于郁水,谓之封溪水口者也。

【注释】

①封水：即今广西西江支流贺江。

②临贺郡：三国吴黄武五年（226）置，属荆州。治所在临贺县（今广西贺州东南贺街镇）。冯乘县：西汉置，属苍梧郡。治所在今湖南江华瑶族自治县西南，以冯水得名。三国吴属临贺郡。

③谢沐县：西汉置，属苍梧郡。治所在今湖南江永西南二十五里甘棠村。三国吴属临贺郡。牛屯山：《水经注疏》杨守敬按："《寰宇记》，临水出冯乘县（今湖南江华瑶族自治县西南）西北灵山下。灵山盖牛屯之殊目也。"

④临水：即今广西贺州南贺江。

⑤萌渚峤：即萌渚岭。五岭之一。在今广西富川瑶族自治县东南、贺县西北、湖南江华瑶族自治县西南，南北走向。为湘江支流潇水和西江支流贺水的分水岭。

⑥峤水：《水经注疏》杨守敬按："今有水出富川县（今广西富川瑶族自治县）东北，西南流入龙溪，即峤水矣。"

⑦庾仲初：即庾阐，字仲初。颍川鄢陵（今河南鄢陵西北）人。累迁尚书郎、彭城内史、散骑侍郎，领大著作等。有《吊贾谊辞》《扬都赋》存世。

⑧临贺县：西汉置，属苍梧郡。治所在今广西贺州东南贺街镇。

⑨贺水：在今广西上林东北。

⑩兴安县：西晋太康元年（280）改建兴县置，属临贺郡。治所在今广西贺州东北桂岭镇。

⑪盛弘之《荆州记》：盛弘之，南朝宋临川王侍郎，撰《荆州记》三卷。记荆州（今湖北江陵）之风土人物。已佚。

⑫越王：即南越王尉佗，初名赵佗。真定（今河北石家庄）人。秦二世时为南海郡陇川县令，旋代任嚣为南海尉。秦亡，据南海、桂林、象郡建立南越国，自立为南越武王。刘邦正式封为南越王。

⑬封阳县：西汉置，属苍梧郡。治所在今广西贺州东南信都镇。

⑭封溪水：又名封江、贺江、临水、临贺水等。即今广西贺州南之贺江。

⑮广信县：西汉置，为苍梧郡治。治所即今广西梧州。

【译文】

郁水又往东流，封水注入。封水发源于临贺郡冯乘县以西，谢沐县东部边界的牛屯山，也叫临水。封水往东南流经萌渚峤西边，又往东南流，在左岸汇合了峤水。庾仲初说：峤水发源于萌渚峤，南流注入临水。临水又流经临贺县东面，又往南流到临贺郡城，在左岸汇合了贺水。贺水发源于东北方兴安县西北的罗山，往东南流经兴安县西部。盛弘之《荆州记》说：兴安县水边有一块平坦的岩石，上面有石鞋，传说是越王渡溪时在这里脱下的鞋子。贺水又往西南流，到了临贺郡东面，向右注入临水。临贺郡面对两水交汇之处，郡县都因此而得名。临水又往西南流经郡南，又向西南流经封阳县东面，就是封溪水。所以《地理志》说：县里有封水。封水又往西南流入广信县，往南注入郁水，汇流处叫封溪水口。

郁水又东迳高要县①，牢水注之②。水南出交州合浦郡③，治合浦县④，汉武帝元鼎六年平越所置也⑤。王莽更名曰桓合，县曰桓亭。孙权黄武七年⑥，改曰珠官郡⑦。郡不产谷，多采珠宝。前政烦苛，珠徙交趾⑧。会稽孟伯周为守⑨，有惠化，去珠复还。郡统临允县⑩，王莽之大允也。牢水自县北流，迳高要县入于郁水。

【注释】

①高要县：西汉置，属苍梧郡。治所即今广东肇庆。

②牢水：又名新江。即今广东新兴县北新兴江，为西江支流。

③交州：东汉建安八年（203）改交州刺史部置。治所在广信县（今

广西梧州）。十五年（210）移治番禺县（今广东广州）。三国吴时
分为交、广二州，交州治龙编县（今越南河宁省仙游东）。合浦郡：
西汉元鼎六年（前111）置。治所在合浦县（今广西浦北县南泉水
镇旧州村）。

④合浦县：西汉元鼎六年（前111）置，为合浦郡治。治所在今广西
浦北县南泉水镇旧州村。

⑤平越：平定南越。

⑥黄武七年：228年。黄武，三国吴大帝孙权的年号（222—229）。

⑦珠官郡：三国吴黄武七年（228）改合浦郡置，属交州。治所在合
浦县（今广西浦北县南旧州村）。

⑧交趾：即交趾郡。秦亡后南越赵佗置。西汉武帝元鼎六年（前
111）归汉。西汉时治所在赢陵县（今越南河内西北）。东汉移治
龙编县（今越南北宁省仙游东）。

⑨孟伯周：即孟尝，字伯周。会稽（今浙江绍兴）人。为合浦太守，
有惠政。为守：为郡守。

⑩临允县：西汉置，属合浦郡。治所在今广东新兴南。

【译文】

郁水又往东流经高要县，有牢水注入。牢水发源于南方的交州合浦
郡，郡治在合浦县，是汉武帝元鼎六年平定南越后所置。王莽改郡名为
桓合，县名为桓亭。孙权黄武七年，改名为珠官郡。郡里不产稻谷，人民
多从事采珠。从前郡守苛征暴敛，珠流移到交趾去了。会稽孟伯周来做
太守，推行仁政和教化，流走的珠又返回了。合浦郡管辖临允县，就是王
莽的大允。牢水从临允县往北流，经过高要县注入郁水。

郁水南迳广州南海郡西①，泿水出焉②。又南，右纳西
随三水③，又南迳四会浦④。水上承日南郡卢容县西古郎
究⑤，浦内漕口，马援所漕⑥。水东南曲屈通郎湖⑦。湖水承

金山郎究^⑧，究水北流，左会卢容、寿泠二水^⑨。卢容水出西
南区粟城南高山^⑩，山南长岭，连接天障岭西^⑪。卢容水凑隐
山绕西卫北，而东迳区粟城北，又东，右与寿泠水合。水出
寿泠县界^⑫。魏正始九年^⑬，林邑进侵^⑭，至寿泠县以为疆界，
即此县也。寿泠县以水凑，故水得其名。东迳区粟故城南。
考古志，并无区粟之名。应劭《地理风俗记》曰：日南，故秦
象郡^⑮。汉武帝元鼎六年开日南郡^⑯，治西卷县^⑰。《林邑记》
曰^⑱：城去林邑，步道四百余里^⑲。《交州外域记》曰^⑳：从日
南郡南，去到林邑国，四百余里。准迳相符，然则城故西卷
县也。《地理志》曰：水入海，有竹可为杖。王莽更之曰日
南亭。

【注释】

①广州：三国吴黄武五年（226）分交州置。治所在广信县（今广西
　梧州）。南海郡：秦始皇三十三年（前214）置。治所在番禺县（今
　广东广州）。

②浪（yín）水：即今广西东北部柳江、洛清江。

③西随三水：《水经注疏》："全（祖望）云：按西随三水，即《叶榆水》
　篇所谓西随水过交趾（东汉时治所在今越南北宁省仙游东），分为
　五水，至东界，复为三水者也。"

④四会浦：具体不详。

⑤日南郡：西汉元鼎六年（前111）平南越置。治所在西卷县（今越
　南广治省广治西北广治河与甘露河合流处）。卢容县：西汉置，属
　日南郡。治所在今越南承天—顺化省顺化附近。古郎究：溪濑名。
　究，山溪濑的尽头处。

⑥马援：字文渊。扶风茂陵（今陕西兴平东北）人。新莽末，为新城

大尹（汉中太守）。莽败，先依隗嚣，继归刘秀，屡建战功。拜伏波将军，封新息侯。

⑦郎湖：在今越南中部广治省境内。

⑧金山郎究：当在今越南中部广治省一带。

⑨卢容：即卢容水。即今越南广治省甘露河。寿泠：即寿泠水。今越南广治省广治县北广治河。

⑩区（ōu）粟城：即汉西卷县城。在今越南中部广治省广治西北石杆河与甘露河合流处。

⑪天障岭：当在今越南中部广治省一带。

⑫寿泠（líng）县：三国吴置，属日南郡。治所在今越南广治省广治县北广治河东岸。

⑬正始九年：248 年。正始，三国魏齐王曹芳的年号（240—249）。

⑭林邑：即占城。在今越南中部一带。进侵：进逼侵犯。

⑮象郡：秦始皇三十三年（前 214）置。治所在临尘县（今广西崇左境）。西汉元凤五年（前 76）废。

⑯元鼎六年：前 111 年。

⑰西卷县：西汉置，为日南郡治。治所在今越南广治省广治西北广治河与甘露河合流处。

⑱《林邑记》：书名。亦作《林邑国记》。撰者不详。

⑲步道：人、牛、马可通行而不能通车的道路。

⑳《交州外域记》：书名。《隋书·经籍志》未录。具体未详。

【译文】

郁水往南流经广州南海郡西面，浪水发源于那里。又往南流，在右边接纳了西随的三条水，又往南流经四会浦。四会浦的水，上游承接日南郡卢容县西面的古郎究浦，浦内有个漕口，马援曾运粮经此。水流折向东南，屈曲与郎湖相通。湖水承接金山郎究，究水北流，左岸汇合了卢容、寿泠两条水。卢容水发源于西南区粟城南面的高山，山南面的长岭，逶迤连绵与天障岭西端相连接。卢容水汇聚了诸涧的水,潜流于深山之间,绕过山西和山北,往东流经区粟城北,又往东流,在右侧与寿泠水汇合。寿泠水发源于寿泠县界。魏正始九年,林邑入侵,直到寿泠县,就以寿泠县作为疆界。水流经寿泠县,于是也就因县而得名了。寿泠水往东流,经过区粟老城南面。查考古志,并无区粟的地名。应劭《地理风俗记》说:日南原是秦时的象郡。汉武帝元鼎六年设置日南郡,治所在西卷县。《林邑记》说:由郡城到林邑,步行道四百余里。《交州外域记》说:从日南郡南到林邑国四百余里。路程相符,那么区粟就是旧时的西卷县了。《地理志》说:水流入海,有竹可制手杖。王莽改名为日南亭。

《林邑记》曰:其城治二水之间①,三方际山,南北瞰水②,东西涧浦,流凑城下。城西折十角③,周围六里一百七十步,东西度六百五十步。砖城二丈,上起砖墙一丈,开方隙孔。砖上倚板,板上五重层阁,阁上架屋,屋上架楼,楼高者七八丈,下者五六丈。城开十三门,凡宫殿南向,屋宇二千一百余间。市居周绕,阻峭地险,故林邑兵器战具,悉在区粟。多城垒,自林邑王范胡达始④,秦余徙民,染同夷化,日南旧风,变易俱尽。巢栖树宿,负郭接山⑤,榛棘蒲薄⑥,腾林拂云,幽烟冥缅,非生人所安。区粟建八尺表⑦,日影度南八寸⑧。自此影以南在日之南,故以名郡。望北辰星⑨,落在天际。日在北,故开北户以向日⑩。此其大较也。

【注释】

①其城治二水之间:西卷县城治所处在两水之间。

②南北瞰水:卢容水在西卷县城的北边,寿泠水在西卷县城的南边,故云南北瞰水。瞰,看,俯视。

③城西折十角：熊会贞认为当作"城西折一角"。译文从之。

④林邑王：林邑国的国王。范胡达：东晋末林邑国王。义熙中攻破日南、九真、九德三郡，遂围州城，后为九真太守杜慧瑗所败，逃还林邑。

⑤负郭：背对着城郭。

⑥蒲薄：蒲草丛生。薄，草木丛生。

⑦八尺表：八尺高的标杆。表，古代天文仪器圭表的组成部分，为直立的标竿，用以测量日影的长度。

⑧日影度南八寸：日影移到南边八寸。度，度过，移动。

⑨北辰星：即北极星。天空北部的一颗亮星，距天球北极很近，差不多正对着地轴，从地球上看，它的位置几乎不变，可以靠它来辨别方向。

⑩北户：北边的窗户。

【译文】

《林邑记》说：城治在两条水之间，三面依山，南北临水，东西两面是溪涧和水口，流到城下相汇合。城墙西面突出一角，周围六里一百七十步，东西长六百五十步。砖城高两丈，城上筑了高一丈的砖墙，墙上开方孔。砖上铺板，板上造了五层楼阁，阁上架屋，屋上建楼，城楼高的七八丈，低的五六丈。城墙周围开了十三座城门，宫殿都朝南，有屋宇两千一百余间。四周是市场和住宅区，悬崖峭壁，地势险要，所以林邑的兵器和作战工具，都贮存在区粟。林邑各地所建城堡很多，从林邑王范胡达时开始，自秦迁徙过去的移民，都与夷族同化了，日南的旧风俗也全部改变了。人们在树上搭巢居住，傍着山边的城郭，是一片荆榛乱草，原始森林上拂青云，阴霾的远方飘散着一缕缕幽荒的野烟，这一片荒凉的土地，实在不是人类所能栖身的。区粟立了一根高达八尺的标竿，日影可移到南边八寸。因为此影以南都在太阳的南边了，所以就以日南为郡名。在这里遥望北斗星，已沉落到天边了。太阳在北，所以房屋都开北窗面向太阳。这是大略的情况。

范泰《古今善言》曰[①]：日南张重[②]，举计入洛[③]，正旦大会，明帝问[④]：日南郡北向视日邪？重曰：今郡有云中、金城者[⑤]，不必皆有其实，日亦俱出于东耳。至于风气暄暖[⑥]，日影仰当，官民居止随情，面向东西南北，回背无定[⑦]。人性凶悍，果于战斗[⑧]，便山习水[⑨]，不闲平地[⑩]。古人云：五岭者[⑪]，天地以隔内外。况绵途于海表[⑫]，顾九岭而弥邈，非复行路之迳阻，信幽荒之冥域者矣！

【注释】

①范泰：字伯伦。南朝宋南阳顺阳（今河南淅川西南）人。初为东晋太学博士。从刘裕，助平卢循，迁护军将军等。刘裕即位后，为国子祭酒。宋少帝在位多过失，范泰上书极谏。撰有杂家类著作《古今善言》。

②张重：字仲笃。东汉明帝时举孝廉。曾作为上计吏诣京师上奉计簿。曾向明帝解释日南郡何谓"日南"。

③举计：即作为上计吏诣京师上奉计簿（古代计吏登记户口、赋税、人事的簿籍）。

④明帝：东汉明帝刘庄。光武帝刘秀第四子。

⑤云中：即云中郡。战国赵武灵王置，秦时治所在云中县（今内蒙古托克托东北古城镇）。金城：即金城郡。西汉始元六年（前81）置。治所在允吾县（今青海民和回族土族自治县南古鄯镇北古城）。

⑥暄暖：温暖。

⑦回背无定：是向着还是背着太阳，没有一定之规。

⑧果：果敢，勇敢。

⑨便、习：娴熟，习惯。

⑩闲：娴熟，习惯。

⑪五岭：即南岭，为越城、都庞、萌渚、骑田、大庾五岭的总称。在今

江西、湖南、广东、广西四省区边境。

⑫海表：犹海外。古代指中国四境以外僻远之地。

【译文】

　　范泰《古今善言》说：日南张重去洛阳赴考，在元旦朝会时，明帝问道：日南郡是不是朝北望太阳的？张重说：现在郡有云中、金城之名，不一定都是名如其实，太阳也都是从东方升起的。至于那里的风，总是温煦的，日影位置正在脚下，官民住宅则随环境不同而选择朝向，或朝东西，或向南北，并无一定。人民生性凶悍，勇于战斗，上山下水，习以为常，但不惯于平地生活。古人说：五岭是天地间分隔内外的壁障。何况路途迢迢，远在天涯海角，回望九岭，渺渺茫茫，非但道路艰险，实在也是个穷荒绝域的边远地区啊！

　　寿泠水自城南①，东与卢容水合②，东注郎究③。究水所积下潭为湖，谓之郎湖④。浦口有秦时象郡⑤，墟域犹存。自湖南望，外通寿泠，从郎湖入四会浦。元嘉二十年⑥，以林邑顽凶，历代难化，恃远负众，慢威背德，北宝既臻⑦，南金阙贡，乃命偏将与龙骧将军交州刺史檀和之陈兵日南⑧，修文服远。二十三年⑨，扬旌从四会浦口入郎湖⑩，军次区粟⑪，进逼围城，以飞梯、云桥⑫，悬楼登垒，钲鼓大作⑬，虎士电怒，风烈火扬，城摧众陷。斩区粟王范扶龙首⑭，十五以上，坑截无赦，楼阁雨血，填尸成观⑮。自四会南入，得卢容浦口⑯。晋太康三年⑰，省日南郡属国都尉⑱，以其所统卢容县置日南郡及象林县之故治⑲。

【注释】

①寿泠水：今越南广治省广治县北广治河东岸。

②卢容水:即今越南广治省甘露河。

③郎究:当在今越南广治省一带。

④郎湖:在今越南中部广治省境内。

⑤象郡:秦始皇三十三年(前214)置。治所在临尘县(今广西崇左境)。

⑥元嘉二十年:443年。元嘉,南朝宋皇帝刘裕的年号(424—453)。

⑦臻:到达。

⑧偏将:即副将。龙骧将军:杂号将军。西晋始置,晋武帝咸宁初年
　以王濬为之。南北朝均置。在北朝地位较高,为三品将军;南朝梁、
　陈则为七品将军。檀和之:南朝宋高平金乡(今山东金乡北)人。
　檀凭之子。宋文帝时,官龙骧将军、交州刺史。文帝元嘉二十三
　年(446),林邑王范阳迈父子屡攻宋,檀和之率宗悫等进克林邑,
　阳迈父子奔逃。宋孝武帝孝建中,累迁南兖州刺史。后坐罪免官
　禁锢,病卒。陈兵:陈列军队。

⑨二十三年:即元嘉二十三年,446年。

⑩扬旌:高举军旗。指征战。

⑪军次:军队驻扎。

⑫飞梯:古代攻城用的长梯。云桥:古代攻城的战具。属云梯一类。

⑬钲(zhēng)鼓:钲和鼓。古代行军时用以指挥进退的乐器。

⑭范扶龙:林邑王阳迈手下的大帅,因戍守区粟城被封为区粟王。
　被交州刺史檀和之手下司马萧景宪所杀。

⑮填尸成观:堆积的尸体都成为高观。观,古代战争中,胜者为了炫
　耀武功,收集敌人尸首封土而成的高冢。

⑯卢容浦口:当在今越南广治省广治一带。

⑰太康三年:282年。太康,西晋武帝司马炎年号(280—289)。

⑱省:裁撤,省并。属国都尉:设在少数民族聚居地区,掌管民事。《汉
　书·百官公卿表》:"农都尉、属国都尉,皆武帝初置。"

⑲卢容县:西汉置,属日南郡。治所在今越南承天—顺化省顺化附

近。象林县：西汉置，属日南郡。治所在今越南广南省维川县南
茶荞。

【译文】

寿泠水自城南东流，与卢容水汇合，东注于郎究。究水在下潭积潴
成湖，称为郎湖。浦口有秦时的象郡，废址仍然存在。从湖边南望，湖水
外与寿泠相通，从郎湖流入四会浦。元嘉二十年，因林邑凶恶顽固，历代
以来难以教化，又自恃地远人多，侮慢中国的国威，背弃中国的恩德，而
中国朝廷已经积聚了许多北地的宝物，只是欠缺南方进贡的金银，于是
就命令偏将和龙骧将军交州刺史檀和之陈兵日南，修明文教，使远方小
国心悦诚服。元嘉二十三年，旌旗飘扬，大军从四会浦口进入郎湖，屯驻
于区粟，进逼围城，用飞梯、云桥等攻城器具，攀登上城头，钲鼓之声震天
动地，猛士震怒如雷霆，风势猛烈，火焰冲天，守兵溃败，城也被攻破了。
这一战杀了区粟王范扶龙，十五岁以上的人，杀的杀埋的埋，一个也不放
过，城阁上滴血如雨，尸体堆成高台。从四会浦往南，有卢容浦口。晋太
康三年，撤废日南郡属国都尉，将所辖的卢容县设立为日南郡及象林县
的旧治所。

《晋书地道记》曰：郡去卢容浦口二百里，故秦象郡象
林县治也。永和五年^①，征西桓温遣督护滕畯率交、广兵
伐范文于旧日南之卢容县^②，为文所败，即是处也。退次九
真^③，更治兵。文被创死，子佛代立。七年，畯与交州刺史杨
平复进军寿泠浦^④，入顿郎湖^⑤，讨佛于日南故治。佛蚁聚连
垒五十余里。畯、平破之，佛逃窜川薮，遣大帅面缚，请罪军
门。遣武士陈延劳佛^⑥，与盟而还。

【注释】

①永和五年：349 年。永和，东晋穆帝司马聃的年号（345—356）。

②征西：即征西将军。桓温：字元子。谯国龙亢（今安徽怀远西北）人。
　　东晋名臣，晋明帝之婿。有雄才大略。督护：两晋南北朝府、州、
　　郡佐官，掌督辖、护理军队。其名称开始于西晋末年，晋诸将行军
　　时常临时差遣上佐参军等督护诸军，从事征讨，故名。滕畯（jùn）：
　　东晋穆帝司马聃时人。官长沙太守、西阳太守、征西督护等。受
　　征西大将军桓温派遣，率交、广之兵击林邑王范文于卢容，为范文
　　所败，退屯九真。交、广兵：交州、广州的士兵。范文：东晋林邑国
　　人。初为日南西卷县夷帅范稚奴，后至林邑，为国王范逸所信，使
　　为将。逸死，自立为王，攻并诸小国。晋穆帝永和三年（347），率
　　众陷日南，杀太守夏侯览。

③退次：退守驻扎。九真：即九真郡。西汉初南越赵佗置。西汉元鼎
　　六年（前111）归汉。治所在胥浦县（在今越南清化省东山县杨舍村）。

④杨平：字伯衡。东晋南海（今广东广州）人。以才略为郡从事。穆
　　帝永和五年（349），拜交州刺史。与征西督护滕畯攻林邑王范文，
　　力战破之。诏加龙骧将军，封南陵县侯。寿泠浦：当在今越南广
　　治省广治县一带。

⑤顿：止，驻扎。

⑥陈延：具体不详。劳：慰劳，犒劳。

【译文】

《晋书地道记》说：郡城离卢容浦口二百里，原是秦时象郡象林县的
治所。永和五年，征西大将军桓温调派督护滕畯率领交、广二州军队去
旧日南郡卢容县讨伐范文，被范文打败，就是在这地方。滕畯退兵驻于
九真，重新练兵。范文受伤而死，其子范佛继位。永和七年，滕畯和交州
刺史杨平又向寿泠浦进军，进驻郎湖，在日南旧治所讨伐范佛。范佛的
军队像蚂蚁似的结集在一起，营垒相连，绵延五十余里。滕畯、杨平大败
范佛军，范佛逃到山林里，派大帅反绑自己，到军门去请罪。滕畯等派武
士陈延去安抚范佛，和他缔结和约而回。

康泰《扶南记》曰①：从林邑至日南卢容浦口可二百余里②，从口南发往扶南诸国③，常从此口出也。故《林邑记》曰④：尽纮沧之徼远⑤，极流服之无外⑥。地滨沧海⑦，众国津径。郁水南通寿泠，即一浦也。浦上承交趾郡南都官塞浦⑧。《林邑记》曰：浦通铜鼓、外越、安定、黄冈心口⑨，盖藉度铜鼓，即骆越也⑩。有铜鼓，因得其名。马援取其鼓以铸铜马。至凿口⑪，马援所凿，内通九真、浦阳⑫。《晋书地道记》，九德郡有浦阳县⑬。

【注释】

①康泰《扶南记》：又称《扶南传》。三国吴康泰出使南海诸国，其所经历及传闻，有百数十国，《扶南传》可能即是为这次"立记传"的产物。扶南，三国吴时在今柬埔寨内的一个国家。

②林邑：古国名。即占城。在今越南中部一带。

③扶南：意为山地之王。在今柬埔寨。1世纪建国。

④《林邑记》：书名。亦作《林邑国记》。《隋书·经籍志》："《林邑国记》一卷。"未录撰者。

⑤纮（hóng）沧：辽远阔大。徼远：偏远的边塞。

⑥流服：五服（侯服、甸服、绥服、要服、荒服，相距为方五千里）以外的地方。服，古代指王畿以外的地方。

⑦沧海：大海。

⑧交趾郡：秦亡后南越赵佗置。西汉武帝元鼎六年（前111）归汉。西汉时治所在赢陵县（今越南河内西北）。东汉移治龙编县（今越南北宁省仙游东）。都官塞浦：具体不详。

⑨铜鼓：即铜鼓山。在今广西武宣县南。安定：即安定县。西汉置，属交趾郡。治所在今越南南定省南定县西北红河南岸。南朝宋

改为安定县。黄冈心口：具体不详。

⑩骆越：古种族名。居于今云南、贵州、广西之间。

⑪凿口：马援所开凿的石道。

⑫九真：即九真郡。西汉初南越赵佗置。元鼎六年（前111）归汉。治所在胥浦县（在今越南清化省东山县杨舍村）。东汉属交州。浦阳：即浦阳县。西晋置，属九德郡。治所在今越南义安省荣市东南。

⑬九德郡：三国吴天纪二年（278）分九真郡置，属交州。治所在咸䜌县（今越南义安省演州西）。西晋移治九德县（今越南义安省荣市）。

【译文】

康泰《扶南记》说：从林邑到日南卢容浦口约两百多里，从日南去扶南诸国，常从这里出发。所以《林邑记》说：在域外茫茫沧海的尽头，天涯海角，没有更遥远的去处了。那里濒临大海，是水路通往各国的必经之地。郁水南通寿泠，是个水口。上游与交趾郡南的都官塞浦相接。《林邑记》说：水口通铜鼓、外越、安定、黄冈心口，取道铜鼓山，往前就到骆越所居之地了。那里有一面铜鼓，因而得名。马援把铜鼓拿走，铸成一匹铜马。到了马援所开凿的石道，可通内地的九真郡、浦阳县。据《晋书地道记》，九德郡有浦阳县。

《交州记》曰①：凿南塘者，九真路之所经也。去州五百里，建武十九年②，马援所开。《林邑记》曰：外越、纪粟、望都③。纪粟出浦阳④，渡便州⑤，至典由⑥；渡故县⑦，至咸䜌⑧。咸䜌属九真。咸䜌已南，獐麂满冈⑨，鸣咆命畴⑩，警啸聒野⑪。孔雀飞翔，蔽日笼山。渡治口⑫，至九德⑬。按《晋书地道记》有九德县。《交州外域记》曰⑭：九德县属九真郡，在郡之南,与日南接。蛮卢羁居其地^⑮,死,子宝纲代。孙党,服从吴化,定为九德郡,又为隶之。《林邑记》曰:九德,九夷所极^⑯,故以名郡。郡名所置,周越裳氏之夷国^⑰。《周礼》,九夷远极越裳。白雉、象牙,重九译而来^⑱。自九德通类口^⑲,水源从西北远荒,迳宁州界来也^⑳。九德浦内迳越裳究、九德究、南陵究^㉑。

【注释】

①《交州记》:东晋刘欣期撰。《隋书·经籍志》不录。

②建武十九年:43 年。建武,东汉光武帝刘秀的年号(25—56)。

③外越、纪粟、望都:具体不详。

④浦阳:即浦阳县。西晋置,属九德郡。治所在今越南义安省荣市东南。南朝宋为九德郡治。

⑤便州:具体不详。

⑥典由:具体不详。

⑦故县:具体不详。

⑧咸驩(huān):即咸驩县。西汉置,属九真郡。治所在今越南义安省演州西。三国吴属九德郡。

⑨獐:獐子。外形像鹿而较小,无角。也叫牙獐、河麂。麂(jǐ):鹿科动物,形体似麞,雄的生短角。脚细而有力,善于跳跃。满冈:布满山冈。

⑩命畴(chóu):呼喊同类。畴,类。

⑪聒(guō):喧闹,声音高响或嘈杂。

⑫治口:具体不详。

⑬九德:即九德县。三国吴天纪二年(278)分咸驩县置。治所在今越南义安省荣市。

⑭《交州外域记》：书名。《隋书·经籍志》不录。

⑮卢鏊（yú）：人名。具体不详。

⑯九夷：古时谓东夷有九种：一说为玄菟、乐浪、高骊、满饰、凫臾、索家、东屠、倭人、天鄙；一说为畎夷、于夷、方夷、黄夷、白夷、赤夷、玄夷、风夷、阳夷。

⑰越裳氏：即越裳。古南海国名。在今越南河静省西北甘禄附近。

⑱重：辗转。九译：多次翻译。九，言其多。

⑲类口：具体不详。

⑳宁州：西晋泰始七年（271）分益州置。治所在滇池县（今云南昆明晋宁区东北三十二里晋城镇）。

㉑越裳究、九德究、南陵究：山溪濑的名字。当在今越南义静省河静县一带。

【译文】

《交州记》说：开凿南塘之所以必要，是因为这是去九真郡的必经之路。此处离州城五百里，是建武十九年马援所开。《林邑记》说：去外越、纪粟、望都。从纪粟取道浦阳，经过便州，可到典由；经过故县，可到咸骦。咸骦隶属于九真郡。咸骦以南，山冈上全是獐麂，呦呦地叫唤着伴侣，荒野里响彻一片惊叫声。孔雀成群飞翔时，会把山冈上的太阳遮住。渡过治口，就到九德县。查考《晋书地道记》，有九德县。《交州外域记》说：九德县隶属于九真郡，该郡南部与日南接界。蛮王卢鏊统治着那个地区，他死后，儿子宝纲继位。孙子卢党遵从吴国的政教，立为九德郡，隶属于吴。《林邑记》说：九德是九夷的尽头，所以作为郡名。该郡的辖境，就是周代越裳氏的夷国。据《周礼》，九夷以越裳为最远。他们通过重重翻译，带了白雉、象牙前来进贡。从九德通类口的那条水，源头是从西北的边远地区经宁州边界流来的。九德浦经过越裳究、九德究、南陵究通往内地。

按《晋书地道记》，九德郡有南陵县[①]，晋置也。竺枝《扶南记》②：山溪濑中谓之究。《地理志》曰：郡有小水五十二，并行大川，皆究之谓也。《林邑记》曰：义熙九年③，交趾太守杜慧度造九真水口④，与林邑王范胡达战⑤，擒斩胡达二子，虏获百余人，胡达遁。五月，慧度自九真水历都粟浦⑥，复袭九真，长围跨山，重栅断浦，驱象前锋，接刃城下，连日交战，杀伤乃退。

【注释】

①南陵县：西晋置，属九德郡。治所在今越南河静省锦川附近。

②竺枝：亦作竺芝。《扶南记》：书名，具体不详。《隋书·经籍志》不录。

③义熙九年：413年。义熙，东晋安帝司马德宗的年号（405—418）。

④杜慧度：南朝宋交趾（今越南河内）人。杜瑗子。初仕晋为州主簿，迁九真太守。安帝义熙七年（411）除交州刺史。从刘裕征讨卢循。卢循袭交州，慧度力战斩循，封龙编县侯。入宋，号辅国将军。其年，率文武万人南讨林邑，林邑乞降。慧度俭约质素，能弹琴，好《庄》《老》，禁淫祀，修学校，岁荒民饥，以私禄赈给。奸盗不起，至城门不夜闭，道不拾遗。造：到达。

⑤范胡达：林邑王。曾率兵攻破日南、九德、九真三郡，被交州刺史杜慧度败。

⑥都粟浦：具体不详。

【译文】

查考《晋书地道记》，九德郡有南陵县，晋时所置。按竺枝《扶南记》，山溪中的急流称为究。《地理志》说：郡中有小溪流五十二条，合并成大川，这些溪流都可称为究。《林邑记》说：义熙九年，交趾太守杜慧度到九真水口，与林邑王范胡达战，把范胡达的两个儿子抓住杀了，还俘虏了百余人,范胡达则逃走了。五月,杜慧度自九真水通过都粟浦,再次袭击了九真,长长的包围圈跨过山冈,重重的栅栏切断水口,驱赶大象作为前锋,在城下短兵相接,连日交战,死伤了不少人方才退去。

《地理志》曰:九真郡,汉武帝元鼎六年开[1],治胥浦县[2]。王莽更之曰驩成也。《晋书地道记》曰:九真郡有松原县[3]。《林邑记》曰:松原以西,鸟兽驯良,不知畏弓,寡妇孤居,散发至老。南移之岭,崒不逾仞[4],仓庚怀春于其北[5],翡翠熙景乎其南[6]。虽嘤讙接响[7],城隔殊非。独步难游,俗姓涂分故也[8]。自南陵究出于南界蛮[9],进得横山[10]。太和三年[11],范文侵交州,于横山分界,度比景庙[12],由门浦至古战湾[13]。吴赤乌十一年[14],魏正始九年[15],交州与林邑于湾大战,初失区粟也。

【注释】

①元鼎六年:前 111 年。

②胥浦县:西汉置,为九真郡治。治所在今越南清化省东山县阳舍村。

③松原县:西晋置,属九真郡。治所在今越南清化省清化县西南。

④崒(zú):山顶。仞:古代七尺或八尺为一仞。

⑤仓庚:黄莺。怀春:拟人化手法,比拟仓庚如人一样,在春天会牵惹情思。

⑥熙景:犹弄影。

⑦嘤:鸟叫声。讙(huān):鸣。

⑧俗姓涂分故也:不同姓氏的各部族,中途分道而行。涂,通"途"。路途,中途。

⑨南陵究:在今越南河静省河静县东。

⑩横山：在今越南中部河静省与广平省交界处。

⑪太和三年：229年。太和，三国魏明帝曹叡（ruì）的年号（227—233）。

⑫比景庙：《水经注疏》："会贞按：比景县（今越南广治省宋河下游高牢下村）见下。庙在县之北。"

⑬门浦、古战湾：当在今越南中部广平省一带。

⑭赤乌十一年：248年。赤乌，三国吴大帝孙权的年号（238—251）。

⑮正始九年：248年。正始，三国魏齐王曹芳的年号（240—249）。

【译文】

《地理志》说：九真郡，是汉武帝元鼎六年开设的，治所在胥浦县。王莽改名为骧成。《晋书地道记》说：九真郡有松原县。《林邑记》说：松原以西，鸟兽都很驯良，不知害怕弓箭，寡妇单身居住，到老都披头散发。到了南方，都是低丘小岭，仓庚在山北唱着情歌，翡翠鸟在山南晒着太阳。虽然欢乐的呖啭一声接一声，但隔着一座城墙情况却全然两样。人们很难单独一人出来行走，这是因为当地风俗各部族分别聚居，分道行走的缘故。从南陵究出南部蛮族边界，就进了横山。太和三年，范文在横山的分界处侵入交州，过了比景庙，由门浦直到古战湾。吴赤乌十一年，即魏正始九年，交州和林邑在海湾大战，区粟第一次失陷。

渡卢容县，日南郡之属县也，自卢容县至无变①，越烽火至比景县②。日中头上，景当身下③，与景为比。如淳曰④：故以比景名县。阚骃曰⑤：比，读荫庇之庇。景在己下，言为身所庇也。《林邑记》曰：渡比景至朱吾⑥。朱吾县浦⑦，今之封界⑧。朱吾以南，有文狼人⑨，野居无室宅，依树止宿，食生鱼肉。采香为业，与人交市⑩，若上皇之民矣⑪。县南有文狼究⑫，下流径通。《晋书地道记》曰：朱吾县属日南郡，去郡二百里。此县民，汉时不堪二千石长吏调求⑬，引屈都乾为国⑭。《林邑记》曰：屈都，夷也。

【注释】

①无变：地名。当在今越南广治省广治一带。

②烽火：地名。具体未详。当在今越南境内。比景县：亦作北景县。西汉置，属日南郡。治所在今越南广平省宋河下游高牢下村。

③景：同"影"。

④如淳：冯翊（今陕西大荔）人，魏陈郡丞。注《汉书》。

⑤阚骃（kàn yīn）：字玄阴。敦煌（今甘肃敦煌）人。北凉至北魏学者。所撰《十三州志》为地理类著作。

⑥朱吾：即朱吾县。西汉置，属日南郡。治所在今越南广平省美丽附近。

⑦朱吾县浦：即今越南广平省美丽南日丽江。

⑧封界：边界。

⑨文狼人：当生活在今越南广治省一带。

⑩交市：交换贸易。

⑪上皇：太古的帝皇。

⑫文狼究：水名。当在今越南广平省一带。

⑬二千石长吏：指郡国守、相。汉代百官以俸禄多寡为等差，郡守、诸侯王国相皆秩二千石，遂以为称。调求：征收赋税。

⑭屈都乾：牛军凯《都元、屈都乾与卡蒂加拉考》一文认为：在今泰国东南部。

【译文】

过了日南郡的属县卢容县，走到无变，再走过烽火到比景县。正午太阳在头上，影子正在脚下，身子与影紧密相合。如淳说：所以用比景作县名。阚骃说：比，读作荫庇的庇。影在自己脚下，是被自己的身体所蔽。《林邑记》说：过了比景，就到朱吾。朱吾是水口，就是现在的疆界。朱吾以南,有文狼人,他们在荒野居住,没有房屋,歇宿时就背靠在树上,生鱼生肉,拿到就吃。他们以采香为职业,与人做买卖,就好像上古圣皇时的人民一样。县南有文狼究,与下游相通。《晋书地道记》说:朱吾县属于日南郡,离郡城两百里。汉时该县百姓因受不了二千石长吏的苛征暴敛,叛汉而认屈都乾为宗主国。《林邑记》说:屈都是夷族。

朱吾浦内通无劳湖①,无劳究水通寿泠浦②。元嘉元年③,交州刺史阮弥之征林邑④,阳迈出婚不在⑤,奋威将军阮谦之领七千人⑥,先袭区粟。已过四会⑦,未入寿泠,三日三夜无顿止处,凝海直岸,遇风大败。阳迈携婚都部伍三百许船来相救援。谦之遭风,余数船舰,夜于寿泠浦里相遇。暗中大战,谦之手射阳迈柁工,船败纵横,昆仑单舸⑧,接得阳迈。谦之以风溺之余,制胜理难,自此还渡寿泠,至温公浦⑨。升平三年⑩,温放之征范佛于湾分界阴阳圻,入新罗湾,至焉下,一名阿贲浦,入彭龙湾隐避风波⑪,即林邑之海渚。

【注释】

①朱吾浦:即朱吾县浦。内通:中间贯通。无劳湖:当在无劳县(西汉武帝时分比景县置,属日南郡。治所在今越南广平省广泽一带)境内。

②无劳究水:当在无劳县(西汉武帝时分比景县置,属日南郡。治所在今越南广平省广泽一带)境内。寿泠浦:当在寿泠县(三国吴置,属日南郡。治所在今越南广治省广治县北广治河东岸)境内。

③元嘉元年:424年。元嘉,南朝宋皇帝刘裕的年号(424—453)。

④阮弥之:南朝宋武帝时官吏,为交州刺史。元嘉八年(431),林邑王遣楼船百余攻九德,他派队主相道生三千人讨之。

⑤阳迈出婚不在：阳迈出外娶妻，不在家中。阳迈，即范阳迈。南朝宋时林邑国王。范诸农子。其母怀孕时梦有人以金席藉之，当地谓金之精为阳迈，遂名。诸农死，继立为王。宋武帝永初二年（421）遣使入贡。

⑥阮谦之：南朝宋合浦徐闻（今广东徐闻）人。为郡功曹。累迁奋威将军。从兄弥之为交州刺史，宋文帝元嘉八年（431），受诏征林邑国，谦之为副，大败之。振旅而还，子孙遂居遂溪。

⑦四会：当在今越南广治省境内。

⑧昆仑：古代豪门富家以南海国人为奴，称昆仑奴。陈桥驿按，昆仑是外语，《水经注》以昆仑开首，后来常称此为"西域昆仑"。此卷中"昆仑单舸，接得阳迈"，后来常称此为"南海昆仑"。单舸（gě）：一艘小船。

⑨温公浦：因温放之而得名。在林邑（今越南中部一带）境内。

⑩升平三年：359 年。升平，东晋穆帝司马聃的年号（357—361）。

⑪"温放之征范佛于湾分界阴阳圻"几句：温放之，东晋穆帝司马聃时人，官交州刺史。曾帅兵讨林邑参黎、耽潦等地。范文之子寇暴交州，温放之讨破之。范佛，范文之子。温公浦、新罗湾、焉下、阿贲浦、彭龙湾，《水经注疏》杨守敬按："所云温公浦、新罗湾、焉下、彭龙湾，皆自区粟（在今越南中部广治省广治西北石杆河与甘露河合流处）至典冲（林邑国都城，越南中部一带）渐次而南之地。"

【译文】

朱吾浦内通无劳湖，无劳究水通寿泠浦。元嘉元年，交州刺史阮弥之出征林邑，阳迈因外出娶妻不在家中，奋威将军阮谦之率领七千人，先去袭击区粟。过了四会，还没有进入寿泠，三天三夜没有屯驻歇息的地方，只得聚集在海岸上，不巧遇到台风，于是大败。阳迈带去迎娶新娘的部队三百余条船，前来救援。阮谦之遭风灾之后所余的战船，夜间与阳迈军相遇于寿泠浦。两军在黑暗中大战，阮谦之亲手射倒阳迈船上的舵手,战船就像瘫了似的随风转动,幸亏家奴摇了小船把阳迈接走。阮谦之遭风灾之后的残余兵力,按理也难以打胜仗,就从这里返回寿泠,到温公浦去了。升平三年,温放之在海湾分界的阴阳圻讨伐范佛,他进入新罗湾,来到焉下——又名阿贡浦——驶进彭龙湾躲避风浪,这就是林邑的海滨。

　　元嘉二十三年①,交州刺史檀和之破区粟已②,飞旍盖海③,将指典冲④。于彭龙湾上鬼塔,与林邑大战,还渡典冲。林邑入浦,令军大进,持重故也。浦西,即林邑都也,治典冲,去海岸四十里,处荒流之徼表⑤,国越裳之疆南⑥,秦汉象郡之象林县也⑦。东滨沧海,西际徐狼⑧,南接扶南⑨,北连九德⑩。后去象林,林邑之号,建国起自汉末。初平之乱⑪,人怀异心,象林功曹姓区⑫,有子名达,攻其县杀令,自号为王。值世乱离,林邑遂立,后乃袭代,传位子孙,三国鼎争,未有所附。吴有交土⑬,与之邻接;进侵寿泠,以为疆界。自区达以后⑭,国无文史,失其纂代⑮,世数难详,宗胤灭绝⑯,无复种裔。外孙范熊代立⑰,人情乐推。后熊死,子逸立⑱。

【注释】

①元嘉二十三年:446 年。元嘉,南朝宋皇帝刘裕的年号(424—453)。

②檀和之:南朝宋高平金乡(今山东金乡北)人。檀凭之子。宋文帝时,官龙骧将军、交州刺史。文帝元嘉二十三年(446),林邑王范阳迈父子屡攻宋,檀和之率宗悫等进克林邑,阳迈父子奔逃。宋孝武帝孝建中累迁南兖州刺史。后坐罪免官禁锢,病卒。

③飞旍(jīng):飞驰的旌旗。借代战船。旍,同"旌"。旌旗。

④典冲:林邑国的都城所在地。在今越南中部一带。

⑤徼(jiào)表：边境之外。徼，边境，边界。

⑥越裳：亦作越常国。古南海国名。在今越南河静省西北甘禄附近。

⑦象林县：西汉置，属日南郡。治所在今越南广南省维川县南茶荞。

⑧际：接临。徐狼：国名。具体不详。

⑨扶南：意为山地之王。在今柬埔寨，1世纪建国。

⑩九德：即九德郡。三国吴天纪二年（278）分九真郡置，属交州。治所在咸𬤇县（今越南义安省演州西）。西晋移治九德县（今越南义安省荣市）。

⑪初平之乱：《水经注疏》杨守敬按："《后汉书·南蛮传》，顺帝永和二年，日南象林徼外蛮夷区怜等数千人，攻象林县，杀长吏。与此言起自初平异。"

⑫功曹：官名。汉代郡守、县令长之佐吏。有功曹史，简称功曹，除掌人事外，得以参与一郡的政务。

⑬交土：即交州。

⑭区达：也作区连。为日南郡象林县功曹，汉末大乱，杀县令自立为王，始建林邑，子孙相承。

⑮纂代：继承接替。

⑯宗胤：宗族子嗣。

⑰外孙：当为外甥。范熊：西晋时林邑国王。东汉末区达自立为王，传数世，其后王无嗣，范熊以外甥被立为王。

⑱逸：即范逸。西晋林邑国国君。父范熊死，逸继为国君。在位期间建宫室城邑，造器械兵甲，其国初具规模。

【译文】

元嘉二十三年，交州刺史檀和之攻破区粟后，就统率水军船只直指典冲，飘扬的旌旗把海面都盖住了。他在彭龙湾的鬼塔，与林邑进行了一场激烈的战斗，就驶向典冲。林邑军进入河口，阻挡檀和之军，打算慎重固守。浦西就是林邑的国都典冲，离海岸四十里，位于僻远的边陲，地处越裳的南疆,就是秦汉时象郡的象林县。那地方东濒大海,西邻徐狼,南接扶南,北连九德。后来抛弃象林一名,恢复林邑的国号,在汉朝末年开始立国。初平之乱时,人们都怀有野心,象林一位姓区的功曹,有个儿子名达,攻入县城杀了县令,自号为王。当时正值天下大乱,林邑于是建立,以后世代传位子孙,在三国鼎立时期,没有归附任何一国。吴所领属的交州,与林邑相邻;林邑入侵寿泠,以此为界。自从区达以后,国家不修文史,帝位传承的世系也没有记录,究竟传了几代也不清楚,而且宗族也灭绝了,不再有人可以传宗接代了。于是外甥范熊代之而立,人民也乐于推他登位。范熊死后,儿子范逸即位。

　　有范文①,日南西卷县夷帅范稚奴也②。文为奴时,山涧牧羊,于涧水中得两鲤鱼,隐藏挟归,规欲私食。郎知检求,文大惭惧,起托云③:将砺石还④,非为鱼也。郎至鱼所,见是两石,信之而去。文始异之。石有铁,文入山中,就石冶铁,锻作两刀,举刃向障⑤,因祝曰:鲤鱼变化,冶石成刀,砍石障破者是有神灵,文当得此,为国君王;砍不入者,是刀无神灵。进砍石障,如龙渊、干将之斩芦藁⑥,由是人情渐附。今砍石尚在,鱼刀犹存⑦,传国子孙,如斩蛇之剑也⑧。

【注释】

①范文:东晋林邑国王。初为日南西卷县夷帅范稚奴,后至林邑,为国王范逸所信,使为将。范逸死,自立为王。永和中攻陷日南,杀太守夏侯览。

②日南:即日南郡。西汉元鼎六年(前111)置。治所在西卷县(今越南广治省广治西北广治河与甘露河合流处)。西卷县:西汉置,为日南郡治。治所在今越南广治省广治西北广治河与甘露河合

流处。夷帅：少数民族的渠帅。范稚：日南郡夷帅。

③起托：假托，说谎。

④砺石：磨刀石。

⑤障：此指挡在路中的石障。

⑥龙渊：古宝剑名。干将：古宝剑名。传说春秋时吴国有干将、莫邪夫妇善于铸造宝剑。吴王阖闾命其铸造，阳曰干将，阴曰莫邪。芦藁（gǎo）：芦苇的枯枝。藁，同"槁"。干枯。

⑦鱼刀：由鱼变化的石头锻造的宝刀。

⑧斩蛇之剑：指汉高祖刘邦斩白蛇之剑。

【译文】

当时有个范文，是日南郡西卷县夷人头目范稚的奴隶。范文做奴隶时，在山涧牧羊，从涧水中捉到两条鲤鱼，藏起来带回家中，想私自烧了吃。主人知道了，向他要鱼，范文非常羞惭害怕，就撒谎说：我只拿了磨石回来，不是鱼呀！主人到藏鱼的地方，看见真是两块石头，就相信他，回头走了。范文这才觉得奇怪。石头中含有铁质，范文到山里去用这两块石头来冶铁，打了两把刀，他举刀对着挡在前面的岩石，祝祷道：鲤鱼会变化，冶石炼成刀，如果一刀砍破岩石，就是有神灵相护了，我范文应当得刀，做国中君王；如果砍不进去，就是刀没有神灵。他上前向岩石一刀劈了下去，就像用龙渊、干将这样的宝剑斫芦苇枯枝一般，从此民心渐渐归附他了。现在他当年劈过的岩石和鱼刀都还在，传国给子孙时，把鱼刀也一起传下去，就像汉高祖斩蛇的宝剑一样。

稚尝使文远行商贾①，北到上国②，多所闻见。以晋愍帝建兴中③，南至林邑，教王范逸制造城池④，缮治戎甲，经始廓略⑤。王爱信之，使为将帅，能得众心。文谗王诸子，或徙或奔，王乃独立。成帝咸和六年死⑥，无胤嗣。文迎王子于外国，海行取水，置毒椰子中，饮而杀之，遂胁国人，自立为王。取前王妻妾置高楼上，有从己者，取而纳之；不从己者，绝其饮食而死。

【注释】

①远行商贾：到很遥远的地方做生意。商贾，做生意。

②上国：指文明程度高的国度，即晋朝。

③建兴：西晋愍帝司马邺的年号（313—316）。

④范逸：林邑国王。城池：城墙和护城河。

⑤经始：开始。廓略：扩张策略。

⑥咸和六年：331年。咸和，东晋成帝司马衍的年号（326—334）。

【译文】

范稚曾派范文去远地做生意，到了北方的上国，增长了很多见识。晋愍帝建兴年间，他到了南方的林邑，指导林邑国王范逸建筑城池，制造甲胄兵器，着手扩张势力。国王很宠信他，叫他去当将帅，他也能得人心。范文对国王屡进谗言，毁谤他的儿子们，使得他们放逐的放逐，逃走的逃走，于是国王被孤立起来了。成帝咸和六年，国王死了，没有后嗣。范文把国王在国外的儿子迎接回来，在海上航行途中，去打水时暗地把毒药放进椰子里将其毒死，于是就胁迫国人，自己当了国王。他把已故国王的妻妾放在高楼上，肯跟从他的，就娶了过来；不肯从他的，就不给饭吃，把她们饿死。

《江东旧事》云①：范文，本扬州人②，少被掠为奴，卖堕交州③。年十五六，遇罪当得杖，畏怖因逃，随林邑贾人渡海远去，没入于王，大被幸爱。经十余年，王死，文害王二子，诈杀侯将，自立为王，威加诸国。或夷椎蛮语④，口食鼻饮；或雕面镂身，狼腨裸种⑤。汉、魏流赭⑥，咸为其用。建元二年⑦,攻日南、九德、九真,百姓奔进,千里无烟,乃还林邑。

【注释】

①《江东旧事》:书名。《隋书·经籍志》不录。撰者不详。

②扬州:西汉武帝置,为十三刺史部之一。

③卖堕:卖入。

④夷椎:少数民族的一种装束打扮,即把头发梳成一撮之髻,其形如椎,故称。

⑤狼胱(huāng)裸种:即裸国。传说中的古国名。或说在西方,或说在南方。其民皆不穿衣,故称。

⑥流赭(zhě):指被流放的犯人。古代囚徒穿红衣,故称。赭,赤红如赭土的颜料。

⑦建元二年:344年。建元,东晋康帝司马岳的年号(343—344)。

【译文】

《江东旧事》说:范文原来是扬州人,小时候被抢去做奴隶,贩卖流落到交州。十五六岁时,有罪要受杖刑,心里害怕,因而逃走,跟着林邑商人渡海远去,于是被国王收为奴仆,很受宠爱。十余年后,国王死了,范文谋害了国王的两个儿子,嫁祸于公侯和大将,把他们杀了,于是自立为王,用武力压服各国。这些国家,有的束着夷人的发髻,说着蛮人的话语,用口吃东西,用鼻子喝水;有的刺面文身,是裸体的狼胱部族。汉、魏时期被流放的囚徒,都被他收留利用。建元二年,他进攻日南、九德、九真,百姓都逃散了,千里之地荒无人烟,这才回到林邑。

林邑西去广州二千五百里,城西南角,高山长岭,连接天障①。岭北接涧。大源淮水出郁郁远界②,三重长洲,隐山绕西,卫北回东③。其岭南开涧。小源淮水出松根界④,上山壑流,隐山绕南,曲街回东,合淮流以注典冲⑤。其城西南际山⑥,东北瞰水,重堑流浦⑦,周绕城下,东南堑外,因傍薄城⑧,东西横长,南北纵狭,北边西端,回折曲入。城周围八里一百步,砖城二丈,上起砖墙一丈,开方隙孔。砖上倚板,板上层阁,阁上架屋,屋上构楼,高者六七丈,下者四五丈。飞观鸱尾⑨,迎风拂云,缘山瞰水,骞翥嵬崿⑩,但制造壮拙,稽古夷俗⑪。

【注释】

①天障:自然形成的屏障。

②大源淮水:具体不详。郍郍(nuó):地名。具体不详。

③回:曲折。

④小源淮水:具体不详。松根:地名。具体不详。

⑤典冲:林邑国的都城,在越南中部一带。

⑥际:临近,毗邻。

⑦重堑(qiàn):重重叠叠的壕沟。堑,壕沟。也指护城河。流浦:河岸,河埠头。浦,水湾或河湾。

⑧薄:逼近,临近。

⑨飞观(guàn):高耸的宫阙。鸱(chī)尾:古代宫殿屋脊正脊两端构件上的装饰。外形略如鸱尾,因称。

⑩骞翥(qiān zhù):凌空飞举貌。嵬崿(wéi è):高峻貌。

⑪稽古夷俗:与古代夷族之风俗相同。稽,相合,相同。

【译文】

　　林邑在广州西两千五百里,城的西南角是高山长岭,与天际相连接。山岭北面连接着山涧。大源淮水发源于遥远的郍郍边界,从万山深处流出,水中有三道狭长的沙洲,水从山中流绕到城西,又流向城北,转到城东。该岭南侧有一山涧。小源淮水发源于松根边界的山谷里,从山上的深涧流出,在山间绕南曲折东流与大源淮水汇合,流向典冲。林邑城

西南依山，东北临水，城下环绕着两重城河，东南面的城河迫近城墙，城
的形状东西长而南北狭，北边西头，曲折地向内弯。城周围长八里一百
步，砖城高两丈，城上筑砖墙，高一丈，墙上开方孔。砖上铺板，板上建起
层阁，阁上架屋，屋上建楼，高的六七丈，低的四五丈。飞阁依山面水，
宫阙高耸，鸱尾飞举，迎风拂云，但建筑雄壮、古拙，与古代夷族的风俗
相同。

　　城开四门：东为前门，当两淮渚滨①，于曲路有古碑，
夷书铭赞前王胡达之德②。西门当两重堑，北回上山，山西
即淮流也。南门度两重堑，对温公垒③。升平二年④，交州
刺史温放之杀交趾太守杜宝、别驾阮朗⑤，遂征林邑，水陆
累战⑥，佛保城自守⑦，重求请服，听之。今林邑东城南五里
有温公二垒是也。北门滨淮，路断不通。城内小城，周围
三百二十步，合堂瓦殿，南壁不开，两头长屋，脊出南北，南
拟背日⑧。

【注释】

①两淮：即大源淮水和小源淮水。

②胡达：即林邑王范胡达。曾率兵攻破日南、九德、九真三郡。后被
　交州刺史杜慧度败。德：德行，品德。

③温公垒：因温放之而得名。当在林邑（今越南中部一带）东南。

④升平二年：358年。升平，东晋穆帝司马聃的年号（357—361）。

⑤温放之：东晋太原祁县（今山西祁县）人。温峤之子。袭父爵。曾
　为交州刺史。穆帝升平三年（359）帅兵讨林邑，胜而还。杜宝：
　温放之麾下将领。官交趾太守。温放之将征讨林邑，杜宝与阮朗
　不从，放之以为沮众，诛之。别驾：府、州佐吏名。汉置，为司隶校

尉及诸州刺史之上佐,亦称别驾从事,秩百石。刺史行部时,别乘传车侍从导引,主录众事,故名。位居诸从事之右,职位颇重。阮朗:温放之麾下将领。官别驾。温放之将征讨林邑,阮朗与杜宝不从,被诛。

⑥累:连续,接连。

⑦佛:即范佛。林邑王范文之子,代父为林邑王。保:凭借,依仗。

⑧拟:打算,准备。

【译文】

按夷人风俗,城上开城门四座:朝东的是前门,面临两条淮水的岸边,弯曲的道路上有古碑,用夷文刻着称颂前国王范胡达的恩德。西门前临两重护城河,城墙向北回转上山,山的西面就是淮水。南门隔着两道护城河,朝向温公垒。升平二年,交州刺史温放之杀了交趾太守杜宝和别驾阮朗,于是就出征林邑,经过多次水上和陆上的战斗,范佛入城自保,不久重又请求归顺,温放之答应了他。现在林邑东城南面五里的温公二垒,就是当时的遗迹。北门濒淮水,路被阻断不通。城内又有小城,周围长三百二十步,合堂为瓦殿,南壁不开窗户,两头的长屋,屋脊取南北向,南边背着太阳。

西区城内,石山顺淮面阳,开东向殿,飞檐鸥尾①,青琐丹墀②,榱题椽橑③,多诸古法。阁殿上柱,高城丈余五,牛屎为塈④,墙壁青光回度。曲掖绮牖⑤,紫窗椒房⑥。嫔媵无别,宫观、路寝、永巷⑦,共在殿上。临跼东轩⑧,径与下语,子弟臣侍,皆不得上。屋有五十余区⑨,连甍接栋⑩,檐宇相承。神祠鬼塔,小大八庙,层台重榭,状似佛刹。郭无市里⑪,邑寡人居,海岸萧条,非生民所处⑫,而首渠以永安⑬。养国十世,岂久存哉!

【注释】

①飞檐：我国传统建筑檐部形式之一。屋檐上翘，屋角外突出，若飞举之势。常用于亭、台、楼、阁、庙宇、宫殿等建筑上。

②青琐：装饰皇宫门窗的青色连环花纹。丹墀（chí）：指宫殿的赤色台阶或赤色地面。墀，古代殿堂上涂饰过的地面。

③榱（cuī）题：亦作榱提。屋椽的端头。通常伸出屋檐，因通称出檐。桷（jué）：方形的椽子。椽（chuán）：椽子，安在檩子上承接屋面和瓦片的木条。

④牛屎：牛粪。埿（ní）：湿土。

⑤曲掖：曲幽的掖庭。掖庭，宫殿两边的旁舍，妃嫔居住的地方。绮牖（yǒu）：华丽的木窗。绮，带有花纹图案，华丽的。牖，窗户。

⑥紫窗：紫色的窗户。借指嫔妃居住的地方。椒房：泛指后妃居住的宫室。椒，木名。即花椒。落叶灌木或小乔木，果实可做调味的香料，也可供药用。其种子亦用以和泥涂壁。

⑦宫观：供帝王游憩的宫馆。路寝：古代天子、诸侯的正殿。永巷：宫中长巷。

⑧临蹋：俯临高蹋。东轩：东边堂前屋檐下的平台。

⑨区：间，处。

⑩连甍（méng）接栋：谓房屋连片。连甍，形容房屋连延成片。甍，屋脊。接栋，栋梁相接。栋，本指屋子的正梁。后泛指房屋。

⑪郭：外城。泛指城市。

⑫生民：即百姓。

⑬首渠：少数民族的首领。渠，大。

【译文】

西区城内，沿河石山向阳的一面，建筑了一座朝东的宫殿，飞檐鸱尾，青琐纹的门饰，红色的台阶，出檐的方椽，大多依照古法。阁殿上层的柱子，比城高一丈五尺，以牛屎作泥涂墙，墙壁带着青色的光泽。转过曲折的披庭，到处是雕饰精美的窗户。椒房里住着一色嫔媵，宗庙、台榭、正殿和长巷，都在宫殿之上。国王凭依着长廊的窗子向下说话，子弟和大臣侍从都不许登上去。房屋五十多幢，屋栋连着屋栋，屋檐接着屋檐。神祠鬼塔，大大小小共八座庙宇，层台重榭，就像佛寺一样。城里没有市场和居民区，人口很少，海岸冷落萧条，不是能住人的地方，而首领却以为这样天下就永远太平了。国家只延续了十代，哪里称得上长久呢！

元嘉中[①]，檀和之征林邑，其王阳迈[②]，举国夜奔窜山薮。据其城邑，收宝巨亿，军还之后，阳迈归国，家国荒殄[③]，时人靡存。踌躇崩擗[④]，愤绝复苏，即以元嘉二十三年死[⑤]。初，阳迈母怀身[⑥]，梦人铺阳迈金席，与其儿落席上，金光色起，昭晰艳曜[⑦]。华俗谓上金为紫磨金，夷俗谓上金为阳迈金。父胡达死，袭王位，能得人情，自以灵梦，为国祥庆。其太子初名咄，后阳迈死，咄年十九代立，慕先君之德，复改名阳迈。昭穆二世[⑧]，父子共名，知林邑之将亡矣。

【注释】

①元嘉：南朝宋皇帝刘裕的年号（424—453）。

②阳迈：林邑国国君。

③荒殄（tiǎn）：荒凉疲敝。殄，疲敝。

④踌躇（chóu chú）：徘徊不进。崩擗（pǐ）：瘫倒捶胸。形容悲痛欲绝。崩，倒塌。这里指人瘫倒在地。擗，捶胸。

⑤元嘉二十三年：446 年。

⑥怀身：怀有身孕。

⑦昭晰（zhé）：亦作昭晢。光亮，明亮。

⑧昭穆二世：父子两代。昭穆，古代宗法制度，宗庙中神主的排列次序，始祖居中，以下父子（祖、父）递为昭穆，左为昭，右为穆。

【译文】

元嘉年间，檀和之出征林邑，林邑国王阳迈带着全城的人连夜逃奔到山林里去。檀和之占领了林邑都城，缴获无数财宝，部队回去之后，阳迈也回到都城，家园和都城残破荒芜，人民也都背井离乡了。他欲行又止，顿足捶胸，悲愤气绝复又苏醒，到元嘉二十三年就死了。当初，阳迈母亲怀孕时，曾梦见有人铺了一条阳迈金席，她和儿子一起落在席上，发出鲜艳耀眼的金光。中国风俗，称上等黄金为紫磨金，夷人风俗称上等金为阳迈金。他父亲胡达死后，阳迈继承了王位，能得民心，自以为他母亲那个神奇的梦是国家吉庆的预兆。他的太子原来名叫咄，阳迈死后，咄继位时十九岁，他仰慕先君的德望，也改名为阳迈。前后两代，父子共名，可知林邑将亡国了。

其城，隍堑之外①，林棘荒蔓，榛梗冥郁②，藤盘筌秀③，参错际天。其中香桂成林，气清烟澄。桂父④，县人也，栖居此林，服桂得道。时禽异羽，翔集间关⑤。兼比翼鸟⑥，不比不飞，鸟名归飞，鸣声自呼。此恋乡之思孔悲⑦，桑梓之敬成俗也⑧。豫章俞益期⑨，性气刚直，不下曲俗，容身无所，远适在南。《与韩康伯书》曰⑩：惟槟榔树，最南游之可观，但性不耐霜，不得北植，不遇长者之目，令人恨深。尝对飞鸟恋土，增思寄意，谓此鸟其背青，其腹赤，丹心外露，鸣情未达，终日归飞，飞不十千，路余万里，何由归哉？

【注释】

①隍堑（huáng qiàn）：城壕。隍，没有水的城壕。堑，壕沟。这里可

指护城河。

②榛（zhēn）梗：丛生的杂木。喻指荒僻之地。冥郁：葱郁茂盛。

③筀（guì）：竹名。

④桂父：古代传说中的神仙。传说其常服桂、葵及龟脑所合之桂丸，颜色如童子，南海人尊事之。

⑤间关：鸟鸣声。

⑥比翼鸟：传说中的一种鸟，雌雄总在一起而不分离。

⑦孔：大，甚。

⑧桑梓之敬：对家乡父老乡亲的敬意。桑梓，《诗经·小雅·小弁》：“维桑与梓，必恭敬止。”是说家乡的桑树和梓树是父母栽种的，对它要表示敬意。后人用来借指故乡。

⑨豫章：即豫章郡。西汉高帝六年（前201）分九江郡置。治所在南昌县（今江西南昌东）。俞益期：陈桥驿按，俞益期其人事迹无考，令人遗憾。他与当时名人韩康伯相知，互有信札来往。韩康伯其人数见于《世说新语》，足见是当时名人，可惜他的著述已经亡佚，否则必对俞益期有所记述。不过从此卷《注》文中，藉所引俞函，尚可揣摩中原的农业文化是怎样传入今中南半岛的。那边气候不同，故有“白田”“赤田”以及“八蚕之绵”等说法，这些当然是中国传去的文化。

⑩韩康伯：字康伯。长社（今河南长葛）人。东晋时官至吏部尚书、领军将军等。著有《辩谦》《周易系辞注》等。

【译文】

林邑城的护城河外面，都是树林荆棘，蔓草荒藤，丛莽茂密而幽暗，盘绕的古藤，秀美的筀竹，参差交错，高入云天。其中香桂成林，空气清新明净。桂父是本县人，隐居在这座树林里，服用香桂，因而得道。形形色色的鸟类，飞集而来，林中响彻了一片喁啾声。还有比翼鸟，不与伴侣一同展翅就不肯飞，此鸟名归飞，啼时就唤自己的名字。这里流露出怀恋乡土的心情极其悲凄,对桑梓之爱已成风俗了。豫章郡俞益期性情刚直,不肯迎合流俗,因而弄得无处容身,于是远去南方。他在《与韩康伯书》中说:南游中最值得观赏的是槟榔树,但性不耐霜,不能移植到北方,不能让您老人家看看,深以为憾。看到飞鸟留恋乡土,更增添了一份怀乡之情,这种鸟背青腹红,一片丹心流露于外,啼鸣表达不出它的感情,一天到晚只是叫着:归飞!归飞!可是却飞不了几千里,而路途却是万里迢迢,又怎能归去呢?

九真太守任延①,始教耕犁,俗化交土,风行象林②。知耕以来,六百余年,火耨耕艺③,法与华同。名白田,种白谷,七月火作④,十月登熟⑤;名赤田,种赤谷,十二月作,四月登熟。所谓两熟之稻也。至于草甲萌芽⑥,谷月代种⑦,穜稑早晚⑧,无月不秀⑨。耕耘功重,收获利轻,熟速故也。米不外散,恒为丰国。桑蚕年八熟茧⑩,《三都赋》所谓八蚕之绵者矣⑪。

【注释】

①任延:字长孙。东汉南阳宛(今河南南阳)人。年十二学于太学,明《诗》《易》《春秋》,号为"任圣童"。年十九为会稽都尉,迎官者惊其少。到任尊贤礼士,待严子陵、龙丘苌等以师礼。

②风行象林:风化在象林地区流行。象林,即象林县。

③火耨(nòu):犹火耕。艺:种植。

④火作:即火耕。一种原始的耕作方法。烧去草木,就地种植作物。

⑤登熟:庄稼成熟。

⑥草甲:草木种类的种皮、花萼、果实的外壳等。萌芽:植物开始发芽。

⑦谷月代种:稻谷在不同的月份交替种植。代,交替,轮替。

⑧穜稑(tóng lù):指先种后熟的谷类和后种先熟的谷类。早晚:有的早,有的晚。

⑨无月不秀：每月都有开花的作物。秀，谷物开花抽穗。

⑩桑蚕年八熟茧：蚕一年八次熟茧。

⑪《三都赋》：此指左思的《吴都赋》。八蚕之绵：用八次熟茧做成的丝绵。

【译文】

　　九真太守任延开始教百姓耕犁，在交州已历久成俗，并风行到象林。自从人们知道耕田以来，六百余年间，火烧除草和耕作的方法，都和中华相同。叫白田的都种白谷，七月间下种，十月成熟；叫赤田的都种赤谷，十二月间耕作，次年四月成熟。这就是所谓双季稻。至于种子萌芽，播种季节轮作，下种和成熟的早晚各有不同，但每月都有作物抽穗开花。耕耘所费的劳力多，而收获所得的利益少，这是因为作物成熟快的缘故。稻米从不外流，国家经常丰足。养蚕一年收茧八次，就是《三都赋》所说的八蚕之绵。

　　其崖小水羃䍥①，常吐飞溜②，或雪霏沙涨③，清寒无底，分溪别壑，津济相通。其水自城东北角流，水上悬起高桥，渡淮北岸，即彭龙、区粟之通逵也④。檀和之东桥大战，阳迈被创落象，即是处也。其水又东南流迳船官口⑤。船官川源徐狼⑥，外夷皆裸身，男以竹筒掩体，女以树叶蔽形，外名狼䐤⑦，所谓裸国者也。虽习俗裸袒，犹耻无蔽，惟依暝夜⑧，与人交市⑨。暗中臭金⑩，便知好恶，明朝晓看，皆如其言。

【注释】

①羃䍥（mì lì）：覆盖笼罩貌。这里指小水覆盖山崖，形成小瀑布状流下。

②飞溜：飞流而下的瀑布。

③雪霏：瀑布如飘洒飞扬的雪花。

④彭龙：具体位置不详。通逵（kuí）：畅通无阻的大路。逵，大路。

⑤船官口：具体不详。

⑥徐狼：国名。具体不详。

⑦狼㬵（huāng）：古代南方少数民族国名。

⑧依：乘着，依靠。暝（míng）夜：日暮，夜晚。

⑨交市：交易，贸易。

⑩臭（xiù）：嗅，闻。

【译文】

　　那里崖壁上布满细小的水流，常有瀑布泻下，有如雪花纷飞，白沙翻涌，下面的潭水清冽，深不见底，分流入各条溪涧和沟壑，津渡互可相通。淮水从城东北角流过，水上架起高桥，渡过淮水北岸，就是彭龙、区粟的通衢大道。檀和之在东桥大战，阳迈受伤落象，就是这地方。淮水又往东南流经船官口。船官川发源于徐狼，此处夷人都裸体无衣，男的用竹筒掩体，女的用树叶蔽身，外号叫狼㬵，就是所谓裸国。虽然赤身露体已成习俗，但还是因无衣蔽体感到羞耻，只有乘着黑夜和别人做买卖。他们在黑暗中只要闻一闻钱币，便能知道是好是坏，天明后去看，都和他们所说的一般无二。

　　自此外行，得至扶南①。按竺枝《扶南记》曰②：扶南去林邑四千里，水步道通。檀和之令军入邑浦，据船官口城六里者也。自船官下注大浦之东湖，大水连行，潮上西流。潮水日夜长七八尺③，从此以西，朔望并潮④，一上七日，水长丈六七。七日之后，日夜分为再潮，水长一二尺。春夏秋冬，历然一限，高下定度。水无盈缩，是为海运⑤。亦曰象水也，又兼象浦之名⑥。《晋功臣表》所谓：金潾清迳⑦，象渚澄源者也。其川浦渚,有水虫弥微,攒木食船⑧,数十日坏。源潭湛濑⑨,有鲜鱼,色黑,身五丈,头如马首,伺人入水⑩,便来为害。

【注释】

①扶南:意为山地之王。在今柬埔寨。1世纪建国。

②竺枝《扶南记》:具体不详。《隋书·经籍志》不录。

③长:上涨。

④朔:农历每月初一。望:农历十五。

⑤海运:指海洋潮汐现象。

⑥象浦:《水经注疏》熊会贞按:"在今越南南圻广和省境。"

⑦《晋功臣表》:不可考。金潾:古国名。亦作金陈、金邻。在今泰国曼谷湾西北岸之叻(lè)丕。

⑧攒(zuān)木:穿孔进入木头之中。攒,通"钻"。穿孔,钻入。食船:蚕食舟船。

⑨濑(lài):急流。

⑩伺:观察,守候。

【译文】

从这里向外走,可到扶南。据竺枝《扶南记》说:扶南离林邑四千里,水路陆路都通。檀和之命令军队进入邑浦,占据船官口,这里离城六里。水从船官流下,注入大浦的东湖,大水时鱼类成群相随而游,涨潮时则水向西流。潮水一昼夜升涨七八尺,从此以西,朔望时潮水并合,一上就是七天,水涨一丈六七尺。七天之后,一昼夜涨两次潮,水涨一二尺。无论春夏秋冬,这个界限都是清清楚楚,涨潮的水平线,都有一定的高度。海水没有增减,这就是海水升涨的规律。此水也称象水,又兼有象浦之名。《晋功臣表》所谓:金潾水流清净,象渚源头澄澈。就指的是这里。河川的水滨,有一种极细的水虫,能钻进木船里蚕食船,几十天船就坏了。深潭和礁滩有一种黑色的鲜鱼,身长五丈,头像马头,一旦候到有人落水,便来伤害他。

　　《山海经》曰：离耳国、雕题国[1]，皆在郁水南。《林邑记》
曰[2]：汉置九郡[3]，儋耳与焉[4]。民好徒跣[5]，耳广垂以为饰[6]，
虽男女亵露[7]，不以为羞。暑亵薄日[8]，自使人黑，积习成常，
以黑为美。《离骚》所谓玄国矣。然则儋耳即离耳也。王氏
《交广春秋》曰[9]：朱崖、儋耳二郡[10]，与交州俱开，皆汉武帝
所置。大海中，南极之外[11]，对合浦徐闻县[12]。清朗无风之日，
迳望朱崖州[13]，如囷廪大[14]，从徐闻对渡，北风举帆，一日一
夜而至。周回二千余里，径度八百里，人民可十万余家，皆
殊种异类。被发雕身[15]，而女多姣好、白皙、长发、美鬓。犬
羊相聚，不服德教。儋耳先废，朱崖数叛，元帝以贾捐之议
罢郡[16]。杨氏《南裔异物志》曰[17]：儋耳、朱崖，俱在海中，分
为东蕃。故《山海经》曰：在郁水南也。

【注释】

①离耳国：即儋耳国。古国名。在今海南岛西部。雕题国：古国名。
　在今海南岛北部。

②《林邑记》：书名。亦作《林邑国记》。撰者不详。

③九郡：《水经注疏》："赵（一清）云：按九郡谓南海、苍梧、郁林、合
　浦、交阯、九真、日南，暨儋耳、朱崖而为九。儋耳、朱崖既罢，故
　《地理志》列七郡之目也。"

④儋（dān）耳：即儋耳郡。西汉元封元年（前110）置。治所在儋耳
　县（今海南儋州西北三都镇北南滩）。儋，同"瞻"。耳下垂。

⑤徒跣（xiǎn）：光脚。

⑥耳广垂以为饰：《水经注疏》熊会贞按："《异物志》，儋耳夷生则镂
　其颊，皮连耳匡，分为数支，状如鸡肠，累累垂至肩。"

⑦亵（xiè）露：赤身露体。亵，赤身。

⑧薄：迫近，逼近。

⑨王氏《交广春秋》：作者互异，具体未详。

⑩朱崖：即朱崖郡。三国吴赤乌五年（242）置，属交州。治所在徐
　闻县（今广东徐闻南）。

⑪南极：这里指中国的最南边。

⑫合浦：即合浦郡。西汉元鼎六年（前111）置。治所在合浦县（今
　广西浦北县南泉水镇旧州村）。徐闻县：西汉元鼎六年（前111）
　置，属合浦郡。治所在今广东徐闻南。

⑬朱崖州：即今海南省海南岛。

⑭囷廪（qūn lǐn）：粮仓。囷，圆形谷仓。廪，粮仓。

⑮被发：披散着头发。雕身：文身。

⑯元帝：即西汉皇帝刘奭。汉宣帝子。贾捐之：字君房。西汉洛阳（今
　河南洛阳）人，贾谊曾孙。元帝初即位，上疏言得失，召待诏金马
　门。初元元年（前48）珠崖郡反，帝与有司议发兵，捐之上疏建议
　弃珠崖郡，帝从。数召见，言多采纳。时中书令石显用事，捐之常
　言显短处，以故不得官。后与杨兴互相荐誉，欲得高官。为石显
　告发，下狱死。

⑰杨氏《南裔异物志》：《隋书·经籍志》未著录。杨氏亦具体不详。

【译文】

《山海经》说：离耳国、雕题国，都在郁水以南。《林邑记》说：汉朝设
置九郡，儋耳也是其中之一。人民喜欢赤脚走路，两耳戴着大耳坠作装
饰，男女虽然都赤身露体，但并不害羞。暑天光着身子任阳光曝晒，自然
把人晒黑了，久而久之，成了习俗，就以黑为美了。这就是《离骚》中所
说的玄国。如此说来，儋耳就是离耳了。王氏《交广春秋》说：朱崖、儋
耳两郡，是和交州同时开拓的，都是汉武帝所设置的。两郡都在大海中，
在大陆南端的海外，与合浦郡徐闻县隔海相望。在晴朗无风的日子，遥
望朱崖州，大如粮仓，从徐闻县渡海到对岸，刮北风一昼夜可到。周围两

千余里,直径八百里,人民十余万家,都是异族。他们披散着头发,身上刺着花纹,但女的俊俏秀丽的颇多,她们肤色白净,长发、美鬓。人们像犬羊般群居一处,不遵从伦理教化。儋耳郡先被撤废,朱崖郡则多次反叛,元帝采用贾捐之的建议,罢撤朱崖郡。杨氏《南裔异物志》说:儋耳、朱崖都在海中,都是东部藩属。所以《山海经》说:两郡在郁水以南。

郁水又南自寿泠县注于海①。昔马文渊积石为塘②,达于象浦③,建金标为南极之界④。俞益期笺曰⑤:马文渊立两铜柱于林邑岸北⑥,有遗兵十余家不反,居寿泠岸南而对铜柱。悉姓马,自婚姻,今有二百户。交州以其流寓⑦,号曰马流⑧。言语饮食,尚与华同。山川移易,铜柱今复在海中,正赖此,民以识故处也。《林邑记》曰:建武十九年⑨,马援树两铜柱于象林南界,与西屠国分⑩,汉之南疆也。土人以之流寓,号曰马流,世称汉子孙也。《山海经》曰:郁水出象郡而西南注南海。入须陵东南者也⑪。应劭曰:郁水出广信,东入海。言始或可,终则非矣。

【注释】

①寿泠县:三国吴置,属日南郡。治所在今越南广治省广治县北广治河。

②马文渊:即马援,字文渊。

③象浦:《水经注疏》熊会贞按:"在今越南南圻广和省境。"

④金标:即下文的铜柱。南极之界:中国最南端的界限。

⑤俞益期笺:郑德坤《水经注引书考》:"《御览》一百八十七亦引俞益期笺,《温水》篇有俞益期《与韩康伯书》,或即此也。"

⑥铜柱:即马援建立的金标。

⑦交州:此指交州土人。流寓:流落他乡而居住下来。

⑧马流:这里指流落交州而居住于此的姓马的士兵们。

⑨建武十九年:43年。建武,东汉光武帝刘秀的年号(25—56)。

⑩西屠国:《水经注疏》杨守敬按:"《越南辑要》,满剌加国,马援征交阯时之西屠夷也。后又改号哥罗富沙,为占城所并。占城复为安南所灭,即今越南定祥及永隆省一带也。"

⑪郁水出象郡而西南注南海。入须陵东南者也:《水经注疏》杨守敬按:"此《海内东经》文。又《海内南经》,郁水出湘陵,南海,一曰相虑。是项陵、须陵、湘陵,地皆无考,而字形近,无以定为谁误,不如各存其旧。"

【译文】

郁水又往南流,从寿泠县注入海中。从前马文渊用石头修筑海塘,直达象浦,并竖了铜柱标志作为南疆的边界。俞益期的信中说:马文渊在林邑岸北立了两根铜柱,兵士十余家留下不回去,定居在寿泠水南岸与铜柱对面的地方。他们全都姓马,族内自相通婚,现在已有两百户。交州人因为他们是流寓在这里的,所以称他们为马流。他们的言语饮食也还和中国的相同。由于山川的沧桑变化,今天铜柱已没入海中了,正是靠着这些移民,才使人还可辨认原来的地方。《林邑记》说:建武十九年,马援在象林南部边界树立了两根铜柱,与西屠国分界,这是汉朝的南疆。当地人因为他们流寓于此,称他们为马流,世人称之为汉子孙。《山海经》说:郁水发源于象郡,往西南注入南海。这就是流入须陵东南的那条水。应劭说:郁水发源于广信,东流入海。他这句话中说到郁水的起点倒还可以,说到它的终点就不对了。

卷三十七

淹水　叶榆河　夷水　油水
澧水　沅水　浪水

【题解】

卷三十七记载了七条河流,其中淹水即今与雅砻江合流以上的金沙江。油、澧、沅三水是古代云梦泽水系的河流,它们与夷水同为长江支流。浪水是珠江水系河流。而关于叶榆河,《水经》和《水经注》的记载多有错误。

澧水、沅水,即今澧江、沅江。湘、资、沅、澧,历来是注入洞庭湖的四大水系,现在由于洞庭湖不断缩小,入湖水道与《水经注》时代已有很大变化。

夷水即今清江。《经》文开头说:“夷水出巴郡鱼復县江。”这一句或有讹,因为对照今日地图,夷水的源头绝对不可能远及三国蜀巴郡。郦道元因为没有掌握这方面的资料,所以他实际上是避而不谈的。《注》文开头说:“夷水,即佷山清江也。”古佷山县在今湖北长阳土家族自治县以西,已属夷水下游,当然无讹。郦道元的全文,其实是从沙渠县说起的,沙渠就是今天的恩施。

《浪水》一篇,《经》文和《注》文都有许多错误。《注》文是由许多不同的资料拼凑起来的。按《注》文，此水上游指今广西东北部的洛清江，中下游则接柳江、黔江和西江。最后有一段即在《经》文"其一又东过县东，南入于海"之下，比较详细地写了今珠江三角洲。

在《水经》全文中，凡河流多称"水"，称"河"的只有三条，即卷十四中的沽河、卷二十四中的瓠子河和卷三十七中的叶榆河。

《汉书·地理志》益州叶榆县说："叶榆泽在东。"叶榆县在今云南大理西北喜洲附近。叶榆河当为今西洱河、黑惠江。《水经》和《水经注》对此河的记载也多有错误。

淹水
淹水出越嶲遂久县徼外①，
吕忱曰②：淹水一曰复水也。

【注释】

①淹水：即今与雅砻江合流以上的金沙江。在四川、云南间。东汉至南朝称淹水。越嶲（xī）：即越嶲郡。西汉元鼎六年（前111）置。治所在邛都县（今四川西昌东南）。东汉末属益州。后治所屡有迁移。遂久县：西汉元鼎六年置，属越嶲郡。治所在今云南丽江玉龙纳西族自治县境。三国蜀汉建兴三年（225）属云南郡。徼（jiào）：边境，边界。

②吕忱：字伯雍。任城（今山东济宁）人。晋文字学家，官义阳王典祠令。撰《字林》七卷。

【译文】

淹水
淹水发源于越嶲遂久县边界，
吕忱说，淹水又名复水。

东南至青蛉县^①，

县有禺同山^②，其山神有金马、碧鸡，光景倏忽^③，民多见之。汉宣帝遣谏大夫王褒祭之^④，欲致其鸡、马，褒道病而卒，是不果焉。王褒《碧鸡颂》曰：敬移金精神马，缥缥碧鸡。故左太冲《蜀都赋》曰^⑤：金马骋光而绝影^⑥，碧鸡倏忽而耀仪^⑦。

【注释】

①青蛉县：西汉元鼎六年置，属越巂郡。治所在今云南大姚。三国蜀汉建兴三年属云南郡。

②禺同山：即今云南大姚东北紫丘山。

③光景：奔驰或腾飞时的影子。

④汉宣帝：西汉皇帝刘询。汉武帝曾孙，戾太子孙。谏大夫：汉武帝时置，掌顾问应对，议论政事。王褒：字子渊。西汉辞赋家。宣帝使往益州祭祀，死于道。

⑤左太冲：即左思，字太冲。齐国临淄（今山东淄博）人。西晋文学家。官秘书郎。他的《三都赋》（包括《蜀都赋》《吴都赋》《魏都赋》三篇）精心构思十年乃成，名重一时，曾使"洛阳为之纸贵"。

⑥骋光：谓奔驰迅疾如光。绝影：犹绝迹。指飞奔如光，转眼即逝。

⑦耀：炫耀。仪：容貌。

【译文】

淹水往东南流到青蛉县，

青蛉县有禺同山，此山的山神有金马和碧鸡，祥光异彩一闪而过，人们常常看见。汉宣帝派遣谏大夫王褒去祭山神，想得到山神的碧鸡和金马，但王褒在路上病死了，因而没有成功。王褒的《碧鸡颂》说：我们怀着敬意来取金精神马，缥缥碧鸡。左太冲《蜀都赋》说：金马驰骋转瞬即逝，碧鸡在瞬息间炫耀它的美丽。

又东过姑复县南①，东入于若水②。

淹水迳县之临池泽而东北③，迳云南县西④，东北注若水也。

【注释】

①姑复县：西汉置，属越巂郡。治所在今云南永胜。三国蜀建兴三年（225）属云南郡。

②若水：即今雅砻江及与雅砻江合流后至云南巧家的一段金沙江。为蜀地至云南西部必经之地。

③临池泽：即今云南永胜西南程海。从汉至南朝称临池泽。

④云南县：西汉元封二年（前109）置，属益州郡。治所在今云南祥云东南三十四里，云南驿镇东北果城。东汉属永昌郡。三国蜀汉建兴三年属云南郡。东晋为云南郡治。南齐废入云平县。

【译文】

淹水又往东流过姑复县南边，往东注入若水。

淹水经过姑复县的临池泽，往东北流，经过云南县西，往东北注入若水。

叶榆河

益州叶榆河①，出其县北界②，屈从县东北流，

县，故滇池叶榆之国也③。汉武帝元封二年④，使唐蒙开之⑤，以为益州郡。郡有叶榆县，县西北八十里有吊鸟山⑥，众鸟千百为群，其会鸣呼嗣哳⑦，每岁七、八月至，十六七日则止，一岁六至⑧。雉雀来吊⑨，夜燃火伺取之。其无嗉不食⑩，似特悲者，以为义则不取也⑪。俗言，凤凰死于此山，故众鸟

来吊，因名吊鸟。县之东有叶榆泽^⑫，叶榆水所钟而为此川薮也^⑬。

【注释】

①益州：此指益州郡。西汉元封二年（前109）武帝开滇置。治所在滇池县（今云南昆明晋宁区东北晋城镇）。东汉时，西部划属永昌郡。三国蜀建兴三年（225）改建宁郡。叶榆河：又作叶榆水。即今云南洱海源的弥苴佉江和洱海出口的西洱河、黑惠江。三国至南朝称叶榆河。

②县：指叶榆县。西汉元封二年置，属益州郡。治所在今云南大理西北喜洲。

③滇池：又称滇池泽。即今云南之滇池。

④元封二年：前109年。元封，西汉武帝刘彻的年号（前110—前105）。

⑤唐蒙：西汉武帝时人，任番阳令。上书汉武帝，建议开通夜郎道，武帝应许。被任为中郎将，奉命前往夜郎，以厚礼招致夜郎侯多同，晓喻汉之威德，遂与蒙约，归汉。西汉政府于其地设犍为郡。

⑥吊鸟山：即今云南洱源县西南罗坪山。

⑦鸣呼：象声词。这里指鸟的鸣叫声。喖嘶（zhāo zhā）：形容声音繁杂而细碎。

⑧"每岁七、八月至"几句：《水经注疏》："朱（谋㙔）《笺》曰：郭义恭《广志》……作每岁七月八月晦望至，集六日则止，岁凡六至。又《九州要记》云，一岁必一度大集，是凤皇死也。李彤《四部》云，吊鸟山，俗传凤死于上，每岁七月至九月，群鸟常来集其处。会贞按：《注》此条全本《广志》。《续汉志》叶榆，刘《注》引《广志》比朱《笺》尤详……作每岁七月八月晦望至，集六日则止，岁凡六至同，又作伺取，作义鸟。朱氏引《广志》，又引《九州要记》、李彤《四部》者，因此七、八月云云，《广志》既异，二书尤异，历举以表异同

也。惟《寰宇记》姚城县下引《九州要记》云,岁凡六大集。弄栋县下云,一岁必一度大集,不引《要记》。朱偶误。朱引李彤见《御览》九百十五,又二十五引李彤,九月下有晦望二字,参观之,是七、八、九三月,每晦一至、望一至,三月六至,以岁计即每岁六至,作一岁一度集者误。然则《广志》八月二字当作至九月三字,此七八月至十六六字,当作七月至九月晦望至集九字,七日,疑当依《广志》作六日。”

⑨雊雀:本指雊鸟。借指各种鸟类。

⑩嗉(sù):亦称嗉子、嗉囊。鸟类的消化器官的一部分,在食道的下部,像个袋子,用来储存食物。

⑪义:讲仁义,讲义气。

⑫叶榆泽:即今洱海。在云南西部,大理东。汉至南朝称叶榆泽。

⑬钟:汇聚,集中。川薮:川泽。

【译文】

叶榆河

益州叶榆河,发源于叶榆县北界,折转从该县往东北流,

叶榆县是旧时滇池的叶榆国。汉武帝元封二年,派唐蒙去开拓那个地区,设为益州郡。郡里有叶榆县,叶榆县西北八十里有吊鸟山,成千上百的鸟聚集成群,会集时啾啾唧唧,传出一片叫声。鸟群每年七、八月来到,十六七日就停止,一年来六次。当雊雀来吊时,人们夜间点火守候捕捉。其中有无嗉不吃东西的,好像特别悲哀似的,人们以为这是义鸟,就不捉它。民间相传,凤凰死在这山上,所以百鸟都来吊丧,因此叫吊鸟。县东有叶榆泽,由叶榆水汇聚而成,形成大沼泽。

过不韦县①,

县,故九隆哀牢之国也②。有牢山③,其先有妇人名沙壹,居于牢山。捕鱼水中,触沉木若有感,因怀孕,产十子。

后沉木化为龙,出水,九子惊走,小子不能去,背龙而坐,龙因舐之④。其母鸟语⑤,谓背为九,谓坐为隆,因名为九隆。及长,诸兄遂相共推九隆为王。后牢山下有一夫一妇,生十女,九隆皆以为妻,遂因孳育,皆画身像龙文,衣皆着尾。九隆死,世世不与中国通。汉建武二十三年⑥,王遣兵来,乘革船南下,攻汉鹿茤民⑦。鹿茤民弱小,将为所擒,于是天大震雷,疾雨,南风漂起,水为逆流,波涌二百余里,革船沉没,溺死数千人。后数年,复遣六王,将万许人攻鹿茤。鹿茤王与战,杀六王,哀牢耆老共埋之⑧。其夜,虎掘而食之。明旦⑨,但见骸骨,惊怖引去。乃惧,谓其耆老小王曰⑩:哀牢犯徼⑪,自古有之,今此攻鹿茤,辄被天诛,中国有受命之王乎⑫?何天佑之明也?即遣使诣越嶲奉献,求乞内附,长保塞徼。汉明帝永平十二年⑬,置为永昌郡⑭,郡治不韦县。盖秦始皇徙吕不韦子孙于此⑮,故以不韦名县。北去叶榆六百余里,叶榆水不迳其县。自不韦北注者,卢仓、禁水耳⑯。

【注释】

①不韦县:西汉元封二年(前109)置,属益州郡。治所在今云南保山市东北金鸡村。东汉永平年间属永昌郡。建初元年(76)后为永昌郡治。

②九隆:即九隆山。在今云南保山市西十里。

③牢山:即哀牢山。在今云南保山市东,保山坝子东缘。

④舐:舔。

⑤鸟语:指难懂的言语。古代多指四夷、外国之语。

⑥建武二十三年:47年。建武,东汉光武帝刘秀的年号(25—56)。

⑦鹿㝬(duō)：古代西南少数民族名。

⑧耆老：年老者。

⑨明旦：第二天早晨。

⑩谓其耆老小王：《水经注疏》杨守敬按："小字衍，当承王遣兵句，只作一王字，移乃惧上方合。"译文从之。

⑪犯徼：犯边，侵扰边界。

⑫受命之王：接受天命的君王。

⑬永平十二年：69年。永平，东汉明帝刘庄的年号（58—75）。

⑭永昌郡：东汉永平十二年（69）哀牢内属，以其地并析益州郡西部六县合置。治所在雟唐县（今云南云龙西南漕涧镇）。建初元年（76）后，治所在不韦县。

⑮秦始皇：嬴政。秦庄襄王之子。灭六国，建立秦朝。自称始皇帝，故称秦始皇。吕不韦：姜姓，吕氏，名不韦。卫国濮阳（今河南滑县）人。秦庄襄王时，官至相国，封文信侯。秦嬴政时称之为"仲父"，专断朝政。秦王嬴政亲政后逼其饮鸩自尽。吕不韦曾主持编纂《吕氏春秋》（又名《吕览》）。

⑯卢仓、禁水：具体不详。

【译文】

叶榆河流过不韦县，

不韦县是从前九隆哀牢之国。有牢山，他们的祖先有个女人叫沙壹，住在牢山。她在水中捕鱼时，触到沉在水下的树而有感，因而就怀孕了，生了十个儿子。后来那棵沉在水里的树化成了龙，从水中出来，九个儿子都吓得跑开了，小儿子不能走，以背朝着龙坐，龙就去舔他。他母亲是讲夷语的，把背叫作九，坐叫作隆，因此名为九隆。九隆长大后，哥哥们都推他为王。后来牢山下有一对夫妻，生了十个女儿，九隆都娶过来做妻子，于是养了许多儿女。他们身上都画了龙纹，衣服都带着尾巴。九隆死后，世世代代都不与中原来往了。汉建武二十三年，国王派兵乘皮船南下,进攻汉朝的鹿茤人。鹿茤人弱小,就要被抓走了,于是天上响起震天动地的霹雳,暴雨南风刮得水都倒流了,波涛汹涌二百余里,皮船都沉没了,溺死了好几千人。几年以后,又派了六个王率领一万余人来进攻鹿茤。鹿茤王和他们作战,杀了六个王,哀牢的父老们一同把他们埋葬了。那天晚上,老虎把尸体都刨出来吃掉。天明后只见一堆白骨,人们都吓得逃开了。王于是害怕了,对他们的父老说:哀牢进犯边疆,古来就有,此次进攻鹿茤,立即遭受上天的诛灭,难道中原有真命天子了吗?为什么上天明明白白地保护他们呢?于是就派遣使者到越巂去进献礼物,请求归附,永远维护边境。汉明帝永平十二年,在那里设置永昌郡,郡治在不韦县。因为秦始皇把吕不韦的子孙流徙到这里,所以用不韦作县名。不韦县北距叶榆六百余里,叶榆水并不流经不韦县。从不韦往北流的是卢仓水和禁水。

　　叶榆水自县南迳遂久县东,又迳姑复县西,与淹水合。

【译文】

叶榆水从县南流经遂久县东边,又流经姑复县西边,与淹水汇合。

　　又东南迳永昌邪龙县①。县以建兴三年刘禅分隶云南②,于不韦县为东北。

【注释】

①邪龙县:西汉元封二年(前109)置,属益州郡。治所在今云南巍山彝族回族自治县北。东汉永平十二年(69)属永昌郡。三国蜀汉建兴三年(225)属云南郡。

②建兴三年:225年。建兴,蜀汉后主刘禅的年号(223—237)。刘禅(shàn):字公嗣。刘备之子。223年袭位于成都,昏庸无谋,为

　　魏所灭。举家东迁至洛阳,被魏朝封为安乐县公。

【译文】

　　叶榆水又往东南流经永昌邪龙县。邪龙县于建兴三年,被刘禅划归云南郡,对不韦县来说,是在东北方了。

东南出益州界,

　　叶榆水自邪龙县东南迳秦臧县^①,南与濮水同注滇池泽于连然、双柏县也^②。

【注释】

①秦臧县:西汉元封二年(前 109)置,属益州郡。治所即今云南禄丰。三国蜀建兴三年(225)属建宁郡。西晋太安二年(303)属益州郡。南朝梁废。

②连然:即连然县。西汉元封二年置,属益州郡。治所即今云南安宁。三国蜀建兴三年属建宁郡。西晋太安二年属益州郡。双柏县:西汉元封二年置,属益州郡。治所在今云南双柏境。三国蜀建兴三年属建宁郡。西晋太安二年属益州郡。

【译文】

　　叶榆河往东南流出益州边界,

　　叶榆水从邪龙县往东南流,经过秦臧县,往南流,在连然、双柏县与濮水一同注入滇池泽。

　　叶榆水自泽又东北迳滇池县南^①,又东迳同并县南^②,又东迳漏江县^③,伏流山下,复出蝮口,谓之漏江^④。左思《蜀都赋》曰:漏江洑流溃其阿^⑤,汩若汤谷之扬涛^⑥,沛若濛汜之涌波^⑦。诸葛亮之平南中也^⑧,战于是水之南。

【注释】

①滇池县：西汉元封二年（前109）置，为益州郡治。治所即今云南昆明晋宁区东北晋城镇。三国蜀汉属建宁郡。西晋泰始七年（271）为宁州治，太安二年（303）兼为益州郡治。东晋为晋宁郡治。南朝梁末废。

②同并县：西汉元鼎六年（前111）置，属牂柯郡。治所在今云南弥勒县城附近。三国蜀汉建兴三年（225）属建宁郡。南朝梁末废。

③漏江县：西汉元鼎六年置，属牂柯郡。治所在今云南泸西境。三国蜀汉废。西晋复置，属建宁郡。南朝梁末废。

④漏江：《水经注疏》杨守敬按："《蜀都赋》刘注，漏江在建宁，有水道，伏流数里复出，故曰漏江。"

⑤洑流：水在地表下流动。阿：高大的山体。

⑥汩：象声词。水流声。汤谷：即旸谷。古代传说日出之处。

⑦沛：浩瀚、盛大貌。濛汜：古代神话中所指日入之处。

⑧诸葛亮：字孔明。琅邪阳都（今山东沂南）人。三国蜀汉丞相，杰出的政治家、军事家。足智多谋，运筹帷幄，被时人称为"卧龙"。后为军师辅佐刘备建立蜀汉政权。

【译文】

叶榆水从滇池泽又往东北流，经过滇池县南边，又往东流经同并县南边，又往东流经漏江县，在山麓潜入地下，又在垇口流出，叫漏江。左思《蜀都赋》说：漏江地下河冲破陵阜汩汩涌出，有如汤谷怒涛奔腾；水盛势强，有如濛汜水的波涛汹涌。诸葛亮平定南中时，就是在此水以南作战的。

　　叶榆水又迳贲古县北①，东与盘江合②。盘水出律高县东南盬町山③，东迳梁水郡北④，贲古县南。水广百余步，深处十丈，甚有瘴气⑤。朱褒之反⑥，李恢追至盘江者也⑦。建武十九年^⑧,伏波将军马援上言^⑨:从麊泠出贲古^⑩,击益州,臣所将骆越万余人^⑪,便习战斗者二千兵以上^⑫,弦毒矢利,以数发,矢注如雨,所中辄死。愚以行兵此道最便,盖承藉水利,用为神捷也。盘水又东迳汉兴县^⑬。山溪之中,多生邛竹、桃榔树^⑭,树出面,而夷人资以自给。故《蜀都赋》曰:邛竹缘岭。又曰:面有桃榔。盘水北入叶榆水。诸葛亮入南,战于盘东是也。

【注释】

①贲（bēn）古县:西汉元封二年（前109）置,属益州郡。治所在今云南蒙自东南新安所镇。

②盘江:即今南盘江云南弥勒东南皈依底山以下部分,在云南东部及贵州、广西间。三国至唐称盘江。

③律高县:西汉元封二年置,属益州郡。治所在今云南弥勒南朋普村。盬町（xù dīng）山:即今皈依底山。在云南弥勒东南隅。汉至南朝称盬町山。

④梁水郡:三国蜀汉析兴古郡盘南置,旋废。西晋永嘉五年（311）复置,属宁州。治所在梁水县（今云南开远）。

⑤瘴气:热带或亚热带山林中的湿热空气,从前认为是瘴疠的病原。

⑥朱褒:三国蜀汉官吏。任牂牁太守,后拥郡反叛,被平定。

⑦李恢:字德昂。三国蜀汉将领。

⑧建武十九年:43年。

⑨伏波将军:杂号将军,西汉武帝置。马援:字文渊。扶风茂陵（今陕西兴平）人。东汉初名将。

⑩麊泠:一作麋泠县。治所在今越南富寿安朗西夏雷村。

⑪骆越:古民族名。居于今云南、贵州、广西之间。

⑫便习:娴熟,熟习。

⑬汉兴县:《水经注疏》杨守敬按:"蜀置县,属兴古郡。晋因,宋废。
　当在广西州(治所即今云南泸西)。"

⑭邛(qióng)竹:竹名。邛山所出,中实而节高,可做手杖。桄榔树:
　木名。俗称砂糖椰子、糖树。常绿乔木。肉穗花序的汁可制糖,
　茎中的髓可制淀粉,叶柄基部的棕毛可编绳或制刷子。

【译文】

　　叶榆水又流经贲古县北边,东流与盘江汇合。盘水发源于律高县东
南的盬町山,东经梁水郡北、贲古县南。水阔百余步,深处有十丈,瘴气
很盛。朱褒谋反时,李恢直追到盘江,即是此地。建武十九年,伏波将军
马援上奏说:从牂泠取道贲古进攻益州,我率领骆越万余人,熟习作战的
兵士二千以上,弓强箭利,接连射个不停,箭如雨下,中箭就死。我以为
行军走这条路最便捷,因为利用水路,进军就很神速。盘水又往东流经
汉兴县。山溪里不少地方长着邛竹和桄榔树,树里出产面粉,夷人赖以
自给。所以《蜀都赋》说:邛竹沿着山岭。又说:桄榔树里出产面粉。盘
水往北流入叶榆水。诸葛亮进军南方,在盘东打仗,即指此地。

　　入牂柯郡西随县北为西随水①,又东出进桑关②,
进桑县③,牂柯之南部都尉治也④。水上有关,故曰进
桑关。故马援言,从牂泠水道出进桑王国⑤,至益州贲古县,
转输通利,盖兵车资运所由矣。自西随至交趾⑥,崇山接险,
水路三千里。叶榆水又东南,绝温水⑦,而东南注于交趾。

【注释】

①牂(zāng)柯郡:亦作牂牁郡。西汉元鼎六年(前111)置。治所
　在故且兰县(今贵州黄平西南,一说在今贵阳附近)。西随县:西

汉元鼎六年置,属牂柯郡。治所在今云南金平苗族瑶族傣族自治县境。三国蜀汉建兴三年(225)属兴古郡。西随水:即今云南金平苗族瑶族傣族自治县北部一段红河。东汉至南朝称西随水。

②进桑关:汉代置。在今云南河口瑶族自治县西北莲花滩。

③进桑县:西汉元鼎六年置,属牂柯郡,为南部都尉治。治所在今云南屏边苗族自治县境。水上有进桑关。东汉改名进乘县。

④南部都尉:汉魏在边地郡县设置都尉,在南部的称南部都尉。

⑤鬌泠水:当在鬌泠县境内。进桑王国:当在进桑县境内。

⑥交趾:即交趾郡。秦亡后南越赵佗置。西汉元鼎六年归汉。西汉时治所在赢陵县(今越南河内西北)。东汉移治龙编县(今越南北宁仙游东)。

⑦绝:横渡,直渡。温水:即今云南东部及贵州、广西间之南盘江。汉至南朝称温水。

【译文】

叶榆水流进牂柯郡西随县北边,就是西随水,又往东流出进桑关,

进桑县是牂柯的南部都尉治所。水上有个关口,叫进桑关。所以马援说:从鬌泠水经进桑王国到益州贲古县,转运畅通便利,兵车补给运输都走这条路。从西随到交趾水路三千里,其间高山峻岭,险阻连接不断。叶榆水又往东南流,穿过温水,往东南流入交趾。

过交趾鬌泠县北,分为五水,络交趾郡中①,至南界,复合为三水,东入海。

《尚书大传》曰②:尧南抚交趾于《禹贡》荆州之南垂③。幽荒之外④,故越也。《周礼》⑤,南八蛮⑥,雕题、交趾⑦,有不粒食者焉⑧。《春秋》不见于传⑨。不通于华夏,在海岛,

人民鸟语。秦始皇开越岭南⑩，立苍梧、南海、交趾、象郡⑪。汉武帝元鼎二年⑫，始并百越，启七郡⑬，于是乃置交趾刺史以督领之⑭。初治广信⑮，所以独不称州。时又建朔方⑯，明已始开北垂。遂辟交趾于南，为子孙基址也。

【注释】

①络：如网一样交织。

②《尚书大传》：书名。旧题汉伏胜撰，郑玄注。《尚书》的最早传文。

③尧：传说中远古帝王，名放勋。父系氏族社会后期部族首领。初居于陶，后迁居唐，故称陶唐氏，史称唐尧。《禹贡》：即《尚书·禹贡》。详细记载了古代九州的划分、山川的方位、物产分布以及土壤性质等。荆州：古九州之一。《尚书·禹贡》：“荆及衡阳惟荆州。”荆指荆山（今湖北南漳西）；衡指衡山，《汉书·地理志》以为即今湖南衡山县西之衡山。南垂：南方边境。

④幽荒：偏远荒凉。泛指九州之外。

⑤《周礼》：书名。儒家经典之一。是书作者及成书年代，历来见解不一。杂汇周王室官制及战国年间各国制度，附会儒家政治理想，增损排比而成，分《天官冢宰》《地官司徒》《春官宗伯》等六篇。

⑥八蛮：古谓南方的八蛮国。李巡《尔雅》注云：“一曰天竺，二曰咳首，三曰僬侥，四曰跛踵，五曰穿胸，六曰儋耳，七曰狗轵，八曰旁春。”

⑦雕题：古云南部落名。

⑧不粒食者：不以谷物为食。

⑨《春秋》：书名。编年体史书。相传为孔子据鲁史修订而成。记载鲁隐公元年（前722）至鲁哀公十四年（前481），凡十二君、二百四十二年的历史。叙事简略，后世有《左氏传》《穀梁传》与《公羊传》为之解释补充，合称《春秋》三传。

⑩越：即百越。我国古代南方越人的总称。分布在今浙、闽、粤、桂

等地,因部落众多,故总称百越。亦指百越居住的地方。岭南:亦
谓岭外、岭表。指五岭以南地区,故名。包括今广东、广西、海南
及越南北部地区。

⑪苍梧:即苍梧郡。战国秦置。治所在临湘县(今湖南长沙)。后称
长沙郡。南海:即南海郡。秦始皇三十三年(前214)置。治所在
番禺县(今广东广州)。象郡:秦始皇三十三年置。治所在临尘县
(今广西崇左境)。按,秦始皇并未在交趾设郡。

⑫元鼎二年:前115年。元鼎,西汉武帝刘彻的年号(前116—前111)。

⑬启:开启,设置。七郡:指南海、苍梧、郁林、合浦、交趾、九真、日南
七郡。

⑭刺史:汉武帝时分全国为十三部(或称州),每部设刺史一人,遵照
皇帝诏书所颁列的条令督察各部郡国。

⑮广信:即广信县。西汉置,为苍梧郡治。治所即今广西梧州。

⑯朔方:即朔方郡。西汉元朔二年(前127)置。治所在朔方县(今
内蒙古杭锦旗北什拉召一带)。东汉时移治临戎县(今内蒙古磴
口东北布隆淖乡河拐子村古城)。

【译文】

　　叶榆河流过交趾麊泠县北边,分为五条水,在交趾郡中散布
成为水网,到南界又合并为三条水,东流入海。

　　《尚书大传》说:尧在《禹贡》荆州的南疆安抚交趾。地在遥远荒凉
的塞外,就是从前的越地。《周礼》记载的南八蛮,如雕题、交趾等,有的
是不吃五谷的。在《春秋》的经传中,没有关于他们的记载。他们住在
海岛上,和华夏不相往来,人民说话很难懂。秦始皇开拓百越岭南,设置
了苍梧、南海、交趾、象郡。汉武帝元鼎二年,开始合并百越,开辟了七个
郡,于是才设置交趾刺史来管辖这些地方。最初治所在广信,所以只有
这个地区是不称州的。这时又建立了朔方郡,说明已开始开拓北方边疆
了。于是又在南方开辟交趾,为子孙打下基础。

　　卷泠县,汉武帝元鼎六年开①,都尉治②。《交州外域记》曰③:越王令二使者典主交趾、九真二郡民④,后汉遣伏波将军路博德讨越王⑤,路将军到合浦⑥,越王令二使者赍牛百头、酒千钟⑦,及二郡民户口簿,诣路将军,乃拜二使者为交趾、九真太守,诸雒将主民如故⑧。交趾郡及州本治于此也,州名为交州。后朱䳒雒将子名诗⑨,索卷泠雒将女名徵侧为妻⑩。侧为人有胆勇,将诗起贼⑪,攻破州郡,服诸雒将,皆属徵侧为王,治卷泠县,复交趾、九真二郡民二岁调赋⑫。后汉遣伏波将军马援将兵讨侧,诗走入金溪究⑬,三岁乃得。尔时西蜀并遣兵共讨侧等,悉定郡县,为令长也⑭。

【注释】

①元鼎六年:前111年。

②都尉:官名。汉景帝时改秦郡尉为都尉,辅佐郡守并掌全郡的军事。

③《交州外域记》:书名。具体未详。

④典主:掌管,统理。九真:即九真郡。西汉初南越赵佗置。西汉元鼎六年归汉。治所在胥浦县(今越南清化东山县杨舍村)。

⑤路博德:西汉大将。以右北平太守从骠骑将军霍去病有功,为符离侯。后以卫尉为伏波将军,伐破南越,益封。

⑥合浦:即合浦郡。西汉元鼎六年置。治所在合浦县(今广西浦北县南旧州村)。

⑦赍(jī):带着。

⑧雒将:一作骆将。交趾有骆王、骆侯,其将曰骆将。骆,古民族名。

⑨朱䳒(yuān):亦作朱鸢。在今越南兴安快州附近。

⑩索:聘娶。

⑪将:带领。起贼:造反。

⑫复：减除徭役或赋税。二岁：两年。调赋：租税，赋税。

⑬走入：逃入。金溪究：即禁谿。今越南红河支流山阳河。

⑭令长：秦汉时治万户以上县者为令，不足万户者为长。后因以令长泛指县令。

【译文】

麊泠县设置建制于武帝元鼎六年，是个都尉治所。《交州外域记》说：越王命令两个使者管理交趾、九真二郡人民，后来汉朝派遣伏波将军路博德讨伐越王，路博德率领部队到了合浦，越王派遣两位使者送了一百头牛、一千钟酒，还带了两郡百姓的户口册去见路将军，于是路将军就分别任命两位使者为交趾、九真太守，诸雒将所管的百姓仍照旧不变。交趾郡和州本来的治所就在这里，州名交州。后来朱戴的雒将有个儿子叫诗，娶麊泠雒将女儿徵侧为妻。徵侧为人颇有胆略和勇气，她与诗起来作乱，攻破州郡，压服诸雒将，诸雒将都归属徵侧，并拥戴她做了女王，以麊泠县城为治所，并免除交趾、九真二郡人民两年的赋税。东汉派遣伏波将军马援去讨伐徵侧，诗逃到金溪究，三年以后方才被捕获。这时西蜀也派兵来讨伐徵侧等，完全平定了各郡县，就任命他们当地方官。

　　山多大蛇，名曰髯蛇，长十丈，围七八尺，常在树上伺鹿兽，鹿兽过，便低头绕之，有顷鹿死①，先濡令湿讫②，便吞，头角骨皆钻皮出。山夷始见蛇不动时③，便以大竹签签蛇头至尾，杀而食之，以为珍异。故杨氏《南裔异物志》曰④：髯惟大蛇，既洪且长。采色驳荦⑤，其文锦章。食豕吞鹿，腴成养创⑥。宾享嘉宴，是豆是觞⑦。言其养创之时，肪腴甚肥⑧。搏之，以妇人衣投之，则蟠而不起走⑨，便可得也。

【注释】

①有顷：一会儿，指时间很短。

②濡：沾湿，浸渍。

③山夷：山中的少数民族。

④杨氏《南裔异物志》：《水经注疏》："赵（一清）云：按《隋书·经籍志》，《交州异物志》一卷，杨孚撰。"

⑤驳荦（luò）：斑驳，文彩交杂貌。

⑥养创：疗养创伤。

⑦是豆是觞：既享食物又喝美酒。豆，本指盛装食物的容器，借代食物。觞，本指盛满酒的酒杯，借代美酒。

⑧肪腴：脂肪肥肉。

⑨蟠：盘结，盘曲。

【译文】

山上大蛇很多，名叫蚺蛇，长十丈，身围七八尺，常常躲在树上伺机捕捉像鹿这一类野兽，待有鹿经过时，就垂下头把它缠住，一会儿鹿死了，先用舌头把它舔得全身湿透，然后吞下，鹿角和骨头都从皮里钻出来。山区夷民初见蛇不动时，就用大竹签把蛇从头到尾钉住杀死，当作佳肴美馔来吃。所以杨氏《南裔异物志》说：蚺是巨蛇，既大又长。色彩斑驳，花纹就像锦缎一样。它吞吃猪、鹿，吃胖了躺下来养伤。宰蛇摆下盛筵，嘉肴美酒，邀来宾客共享。这是说它在养伤的时候，是最肥美的。捕蛇时把女人的衣服投过去，蛇就盘着不动，任人去捉了。

　　北二水，左水东北迳望海县南①。建武十九年，马援征徵侧置。

【注释】

①望海县：东汉建武十九年（43）置，属交趾郡。治所在今越南北宁西北求河北岸。

【译文】

北边有两条水，左边的水向东北流经望海县南边。望海县是建武十九年马援讨伐徵侧时所置。

又东迳龙渊县北①，又东合南水。水自塋泠县东迳封溪县北②。《交州外域记》曰：交趾昔未有郡县之时，土地有雒田③。其田从潮水上下，民垦食其田，因名为雒民。设雒王、雒侯，主诸郡县。县多为雒将，雒将铜印青绶④。后蜀王子将兵三万来讨雒王、雒侯⑤，服诸雒将，蜀王子因称为安阳王。后南越王尉佗举众攻安阳王⑥，安阳王有神人名皋通，下辅佐，为安阳王治神弩一张，一发杀三百人。南越王知不可战，却军住武宁县⑦。按《晋太康记》⑧，县属交趾。越遣太子名始，降服安阳王，称臣事之。安阳王不知通神人，遇之无道⑨，通便去，语王曰：能持此弩王天下⑩，不能持此弩者亡天下。通去，安阳王有女名曰媚珠，见始端正，珠与始交通。始问珠，令取父弩视之。始见弩，便盗以锯截弩讫，便逃归报南越王。南越进兵攻之，安阳王发弩，弩折遂败。安阳王下船迳出于海。今平道县后王宫城见有故处⑪。《晋太康地记》，县属交趾。越遂服诸雒将。马援以西南治远，路迳千里，分置斯县，治城郭，穿渠通导溉灌，以利其民。县有猩猩兽，形若黄狗，又状貐貐，人面，头颜端正，善与人言，音声丽妙，如妇人好女，对语交言，闻之无不酸楚。其肉甘美，可以断谷，穷年不厌。

【注释】

①龙渊县：即龙编县。在今越南北宁仙游东。

②封溪县：东汉建武十九年置，属交趾郡。治所在今越南永福安朗东。

③雒田：在沼泽中以木为架，铺上泥土及水生植物而成的浮于水面的农田。于上种植谷物，可随水高下，不致浸淹。

④铜印：铜制的印章。青绶：佩系官印的青色丝带。

⑤蜀王：战国时蜀王。秦惠文王从司马错言，伐蜀，灭之。贬为侯。

⑥南越王尉佗：初名赵佗。真定（今河北正定）人。秦始皇时为南海龙川县令。二世时，行南海郡尉事，故又名尉佗。秦亡，并桂林、象郡，自立为南越王。汉立，高祖遣陆贾立其为南越王。高后时反叛，自号南越武帝。至文帝时，复遣陆贾出使南越，赵佗去帝称臣。

⑦武宁县：三国吴置，属交趾郡。治所在今越南北宁。南齐以后废。

⑧《晋太康记》：书名。撰者不详。

⑨遇：对待。无道：没有德行。

⑩王（wàng）天下：称王于天下。

⑪平道县：西晋置，属武平郡。治所在今越南永富福安东南。

【译文】

又往东流经龙渊县北边，又往东流与南水相汇合。南水从麊泠县往东流经封溪县北边。《交州外域记》说：从前交趾没有郡县时，土地有雒田。田地依潮水上下而起伏，百姓靠垦种这些田亩吃饭，因此叫雒民。这里设有雒王、雒侯来掌管各郡县。县里有很多雒将，授有铜印青带。后来蜀王的儿子率兵三万来讨伐雒王、雒侯，征服了诸雒将，蜀王的儿子于是就称为安阳王。后来南越王尉佗起兵去攻打安阳王，安阳王有个仙人名叫皋通，下凡来辅助他，为安阳王制了一把神弩，一发就可射杀三百人。南越王知道没法取胜，就退兵驻在武宁县。查考《晋太康记》，武宁县属交趾郡。南越王派了名叫始的太子去投降安阳王，向他称臣，为他效劳。安阳王不知道皋通是仙人，待他粗暴无礼，皋通就走了，对安阳王说:能保管好这把弩,可以称王于天下;不能保管好这把弩,就要亡天下。皋通去后,安阳王有个女儿叫媚珠,她看到始长得眉清目秀,就和他私通起来。始向媚珠探问,并叫她把她父亲的弩拿来看。他看见了弩,就偷偷用锯子锯过,逃回告诉南越王。南越王进兵攻打安阳王,安阳王开弩,弩就断了,仗也打败了。安阳王只得下船出海。现在平道县后面还可以看到安阳王的宫城遗址。据《晋太康地记》,平道县隶属于交趾。于是南越就征服了诸雒将。马援因西南治所遥远,路途千里,就分设此县,筑城开渠,引水灌溉,以利于百姓。县里有猩猩,长得像黄狗,又有点像貜貐,人面,五官端正,善于和人谈话,声音柔丽妙曼,有如姣好的女子,和它交谈,听到它的话人们无不感到心酸。猩猩的肉很鲜美,可以代替谷物,一年到头也吃不厌。

又东迳浪泊^①。马援以其地高,自西里进屯此。

【注释】

①浪泊:今越南河内西北,东英西南之西湖。

【译文】

南水又往东流经浪泊。马援因其地势高,就从西里移驻于此。

又东迳龙渊县故城南,又东,左合北水。建安二十三年立州之始^①,蛟龙蟠编于南、北二津^②,故改龙渊以龙编为名也。卢循之寇交州也^③,交州刺史杜慧度率水步晨出南津^④,以火箭攻之,烧其船舰,一时溃散,循亦中矢赴水而死。于是斩之,传首京师。慧度以斩循勋,封龙编侯。刘欣期《交州记》曰^⑤:龙编县功曹左飞^⑥,曾化为虎,数月,还作吏。既言其化,亦化无不在,牛哀易虎^⑦,不识厥兄,当其革状^⑧,安知其讹变哉⑨?

【注释】

①建安二十三年:218 年。建安,东汉献帝刘协的年号(196—220)。

②蛟龙:古代传说中指兴风作浪、能发洪水的龙。蟠编:盘结,盘曲。

③卢循:字于先。范阳涿县(今河北涿州)人。孙恩妹夫。孙恩率众
起兵败死,众推循为主。率军进攻江东,不利,泛海至番禺,攻占
广州,自号广州刺史、平南将军。时东晋内乱,无暇顾及广州,授
以征虏将军、广州刺史、平越中郎将,以示安抚。义熙中,趁刘裕
北伐,与徐道覆分别从广州和始兴起兵,水陆并进,攻打建康。刘
裕灭南燕回师建康,循与刘裕战,兵败投水自杀。寇:入侵,侵扰。
交州:东汉建安八年(203)改交州刺史部置。治所在广信县(今
广西梧州)。十五年(210)移治番禺县(今广东广州)。三国吴黄
武年间分为交、广二州,交州治龙编县(今越南北宁仙游东)。

④杜慧度:安帝时除交州刺史。从刘裕征讨卢循。水步:水军和陆军。

⑤刘欣期《交州记》:具体不详。

⑥功曹:官名。汉代郡守、县令之佐吏。

⑦牛哀易虎:公牛哀变成了老虎。牛哀,指公牛哀。传说他病了七日
之后,变成了老虎,把去看他的哥哥吃了。见《淮南子·俶真训》。

⑧革:改易,变革。

⑨讹变:讹误变易。

【译文】

又往东流经龙渊县老城南面,又往东流,在左边汇合了北水。建安
二十三年开始立州时,蛟龙在南北两处渡口盘缠编结在一起,所以把龙
渊改名为龙编。卢循进犯交州时,交州刺史杜慧度率领了水兵和步兵,
一早就从南津出击,用火箭来进攻,把卢循的大船烧毁,部队就溃散了,
卢循也中箭投水而死。于是砍下他的头,派人送到京城里去。杜慧度因

杀卢循有功，被封为龙编侯。刘欣期《交州记》说：龙编县功曹左飞，曾变成老虎，几个月后，又回来做小吏。既然说到变化，变化是无处不在的；公牛哀变虎，连自己的哥哥也不认识了，在他变了形以后，又怎能知道他自己变虎呢？

其水又东迳曲易县①，东流注于浪郁。《经》言，于郡东界复合为三水，此其二也②。

【注释】

①曲易县：亦作曲阳县。西汉置，属交趾郡。治所在今越南海阳附近。

②此其二：一作此其一。《水经注疏》："全（祖望）云：当作此其二也。二水谓南水、北水，其次一水谓中水，合之为三水。戴依改二。会贞按：一字不误，（赵）（全）未明郦《注》之旨，说乃大误。惟《经》言分为五水，复合为三水。《注》有分流之五水，而合流只二水，与《经》不符。按其次一水至稽徐县，泾水注之，而泾水入稽徐县，乃不言注次一水，而言注于中水，显有夺误，当作入稽徐县注于次一水，又东注郁，此其二也。盖上北二水合为一水，此次一水合泾水为一水，下中水、南水又合为一水，各注郁，方足三水之数。"译文从之。

【译文】

水又往东流经曲易县，东流注入浪郁。《水经》说：在郡东边界上又汇成三条水，这是其中的一条。

其次一水，东迳封溪县南，又西南迳西于县南①，又东迳嬴陵县北②，又东迳北带县南③，又东迳稽徐县④，泾水注之。水出龙编县高山，东南流入稽徐县，注于中水。中水又东迳嬴陵县南。《交州外域记》曰：县，本交趾郡治也。《林邑记》曰⑤：自交趾南行，都官塞浦出焉⑥。其水自县东迳安定县⑦，北带长江，江中有越王所铸铜船，潮水退时，人有见之者。其水又东流，隔水有泥黎城⑧，言阿育王所筑也⑨。又东南合南水。南水又东南迳九德郡北⑩。《交州外域记》曰：交趾郡界有扶严究⑪，在郡之北，隔渡一江，即是水也。

【注释】

①西于县：西汉置，属交趾郡。治所在今越南永福东英古螺乡。

②嬴陵县：亦作嬴娄县。西汉元鼎六年（前111）置，为交趾郡治。治所在今越南河内西北。

③北带县：西汉置，属交趾郡。治所在今越南河内东文林附近。

④稽徐县：西汉置，属交趾郡。治所在今越南兴安计瑟附近。

⑤《林邑记》：书名。亦作《林邑国记》。撰者不详。

⑥都官塞浦：在交趾郡南。

⑦安定县：西汉置，属交趾郡。治所在今越南南定西北红河南岸。

⑧泥黎城：《水经注疏》熊会贞按："《寰宇记》宋平县下引刘欣期《交州记》，泥黎城在安定县东南，隔水七里，阿育王所造塔、讲堂尚在。"

⑨阿育王：古印度摩竭提国王，著名的佛教扶持者。

⑩九德郡：三国吴置，属交州。治所在咸驩县（今越南义安演州西）。西晋移治九德县（今越南义安荣市）。南朝宋治所在浦阳县（今越南义安荣市东南）。

⑪扶严究：《水经注疏》杨守敬按："《宋志·武平郡》，吴建卫三年，讨扶严夷，以其地立，即此。"扶严，三国时交趾地方少数民族。

【译文】

还有一条水，往东流经封溪县南面，又往西南流经西于县南面，又往东流经嬴陵县北面，又往东流经北带县南面，又往东流经稽徐县，有泾水注入。泾水发源于龙编县的高山，往东南流入稽徐县，注入中水。中水又往东流经羸陵县南面。《交州外域记》说:羸陵县原来是交趾郡的治所。
《林邑记》说:从交趾南行,有都官塞浦通出。水从县东流经安定县,该
县北边有长江流过,江中有越王所铸造的铜船,潮水退时有人曾看见过。
水又往东流,隔岸有泥黎城,据说是阿育王所筑。又往东南流,与南水汇
合。南水又往东南流经九德郡北面。《交州外域记》说:交趾郡境有扶严
究,在该郡北部,渡过一条江,就是这条水了。

　　江水对交趾朱䳒县,又东迳浦阳县北①,又东迳无切县
北②。建武十九年九月,马援上言:臣谨与交趾精兵万二千
人,与大兵合二万人,船车大小二千艘,自入交趾,于今为
盛。十月,援南入九真,至无切县,贼渠降③。进入馀发④,
渠帅朱伯弃郡亡入深林巨薮⑤。犀象所聚,羊牛数千头,时
见象数十百为群。援又分兵入无编县⑥,王莽之九真亭。至
居风县⑦,帅不降,并斩级数十百,九真乃靖⑧。

【注释】

①浦阳县:西晋置,属九德郡。治所在今越南义安荣市东南。南朝
　宋为九德郡治。

②无切县:亦作无功县。西汉置,属九真郡。治所在今越南宁平附近。
　东汉末废。

③贼渠:贼首。

④馀发:即馀发县。西汉置,属九真郡。治所在今越南清化峨山县
　附近(一说在今越南清化原禄附近)。东汉废。

⑤渠帅:首领。巨薮:大泽。

⑥无编县:西汉置,属九真郡。治所在今越南清化靖嘉西龙施。东
　汉末年废。

⑦居风县：西汉置，属九真郡。治所在今越南清化北马江南岸。三国吴改为移风县。

⑧靖：平定，安定。

【译文】

江水以北是交趾的朱𧏟县，又往东流经浦阳县北面，又往东流经无切县北面。建武十九年九月，马援上书说：我带领交趾精兵一万二千人，连同大兵共二万人，车船大小二千艘，自从进交趾以来，规模要算现在最盛大了。十月，马援南下进入九真，直到无切县，敌方首领投降了。又进入馀发，敌军主帅朱伯放弃了郡城，逃入深林大泽里。那是犀象聚集之地，有牛羊数千头，时常可以看到大象数十或数百头结集成群。马援又分兵进入无编县，就是王莽时的九真亭。到了居风县，首领不肯投降，杀了好几千人，九真方才平定。

其水又东迳句漏县①。县带江水，江水对安定县。《林邑记》所谓外越安定、纪粟者也。县江中有潜牛②，形似水牛，上岸斗，角软还入江水，角坚复出。又东与北水合，又东注郁，乱流而逝矣。此其三也。

【注释】

①句漏县：即苟屚县。治所在今越南河西石室县。

②潜牛：生活在南方江河中的野牛，形似水牛。

【译文】

其水又往东流经句漏县。江水从县城旁边流过，江水对岸是安定县。《林邑记》所谓外越的安定、纪粟，指的就是此县。县里江水中有潜牛，形状像水牛，上岸相斗，角软以后又潜入江水中，待到角硬后再出来。又往东流与北水汇合，又往东流注入郁水，然后乱流逝去。这是第三条。

平撮通称①,同归郁海,故《经》有入海之文矣。

【注释】

①撮:采用,撮取。

【译文】

取其通称,最后都流入郁海,所以《水经》中有东流入海这样的文句。

夷水
夷水出巴郡鱼復县江①,

夷水,即佷山清江也②。水色清照十丈,分沙石。蜀人见其澄清,因名清江也。昔廪君浮土舟于夷水③,据捍关而王巴④,是以法孝直有言⑤,鱼復捍关,临江据水,寔益州祸福之门⑥。

【注释】

①夷水:又名盐水。即今湖北西南部之清江。为长江支流。巴郡:战国秦置。治所在江州县(今重庆)。汉以后屡有改置。鱼復县:战国秦置,属巴郡。治所在今重庆奉节东白帝城。西汉为江关都尉治。东汉建安六年(201)为巴东郡治。三国蜀汉章武二年(222)改为永安县。西晋复为鱼復县。

②佷(héng)山:即佷山县。西汉置,属武陵郡。治所在今湖北长阳土家族自治县西。三国吴属宜都郡。西晋太康初改为兴山县。后复为佷山县。

③廪君:传说中古代巴人首领。

④捍关:一名江关。在今重庆奉节东赤甲山。王巴:在巴地称王。

⑤法孝直:即法正,字孝直。扶风郿(今陕西眉县)人。建安初依益

州牧刘璋,不受重用,后奉命邀刘备入蜀,遂献策劝备乘机取蜀。备得益州,历任蜀郡太守、尚书令、护军将军等。善出奇谋,曾建议备取汉中,被采纳,获得成功。卒后谥翼侯。

⑥寔:的确,确实。

【译文】

夷水

夷水从巴郡鱼復县的大江中分出,

夷水就是佷山的清江。水清见底,十来丈深处的沙石都清晰可辨。蜀人看到江水这样澄清,因此取名叫清江。从前禀君曾在夷水泛着泥船,据有捍关而在巴称王,所以法孝直曾说:鱼復的捍关临江据水,实在是益州祸福的门户。

夷水又东迳建平沙渠县①,县有巫城②,水南岸山道五百里,其水历县东出焉。

【注释】

①建平:即建平郡。三国吴永安三年(260)置,属荆州。治所在信陵县(今湖北秭归南)。沙渠县:三国吴置,属建平郡。治所即今湖北恩施。

②巫城:即巫县城。在今重庆巫山县。

【译文】

夷水又往东流经建平沙渠县,县里有巫城,南岸山路五百里,夷水就经县东奔流出境。

东南过佷山县南,

夷水自沙渠县入,水流浅狭,裁得通船①。

【注释】

①裁：仅仅，只能够。

【译文】

夷水往东南流过㫪山县南边，

夷水从沙渠县流入，水流又浅又狭，仅能通船。

　　东迳难留城南①，城即山也。独立峻绝，西面上里余得石穴，把火行百许步，得二大石碛，并立穴中，相去一丈，俗名阴阳石。阴石常湿，阳石常燥。每水旱不调，居民作威仪服饰，往入穴中，旱则鞭阴石，应时雨多；雨则鞭阳石，俄而天晴。相承所说，往往有效。但捉鞭者不寿，人颇恶之，故不为也。东北面又有石室，可容数百人，每乱，民入室避贼，无可攻理，因名难留城也。昔巴蛮有五姓②，未有君长，俱事鬼神，乃共掷剑于石穴，约能中者，奉以为君。巴氏子务相乃中之。又令各乘土舟，约浮者当以为君，惟务相独浮，因共立之，是为廪君。乃乘土舟从夷水下至盐阳。盐水有神女，谓廪君曰：此地广大，鱼盐所出，愿留共居。廪君不许，盐神暮辄来宿，旦化为虫，群飞蔽日，天地晦暝③，积十余日。廪君因伺便射杀之，天乃开明。廪君乘土舟下及夷城④，夷城石岸险曲，其水亦曲。廪君望之而叹，山崖为崩。廪君登之，上有平石，方二丈五尺，因立城其傍而居之。四姓臣之。死，精魂化而为白虎，故巴氏以虎饮人血，遂以人祀。盐水，即夷水也。又有盐石，即阳石也。盛弘之以是推之⑤，疑即廪君所射盐神处也。将知阴石，是对阳石立名矣。事既鸿古⑥，难为明征⑦。

【注释】

①难留城：即今湖北长阳土家族自治县西北难留山。

②巴蛮：巴地的少数民族。

③晦暝：漆黑昏暗。

④夷城：即今湖北宜都。

⑤盛弘之：南朝宋人。撰《荆州记》。推：推断，推求。

⑥鸿古：年代遥远。鸿，大。这里指遥远。

⑦明征：确切的证明。

【译文】

　　夷水往东流经难留城南边——所谓难留城，实际上是一座山。此山孤峰独上，极其高峻。由西面上山一里余，有个石洞，持着火把行走百余步，有两块大石在洞中并立着，相距一丈，俗名阴阳石。阴石常是湿漉漉的，阳石则常干燥。每遇水旱不调时，居民就穿戴起举行仪式的服饰，走进洞中。天旱就鞭打阴石，立即就会降雨；多雨就鞭打阳石，一会儿天就晴了。照传说的话做，往往会有效验。但执鞭的人不长寿，人们都很厌恶这件差使，所以不愿去做。东北又有一个石洞，可以容纳数百人，每逢乱世，人们就躲进石洞避难，敌寇是无法打进来的，因而名为难留城。从前巴蛮有五个部族，但没有一位君主。他们都敬奉鬼神，于是一同在石洞中掷剑，约定谁能掷中，就推他为君主。结果巴氏的儿子务相掷中了。又叫人们各自乘坐泥船，约定船浮的就当君主，结果只有务相一人能浮。因此诸部族都一致推举他为君，就是廪君。于是就乘着泥船从夷水顺流而下，来到盐阳。盐水有个神女，对廪君说：这里土地辽阔，是出产鱼盐的地方，希望你留下来和我同居。廪君不肯答应，盐神每晚来和他同宿，白天化为飞虫，成群地飞起，把太阳遮蔽了，弄得天昏地暗，如此接连十余日。廪君于是伺机把她射死，天才晴朗了。廪君乘着泥船来到夷城，夷城的石质河岸险峻而曲折，河道也曲折。廪君望着叹了口气，山崖因而崩塌了下来。他登上崖顶，上面有一块平石，方二丈五尺，于是就在石旁建城居住。另外四个部族也都向他称臣。他死后，精魂化为白虎，从前巴氏因为虎喝人血，就用人来祭祀。盐水就是夷水。又有盐石，就是阳石。盛弘之照此推断，以为这可能就是廪君射盐神的地方。可知阳石是针对阴石而立名的。不过传说里的事迹既极远古，也就难以验证了。

夷水又东迳石室，在层岩之上，石室南向，水出其下，悬崖千仞，自水上径望见。每有陟山岭者①，扳木侧足而行②，莫知其谁。村人骆都，小时到此室边采蜜，见一仙人坐石床上，见都，凝瞩不转。都还，招村人重往，则不复见。乡人今名为仙人室。袁山松云③，都孙息尚存④。

【注释】

①陟：攀登。

②扳（pān）：通"攀"。攀援。侧足：歪斜着脚。

③袁山松：陈郡阳夏（今河南太康）人。历官秘书监、吴郡太守。孙恩事起，守沪渎，城陷被杀。撰《后汉书》一百卷，佚。

④孙息：子孙。

【译文】

夷水又往东流过一个石洞，石洞朝南，位于层岩上面，水从洞下流过，悬崖千仞，从水上可以看得很真切。常有爬山越岭的人，手攀树木，侧足而行，但不知是什么人。村人骆都小时到山洞旁边采蜜，看见一个仙人坐在石床上，见了骆都，目不转睛地凝视着他。骆都回村邀村人一同再去，仙人却不见了。现在乡人把石洞称为仙人室。袁山松说，骆都的子孙后代如今还在。

夷水又东与温泉三水合。大溪南北夹岸，有温泉对注①，夏暖冬热，上常有雾气，疡痍百病^②，浴者多愈。父老传此泉先出盐，于今水有盐气。夷水有盐水之名，此亦其一也。

【注释】

①对注：相对流注。

②疡痍（yáng yí）：痈疮、创伤。

【译文】

夷水又往东流，与温泉三水汇合。大溪南北两岸，有温泉相对注入，夏天水温，冬天水热，水上常有雾气，凡疮痈百病，沐浴后都能痊愈。老人相传，此泉先前出盐，现在水中还有盐气。夷水之所以有盐水一名，这也是原因之一。

夷水又东迳恨山县故城南，县即山名也。孟康曰^①：音恒。出药草恒山^②。今世以银为音也。旧武陵之属县^③。南一里即清江东注矣。南对长杨溪^④。溪水西南潜穴，穴在射堂村东六七里，谷中有石穴，清泉溃流^⑤，三十许步复入穴，即长杨之源也。水中有神鱼，大者二尺，小者一尺。居民钓鱼，先陈所须多少，拜而请之，拜讫投钩饵。得鱼过数者，水辄波涌，暴风卒起^⑥，树木摧折。水侧生异花，路人欲摘者，皆当先请，不得辄取^⑦。水源东北之风井，山回曲有异势，穴口大如盆。袁山松云：夏则风出，冬则风入，春秋分则静。余往观之，其时四月中，去穴数丈，须臾寒飘^⑧。卒至六月中尤不可当^⑨。往人有冬过者，置笠穴中，风吸之。经月还步杨溪得其笠，则知潜通矣。其水重源显发，北流注于夷水。此水清泠，甚于大溪，纵暑伏之辰，尚无能澡其津流也。

县北十余里有神穴,平居无水,时有渴者,诚启请乞⑩,辄得水;或戏求者,水终不出。县东十许里至平乐村⑪,又有石穴,出清泉。中有潜龙,每至大旱,平乐左近村居⑫,辇草秽着穴中⑬。龙怒,须臾水出,荡其草秽,傍侧之田,皆得浇灌。从平乐顺流五六里,东亭村北山甚高峻,上合下空。空窍东西广二丈许⑭,起高如屋,中有石床,甚整顿,傍生野韭。人往乞者,神许则风吹别分,随偃而输⑮,不得过越,不偃而输辄凶。往观者去时特平⑯,暨处自然恭肃矣⑰。

【注释】

①孟康:字公休。三国魏官吏。尝注《汉书》。

②音恒。出药草恒山:《水经注疏》:"段玉裁曰,孟《注》不可读,当作读如恒山之恒,出药草。"

③武陵:即武陵郡。西汉置。治所在今湖南溆浦南。东汉移治临沅县(今湖南常德)。

④长杨溪:即今湖北长阳土家族自治县西南岔溪。

⑤溃流:喷涌而出。

⑥卒(cù)起:突然大作。卒,同"猝"。突然。

⑦辄:擅自。

⑧寒飘:一作寒慄。

⑨卒至:一作言至。

⑩诚启:诚心禀告。请乞:请求,乞求。

⑪平乐村:《水经注疏》杨守敬按:"村在今长阳县(今湖北长阳土家族自治县)西。"

⑫左近:附近,临近。

⑬辇:用车拉着。草秽:草等污秽之物。着:填入,放置。

⑭空窍：空洞孔穴。

⑮随偃而输：把风吹倒的韭菜割走。偃，倒下，倒伏。输，一作翰。

⑯特平：这里指心里非常平静。

⑰暨处：到地方。

【译文】

　　夷水又往东流经佷山县老城南边，该县就是因山而得名的。孟康说：音恒。出药草恒山。佷，今读如银。佷山县是旧武陵郡的属县。南一里就是东流的清江。此江南对长杨溪。溪水往西南流，潜入射堂村东六七里一处山谷的岩洞中，清泉涌出，流出约三十步重又流入岩洞，这就是长杨溪的源头。水中有神鱼，大的二尺，小的一尺。居民钓鱼先祝告所需鱼数，然后拜请，拜过后放下鱼钩钓饵。钓得的鱼如果超过所报的尾数，水面就会波涛汹涌，霎时间狂风大作，把树木都刮折。水边开着一种奇异的花，路人想要摘花，都要先向神灵祈求，不可擅自去摘。水源东北有风井，那里的山回环曲折而有异势，风井洞口大如盆。袁山松说：夏天风从洞口吹出，冬天风从洞口吹入，春秋分则风静。我曾去看过，当时正是四月中旬，离洞口还有好几丈，就有一股冷气袭来。六月中尤其冷不可当。过去有人在冬天经过这里，把笠帽放在洞中，被风吸了进去。月余之后回来，沿着长杨溪步行，又捡回那顶笠帽，可知洞与溪是暗通的。此水源头隐而复现，北流注入夷水。此水比大溪更为清凉，即使是三伏的酷暑天气，人们还不能在水中洗澡。县北十余里有个神奇的洞穴，平时无水，遇有口渴的人虔诚地乞求，就可得水；如果是求着玩的，水就始终不出。县东十里左右有个平乐村，又有个岩洞流出清泉。洞中有龙潜伏，每逢大旱，平乐附近各村就用车把秽物倒入洞中。龙发起怒来，立即就有水涌出，把秽物涤荡净尽，傍近的田亩就都得到灌溉。从平乐顺流而下五六里，就是东亭村，有北山极其高峻，山顶闭合，底下却是空的。空穴东西宽约二丈，像屋一般高立，中间有石床，十分整齐，旁边长着野韭。人们前去求韭，神如应允，就会有风吹来，把韭分开，人们可以把被风吹倒的那部分割下来,但不可超过;如果把没有吹倒的也割下,那就会有祸事了。参观的人去时并不经意,但一到那地方,自然就会肃穆恭敬起来。

又东过夷道县北①,
夷水又东迳虎滩②。岸石有虎像,故因以名滩也。

【注释】

①夷道县:西汉置,属南郡。治所在今湖北宜都西。

②虎滩:《水经注疏》熊会贞按:"《长阳县志》,虎坐岩在县西十五里虎浪滩上,蹲踞如活虎……"

【译文】

夷水又往东流过夷道县北边,

夷水又往东流经虎滩。岸边有块岩石形状像虎,因而名为虎滩。

夷水又东迳釜濑①,其石大者如釜②,小者如刁斗③,形色乱真,惟实中耳。

【注释】

①釜濑:《水经注疏》熊会贞按:"今釜濑滩在长阳县东八里。"

②釜:古代的炊事用具,相当于现在的锅。

③刁斗:古代行军用具。斗形有柄,铜质。白天用作炊具,晚上击以巡更。

【译文】

夷水又往东流经釜濑,那里的岩石大的像大铁锅,小的如刁斗,形状和颜色都和真的一模一样,只不过是实心的罢了。

　　夷水又东北,有水注之,其源百里,与丹水出西南望州山①。山形竦峻②,峰秀甚高③。东北白岩壁立,西南小演通行④。登其顶,平可有三亩许,上有故城,城中有水,登城望见一州之境,故名望州山。俗语讹,今名武锺山。山根东有涌泉成溪,即丹水所发也。下注丹水,天阴欲雨,辄有赤气,故名曰丹水矣。丹水又迳亭下,有石穴甚深,未尝测其远近。穴中蝙蝠大如乌,多倒悬。《玄中记》曰⑤:蝙蝠百岁者倒悬,得而服之,使人神仙。穴口有泉,冬温夏冷,秋则入藏,春则出游⑥。民至秋,阑断水口⑦,得鱼,大者长四五尺,骨软肉美,异于余鱼。丹水又迳其下,积而为渊。渊有神龙,每旱,村人以芮草投渊上流⑧,鱼则多死,龙怒,当时大雨⑨。丹水又东北流,两岸石上有虎迹甚多,或深或浅,皆悉成就自然,咸非人工。丹水又北注于夷水,水色清澈,与大溪同。

【注释】

①丹水:即今湖北宜都西南渔洋河中下游,为清江支流。望州山:在今湖北宜都西南。

②竦峻:高耸险峻。

③秀:耸出,高耸。

④小演:小步缓行。演,缓步行进。

⑤《玄中记》:书名。志怪小说。

⑥秋则入藏,春则出游:武英殿本《水经注》注:"二语言鱼之出入,此上当有脱文。"

⑦阑断:阻拦截断。

⑧芮草:一本作茵(wǎng)草。

⑨当时:即时,立即。

【译文】

夷水又往东北流，有一条水注入，水源远在百里外，与丹水一同发源于西南的望州山。山形险峻，峰峦高耸。东北是陡壁似的白岩，西南可以缓步通行。攀登上山，山顶平坦，广约三亩，山上有一座旧城，城中有水，登城远望，一州境域历历在目，所以叫望州山。民间语讹，现在叫武锺山。山麓东边有泉水涌出，成为溪流，这就是丹水的源头。溪流下注丹水，天阴将雨的时候，就有赤气升起，所以名为丹水。丹水又流经亭下，有个岩洞，极深，从来没有人探测过到尽头有多远。洞中蝙蝠大如乌鸦，很多都是倒挂在洞顶上。《玄中记》说：蝙蝠百岁倒挂，能得到这样的蝙蝠服食，就可以成为仙人。洞口有泉水，冬温夏冷，水中有鱼，秋天入洞潜藏，春天出洞嬉游。人们到秋天时截断水口，捕到的鱼大的长四五尺，骨软肉鲜，滋味与别的鱼不同。丹水又流经洞下，积水成为深潭。潭中有神龙，每逢天旱，村人就用芮草投入深潭上游，鱼多被毒死，龙怒，当即下起大雨。丹水又往东北流，两岸岩石上有很多老虎的脚迹，有的深，有的浅，但都是天然形成，不是人工斧凿出来的。丹水又往北注入夷水，水色清澈，和大溪相同。

夷水又东北迳夷道县而东注。

【译文】

夷水又往东北流经夷道县北边，然后向东流去。

东入于江。

夷水又迳宜都北[①]，东入大江，有泾、渭之比[②]，亦谓之佷山北溪。水所经皆石山，略无土岸。其水虚映[③]，俯视游鱼，如乘空也。浅处多五色石，冬夏激素飞清[④]，傍多茂木空岫^⑤，静夜听之，恒有清响。百鸟翔禽，哀鸣相和，巡颓浪者^⑥，不觉疲而忘归矣。

【注释】

①宜都：即宜都郡。东汉建安十四年（209）刘备改临江郡置，属荆州。治所在夷陵县（今湖北宜昌东南长江北岸）。南朝宋移治夷道县（今湖北宜都）。

②泾、渭之比：如同泾水、渭水一样一清一浊。泾，渭河支流。因泾水清、渭水浊，故有"泾渭分明"之说。

③虚映：清澈透明，好像无物。

④激素飞清：激荡起洁白的浪花，急速奔流。素，白色的浪花。清，清澈的水流。

⑤空岫（xiù）：空旷的山谷。岫，峰峦。

⑥巡：沿着，顺着。颓浪：奔流而下的波浪。

【译文】

夷水往东注入江水。

夷水又流经宜都北边，往东注入大江，两水一清一浊，就像泾水和渭水一样。夷水也叫佷山北溪。水流所经都是石山，基本上没有土岸。溪水澄清，仿佛虚空无物，俯视游鱼，就像在空中浮动似的。浅处多五色石子，不论冬夏，清流奔泻，飞溅起白雪似的浪花；溪旁是茂密的林木，空寂的山谷，静夜谛听，常常传来清脆的响声。各种鸟类哀鸣相和，人们逐浪畅游，不但不感到疲倦，而且还乐而忘归了。

油水

油水出武陵孱陵县西界^①，

县有白石山，油水所出，东迳其县西，与洈水合。水出高城县洈山^②，东迳其县下，东至孱陵县，入油水也。

【注释】

①油水：一作繇水。古油水即今湖北松滋南之㴲（wéi）水，下游流至今公安西北注入长江。孱陵县：战国秦置，属南郡。治所在今湖北公安西。西汉属武陵郡。

②高城县：即高成县。在今湖北松滋南。㴲山：一名起龙山。在今湖北松滋西南。

【译文】

油水

油水发源于武陵郡孱陵县西部边界，

县里有白石山，油水就发源于那里，往东流经孱陵县西边，与㴲水相汇合。㴲水发源于高城县的㴲山，往东流经该县城之下，东流到孱陵县注入油水。

东过其县北，

县治故城，王莽更名孱陆也。刘备孙夫人，权妹也①，又更修之。其城背油向泽②。

【注释】

①权：即孙权，字仲谋。吴郡富春（今浙江富阳）人。孙坚次子。继其兄孙策据有江东六郡。建安十三年（208），和刘备联军大败曹操于赤壁。黄龙元年（229）称帝，建国号吴。不久迁都建业（今江苏南京）。

②油：即油水。

【译文】

油水往东流过县北，

县治故城，王莽时改名为孱陆。刘备的孙夫人是孙权的妹妹，又改筑此城。城背油水，面向沼泽。

又东北入于江。

油水自孱陵县之东北,迳公安县西①,又北流注于大江。

【注释】

①公安县:三国蜀汉置,属南郡。治所在油口(今湖北公安)。

【译文】

油水又往东北注入江水。

油水从孱陵县的东北边,流过公安县西边,又北流注入大江。

澧水

澧水出武陵充县西历山①,东过其县南,

澧水自县东迳临澧、零阳二县故界②。水之南岸,白石双立,厥状类人,高各三十丈,周四十丈。古老传言,昔充县尉与零阳尉共论封境③,因相伤害,化而为石,东标零阳,西揭充县。充县废省,临澧即其地,县,即充县之故治,临侧澧水,故为县名,晋太康四年置。

【注释】

①澧(lǐ)水:在今湖南西北部。源出桑植北,东流经慈利、澧县等地,在澧县新洲入洞庭湖。充县:西汉置,属武陵郡。治所即今湖南桑植。历山:在今湖南桑植西北。

②临澧:即临澧县。西晋太康四年(283)改充县置,属天门郡。治所即今湖南桑植。零阳:即零阳县。战国秦置,属黔中郡。治所在今湖南慈利东白公城。西汉属武陵郡。

③尉:指县尉。主管一县治安。

【译文】

澧水

澧水发源于武陵郡充县西边的历山,往东流过县南,

　　澧水从充县往东流,经过临澧、零阳二县旧界。南岸有两块白石,成双并立,形状像人,高度都有三十丈,周围四十丈。据老人相传,从前充县县尉和零阳县尉互争疆界,因为互相伤害,就化成了岩石。东面标明是零阳,西面就是充县。充县撤废后,那地方就是现在的临澧,县城就是充县原来的治所。城濒澧水,所以名为临澧,设置于晋太康四年。

　　澧水又东,茹水注之①。水出龙茹山,水色清澈,漏石分沙。庄辛说楚襄王②,所谓饮茹溪之流者也③。茹水东注澧水。

【注释】

　　①茹水:在今湖南慈利西南。

　　②庄辛:战国时楚大夫。事楚襄王。说:劝说。楚襄王:芈姓,熊氏,
　　　名横。战国时期楚国国君,楚怀王之子。

　　③饮茹溪之流:语见《战国策·楚策四》:"夫黄鹄其小者也,蔡灵侯
　　　之事因是以。南游乎高陂,北陵乎巫山,饮茹溪之流,食湘波之鱼,
　　　左抱幼妾,右拥嬖女,与之驰骋乎高蔡之中,而不以国家为事。"

【译文】

　　澧水又往东流,有茹水注入。茹水发源于龙茹山,水色澄清,底下的沙石都看得清清楚楚。庄辛游说楚襄王,有饮茹溪清流的话,即指此溪。茹水东流注入澧水。

又东过零阳县之北①,

　　澧水东与温泉水会。水发北山石穴中,长三十丈,冬夏沸涌,常若汤焉②。温水南流,注于澧水。

【注释】

①零阳县:战国秦置,属黔中郡。治所在今湖南慈利东白公城。在
　零水之北,故名。西汉属武陵郡。

②汤:热水。

【译文】

澧水又往东流过零阳县北边,

澧水东流与温泉水汇合。温泉水发源于北山岩洞中,长三十丈,冬
夏都在沸腾,常常像汤一样热。温水南流,注入澧水。

澧水又东合零溪水①。源南出零阳之山,历溪北注澧水。

【注释】

①零溪水:即今湖南慈利南零溪河。

【译文】

澧水又往东流,与零溪水汇合。零溪水发源于南方的零阳之山,经
此溪北流注入澧水。

澧水又东,九渡水注之①。水南出九渡山②,山下有溪,
又以九渡为名。山兽咸饮此水,而迳越他津,皆不饮之。九
渡水北迳仙人楼下,傍有石,形极方峭③,世名之为仙楼。水
自下历溪,曲折逶迤倾注。行者间关④,每所褰溯⑤,山水之
号,盖亦因事生焉。九渡水又北流注于澧水。

【注释】

①九渡水:在今湖南慈利西南。

②九渡山:当在今湖南慈利一带。

③方峭：棱角分明貌。

④间关：犹言辗转。

⑤褰（qiān）：撩起衣服。溯：逆水而上。

【译文】

澧水又往东流，有九渡水注入。九渡水发源于南方的九渡山，山下有溪，也以九渡为名。山兽都饮这里的水，走到别的溪边，都不饮水。九渡水往北流经仙人楼下，旁边有岩石，极为方正的柱形而挺拔，人们取名为仙楼。水从岩下溪中弯弯曲曲地流淌着。行人辗转前行，往往要提起衣襟溯流涉水，九渡水一名，大概就是因为此种情况而产生的。九渡水又北流注入澧水。

澧水又东，娄水入焉①。水源出巴东界②，东迳天门郡娄中县北③，又东迳零阳县，注于澧水。

【注释】

①娄水：即今湖南慈利西北溇水。

②巴东：即巴东郡。东汉建安六年（201）改固陵郡置，属益州。治所在鱼復县（三国蜀汉改为永安，西晋复为鱼復，在今重庆奉节东白帝城）。三国蜀汉章武元年（221）复为巴东郡。

③天门郡：三国吴永安六年（263）置，属荆州。治所在娄中县（今湖南慈利西三官寺乡）。娄中县：亦作溇中县。三国吴分充、零阳二县置，为天门郡治。治所在今湖南慈利西三官寺土家族乡。西晋属天门郡。

【译文】

澧水又往东流，有娄水注入。娄水发源于巴东边界，往东流经天门郡娄中县北边，又往东流经零阳县，注入澧水。

澧水又东迳零阳县南,县即零溪以著称矣。

【译文】

澧水又往东流经零阳县南边,该县就是因零溪而得名的。

澧水又迳溇阳县①,右会溇水②。水出建平郡③,东迳溇阳县南,晋太康中置。溇水又左合黄水④。黄水出零阳县西,北连巫山,溪出雄黄,颇有神异。采常以冬月,祭祀凿石,深数丈,方得佳黄,故溪水取名焉。黄水北流注于溇水,溇水又东注澧水,谓之溇口。

【注释】

①溇(zhá)阳县:西晋置,后省。治所在今湖南石门县西北。

②溇水:俗名铁水河。在今湖南石门县西北。为九澧之一。源出石门县西北龙门洞,东南流合诸水,至县西注于澧水。

③建平郡:三国吴永安三年(260)置,属荆州。治所在信陵县(今湖北秭归)。魏灭蜀后,置建平郡都尉于巫县(今重庆巫山县)。

④黄水:一名黄石溪。在今湖南石门县西。为九澧之一。

【译文】

澧水又流经溇阳县,在右边汇合了溇水。溇水发源于建平郡,往东流经溇阳县南边,该县是晋太康年间所置。溇水又在左边汇合了黄水。黄水发源于零阳县西边,北与巫山相连,溪边出产雄黄,颇多神灵怪异之事。采雄黄常在冬季,祭祀后凿开岩石,深达数丈,才能得到优质的雄黄,所以溪水取名黄水。黄水北流注入溇水,溇水又东流注入澧水,汇流处叫溇口。

澧水又东迳澧阳县南①。南临澧水,晋太康四年立,天门郡治也。吴永安六年②,武陵郡嵩梁山③,高峰孤竦,素壁千寻④,望之岧亭⑤,有似香炉。其山洞开,玄朗如门⑥,高三百丈,广二百丈,门角上各生一竹,倒垂下拂,谓之天帚。孙休以为嘉祥⑦,分武陵置天门郡。

【注释】

①澧阳县:西晋太康四年(283)置,属天门郡。治所即今湖南石门县。

②永安六年:263年。永安,三国吴景帝孙休的年号(258—264)。

③嵩梁山:即石门山。在今湖南张家界南三十里。

④素壁:光秃秃的崖壁。

⑤岧(tiáo)亭:高峻貌。

⑥玄朗:大而开阔。玄,大。朗,开阔,阔大。

⑦孙休:字子烈。吴郡富春(今浙江富阳)人。孙权之子。初封琅邪王。孙亮被废,权臣孙綝立他为皇帝,改元永安。嘉祥:犹祥瑞。

【译文】

澧水又往东流经澧阳县南边。县城南濒澧水,是晋太康四年所立,是天门郡的治所。武陵郡嵩梁山孤峰屹立,削壁千仞,远望高高有如香炉。那座山中间大开,大而开阔有如门户,高三百丈,阔二百丈,门角上各长着一竿翠竹,倒垂拂动,称为天帚。吴永安六年,孙休以为祥瑞,就划出武陵地另设天门郡。

澧水又东历层步山①,高秀特出。山下有峭涧,泉流所发,南流注于澧水。

【注释】

①层步山:在今湖南石门县东北三里。

【译文】

澧水又往东流经层步山，山峰高峻耸立。山下有陡涧，山泉发源于这里，南流注入澧水。

又东过作唐县北①，

作唐县，后汉分屚陵县置。澧水入县，左合涔水②。水出西北天门郡界，南流迳涔坪屯③，屯竭涔水④，溉田数千顷。又东南流，注于澧水。

【注释】

①作唐县：东汉析屚陵县置，属武陵郡。治所在今湖南安乡北。

②涔水：在今湖南澧县北。为九澧之一。

③涔坪屯：《水经注疏》熊会贞按："当在今澧州（今湖南澧县）东北，疑即今之涔泽铺。"

④竭（è）：筑堨截水。

【译文】

澧水又往东流过作唐县北边，

作唐县是后汉时从屚陵县分出来设置的。澧水流入作唐县，在左边汇合了涔水。涔水发源于西北天门郡边界，往南流经涔坪屯，人们筑堰拦截涔水，灌溉田亩数千顷。又往东南流，注入澧水。

澧水又东，澹水出焉①。

【注释】

①澹水：在今湖南安乡东。九澧之一。今名后河。

【译文】

澧水又往东流，澹水由此分流出。

澧水又南迳故郡城东①，东转迳作唐县南。

【注释】

①故郡城：《水经注疏》杨守敬按："《宋志》《齐志》并称南义阳郡。《隋志》安乡旧置义阳郡，谓此郡也。其地在今安乡县（今湖南安乡）西南，澧水正迳其东，则故郡上当有义阳二字。"译文从之。

【译文】

澧水又往南流经义阳旧郡城东边，向东转弯流经作唐县南边。

澧水又东迳南安县南①。晋太康元年，分屏陵立。澹水注之。水上承澧水于作唐县，东迳其县北，又东注于澧，谓之澹口。王仲宣《赠士孙文始诗》曰②：悠悠澹澧者也。

【注释】

①南安县：一作安南县。西晋太康元年（280）置，属南平郡。治所在今湖南华容东赵家湖侧。

②王仲宣：即王粲，字仲宣。初依刘表，不被重用。后归曹操，辟为丞相掾，赐爵关内侯。魏国建，拜侍中。博闻多识，问无不对。好文学，为建安七子之一。

【译文】

澧水又往东流经南安县南边。南安县是晋太康元年，从屏陵分出设置的。澹水在此注入澧水。澹水上游在作唐县承接澧水，往东流经作唐县北边，又往东注入澧水，汇流处叫澹口。王仲宣《赠士孙文始诗》说的悠悠澹澧，就指的是这条水。

澧水又东与赤沙湖水会①。湖水北通江而南注澧，谓之沙口。

【注释】

①赤沙湖:在今湖南洞庭湖西。亦谓之赤亭湖。

【译文】

澧水又往东流,与赤沙湖水汇合。湖水北与江通,南流注入澧水,汇流处叫沙口。

澧水又东南注于沅水①,曰澧口。盖其枝渎耳。《离骚》曰②:沅有芷兮澧有兰③。

【注释】

①沅水:即今湖南西北境沅江。

②《离骚》:屈原的代表作。集中表现了诗人忧国忧民、不肯与世沉浮的高尚精神,以及自己的政治理想不能实现的苦闷。离,后多作"罹"。遭受。骚,忧愁。

③沅有芷兮澧有兰:语见《九歌·湘夫人》。王逸注:"言沅水之中有盛茂之芷,澧水之内有芬芳之兰,异于众草。以兴湘夫人美好,亦异于众人。"芷,白芷。伞形科。多年生草本。开白花,根粗大,有香气,可入药。兰,兰花。

【译文】

澧水又往东南注入沅水,汇流处叫澧口。这条水其实是澧水的一条支流。《九歌·湘夫人》说:沅水有白芷,澧水有兰花。

又东至长沙下隽县西北①,东入于江。

澧水流注于洞庭湖,俗谓之曰澧江口也。

【注释】

①长沙:即长沙郡。战国秦置。治所在临湘县(今湖南长沙)。西汉

高祖五年（前202）改为长沙国。东汉复为郡。下隽县：西汉置，
属长沙国。治所在今湖北通城西北。因隽水得名。东汉属长沙郡。

【译文】

澧水又往东流到长沙郡下隽县西北，往东注入江水。

澧水流注入洞庭湖，入口俗称澧江口。

沅水

沅水出牂柯且兰县^①，为旁沟水；又东至镡成县^②，为沅水，东过无阳县^③，

无水出故且兰^④，南流至无阳故县。县对无水，因以氏县。无水又东南入沅，谓之无口。

【注释】

①且（jū）兰县：西晋改故且兰县置，属牂柯郡。治所在今贵州黄平西南。

②镡（xín）成县：西汉置，属武陵郡。治所在今湖南靖州苗族侗族自治县南。

③无阳县：西汉置，属武陵郡。治所在今湖南芷江侗族自治县东南。

④无水：《水经注疏》杨守敬按："此据《汉志》。今曰镇阳江，亦曰洪江，出黄平州（今贵州黄平西北旧州镇）南金凤山。"

【译文】

沅水

沅水发源于牂柯郡且兰县，称为旁沟水；又往东流到镡成县，称为沅水，往东流过无阳县，

无水发源于旧时的且兰，往南流到无阳旧县城。县城面对无水，因此以水为县名。无水又往东南流，注入沅水，汇流处叫无口。

　　沅水东迳无阳县,南临运水①。水源出东南岸许山②,西北迳其县南流,注于熊溪③。熊溪南带移山④,山本在水北,夕中风雨,旦而山移水南,故山以移为名,盖亦苍梧郁州、东武怪山之类也⑤。熊溪下注沅水。

【注释】

①运水:当在今湖南绥宁一带。

②许山:当在今湖南绥宁一带。

③熊溪:《水经注疏》杨守敬按:"熊溪即今绥宁县(今湖南绥宁西南)之竹舟江。"

④带:缠绕,环绕。移山:《水经注疏》熊会贞按:"移山当在今绥宁县西北,黔阳县(今湖南洪江黔城镇)东南。"

⑤郁州:《水经注疏》:"赵(一清)云:按《寰宇记》东海县下引《水经注》曰,朐县东北海中有大州,谓之郁州。有道者学徒十人,游于苍梧、郁州之上数百年,皆得至道。其山自苍梧徙至东海上,今犹有南方草木生焉。故崔琰《述初赋》曰,郁州者,故苍梧之山也。"东武:即东武县。西汉置,为琅琊郡治。治所在今山东诸城。怪山:据《神异志》载,自琅琊东武海中一夕飞来,居民怪之,故曰怪山。

【译文】

　　沅水往东流经无阳县,县城南临运水。运水源出东南岸的许山,往西北流经该县南边,注入熊溪。熊溪沿着南面的移山而流,移山原在北岸,夜间风雨大作,天明以后,山就移到水南了,因而名为移山,这也是苍梧郁州、东武怪山一类怪事。熊溪下注沅水。

　　沅水又东迳辰阳县①。县有龙溪水,南出于龙峤之山②,北流入于沅。

【注释】

①辰阳县：西汉置，属武陵郡。治所在今湖南辰溪县西十余里。西晋废。

②龙峤山：一作龙桥山。即今湖南洪江黔城镇东南八面山。

【译文】

沅水又往东流经辰阳县。该县有龙溪，发源于南面的龙峤之山，北流注入沅水。

沅水又东，滥水注之①。水南出扶阳之山②，北流会于沅。

【注释】

①滥水：《水经注疏》熊会贞按："今辰溪县（今湖南辰溪县）东南有一水，东北流入沅，当即此水也。"

②扶阳山：一名文竹山。在今湖南新宁东十五里。

【译文】

沅水又往东流，有滥水注入。滥水发源于南面的扶阳之山，北流汇合于沅水。

沅水又东与序溪合①。水出武陵郡义陵县郦梁山②，西北流迳义陵县，王莽之建平县也，治序溪。其城，刘备之秭归③，马良出五溪④，绥抚蛮夷⑤，良率诸蛮所筑也。所治序溪，最为沃壤，良田数百顷，特宜稻，修作无废⑥。又西北入于沅。

【注释】

①序溪：今湖南沅水支流溆水。

②义陵县：西汉置，为武陵郡治。治所在今湖南溆浦县南梁家坡。
　　东汉省入辰阳县。鄜（fū）梁山：即古佛山。在今湖南溆浦县西南。

③秭归：即秭归县。西汉置，属南郡。治所即今湖北秭归西北归州镇。
　　三国吴永安三年（260）属建平郡。

④马良：字季常。襄阳宜城（今湖北宜城）人。兄弟五人并有才名，
　　因良眉中有白毛，当地谚称："马氏五常，白眉最良。"刘备得荆州，
　　辟为从事。备称帝，拜侍中。五溪：古辰州境五条水的总名，具体
　　为雄溪、樠（mán）溪、无溪、酉溪、辰溪。

⑤绥抚：安定抚慰。

⑥修作：耕作。

【译文】

沅水又东流与序溪汇合。序溪发源于武陵郡义陵县的鄜梁山，往西
北流经义陵县——就是王莽时的建平县。治所在序溪。刘备向秭归挺进，
派马良取道五溪，安抚蛮夷，就率领蛮族诸部落筑了序溪的县城。所辖
序溪一带，土壤最肥沃，良田数百顷，特别适宜种稻，长期以来耕作不废。
序溪又往西北注入沅水。

沅水又东合淑水①。水导源淑溪，北流注沅。

【注释】

①淑水：《水经注疏》："赵（一清）云：序水，《方舆纪要》作淑水，《注》
　　又别名之曰柱溪，柱、序音同通用故耳。全、戴改二柱字作淑。守
　　敬按：《离骚·九章》入溆浦而儃佪兮。溆与序通。故《方舆纪要》
　　云，淑水，《汉志》作序水，与此柱水源流各别，渺不相涉。且郦氏
　　亦序、柱分叙，乃赵氏谓《注》别名序溪曰柱溪，并为柱、序音同通
　　用之说，是混两水为一水矣，不谓全、戴亦为所惑。今辰溪县东南
　　有松溪，东北流入沅江，盖即柱水也。"译文用柱水。

【译文】

沅水又往东流,汇合了柱水。柱水发源于淑溪,北流注入沅水。

沅水又东迳辰阳县南,东合辰水①。水出县三山谷②,东南流,独母水注之③。水源南出龙门山④,历独母溪,北入辰水。辰水又迳其县北,旧治在辰水之阳,故即名焉。《楚辞》所谓夕宿辰阳者也⑤。王莽更名会亭矣。辰水又右会沅水,名之为辰溪口。武陵有五溪,谓雄溪、横溪、无溪、酉溪⑥,辰溪其一焉。夹溪悉是蛮左所居⑦,故谓此蛮五溪蛮也。

【注释】

①辰水:亦名辰溪。又名锦江。在今湖南辰溪县西南。武陵五溪之一。

②水出县三山谷:《水经注疏》:"此辰阳即今辰溪县治,乃移置之县。《汉志》辰阳三山谷,辰水所出。会贞按:《元和志》,三山谷一名辰山,在麻阳县西南八百三十五里。《舆地纪胜》作三峿山,今谓之九龙山,在铜仁县西北,麻阳河源出此,曰顺溪,即辰水也。"三山谷,即今贵州印江土家族苗族自治县东南与江口县交界处之梵净山。

③独母水:《水经注疏》熊会贞按:"《九域志》龙门溪在镇江寨,盖独母水变名也。今龙门溪出麻阳县(今湖南麻阳苗族自治县)东六十里龙门山,北流入麻阳江。"

④龙门山:在今湖南麻阳苗族自治县南。

⑤夕宿辰阳者:语见屈原《九章·涉江》。

⑥雄溪:又作熊溪。东汉、六朝武陵郡境内五溪之一。即今湖南沅江上游支流渠河。横(mán)溪:亦名明溪。在今湖南永顺东南一百二十里。东南流至沅陵县入酉水。无溪:即前无水。酉溪:今酉水上游。源出今湖北宣恩东南,西南流经来凤东、湖南龙山

县西、四川酉阳土家族自治县东,折而东流,经湖南保靖,至沅陵
县南入沅江。

⑦蛮左:蛮夷。

【译文】

沅水又往东流经辰阳县南边,东流与辰水汇合。辰水发源于辰阳县
三山谷,往东南流,有独母水注入。独母水发源自南方的龙门山,流过独
母溪,北流注入辰水。辰水又流经县北,旧治所在辰水以北,因名辰阳。
就是《楚辞》所说的夕宿辰阳。王莽时改名为会亭。辰水又在右边汇合
于沅水,汇流处称为辰溪口。武陵有五溪,叫雄溪、横溪、无溪、酉溪,辰
溪是其中之一。溪水两岸,全是蛮族所居,所以称这一带的蛮人为五溪蛮。

　　水又迳沅陵县西①。有武溪②,源出武山③,与酉阳分山④。
水源石上有盘瓠迹犹存矣⑤。盘瓠者,高辛氏之畜狗也⑥,其
毛五色。高辛氏患犬戎之暴⑦,乃募天下有能得犬戎之将军
吴将军头者,妻以少女。下令之后,盘瓠遂衔吴将军之首于
阙下,帝大喜,未知所报。女闻之,以为信不可违⑧,请行⑨,
乃以配之。盘瓠负女入南山,上石室中。所处险绝,人迹不
至。帝悲思之,遣使不得进。经二年,生六男六女。盘瓠死,
因自相夫妻。织绩木皮⑩,染以草实⑪,好五色衣,裁制皆有
尾。其母白帝⑫,赐以名山。其后滋蔓,号曰蛮夷。今武陵
郡夷,即盘瓠之种落也。其狗皮毛,嫡孙世宝录之⑬。武水
南流注于沅。

【注释】

①沅陵县:汉高帝五年(前202)置,属武陵郡。治所在今湖南沅陵
　县南沅水南岸。东汉移治今沅陵县西南。

②武溪：一名武水。又名泸溪。沅江支流。在今湖南西部。源出花
　垣县境，东南流经吉首、泸溪县，在武溪镇入沅江。

③武山：即武陵山。在今湖南西部。

④酉阳：即酉阳县。战国秦置，属洞庭郡。治所在今湖南永顺东南
　王村镇。西汉属武陵郡。

⑤盘瓠：古代传说为帝高辛氏所畜犬。

⑥高辛氏：传说中的远古帝王。

⑦犬戎：古族名。暴：侵扰，抄掠。

⑧信不可违：信用不可违背。

⑨请行：请求出嫁。

⑩织绩：编织。

⑪草实：草的种子。

⑫白：禀告。

⑬宝录：当作传家宝珍藏。录，珍藏。

【译文】

　　沅水又流经沅陵县西边。有武溪，发源于武山，沅陵县与酉阳县以山分界。水源的岩石上，盘瓠的遗迹还在。盘瓠是高辛氏所养的狗，毛有五色。高辛氏因对犬戎的侵扰感到忧虑，就招募天下勇士，说是如有人能取得犬戎吴将军的头颅，就把小女儿嫁给他。下令之后，盘瓠把吴将军的头衔到宫阙之下，高辛氏大喜，却不知怎样酬谢它。女儿听到这件事，认为不可失信，请求让她去嫁给它，于是就成婚了。盘瓠把姑娘背到南山，登山进入石洞里面。那地方极险，人迹不到。高辛氏思女心悲，可是派遣使者也进不去。经过二年，生了六个儿子和六个女儿。盘瓠死后，儿女们自相结成夫妻。他们编织木皮，以野果染色，爱好五色衣服，剪裁制作都有尾巴。他们的母亲禀告高辛氏，请把名山赐给他们。以后逐渐繁衍，号称蛮夷。现在武陵郡的夷人，就是盘瓠的部族。他的狗皮毛，由嫡孙世代珍藏。武水往南流注入沅水。

沅水又东,施水注之①。水南出施山,溪源有阳欺崖②,崖色纯素,望同积雪。下有二石室,先有人居处其间,细泉轻流,望川竞注,故不可得以言也③。施水北流会于沅。

【注释】

①施水:一名施黔水。在今湖南沅陵县西南。

②阳欺崖:《水经注疏》熊会贞按:"《方舆纪要》,沅陵县西十里有白田头山,乱峰嵯峨。每雪霁后,山头积素,望若图画。未知即此崖否?"

③故不可得以言也:此句费解。

【译文】

沅水又往东流,有施水注入。施水发源于南方的施山,源头有阳欺崖,崖色纯白,望去如同积雪。下面有石洞两处,先前有人居住在里面,细泉轻轻地流淌着,竞向山溪奔流,故不可得以言也。施水北流汇合于沅水。

沅水又东迳沅陵县北。汉故顷侯吴阳之邑也①,王莽改曰沅陆。县北枕沅水。

【注释】

①吴阳:长沙文王吴芮之子。高后元年(前187)封为沅陵侯。

【译文】

沅水又往东流经沅陵县北边。这里原是汉朝时顷侯吴阳的食邑,王莽时改名为沅陆。县城北临沅水。

沅水又东迳县故治北。移县治,县之旧城置都尉府。因冈傍阿①,势尽川陆②,临沅对酉,二川之交会也。酉水导

源益州巴郡临江县③,故武陵之充县酉源山④,东南流迳无阳
故县南⑤,又东迳迁陵故县界⑥,与西乡溪合⑦。即延江之枝
津⑧,更始之下流⑨,谓之西乡溪口。酉水又东迳迁陵县故城
北,王莽更名曰迁陆也。酉水东迳酉阳故县南。县,故酉陵
也⑩。酉水又东迳沅陵县北,又东南迳潘承明垒西⑪。承明
讨五溪蛮,营军所筑也。其城跨山枕谷。酉水又南注沅水。
阚骃谓之受水⑫。其水所决入⑬,名曰酉口。

【注释】

①阿:山陵。

②势尽川陆:充分利用川流和陆地的形势。

③酉水:沅江支流。在今湖南西北部及与重庆、湖北交界处。源出
　　湖北宣恩境,西南流经重庆西南,折而东流,至湖南沅陵县入沅
　　江。临江县:西汉置,属巴郡。治所即今重庆忠县。

④充县:西汉置,属武陵郡。治所即今湖南桑植。西晋太康四年
　　(283)改为临澧县。

⑤无阳故县:《水经注疏》:"朱(谋㙔)流下脱二字,《笺》曰阳上缺
　　无字,并引《汉志》武陵郡无阳县为证。全(祖望)、赵(一清)、戴
　　(震)增迳无二字。守敬按:增迳字是也,增无字则非。无阳故县
　　为无水所迳,见上文,其地去此甚远,且中隔辰、武二水。惟晋、齐
　　等《志》,武陵郡之黚阳县,在今龙山县境。《延江水注》,酉水北岸
　　有黚阳县,则酉水正迳县南,此为黚阳之脱误无疑。"译文从之。

⑥迁陵县:战国秦置,属黔中郡。治所在今湖南保靖东北乳香岩。
　　西汉属武陵郡。南朝齐改名零陵县,迁治今保靖。

⑦与西乡溪合:《水经注疏》熊会贞按:"酉水与延江水不通流,自延
　　江水《经》误谓延江水注更始水,下入酉水,而郦氏沿其误,此又

承彼篇之误。”

⑧延江：即今四川、贵州两省境之乌江。

⑨更始：即更始水。即今四川、贵州两省境之乌江。

⑩酉陵：具体不详。

⑪潘承明垒：《水经注疏》熊会贞按："在今沅陵县（今湖南沅陵县南沅水南岸）西北。"潘承明，即潘濬，字承明。刘备领荆州，以濬为治中从事，备入蜀，典留州事。孙权杀关羽，并荆土，濬归孙权。五溪蛮夷叛乱盘结，权假濬节，督诸军讨之。斩获万数。自是群蛮衰弱，一方宁静。

⑫阚骃（kàn yīn）：字玄阴。敦煌（今甘肃敦煌）人。撰有《十三州志》。

⑬决入：汇入。

【译文】

沅水又往东流经旧县城北边。后来县治迁移，而在旧县城设置都尉府。都尉府傍冈倚山，一边是沅水，一边是酉水，位于两水汇流处，充分利用了川流和陆地的形势。酉水发源于益州巴郡的临江县，就是旧时武陵郡充县的酉源山，往东南流经旧黔阳县南边，又往东流经旧迁陵县边界，与西乡溪汇合，汇流处称为西乡溪口。西乡溪是延江的一条支流，也是更始水的下游。酉水又往东流经迁陵县旧城北边，王莽时改名为迁陆。酉水往东流经酉阳县旧城南边，这就是旧时的酉陵。酉水又往东流经沅陵县北边，又往东流经潘承明垒西边。此垒是潘承明征讨五溪蛮时为驻军所筑，其城跨山枕谷。酉水又往南注入沅水。阚骃称为受水。入沅处叫酉口。

沅水又迳窦应明城侧①，应明以元嘉初伐蛮所筑也②。

【注释】

①窦应明城：《水经注疏》熊会贞按："其城疑即沅陵县治。"窦应明，

南朝宋刘裕时人。毛德祖之麾将。官讨虏将军、弘农太守。

②元嘉：南朝宋文帝刘义隆的年号（424—453）。

【译文】

沅水又流经窦应明城侧，此城是元嘉初年窦应明讨伐蛮人时所筑。

沅水又东，溪水南出茗山①。山深回险，人兽阻绝。溪水北泻沅川。

【注释】

①茗山：在今湖南沅陵县东南。

【译文】

沅水又往东流，有溪水发源于南方的茗山。山深而险，人迹不至，连野兽都难以越过。溪水北流，泻入沅水。

沅水又东与诸鱼溪水合①。水北出诸鱼山，山与天门郡之澧阳县分岭。溪水南流会于沅。

【注释】

①诸鱼溪水：即今湖南沅陵县东北朱红溪。

【译文】

沅水又往东流，与诸鱼溪水汇合。诸鱼水发源于北方的诸鱼山。诸鱼山是沅陵县与天门郡澧阳县的分界。溪水南流，与沅水汇合。

沅水又东，夷水入焉。水南出夷山，北流注沅。夷山东接壶头山①，山高一百里，广圆三百里。山下水际，有新息侯马援征武溪蛮停军处。壶头径曲多险，其中纡折千滩②。援就壶头，希效早成，道遇瘴毒③，终没于此。忠公获谤，信可悲矣。刘澄之曰④：沅水自壶头枝分，跨三十三渡，迳交趾龙编县⑤，东北入于海。脉水寻梁⑥，乃非关究⑦，但古人许以传疑⑧，聊书所闻耳。

【注释】

①壶头山：在今湖南沅陵县东北，沅水南。

②纡折：迂回曲折。

③瘴毒：瘴气之毒。

④刘澄之：南朝宋武帝刘裕的族弟刘遵考之子。累官豫州刺史、都官尚书。著作有《永初山川古今记》二十卷。《太平御览》还引刘澄之《江州记》《扬州记》《豫章记》等。

⑤龙编县：西汉置，属交趾郡。治所在今越南北宁仙游东。

⑥脉：探寻，寻找。

⑦关究：关涉，相关。

⑧许：允许。传疑：把有疑虑的事情流传下去。

【译文】

沅水又往东流，有夷水注入。夷水发源于南方的夷山，北流注入沅水。夷山东与壶头山相接，山高一百里，方圆三百里。山下水边，有新息侯马援征伐武溪蛮时军队歇息的地方。壶头道路崎岖，险阻很多，其间溪流迂回曲折，有成千的险滩。马援去壶头，希望早日功成，不幸路上遭到瘴气之毒，终于死在这里。他对朝廷忠心耿耿，却受人毁谤，实在可悲得很。刘澄之说：沅水到壶头分出支流，跨水有三十三处渡口，流经交趾龙编县东北注入大海。细究水脉所经，却是牛头不对马嘴的；但古人容许存疑，所以姑且记下来罢了。

又东北过临沅县南①，

临沅县与沅南县分水②。沅南县西有夷望山③,孤竦中流,浮险四绝。昔有蛮民避寇居之,故谓之夷望也。南有夷望溪水④,南出重山,远注沅。

【注释】

①临沅县:战国楚置。后入秦,为黔中郡治。治所即今湖南常德。西汉属武陵郡。东汉为武陵郡治。

②沅南县:东汉建武二十六年(50)置,属武陵郡。治所在今湖南常德西南。延平元年(106)移治今湖南桃源县东。分水:以水为界。

③夷望山:在今湖南桃源县西南沅江中水心崖。

④夷望溪:沅江支流。在今湖南桃源县西南。俗讹为怡望溪、渔网溪。

【译文】

沅水又往东北流过临沅县南边,

临沅县与沅南县以沅水为分界。沅南县西边有夷望山,孤峰耸峙于江心,四面无依,如在险流中漂浮。从前有蛮民避乱于此山,所以称为夷望。南有夷望溪水,发源于南方重叠的山岭间,远流注入沅水。

沅水又东得关下山①。东带关溪②,泻注沅渎。

【注释】

①关下山:《水经注疏》杨守敬按:"今名脚底岩,在桃源县(今湖南桃源县)西。"

②关溪:《水经注疏》杨守敬按:"今桃源县西有仙人溪,在水心崖东,源出高桥村,南流入沅,即此溪也。"

【译文】

沅水又东流,到了关下山。关溪从山的东面流过,泻注于沅水。

　　沅水又东历临沅县西，为明月池、白璧湾①。湾状半月，清潭镜澈，上则风籁空传，下则泉响不断。行者莫不拥楫嬉游，徘回爱玩。

【注释】

①明月池：在今湖南桃源县东。白璧湾：在今湖南桃源县。

【译文】

　　沅水又往东流经临沅县西边，就到明月池、白璧湾。湾呈半月形，澄清的潭水明澈如镜，头上风声在空中回荡，脚下流泉淙淙不绝。经过这里的人无不来荡桨嬉游，留连忘返。

　　沅水又东历三石涧①，鼎足均跱②，秀若削成③。其侧茂竹便娟④，致可玩也。又东带绿萝山⑤，绿萝蒙幂⑥，颓岩临水，寔钓渚渔咏之胜地，其迭响若钟音⑦，信为神仙之所居。

【注释】

①三石涧：《水经注疏》熊会贞按："今有倒水岩在桃源县西南瓮子滩上。岩石参差，鼎立称尊，适可三足，中皆有洞隔之，其地饶竹。"

②跱(zhì)：站立，伫立。

③秀：高耸，高峻。

④便娟：修长而美好的样子。

⑤绿萝山：在今湖南桃源县南十五里。下有潭。

⑥蒙幂：茂密覆盖的样子。

⑦迭响：荡漾的回声。

【译文】

　　沅水又往东流经三石涧，涧中有三石鼎足耸立，距离匀称，仿佛是妙手斧削而成。旁边翠竹袅袅婷婷，风姿妙曼，可供玩赏。沅水又往东流，绕过绿萝山。绿油油的藤萝垂披,危耸的山岩凭依着水边,真是钓鱼吟咏的胜地;水击山岩,回音荡漾,有如钟声一般,真是神仙居住的地方了。

　　沅水又东迳平山西①。南临沅水,寒松上荫,清泉下注,栖托者不能自绝于其侧。

【注释】

①平山:即河洑山。在今湖南常德西三十里。

【译文】

　　沅水又往东流经平山西边。平山南临沅水,茂密的松树垂荫于岗峦之上,清泉流注于山崖之下,隐居的人一到这里,就再也不愿离开了。

　　沅水又东迳临沅县南。县南临沅水,因以为名。王莽更之曰监沅也。县南有晋征士汉寿人袭玄之墓①。铭,太元中车武子立②。县治武陵郡下,本楚之黔中郡矣③。秦昭襄王二十七年④,使司马错以陇、蜀军攻楚⑤,楚割汉北与秦⑥。至三十年⑦,秦又取楚巫、黔及江南地⑧,以为黔中郡。汉高祖二年⑨,割黔中故治为武陵郡,王莽更之曰建平也。南对沅南县,后汉建武中所置也。县在沅水之阴,因以沅南为名。县治故城,昔马援讨临乡所筑也⑩。

【注释】

①征士:有学行而不接受朝廷征聘的隐士。汉寿:即汉寿县。东汉阳嘉三年(134)改索县置,属武陵郡。治所在今湖南常德东北四十里崆巄城。袭玄之墓:在今湖南武陵县南。袭玄之,一作龚玄之。字道玄。武陵汉寿人。好学潜默,安于陋巷。

②太元：东晋孝武帝司马曜的年号（376—396）。车武子：即车胤，
　　字武子。恭勤不倦，博学多通。

③黔中郡：战国时楚置，后入秦。秦代治所在临沅县（今湖南常德）。
　　西汉改为武陵郡。

④秦昭襄王二十七年：前280年。秦昭襄王，名则，一名稷。秦武王
　　之异母弟，秦国国君。

⑤司马错：战国时秦国将领。曾将兵伐蜀，攻下后，任蜀郡郡守。陇、
　　蜀军：甘肃和四川等地的军队。

⑥汉北：地区名。指湖北汉水以北地区。

⑦三十年：指秦昭襄王三十年，前277年。

⑧巫：即巫郡。战国楚置。治所即今重庆巫山县。秦昭襄王三十年，
　　蜀郡守张若伐楚取巫郡，寻改为巫县。黔：此指战国楚置黔中郡。

⑨汉高祖二年：前205年。

⑩临乡：在今湖南常德西南七十里古城山上。即沅南故城。

【译文】

　　沅水继续往东流经临沅县城南边。县城南临沅水，因此得名。王莽
时把临沅改名为监沅。县南有袁玄之墓。袁玄之，晋时汉寿人，曾受朝
廷征聘而不赴。墓铭是太元年间车武子所立。县治在武陵郡下——武
陵郡本来是楚时的黔中郡。秦昭襄王二十七年，派司马错率陇、蜀军队
攻楚，楚把汉北割让给秦国。到三十年，秦又夺取楚巫、黔及江南等地，
设为黔中郡。汉高祖二年，把黔中原辖地划为武陵郡，王莽时改名为建
平。临沅县南对沅南县，置于后汉建武年间。该县位于沅水南岸，因此
名为沅南。县治旧城，是从前马援讨伐临乡时所筑。

　　沅水又东历小湾，谓之枉渚①。渚东里许，便得枉人山②。
山西带脩溪一百余里，茂竹便娟，披溪荫渚③，长川迳引④，
远注于沅。

【注释】

①枉渚:当在今湖南常德南。

②枉人山:即枉山。在今湖南常德东南十五里。

③披溪:覆盖溪流。荫渚:遮蔽枉渚。

④迳引:径直通流。

【译文】

　　沅水又往东流过一处小湾,称为枉渚。渚东一里左右,就是枉人山。枉人山西边傍着脩溪绵延一百余里,翠竹亭亭摇曳,沿溪披拂,荫蔽了水湾;长长的溪流从远处流来,注入沅水。

　　沅水又东入龙阳县①。有澹水出汉寿县西杨山②,南流东折,迳其县南。县治索城,即索县之故城也③。汉顺帝阳嘉中④,改从今名。阚骃以为兴水所出,东入沅。而是水又东历诸湖,方南注沅,亦曰渐水也。水所入之处,谓之鼎口⑤。

【注释】

①龙阳县:三国吴置,属武陵郡。治所即今湖南汉寿。

②澹水:在今湖南安乡东。九澧之一。今名后河。杨山:在今湖南常德北三十里。

③索县:战国秦置,属黔中郡。治所在今湖南常德东北六十里。西汉属武陵郡。东汉改为汉寿。

④汉顺帝:刘保。东汉安帝之子。阳嘉:汉顺帝刘保的年号(132—135)。

⑤鼎口:在今湖南汉寿东北一百二十里。

【译文】

　　沅水又往东流入龙阳县。有澹水发源于汉寿县西边的杨山,南流东转,流经县南。县治索城,就是索县的老城。汉顺帝阳嘉年间才改为今名。

阚骃以为兴水发源于那里,往东流注入沅水。而此水又往东流过诸湖,方才往南注入沅水,又名渐水。水流汇入处叫鼎口。

　　沅水又东历龙阳县之氾洲①。洲长二十里,吴丹杨太守李衡②,植柑于其上,临死敕其子曰③:吾州里有木奴千头④,不责衣食,岁绢千匹。太史公曰:江陵千树橘,可当封君⑤。此之谓矣。吴末,衡柑成,岁绢千匹。今洲上犹有陈根余栓⑥,盖其遗也。

【注释】

①氾(sì)洲:亦作汜洲、氾洲。又名橘洲。在今湖南汉寿西北。

②吴:三国吴。丹杨:即丹阳郡。西汉元狩二年(前121)改鄣郡置。治所在宛陵县(今安徽宣城)。三国吴移治建邺(今江苏南京)。李衡:本居襄阳(今湖北襄阳),东汉末入吴为武昌(今湖北鄂城)庶民。后为诸葛恪司马。入蜀说姜维伐魏。迁丹阳太守。时孙休在郡治,衡数以法绳之。及休立,自囚请罪,得释,加威远将军。衡密遣客于武陵种柑橘千株,临死谓儿云有千头木奴,可得衣食,后家道殷足。

③敕(chì):告诫,叮嘱。

④木奴:这里指柑橘树。

⑤可当封君:可比得上封为诸侯了。

⑥陈根:老树根。余栓:残剩的树木根株。

【译文】

　　沅水又往东流经龙阳县的氾洲。洲长二十里,吴丹杨太守李衡在洲上种植柑橘,临死时嘱咐他的儿子说:我在乡里有木奴一千个,不要你供给衣食,每年可为你赚得一千四绢。太史公说:江陵一千棵橘树,抵得上封侯。这话说得不错。吴国末年，李衡柑橘长成，每年收入可抵绢一千匹的价值。现在洲上还有树根和残存的树桩，就是当年留下的。

沅水又东迳龙阳县北，城侧沅水。

【译文】

沅水又往东流经龙阳县北边，县城就在沅水边上。

沅水又东合寿溪①，内通大溪口②。有木连理③，根各一岸而凌空交合。其上承诸湖，下注沅水。

【注释】

①寿溪：当在今湖南汉寿一带。

②大溪口：大溪水与寿溪相通之处。大溪水即资水。在今湖南中部。

③连理：不同根的草木枝干连生在一起，古人认为是吉祥的征兆。

【译文】

沅水又往东流，与寿溪汇合。寿溪与大溪相通。通合处有木连理，树根各在溪的一岸，枝桠则在水上凌空交合。寿溪上游承接诸湖，下注于沅水。

又东至长沙下隽县西①，北入于江。

沅水下注洞庭湖，方会于江。

【注释】

①长沙：即长沙郡。战国秦置。治所在临湘县（今湖南长沙）。西汉改为长沙国。东汉复为郡。下隽县：西汉置，属长沙国。治所在

今湖北通城西北。东汉属长沙郡。因隽水得名。

【译文】

沅水又往东流到长沙下隽县西北，注入江水。

沅水下流注入洞庭湖，方才与江水相汇合。

浪水

浪水出武陵镡成县北界沅水谷①，

《山海经》曰：祷过之山，浪水出焉，而南流注于海是也。

【注释】

①浪（yín）水：即今广西东北部柳江、洛清江。镡成县：西汉置，属武陵郡。治所在今湖南靖州苗族侗族自治县南。

【译文】

浪水

浪水发源于武陵郡镡成县北部边界的沅水谷，

《山海经》说：祷过之山，浪水就发源于那边，往南流，注入大海。

南至郁林潭中县①，与邻水合②，

水出无阳县③。县，故镡成也。晋义熙中④，改从今名。俗谓之移溪，溪水南历潭中，注于浪水。

【注释】

①郁林：即郁林郡。西汉元鼎六年（前111）置。治所在布山县（今广西桂平西南古城）。潭中县：西汉元鼎六年置，属郁林郡。治所在今广西柳州东南驾鹤山间。

②邻水：《水经注疏》杨守敬按：“今有黄源江，出永宁州（今广西永

福西北）北，亦近古镡成南境，疑即邻也。"

③无阳县：西汉置，属武陵郡。治所在今湖南芷江侗族自治县东南。

④义熙：东晋安帝司马德宗的年号（405—418）。

【译文】

浪水往南流，到了郁林郡潭中县，与邻水汇合，

邻水发源于无阳县。就是旧时的镡成县。晋义熙年间，改为今名。邻水俗称移溪，南经潭中，注入浪水。

又东至苍梧猛陵县①，为郁溪②；又东至高要县③，为大水。

郁水出郁林之阿林县④，东迳猛陵县。猛陵县在广信之西南⑤，王莽之猛陆也。浪水于县左合郁溪，乱流迳广信县。《地理志》，苍梧郡治，武帝元鼎六年开⑥。王莽之新广郡，县曰广信亭。王氏《交广春秋》曰⑦：元封五年⑧，交州自嬴陵县移治于此⑨。建安十六年⑩，吴遣临淮步骘为交州刺史⑪，将武吏四百人之交州，道路不通。苍梧太守长沙吴巨⑫，拥众五千，骘有疑于巨，先使谕巨⑬，巨迎之于零陵⑭，遂得进州。巨既纳骘而后有悔，骘以兵少，恐不存立。巨有都督区景⑮，勇略与巨同，士为用。骘恶之，阴使人请巨，巨往告景，勿诣骘。骘请不已，景又往，乃于厅事前中庭俱斩⑯，以首徇众⑰，即此也。

【注释】

①苍梧：即苍梧郡。西汉元鼎六年（前111）置。治所在广信县（今广西梧州）。猛陵县：西汉置，属苍梧郡。治所在今广西苍梧西北

人和镇孟陵。

②郁溪：即郁水。汉、魏、南北朝时期之郁水，指今广西之右江、郁江、浔江及广东之西江。

③高要县：西汉置，属苍梧郡。治所即今广东肇庆。

④阿林县：西汉置，属郁林郡。治所在今广西桂平东南油麻镇。

⑤广信：即广信县。西汉置，为苍梧郡治。治所即今广西梧州。

⑥元鼎六年：前111年。元鼎，西汉武帝刘彻的年号（前116—前111）。

⑦王氏《交广春秋》：《水经注疏》杨守敬按："此书《隋志》不著录，盖已佚。"

⑧元封五年：前106年。元封，西汉武帝刘彻的年号（前110—前105）。

⑨交州自赢陵县移治于此：《水经注疏》杨守敬按："《续汉志·注》引《交广春秋》同。《宋志》，汉武帝元鼎六年开百越，交趾刺史治龙编。献帝建安八年，改曰交州，治苍梧广信县。《元和志》，汉本定为交趾刺史，不称州，以别于十二州。建安八年张津为刺史，士燮为太守，共表请立为州，自此始称交州焉。元封时当称交趾，王氏称交州，乃就后世之名言之。至《宋志》谓初治龙编，及建安改为州时，始治广信。而《交广春秋》云，元封时，自赢陵移治广信，则传闻之异也。郦氏以为据，盖以其说较古耳。"赢陵县，亦作赢娄县。西汉元鼎六年（前111）置，为交趾郡治。治所在今越南河内西北。

⑩建安十六年：211年。建安，东汉献帝刘协的年号（196—220）。

⑪临淮：即临淮郡。西汉置。治所在徐县（今江苏泗洪南大徐台子）。步骘（zhì）：字子山。临淮淮阴（今江苏淮安淮阴区）人。孙权为讨虏将军，召骘为主记，除海盐长。建安末为鄱阳太守、交州刺史。后代陆逊为丞相。

⑫吴巨：东汉末刘表部将。

⑬使：派遣使者。谕：晓谕，使明白。

⑭零陵：古地名。在今湖南宁远东南。

⑮区景：吴巨部将。

⑯厅事：官署视事问案的厅堂。

⑰徇众：即示众，给大家看。

【译文】

泿水又往东流到苍梧郡猛陵县，称为郁溪；又往东到高要县，称为大水。

郁水发源于郁林的阿林县，往东流经猛陵县。猛陵县在广信西南，就是王莽时的猛陆。泿水在猛陵县左边与郁溪汇合，乱流经过广信县。据《地理志》，广信县即苍梧郡的治所，武帝元鼎六年所开。王莽时叫新广郡，广信县则称为广信亭。王氏《交广春秋》说：元封五年，交州把州治从嬴陵县迁移到这里。建安十六年，吴派遣临淮步骘去当交州刺史，他率领武官四百人到交州，可是道路不通。苍梧太守吴巨，长沙人，拥有一支五千人的部队，步骘疑忌吴巨，先派人去通知吴巨，吴巨在零陵迎接步骘，于是才得以进州。吴巨接纳了步骘后，又有点后悔，步骘因为兵少，只怕自己不能立足。吴巨有个叫区景的都督，也和吴巨一样勇武而富有谋略，士人都能为他效劳。步骘嫉忌他，暗里差人去邀请吴巨，吴巨去警告区景，叫他不要去见步骘。但步骘三番五次地邀请他，区景也去了。于是在大堂前的中庭里都被杀头示众，事情就发生在这里。

郁水又迳高要县。《晋书地理志》曰[①]：县东去郡五百里，刺史夏避毒，徙县水居也。县有鹄奔亭[②]，广信苏施妻始珠，鬼讼于交州刺史何敞处[③]，事与鬶亭女鬼同[④]。王氏《交广春秋》曰：步骘杀吴巨、区景，使严舟船，合兵二万，下取南海。苍梧人衡毅、钱博，宿巨部伍[⑤]，兴军逆骘于苍梧高要峡口，两军相逢于是，遂交战，毅与众投水死者千有余人。

【注释】

①《晋书地理志》：杨守敬认为，此书或即《晋书地道记》。

②鹄奔亭：在今广东高要南。

③广信苏施妻始珠，鬼讼于交州刺史何敞：事见干宝《搜神记·鹄奔亭》："汉九江何敞为交州刺史，行部到苍梧高要县，暮宿鹄奔亭。夜犹未半，有一女子从楼下出，呼曰'明使君，妾冤人也！'须臾，至敞所卧床下跪曰：'妾本居广信县，脩里人。早失父母，又无兄弟，嫁与同县施氏，薄命先死。有杂缯百十匹，及婢致富一人。妾孤穷羸弱，不能自振，欲之傍县卖缯。从同县男子王伯赁牛车一乘，直钱万二千，载缯，妾乘车，致富执辔，乃以前年四月十日到此亭外。时日暮，行人断绝，不敢复进，因即留止。致富时暴得腹痛。妾之亭长舍乞浆取火，而亭长龚寿操刀持戟，来至车傍，问妾曰："夫人何从来？车上何载？丈夫何在？何故独行？"妾应曰："何劳问之？"寿因持妾臂曰："少年爱有色，冀可乐也。"妾惧怖不应，寿即持刀刺胁下，一创立死。又刺致富，亦死。寿掘楼下合埋，妾在下，婢在上。取财物而去。杀牛烧车，车釭及牛骨贮在亭东空井中。妾既冤死，痛感皇天，无所告诉，故来自归于明使君。'敞曰：'今欲发之，汝何以为验？'女子曰：'妾上下着白衣、青丝履，皆未朽也。妾姓苏，名娥，字始珠。愿访乡里，以散骨归死夫。'掘之，果然。敞乃驰还，会吏捕捉，拷问，具服。问广信县，与娥语合。寿父母兄弟，悉捕系狱。敞表：'寿常律杀人，不至于族。然寿为恶，隐密经年，王法所不得治。令鬼神自诉者，千载无一。请皆斩之，以明鬼神，以助阴诛。'上报听之。初掘时，有双鹄奔其亭，故曰'鹄奔亭'"

④藂（tái）亭女鬼：《水经注·渭水》："王少林之为郿县也，路逐此亭。亭长曰：'亭凶杀人。'少林曰：'仁胜凶邪，何鬼敢忤？'遂宿。夜中闻女子称冤之声。少林曰：'可前来理。'女子曰：'无衣不敢进。'少林投衣与之。女子前诉曰：'妾夫为涪令，之官，过宿此亭，

为亭长所杀。'少林曰:'当为理寝冤,勿复害良善也。'因解衣于地,忽然不见。明告亭长,遂服其事,亭遂清安。"藜亭,即邰亭。在今陕西武功西。

⑤部伍:伍长,军队的基层长官。这里指老部下。

【译文】

郁水又流经高要县。《晋书地理志》说:县城在郡城以东五百里,夏天刺史避毒,就迁到县城居住在水边。县里有鹄奔亭,广信县苏施的妻子始珠,冤魂向交州刺史何敞告状,事迹与藜亭女鬼相同。王氏《交广春秋》说:步骘杀吴巨、区景,命令严格管束船只,结集了两万兵力,去进攻南海。苍梧人衡毅、钱博,都是吴巨的旧部属,他们起兵在苍梧高要峡口迎击步骘,两军在这里相遇交战,衡毅与兵士一千余人投水而死。

又东至南海番禺县西①,分为二:其一南入于海;郁水分浪南注。

【注释】

①南海:即南海郡。秦始皇三十三年(前214)置。治所在番禺县(今广东广州)。秦汉之际地入南越国,西汉元鼎六年(前111)灭南越国复置。番禺县:秦始皇三十三年统一南越后置,为南海郡治。

【译文】

浪水又往东流,到了南海郡番禺县西边,分为两条:一条往南流入大海;

郁水分流出浪水,往南流注。

其一又东过县东南,入于海。

浪水东别迳番禺,《山海经》谓之贲禺者也。交州治中合浦姚文式问云①:何以名为番禺? 答曰:南海郡昔治在今州城中,与番禺县连接。今入城东南偏有水坑陵②,城倚其上,闻此县人名之为番山③。县名番禺,傥谓番山之禺也④。《汉书》所谓浮牂柯⑤,下离津⑥,同会番禺。盖乘斯水而入越也。

【注释】

①治中:官名。治中从事(史)省称,汉朝为州之佐吏。合浦:即合浦郡。西汉元鼎六年(前111)置。治所在合浦县(今广西浦北县南泉水镇旧州村)。姚文式:东汉合浦人。好读书,遍览典籍。献帝建安中举茂才,为交州治中。建安十五年步骘为交州刺史,询尉陀旧治,无知者。文式为一一指点。因于番山之隅建城郭以治百粤。

②水坑陵:当在今广东广州一带。

③番山:在今广东广州东南隅。或曰即今越秀山。

④傥(tǎng):或许,或者。

⑤牂柯:指牂柯江。即今云南、贵州两省境内之北盘江及广西之红水河。或说即今都江。

⑥离津:亦作漓水。即今广西东部之桂江(漓江)。

【译文】

另一条又往东流过县东南,流入海。

浪水的东支流过番禺,就是《山海经》里所说的贲禺。交州治中合浦姚文式问道:为什么名叫番禺呢? 答道:南海郡从前的治所在现在的州城中,与番禺县治邻接。现在进城东南有水坑陵,城在陵上,听说县里人把山叫番山。县名番禺,也许就是番山之隅的意思。《汉书》所谓航行于牂柯,顺流直下离津,一同会合于番禺。这是沿此水入越的路线。

　　秦并天下,略定扬越①,置东南一尉②,西北一候③,开南海以谪徙民。至二世时④,南海尉任嚣⑤,召龙川令赵佗曰:闻陈胜作乱⑥,豪杰叛秦,吾欲起兵,阻绝新道,番禺负险,可以为国。会病绵笃⑦,无人与言,故召公来告以大谋。嚣卒,佗行南海尉事,则拒关门设守,以法诛秦所置吏,以其党为守,自立为王。高帝定天下⑧,使陆贾就立佗为南越王⑨,剖符通使⑩。至武帝元鼎五年,遣伏波将军路博德等攻南越,王五世九十二岁而亡。以其地为南海、苍梧、郁林、合浦、交趾、九真、日南也⑪。

【注释】

①略定:攻下平定。扬越:亦称扬粤。我国古族名。百越的一支。战国至魏晋时为对越人的泛称。其居地说法不一:一说因曾广泛散布于古扬州而得名,故亦以称其居地;一说居岭南;一说居江汉一带地区。西周末周夷王时,楚君熊渠曾兴兵伐庸、扬越,至于鄂,扬越之北疆汉水地区被兼并,后为楚所并,楚王熊渠封其子为越章王,其封国当即扬越之故地。

②东南一尉:《汉书》颜师古注:"孟康曰:会稽东部都尉也。"尉,即都尉。

③西北一候:《汉书》颜师古注:"孟康曰:敦煌玉门关候也。"候,边境守望、报警的官吏。

④二世:即秦朝第二代皇帝胡亥。秦始皇之子。继位后继续修建阿房宫等,不久爆发陈胜、吴广农民大起义。被赵高逼杀。

⑤任嚣:秦始皇时为南海尉。秦末乱时,嚣将死,召龙川令赵佗告以秦无道,州郡豪杰兴兵聚众,纷争天下,嘱佗行南海尉事。

⑥陈胜:即陈涉。秦末农民起义领袖。

⑦绵笃：谓病势垂危。

⑧高帝：西汉皇帝刘邦。

⑨陆贾：西汉初楚人。以客从刘邦定天下。有辩才。奉命使南越，说南越王赵佗称臣。归拜太中大夫。

⑩剖符：古代帝王分封诸侯、功臣时，以竹符为信证，一剖为二，君臣各执其一，后以之为分封、授官之称。通使：互通使者。

⑪日南：即日南郡。西汉元鼎六年（前111）置。治所在西卷县（今越南广治西北广治河与甘露河合流处）。

【译文】

秦统一天下，平定扬越，在东南设了一个都尉，在西北设了一个关候，开发南海，把罪人迁徙到那边去。到二世时，南海尉任嚣把龙川令赵佗叫来，对他说：听说陈胜作乱，豪杰都起来反秦了，我也想起兵，把新开的道路切断，番禺有险可恃，可以立国。我不幸病重，无人可以商量，所以请你来把这件大事告知你。任嚣死后，赵佗执掌南海尉的职权，就紧闭关口设防坚守，杀掉秦所设官吏，派亲信守关，自立为王。高帝平定天下，派遣陆贾去立赵佗为南越王，持有符信互通使节。到武帝元鼎五年，派遣伏波将军路博德去攻打南越，南越王传了五代，共九十二年亡国。于是就在那个地区设南海、苍梧、郁林、合浦、交趾、九真、日南郡。

建安中，吴遣步骘为交州。骘到南海，见土地形势，观尉佗旧治处，负山带海，博敞渺目①，高则桑土②，下则沃衍③，林麓鸟兽，于何不有。海怪鱼鳖，鼋鼍鲜鳄④，珍怪异物，千种万类，不可胜记。佗因冈作台，北面朝汉，圆基千步，直峭百丈，顶上三亩，复道回环⑤，逶迤曲折，朔望升拜⑥，名曰朝台⑦。前后刺史郡守，迁除新至，未尝不乘车升屦，于焉逍遥。骘登高远望，睹巨海之浩茫，观原薮之殷阜⑧，乃曰：斯诚海岛膏腴之地,宜为都邑。建安二十二年,迁州番禺,筑立城郭,绥和百越⑨,遂用宁集⑩。交州治中姚文式《问答》云:朝台在州城东北三十里。裴渊《广州记》曰⑪:城北有尉佗墓,墓后有大冈,谓之马鞍冈。秦时占气者言⑫:南方有天子气。始皇发民,凿破此冈,地中出血。今凿处犹存,以状取目⑬,故冈受厥称焉。王氏《交广春秋》曰:越王赵佗,生有奉制称藩之节⑭,死有秘奥神密之墓。佗之葬也,因山为坟,其垄茔可谓奢大⑮,葬积珍玩。吴时遣使发掘其墓,求索棺枢,凿山破石,费日损力,卒无所获。佗虽奢僭⑯,慎终其身⑰,乃令后人不知其处,有似松、乔迁景⑱,牧竖固无所残矣⑲。邓德明《南康记》曰⑳:昔有卢耽㉑,仕州为治中,少栖仙术㉒,善解云飞㉓。每夕辄凌虚归家,晓则还州。尝于元会至朝㉔,不及朝列,化为白鹄至阙前㉕,回翔欲下,威仪以石掷之㉖,得一只履。耽惊还就列,内外左右,莫不骇异。时步骘为广州,意甚恶之,便以状列闻㉗,遂至诛灭。《广州记》称吴平㉘,晋滕脩为刺史㉙,脩乡人语脩,虾须长一赤㉚。脩责以为虚。其人乃至东海,取虾须长四赤,速送示脩,脩始服谢㉛,厚为遣。

【注释】

①渺目:渺远无际。
②高则桑土:高处是种桑之地。
③下则沃衍:低处是肥沃土壤。
④鼋鼍(yuán tuó):大鳖和扬子鳄。鲜鳄:少见的鳄鱼。
⑤复道:亦称阁道。楼阁间架空的通道。

⑥朔:农历每月初一。望:农历每月十五。

⑦朝台:又称朝汉台。在今广东广州东北。

⑧原薮:平原泽薮。殷阜:富足。

⑨绥和:安和。百越:亦作百粤。我国古代南方越人的总称。分布
　在今浙、闽、粤、桂等地,因部落众多,故总称百越。亦指百越居住
　的地方。

⑩宁集:谓安居。

⑪裴渊《广州记》:具体不详。

⑫占气者:能够观云气风色以测吉凶之人。

⑬以状取目:凭借形状而取名。

⑭奉制:接受天子的命令。称藩:自称藩国。

⑮垄茔:坟垄墓茔。

⑯奢僭:谓奢侈逾礼,不合法度。

⑰慎终其身:谨慎地度过其一生。

⑱松、乔迁景:谓神仙幻化无踪。松,即赤松子。传说中远古时人。
　为神农时雨师。一说,尝为帝喾之师。后为道教所崇奉。乔,即
　王子乔。一作王乔。传为春秋周灵王太子,名晋。又称王子晋。
　以直谏被废。相传好吹笙作凤凰鸣。有浮丘生接晋至嵩高山。
　三十余年后,预言于七月七日见于缑氏山巅。至期,晋乘白鹤至
　山头,举手以谢时人,数日而去。景,同“影”。

⑲牧竖:牧奴,牧童。固:的确,确实。残:残破,残害。

⑳邓德明《南康记》:具体不详。

㉑卢耽:相传少习仙术善解云飞。

㉒栖:一作学。

㉓善解:通晓,擅长。云飞:象云一样在天空飘飞。

㉔元会:古代帝王在元旦日大会群臣,称正会,也称元会。

㉕白鹄(hú):白天鹅。阙:古代皇宫大门前两边供瞭望的楼。

㉖威仪：帝王或大臣的仪仗、扈从。

㉗以状列闻：把这件事条列成文字，以上奏朝廷。

㉘《广州记》：具体不详。

㉙滕脩：三国吴及晋初将领。

㉚一赤：即一尺。赤：通"尺"。

㉛服谢：信服致歉。

【译文】

　　建安年间，孙吴派遣步骘去当交州刺史。步骘到了南海，纵览那个地区的形势，观看尉佗时的治所。那地方依山带海，平旷开阔，一望无际；高处是桑园，下面是沃野；林莽山麓间，鸟兽应有尽有。还有海怪鱼鳖、鼋鼍、鳄鱼，珍宝异物，种类万千，不胜枚举。尉佗凭倚山冈修建高台，高台向北，朝着汉朝一方，圆形的台基方圆千步，台壁陡峭，高达百丈，顶上面积约三亩，在四周建了回旋曲折的复道，每逢初一、十五，就登台遥拜，名为朝台。前后各任刺史、郡守，新来上任时，无不乘车而来，登台畅游。步骘登高望远，看到大海一片茫茫，俯视原野湖泽，殷富丰盛，于是说道：这里真是海岛上的肥沃之地，适宜于建都。建安二十二年，把州城迁到番禺，修筑城郭，安抚百越，因而地方也平安无事。交州治中姚文式《问答》说：朝台在州城东北三十里。裴渊《广州记》说：城北有尉佗墓，墓后有大山冈，叫马鞍冈。秦时望气者说：南方有天子气。秦始皇调派民伕把山冈掘破，地里竟流出血来。现在掘过的地方还在，按形状取名，所以把山冈叫马鞍冈。王氏《交广春秋》说：越王赵佗生时克尽臣节，尊奉王命，自称藩属；死后坟墓修筑得十分严密，隐秘深藏，无人知晓。尉佗安葬时，以山为坟，墓地可说奢华宏大了，随葬了很多珍宝古玩。吴时派使者去发掘他的坟墓，寻觅他的棺柩，掘山劈石，耗费了大量时间和人力，结果却一无所获。尉佗虽然奢侈僭越，但能慎重行事得以善终，致使后人不知他所葬之处，这有点像赤松子、王子乔的迁化升仙而去一样，牧人竖子之流也不能破坏了。邓德明《南康记》说：从前有个卢耽，在州里任冶中，年少时学过仙术，善于腾云驾雾。每晚凌空腾飞回家，天明又回到州署。一次元旦朝会时，他上朝来不及就位，就化为白鹤来到宫门前。当他盘旋飞翔着想下来时，仪仗队用石头去打，结果掉下的是一只鞋子。卢耽受惊就位，在场的人没有不感到骇异的。当时步骘任广州刺史，心里十分憎恶他，就呈递了一份状纸揭发他，于是被杀。《广州记》说吴被平定后，晋滕脩当刺史，他的乡人告诉他说：有的虾须长达一尺。滕脩批评他瞎吹。于是那人去东海，带了长四尺的虾须，赶忙送给他看，滕脩这才相信了，向他道歉，并厚礼送他回去。

其一水南入者，郁川分派，迳四会入海也①。其一即川东别，迳番禺城下，《汉书》所谓浮牂柯，下离津，同会番禺。盖乘斯水而入于越也。

【注释】

①四会：即四会县。秦置，属桂林郡。治所即今广东四会。汉属南海郡。

【译文】

有一条南流的水，是郁水的分支，经四会入海。另一条就是郁水向东的支流，流经番禺城下，就是《汉书》所说的：航行于牂柯，顺流直下离津，一同会合于番禺。这是沿此水入越的路线。

浪水又东迳怀化县入于海①。水有鲭鱼②，裴渊《广州记》曰：鲭鱼长二丈，大数围，皮皆镞物③。生子，子小随母觅食，惊则还入母腹。《吴录·地理志》曰④：鲭鱼子，朝索食，暮入母腹。《南越志》曰⑤：暮从脐入，旦从口出，腹里两洞，肠贮水以养子，肠容二子，两则四焉。

【注释】

①怀化县：东晋置，属南海郡。治所在今广东广州东南。

②鲭（cuò）鱼：生活在今广州一带的鱼类。

③铝（lǚ）：磋磨骨角铜铁等的工具。

④《吴录》：书名。晋人张勃撰。记录三国孙吴史事。已佚。

⑤《南越志》：书名。南朝宋沈怀远撰。记三代至晋南越疆域事迹。

【译文】

浪水又往东流经怀化县入海。水中有鲭鱼，裴渊《广州记》说：鲭鱼长二丈，大数围，皮上遍布铝一样的东西。小鱼出生后，就随母鱼觅食，受惊时又钻进母鱼腹内。《吴录·地理志》说：鲭鱼的幼鱼白天觅食，晚间又钻进母鱼腹内。《南越志》说：晚间从脐孔进去，早晨从口中出来，肚里有两孔，肠中贮水来养小鱼，一条肠可容两条小鱼，两条肠就容四条小鱼了。

其余水又东至龙川①，为涅水②，屈北入员水③。

浪水枝津衍注，自番禺东历增城县④。《南越志》曰：县多骏鹢⑤。骏鹢，山鸡也，光采鲜明，五色炫耀，利距善斗⑥。世以家鸡斗之，则可擒也。

【注释】

①龙川：即龙川县。秦置，属南海郡。治所在今广东龙川县西南佗城镇。

②涅水：即今广东之东江。

③员水：即今广东潮州韩江。

④增城县：东汉析番禺县置，属南海郡。治所在今广东广州增城区东北五十里。

⑤骏鹢（jùn yí）：鸟名。锦鸡。

⑥距：雄鸡、雉等的腿的后面突出像脚趾的部分。

【译文】

余下的水又往东流到龙川，称为涅水，向北转弯注入员水。

浪水支流滚滚向前奔流，从番禺东经增城县。《南越志》说：增城县多骏鸃。骏鸃是山鸡，它的羽毛光彩鲜艳，色泽耀眼；爪子锋利，善于相斗。人们用家鸡和它对斗，就可以捕获。

又迳博罗县[1]，西界龙川。左思所谓目龙川而带垌者也[2]。赵佗乘此县而跨据南越矣。

【注释】

[1]博罗县：秦置，属南海郡。治所即今广东博罗。

[2]目龙川而带垌（jiōng）：语出左思《吴都赋》。刘渊林注："《汉书》：南海有龙川县。《南越志》，县北有龙穴山。舜时有五色龙，乘云出入此穴。《尔雅》曰：林外谓之垌。"垌，郊外，郊野。

【译文】

这条支流又流经博罗县，西边与龙川接界。这就是左思所说的：望着龙川绕过郊外。赵佗就是以此县为基地，扩张领土，直至占有整个南越的。

员水又东南一千五百里，入南海。

东历揭阳县[1]，王莽之南海亭，而注于海也。

【注释】

[1]揭阳县：秦置，属南海郡。治所在今广东揭阳西北。

【译文】

员水又往东南流了一千五百里，注入南海。

员水往东流经揭阳县——就是王莽时的南海亭，注入大海。

卷三十八

资水　涟水　湘水　漓水　溱水

【题解】

卷三十八记载了五条河流，其中资水、湘水、涟水属于古洞庭湖水系。湘水即今湘江，资水即今资江，涟水是湘水的支流，今仍称涟水。

溱水和漓水是珠江水系的河流。漓水即今漓江，《经》文只写了"漓水亦出海阳山"一句，《注》文在"漓水与湘水出一山而分源也"，即所谓湘漓同源这种现象上写得相当细致。

溱水的上源《注》文中提出武溪一名，现在仍称武水，溱水的中下游就是今北江。《经》文最后说"南入于海"，《注》文稍做补充："溱水又南注于郁而入于海。"现在的河道仍然如此，北江是先注入西江而后入海的。关于郁江，在卷三十六《温水》的"题解"中已经说明了。

资水

资水出零陵都梁县路山①，

资水出武陵郡无阳县界唐纠山②，盖路山之别名也。谓之大溪水③。东北迳邵陵郡武冈县南④，县分都梁之所置也。县左右二冈对峙，重阻齐秀⑤，间可二里，旧传后汉伐五溪蛮[6]，蛮保此冈[7]，故曰武冈，县即其称焉。大溪迳建兴县南[8]，又迳都梁县南。汉武帝元朔间五年[9]，以封长沙定王子敬侯遂之邑也[10]。县西有小山，山上有淳水[11]，既清且浅，其中悉生兰草，绿叶紫茎，芳风藻川[12]，兰馨远馥[13]。俗谓兰为都梁，山因以号[14]，县受名焉[15]。

【注释】

①资水：在今湖南中部。南源夫夷水出广西资源南，西源赧水出湖南城步苗族自治县北，在邵阳汇合后，北流经新化、安化等县折向东，经益阳到湘阴临资口入洞庭湖。零陵：即零陵郡。西汉元鼎六年（前111），分桂阳郡置。治所在零陵县（今广西全州西南）。东汉移治泉陵县（今湖南永州北二里）。都梁县：东汉改都梁侯国置，属零陵郡。治所在今湖南武冈东七里桥。路山：又名唐纠山。在今湖南城步苗族自治县东北。

②武陵郡：汉高帝改黔中郡置。治所在义陵县（今湖南溆浦南）。无阳县：西汉置，属武陵郡。治所在今湖南芷江侗族自治县东南。

③大溪水：即资水。

④邵陵郡：西晋太康中避司马昭之名讳，改昭陵郡置，属荆州。治所在邵陵县（今湖南邵阳）。武冈县：三国吴宝鼎元年（266）改都梁县置，属昭陵郡。治所在今湖南武冈西南一里。

⑤重阻：重叠的山嶂。阻，险阻。这里指山嶂。齐秀：比高。秀，高耸，耸立。

⑥五溪蛮：部族名。秦汉时南方少数民族中蛮族的一支，为盘瓠蛮的分支。

⑦保：依靠，依傍。

⑧建兴县：西晋置，属邵陵郡。治所在今湖南武冈东北百余里。

⑨元朔五年:前 124 年。元朔,汉武帝刘彻的年号(前 128—前 123)。

⑩长沙定王:即刘发。汉景帝之子。因其母唐姬身份卑微,被封于
　卑湿贫国。谥号定。敬侯遂:即刘遂,一作刘定,长沙定王刘发之
　子。元朔五年(前 124)封都梁侯。谥敬。

⑪淳(tíng)水:静水。淳,水聚集不流。

⑫芳风:芳香的风。藻川:谓生长藻类的河谷。

⑬兰馨:兰花的香气。远馥:飘散很远。馥,散发,飘散。

⑭山因以号:大山依凭"都梁"取名。

⑮县受名焉:县也因为"都梁"而得名。

【译文】

资水

资水发源于零陵郡都梁县的路山,

资水发源于武陵郡无阳县边界的唐纠山,这是路山的别名。资水也叫大溪水。往东北流经邵陵郡武冈县南边,武冈县是从都梁划分出来设立的。县城左右有两座山冈相互对峙,形成两道高耸的屏障,其间相距约两里,旧时传说后汉讨伐五溪蛮,蛮人依靠这两座山冈而战,所以叫武冈,县也就以武冈为名了。大溪流经建兴县南边,又流经都梁县南边。汉武帝元朔五年,把都梁封给长沙定王的儿子敬侯刘遂为食邑。县西有座小山,山上有一洼静水,水清而浅,涧中长满兰草,绿叶紫茎,幽兰馥郁的芳香,香味飘满河谷。土语称兰为都梁,山就因而以都梁为号,县也因而得名。

东北过夫夷县①,

夫水出县西南零陵县界少延山②,东北流迳扶县南③,本零陵之夫夷县也④。汉武帝元朔五年,以封长沙定王子敬侯义之邑也⑤。夫水又东注邵陵水⑥,谓之邵陵浦水口也⑦。

【注释】

①夫夷县:西汉置,属零陵郡。治所在今湖南邵阳西。东汉改为夫夷侯国。三国吴复改为夫夷县。

②零陵县:秦置,属长沙郡。治所在今广西全州西南。西汉为零陵郡治。东汉属零陵郡。

③扶县:东晋改夫夷县置,属邵陵郡。治所在今湖南邵阳西。

④零陵:即零陵郡。

⑤敬侯义:即刘义。长沙定王刘发之子。元朔五年(前124)封夫夷侯,谥敬。

⑥邵陵水:即大溪水,也即资水。

⑦邵陵浦水口:《水经注疏》杨守敬按:"《一统志》,邵陵浦口在邵阳县(今湖南邵阳)西九十里。"

【译文】

资水往东北流过夫夷县,

夫水发源于夫夷县西南与零陵县接境的少延山,往东北流经扶县南边,是原来零陵郡的夫夷县。汉武帝元朔五年,将夫夷封给长沙定王的儿子敬侯刘义为食邑。夫水又往东注入邵陵水,水口叫邵陵浦。

东北过邵陵县之北①,

县治郡下,南临大溪,水迳其北,谓之邵陵水。魏咸熙二年,吴宝鼎元年②,孙皓分零陵北部③,立邵陵郡于邵陵县,县,故昭陵也④。溪水东得高平水口⑤。水出武陵郡沅陵县首望山⑥,西南迳高平县南⑦,又东入邵陵县界,南入于邵水⑧。邵水又东会云泉水⑨。水出零陵永昌县云泉山⑩,西北流迳邵阳南⑪,县,故昭阳也。云泉水又北注邵陵水,谓之邵阳水口。自下东北出益阳县⑫,其间迳流山峡,名之为茱萸江^⑬，盖水变名也。

【注释】

①邵陵县：西晋武帝避其父司马昭名讳，改昭陵县置，为邵陵郡治。治所即今湖南邵阳。

②魏咸熙二年，吴宝鼎元年：《水经注疏》："赵（一清）云：五字《注》中《注》。一清按：魏祚终于咸熙二年，乃孙皓甘露元年，明年改元宝鼎，实晋武帝泰始二年也。"咸熙二年，265年。咸熙，三国魏元帝曹奂的年号（264—265）。宝鼎元年，266年。宝鼎，三国吴末帝孙皓的年号（266—269）。二者非同年，郦注错。

③孙皓：字元宗。吴郡富春（今浙江富阳）人。三国吴国皇帝，是历史上著名的暴君。后投晋朝，封归命侯。零陵：即零陵郡。

④昭陵：即昭陵县。

⑤高平水：《水经注疏》杨守敬按："今有顺水出新化县（今湖南新化县）西南首望山，盖即高平水也。"

⑥沅（yuán）陵县：汉高帝五年（前202）置，属武陵郡。治所在今湖南沅陵南沅水南岸。首望山：在今湖南新化西南。

⑦高平县：三国吴置，属昭陵郡。治所在今湖南隆回东北高平镇石脚村。

⑧邵水：在今湖南邵阳东。

⑨云泉水：即今湖南邵阳南檀江。

⑩永昌县：三国吴分泉陵县置，属零陵郡。治所在今湖南祁东县西北七十三里砖塘镇。

⑪邵阳：即邵阳县。西晋改昭阳县置，属邵陵郡。治所在今湖南邵东县东。

⑫益阳县：战国秦置，属长沙郡。治所在今湖南益阳东。西汉属长沙国。

⑬茱萸(zhū yú)江：即资水。在今湖南中部。

【译文】

资水往东北流过邵陵县北边，

邵陵县县治在郡治下，南濒大溪，水从县城北面流过，称为邵陵水。魏咸熙二年，吴宝鼎元年，孙皓把零陵北部划出来另置邵陵郡于邵陵县，邵陵县就是旧时的昭陵县。溪水东流，有高平水口。高平水发源于武陵郡沅陵县的首望山，往西南流经高平县南边，又往东流入邵陵县界，往南注入邵水。邵水又往东流，汇合了云泉水。云泉水发源于零陵郡永昌县云泉山，往西北流经邵阳县南边，邵阳县就是旧时的昭阳县。云泉水又北流，注入邵陵水，汇流处叫邵阳水口。从此以下，水往东北流，从益阳县出境，水流经过山峡的一段，名为茱萸江，是资水的异名。

又东北过益阳县北，

县有关羽濑①，所谓关侯滩也，南对甘宁故垒②。昔关羽屯军水北，孙权令鲁肃、甘宁拒之于是水③。宁谓肃曰：羽闻吾咳唾之声④，不敢渡也，渡则成擒矣。羽夜闻宁处分⑤，曰：兴霸声也⑥。遂不渡。茱萸江又东迳益阳县北，又谓之资水。应劭曰：县在益水之阳。今无益水，亦或资水之殊目矣⑦。然此县之左右，处处有深潭，渔者咸轻舟委浪⑧，谣咏相和⑨，罗君章所谓其声绵邈者也⑩。水南十里有井数百口，浅者四五尺，或三五丈，深者亦不测其深。古老相传，昔人以杖撞地，辄便成井，或云古人采金沙处，莫详其实也。

【注释】

①关羽濑(lài)：亦称关侯滩。《水经注疏》熊会贞按："濑在古县上流十余里，则在今县(今湖南益阳)东六十余里。"濑，从沙石上流

过的水。

②甘宁故垒：当在今湖南益阳东。甘宁，字兴霸。巴郡临江（今四川忠县）人。三国吴将领。初附刘表，后归孙权。曾从周瑜破曹操，从吕蒙拒关羽，从孙权攻合肥，以战功为孙权所重。历西陵太守、折冲将军。

③鲁肃：字子敬。临淮东城（今安徽定远东南）人。三国吴名臣，为东吴主战派的重要人物。主张联刘备拒曹操，助周瑜大破曹军于赤壁。

④咳唾：咳嗽吐唾沫。比喻人的谈吐、言论。

⑤处分：部署，指挥。

⑥兴霸：甘宁字兴霸。

⑦殊目：异名，别名。

⑧轻舟：小船。委浪：在波浪中荡漾。这里可引申为起伏、荡漾。

⑨谣咏：多指没有乐器伴奏的歌唱。相和（hè）：相互唱和。

⑩罗君章：即罗含，字君章。桂阳耒阳（今湖南耒阳）人。有才学，善文章。初为郡主簿，转桓温征西参军，深得桓温器重。历散骑常侍、侍中，累迁廷尉，加中散大夫。绵邈：长久，悠远。

【译文】

资水又往东北流过益阳县北边，

益阳县有关羽濑，就是所谓关侯滩，南边与甘宁营垒遗址相对。从前关羽在水北屯兵，孙权命令鲁肃、甘宁在这条水上阻挡他。甘宁对鲁肃说：关羽听到我的声音，就不敢渡水了，若渡水，定当被擒获。关羽夜里听到甘宁在发号施令，说：这是兴霸的声音。于是就不渡水了。茱萸江又往东流经益阳县北边，又叫资水。应劭说：益阳县在益水北岸。可是现在却没有益水，或者也是资水的别名吧。但该县邻近，处处有深潭，渔人在水上摇着小船，唱着歌谣，互相应和，罗君章所谓歌声悠远，就是指这种渔歌。水南十里有井数百口，浅的四五尺，或三五丈，深的就测量不出了。老人相传,从前有人用杖去捅地面,立即就成了水井,也有人说是古人采金沙处,实际如何就不得而知了。

又东与沅水合于湖中①,东北入于江也。

湖,即洞庭湖也②。所入之处,谓之益阳江口③。

【注释】

①沅(yuán)水:即今湖南西北境沅江。

②洞庭湖:我国第二大淡水湖。在今湖南北部、长江南岸。

③益阳江:资水在湖南益阳附近称益阳江。江口:江水与他水会流处。

【译文】

资水又往东流与沅水汇合于湖中,往东北注入江水。

这里所说的湖,就是洞庭湖。入湖的地方称为益阳江口。

涟水

涟水出连道县西①,资水之别。

水出邵陵县界,南迳连道县,县故城在湘乡县西百六十里②。控引众流③,合成一溪,东入衡阳湘乡县④,历石鱼山下⑤。多玄石⑥,山高八十余丈,广十里,石色黑而理若云母⑦。开发一重,辄有鱼形,鳞鳍首尾⑧,宛若刻画。长数寸,鱼形备足⑨,烧之作鱼膏腥⑩,因以名之⑪。

【注释】

①涟水:湘水支流。源出今湖南新邵观音山西南麓,流经涟源、娄底、双峰、湘乡、湘潭等地,在湘河口入湘江。连道县:西汉置,属长沙国。治所在今湖南涟源东。

②湘乡县：本西汉长沙国湘南县湘乡，建平四年（前3）封长沙孝王
　　刘宗之子昌为湘乡侯，改属零陵郡。东汉为县，仍属零陵郡。治
　　所即今湖南湘乡市。

③控引：牵引，牵拉，汇聚。

④衡阳：即衡阳郡。三国吴置，属荆州。治所在湘南县（今湖南湘潭
　　西南）。

⑤石鱼山：又名立石山、鱼峰山。在今广西柳州柳江南岸鱼峰公园内。

⑥玄石：黑色的石头。

⑦理：纹理，纹路。云母：矿物名。无色或浅黄、浅灰色。

⑧鳞鳍首尾：鱼鳞、鱼鳍、鱼头和鱼尾。

⑨备足：非常完整。足，足够，完整。

⑩鱼膏腥：鱼油脂的腥味。

⑪因以名之：陈桥驿按，按《注》文，当是沉积岩中的鱼类化石。"烧
　　之作鱼膏腥"，这是讹传，或亦是当时人们一种心理作用。

【译文】

涟水

涟水发源于连道县西边，是从资水分出的支流。

涟水发源于邵陵县边界，往南流过连道县，旧县城在湘乡县西边
一百六十里。涟水并入许多洞水，合成一条溪流，往东流入衡阳郡湘乡
县，流过石鱼山下。山多黑石，山高八十余丈，方圆十里，岩石呈黑色，纹
理好像云母。开采出一层，就有鱼形出现，有鳞有鳍，头尾齐全，仿佛刻
画出来一般。鱼长数寸，形态完备，用火来烧，就发出鱼膏的腥气，因此
名叫石鱼山。

　　涟水又迳湘乡县，南临涟水，本属零陵，长沙定王子昌邑①。

【注释】

①长沙定王子昌邑：当作长沙孝王刘宗之子。昌，即刘昌。建平四

年（前3），封湘乡侯。初始元年（8）王莽代汉，废侯国除。译文
从之。

【译文】

涟水又流经湘乡县，湘乡县原属零陵郡，县城南临涟水，是长沙孝王
的儿子刘昌的食邑。

涟水又屈迳其县东，而入湘南县也^①。

【注释】

①湘南县：秦置，属长沙郡。治所在今湖南湘潭西南花石镇。西汉
　属长沙国。东汉为湘南侯国，属长沙郡。

【译文】

涟水又绕到湘乡县东边，向着湘南县流去。

东北过湘南县南，又东北至临湘县西南^①，东入
于湘^②。

涟水自湘南县东流，至衡阳湘西县界^③，入于湘水也。
于临湘县为西南者矣。

【注释】

①临湘县：战国秦置，为苍梧郡（又称长沙郡）治。治所在今湖南长
　沙。西汉为长沙国治。东汉为长沙郡治。

②湘：即湘江。亦称潇湘。湖南最大的河流。源出广西灵川东、海
　洋山西麓，东北流贯湖南东部，经永州、衡阳、湘潭、长沙等地，至
　湘阴芦林潭入洞庭湖。

③湘西县：三国吴太平二年（257）置，属衡阳郡。治所在今湖南株

洲渌口区南。

【译文】

涟水往东北流过湘南县南边，又往东北流到临湘县西南，东流注入湘水。

涟水从湘南县东流，到衡阳郡湘西县境，注入湘水。对临湘县说来，是在西南方了。

湘水

湘水出零陵始安县阳海山①，

即阳朔山也。应劭曰：湘出零山②。盖山之殊名也。山在始安县北，县，故零陵之南部也。魏咸熙二年③，孙皓之甘露元年④，立始安郡⑤。湘、漓同源⑥，分为二水：南为漓水，北则湘川，东北流。罗君章《湘中记》曰⑦：湘水之出于阳朔，则觞为之舟⑧；至洞庭，日月若出入于其中也⑨。

【注释】

①湘水：即湘江。始安县：西汉元鼎六年（前111）置，属零陵郡。治所即今广西桂林。阳海山：即海阳山、阳朔山，亦即今广西东北部兴安、灌阳、灵川、恭城瑶族自治县等县境之海洋山。

②湘：即湘江。零山：阳海山之异名。

③咸熙二年：265年。咸熙，三国魏元帝曹奂的年号（264—265）。

④甘露元年：265年。甘露，三国吴末帝孙皓的年号（265—266）。

⑤始安郡：三国吴甘露元年（265）分零陵郡置，属广州。治所在始安县（今广西桂林）。

⑥漓：即漓水。即今广西之漓江、桂江，为西江支流。

⑦《湘中记》：书名。郑德坤《水经注引书考》：“《隋》《唐志》均不录。

《崇文总目》：《湘中山水记》三卷，中散大夫桂阳罗含君章撰。"

⑧觞（shāng）为之舟：小得用酒杯当船。

⑨日月若出入于其中：日月好像从中升起。比喻水体浩瀚。

【译文】

湘水

湘水发源于零陵郡始安县的阳海山，

阳海山就是阳朔山。应劭说：湘水发源于零山。零山是此山的别名。山在始安县北边，始安县原来是零陵郡的南部。魏咸熙二年，即孙皓甘露元年，建立始安郡。湘水、漓水同源，却分流成为两条水：南边的一条是漓水，北边的一条是湘水，往东北流。罗君章《湘中记》说：湘水发源于阳朔时，小得用酒杯当船；流到洞庭时，却是一片汪洋，连太阳月亮都好像从水中升起似的。

东北过零陵县东，

越城峤水南出越城之峤①，峤即五岭之西岭也②。秦置五岭之戍③，是其一焉。北至零陵县，下注湘水。湘水又迳零陵县南，又东北迳观阳县④，与观水合⑤。水出临贺郡之谢沐县界⑥，西北迳观阳县西，县，盖即水为名也。又西北流，注于湘川，谓之观口也。

【注释】

①越城峤（qiáo）：在今广西全州、资源二县间湘、粤交界处。长二百公里。

②五岭：即南岭。为越城、都庞、萌渚、骑田、大庾五岭的总称。在湘、赣和粤、桂等省区边境。

③戍：边防驻军的城堡、营垒。

④观阳县：秦或西汉初置，属长沙郡或国。治所在今广西灌阳东灌
　　江东岸。西汉末废。三国吴复置，属零陵郡。

⑤观水：湘水上游支流灌江。在今广西灌阳、全州境内。

⑥临贺郡：三国吴黄武五年（226）置，属荆州。治所在临贺县（今广
　　西贺州东南贺街镇）。谢沐县：西汉置，属苍梧郡。治所在今湖南
　　江永西南二十五里甘棠村。三国吴属临贺郡。

【译文】

湘水往东北流过零陵县东边，

越城峤水发源于南边越城的山岭间，这就是五岭中的西岭。秦在五
岭设置边防城堡，这就是其中之一。北流到零陵县，注入湘水。湘水又
流经零陵县南边，又往东北流经观阳县，与观水汇合。观水发源于临贺
郡的谢沐县境，往西北流经观阳县西边，观阳县就是依水命名的。观水
又往西北流，注入湘水，汇流处叫观口。

又东北过洮阳县东①，

洮水出县西南大山②，东北迳其县南，即洮水以立称
矣③。汉武帝元朔五年④，封长沙定王子节侯拘为侯国⑤，王
莽更名之曰洮治也。其水东流，注于湘水。

【注释】

①洮阳县：西汉置，属零陵郡。治所在今广西全州东北三十五里下
　　改洲村。

②洮水：在今广西全州北五十里。

③立称：确立名称。

④元朔五年：前124年。元朔，西汉武帝刘彻年号（前128—前123）。

⑤封长沙定王子节侯拘为侯国：此处"节侯拘"当为"靖侯狩燕"。

长沙定王之子,元朔五年(前124)封洮阳侯。卒谥靖。译文从之。

【译文】

湘水又往东北流过洮阳县东边,

洮水发源于洮阳县西南的大山中,往东北流经县南,该县是依洮水命名的。汉武帝元朔五年,把洮阳封给长沙定王的儿子靖侯刘狩燕,立为侯国,王莽改名为洮治。洮水东流,注入湘水。

又东北过泉陵县西[1],

营水出营阳泠道县南山[2],西流迳九疑山下[3],蟠基苍梧之野[4],峰秀数郡之间[5]。罗岩九举[6],各导一溪,岫壑负阻[7],异岭同势[8],游者疑焉[9],故曰九疑山。大舜窆其阳[10],商均葬其阴[11]。山南有舜庙,前有石碑,文字缺落[12],不可复识。自庙仰山极高[13],直上可百余里。古老相传,言未有登其峰者。山之东北泠道县界,又有舜庙,县南有舜碑,碑是零陵太守徐俭立[14]。

【注释】

①泉陵县:东汉改泉陵侯国为县,为零陵郡治。治所在今湖南永州北二里。

②营水:即今湖南湘江支流潇水。营阳:即营阳郡。三国吴甘露元年(265)分零陵郡置。不久撤废。东晋复置。治所在营浦县(今湖南道县东北)。泠道县:一作泠道县。秦置,属长沙郡。治所在今湖南宁远东南四十里。西汉初属长沙国,后属桂阳郡。元鼎六年(前111)属零陵郡。

③九疑山:亦作九嶷山。在今湖南宁远南六十里。

④蟠基:盘踞山基。苍梧:古地区名。其地当在今湖南九嶷山以南

广西贺江、桂江、郁江区域。

⑤峰秀：山峰挺立。秀，高耸，耸立。

⑥罗岩：排列的山岩。九举：耸立九个高高的山峰。举，高举，耸立。

⑦岫（xiù）壑：山谷。负阻：依恃险阻。

⑧异岭：不同的山岭。同势：相同的形状。

⑨游者疑焉：游览者很是迷惑。

⑩大舜：传说中上古帝王名。窆（biǎn）：埋葬。阳：九疑山的南边。古人以山南水北为阳。

⑪商均：舜与女英之子。相传舜以商均不肖，乃使伯禹继位。常与尧子丹朱并用为不肖子之典实。阴：九疑山的北边。古人以山北水南为阴。

⑫缺落：缺失脱落。

⑬仰山：仰望山顶。

⑭徐俭：具体未详。

【译文】

湘水又往东北流过泉陵县西边，

营水发源于营阳郡泠道县的南山，西流经九疑山下，九疑山庞大的山体延展在苍梧的原野，相邻各郡都看得到此山峰峦的秀色。九座石峰高高耸立，每一座山峰都有一条溪水流出，山峰岩壑险阻重重，而众岭形态扑朔迷离，难分难辨，使游人心中充满疑惑，所以称为九疑山。大舜埋骨于南麓，商均葬身于北坡。山南有舜庙，庙前有石碑，但碑文已剥蚀残缺，不能辨认了。从庙前仰望山峰，极其雄伟高峻，凌云直上高达百余里。据老人相传，从来没有人登上峰顶。九疑山东北的泠道县境，又有一座舜庙，县南有舜碑，是零陵太守徐俭所立。

营水又西迳营道县①，冯水注之②。水出临贺郡冯乘县东北冯冈③，其水导源冯溪，西北流，县以托名焉④。冯水带约众流⑤,浑成一川⑥,谓之北渚⑦,历县北西至关下⑧。关下,地名也,是商舟改装之始⑨。冯水又左合萌渚之水⑩。水南出于萌渚之峤⑪,五岭之第四岭也。其山多锡,亦谓之锡方矣。渚水北迳冯乘县西,而北注冯水。冯水又迳营道县而右会营水。

【注释】

①营道县:西汉置,属零陵郡。治所在今湖南宁远东南三十余里莽、巢两水口。东晋改属营阳郡。

②冯水:又名东河。即今湖南江华瑶族自治县东南冯江。

③冯乘县:西汉置,属苍梧郡。治所在今湖南江华瑶族自治县西南。以冯水得名。

④托名:取名,得名。

⑤带约:比喻众水汇聚一溪。

⑥浑成一川:汇合成一条川流。浑,本指大水涌流声,此指二水合流。

⑦北渚:当在今湖南江华瑶族自治县境内。

⑧关下:地名。当在今湖南江华瑶族自治县南。

⑨商舟:商船。改装:改变装束。这里指舍车登船。

⑩萌渚之水:当在今湖南江华瑶族自治县西南。

⑪萌渚之峤:即萌渚峤。五岭之一,亦名萌诸岭、旺渚岭等。在今广西富川瑶族自治县东南、贺州西北、湖南江华瑶族自治县西南。南北走向。为湘江支流潇水和西江支流贺水的分水岭。

【译文】

营水又往西流经营道县,有冯水注入。冯水发源于临贺郡冯乘县东北的冯冈,水源经冯溪往西北流,冯乘县就是因溪而得名的。冯水汇合了众多的支流,浑然成为一水,称为北渚,经过县北,往西流到关下。关下是个地名,是舍车登上商船的开端。冯水又在左岸汇合了萌渚水。萌渚水发源于南边的萌渚峤,这是五岭中的第四岭。山上锡矿很多,也称锡方山。渚水往北流经冯乘县西边,北流注入冯水。冯水又流经营道县,在右岸汇合了营水。

营水又西北屈而迳营道县西,王莽之九疑亭也。营水又东北迳营浦县南①,营阳郡治也。魏咸熙二年②,吴孙皓分零陵置,在营水之阳,故以名郡矣。

【注释】

①营浦县:秦置,属长沙郡。治所在今湖南道县东北东门乡。

②咸熙二年:265年。咸熙,三国魏元帝曹奂的年号(264—265)。

【译文】

营水又往西北流,绕到营道县西,就是王莽的九疑亭。营水又往东北流经营浦县南边,这里也是营阳郡治的所在地。魏咸熙二年,吴孙皓把零陵郡分开另设营阳郡,郡城在营水北岸,因而以营阳为郡名。

营水又北,都溪水注之①。水出春陵县北二十里仰山②,南迳其县西。县,本泠道县之春陵乡,盖因春溪为名矣③。汉长沙定王分以为县。武帝元朔五年,封王中子买为春陵侯④。县故城东又有一城,东西相对,各方百步。古老相传,言汉家旧城,汉称犹存,知是节侯故邑也。城东角有一碑,文字缺落,不可复识。东南三十里,尚有节侯庙。都溪水又南迳新宁县东⑤,县东傍都溪。溪水又西迳县南,左与五溪俱会,县有五山,山有一溪,五水会于县门,故曰都溪也。都溪水自县又西北流,迳泠道县北与泠水合⑥。水南出九疑山⑦,

北流迳其县西南,县指泠溪以即名^⑧,王莽之泠陵县也。泠水又北流注于都溪水,又西北入于营水。

【注释】

①都溪水:即今舂水下游。出今湖南宁远东北,西流至道县入营水。

②舂陵县:秦置,属长沙郡。治所即今湖南宁远东北五十里。西汉高帝五年(前202)属长沙国。元朔五年(前124)属零陵郡。

③舂溪:即舂水。一名舂陵水。源出今湖南新田西北舂陵山,东南流折东北,经桂阳北入耒阳、常宁间,入湘江。

④封王中子买为舂陵侯:买,此指长沙定王刘发之子刘买。汉武帝元朔五年(前124)封为舂陵侯。

⑤新宁县:三国吴析耒阳县置,属湘东郡。治所在今湖南常宁南三十里三洞口。

⑥泠水:一名泠道水。即今湖南境内之泠水。

⑦九疑山:亦作九嶷山。在今湖南宁远南六十里。

⑧指:凭借,依靠。即名:取名,得名。

【译文】

营水又北流,有都溪水注入。都溪水发源于舂陵县北边二十里的仰山,往南流经县西。舂陵县原来是泠道县的舂陵乡,因舂溪而得名。汉长沙定王划出该乡,改立为县。武帝元朔五年,封定王第二个儿子刘买为舂陵侯。老县城东边又有一城,两城东西相对,各方百步。据老人相传,这是汉代旧城,至今还保持着汉时的名称,可知就是节侯原来的食邑了。城的东角有一块碑,文字剥蚀残缺,已经难以辨认了。东南三十里还有节侯庙。都溪水又往南流经新宁县东边,县城东傍都溪。溪水又往西流经县南,又在左岸与五条溪流汇合,县里有五座山,每山各有一溪,五条水在县城门外汇合,水流汇集叫都,所以称为都溪。都溪水又从县城往西北流,经过泠道县北边与泠水汇合。泠水发源于南方的九疑山,往北流经县城西南,泠道县即王莽的泠陵县,是按泠溪命名的。泠水又往北流注入都溪水,都溪水又往西北流,注入营水。

营水又北流入营阳峡^①。又北至观阳县而出于峡,大、小二峡之间,为沿溯之极艰矣^②。

【注释】

①营阳峡:《水经注疏》杨守敬按:"宋本《寰宇记》,营阳峡在营道县。在今道州(今湖南道县)东北。"

②沿溯:顺水下行与逆水上行。

【译文】

营水又往北流入营阳峡。又往北到观阳县出峡,大、小两峡之间,是航行最艰险的一段。

营水又西北迳泉陵县西^①,汉武帝元朔五年,以封长沙定王子节侯贤之邑也^②。王莽名之曰溥润,零陵郡治,故楚矣。汉武帝元鼎六年^③,分桂阳置^④。太史公曰^⑤:舜葬九疑,寔惟零陵。郡取名焉,王莽之九疑郡也。下邳陈球为零陵太守^⑥,桂阳贼胡兰攻零陵^⑦,激流灌城,球辄于内因地势,反决水淹贼,相拒不能下^⑧。县有白土乡,《零陵先贤传》曰^⑨:郑产字景载^⑩,泉陵人也,为白土啬夫^⑪。汉末多事^⑫,国用不足,产子一岁,辄出口钱^⑬,民多不举子^⑭。产乃敕民勿得杀子^⑮,口钱当自代出^⑯。产言其郡县,为表上言^⑰,钱得除,更名白土为更生乡也。《晋书地道记》曰:县有香茅^⑱,气甚芬香,言贡之以缩酒也^⑲。营水又北流注于湘水。

【注释】

① 泉陵县：东汉改泉陵侯国为县，为零陵郡治。治所在今湖南永州北二里。

② 节侯贤：即刘贤，长沙定王刘发之子。元朔五年（前124）封众陵侯。卒谥节。

③ 元鼎六年：前111年。元鼎，汉武帝刘彻的年号（前116—前111）。

④ 桂阳：即桂阳郡。汉高帝置。治所在郴县（今湖南郴州）。

⑤ 太史公：即司马迁。

⑥ 下邳：即下邳县。秦置，属东海郡。治所在今江苏睢宁西北古邳镇东三里。陈球：字伯真。下邳淮浦（今江苏涟水县）人。少受儒学，善律令。顺帝时举孝廉，后历繁阳令、将作大匠、南阳太守等职。桓帝时官至司空、太尉。与司徒刘郃、尚书刘纳谋诛宦官，事泄被杀。

⑦ 胡兰：具体不详。

⑧ 相拒不能下：事见《后汉书·陈球传》。

⑨ 《零陵先贤传》：书名。《隋书·经籍志》："《零陵先贤传》，一卷。"未著录撰者。郑德坤《水经注引书考》认为是司马彪所撰。

⑩ 郑产：字景载。西汉零陵泉陵（今湖南永州）人。为白土乡啬夫。

⑪ 啬夫：官名。秦汉时为乡官之一，职掌听讼、收取赋税。汉晋及南朝宋因之。

⑫ 多事：一般指多战乱。

⑬ 口钱：古代的一种人口税，汉代指口赋钱。

⑭ 不举：这里指不养育孩子。

⑮ 敕民：告诫百姓。

⑯ 自代出：自己代替百姓出口钱。

⑰ 为表：草拟奏表。表，古代奏章的一种。上言：向上级禀报。

⑱ 香茅：多年生草本植物，气极芳香。茎和叶子可以提取香茅油，用作香水的原料。

⑲贡：向皇宫上贡。缩酒：古代祭祀时用青茅滤酒去渣，谓之缩酒。

【译文】

营水又往西北流经泉陵县西边，汉武帝元朔五年，把泉陵封给长沙定王的儿子节侯刘贤为食邑。泉陵是零陵郡的治所，王莽改名为溥润，原是楚国的旧地。零陵郡是汉武帝元鼎六年从桂阳郡分置的。太史公说：舜葬于九疑，其实就是零陵。郡就依此取名，就是王莽的九疑郡。下邳陈球当零陵太守时，桂阳盗寇胡兰来进攻零陵，以大水淹城，陈球却在城内利用地势反过来决水去淹贼兵，双方相持不下。县里有白土乡，《零陵先贤传》说：郑产字景载，泉陵人，在白土乡当乡官。汉朝末年天下多难，国家支出不足，生了孩子一岁就要缴人头税，因此百姓都不肯养孩子。郑产于是告诫百姓不可杀子，人头税由他代交。郑产要求郡县守令上表呈报朝廷，终于废除了人头税，于是把白土乡改名为更生乡。《晋书地道记》说：县里有香茅，气味很芳香，说是进贡朝廷作为祭祀时滤酒之用。营水又往北流注入湘水。

　湘水又东北与应水合①。水出邵陵县历山②，崖隥险阻③，峻崿万寻④，澄源湛于下⑤，应水涌于上。东南流迳应阳县南⑥，晋分观阳县立⑦，盖即应水为名也。应水又东南流迳有鼻墟南⑧，王隐曰⑨：应阳县，本泉陵之北部，东五里有鼻墟，言象所封也⑩。山下有象庙，言甚有灵，能兴云雨。余所闻也，圣人之神曰灵，贤人之精气为鬼，象生不慧，死灵何寄乎⑪？应水又东南流而注于湘水。

【注释】

①应水：即今湖南东安东北芦洪江。

②邵陵县：西晋武帝避其父司马昭名讳，改昭陵县置，为邵陵郡治。

治所即今湖南邵阳。

③崖磴（dèng）：山崖台阶。磴，阶梯，石级。

④峻崿（è）：高峻的山崖。崿，山崖。寻：古代长度单位。八尺为寻。一说七尺或六尺为寻。

⑤澄源：清澈的泉水。

⑥应阳县：西晋惠帝置，属零陵郡。治所即今湖南东安东北八十里芦洪市镇。

⑦观阳县：秦或西汉初置，属长沙郡或国。治所在今广西灌阳东灌江东岸。西汉末废。三国吴复置，属零陵郡。

⑧有鼻墟：即有庳（bēi）。古地名。在今湖南道县北。

⑨王隐：字处叔。陈郡陈（今河南周口淮阳区）人。东晋官吏，撰《晋书》。

⑩象：舜的同父异母弟。性傲狠，与其母多次欲加害于舜。舜继位后，受封于有庳（今湖南道县北）。

⑪死灵何寄：死去之后，灵魂寄托何处。

【译文】

湘水又往东北流与应水汇合。应水发源于邵陵县的历山，崖坡险阻，峭壁万丈，底下是澄清的源泉，上面是汹涌的应水。应水往东南流经应阳县南边，应阳县是晋时分观阳县而立，是按照应水命名的。应水又往东南流，经有鼻墟南边，王隐说：应阳县原是泉陵县的北部，往东五里有鼻墟，据说是象的封地。山下有象庙，据说很灵验，能兴云作雨。我曾听说，圣人的魂魄叫灵，贤人的精气是鬼，象生时既不贤达聪慧，死后灵魂又寄托于何处呢？应水又往东南流，注入湘水。

湘水又东北得泹口。水出永昌县北罗山①，东南流迳石燕山东②，其山有石，绀而状燕③，因以名山。其石或大或小，若母子焉。及其雷风相薄④，则石燕群飞，颉颃如真燕矣⑤。

罗君章云：今燕不必复飞也。其水又东南迳永昌县南，又东流注于湘水。

【注释】

①永昌县：三国吴分泉陵县置，属零陵郡。治所在今湖南祁东县西北七十三里砖塘镇。

②石燕山：在今湖南祁阳西北九十里。

③绀（gàn）：天青色，深青透红之色。状燕：如燕子一样的形状。

④雷风：即风雷。相薄：相迫近。薄，迫近。

⑤颉颃（xié háng）：鸟飞上下貌。语本《诗经·邶风·燕燕》："燕燕于飞，颉之颃之。"

【译文】

湘水又往东北流，有洣口。这个水口的水发源于永昌县的北罗山，往东南流经石燕山东边，山上有青色的石头，形状像燕子，因此名为石燕山。那些石块有的大，有的小，有如母子。当雷电交加狂风骤起时，石燕也被刮得漫天乱飞，或高或低，有如真燕一般。罗君章说：现在石燕不一定会飞了。水又往东南流经永昌县南边，又往东流，注入湘水。

又东北迳祁阳县南①，又有馀溪水注之②。水出西北邵陵郡邵陵县③，东南流注于湘。其水扬清泛浊④，水色两分⑤。

【注释】

①祁阳县：三国吴析泉陵县置，属零陵郡。治所在今湖南祁东县东南二十二里金兰镇。

②馀溪水：一名清江水。即今湖南祁东县南归阳河。

③邵陵郡：西晋太康中避司马昭之名讳，改昭陵郡置，属荆州。治所

在邵陵县（今湖南邵阳）。

④扬清泛浊：此指清浊二水界线分明。

⑤水色两分：清水和浊水显得很分明。

【译文】

　　湘水继续往东北流，经过祁阳县南边，又有馀溪水注入。馀溪水发源于西北方邵陵郡的邵陵县，往东南流注入湘水。湘水一边是清流漾漾，一边是浊流滚滚，两边水色界线分明。

　　湘水又北与宜溪水合①。水出湘东郡之新宁县西南、新平故县东②，新宁，故新平也。众川泻浪，共成一津，西北流。东岸山下有龙穴，宜水迳其下，天旱则拥水注之，便有雨降。宜水又西北注于湘。

【注释】

　　①宜溪水：即今湖南常宁西之宜水。

　　②湘东郡：三国吴太平二年（257）置。治所在酃县（今湖南衡阳东），以在湘水之东而命名。新宁县：三国吴析耒阳县置，属湘东郡。治所在今湖南常宁南三十里三洞口。新平故县：即新平县。三国吴置，属湘东郡。治所在今湖南常宁东北。

【译文】

　　湘水又往北流与宜溪水汇合。宜溪水发源于湘东郡新宁县西南、新平旧县城东边，新宁就是旧时的新平。众溪波浪滔滔，汇成一水，奔向西北。东岸山下有龙穴，宜水流经洞下，天旱时堵水引流注入洞内，就会下雨。宜水又往西北注入湘水。

　　湘水又西北得春水口①。水上承营阳舂陵县西北潭山②，又北迳新宁县东。又西北流，注于湘水也。

【注释】

①春水：一名春陵水。源出今湖南新田西北春陵山，东南流折东北，经桂阳北入耒阳、常宁间，入湘江。

②春陵县：秦置，属长沙郡。治所即今湖南宁远东北五十里。西汉高帝五年（前202）属长沙国。元朔五年（前124）属零陵郡。

【译文】

湘水又往西北流，有春水口。春水上源来自营阳郡春陵县西北的潭山，又往北流经新宁县东边。又往西北流，注入湘水。

又东北过重安县东①，又东北过酃县西②，承水从东南来注之③。

承水出衡阳重安县西邵陵县界邪姜山④，东北流至重安县，迳舜庙下，庙在承水之阴⑤。又东合略塘⑥。相传云，此塘中有铜神，今犹时闻铜声于水，水辄变绿作铜腥，鱼为之死。承水又东北迳重安县南，汉长沙顷王子度邑也⑦，故零陵之钟武县⑧，王莽更名曰钟桓也。武水入焉⑨。水出钟武县西南表山，东流至钟武县故城南，而东北流至重安县，注于承水，至湘东临承县北⑩，东注于湘，谓之承口。临承即故酃县也。县，即湘东郡治也，郡旧治在湘水东，故以名郡，魏正元二年⑪，吴主孙亮分长沙东部立⑫。县有石鼓，高六尺，湘水所迳，鼓鸣则土有兵革之事。罗君章云：扣之声闻数十里。此鼓今无复声。观阳县东有裴岩，其下有石鼓，形如覆船，扣之清响远彻，其类也。

【注释】

①重安县：三国吴改重安侯国置，属衡阳郡。治所在今湖南衡阳（西

渡镇）北。

②酃（líng）县：西汉置，属长沙国。治所在今湖南衡阳东十余里酃
湖侧。东汉属长沙郡。

③承水：又作烝水。即今湖南衡阳市及衡阳县境之蒸水。

④衡阳：即衡阳郡。三国吴置，属荆州。治所在湘南县（今湖南湘潭
西南）。邪姜山：也作三阳山。即今湖南衡阳、祁东、邵东交界处
之三面山。

⑤承水之阴：承水的南边。古人以山南水北为阳，相反，为阴。

⑥略塘：一作客寄塘。在今湖南衡阳（西渡镇）西。

⑦长沙顷王：即刘附朐，一作刘鲋鲔。天汉元年（前100）嗣父爵为
长沙王。谥顷。度：即刘度。长沙顷王刘附朐之子。元康元年（前
65）封锺武侯。卒谥节。

⑧锺武县：西汉置，属零陵郡。治所在今湖南衡阳（西渡镇）西。

⑨武水：在今湖南衡阳（西渡镇）西南。

⑩湘东：即湘东郡。三国吴太平二年（257）置。治所在酃县（今湖
南衡阳东），以在湘水之东而命名。临承县：一作临蒸县、临烝县。
三国吴置，属衡阳郡。治所即今湖南衡阳。东晋为湘东郡治。

⑪正元二年：255年。正元，三国魏高贵乡公曹髦的年号（254—
256）。

⑫孙亮：字子明，孙权少子。权死继位。在位初期，相继由大将军诸
葛恪、丞相孙峻、孙綝执政。太平三年（258）欲诛孙綝，谋泄，被
孙綝废为会稽王。长沙：即长沙郡。战国秦置。治所在临湘县（今
湖南长沙）。

【译文】

湘水又往东北流过重安县东边，又往东北流过酃县西边，承
水从东南流来注入。

承水发源于衡阳郡重安县西边邵陵县境的邪姜山，往东北流到重安

县,流经舜庙下,庙在承水南岸。承水又东流与略塘汇合。相传此塘中有铜神,现在水中还时常能听到铜的响声,这里的水就变成绿色,发出铜腥味,鱼也死了。承水又往东北流经重安县南边,这是汉长沙顷王刘附朐的儿子刘度的食邑,也就是旧时零陵的锺武县,王莽改名为锺桓。武水在这里注入承水。武水发源于锺武县西南的表山,东流到锺武县老城南边,然后转向东北流到重安县,注入承水,承水流到湘东临承县北边,往东注入湘水,汇流处叫承口。临承就是旧时的酃县。临承县城也是湘东郡的治所,因旧郡治在湘水以东,所以名为湘东郡,是魏正元二年吴国君主孙亮分出长沙郡东部设立的。临承县有石鼓,高六尺,湘水从那里流过,石鼓发声,那个地区就有战事了。罗君章说:敲击石鼓,方圆数十里都可听到鼓声。但今天石鼓不再能发声了。观阳县东有裴岩,岩下有石鼓,形状就像翻过来的船,敲击时清越的声音传得很远,也是这一类。

湘水又北历印石。石在衡山县南湘水右侧^①,盘石或大或小,临水,石悉有迹,其方如印,累然行列^②,无文字,如此可二里许,因名为印石也。

【注释】

①衡山县:西晋改衡阳县置,属衡阳郡。治所在今湖南衡山县南。

②累然:排列有序貌。

【译文】

湘水又往北流过印石。印石在衡山县南边、湘水的右侧,大大小小的巨石,方正有如印章,石上都有痕迹,但无文字,在水边罗列成行,散布长达两里左右,因此名为印石。

湘水又北迳衡山县东。山在西南,有三峰:一名紫盖^①,

一名石囷^②，一名芙蓉^③。芙蓉峰最为竦杰^④，自远望之，苍苍隐天。故罗含云^⑤：望若阵云^⑥，非清霁素朝^⑦，不见其峰。丹水涌其左，澧泉流其右^⑧。《山经》谓之岣嵝^⑨，为南岳也^⑩。山下有舜庙^⑪，南有祝融冢^⑫。楚灵王之世^⑬，山崩毁其坟，得《营丘九头图》^⑭。禹治洪水^⑮，血马祭山^⑯，得《金简玉字之书》^⑰。芙蓉峰之东有仙人石室，学者经过，往往闻讽诵之音矣。衡山东南二面临映湘川^⑱，自长沙至此，江湘七百里中，有九向九背^⑲。故渔者歌曰：帆随湘转^⑳，望衡九面^㉑。山上有飞泉下注^㉒，下映青林^㉓，直注山下，望之若幅练在山矣^㉔。

【注释】

①紫盖：即紫盖峰。在今湖南衡阳南岳区东部，为衡山七十二峰之一。

②石囷（qūn）：今称石廪峰。在今湖南衡阳南岳区北部，祝融峰东南，为衡山七十二峰之一。

③芙蓉：即芙蓉峰。在今湖南衡阳南岳区西北部，祝融峰东，为衡山七十二峰之一。

④竦杰：高耸特出。

⑤罗含：字君章。东晋桂阳耒阳（今湖南衡阳）人。累迁廷尉、长沙相。著有《湘中记》。

⑥阵云：浓重厚积形似战阵的云。

⑦清霁（jì）：雨止雾散。谓天气晴朗。素朝：明亮的早晨。

⑧丹水涌其左，澧（lǐ）泉流其右：此处丹水、澧泉皆无考。

⑨《山经》：书名。《山海经》的简称。岣嵝（gǒu lǒu）：即岣嵝峰。在今湖南衡阳、衡山二县交界处，为衡山主峰。也指衡山。

⑩南岳：此指我国境内五座高山之一的南岳衡山。

⑪舜庙：今衡山、九嶷山皆有舜庙。

⑫祝融冢：在湖南衡山县西北祝融峰上。祝融，传说中颛顼的后代，名重黎，为帝喾时的火官，后世尊为火神。

⑬楚灵王：芈姓，熊氏，初名围，即王位后改名虔。春秋时楚国国君。楚共王次子，杀侄儿楚郏敖自立。

⑭《营丘九头图》：书名。具体不详。

⑮禹治洪水：大禹采用疏导的方式成功治理洪水，传说其三过家门而不入，一心扑在治水事业上。

⑯血马：杀马取血，以为祭祀之用。

⑰《金简玉字之书》：书名。相传为黄帝留给大禹的治水之书。以金作简札，用青玉为字。

⑱临映：毗邻并倒映。湘川：湘江。

⑲九向九背：此处可以把"九"理解为实指，"九向九背"可理解为九次面山九次背山；也可把"九"理解为虚指，表多次，"九向九背"则理解为多次面对着山，多次背对着山。

⑳帆随湘转：船帆随着湘水的方向变换而发生改变。

㉑望衡九面：陈桥驿认为此渔者歌是描述江道的弯曲，有些夸张。一座山总共只有四面，何来九面？不过《注》文已为此作解，即所谓"九向九背"是也。

㉒飞泉：飞流而下的泉水。下注：倾泻灌注。

㉓下映：下面映照。青林：青翠的树林。

㉔幅练：成幅的白练。

【译文】

湘水又往北流经衡山县东边。衡山在西南，共有三座高峰：一座名叫紫盖峰，一座名叫石囷峰，一座名叫芙容峰。芙容峰最高峻雄豪，从远处望去，苍茫的山影隐没于天际。所以罗含说：遥望衡山有如阵云，不是雨后放晴，或清晨明朗的时候，就看不见山峰。丹水在左边腾涌，澧泉在右边流奔。衡山，《山海经》称为岣嵝，就是南岳。衡山下有舜庙，南边有祝融墓。楚灵王时，山崩墓毁，却得到《营丘九头图》。禹治理洪水时，杀马祭山，得到《金简玉字之书》。芙蓉峰东有仙人石室，读书人经过时，常常可以听到朗朗的读书声。衡山东南两面濒水，倒映于湘江之中，从长沙到这里，沿湘水的七百里航程中，有九次面山，九次背山。所以渔夫唱道：风帆随着湘水转，眺望衡山有九面。山上有飞瀑下泻，与山下的青林相映，一直流到山下，望去宛如挂在山间的成幅白练。

　　湘水又东北迳湘南县东[1]，又历湘西县南[2]，分湘南置也，衡阳郡治[3]。魏甘露二年[4]，吴孙亮分长沙西部立治，晋湘南太守何承天徙治湘西矣[5]。《十三州志》曰：日华水出桂阳郴县日华山[6]，西至湘南县入湘。《地理志》曰：郴县有耒水[7]，出耒山[8]，西至湘南西入湘。

【注释】

①湘南县：秦置，属长沙郡。治所在今湖南湘潭西南花石镇。西汉属长沙国。东汉为湘南侯国，属长沙郡。三国吴仍为湘南县，为衡阳郡治。

②湘西县：三国吴太平二年（257）置，属衡阳郡。治所在今湖南株洲渌口区南。

③衡阳郡：三国吴置，属荆州。治所在湘南县（今湖南湘潭西南）。

④甘露二年：257年。甘露，三国魏高贵乡公曹髦的年号（256—260）。

⑤何承天：东海郯（今山东郯城北）人。历官衡阳内史、御史中丞等。世称何衡阳。精通音律、历法。曾改定元嘉历，又奉命纂修《宋书》，未成而卒。

⑥日华水：一曰华水。当在今湖南郴州一带。桂阳：即桂阳郡。汉高帝置。治所在郴县（今湖南郴州）。郴县：秦置，属长沙郡。治

　　所即今湖南郴州。日华山：一曰华石山。在今湖南郴州北六十里。

⑦耒（lěi）水：湘江支流。源出今湖南桂东县境，流经汝城、资兴、郴
　　州、永兴、耒阳、衡南等县市，至衡阳东入湘江。

⑧耒山：在今湖南汝城南十里。

【译文】

　　湘水又往东北流经湘南县东边，又流经湘西县南边，湘西县是从湘
南分出来的，衡阳郡的治所就在这里。魏甘露二年，吴主孙亮分出长沙
郡西部设置衡阳郡，治所在湘南；后来太守何承天把治所迁到湘西。《十三
州志》说：日华水发源于桂阳郡郴县的日华山，往西流到湘南县注入湘水。
《地理志》说：郴县有耒水，发源于耒山，向西流经湘南县，西注湘水。

　　湘水又北迳麓山东①。其山东临湘川，西旁原隰②，息
心之士③，多所萃焉④。

【注释】

①麓山：即岳麓山。在今湖南长沙西。

②原隰（xí）：广平与低湿之地。隰，低湿的地方。

③息心之士：佛教用以专指依照戒律出家修道的人。息心，梵语"沙
　　门"的意译。谓勤修善法，息灭恶行。

④萃：聚集。

【译文】

　　湘水又往北流经麓山东边。麓山东濒湘水，西邻低洼的平原，修道
之人，不少都荟萃于此。

　　又东北过阴山县西①，洣水从东南来注之②；又
北过醴陵县西③，漉水从东南来注之④。

《续汉书·五行志》曰⑤：建安八年⑥，长沙醴陵县有大山，常鸣如牛响声⑦。积数年，后豫章贼攻没县亭⑧，杀掠吏民，因以为候⑨。

【注释】

①阴山县：西汉置，本名阳山县，属桂阳郡。治所在今湖南攸县西南。三国吴属湘东郡。

②洣水：古名泥水。今湖南湘江支流。

③醴陵县：东汉置，属长沙郡。治所即今湖南醴陵。

④漉水：即今湖南醴陵及株洲境内之渌江。

⑤《续汉书·五行志》：晋秘书监司马彪《续汉书》中的内容。

⑥建安八年：203 年。建安，东汉献帝刘协年号（196—220）。

⑦响（xǔ）：呼气。

⑧豫章：即豫章郡。西汉高帝六年（前 201）分九江郡置。治所在南昌县（今江西南昌东）。县亭：泛指一般地方行政机关。亭为秦汉时乡以下的一种行政机关。

⑨候：征兆。

【译文】

湘水又往东北流过阴山县西边，洣水从东南流来注入；又往北流过醴陵县西边，漉水从东南流来注入。

《续汉书·五行志》说：建安八年，长沙郡醴陵县有一座大山，接连几年，常发出牛嘘气一样的声音。这样过了几年，后来豫章郡的盗寇攻陷县亭，杀死官吏百姓，因此以为这是预兆。

湘水又北迳建宁县①，有空泠峡②，惊浪雷奔，浚同三峡③。

【注释】

①建宁县：三国吴置，属长沙郡。治所即今湖南株洲渌口区。

②空泠（líng）峡：即空灵滩。在今湖南株洲渌口区南。

③浚：深。此指湍急、急奔。三峡：《水经注》以广溪峡、巫峡、西陵
　　峡为三峡，但通常以瞿塘峡、巫峡、西陵峡为三峡。

【译文】

湘水又往北流经建宁县，县内有空泠峡，狂涛骇浪奔腾有如雷鸣，其
湍急可与三峡相比。

湘水又北迳建宁县故城下，晋太始中立①。

【注释】

①太始：即泰始。西晋武帝司马炎的年号（265—274）。

【译文】

湘水又往北流经建宁县老城下面，该县于晋泰始年间设立。

又北过临湘县西①，浏水从县西北流注②。
县南有石潭山③，湘水迳其西，山有石室、石床，临对清流。

【注释】

①临湘县：战国秦置，为长沙郡治。治所在今湖南长沙。

②浏水：即今湖南长沙、浏阳境之浏阳河。源出今湖南浏阳之大围
　　山，西流至长沙北入湘水。

③石潭山：在今湖南湘潭东一带。

【译文】

湘水又往北流过临湘县西边，浏水从该县西北流来注入。

临湘县南有石潭山，湘水流经山西，山上有石室、石床，面对澄清的江流。

湘水又北迳昭山西①，山下有旋泉，深不可测，故言昭潭无底也，亦谓之曰湘州潭②。

【注释】

①昭山：一名马山。在今湖南湘潭东北，湘江东岸。

②湘州潭：即昭潭。在今湖南长沙南昭山西湘江中。

【译文】

湘水又往北流经昭山西边，山下有旋泉，深不可测，所以人们说昭潭无底，昭潭也叫湘州潭。

湘水又北迳南津城西①，西对橘洲②，或作吉字，为南津洲尾③。水西有橘洲子戍④，故郭尚存。

【注释】

①南津城：在今湖南长沙西南。

②橘洲：一名水鹭洲。俗名下洲。即今湖南长沙西湘江中橘子洲。

③南津洲：《水经注疏》熊会贞按："橘洲为南津洲尾，则南津洲在橘洲之上，在今善化县（今湖南长沙）西南。"尾：下游。

④橘洲子戍：一作橘子洲戍。《水经注疏》杨守敬按："在今善化县西湘江中。"

【译文】

湘水又往北流经南津城西边，此城面对橘洲，橘，有时也写作吉字，是南津洲的尾端。湘水西有橘洲子戍，旧城还在。

湘水又北，左会瓦官水口^①，湘浦也^②。又迳船官西^③，湘洲商舟之所次也^④，北对长沙郡。郡在水东州城南，旧治在城中，后乃移此。

【注释】

①瓦官水口：《水经注疏》杨守敬按："今曰靳江，出湘乡县（今湖南湘乡市）北，东北流经宁乡县（今湖南宁乡市），至善化县（今湖南长沙）西南入湘水。"

②湘浦：湘江中的江湾。

③船官：管理水上船只运输的官署。

④商舟：商船。次：停止，停泊。

【译文】

湘水又往北流，左岸汇合瓦官水口，这里是湘水的江湾。又流经船官西边，这是湘洲商船停靠的埠头，北对长沙郡。长沙郡在水东州城以南，旧郡治原在城中，后来才迁到这里。

湘水左迳麓山东，上有故城。山北有白露水口^①，湘浦也。又右迳临湘县故城西，县治湘水，滨临川侧，故即名焉。王莽改号抚陆，故楚南境之地也。秦灭楚，立长沙郡，即青阳之地也^②。秦始皇二十六年^③，令曰：荆王献青阳以西^④。《汉书·邹阳传》曰^⑤：越水长沙，还舟青阳。《注》张晏曰^⑥：青阳，地名也。苏林曰^⑦：青阳，长沙县也。汉高祖五年^⑧，以封吴芮为长沙王^⑨，是城即芮筑也。汉景帝二年^⑩，封唐姬子发为王^⑪，都此。王莽之镇蛮郡也。于《禹贡》则荆州之域^⑫。晋怀帝以永嘉元年^⑬，分荆州、湘中诸郡立湘州^⑭，治此。城之内，郡廨西有陶侃庙^⑮，云旧是贾谊宅地^⑯。中有一井，是谊所凿,极小而深,上敛下大⑰,其状似壶。傍有一脚石床,才容一人坐形,流俗相承云,谊宿所坐床。又有大柑树,亦云谊所植也。城之西北有故市,北对临湘县之新治⑱。县治西北有北津城⑲,县北有吴芮冢,广逾六十八丈,登临写目⑳,为廛郭之佳憩也㉑。郭颁《世语》云㉒:魏黄初末㉓,吴人发芮冢取木,于县立孙坚庙㉔,见芮尸容貌衣服并如故。吴平后,与发冢人于寿春见南蛮校尉吴纲㉕,曰:君形貌何类长沙王吴芮乎?但君微短耳。纲瞿然曰㉖:是先祖也。自芮卒至冢发四百年,至见纲又四十余年矣。

【注释】

①白露水口:《水经注疏》熊会贞按:"当在今善化县(今湖南长沙)西南。"

②青阳:战国楚邑。在今湖南长沙。

③秦始皇二十六年:前221年。

④荆王:此指楚国国君。

⑤邹阳:临淄(今山东淄博东北)人。景帝时与严忌、枚乘等俱仕吴,皆以文辩著名。

⑥张晏:字子博。中山(今河北定州)人。有《汉书》注,多存于今颜师古《汉书注》中。

⑦苏林:字孝友。陈留外黄(今河南民权西北)人。汉、魏间学者。与邯郸淳等并为当时儒宗。

⑧汉高祖五年:前202年。

⑨吴芮:西汉初诸侯王。初为秦番阳(今江西鄱阳)令,称番君。秦亡,项羽分封诸侯,芮受封为衡山王。汉朝立,于高祖五年(前202)改封长沙王。

⑩汉景帝二年：前155年。

⑪唐姬子发：即刘发。汉景帝之子。景帝前二年（前155）封长沙王，
谥定。

⑫荆州：古九州之一。

⑬晋怀帝：即西晋皇帝司马炽（chì）。字丰度。晋武帝司马炎之子。
封豫章郡王。惠帝时诸王争乱，炽闭门自守。即位后，东海王司
马越专权，无所作为。时匈奴刘渊、石勒之兵迭来攻扰。永嘉五
年（311），洛阳破被俘至平阳。后二年，汉主刘聪宴会，命帝着青
衣行酒，晋臣多哭。旋被杀。永嘉元年：307年。永嘉，西晋怀帝
司马炽的年号（307—312）。

⑭湘州：西晋永嘉元年（307）分荆、广两州置。治所在临湘县（今湖
南长沙）。

⑮郡廨（xiè）：郡府。廨，官署，旧时官吏办公处所的通称。陶侃：字
士行。早孤贫，为县吏。在平定王敦、苏峻叛乱中以功升至侍中、
太尉。为官有治绩，为时人称道。

⑯贾谊：西汉洛阳（今河南洛阳）人。年少时以能诵诗书、善于文章，
著名于郡内。河南郡守吴公闻其才，荐他于汉文帝，被任为博士。
旋迁太中大夫。贾谊建议改正朔、兴礼乐，为周勃、灌婴等排挤，
贬为长沙王太傅。后为梁怀王太傅。屡上疏批评时政。著有《吊
屈原赋》《鹏鸟赋》《过秦论》《陈政事疏》等。

⑰上敛下大：上面小，下面大。敛，聚拢，收敛。

⑱新治：新迁的县邑官府所在地。

⑲北津城：在今湖南长沙西北湘江西岸，三砍矶西北。

⑳登临：登上俯下。写目：倾注目光。这里指游目、放眼纵观。

㉑廛（chán）郭：城郊。

㉒郭颁：西晋人，襄阳令。撰《魏晋世语》。

㉓黄初：三国魏文帝曹丕的年号（220—226）。

㉔孙坚：字文台。吴郡富春（今浙江富阳）人，孙权之父。少为郡县吏。汉灵帝中平元年（184），从朱俊镇压黄巾起义军。四年（187），任长沙太守。孙权称帝后，追尊为武烈皇帝。

㉕与：参与，加入。发冢：打开坟墓。寿春：即寿春县。战国后期为楚都。始皇二十三年（前224）属秦，为九江郡治。治所即今安徽寿县。东晋孝武帝时以避郑太后讳，改为寿阳县。南朝宋又改为睢阳县。北魏复名寿春县。南蛮校尉：两晋南朝治理南方少数民族的官员。晋武帝时置。治所在襄阳（今湖北襄阳襄州区）。东晋移治于江陵（今湖北荆州市荆州区）。吴纲：长沙王吴芮之十六世孙，魏征东大将军诸葛诞手下的长史，官南蛮校尉。

㉖瞿然：惊骇貌，惊视貌。

【译文】

湘水左边流经麓山东边，山上有老城。山北有白露水口，是湘水的江湾。右边又经临湘县旧城西边，县治在湘水岸边，所以叫临湘。王莽改名叫抚陆，这里原是楚国南部边境地区。秦灭楚国，设立长沙郡，就是青阳地区。秦始皇二十六年诏令：荆王献出青阳以西的土地。《汉书·邹阳传》说：渡水到长沙，乘船回青阳。《注》中张晏说：青阳是地名。苏林说：青阳是长沙的属县。汉高祖五年，封吴芮为长沙王，此城就是吴芮所筑。汉景帝二年，封唐姬的儿子刘发为王，建都于此。这就是王莽的镇蛮郡。在《禹贡》中，这是荆州的境域。晋怀帝永嘉元年，分荆州、湘中诸郡之地设置湘州，治所就在这里。城内郡署西面有陶侃庙，据说过去是贾谊故居遗址。里面有一口井，是贾谊所凿，极小，但很深，上面收拢，下面却很大，形状像壶。旁边有一张石床，只可坐一个人，样式很古老，民间相传，说是贾谊平素所坐的坐榻。还有大柑树，据说也是贾谊所种。城内西北角有个老市集，北对临湘县新治所。县治西北有北津城，县北有吴芮墓，宽广在六十八丈以上，登临远眺，是城内游憩的好地方。郭颂《世语》说：魏黄初末年，吴人发掘吴芮的坟墓，把木材搬到县里，修建孙坚庙,打开棺墓,看到吴芮尸体的面貌和衣服都和生前一样。吴平后,参加掘墓的人在寿春看到南蛮校尉吴纲,说:你的面貌怎么这样像长沙王吴芮呀?不过你的个子矮了一点。吴纲吃惊地说:那是我的先祖呀!从吴芮死到坟墓被掘,其间已有四百年,到看见吴纲时又有四十多年了。

　　湘水左合誓口①,又北得石樟口②,并湘浦也。右合麻溪水口③,湘浦也。湘水又北迳三石山东④,山枕侧湘川北⑤,即三石水口也⑥,湘浦矣。水北有三石戍⑦,戍城为二水之会也。湘水又迳浏口戍西⑧,北对浏水。

【注释】

①誓口:湘浦。当在今湖南长沙西。

②石樟口:湘浦。当在今湖南长沙西。

③麻溪水口:湘浦。当在今湖南长沙北。

④三石山:《水经注疏》熊会贞按:"山在今长沙县(今湖南长沙)西北。"

⑤枕侧:临近,毗邻。

⑥三石水口:当在今湖南长沙。

⑦三石戍:当在今湖南长沙西北。

⑧浏口:又名浏阳口。在今湖南长沙北,为浏阳河入湘江之口。

【译文】

　　湘水左岸汇合于誓口,又往北流,有石樟口,都是湘水中的江湾。湘水在右岸汇合于麻溪水口,也是湘水中的江湾。湘水又往北流经三石山东边,三石山就在湘水旁边,北面就是三石水口,是湘水中的江湾。水北有三石戍,这个驻军城堡坐落在两水的汇合处。湘水又流到浏口戍西边,这个驻军城堡北面朝着浏水。

又北，沩水从西南来注之①。

沩水出益阳县马头山②，东迳新阳县南③，晋太康元年④，改曰新康矣⑤。沩水又东入临湘县⑥，历沩口戌东⑦，南注湘水。

【注释】

①沩（wéi）水：湘江支流。在今湖南长沙望城区北。

②益阳县：战国秦置，属长沙郡。治所在今湖南益阳东。西汉属长沙国。

③新阳县：三国吴置，属衡阳郡。治所在今湖南宁乡市西南九十里横市镇北。

④太康元年：280年。太康，西晋武帝司马炎的年号（280—289）。

⑤新康：即新康县。西晋太康元年（280）改新阳县置，属衡阳郡。迁治今湖南宁乡市西南十里万寿山。

⑥临湘县：战国秦置，为长沙郡治。治所在今湖南长沙。

⑦沩口戌：在今湖南长沙望城区北靖港镇。

【译文】

湘水又往北流，沩水从西南流来注入。

沩水发源于益阳县马头山，往东流经新阳县南边，晋太康元年，改名为新康。沩水又往东流入临湘县，经沩口戌东，南流注入湘水。

湘水又北合断口，又北，则下营口①，湘浦也。湘水之左岸有高口水②，出益阳县西，北迳高口戌南③。又西北，上鼻水自鼻洲上口受湘西入焉④，谓之上鼻浦⑤。高水西北与下鼻浦合⑥。水自鼻洲下口首受湘川，西通高水，谓之下鼻口⑦。高水又西北右屈为陵子潭，东北流注湘为陵子口⑧。

【注释】

① "湘水又北合断口"几句：断口、营口，《水经注疏》熊会贞按："下接称湘水左岸，则此二口并当在右岸。在今长沙县（今湖南长沙）西北。"

② 高口水：即乔口河。在今湖南长沙望城区西北。自益阳流入，至此入湘江。

③ 高口戍：在今湖南长沙望城区西北乔口镇。

④ 上鼻水：当在今湖南湘阴境内。鼻洲：《水经注疏》熊会贞按："鼻洲当在今湘阴县（今湖南湘阴）西南。一水出洲首为上口，故谓之上鼻水；一水出洲尾为下口，故谓之下鼻水。其各出湘水入高水，并当在今湘阴县境。"

⑤ 上鼻浦：当在今湖南湘阴境内。

⑥ 下鼻浦：当在今湖南湘阴境内。

⑦ 下鼻口：当在今湖南湘阴境内。

⑧ 陵子口：《水经注疏》熊会贞按："今长沙乔口为乔口江所入处，盖即此《注》之陵子口。"

【译文】

湘水又北流，汇合断口，又北流，就到下营口，此处是湘水的水湾。湘水左岸有高口水，发源于益阳县西边，北流经高口戍南边。又往西北流，上鼻水从鼻洲上口导入湘水，往西边注入，称为上鼻浦。高水往西北流，与下鼻浦汇合。这里的水从鼻洲下口导入湘川的水，西与高水相通，称为下鼻口。高水又往西北流，右转就是陵子潭，往东北流注入湘水，汇流处叫陵子口。

湘水自高口戍东，又北，右会鼻洲，左合上鼻口。又北，右对下鼻口，又北得陵子口。湘水右岸，铜官浦出焉①。

【注释】

①铜官浦：一作铜官渚。即今湖南长沙望城区北二十里铜官山下铜官镇。

【译文】

湘水从高口戍东边又往北流，右边流经鼻洲，左边汇合上鼻口。又往北流，右边对下鼻口，又往北流，到陵子口。湘水在右岸泄流形成铜官浦。

湘水又北迳铜官山①，西临湘水，山土紫色，内含云母，故亦谓之云母山也。

【注释】

①铜官山：又名云母山。在今湖南长沙望城区北二十里铜官镇。

【译文】

湘水又往北流经铜官山，山的西边濒临湘水，山上泥土呈紫色，含有云母，所以又叫云母山。

又北过罗县西①，潤水从东来流注②。

湘水又北迳锡口戍东③，又北，左派谓之锡水④，西北流迳锡口戍北，又西北流，屈而东北，注玉水焉⑤。水出西北玉池⑥，东南流注于锡浦⑦，谓之玉池口⑧。锡水又东北，东湖水注之⑨。水上承玉池之东湖也，南注于锡，谓之三阳泾⑩。水南有三戍⑪，又东北注于湘。湘水自锡口北出，又得望屯浦⑫，湘浦也。

【注释】

①罗县：战国秦置，属长沙郡。治所在今湖南汨罗西北。西汉属长

沙国,东汉属长沙郡。

②潭水:在今湖南汨罗市境。

③锡口戍:在今湖南湘阴西北二十五里锡江口。

④左派:向左边分流。锡水:《水经注疏》杨守敬按:"今湘水自县(今湖南湘阴)南文武洲分流,则古锡水在县(今湖南湘阴)西南。"

⑤玉水:在今湖南湘阴西南。

⑥玉池:在今湖南湘阴西南。

⑦锡浦:在今湖南湘阴西南。

⑧玉池口:在今湖南湘阴西南。

⑨东湖水:在今湖南湘阴西南。

⑩三阳泾:在今湖南湘阴西南。

⑫望屯浦:在今湖南湘阴西南。

【译文】

湘水又往北流过罗县西边,潭水从东边流来注入。

湘水又往北流经锡口戍东边,又往北流,左边分出一条支流,叫锡水,往西北流经锡口戍北边,又往西北流,转而东北,有玉水注入。玉水发源于西北方的玉池,往东南流,注入锡浦,出口叫玉池口。锡水又往东北流,有东湖水注入。东湖水上游承接玉池的东湖,南流注入锡水,称为三阳泾。水南有三处驻防城堡,又往东北流,注入湘水。湘水从锡口北流,又到望屯浦,是湘水的江湾。

湘水又北,枝津北出,谓之门泾也。湘水纡流西北①,东北合门水,谓之门泾口②。又北得三溪水口③,水东承大湖,西通湘浦,三水之会,故得三溪之目耳。又北,东会大对水口④,西接三津泾⑤。

【注释】

①纡流:曲折流淌。

②门泾口:《水经注疏》熊会贞按:"《一统志》,文泾江在湘阴县(今
　湖南湘阴)西,即文泾口。"

③三溪水口:《水经注疏》熊会贞按:"今湘阴县北有赛港,西北流入
　湘,源委与黄水相近,盖即三溪水矣。"

④大对水口:在今湖南湘阴北。

⑤三津泾:在今湖南湘阴北。

【译文】

　　湘水继续北流,有支流往北流出,称为门泾。湘水曲折往西北流,转
向东北,汇合了门水,汇流处叫门泾口。又往北流,有三溪水口,三溪水
在东边承接大湖,西与湘浦相通,三水汇合,所以有三溪之名。又往北流,
在东边汇合了大对水口,西边与三津泾相接。

　　湘水又北迳黄陵亭西①,右合黄陵水口②。其水上承大
湖,湖水西流,迳二妃庙南③,世谓之黄陵庙也。言大舜之
陟方也④,二妃从征,溺于湘江,神游洞庭之渊,出入潇湘之
浦⑤。潇者,水清深也。《湘中记》曰⑥:湘川清照五六丈⑦,
下见底石如摴蒲矢⑧,五色鲜明,白沙如霜雪,赤崖若朝霞,
是纳潇湘之名矣⑨。故民为立祠于水侧焉,荆州牧刘表刊石
立碑⑩,树之于庙,以旌不朽之传矣⑪。黄水又西流入于湘⑫,
谓之黄陵口。昔王子山有异才⑬,年二十而得恶梦,作《梦
赋》⑭,二十一溺死于湘浦,即斯川矣。

【注释】

①黄陵亭:在今湖南湘阴北。

②黄陵水口:在今湖南湘阴西北。

③二妃庙:在今湖南湘阴北。二妃指尧的两个女儿娥皇和女英。

④陟（zhì）方：巡狩，天子外出巡视。

⑤潇湘：湘江的别称。

⑥《湘中记》：书名。即罗君章的《湘中记》。

⑦湘川：即湘江。清照：清澈明亮。

⑧底石：水底的石头。樗蒲（chū pú）矢：指骰子。樗蒲，也作樗蒲，古代一种游戏，像后代的掷色子。矢，古代投壶或樗蒲等游戏中用的筹。

⑨纳：拥有。

⑩荆州牧：荆州的长官。牧，一州之长。刘表：字景升。山阳高平（今山东微山县）人。少知名，为八俊之一。初平元年（190），任荆州刺史，后为荆州牧。爱民养士，从容自保，归附者众。后疽发而死。

⑪旌：表扬，表彰。

⑫黄水：《水经注疏》杨守敬按："今黄水于湘阴县（今湖南湘阴）西北入湘水。"

⑬王子山：即王延寿。字文考，一字子山。南郡宜城（今湖北宜城）人。才华出众，年少游山东曲阜，作《鲁灵光殿赋》。

⑭《梦赋》：《水经注疏》："朱（谋㙔）《笺》曰：张华《博物志》云：王子山，与父叔师到泰山从鲍子真学算，到鲁，赋灵光殿，归渡湘水，溺死。王文考名延寿，一字子山也。南郡宜城人。子山《梦赋·序》曰：臣弱冠尝夜寝，见鬼物与臣战，遂得东方朔与臣作骂鬼之书，臣遂作《赋》一篇叙梦，后人梦者，读诵以却鬼，数数有验，臣不敢蔽。其词见《古文苑》中。守敬按：《梦赋》又见《类聚》七十九。"

【译文】

湘水又往北流经黄陵亭西边，右边汇合黄陵水口。这里的水上游承接大湖，湖水往西流经二妃庙南边，二妃庙人们称之为黄陵庙。传说大舜出外视察，两位妃子随行，在湘水溺死，她们的神灵漫游于洞庭的深渊，出入潇湘水口。潇，水清而深的意思。《湘中记》说：湘水很澄清，能看到五六丈的深处,水底的石块看来就像骰子一样,色彩鲜明,历历可辨,白色的沙滩皎如霜雪,红色的崖岸艳若朝霞,于是得到潇湘之名。二妃死于此,所以人们在水边为她们立祠,荆州牧刘表在庙内刻石立碑旌表,使她们的事迹传之不朽。黄水又往西流,注入湘水,汇流处称为黄陵口。从前王子山有奇才,二十岁时做了个霊梦,写了一篇《梦赋》,二十一岁就在湘水里淹死,那地方就在这条河上。

　　湘水又北迳白沙戌西①,又北,右会东町口②,溃水也。湘水又左合决湖口③,水出西陂,东通湘渚。

【注释】

①白沙戌:在今湖南湘阴北。

②东町口:当在今湖南湘阴境内。

③决湖口:当在今湖南湘阴境内。

【译文】

　　湘水又往北流经白沙戌西边,又往北流,右边在东町口汇合溃水。湘水又在左边汇合决湖口,此口的水源出西陂,东通湘渚。

　　湘水又北,汨水注之①。水东出豫章艾县桓山②,西南迳吴昌县北③,与纯水合④。水源出其县东南纯山⑤,西北流,又东迳其县南,又北迳其县故城下。县是吴主孙权立⑥。纯水又右会汨水,汨水又西迳罗县北,本罗子国也⑦,故在襄阳宜城县西⑧,楚文王移之于此⑨。秦立长沙郡,因以为县,水亦谓之罗水⑩。汨水又西迳玉笥山⑪,罗含《湘中记》云:屈潭之左有玉笥山⑫,道士遗言,此福地也⑬,一曰地脚山。汨水又西为屈潭,即汨罗渊也⑭。屈原怀沙⑮,自沉于此,故渊潭以屈为名。昔贾谊、史迁[16]，皆尝迳此，弭楫江波[17]，投吊于渊[18]。渊北有屈原庙[19]，庙前有碑，又有汉南太守程坚碑[20]，寄在原庙。汨水又西迳汨罗戍南[21]，西流注于湘。《春秋》之罗汭矣[22]，世谓之汨罗口[23]。

【注释】

①汨水：即汨罗江。即今湖南汨罗市境之汨罗江。

②豫章：即豫章郡。西汉高帝六年（前201）分九江郡置。治所在南昌县（今江西南昌东）。艾县：春秋吴艾邑。西汉置县，属豫章郡。治所在今江西修水县西渣津镇东南龙岗坪。

③吴昌县：三国吴改汉昌县置，属长沙郡。治所在今湖南平江县东南三十里金铺观。

④纯水：在今湖南平江县东南。

⑤纯山：《水经注疏》熊会贞按："宋本《寰宇记》，纯山在平江县（今湖南平江县）东南七十里。"

⑥孙权：字仲谋。吴郡富春（今浙江富阳）人。孙坚次子。继其兄孙策据有江东六郡。建安十三年（208），和刘备联军大败曹操于赤壁。黄龙元年（229）于武昌（今湖北鄂城）称帝，建国号吴。不久迁都建业（今江苏南京）。

⑦罗子国：罗，春秋国名。在今湖北南漳东南清河镇附近。后徙枝江市东北，又徙今湖南汨罗西北，后灭于楚。因国君为子爵，故称为罗子国。

⑧襄阳：即襄阳郡。东汉建安十三年（208）置。治所在襄阳县（今湖北襄阳襄城区）。以在襄水之阳而得名。宜城县：西汉惠帝三年（前192）改鄢县置，属南郡。治所在今湖北宜城东南十五里楚皇城遗址。

⑨楚文王:芈姓,熊氏,名赀,楚武王之子。春秋楚国国君。

⑩罗水:即汨罗江。

⑪汨(mì)水:即今湖南汨罗市境之汨罗江。玉笥(sì)山:一名石帆
　山。在今湖南汨罗西北。

⑫屈潭:在今湖南汨罗西北汨罗江中。

⑬福地:指神仙居住之处。道教有七十二福地之说。

⑭汨罗渊:即今湖南汨罗境之汨罗江。

⑮怀沙:怀石。

⑯史迁:即司马迁。字子长。夏阳(今陕西韩城)人。西汉著名的史
　学家和文学家。

⑰弭楫(mǐ jí):停船。弭,止息。楫,船桨。代指船。江波:江水中。

⑱投吊:投赠祭物而凭吊。

⑲屈原庙:在今湖南汨罗北楚塘乡汨罗山。

⑳汉南:疑为汉之南郡。程坚:南阳(今河南南阳)人。东汉官吏。
　素有志向品行。元初五年(118),拜为赵惠王刘乾傅。坚辅以礼
　义,使乾改悔前过。之前刘乾因居父丧纳妾,坐削中丘县。程坚
　上奏,恢复了刘乾以前被削夺的封邑。

㉑汨罗戍:《水经注疏》杨守敬按:"戍在今湘阴县(今湖南湘阴)北。"

㉒罗汭(ruì):在今湖南汨罗。

㉓汨罗口:一名屈潭。在今湖南汨罗西北汨罗江中。

【译文】

　　湘水又往北流,有汨水注入。汨水发源于东边豫章郡艾县的桓山,
往西南流经吴昌县北边,与纯水汇合。纯水源出吴昌县东南的纯山,往
西北流,又往东流经县南,又往北流经该县老城下。吴昌县是吴主孙权
所立。纯水又在右边汇合汨水,汨水又往西流经罗县北边,罗县原是罗
子国,先前在襄阳郡宜城县西,楚文王把它迁到这里。秦立长沙郡,于是
也把罗设立为县,水也就叫罗水了。汨水又往西流经玉笥山,罗含《湘中

记》说：屈潭的左边是玉笥山，有个道士遗言说，这是一处福地，又名地脚山。汨水又往西流，就到屈潭，就是汨罗渊。屈原怀抱沙石自沉于此，所以潭也名为屈潭了。从前贾谊、司马迁都曾经到过这里，他们在中流停下船，向潭中投下吊文。深潭北面有屈原庙，庙前有碑，还有一块汉南太守程坚碑，也寄存在屈原庙内。汨水又往西流经汨罗戍南边，西流注入湘水。汇流处就是《春秋》中说的罗汭，世人称之为汨罗口。

湘水又北，枝分北出，迳汨罗戍西，又北迳磊石山东^①，又北迳磊石戍西^②，谓之苟导泾矣^③，而北合湘水。湘水自汨罗口西北迳磊石山西，而北对青草湖^④，亦或谓之为青草山也^⑤，西对悬城口^⑥。湘水又北得九口^⑦，并湘浦也。

【注释】

①磊石山：亦作累石山，旧名万岁山，又名五木山。在今湖南汨罗西北。

②磊石戍：在今湖南汨罗西北。

③苟导泾：《水经注疏》熊会贞按："今湘水至磊石山分为二派，右派东北出迳山东，又北入洞庭湖，即苟导泾，与此《注》所叙合。"

④青草湖：亦名巴丘湖。在今湖南洞庭湖东南部。

⑤青草山：在今湖南青草湖南。

⑥悬城口：在今湖南湘阴北。

⑦九口：在今湖南湘阴北。

【译文】

湘水又往北流，往北分出一条支流，经过汨罗戍西边，又往北流经磊石山东边，又往北流经磊石戍西边，称为苟导泾，然后往北与湘水汇合。湘水从汨罗江往西北流经磊石山西边，此山也称青草山，北对青草湖，西对悬城口。湘水又往北流，先后有九个水口，都是湘水的江湾。

湘水又东北为青草湖口,右会苟导泾北口,与劳口合^①,又北得同拌口^②,皆湘浦右迤者也^③。

【注释】

①劳口:《水经注疏》熊会贞按:"劳口疑即今巴陵县(今湖南岳阳)南之荷塘湖,其北有同拌湖。"

②同拌口:当在今湖南岳阳一带。

③迤(yǐ):曲折延伸貌。

【译文】

湘水又往东北流,就是青草湖口,右边汇合苟导泾北口,又与劳口汇合,又往北流到同拌口,都是湘水的江湾向右泄水的水口。

又北过下隽县西^①,微水从东来流注^②。

湘水左会清水口^③,资水也^④,世谓之益阳江^⑤。湘水之左,迤鹿角山东^⑥,右迤谨亭戍西^⑦,又北合查浦^⑧,又北得万石浦^⑨,咸湘浦也。侧湘浦北有万石戍^⑩。湘水左则沅水注之^⑪,谓之横房口^⑫,东对微湖^⑬,世或谓之麋湖也。右属微水,即《经》所谓微水经下隽者也。西流注于江,谓之麋湖口^⑭。

【注释】

①下隽县:西汉置,属长沙国。治所在今湖北通城县西北。因隽水得名。东汉属长沙郡。

②微水:即今湖南岳阳北新墙河,注入洞庭湖。

③清水口:在今湖南益阳西。

④资水:在今湖南中部。南源夫夷水出广西资源南,西源敕水出湖

南城步苗族自治县北,在邵阳汇合后,北流经新化、安化等县折向东,经益阳到湘阴临资口入洞庭湖。

⑤益阳江:资水在湖南益阳附近称益阳江。

⑥鹿角山:《水经注疏》杨守敬按:"当在今沅江县(今湖南沅江市)北。"

⑦谨亭戌:《水经注疏》杨守敬按:"戌在今巴陵县(今湖南岳阳)南。"

⑧查浦:当在今湖南岳阳南。

⑨万石浦:当在今湖南岳阳南。

⑩万石戌:在今湖南岳阳(荣家湾)西。

⑪沅(yuán)水:即今湖南西北境沅江。

⑫横房口:当在今湖南岳阳境内。

⑬微湖:当在今湖南岳阳境内。

⑭麋湖口:当在今湖南岳阳境内。

【译文】

湘水又往北流过下隽县西边,微水从东边流来注入。

湘水在左边汇合于清水口的,是资水,世人称之为益阳江。湘水左边流经鹿角山东边,右边流经谨亭戌西边,又往北流,与查浦汇合,又往北流,到万石浦,都是湘水的江湾。在江湾的北侧有万石戌。湘水左边有沅水注入,汇流处叫横房口,横房口东对微湖,也有人称之为麋湖。微湖右边与微水相连,《水经》所说的微水流经下隽,就指此水。微水西流注入大江,汇流处叫麋湖口。

湘水又北迳金浦戌①,北带金浦水②,湖溠也③。湘水左则澧水注之④,世谓之武陵江⑤。凡此四水⑥,同注洞庭,北会大江⑦,名之五渚⑧。《战国策》曰:秦与荆战,大破之,取洞庭五渚者也。湖水广圆五百余里⑨,日月若出没于其中⑩。《山海经》云:洞庭之山,帝之二女居焉⑪。沅、澧之风⑫,交潇湘之浦^⑬，出入多飘风暴雨^⑭。湖中有君山、编山^⑮，君山有石穴，潜通吴之包山^⑯，郭景纯所谓巴陵地道者也^⑰。是山，湘君之所游处^⑱，故曰君山矣。昔秦始皇遭风于此，而问其故，博士曰^⑲：湘君出入则多风。秦王乃赭其山^⑳。汉武帝亦登之，射蛟于是山。东北对编山，山多篾竹^㉑。两山相次^㉒，去数十里，回峙相望^㉓，孤影若浮^㉔。湖之右岸有山，世谓之笛乌头石^㉕，石北右会翁湖口^㉖，水上承翁湖，左合洞浦^㉗，所谓三苗之国^㉘，左洞庭者也。

【注释】

①金浦戍：当在今湖南岳阳境内。

②带：环绕，缠绕。金浦水：在今湖南岳阳南。

③湖溠（zhà）：与湖相通的水湾。溠，水湾。

④澧水：在今湖南西北部。

⑤武陵江：澧水流经武陵郡段，当地人因郡以名水。

⑥四水：指湘江、资水、沅水与澧水。

⑦大江：即长江。

⑧五渚：《水经注疏》杨守敬按："谓湘、资、沅、澧四水，自南而入，大江自北而过，洞庭潴其间，谓之五渚也。"

⑨广圆：方圆。指面积。

⑩日月若出没于其中：日月好像从中升起与落下。比喻水体浩瀚。出自曹操《观沧海》："日月之行，若出其中；星汉灿烂，若出其里。"陈桥驿按，洞庭湖往昔是全国第一大湖，"日月若出没于其中"，此描写毫不夸张，可惜近几十年中由于沿湖围垦，面积已缩小甚多。

⑪帝之二女：尧帝的两个女儿娥皇和女英。

⑫沅：即沅江。发源于贵州，流入湖南。澧：即澧水。

⑬潇湘：即湘江。

⑭飘风：狂风。

⑮君山：又名湘山、洞庭山。在今湖南岳阳西南洞庭湖中。编山：当在今湖南岳阳一带。《水经注疏》熊会贞按："《岳阳风土记》，湘人以吴船为艑，山形类之，故名。此'编'盖'艑'之异文也。"

⑯潜通：地下通连。吴：吴地。包山：一作苞山。又名夫椒山，俗称西山。即今江苏苏州西南洞庭西山。

⑰郭景纯：即郭璞，字景纯。东晋河东闻喜（今山西闻喜）人。曾注《尔雅》《方言》《山海经》《穆天子传》等。巴陵地道：此郭璞《江赋》之文。李善《文选注》："郭璞《山海经》注曰：洞庭地穴，在长沙巴陵。吴县南太湖中有苞山，山下有洞庭穴道，潜行水底，云无所不通，号为地脉。"巴陵：即巴陵县。西晋太康元年（280）置，属长沙郡。治所即今湖南岳阳。

⑱湘君：湘水之神，谓之湘君。

⑲博士：官名。源于战国，秦汉相承，掌古今史事，典守书籍，或专掌某一经书的传授。

⑳赭（zhě）：伐尽树木，使山岭赤裸呈赭色。

㉑麖（chí）竹：竹名。

㉒相次：相互比邻。次，比邻，近邻。

㉓回峙：回绕对峙。

㉔孤影若浮：孤单的山影如漂浮在水面上一般。

㉕笛乌头石：《水经注疏》熊会贞按："在今巴陵县（今湖南岳阳）南。"

㉖翁湖：一名渑湖。在今湖南岳阳南。

㉗洞浦：即洞庭湖。

㉘三苗之国：亦称有苗。古国名。尧、舜、禹时代我国南方较强大的

部族,相传原先分布于江、淮、荆州一带,后被迁至三危(今甘肃敦煌一带)。

【译文】

湘水又往北流经金浦戍,戍北濒金浦水,是与湖相通的一条小港。湘水左边有澧水注入,人们称之为武陵江。这四条水,都一同注入洞庭湖,北与大江汇合,合称五渚。《战国策》说:秦与荆交战,把荆打得大败,占领了洞庭五渚。湖水方圆五百余里,太阳和月亮好像就从湖中升起和沉落似的。《山海经》说:洞庭山,是帝尧的两个女儿居住的地方。从沅水、澧水吹来的风,在湘江之滨相交会,常常带来狂风暴雨。湖中有君山、编山,君山有个岩洞,经水下暗通吴的包山,就是郭景纯所说的巴陵地道。这座山是湘君所游的地方,所以叫君山。从前秦始皇在这里遇暴风,向博士询问是什么缘故,博士答道:湘君出入时就多风。于是秦始皇就下令砍光山上的树木,使山岭赤裸呈赭色。汉武帝也登过此山,并在这里射过蛟龙。君山东北对编山,山上多篦竹。两山相距数十里,对峙相望,从远处看去,一片孤影,就像漂浮在湖上似的。湖的右岸有山,人们称之为笛乌头石,石山北面,右边连接翁湖口,这里有一条水,上游承接翁湖,左边与洞浦汇合,所谓三苗之国,就指左边洞庭湖一带。

又北至巴丘山①,入于江。

山在湘水右岸,山有巴陵故城②,本吴之巴丘邸阁城也③。晋太康元年立巴陵县于此④,后置建昌郡⑤。宋元嘉十六年⑥,立巴陵郡⑦,城跨冈岭,滨阻三江⑧。巴陵西对长洲⑨,其洲南分湘浦,北届大江,故曰三江也。三水所会,亦或谓之三江口矣⑩。夹山列关⑪,谓之射猎⑫,又北对养口⑬,咸湘浦也。水色青异⑭,东北入于大江。有清浊之别,谓之江会也⑮。

【注释】

①巴丘山：即巴陵山。在今湖南岳阳西南隅。

②巴陵故城：巴陵县的县治。即今湖南岳阳。

③巴丘邸阁城：即巴丘城。今湖南岳阳。

④太康元年：280年。太康，西晋武帝司马炎的年号（280—289）。

　　巴陵县：西晋太康元年（280）置，属长沙郡。治所即今湖南岳阳。

⑤建昌郡：西晋元康九年（299）置。治所在今湖北通城西北。

⑥宋元嘉十六年：439年。宋，即南朝宋（420—479），刘裕所建。

　　元嘉，南朝宋皇帝刘裕的年号（424—453）。

⑦巴陵郡：南朝宋元嘉十六年（439）分长沙郡置，属湘州（后属郢

　　州）。治所在巴陵县（今湖南岳阳）。

⑧滨：濒临。

⑨长洲：《水经注疏》杨守敬按："洲在今巴陵县西如北。"

⑩三江口：亦名西江口。在今湖南岳阳北，为洞庭湖入江处。

⑪夹山：两岸被群山夹围。列关：关口罗列。

⑫谓之射猎：《水经注疏》杨守敬按："此就山言射猎，下文意未完，

　　疑有脱字。"

⑬养口：《水经注疏》杨守敬按："在今湘阴县（今湖南湘阴）北。"

⑭青异：异常清澈。

⑮江会：水流汇合之处。

【译文】

湘水又往北流，到巴丘山注入大江。

巴丘山在湘水右岸，山上有巴陵老城，原来是吴的巴丘邸阁城。晋太康元年，在这里设立巴陵县，后来设立建昌郡。宋元嘉十六年，设立巴陵郡，城建在山冈上，有三江阻隔。巴陵西对长洲，此洲南端分隔湘水江湾，北端伸到大江，所以叫三江。三水汇合的地方，也叫三江口。三江口两岸山峰夹峙，其间设置关口，称为射猎，又北对养口，都是湘水的江湾。湖水

异常清澈,往东北流,注入大江。两水清浊截然不同,汇合之处称为江会。

漓水

漓水亦出阳海山^①,

漓水与湘水,出一山而分源也。湘、漓之间,陆地广百余步,谓之始安峤^②。峤,即越城峤也。峤水自峤之阳南流注漓,名曰始安水^③,故庚仲初之赋扬都云^④:判五岭而分流者也^⑤。

【注释】

①漓水:即今广西之漓江、桂江,为西江支流。阳海山:即海阳山。亦即今广西东北部兴安、灌阳、灵川、恭城县境之海洋山。

②始安峤:即越城峤。五岭之一。在今广西全州、资源二县间。长两百公里。峤,尖而高的山。

③始安水:即今广西东部之桂江(漓江)。

④庚仲初:即庚阐,字仲初。颍川鄢陵(今河南鄢陵西北)人。累迁尚书郎等职,有《扬都赋》等存世。谥曰贞。赋扬都:即《扬都赋》。该赋称颂扬都(今扬州)地势,慨叹其繁荣壮伟,并为之作注。

⑤判五岭而分流:陈桥驿认为此段记叙,即通常所谓"湘漓同源"。《汉书·地理志》与《说文解字》都有记载,但以《水经注》所载最为详明,值得重视。

【译文】

漓水

漓水也发源于阳海山,

漓水和湘水发源于同一座山,而源头则是被分开的。湘水与漓水之间,只隔着一片宽百余步的陆地,称为始安峤。这道山岭也就是越城峤。

峤水从山的南麓注入漓水，名为始安水，所以庾仲初作《扬都赋》说：以五岭为分界，诸水分向而流。

　　漓水又南与沩水合①。水出西北邵陵县界，而东南流至零陵县②，西南迳越城西③。建安十六年④，交州刺史赖恭⑤，自广信合兵小零陵越城迎步骘⑥，即是地也。沩水又东南流注于漓水，《汉书》所谓出零陵下漓水者也⑦。

【注释】

①沩（wéi）水：即今广西东北部漓江上源支流大溶江。

②零陵县：秦置，属长沙郡。治所在今广西全州西南。西汉为零陵郡治。东汉属零陵郡。

③越城：在今广西兴安西南越城岭西南。

④建安十六年：211年。建安，汉献帝刘协的年号（196—220）。

⑤交州刺史：交州的最高行政长官。交州，东汉建安八年（203）改交州刺史部置。治所在广信县（今广西梧州）。十五年（210）移治番禺县（今广东广州）。三国吴时分为交、广二州，交州治龙编县（今越南河北省仙游东）。赖恭：零陵（今湖南零陵）人。先事刘表，任交州刺史。后事刘备，任镇远将军，迁太常。

⑥广信：即广信县。西汉置，为苍梧郡治。治所即今广西梧州。合兵：聚合队伍。小零陵：即零陵县。对零陵郡而言，故曰小零陵。步骘（zhì）：字子山。临淮淮阴（今江苏淮安淮阴区）人。孙权为讨虏将军，召骘为主记，除海盐长。建安十五年（210），出领鄱阳太守，徙交州刺史。赤乌九年（246），代陆逊为丞相。

⑦出零陵下漓水者：语见《汉书·武帝纪》：“遣伏波将军路博德出桂阳，下湟水；楼船将军杨仆出豫章，下浈水；归义越侯严为戈船将军，出零陵，下离水。”

【译文】

　　漓水又往南流与沩水汇合。沩水发源于西北方的邵陵县境,往东南流到零陵县,往西南流经越城西边。建安十六年,交州刺史赖恭,从广信县合兵于小零陵的越城迎击步骘,就是这地方。沩水又往东南流,注入漓水,《汉书》中所说的取道零陵,从漓水顺流而下,就指的是这条水。

　　漓水又南合弹丸溪①。水出于弹丸山②,山有涌泉③,奔流冲激,山嵁及溪中④,有石若丸,自然珠圆,状弹丸矣,故山水即名焉⑤。验其山有石窦⑥,下深数丈,洞穴深远⑦,莫究其极⑧。溪水东流注于漓水。

【注释】

　　①弹丸溪:当在今广西桂林东三里七星山一带。

　　②弹丸山:在今广西桂林东三里七星山。

　　③涌泉:从地下向上喷出的泉水。

　　④山嵁(kān):山中的悬崖峭壁。

　　⑤即名:根据石头如弹丸的特征而取名。

　　⑥验:考察,勘察。石窦(dòu):石穴,石洞。

　　⑦深远:深邃而遥远。

　　⑧莫究其极:不能探究石窦的尽头。究,探究,探寻。极,尽头,终点。

【译文】

　　漓水又往南流,与弹丸溪汇合。溪水发源于弹丸山,山上有一股泉水涌出,从山洞奔流直冲而下,岩穴和溪洞中有些石子,光洁浑圆,完全是天然形成,形状就像弹丸一样,所以山水都以弹丸为名了。考察此山,山上有石洞,下深数丈,洞穴深远,不知尽头在何处。溪水东流注入漓水。

　　漓水又南迳始兴县东①,魏元帝咸熙二年②,吴孙皓分零陵南部立始兴县。漓水又南,右会洛溪③。溪水出永丰县西北洛溪山④,东流迳其县北。县,本苍梧之北乡⑤,孙皓割以为县。洛溪水又东南迳始安县而东注漓水⑥。

【注释】

①始兴县:三国吴永安六年(263)置,属始兴郡。治所在今广东始兴西北。

②魏元帝咸熙二年:265年。魏元帝,三国魏元帝陈留王曹奂。字景明,魏武帝曹操之孙,燕王曹宇之子。甘露三年(258),高贵乡公曹髦封之为安次县常道乡公。咸熙,三国魏元帝曹奂的年号(264—265)。

③洛溪:相当于今广西桂林临桂区南之相思江。

④永丰县:三国吴甘露元年(265)分荔浦永丰乡置,属始安郡。治所在今广西荔浦西北五十里花箦镇老县。

⑤苍梧:即苍梧郡。西汉元鼎六年(前111)置。治所在广信县(今广西梧州)。

⑥始安县:西汉元鼎六年(前111)置,属零陵郡。治所即今广西桂林。

【译文】

漓水又往南流经始兴县东边,魏元帝咸熙二年,吴孙皓分零陵郡南部置始兴县。漓水又南流,右边与洛溪汇合。溪水发源于永丰县西北的洛溪山,往东流经县北。始兴县原是苍梧的北乡,孙皓把它分出来另设为县。洛溪水又往东南流经始安县,东流注入漓水。

　　漓水又东南流入熙平县①,迳羊濑山②。山临漓水,石间有色类羊③。又东南迳鸡濑山④,山带漓水,石色状鸡。故二山以物象受名矣⑤。

【注释】

①熙平县：西晋武帝时改尚安县置，属始安郡。治所在今广西阳朔
　东北四十里兴坪镇。

②羊濑山：在今广西阳朔北。

③石间有色类羊：有的石头形状像羊。色，形状，形貌。

④鸡濑山：当在今广西阳朔北。

⑤以物象受名：根据事物的形状命名。物象，事物的形状。

【译文】

漓水又往东南流，进入熙平县境，流经羊濑山。山濑临漓水，岩石有
些色斑形状很像羊。又往东南流过鸡濑山，山濑临漓水，岩石有些色斑
形状很像鸡。所以这两座山就都按照岩石的斑纹形象来命名。

　　漓水又南得熙平水口①，水源出县东龙山②，西南流迳
其县南，又西与北乡溪水合。水出县东北北乡山，西流迳其
县北，又西流南转，迳其县西。县，本始安之扶乡也③，孙皓
割以为县。溪水又南注熙平水，熙平水又西注于漓水。县南
有朝夕塘，水出东山西南，有水从山下注，塘一日再增再减，
盈缩以时④，未尝愆期⑤，同于潮水，因名此塘为朝夕塘矣⑥。

【注释】

①熙平水：即兴平水。在今广西阳朔东北三十里。

②龙山：今广西阳朔东北龙头山。

③扶乡：始安县下辖乡。

④盈缩以时：这里指盈缩有定期，不会错过相应的时间。盈缩，盈满
　与减落。以时，依照时间。

⑤愆（qiān）期：违背时间。愆，违背，错过。

⑥朝夕塘：在今广西阳朔东。

【译文】

漓水又南流到熙平水口，此水源出熙平县东的龙山，往西南流经县南，又往西流与北乡溪水汇合。北乡溪水发源于熙平县东北的北乡山，往西流经县北，又西流南转，经过县西。熙平县原来是始安县的扶乡，孙皓把它划出来另立为县。溪水又往南注入熙平水，熙平水又往西注入漓水。县南有朝夕塘，水源出自东山西南，水从山上流下，注入塘中，塘水每日增减各两次，涨落都有定时，从不误期，就像潮水一般，因此称为朝夕塘。

漓水又西迳平乐县界①，左合平乐溪口②。水出临贺郡之谢沐县南历山③，西北流，迳谢沐县西南，西南流至平乐县东南，左会谢沐众溪，派流凑合④，西迳平乐南。孙皓割苍梧之境立以为县，北隶始安⑤。溪水又西南流注于漓水，谓之平乐水。

【注释】

①平乐县：三国吴甘露元年（265）置，属始安郡。治所在今广西平乐东北恭城河西北岸。

②平乐溪：又名平乐水、乐川水。即今广西平乐及恭城瑶族自治县境内之恭城河。为桂江支流。

③临贺郡：三国吴黄武五年（226）置，属荆州。治所在临贺县（今广西贺州东南贺街镇）。谢沐县：西汉置，属苍梧郡。治所在今湖南江永西南二十五里甘棠村。三国吴属临贺郡。

④派流：支流。凑合：汇合聚拢。

⑤隶：隶属。始安：即始安郡。三国吴甘露元年（265）分零陵郡置，属广州。治所在始安县（今广西桂林）。

【译文】

漓水又西流经平乐县境,左边汇合平乐溪口。溪水发源于临贺郡谢沐县南历山,往西北流经谢沐县西南,往西南流到平乐县东南,左边汇合谢沐县的许多溪水,这些溪流汇合起来,往西流经平乐县南边。孙皓从苍梧辖境内分地设置平乐县,隶属于北边的始安郡。溪水又往西南流,注入漓水,称为平乐水。

南过苍梧荔浦县^①,

濑水出县西北鲁山之东^②,迳其县西与濡水合^③。水出永丰县西北濡山^④,东南迳其县西,又东南流入荔浦县,注于濑溪,又注于漓水。漓水之上有关。

【注释】

①荔浦县:亦作荔蒲县。西汉置,属苍梧郡。治所在今广西荔浦西南四十里青山镇。

②鲁山:当在今广西荔浦一带。

③濡水:即今广西荔浦北之花篑河。

④永丰县:三国吴甘露元年(265)分荔浦县永丰乡置,属始安郡。治所在今广西荔浦西北五十里花篑镇老县。

【译文】

漓水往南流过苍梧郡荔浦县,

濑水发源于荔浦县西北鲁山之东,流经荔浦县西,与濡水汇合。濡水发源于永丰县西北的濡山,往东南流经县西,又往东南流入荔浦县,注入濑溪,濑溪又注入漓水。此处漓水上有关口。

漓水又南,左合灵溪水口^①。水出临贺富川县北符灵冈^②,南流迳其县东,又南注于漓水也。

【注释】

①灵溪水:即今广西锺山县西思勤江。

②富川县:西汉元鼎四年(前113)置,属苍梧郡。治所即今广西锺
　　山县。

【译文】

漓水又南流,左边汇合灵溪水口。溪水发源于临贺郡富川县北面的
符灵冈,往南流经县东,又往南注入漓水。

又南至广信县①,入于郁水②。

【注释】

①广信县:西汉置,为苍梧郡治。治所即今广西梧州。

②郁水:汉、魏、南北朝时期之郁水,指今广西之右江、郁江、浔江及
　　广东之西江。

【译文】

漓水又往南流到广信县注入郁水。

溱水

溱水出桂阳临武县南①,绕城西北屈东流,

溱水导源县西南,北流迳县西,而北与武溪合②。《山海
经》曰:肆水出临武西南,而东南注于海。入番禺西③,肆水,
盖溱水之别名也。武溪水出临武县西北桐柏山④,东南流,右
合溱水,乱流东南迳临武县西,谓之武溪。县侧临溪东⑤,因
曰临武县,王莽更名大武也。溪又东南流,左会黄岑溪水⑥。
水出郴县黄岑山⑦,西南流,右合武溪水⑧。武溪水又南入重
山,山名蓝豪⑨,广圆五百里⑩,悉曲江县界⑪。崖峻险阻⑫,

岩岭干天^⑬,交柯云蔚^⑭,霾天晦景^⑮,谓之泷中。悬湍回注^⑯,崩浪震山^⑰,名之泷水。

【注释】

①溱(zhēn)水:古秦水。一名肆水。在今湖南临武南。桂阳:即桂阳郡。汉高帝置。治所在郴县(今湖南郴州)。临武县:西汉置,属桂阳郡。治所在今湖南临武东十五里古城渡。

②武溪:又名武水、泸溪,沅江支流。在今湖南西部。

③番禺:即番禺县。秦始皇三十三年(前214)统一南越后置,为南海郡治。治所即今广东广州。

④桐柏山:一名西山。在今湖南临武西二十里。

⑤侧临:临近,毗邻。

⑥黄岑溪水:又名岑水、谷溪水、五溪、龙河。今名玉溪。在今湖南宜章南。

⑦郴县:秦置,属长沙郡。治所即今湖南郴州。黄岑山:即骑田岭。又名上岭山、客岭山、黄箱山。在今湖南郴州南六十里,接宜章界。

⑧武溪水:亦名泷水。源出今湖南临武西北,东流经宜章,入广东乐昌,至韶关,南流为北江。

⑨蓝豪:山名。在今广东乐昌西北。

⑩广圆:方圆。指面积。

⑪曲江县:西汉置,属桂阳郡。治所在今广东韶关东南莲花岭下。

⑫崖峻:山崖峻峭。险阻:险要。

⑬干天:直插云霄。

⑭交柯(kē):树枝交错。云蔚:郁郁葱葱的样子。

⑮霾(mái):遮掩,覆盖。晦(huì)景:使日色昏暗。

⑯悬湍:瀑布。回注:环绕倾泻。

⑰崩浪：迸溅的水浪。震山：震动山谷。

【译文】

溱水

溱水发源于桂阳郡临武县南边，绕城西北又转向东流，

溱水发源于临武县西南，往北流经县西，然后往北与武溪汇合。《山海经》说：肆水发源于临武西南，往东南流，注入大海。溱水进入番禺西部，肆水就是溱水的别名。武溪水发源于临武县西北的桐柏山，往东南流，在右边与溱水汇合，往东南乱流，经过临武县西边，称为武溪。临武县城濒临溪东，因此名为临武县，王莽改名为大武。武溪又往东南流，左边汇合了黄岑溪水。溪水发源于郴县黄岑山，往西南流，在右边与武溪水汇合。武溪水又往南流入重山，山名蓝豪，方圆五百里，都在曲江县境内。山上悬崖峭壁艰险难行，山岭的巉岩高入云天，密林繁枝交错，绿荫如云，荫天蔽日，称为泷中。瀑布萦纡流泻，浪花迸溅，声震山谷，称为泷水。

东至曲江县安聂邑东①，屈西南流，

泷水又南出峡，谓之泷口②。西岸有任将军城③，南海都尉任嚣所筑也④。嚣死，尉佗自龙川始居之⑤。东岸有任将军庙⑥。

【注释】

①安聂邑：《水经注疏》熊会贞按："邑当在今曲江县（今广东韶关曲江区）西南，对东江口。"

②泷口：《水经注疏》熊会贞按："在今乐昌县（今广东乐昌）西。"

③任将军城：《水经注疏》熊会贞按："城在今乐昌县西南。"

④南海都尉：即南海郡的武官。南海，即南海郡。秦始皇三十三年（前214）置。治所在番禺县（今广东广州）。任嚣：秦末人。始皇时为南海尉。秦二世元年（前209）陈胜起兵时，任嚣病重，召属

吏龙川县令赵佗,嘱赵佗自立为国,授行使南海尉之权。卒后,赵佗并桂林、象郡,自立为南越王。

⑤尉佗:即南越王尉佗,初名赵佗。真定(今河北石家庄)人。秦初被任命为南海郡龙川县令,任嚣死后代为南海尉。秦亡后,自立为南越武王,自称南武帝。刘邦正式封为南越王。龙川:即龙川县。秦置,属南海郡。治所在今广东龙川西南二十里佗城镇。

⑥任将军庙:《水经注疏》熊会贞按:"当在今乐昌县南。"

【译文】

溱水往东流,到曲江县安聂邑东边,折向西南流,

泷水继续南流出峡,峡口叫泷口。西岸有任将军城,是南海都尉任嚣所筑。任嚣死后,尉佗从龙川开始进驻于此。东岸有任将军庙。

泷水又南合泠水①。泠水东出泠君山②,山,群峰之孤秀也③。晋太元十八年④,崩十余丈,于是悬涧瀑挂⑤,倾流注壑⑥,颓波所入⑦,灌于泷水。

【注释】

①泠水:一名泠道水。即今湖南境内之泠水。

②泠君山:在今广东乐昌东北。

③孤秀:孤零零地耸立。秀,耸立,高出。

④太元十八年:393年。太元,东晋孝武帝司马曜的年号(376—396)。

⑤悬涧:高耸的溪涧。瀑挂:悬挂着瀑布。

⑥倾流:倾泻的水流。注壑:注入沟壑。

⑦颓波:向下流的水势。

【译文】

泷水又往南流与泠水汇合。泠水发源于东面的泠君山,此山雄伟高峻,独出群峰之上。晋太元十八年,山崩塌了十余丈,于是形成悬崖飞瀑,

水流倾泻入深壑,滔滔滚滚地奔向泷水。

　　泷水又右合林水^①,林水出县东北洹山^②。王歆之《始兴记》曰^③:林水源里有石室,室前磐石上,行罗十瓮^④,中悉是饼银,采伐遇之不得取,取必迷闷。晋太元初,民封驱之家仆^⑤,密窃三饼归,发看,有大蛇螫之而死^⑥。《湘州记》曰^⑦:其夜,驱之梦神语曰:君奴不谨,盗银三饼,即日显戮^⑧,以银相偿。觉视,则奴死银在矣。林水自源西注于泷水。又与云水合^⑨。水出县北汤泉^⑩,泉源沸涌^⑪,浩气云浮^⑫,以腥物投之,俄顷即热^⑬。其中时有细赤鱼游之^⑭,不为灼也。西北合泷水。又有藉水,上承沧海水^⑮,有岛屿焉。其水吐纳众流^⑯,西北注于泷水。

【注释】

①林水:当在今广东韶关曲江区一带。

②洹(huán)山:即临沅山。在今广东韶关曲江区北。

③王歆之:字叔道。元嘉初为散骑常侍,巡行四方,荐贤任能。后历任左民尚书、光禄大夫。《始兴记》:书名。《隋书·经籍志》不录。《初学记》《艺文类聚》《太平御览》以及《文选》注、《水经注》引之。

④行罗:成行排列。

⑤封驱之:人名。具体不详。

⑥螫(shì):毒虫或蛇咬刺。

⑦《湘州记》:晋人庾仲雍和南朝宋郭仲产均撰有《湘州记》,此处不知为何家《湘州记》。

⑧即日:当日,当时。显戮:处死示众。

⑨云水:《水经注疏》熊会贞按:“水在今曲江县(今广东韶关曲江区)

北。"

⑩汤泉：温泉。汤，热水。

⑪沸涌：沸腾喷涌。

⑫浩气：弥漫的水汽。云浮：像云一样飘浮。

⑬俄顷即热：陈桥驿按，此处的"俄顷即热"在《永乐大典》本、何焯、王国维所校明钞本、赵一清《水经注释》、杨、熊《水经注疏》等各本中，均作"俄顷即熟"。"热"与"熟"虽然一字之差，但对于温泉的水温来说，差距却是很大的。按殿本（朱谋㙔《水经注笺》与殿本同），这处温泉属于一般的热泉，但按《永乐大典》诸本，这是一处过热泉。《太平御览》引《幽明录》："始兴灵水，源有汤泉，每至霜雪，见其上蒸气高数十丈，生物投之，须臾便熟。"从《幽明录》的记载来看，《水经注》的"腥物"，可能是"生物"的音讹。上文如作"生物"，下文自然作"熟"。可见此文《大典》诸本或许比殿本及朱谋㙔本可靠。俄顷，立即，立刻。

⑭细赤鱼：小红鱼。

⑮沧海水：《水经注疏》熊会贞按："此水在今曲江县（今广东韶关曲江区）北。"

⑯吐纳：此指接纳。

【译文】

浈水又在右边汇合林水，林水发源于曲江县东北面的洹山。王歆之《始兴记》说：林水的源头有个石洞，在洞前的巨石上，排着十只坛子，坛内全是银饼。伐木砍柴的人碰到时是拿不得的，拿了一定会昏迷心闷。晋太元初，封驱之有个仆人暗里偷了三枚银饼回来，打开一看，却是一条大蛇，把他活活咬死了。《湘州记》说：那天晚上，封驱之梦见神对他说：你的奴仆不检点，偷了三枚银饼，当日将他处决示众，银子就留给你作为赔偿。他醒来去看，只见仆人已死，银子还在那边。林水从源头往西流，注入浈水。浈水又与云水汇合。云水发源于县北汤泉，汤泉水源在不断沸涌,上面飘浮着一股浓厚的云气,如果投下生物,一会儿就会熟了。泉水中常有红色的小鱼游来游去,却不会被烫伤。云水往西北流,与泷水汇合。还有一条藉水,上游承接沧海水,有岛屿。此水接纳了许多支流,往西北注入泷水。

泷水又南历灵鹫山①。山,本名虎郡山,亦曰虎市山,以虎多暴故也。晋义熙中②,沙门释僧律③,葺宇岩阿④,猛虎远迹,盖律仁感所致⑤,因改曰灵鹫山。

【注释】

①灵鹫山:在今广东韶关北。

②义熙:东晋安帝司马德宗的年号(405—418)。

③沙门:佛教用以专指依照戒律出家修道的人。释僧律:僧人名。其他不详。

④葺(qì)宇:建造房屋。岩阿:山的曲折处。

⑤仁感:仁义的感应。

【译文】

泷水又往南流经灵鹫山。此山原名虎郡山,又叫虎市山,因为常常有猛虎为害。晋义熙年间,有个名叫律的僧人在岩边修建了一座房子,于是猛虎绝迹,这大概是由于律的仁慈感化所致吧,因此改名灵鹫山。

泷水又南迳曲江县东,云县昔号曲红①。曲红,山名也,东连冈是矣。泷中有碑,文曰②:按《地理志》③,曲江旧县也,王莽以为除虏,始兴郡治④。魏元帝咸熙二年⑤,孙皓分桂阳南部立⑥。县东傍泷溪⑦,号曰北泷水。水左即东溪口也。水出始兴东江州南康县界石阁山⑧,西流而与连水合⑨。

水出南康县凉热山连溪^⑩，山，即大庾岭也，五岭之最东矣，故曰东峤山。斯则改装之次^⑪，其下船路名涟溪。涟水南流，注于东溪，谓之涟口。庾仲初谓之大庾峤水也，东溪亦名东江^⑫，又曰始兴水。又西，邪阶水注之^⑬。水出县东南邪阶山，水有别源，曰巢头。重岭衿泷^⑭，湍奔相属^⑮，祖源双注，合为一川。水侧有鼻天子城^⑯，鼻天子，所未闻也。邪阶水又西北注于东江。

【注释】

①曲红：即曲江。《水经注疏》熊会贞按："赵氏（一清）云，《寰宇记》梓州射洪县下引李膺《记》云：娄偻滩东有射江，土人语讹，以江为洪，则知曲江之为曲红，亦是音同之故。"

②泷中有碑，文曰：《水经注疏》熊会贞按："此碑是《汉桂阳太守周府君功勋铭》，文载《隶释》，中有自瀑亭至乎曲红之语。《注》引碑以证曲红，当有此句。"

③《地理志》：即《汉书·地理志》。概述先秦至汉地理沿革、西汉行政区划、山川名胜、户口物产及中外交通等。

④始兴郡：三国吴甘露元年（265）分桂阳南部都尉置，属荆州。治所在曲江县（今广东韶关东南莲花岭下）。

⑤魏元帝咸熙二年：265年。魏元帝，三国魏皇帝曹奂。咸熙，曹奂的年号（264—265）。

⑥桂阳：即桂阳郡。汉高帝置。治所在郴县（今湖南郴州）。

⑦傍：依傍，临近。泷溪：亦名北泷水。即今广东韶关西北之武江。

⑧江州：西晋惠帝元康元年（291）置。治所在南昌县（今江西南昌东）。南康县：西晋太康五年（284）以南安县改置，属南康郡。治所在今江西赣州南康区西南一里，后迁今赣州南康区。石阁山：

《水经注疏》熊会贞按："今所谓大庾岭,即郦《注》东溪所出之石
　　阊山也。"

⑨连水:亦作涟水。即今广东南雄西北之凌江。

⑩凉热山:即大庾岭。在今江西大余、广东南雄交界处。

⑪改装之次:改换行装之处。原来是陆路,到此要改为依靠舟船的
　　水路。

⑫东江:又称始兴水。即今广东南雄、韶关等地之浈江。

⑬邪阶水:亦作斜阶水。在今广东始兴南之墨江、清化水。

⑭重岭:重重叠叠的山岭。衿泷(jīn lóng):连缀着湍流。泷,湍急
　　的河流。

⑮湍奔:湍急的流水。相属:相互连接。

⑯鼻天子城:在今广东始兴南。

【译文】

　　泷水又往南流经曲江县东边,据说从前县名叫曲红。曲红是山名,就是东边那座相连的山冈。泷中有碑,碑文说:从瀑亭到曲红,查考《地理志》,曲红是旧县,王莽名为除房,是始兴郡的治所。魏元帝咸熙二年,孙皓划分桂阳郡南部另设始兴郡。曲江县东傍泷溪,号为北泷水。水的左岸就是东溪口。溪水发源于始兴郡东边江州南康县境内的石阊山,往西流与连水汇合。连水发源于南康县凉热山的连溪,凉热山就是大庾岭,是五岭最东的一座,所以叫东峤山。这是转装货物的埠头,下游航道称为连溪。涟水南流,注入东溪,汇流处称为涟口。东溪,庾仲初称为大庾峤水,又名东江,又叫始兴水。又往西流,有邪阶水注入。邪阶水发源于南康县东南的邪阶山,还有另一个源头,叫巢头。层沓的山岭约束住急流,浪涛滚滚,两个源头并泻而下,汇合成为一水。水边有鼻天子城,但鼻天子是何许人,却从未听说过。邪阶水又往西北流,注入东江。

江水又西迳始兴县南,又西入曲江县,邸水注之①。水

出浮岳山②,山蹑一处,则百余步动,若在水也,因名浮岳山。南流注于东江。东江又西与利水合③。水出县之韶石北山④,南流迳韶石下,其高百仞,广圆五里,两石对峙,相去一里,小大略均似双阙⑤,名曰韶石。古老言,昔有二仙,分而憩之,自尔年丰⑥,弥历一纪⑦。利水又南迳灵石下⑧。灵石,一名逃石,高三十丈,广圆五百丈。耆旧传言⑨,石本桂林武城县⑩,因夜迅雷之变,忽然迁此,彼人来见叹曰:石乃逃来。因名逃石,以其有灵运徙⑪,又曰灵石。其杰处⑫,临江壁立,霞驳有若缋焉⑬。水石惊濑⑭,传响不绝,商舟淹留⑮,聆玩不已⑯。利水南注东江,东江又西注于北江⑰,谓之东江口。溱水自此,有始兴大庾之名⑱,而南入浈阳县也⑲。

【注释】

①邙水:即今广东韶关曲江区东北之黄坑河。

②浮岳山:当在今广东始兴境内。

③利水:即今广东仁化和韶关曲江区境之锦江。

④韶石:在今广东韶关曲江区东北周田镇境。

⑤小大:大小。略均:大略匀称。双阙:古代宫殿、祠庙、陵墓前两边高台上的楼观。

⑥年丰:年代久远。

⑦弥历:经过。一纪:古代以十二年为一纪。亦可指更长的时间。

⑧灵石:一名逃石。在今广东韶关曲江区东北。传说从他处逃来,故名。

⑨耆旧:年高望重者。

⑩桂林:即桂林郡。三国吴凤皇三年(274)置,属广州。治所在武安县(今广西柳州东南)。武城县:西晋置,属郁林郡。治所在今

　　广西平南县东南武林镇。

⑪运徙：运动迁徙。

⑫杰处：耸立之处。杰，秀出，高耸。

⑬霞驳：光彩斑斓貌。缋（huì）：绘画，描绘。

⑭水石惊濑（lài）：湍流冲激岩石，发出惊心动魄的巨响。

⑮商舟：舟船。淹留：羁留，逗留。

⑯聆玩：聆听玩味。

⑰北江：即今广东北部之北江，为粤江三大主流之一。

⑱始兴大庚：一作始兴大江。

⑲浈阳县：西汉置，属桂阳郡。治所在今广东英德东翁水北。

【译文】

　　江水又往西流经始兴县南边，又往西流入曲江县，有邙水注入。邙水发源于浮岳山，这座山只要在一处踏一下，百余步内都会摇动，就像浮在水上一样，所以叫浮岳山。邙水南流注入东江。东江又往西流，与利水汇合。利水发源于曲江县的韶石北山，往南流经韶石脚下，石山高百仞，方圆五里，有两座巨石大小相近，相隔一里，遥相对峙，就如双阙，名叫韶石。据老人们说，从前有两个仙人，各分一石，在那里栖息，此后十二年间，年年丰收。利水又往南流经灵石脚下。灵石又名逃石，高三十丈，方圆五百丈。老人相传，巨石本来在桂林郡武城县，夜间霹雳一声，巨石就移到这里来了，武城人前来见到巨石，惊呼道：岩石竟逃到这里来了！因此名为逃石，又因岩石有灵，竟能迁徙，又名灵石。岩石高处，临江耸峙如壁，色彩斑斓就像绘画一般。急流冲激着岩石，持续不绝地发出惊心动魄的巨响，商旅船舶行经这里，都停下聆听玩味。利水往南注入东江，东江又往西注入北江，汇流处叫东江口。溱水从这里起有始兴大庚之名，往南流入浈阳县。

过浈阳县，出涯浦关①，与桂水合②，

　　溱水南迳浈阳县西,旧汉县也,王莽之綦武矣。县东有浈石山③,广圆三十里,挺崿大江之北④,盘址长川之际⑤,其阳有石室,渔叟所憩。昔欲于山北开达郡之路⑥,辄有大蛇断道⑦,不果。是以今行者,必于石室前泛舟而济也⑧。

【注释】

①洭浦关:在今广东英德西南连江口镇。

②桂水:一名湟水。在今广东连州北。

③浈石山:即今广东英德东三十里英山。

④挺崿(è):耸立,挺出。

⑤盘址:盘踞基址。

⑥达郡之路:通达郡署的道路。

⑦断道:挡路,阻隔道路。

⑧泛舟而济:渡船而过。

【译文】

溱水经过浈阳县,出了洭浦关,与桂水汇合,

溱水往南流经浈阳县西边,这是汉时的旧县址,就是王莽的綦武。县东有浈石山,方圆三十里,在大江北岸昂起雄峰,在长河边上扎下深基,山南有石室,是渔人休息的地方。从前几度有人想在山北开一条路以通到郡城,可是立即就有大蛇挡路,因而都没有开成。所以现在行人必须在石室前乘船前往。

　　溱水又西南历皋口、太尉二山之间①,是曰浈阳峡。两岸杰秀,壁立亏天②,昔尝凿石架阁,令两岸相接,以拒徐道覆③。溱水出峡,左则浈水注之④。水出南海龙川县⑤,西迳浈阳县南,右注溱水,故应劭曰:浈水西入溱是也。

【注释】

①皋口：即皋口山，也称皋石山。在今广东英德南十五里。太尉：即太尉山。在今广东英德西南二十二里浈水（北江）之西，与皋石山相对，其中即浈阳峡。

②亏天：损坏天顶。形容浈阳峡极其高峻，耸立云霄，把天顶都损坏了。

③徐道覆：东晋人。卢循姊夫。始兴太守。晋安帝义熙六年（410）劝循乘刘裕北伐，进击建康。谋定，道覆举众自始兴下南康、庐陵、豫章诸郡，败何无忌，再进击江陵。后以循多谋少决失机，道覆为刘裕所败，被杀。

④浈水：即今广东翁源西南之瀷江，为北江支流。

⑤南海：即南海郡。秦始皇三十三年（前214）置。治所在番禺县（今广东广州）。秦、汉之际地入南越国，西汉元鼎六年（前111）灭南越国复置。龙川县：秦置，属南海郡。治所在今广东龙川西南二十里佗城镇。

【译文】

溱水又往西南流经皋口、太尉二山之间，称为浈阳峡。两岸石壁陡峭，高耸遮天，景色非常秀丽，从前曾凿石架设阁桥，把两岸连接起来，抵御徐道覆的进攻。溱水出了山峡，左边有浈水注入。浈水发源于南海郡龙川县，往西流经浈阳县南边，向右注入溱水，所以应劭说：浈水西流注入溱水。

溱水又西南，洭水入焉①。《山海经》所谓湟水出桂阳西北山②，东南注肆③，入敦浦西者也。

【注释】

①洭水：又名湟水、洸水。即今广东英德西南连江。

②桂阳：即桂阳县。西汉置，属桂阳郡。治所即今广东连州。

③肆：即肆水。亦称溱水。在今湖南临武南。

【译文】

　　溱水又往西南流，有洭水注入。《山海经》所说的湟水发源于桂阳县西北山间，往东南注入肆水，流入敦浦西，就指的是这条水。

　　溱水又西南，迳中宿县会一里水①，其处隘，名之为观岐②。连山交枕③，绝崖壁竦④，下有神庙⑤，背阿面流⑥，坛宇虚肃⑦，庙渚攒石⑧，巉岩乱峙中川⑨。时水洊至⑩，鼓怒沸腾⑪，流木沦没⑫，必无出者，世人以为河伯下材⑬。晋中朝时⑭，县人有使者至洛⑮，事讫将还⑯，忽有一人寄其书云⑰：吾家在观岐前，石间悬藤，即其处也，但叩藤⑱，自当有人取之。使者谨依其言，果有二人出外，取书并延入水府⑲，衣不沾濡⑳。言此似不近情，然造化之中㉑，无所不有，穆满西游㉒，与河宗论宝㉓。以此推之㉔，亦为类矣。

【注释】

①中宿县：西汉置，属南海郡。治所在今广东清远清新区西北河洞堡。以中宿峡为名。会：汇合。一里水：《水经注疏》杨守敬按："今有苍江，出佛冈厅东北，西北流至清远县（今广东清远），东北入浈江，疑即一里水也。"

②观岐：为"观峡"之讹。观峡，在今广东清远东北三十五里。

③连山：连绵不断的群山。交枕：紧邻交错。枕，紧邻。

④绝崖：陡峭的山崖。壁竦：直立高耸。

⑤神庙：在今广东清远东北观峡山下。

⑥背阿（ē）面流：背靠着大山，面临着江流。阿，大山。

⑦坛宇：祭坛和庙宇。虚肃：空旷肃静。

⑧庙渚：神庙的水边上。渚，水边。攒（cuán）石：聚集山石。

⑨巉（chán）岩：高峻的山岩。乱峙：杂乱地峙立。中川：水中。

⑩时水：按季节而来的雨水。洊（jiàn）至：接连而至。

⑪鼓怒：形容水势非常盛大。沸腾：水波翻滚。

⑫流木：顺流而下的木材。沦没：被水吞没，不见踪影。

⑬河伯下材：河神卸下了木材。河伯，传说中的黄河水神。姓冯，名夷。弘农华阴（今陕西华阴）潼乡堤首里人。服八石，成仙。天帝赐冯夷为河伯，故游处盟津大川之中。下，卸下。这里指取走，收走。

⑭晋中朝时：东晋称建都于中原的西晋为"中朝"。

⑮洛：即洛阳。今河南洛阳。

⑯事讫将还：事情办理完毕，将要归还。

⑰寄：请托，请带。

⑱叩：叩击，敲打。

⑲延入：延请进入。水府：传说中水神或龙王所住的地方。

⑳沾濡（rú）：浸湿。多指恩泽普及。

㉑造化：自然界。

㉒穆满：即穆天子。西周周穆王姬满，周昭王之子。

㉓河宗：指黄河的水神河伯。

㉔推：推断，推寻。

【译文】

溱水又往西南流经中宿县，汇合了一里水，那里地势险隘，名为观岐。连绵的山峰纵横交错，陡峭的危崖耸峙如壁，下有神庙，倚山面水，殿宇空寂肃穆，庙前的洲渚中攒聚着一堆巉岩，零乱地屹立于江心。洪水接连而来，奔腾怒号，水上漂来的木材，到了这里必定下沉，而且再也不会浮起来，人们都认为是水神河伯收去了。西晋时县里有使者到洛阳，办好了事将要返回了，忽然有人托他带信，说：我家在观岐前，就是岩石

间有藤垂下的地方，你只要敲一敲野藤，自然会有人来取走信件。使者
照他的话去做，果然有两人出来，接过了信，并邀请他到水府去，衣裳却
一点也没有沾湿。这话似乎不近情理，但天地之间无奇不有，周穆王西
游与河神论宝就是一例。照此推想起来，这也是相类似的事了。

溱水又西南迳中宿县南，吴孙皓分四会之北乡立焉①。

【注释】

①四会：即四会县。秦置，属桂林郡。治所即今广东四会。

【译文】

溱水又往西南流经中宿县南边，这是吴孙皓把四会北乡划分出来设
立的。

南入于海。

溱水又南注于郁而入于海。

【译文】

溱水南流注入大海。

溱水又往南流注入郁水，然后流入大海。

卷三十九

洭水　深水　锺水　耒水　浊水
漉水　浏水　㵋水　赣水　庐江水

【题解】

卷三十九记载了十条河流。其中洭（kuāng）水属于今珠江水系，赣水属于古彭蠡（今鄱阳湖）水系，庐江水为古水道名。其余深、锺、耒（lěi）、浊（mǐ）、漉（lù）、浏、㵋（mì）七水，都是湘水的支流。

洭水即今广东英德西南连江。深水即今潇水。锺水源出今湖南蓝山县南，入春水。耒水今仍称耒水。浊水今仍称浊水。漉水是《经》文的称谓，《注》文已经指出："（醴陵）县南临渌水，水出安城乡翁陵山。余谓漉、渌声相近，后人藉便以渌为称。"至今仍称渌水。浏水即今浏阳河。

㵋水是《水经注》湘水支流中尚可讨论的河流。《经》文在此卷中提出了："㵋水出豫章艾县，西过长沙罗县西，又西至累石山，入于湘水。"《注》文对此无所发挥。按《经》文所说查索，㵋水很可能就是今汨罗江。但在卷三十八《湘水》篇中，《经》文已有"（湘水）又北过罗县西，㵋水从东来流注"一句。在这句《经》文之下，《注》文提到："湘水又北迳白沙戌西，又北，右会东町口，㵋水也。湘水又左合决湖口，水出西陂，东通湘渚。湘水又北，汨水注之。"从这条《注》文来看，似乎今汨罗江（汨水）在湲水之北。但《注》文最后又说："汨水又西迳汨罗戍南,西流注于湘。《春秋》之罗汭矣,世谓之汨罗口。湘水又北,枝分北出,迳汨罗戍西,又北迳磊石山东,又北迳磊石戍西,谓之苟导泾矣,而北合湘水。"这里,《注》文的磊石山,其实就是卷三十九《湲水》篇中《经》文和《注》文都提及的累石山。所以这样看来,湲水很可能就是汨罗江入湘时所分成的汊道。现在,由于洞庭湖和湘江下游的水道变迁,汨罗江已经迳注洞庭湖,不再注湘水了。

　　赣水即今赣江,古今并无大变。

　　对于庐江水,《水经》只说了一句:"庐江水出三天子都,北过彭泽县西,北入于江。"庐江水与卷四十的渐江水都发源于三天子都,而流向完全不同,渐江水东流入海,而庐江水在彭泽县以西入江。郦道元在《注》文中,除了引《山海经》"庐江出三天子都,入江彭泽西"一句外,绝不提及庐江水。而《山海经》彭泽与《水经》的彭泽县又大不相同,前者指今鄱阳湖,后者指彭泽县,位于今湖口县东南,即今鄱阳湖东北。在这一带,现在无法找到与《水经》相当的庐江水。郦道元在《注》文中对此水流路不着一字,说明他当时就不知道有此水。由于他足迹未到南方,无法否定,所以《注》文中实际上只写了一大篇庐山的风景和传说等,根本没有涉及这条河流。

洭水
洭水出桂阳县卢聚[①],

　　水出桂阳县西北上驿山卢溪,为卢溪水[②],东南流迳桂阳县故城,谓之洭水。《地理志》曰:洭水出桂阳,南至四会是也[③]。

【注释】

①洭(kuāng)水:又名湟水、洸水。即今广东英德西南连江。桂阳县:

西汉置，属桂阳郡。治所即今广东连州。卢聚：山名。在今湖南
蓝山县境内。

②《地理志》：即《汉书·地理志》。概述先秦至汉地理沿革、西汉行
政区划、山川名胜、户口物产及中外交通等。

③四会：即四会县。秦置，属桂林郡。治所即今广东四会。汉属南
海郡。

【译文】

洭水

洭水发源于桂阳县的卢聚，

洭水发源于桂阳县西北上驿山的卢溪，叫卢溪水，往东南流经桂阳
县老城，称为洭水。《地理志》说：洭水发源于桂阳，往南流到四会。

洭水又东南流，峤水注之。水出都峤之溪①，溪水下流
历峡，南出是峡，谓之贞女峡②。峡西岸高岩名贞女山③。山
下际有石如人，形高七尺，状如女子，故名贞女峡。古来相
传，有数女取螺于此，遇风雨昼晦④，忽化为石。斯诚巨异，
难以闻信。但启生石中⑤，挚呱空桑⑥，抑斯类矣。物之变化，
宁以理求乎？溪水又合洭水。

【注释】

①都峤之溪：一作萌渚峤之溪。《水经注疏》杨守敬按："盖都庞峤在
南平，洭水径桂阳后，无出都庞入洭之水。惟出今连山厅（今广东
连山壮族瑶族自治县东北太保镇旧城村）西之横水，西与《温水》
篇出萌渚峤之峤水，北与《湘水》篇出萌渚峤之萌渚水近。郦氏
所叙，当即此水。"译文从之。

②贞女峡：一名楞伽峡。在今广东连州东南十五里。

③贞女山：在今广东连州南。

④昼晦：白天昏暗无光。

⑤启生石中：《汉书·武帝纪》："获駮麃，见夏后启母石。"颜师古注：
"应劭曰：'启生而母化为石。'……师古曰：'启，夏禹子也。其母
涂山氏女也。禹治鸿水，通镮辕山，化为熊，谓涂山氏曰："欲饷，
闻鼓声乃来。"禹跳石，误中鼓。涂山氏往，见禹方作熊，惭而去，
至嵩高山下化为石，方生启。禹曰："归我子。"石破北方而启生。
事见《淮南子》。'"启，大禹之子，夏朝的第二任君王。

⑥挚呱（gū）空桑：《水经注·伊水》："昔有莘氏女采桑于伊川，得婴
儿于空桑中，言其母孕于伊水之滨，梦神告之曰：白水出而东走。
母明视而见白水出焉，告其邻居而走，顾望其邑，咸为水矣。其母
化为空桑，子在其中矣。莘女取而献之，命养于庖，长而有贤德，
殷以为尹，曰伊尹也。"挚，即商汤大臣伊尹。名伊，尹是官名。
一说名挚。相传生于伊水空桑之中。是汤妻陪嫁的奴隶，后助汤
伐夏桀。呱，小儿哭声。这里用作动词，哭叫，哭喊。空桑，空心
的大桑树。

【译文】

　　洭水又往东南流，有峤水注入。峤水发源于萌渚峤之溪，溪水下流，
穿过山峡，从南边出峡，这条山峡叫贞女峡。峡西岸有高岩，名为贞女山。
山下有一块岩石，形状像一个女人，高七尺，所以叫贞女峡。据古来相传，
有几个姑娘在这里捡螺，遇上了暴风雨，白昼天昏地暗，姑娘们忽然都变
成了石头。这实在是天大的奇闻，听来难以置信。但启在岩石中降生，
挚在空心桑树中呱呱出世，或许也是类似的事。事物的变化很多，难道
都是可按常理来解释的吗？溪水又与洭水汇合。

　　洭水又东南入阳山县①，右合涟口水②。源出县西北
百一十里石塘村，东南流。水侧有豫章木③，本径可二丈④，
其株根犹存，伐之积载⑤，而斧迹若新。羽族飞翔不息，其旁

众枝，飞散远集⑥，乡亦不测所如⑦，惟见一枝，独在含洭水矣。涟水东南流注于洭。

【注释】

①阳山县：西汉置，属桂阳郡。治所在今广东阳山县东青莲镇东南连江之北。

②涟水：《水经注疏》杨守敬按："今有水出连州（今广东连州）西南数十里，当即此水矣。"

③豫章木：木名。枕木与樟木的并称。

④本：树干。

⑤积载：很多年。

⑥远集：在很远的地方聚集。武英殿本《水经注》注："众枝飞散已下，舛误未详。"《水经注疏》熊会贞按："戴谓飞散下舛误未详。今寻绎文义，惟远集为集远之倒错耳。"

⑦如：到，往。

【译文】

洭水又往东南流入阳山县，右边在涟口汇合涟水。涟水的源头出自阳山县西北一百一十里的石塘村，往东南流。水边有豫章木，树干直径约二丈，至今株根还在，砍伐已经多年，但斧痕仍像新砍的一样。据说伐木时群鸟不停地绕树飞翔，树倒之后，众枝忽然远飞而去，也不知道落到哪里了，见有一枝还孤零零地在含洭水上。涟水往东南流，注入洭水。

洭水又东南流而右与斟水合①。水导源近出东岩下，穴口若井，一日之中，十溢十竭，信若潮流②，而注洭水。洭水又南迳阳山县故城西。耆旧传曰，往昔县长临县，辄迁擢超级③，大史迳观④，言势使然。掘断连冈，流血成川，城因倾阤^⑤，遂即倾败。阁下大鼓，飞上临武^⑥，乃之桂阳^⑦，追号圣
鼓。自阳山达乎桂阳之武步驿^⑧，所至循圣鼓道也。其道如
堑^⑨，迄于鼓城矣。

【注释】

①斟水：在今广东阳山县北。

②信：准时，按时。潮流：亦称潮水。海洋中以及沿海地区的江河中
　受潮汐影响而定期涨落的水。

③辄：往往，常常。迁擢：晋升，提拔。

④大史：即太史。西周、春秋时太史，掌理册命、制禄、图籍、礼制、占
　卜、祭祀以及记录历史、时令、天文、历法等事务。

⑤倾阤（zhì）：崩颓，倒塌。

⑥临武：即临武县。西汉置，属桂阳郡。治所在今湖南临武东十五
　里古城渡。

⑦之：到，往。

⑧武步驿：古驿站名。在今广东连州一带。

⑨堑：坑，壕沟。

【译文】

　　洭水又往东南流，右边汇合了斟水。斟水的源头就在近处的东岩下，
洞口如井，一日之中，泉水十次溢出，十次涸竭，就像潮汐一样准时，水
流注入洭水。洭水又往南流经阳山县老城西边。老人们传说：从前县官
一到县里来，就会越级升官，太史经过这里察看后，说是地势风水所造成
的。于是就把相连的山冈掘断，于是流血成河，城也就倾斜崩毁，立即倒
塌了。同时阁下的大鼓也飞上了临武，直到桂阳，以后称为圣鼓。从阳
山通到桂阳武步驿的路，就是循着圣鼓的路径开成的。这条路好像壕沟
一样，直到鼓城为止。

　　洭水又迳阳山县南。县，故含洭县之桃乡①，孙皓分立为县也②。洭水又东南流也。

【注释】

①含洭县：西汉置，属桂阳郡。治所在今广东英德西北浛洸镇。

②孙皓：字元宗。吴郡富春（今浙江富阳）人。三国吴国皇帝。是历史上有名的暴君，为人粗暴骄盈。后投晋朝，封归命侯。

【译文】

　　洭水又流经阳山县南。阳山县就是原来含洭县的桃乡，孙皓把它分出另立为县。洭水又往东南流去。

东南过含洭县，

　　应劭曰：洭水东北入沅①。瓒注《汉书》②：沅在武陵③，去洭远，又隔湘水④，不得入沅。

【注释】

①沅（yuán）：即沅水。今湖南西北境沅江。

②瓒注《汉书》：《汉书》颜师古注中收录有"臣瓒"注《汉书》。但臣瓒姓氏，历来学者考辨，众说纷纭，莫衷一是。郦注屡作薛瓒，未知何据。

③武陵：即武陵郡。汉置。故治在义陵县（今湖南溆浦南）。东汉移至临沅县（今湖南常德西）。

④湘水：即湘江。

【译文】

　　洭水往东南流过含洭县，

　　应劭说：洭水往东北流，注入沅水。薛瓒注《汉书》，说沅水在武陵，离洭水很远，又隔着湘水，是不可能注入沅水的。

　　洭水东南，左合翁水①。水出东北利山湖，湖水广圆五里②，洁逾凡水，西南流注于洭，谓之翁水口。口已下东岸有圣鼓杖，即阳山之鼓杖也。横在川侧，虽冲波所激，未尝移动。百鸟翔鸣，莫有萃者③。船人上下以篙撞者，辄有疟疾④。

【注释】

①翁水：《水经注疏》："《一统志》谓在英德县（今广东英德）西北。"

②广圆：犹方圆。指面积。

③萃：聚集。

④疟疾：急性传染病。

【译文】

　　洭水往东南流，左边与翁水汇合。翁水发源于东北方的利山湖，湖水方圆五里，比一般的水要洁净得多，往西南流，注入洭水，汇流处称为翁水口。翁水口下游，东岸有圣鼓杖，就是阳山之鼓的鼓杖。横搁在川流旁边，虽然受到水浪的冲击，却没有移动。百鸟在这里飞鸣，却并不聚集于杖上。船夫撑船往来经过这里，如用篙去戳杖，就会得疟疾。

　　洭水又东南，左合陶水①。水东出尧山②。山盘纡数百里③，有赭岩迭起④，冠以青林，与云霞乱采⑤。山上有白石英⑥，山下有平陵，有大堂基。耆旧云：尧行宫所⑦。陶水西迤县北，右注洭水。

【注释】

①陶水：即今广东英德西北洤光镇北之陶江。

②尧山：在今广东英德西北。

③盘纡：盘绕迂回。

④赭（zhě）：紫赤色，赤褐色。迭起：重叠耸立。

⑤乱采：淆乱颜色。这里指可以与云霞相互媲美。

⑥白石英：矿物名。呈白色或乳白色。

⑦尧：名放勋。我国上古时期部落联盟首领。行宫所：古代京城以外
　供帝王出行时居住的宫室，也指帝王出京后临时寓居的官署或住宅。

【译文】

　　洭水又往东南流，在左边汇合了陶水。陶水发源于东面的尧山。尧
山盘曲绵延数百里，山上有赭红色的岩石层叠而起，岩顶林木青葱，艳如
云霞。山上有白石英，山下有平缓的丘陵，还有大堂遗址。据老人相传，
这是尧行宫的所在地。陶水往西流经县北，向右边注入洭水。

　　洭水又迳含洭县西。王歆《始兴记》曰①**：县有白鹿城，
城南有白鹿冈**②**。咸康中**③**，郡民张鲂为县**④**，有善政，白鹿
来游，故城及冈并即名焉。**

【注释】

①王歆：即王歆之，字叔道。南朝宋时人。《始兴记》：《隋书经籍志》
　不录。卷亡。《初学记》《艺文类聚》《太平御览》以及《文选》注、
　《水经注》引之。

②白鹿冈：亦称白鹿山。在今广东英德东南。

③咸康：东晋成帝司马衍的年号（335—342）。《书钞》《类聚》作咸
　和，未知孰是。

④张鲂：具体不详。为县：任含洭县县令。

【译文】

　　洭水又流经含洭县西边。王歆《始兴记》说：县里有白鹿城，城南有
白鹿冈。咸康年间，郡人张鲂当县令，有利民的政绩，于是白鹿来游，城
和山冈都因而得名了。

南出洭浦关①,为桂水②。

关在中宿县③,洭水出关,右合溱水④,谓之洭口⑤。《山海经》谓之湟水。徐广曰⑥:湟水一名洭水,出桂阳,通四会,亦曰灌水也。汉武帝元鼎元年⑦,路博德为伏波将军⑧,征南越⑨,出桂阳,下湟水,即此水矣。桂水,其别名也。

【注释】

①洭浦关:在今广东英德西南连江口镇。

②桂水:一名湟水。在今广东连州北。

③中宿县:西汉置,属南海郡。治所在今广东清远清新区西北河洞堡,以中宿峡为名。东汉末废。三国吴复置。

④溱水:古秦水。在今湖南临武南。源出临武西南华阴山,东流会武溪水,遂通称武水。东流经宜章,入广东昌乐,至韶关合浈水,南流为北江。

⑤洭口:在今广东英德西南连江口镇。即洭水合溱水之口。

⑥徐广:字野民。东莞姑幕(今山东诸城北)人。晋、宋间史学家、辞赋家。著作有《史记音义》《晋纪》等。

⑦元鼎元年:前116年。元鼎,西汉武帝刘彻的年号(前116—前111)。

⑧路博德:以右北平太守从骠骑将军霍去病有功,为符离侯。骠骑死后,任卫尉、伏波将军,伐破南越,益封。伏波将军:杂号将军,西汉武帝置。多以为统率水军之将领。

⑨南越:古族名,或国名。古代南方越人的一支,也作南粤。秦于其地置桂林、南海和象郡。秦末,龙川令赵佗兼并三郡,建立南越国。汉武帝元鼎六年(前111)灭南越,设置九郡。

【译文】

洭水往南流出洭浦关,叫桂水。

洭浦关在中宿县,洭水流出洭浦关,在右边与溱水汇合,汇流处叫洭口。《山海经》称为湟水。徐广说：湟水又名洭水，发源于桂阳，通四会，也叫灌水。汉武帝元鼎元年，路博德为伏波将军，远征南越，出桂阳，下湟水，就是这条水。桂水是别名。

深水
深水出桂阳卢聚①，

吕忱曰②：深水一名邃水，导源卢溪，西入营水③，乱流营波，同注湘津。许慎云④：深水出桂阳南平县也⑤。《经》书桂阳者，县本隶桂阳郡，后割属始兴⑥。县有卢溪、卢聚山，在南平县之南，九疑山东也⑦。

【注释】

①深水：即今湘水上游大支流潇水及其沱水。

②吕忱：字伯雍。任城（今山东济宁）人。晋文字学家，官义阳王典祠令。撰《字林》。

③营水：即今湖南湘江支流潇水。

④许慎：字叔重。东汉汝南召陵（今河南漯河市郾城区）人。东汉著名的经学家、文字学家。著《说文解字》。

⑤桂阳：即桂阳郡。汉高帝置。治所在郴县（今湖南郴州）。南平县：秦置，属长沙郡。治所在今湖南蓝山县东北古城。西汉属桂阳郡。

⑥始兴：即始兴郡。三国吴甘露元年（265）分桂阳南部都尉置，属荆州。治所在曲江县（今广东韶关东南莲花岭下）。

⑦九疑山：亦作九嶷山。在今湖南宁远南六十里。

【译文】

深水

深水发源于桂阳卢聚，

吕忱说：深水又名邃水，发源于卢溪，西流注入营水，与营水乱流一同注入湘水。许慎说：深水发源于桂阳南平县。《水经》之所以说桂阳，是因为南平县本来隶属于桂阳郡，后来才划给始兴郡的缘故。县里有卢溪、卢聚山，在南平县以南、九疑山以东。

西北过零陵营道县南①，又西北过营浦县南②，又西北过泉陵县③，西北七里至燕室邪④，入于湘。

水上有燕室丘，亦因为聚名也。其下水深不测，号曰龙渊。

【注释】

①零陵：即零陵郡。西汉元鼎六年（前111）分桂阳郡置。治所在零陵县（今广西全州西南）。东汉移治泉陵县（今湖南永州北二里）。营道县：西汉置，属零陵郡。治所在今湖南宁远东南莽、巢两水口。

②营浦县：秦置，属长沙郡。治所在今湖南道县东北东门乡。以在营水（今潇溪水）之浦得名。西汉属零陵郡。

③泉陵县：东汉改泉陵侯国为县，为零陵郡治。治所在今湖南永州北二里。

④燕室邪：即燕室丘。《水经注疏》杨守敬按："唐州即今永州府治，则燕室丘在今府城（今湖南永州）西北。"

【译文】

深水往西北流过零陵郡营道县南边，又往西北流过营浦县南边，又往西北流过泉陵县，往西北流了七里到燕室邪，流入湘水。

深水上有燕室丘，也就用以作为聚落名了。燕室丘下水深不可测，号称龙渊。

锺水

锺水出桂阳南平县都山^①,北过其县东,又东北过宋渚亭^②,又北过锺亭,与灌水合。

都山,即都庞之峤,五岭之第三岭也^③。锺水即峤水也。庚仲初曰^④:峤水南入始兴溱水,注于海^⑤。北入桂阳湘水注于江是也。灌水,即桂水也。灌、桂声相近,故字随读变,《经》仍其非矣。桂水出桂阳县北界山,山壁高耸,三面特峻,石泉悬注,瀑布而下。北迳南平县而东北流届锺亭^⑥,右会锺水,通为桂水也。故应劭曰:桂水出桂阳,东北入湘。

【注释】

① 锺水:源出今湖南蓝山县南,北流至县东,会肖水。折东北流经嘉禾东,至桂阳西,入春水。都山:即都庞岭。在今湖南与广西交界处。

② 宋渚亭:《水经注疏》杨守敬按:"此亭《注》不载,盖郦氏时已不可考。当在今蓝山县(今湖南蓝山县)东北。"

③ 五岭:越城、都庞、萌渚、骑田、大庾五岭的总称。在湘、赣和粤、桂等省区交界处。

④ 庚仲初:即庚阐,字仲初。颍川鄢陵(今河南鄢陵)人。东晋文学家,有《吊贾谊辞》《扬都赋》存世。

⑤ 峤水南入始兴溱水,注于海:《水经注疏》熊会贞按:"峤水南入始兴溱水,注海,北入桂阳湘水,注于大江二语,仲初《扬都赋·注》文,说见《漓水》篇。盖骑田峤水有二,南入溱水注海者,峤阳之水也,北入湘水注江者,峤阴之水也。例以《锺水》篇引庚说,峤水南入始兴灌水注于海,北入桂阳湘水注于江,此北下水字当衍。黄岑水入武溪及即是水也句,则郦氏分释峤水之文也。"

⑥ 锺亭:《水经注疏》杨守敬按:"此亭以锺水得名。《一统志》在桂

阳州西。当在蓝山县（今湖南蓝山县）境。"

【译文】

锺水

锺水发源于桂阳郡南平县都山，往北流过县东，又往东北流过宋渚亭，又往北流过锺亭，与湟水汇合。

都山就是都庞之峤，是五岭中的第三岭。锺水就是峤水。庾仲初说：峤水往南流入始兴溱水，注入大海。另一条往北流入桂阳湘水，注入大江。湟水就是桂水。湟、桂读音相近，所以字也跟读音而变，《水经》也就跟着错了。桂水发源于桂阳县北界山，山上崖壁高耸，三面异常峻峭，山石间的泉水奔泻而下，成为瀑布。往北流经南平县，然后往东北流到锺亭，在右边与锺水汇合，通称桂水。所以应劭说：桂水发源于桂阳，往东北注入湘水。

又北过魏宁县之东[1]，

魏宁，故阳安也。晋太康元年[2]，改曰晋宁。县在桂阳郡东百二十里。县南、西二面，阻带清溪[3]，桂水无出县东理，盖县邑流移，今古不同故也。

【注释】

[1] 魏宁县：即汉宁县。东汉永和元年（136）置，属桂阳郡。治所在今湖南资兴东南旧市。三国吴改为阳安县。戴震依此地名，认为《水经》为三国人所作。《水经注疏》熊会贞按："官本戴《序》云：观涪水条中，称广汉已为广魏，则决非汉时。锺水条中，称晋宁仍曰魏宁，则未及晋代。推寻文句，《经》大抵三国时人作。戴因广魏、魏宁，定为三国人作《经》，至确。盖魏人尊魏，改汉字作魏也。至《沔水》篇之魏兴，亦足为《经》作于三国之证。"

[2] 太康元年：280 年。太康，西晋武帝司马炎的年号（280—289）。

③阻带：阻隔环绕。清溪：即今湖南资兴东资兴水。

【译文】

锺水又往北流经魏宁县东边，

魏宁就是旧时的阳安。晋太康元年改名晋宁。魏宁在桂阳郡东一百二十里。清溪绕过县城南面和西面，因此桂水决无从县东流出去的道理。这大概是因为县城迁移，古今地点不同的缘故。

又北入于湘。

【译文】

锺水又往北注入湘水。

耒水
耒水出桂阳郴县南山①，

耒水发源出汝城县东乌龙白骑山②，西北流迳其县北，西流三十里，中有十四濑，各数百步，浚流奔急，竹节相次，亦为行旅溯涉之艰难也③。

【注释】

①耒水：湘江支流。源出今湖南桂东境，流经汝城、资兴、永兴、耒阳、衡南等地，注入湘江。郴县：秦置，属长沙郡。治所即今湖南郴州。汉为桂阳郡治。

②汝城县：东晋升平二年（358）分晋宁县置，属桂阳郡。治所在今湖南汝城南城郭村。南朝陈改为卢阳县。乌龙白骑山：《水经注疏》杨守敬按："《御览》四十九引《湘州记》，汝城县东有乌龙白骑山，远望似城，有黑石如龙，白石如马罗列，号曰乌龙白骑山。《方舆

纪要》，山在桂阳县（今广东连州）南十五里。"

③溯涉：泛指经过。溯，逆流而上。涉，徒步过水。

【译文】

耒水

耒水发源于桂阳郡郴县的南山，

　　耒水发源于汝城县东边的乌龙白骑山，往西北流经该县北边，又往西流三十里，其间有十四处礁滩，各长数百步，又深又急的水流，与礁滩如竹节相间，旅人逆水行舟或涉水渡河，都有很大的困难。

　　又西北迳晋宁县北，又西，左合清溪水口①。水出县东黄皮山②，西南流历县南，又西北注于耒水。汝城县在郡东三百余里，山又在县东，耒水无出南山理也。

【注释】

①清溪水：即今湖南资兴东资兴水。

②黄皮山：《水经注疏》熊会贞按："山无考。当在今兴宁县（今广东兴宁）东南。"

【译文】

　　耒水又往西北流经晋宁县北边，又往西流，左边汇合清溪水于清溪水口。清溪水发源于县东黄皮山，往西南流经县南，又往西北注入耒水。汝城县在郡东三百余里，山又在县东，耒水决无发源于南山的道理。

　　又北过其县之西，

　　县有渌水①，出县东侠公山②，西北流，而南屈注于耒，谓之程乡溪。郡置酒官，酝于山下，名曰程酒，献同酃也③。

【注释】

①渌水：湘江支流。源出今江西萍乡境，经湖南醴陵，于株洲渌口镇入湘江。

②侠公山：当在今湖南郴州东。

③酃（líng）：酒名。

【译文】

耒水又往北流过县西，

　　郴县有渌水，发源于县东侠公山，往西北流，然后折转向南注入耒水，称为程乡溪。桂阳郡设置酒官，在山下酿酒，称为程酒，也同酃酒一样，是用来进贡的。

　　耒水又西，黄水注之①。水出县西黄岑山②，山则骑田之峤，五岭之第二岭也。黄水东北流，按盛弘之云③：众山水出注于大溪，号曰横流溪。溪水甚小，冬夏不干，俗亦谓之为贪泉。饮者辄冒于财贿④，同于广州石门贪流矣⑤。廉介为二千石⑥，则不饮之。昔吴隐之挹而不乱⑦，贪岂谓能渝其贞乎⑧？盖亦恶其名也。刘澄之谓为一涯溪⑨，通四会，殊为孟浪而不悉也⑩。庾仲初云：峤水南入始兴溱水，注海，即黄岑水入武溪者也⑪。北水入桂阳湘水，注于大江，即是水也。右则千秋水注之⑫，水出西南万岁山⑬。山有石室，室中有钟乳，山上悉生灵寿木⑭，溪下即千秋水也。水侧民居，号万岁村。其水下合黄水。黄水又东北，迳其县东，右合除泉水⑮。水出县南湘陂村。村有圆水⑯，广圆可二百步，一边暖，一边冷。冷处极清绿，浅则见石，深则见底。暖处水白且浊。玄素既殊⑰，凉暖亦异，厥名除泉，其犹江乘之半汤泉也⑱。水盛则泻黄溪,水耗则津径辍流。郴,旧县也,桂阳郡治也。汉高帝二年[19],分长沙置[20]。《地理志》曰:桂水所出,因以名也。王莽更名南平,县曰宣风,项羽迁义帝所筑也[21]。县南有义帝冢,内有石虎,因呼为白虎郡。《东观汉记》曰[22]:茨充字子河[23],为桂阳太守,民惰懒,少粗履,足多剖裂,茨教作履。今江南知织履,皆充之教也。黄溪东有马岭山[24],高六百余丈,广圆四十许里。汉末有郡民苏耽栖游此山。《桂阳列仙传》云[25]:耽,郴县人,少孤[26],养母至孝。言语虚无,时人谓之痴。常与众儿共牧牛,更直为帅[27],录牛无散[28]。每至耽为帅,牛辄徘徊左右,不逐自还。众儿曰:汝直,牛何道不走耶[29]?耽曰:非汝曹所知[30]。即面辞母云:受性应仙,当违供养。涕泗又说:年将大疫,死者略半[31],穿一井饮水,可得无恙。如是有哭声甚哀[32]。后见耽乘白马还此山中,百姓为立坛祠,民安岁登[33],民因名为马岭山。黄水又北流注于耒水,谓之郴口。

【注释】

① 黄水:即郴水之异名。源出今湖南郴州南黄岑山,北流入耒水。

② 黄岑山:即骑田岭,又名上岭山、客岭山、黄箱山。在今湖南郴州南六十里,接宜章界。

③ 盛弘之:南朝宋人。撰《荆州记》。

④ 冒:贪求。

⑤ 贪流:即在今广东广州西北三十里石门的贪泉。

⑥ 廉介:清廉正直之人。二千石:指郡国守相。汉代百官以俸禄多寡为等差,郡守、诸侯王国相皆秩二千石,遂以为称。

⑦吴隐之:字处默。东晋著名廉吏。挹而不乱:舀水喝而不坏其本心。事见《晋书·吴隐之传》:"朝廷欲革岭南之弊,隆安中,以隐之为龙骧将军、广州刺史、假节,领平越中郎将。未至州二十里,地名石门,有水曰贪泉,饮者怀无厌之欲。隐之既至,语其亲人曰:'不见可欲,使心不乱。越岭丧清,吾知之矣。'乃至泉所,酌而饮之,因赋诗曰:'古人云此水,一歃怀千金。试使夷齐饮,终当不易心。'"

⑧渝:改变,变更。

⑨刘澄之:南朝宋武帝刘裕的族弟刘遵考之子。曾任都官尚书。著作有《永初山川古今记》等。

⑩孟浪:鲁莽,轻率。

⑪武溪:一名武水,又名泸溪。沅江支流。在今湖南西部。源出花垣境,东南流经吉首、泸溪县,在武溪镇入沅江。

⑫千秋水:在今湖南郴州西南。

⑬万岁山:即今湖南郴州西南灵寿山。

⑭灵寿木:木似竹,有枝节。质韧轻便,是做手杖的上等木材。

⑮除泉水:一名圆水。在今湖南郴州南。

⑯圆水:即除泉水。

⑰玄素:黑白。既殊:差别非常大。

⑱江乘(shèng):即江乘县。秦置,属鄣郡。治所在今南京栖霞山东南。三国吴省为典农都尉治,晋复置。半汤泉:半冷半热,共同一壑,谓之半汤泉。

⑲汉高帝二年:前205年。汉高帝,西汉皇帝刘邦。

⑳长沙:即长沙郡。战国秦置。治所在临湘县(今湖南长沙)。西汉改为长沙国。东汉复为郡。

㉑项羽:名籍,字羽。泗水郡下相(今江苏宿迁西南)人。楚国贵族后裔。秦灭亡后,自立为西楚霸王。前202年,被刘邦击败,自杀。义帝:即楚义帝熊心,芈姓,熊氏,名心。楚怀王熊槐之孙。项梁

立为楚怀王,以从民望。项羽入关后,自称西楚霸王,尊其为义帝。
旋被项羽废杀。

㉒《东观汉记》:书名。是班固、刘珍等人以纪传体撰写的一部记载
东汉历史的史书。《隋书·经籍志》著录为一百四十三卷,记事起
于光武帝,终于灵帝。

㉓茨充:字子河。东汉官吏。

㉔马岭山:一名苏仙山,又名牛皮山、白马岭、龙头岭,在今湖南郴州
东北。

㉕《桂阳列仙传》:书名。撰者不详。

㉖少孤:这里指年少时死去父亲。

㉗更直:轮流当值。帅:首领,头领。

㉘录:看管,管理。无散:不要走散。

㉙何道不走:为什么不跑远。

㉚汝曹:你们这些人。曹,辈,类。

㉛略半:大约一半。

㉜如是有哭声甚哀:此句前当有脱文。

㉝民安岁登:百姓安宁,年年丰收。登,丰收。

【译文】

未水又往西流,有黄水注入。黄水发源于县西的黄岑山,山是骑田
之峤,是五岭中的第二岭。黄水往东北流,盛弘之说:从诸山流出的水,
注入大溪,名为横流溪。溪水很小,但冬夏不涸,民间也称之为贪泉。喝
了这水,就会变得贪财,同广州石门的贪流一样。清廉的太守是不喝这
水的。从前吴隐之饮了贪泉,却并未受到诱惑,贪泉难道能改变他的清
节吗?不饮这水,大概也是因为讨厌它的名字之故吧。刘澄之说是同一
条溪,通四会,实在太轻率了。庾仲初说:峤水往南流入始兴溱水,注入
大海,这就是注入武溪的黄岑水。北水汇合桂阳湘水,注入大江,就是这
条水。右边有千秋水注入,千秋水发源于西南的万岁山。山上有岩洞,

洞中有钟乳，山上长满灵寿木，溪的下游就是千秋水。水边的居民点叫万岁村。此水下游与黄水汇合。黄水又往东北流经县东，右边汇合了除泉水。除泉水发源于县南的湘陵村。村中有圆水，方圆约二百步，一边水暖，一边水冷。冷处极其澄清，水色翠绿，浅的地方看得到石子，深的地方看得到底。暖处水色乳白而浑浊。水色既不相同，冷暖也是互异，名为除泉，正如江乘的半汤泉一般。水大时流泻入黄溪，水小时就会断流。郴县是旧县，桂阳郡治所就在这里。桂阳郡是汉高帝二年，从长沙郡分出来设置的。《地理志》说：桂水发源于这里，因此称为桂阳。王莽时改郡名为南平，县名为宣凤，城是项羽迁义帝时所筑。县南有义帝墓，内有石虎，因此叫白虎郡。《东观汉记》说：茨充字子河，他当桂阳太守时，看到老百姓很懒惰，连粗劣的鞋子也很少穿，脚上常有破伤，于是就教他们做鞋子。现在江南知道做鞋都是茨充教会的。黄溪东有马岭山，高六百余丈，方圆约四十里。汉末郡里有个叫苏耽的人，曾在这座山上居住和遨游。《桂阳列仙传》说：苏耽，郴县人，小时父亲就死了，他奉养母亲极其孝顺，但说的都是些虚无缥缈的事，人们都说他是个傻子。他常常和孩子们一起放牛，大家轮流看管，把牛群赶到一起，以免散失。每次轮到苏耽值班时，牛就只在近傍走动，不必去赶，都会自行返回的。孩子们问：你值班时，牛为什么不走开呢？苏耽说：这一点你们是不知道的。他就辞别母亲，说：我生性应当成仙，不能再供养您了。又流着泪说：今年将有一场大疫病，人要死掉一半。凿一口井饮水，可以不得病。……有哭声很是悲哀。后来看到苏耽骑着一匹白马回到山中，百姓为他立祠，于是人民安宁，年成丰收，因此把山叫作马岭山。黄水又往北流，注入耒水，汇流处称为郴口。

　　耒水又西迳华山之阴[①]。亦曰华石山，孤峰特耸，枕带双流[②]，东则黄溪、耒水之交会也。耒水东流沿注，不得北过其县西也。两岸连山，石泉悬溜[③]，行者辄徘徊留念，情不极已也。

【注释】

①华山:亦曰华石山。在今湖南郴州北六十里。阴:水南山北为阴,
　　反之为阳。

②枕带:临近环绕。双流:指黄溪、耒水两条河流。

③悬溜:倾泻的小股水流。

【译文】

　　耒水又往西流经华山北面。华山也叫华石山,孤峰屹然高耸,山旁
有两条溪水流过,东边是黄溪与耒水的汇合处。耒水一路向东奔流,是
不可能往北流经县西的。两岸山峦连绵起伏,山岩间细泉倾泻而下,行
人到这里就会盘桓不去,流连忘返。

又北过便县之西①,

　　县,故惠帝封长沙王子吴浅为侯国②,王莽之便屏也。
县界有温泉水,在郴县之西北,左右有田数千亩,资之以溉。
常以十二月下种,明年三月谷熟。度此水冷,不能生苗。温
水所溉,年可三登。其余波散流,入于耒水也。

【注释】

①便县:西汉置,属桂阳郡。治所即今湖南永兴。以郴水支流便水
　　而得名。

②惠帝:西汉皇帝刘盈。刘邦之子。长沙王:吴芮。秦末番阳令,率
　　百越起兵反秦。秦亡,项羽分封诸侯,芮受封为衡山王。汉朝立,
　　改封长沙王。

【译文】

　　耒水又往北流过便县西边,

　　便县,从前惠帝曾封给长沙王的儿子吴浅,立为侯国。也就是王莽

时的便屏。便县边界上有温泉水,在郴县西北,两岸有田数千亩,全都靠此水灌溉。常常在十二月下种,次年三月稻子成熟。过了这里,水都是冷的,就不能长稻苗。温水灌溉得到的地方,每年三熟。灌溉剩余下来的水,就散流注入耒水。

又西北过耒阳县之东^①,

耒阳旧县也,盖因水以制名。王莽更名南平亭。东傍耒水。水东肥南^②,有郡故城。县有溪水,东出侯计山^③,其水清澈,冬温夏冷,西流,谓之肥川。川之北有卢塘^④,塘池八顷,其深不测。有大鱼,常至五月,辄一奋跃,水涌数丈,波襄四陆^⑤,细鱼奔迸^⑥,随水登岸,不可胜计。又云:大鱼将欲鼓作^⑦,诸鱼皆浮聚^⑧。水侧注。西北迳蔡洲^⑨。洲西,即蔡伦故宅^⑩,傍有蔡子池^⑪。伦,汉黄门^⑫,顺帝之世^⑬,捣故鱼网为纸,用代简素^⑭,自其始也。

【注释】

①耒阳县:秦置,属长沙郡。治所在今湖南耒阳。汉属桂阳郡。

②肥:即肥川。今湖南耒阳东南肥水。

③侯计山:即今湖南耒阳东境猴息山。

④卢塘:在今湖南耒阳东北。

⑤襄:漫上,冲上。

⑥细鱼:小鱼。奔迸:奔跑逃散。

⑦鼓作:这里指鱼腾跃翻涌。

⑧浮聚:浮出水面而群聚。

⑨蔡洲:在今湖南耒阳一带。

⑩蔡伦故宅:在今湖南耒阳东南蔡子池畔。蔡伦,字敬仲。桂阳(今

湖南郴州）人。东汉宦官。用树皮、破布、破渔网为原材料造纸，
天下称为"蔡侯纸"。后世尊蔡伦为我国造纸术的发明人。

⑪蔡子池：在今湖南耒阳东南。

⑫汉：东汉。黄门：太监。东汉时黄门令、中黄门诸官，皆由宦者充当。

⑬顺帝：东汉皇帝刘保。汉安帝之子。

⑭简素：竹简、木简和帛绢。古人在没有纸之前，把字写在竹简、木
简和帛绢上。

【译文】

耒水又往西北流过耒阳县东边，

耒阳是旧县，是按水命名的。王莽时改名为南平亭。县城东濒耒水。
在耒水以东、肥川以南，有一座老郡城。耒阳县有一条溪水，发源于东方
的侯计山，水很清澈，冬温夏冷，往西流，叫肥川。肥川北面有卢塘，面积
八顷，深不可测。塘里有大鱼，到了五月间，鱼就在水面腾跃，激起水浪
上涌数丈，向四面岸上横溢，小鱼纷纷逃散，随水被冲到岸上的多得数不
清。又说：大鱼将要鼓动水浪时，鱼群就浮上水面，聚集在一起。肥川从
旁流过注入耒水。耒水往西北流过蔡洲。蔡洲西边就是蔡伦的故居，旁
有蔡子池。蔡伦是汉时的太监，顺帝时，蔡伦用破渔网捣烂造纸，以代替
简帛。造纸就是蔡伦创始的。

又北过酃县东①，

县有酃湖②，湖中有洲，洲上民居，彼人资以给酿，酒甚
醇美，谓之酃酒，岁常贡之。湖边尚有酃县故治，西北去临
承县十五里③，从省隶④。《十三州志》曰⑤：大别水南出耒阳
县太山⑥，北至酃县入湖也。

【注释】

①酃县：西汉置，属长沙国。治所在今湖南衡阳东酃湖侧。东汉属

　　　　长沙郡。

②酃湖：在今湖南衡阳东。

③临承县：一作临蒸县、临烝县。三国吴置，属衡阳郡。治所即今湖
　　南衡阳。东晋为湘东郡治。

④从省隶：裁撤酃县隶属临承县。武英殿本《水经注》注："晋太元
　　二十年省酃县入临承，此三字上有脱文。"

⑤《十三州志》：书名。未知为应劭、黄义仲、阚骃何家所作。

⑥大别水：即今湖南耒阳西之舂陵水。

【译文】

耒水又往北流过酃县东边，

　　酃县有酃湖，湖中有个沙洲，洲上居民就用湖水来酿酒，这种酒味道
极醇美，称为酃酒，每年常用来进贡。湖边还有酃县老县城，西北距临承
县十五里。撤废酃县，并入临承。《十三州志》说：大别水发源于南方耒
阳县的太山，北流到酃县注入酃湖。

北入于湘。

耒水西北至临承县，而右注湘水，谓之耒口也。

【译文】

耒水往北注入湘水。

　　耒水往西北流，到了临承县，在右边注入湘水，汇流处叫耒口。

洣水

洣水出茶陵县上乡①，西北过其县西，

　　水出江州安成郡广兴县太平山②，西北流迳茶陵县之
南。汉武帝元朔四年③，封长沙定王子节侯诉之邑也④。王

莽更名声乡矣。洣水又屈而过其县,西北流注也。《地理志》谓之泥水者也。

【注释】

①洣(mǐ)水:古名泥水。湖南湘江支流。茶陵县:即茶陵县。在今湖南茶陵东古城营。

②江州:西晋元康元年(291)置。治所在南昌县(今江西南昌东)。安成郡:三国吴宝鼎二年(267)置。治所在平都县(今江西安福)。广兴县:西晋太康初分永新县西北境置,属安成郡。治所在今江西莲花东北侧。

③元朔四年:前125年。元朔,西汉武帝刘彻的年号(前128—前123)。

④长沙定王:名发。汉景帝之子。母唐姬,故程姬侍者。以母微无宠,故王卑湿贫国。谥号定。

【译文】

洣水

洣水发源于茶陵县的上乡,往西北流过县西,

洣水发源于江州安成郡广兴县的太平山,往西北流经茶陵县南边。汉武帝元朔四年,把茶陵封给长沙定王的儿子节侯䜣作为食邑。王莽时改名为声乡。洣水又转弯流过县城,然后往西北流去。这就是《地理志》所说的泥水。

又西北过攸县南①,

攸水出东南安成郡安复县封侯山②,西北流迳其县北。县北带攸溪,盖即溪以名县也。汉武帝元朔四年,封长沙定王子则为攸舆侯,即《地理志》所谓攸县者也。攸水又西南流入茶陵县,入于洣水也。

【注释】

①攸县：西汉置，属长沙国。治所在今湖南攸县东攸水南。以北有
　　攸溪为名。东汉属长沙郡。

②攸水：又名攸溪、伯水，为洣水支流。源出今江西莲花西北，西南
　　流至湖南攸县境入洣水。安复县：西晋太康元年（280）以安城县
　　改名，属安成郡。治所在今江西安福西严田镇东北竹山下。

【译文】

洣水又往西北流过攸县南边，

攸水发源于东南方安成郡安复县的封侯山，往西北流经县北。攸县北面有攸溪流过，攸县就是按溪来命名的。汉武帝元朔四年，封长沙定王的儿子则为攸舆侯，就是《地理志》里所说的攸县。攸水又往西南流入茶陵县，注入洣水。

又西北过阴山县南①，

县，本阳山县也。县东北犹有阳山故城，即长沙孝王子宗之邑也②。言其势王，故堑山堙谷③，改曰阴山县。县上有容水④，自侯昙山下注洣水⑤，谓之容口。水有大穴，容一百石，水出于此，因以名焉。

【注释】

①阴山县：西汉置，本名阳山县，属桂阳郡。治所在今湖南攸县西南。
　　三国吴属湘东郡。

②长沙孝王：一说刘宗就是长沙孝王，一说刘宗为长沙孝王之子。

③堑（qiàn）：挖掘。堙（yīn）：堵塞，填满。

④容水：当在今湖南攸县境内。

⑤侯昙山：一名侯堂山。在今湖南耒阳东八十里。

【译文】

洣水又往西北流过阴山县南边，

阴山县本来是阳山县。该县东北还有阳山老城，就是长沙孝王的儿子宗的食邑。据说这里的地势有王气，所以掘山填谷，并改名为阴山县。县里有容水，从侯昙山下注入洣水，汇流处叫容口。源头有个大穴，容得下一百石，因为水发源于这里，所以名为容水。

洣水又西北迳其县东，又西迳历口。县有历水①，下注洣，谓之历口。

【注释】

①历水：当在今湖南耒阳境内。

【译文】

洣水又往西北流经县东，又往西流经历口。县里有历水，注入洣水，汇流处叫历口。

洣水又西北与洋湖水会①。水出县西北乐薮冈下洋湖②，湖去冈七里，湖水下注洣，谓之洋湖口。洣水东北有峨山③，县东北又有武阳、龙尾山④，并仙者羽化之处。上有仙人及龙马迹⑤，于其处得遗咏。虽神栖白云，属想芳流⑥，藉念泉乡⑦，遗咏在兹⑧。览其余诵，依然息远。匪直邈想霞踪⑨，爱其文咏可念，故端牍抽札⑩，以诠其咏⑪。其略曰⑫：登武阳，观乐薮，峨岭千藓洋湖口⑬，命蜚螭⑭，驾白驹，临天水，心踟蹰⑮，千载后，不知如⑯。盖胜赏神乡⑰，秀情超拔矣⑱。

【注释】

①洋湖水：当在今湖南衡山县境内。

②乐薮冈、洋湖：《水经注疏》杨守敬按："冈及湖并当在今衡山县（今湖南衡山县）东南。"

③峨山：《水经注疏》熊会贞按："山无考。据下歌辞，近洋湖口，当在今衡山县东南，滨洣水。"

④武阳、龙尾山：二山当在今湖南攸县西北。

⑤龙马：古代传说中龙头马身的神兽。

⑥属（zhǔ）想：寄情。芳流：指懿美的风范。

⑦藉念：牵挂眷念。泉乡：犹泉下。

⑧在兹：在此。

⑨匪直：不仅仅，不只是。邈想：遥想。

⑩端牍：恭敬地拿着书版。这里代指恭敬地拿出纸笔。抽札：书写。

⑪诠：诠释，阐明。咏：歌咏。

⑫略：梗概，大略。

⑬千蕤（ruí）：千花。形容花朵极其繁多。

⑭命：召唤。蜚螭（fēi chī）：犹飞龙。螭，古代传说中无角的龙。

⑮踟蹰（chí chú）：徘徊，流连。

⑯如：到，往。

⑰胜赏：尽情地欣赏。神乡：神奇的人间。

⑱秀情：高雅的情思。超拔：超凡脱俗。

【译文】

洣水又往西北流，与洋湖水汇合。洋湖水出自阴山县西北乐薮冈底下的洋湖，洋湖离冈七里，湖水往下注入洣水，汇流处叫洋湖口。洣水东北有峨山，县城东北有武阳山和龙尾山，都是修仙学道的人飞升的地方。山上有仙人和龙马的足迹，在那里还发现他们留下的诗歌。他们的神灵虽然栖息于白云之上，向往着懿美的风范，还牵挂着泉下，在这里留下吟咏。读他们的诗歌，可以感到他们依然心在远处。我不只是遥想他们驾着祥云来往的踪迹，还喜爱他们的歌辞朗朗上口，所以拿了纸笔抄录下来。歌辞大略是：登上武阳山，眺望着乐薮，峨岭千花竞发在洋湖口。驱着蜚螭，驾着白驹，飞临蓝天碧水，不禁心里踌躇。千年万代后，不知何如。仙人游赏这迷人的神乡，他们高雅的感情真是超凡绝俗的了。

又西北入于湘。

【译文】

洣水又往西北注入湘水。

漉水

漉水出醴陵县东漉山[①]，西过其县南，

醴陵县，高后四年封长沙相侯越为国[②]。县南临渌水，水东出安城乡翁陵山[③]。余谓漉、渌声相近，后人藉便以渌为称。虽翁陵名异，而即麓是同。

【注释】

①漉水：即今湖南醴陵及株洲境之渌江。醴陵县：东汉置，属长沙郡。治所即今湖南醴陵。

②高后四年：前184年。高后，即吕后。名雉，字娥姁。西汉高祖刘邦的皇后。生惠帝和鲁元公主。惠帝崩，太子立为皇帝，年幼，太后临朝称制，史称高皇后。越：汉王二年投刘邦，从击项羽。西汉建立，任长沙王相。高后四年封醴陵侯。

③安城乡：一作安城萍乡。《水经注疏》熊会贞按："《续汉志·注》引罗含《湘中记》，有渌水注湘。《文选·注》三十五引《荆州记》，渌水出豫章康乐县（在萍乡县东），皆此漉水变称渌水之证。渌水出萍乡县，《经》云出醴陵者，萍乡置于吴，作《经》者所不照也。

吴县属安成郡,晋、宋、齐、梁因,在今县东四十里。"萍乡,即萍乡
县。三国吴宝鼎二年(267)析宜春县置,属安成郡。治所在今江
西萍乡东芦溪镇西南古岗。译文从之。

【译文】

漉水

漉水发源于澧陵县东边的漉山,往西流过县南,

醴陵县,于高后四年封给长沙相侯越为封国。县城南濒渌水,水源
出自东方安城萍乡的翁陵山。我想漉、渌二字读音相近,后人为图方便,
就以渌字为名了。虽然翁陵一名相异,但靠近山麓却是相同的。

屈从县西,西北流,至漉浦,注入于湘。

【译文】

漉水绕到县西然后往西北流,到了漉浦,注入湘水。

浏水

浏水出临湘县东南浏阳县①,西北过其县,东北
与涝水合。

浏水出县东江州豫章县首裨山②,导源西北流,迳其县
南,县凭溪以即名也。又西北注于临湘县也。

【注释】

①浏水:即今湖南长沙、浏阳境之浏阳河。源出今湖南浏阳境之大
　围山,西流至长沙北入湘水。临湘县:战国秦置,为长沙郡治。治
　所在今湖南长沙。浏阳县:东汉建安中置,属长沙郡。治所在今
　湖南浏阳东北官渡。以浏阳水为名。

②豫章县:东汉建安年间置,当属豫章郡。治所约在今江西南昌附
　　近。后废。

【译文】

浏水

浏水发源于临湘县东南的浏阳县,往西北流过该县,往东北
与涝水汇合。

　浏水发源于浏阳县东边江州豫章县的首禅山,发源后往西北流,经
过浏阳县南,该县就是因溪而得名的。又往西北流向临湘县。

西入于湘。

【译文】

浏水往西流注入湘水。

渭水
渭水出豫章艾县①,

《春秋左氏传》曰:吴公子庆忌谏夫差②,不纳,居于艾
是也。王莽更名治翰。

【注释】

①渭(mì)水:在今湖南汨罗境内。豫章:即豫章郡。西汉高帝六年
　　(前201)分九江郡置。治所在南昌县(今江西南昌东)。艾县:西
　　汉置县,属豫章郡。治所在今江西修水县西龙岗坪。
②吴公子庆忌:春秋时吴王僚之子。夫差:春秋时吴王阖闾之子。
　　吴末代国君。

【译文】

渭水

渭水发源于豫章艾县，

《春秋左氏传》说：吴公子庆忌向夫差进谏，夫差不听，于是庆忌就住到艾去。王莽时改名为治翰。

西过长沙罗县西^①，

罗子自枝江徙此^②，世犹谓之为罗侯城也^③。渭水又西流，积而为陂^④，谓之町湖也。

【注释】

① 罗县：战国秦置，属长沙郡。治所在今湖南汨罗西北。因罗子国为名。

② 罗子：春秋罗国国君。枝江：即枝江县。西汉置，属南郡。治所在今湖北枝江市。

③ 罗侯城：《水经注疏》杨守敬按："《姓氏书》，罗侯氏罗国，为楚所灭，后号罗侯。……疑《注》侯下本无城字。"译文用罗侯。

④ 陂（bēi）：池塘，湖泊。

【译文】

渭水往西流过长沙罗县西边，

罗子从枝江迁移到这里，世人至今还把他称为罗侯。渭水又往西流，积水成为陂塘，叫町湖。

又西至累石山^①，入于湘水。

累石山在北，亦谓之五木山，山方尖如五木状^②，故俗人藉以名之。山在罗口北。渭水又在罗水南^③，流注于湘，谓之东町口者也。

【注释】

①累石山：旧名万岁山，又名五木山。在今湖南汩罗西北。

②方尖：方形而尖。五木：古代博具。以斫木为子，一具五枚。古博
　戏樗蒲用五木掷采打马，其后则掷以决胜负。后世所用骰子相传
　即由五木演变而来。

③罗水：即汩罗江。

【译文】

潣水又往西流到累石山，注入湘水。

累石山在北，也叫五木山，山形方而尖，像是五木，所以当地人就用
以作山名。山在罗口北边。潣水又在罗水南边，流注于湘水，汇流处叫
东町口。

赣水

赣水出豫章南野县西①，北过赣县东②，

《山海经》曰：赣水出聂都山③，东北流注于江，入彭泽
西也④。班固称南野县⑤，彭水所发⑥，东入湖汉水⑦。庾仲
初谓大庾峤水北入豫章⑧，注于江者也。《地理志》曰：豫章
水出赣县西南⑨，而北入江。盖控引众流⑩，总成一川，虽称
谓有殊，言归一水矣。故《后汉·郡国志》曰⑪：赣有豫章水。
雷次宗云⑫：似因此水为其地名。虽十川均流，而此源最远，
故独受名焉。刘澄之曰：县东南有章水⑬，西有贡水⑭，县治
二水之间，二水合赣字，因以名县焉。是为谬也。刘氏专以
字说水，而不知远失其实矣。豫章水导源东北流，迳南野县
北，赣川石阻，水急行难，倾波委注，六十余里。

【注释】

①赣水:即江西赣江。南野县:即南壄县。秦置,属九江郡。治所在今江西赣州南康区西南章水南岸。西汉属豫章郡。东汉始改作南野县。

②赣县:西汉高帝六年(前201)置,属豫章郡。治所在益浆故城(今江西赣州西南蟠龙镇)。

③赣水:此指赣江西源章水,源出大庾岭,流至今江西赣州与源出武夷山之赣江东源贡水合,始称赣江。聂都山:在今江西崇义西南。章水出其下,山南为南源,山北为北源。

④彭泽:即彭泽县。西汉置,属豫章郡。治所在今江西湖口县东南江桥乡柳德昭村附近。

⑤班固:字孟坚。扶风安陵(今陕西咸阳)人。继父业编纂《汉书》,未成而死,所余"八表"由班昭完成,《天文志》由班昭和同郡马续共同完成。

⑥彭水:当发源于今江西赣州南康区境内。

⑦湖汉水:指今江西赣江东源贡水。

⑧大庾峤水:亦名连水。即今广东南雄西北之凌江。

⑨豫章水:亦名湖汉水。

⑩控引:牵引,牵拉,汇聚。

⑪《郡国志》:晋司马彪《续汉书》篇名。记述东汉时期全国行政区划、人口以及《春秋》和"前三史"所载征伐、会盟所在的地名。《续汉书》仅存八志,为后人补入范晔《后汉书》流传至今。

⑫雷次宗:字仲伦。豫章南昌(今江西南昌)人。南朝宋学者。

⑬章水:又名古豫章水、南江。在今江西西南部。即今江西赣江西源。源出赣、粤边境崇义之聂都山,有南北二源。南源自山南东流,经大余南,东入南康境,折而北流入赣州赣县区境;北源自山北东北流至崇义北,折东南流经上犹至赣州赣县区境,与南源汇合。再

东流与贡水合为赣江。

⑭贡水：古称湖汉水。又名会昌江、东江。即今江西赣江东源。在
　江西东南部。上游绵水源出赣、闽边境武夷山脉木马山。西南流
　至会昌折向西北流，经于都西流至赣州汇章水合称赣江。

【译文】

赣水

赣水发源于豫章郡南野县西边，往北流过赣县东边，

《山海经》说：赣水发源于聂都山，往东北流，注入江水，流入彭泽县
西部。班固说：南野县，彭水发源于这里，东流注入湖汉水。庾仲初说：
大庾峤水往北流入豫章，注入江水。《地理志》说：豫章水发源于赣县西
南，北流入江。它接纳了许多支流，合成一条大川，虽然名称不同，但说
的都是同一条水。所以《后汉书·郡国志》说：赣县有豫章水。雷次宗说：
豫章似乎就是以这条水为地名的。虽然水有十条，流量差不多一样大，
但以赣水源流最远，所以唯独此水得名。刘澄之说：赣县东南有章水，西
有贡水，县治在两水之间，两字相合，成为赣字，因此就作为县名了。这
说法很荒唐。刘氏专门以字来释水，不知道这一来便远远失实了。豫章
水发源后往东北流，经过南野县北边，乱石梗阻，水流湍急，行船困难，滚
滚的波涛一泻六十里。

又北迳赣县东，县即南康郡治①。晋太康五年②，分庐
江立③。

【注释】

①南康郡：西晋太康三年（282）置。治所在雩都县（今江西于都东
　北）。东晋永和五年（349）移治赣县（今江西赣州西南）。义熙七
　年（411）徙治葛姥城（今赣州东北）。

②太康五年：284年。太康，西晋武帝司马炎的年号（280—289）。

③庐江：即庐江郡。三国魏置，属扬州。治所在六安县（今安徽六安
　　北城北乡）。

【译文】

　　豫章水又往北流经赣县东边，南康郡的治所就设在县城中。南康郡
是晋太康五年从庐江郡分出来设置的。

　　豫章水右会湖汉水。水出雩都县①，导源西北流，迳金
鸡石②。其石孤竦临川，耆老云：时见金鸡出于石上，故石取
名焉。湖汉水又西北迳赣县东，西入豫章水也。

【注释】

　　①雩（yú）都县：西汉高帝六年（前201）置，属豫章郡。治所在古田
　　坪（今江西于都东北四里）。三国吴置庐陵南部都尉治此。
　　②金鸡石：当在今江西于都西。

【译文】

　　豫章水在右边汇合了湖汉水。湖汉水发源于雩都县，往西北流经金
鸡石。这块巨石独自临江耸峙着，据老人们说：时常见有金鸡出现于石
上，所以取名金鸡石。湖汉水又往西北流经赣县东边，往西注入豫章水。

又西北过庐陵县西①，

　　庐陵县，即王莽之桓亭也。《十三州志》称，庐水西出
长沙安成县②。武帝元光六年③，封长沙定王子刘苍为侯国。
即王莽之用成也。吴宝鼎中立以为安成郡④。东至庐陵，入
湖汉水也。

【注释】

　　①庐陵县：秦置，属九江郡。治所在今江西泰和西南。

②庐水:泸江古名。即今江西吉安南之泸水。

③元光六年:前129年。元光,西汉武帝刘彻的年号(前134—前129)。

④宝鼎:三国吴乌程侯孙皓的年号(266—269)。

【译文】

赣水又往西北流经庐陵县西边,

庐陵县就是王莽时的桓亭。《十三州志》说:庐水发源于西方的长沙郡安成县。武帝元光六年,把安成封给长沙定王的儿子刘苍,立为侯国。就是王莽时的用成。吴宝鼎年间设立为安成郡。庐水东流,到庐陵注入湖汉水。

又东北过石阳县西①,

汉和帝永平九年②,分庐陵立。汉献帝初平二年,吴长沙桓王立庐陵郡③,治此。豫章水又迳其郡南,城中有井,其水色半清半黄,黄者如灰汁,取作饮粥,悉皆金色,而甚芬香。

【注释】

①石阳县:东汉永元八年(96)置,属豫章郡。治所在今江西吉水县北固洲。

②汉和帝:东汉皇帝刘肇。永平九年:当为永元九年之讹。永平是汉明帝刘庄的年号(58—75),永元是汉和帝刘肇的年号(89—105)。永元九年:97年。

③汉献帝初平二年,吴长沙桓王立庐陵郡:《水经注疏》杨守敬按:"朱(谋㙔)《笺》曰:一作兴平。赵(一清)改兴平,云:按《吴书》孙策以兴平二年渡江,安得有初平立郡之事?此等直当据史改正耳。全(祖望)亦依改。会贞按:《舆地纪胜》云,《元和志》,献帝初平二年(今本作兴平,乃后人改),分豫章置庐陵郡。《宋志》在兴平元年,《续汉志·注》《寰宇记》《舆地广记》并云,兴平元年,

孙策分置庐陵郡。象之谨按,《通鉴》兴平元年,孙策方见袁术,请父兵,时年十七。不应孙策方请父兵,便能分建州郡也。而雷次宗《豫章记》以为灵帝末,扬州刺史刘遵上书,请置庐陵、鄱阳二郡,至献帝初平二年,分豫章立庐陵郡。未几,丹阳僮芝擅郡,自称被诏为太守。故《通鉴》建安三年书云,僮芝擅庐陵,又《通鉴》建安五年,孙策分豫章为庐陵郡,以孙辅为庐陵太守。会僮芝病,辅遂进取庐陵。《通鉴》所书与《豫章记》年月虽不相应,然僮芝擅命之初,已有庐陵郡,则郡非置于孙策矣。当从《元和志》在初平二年。据《纪胜》则此《注》初平字不误,但言吴立未合。吴长沙桓王五字,当是后人所加。"译文据改。汉献帝,名协。东汉灵帝中子。少帝立,封为陈留王。董卓废少帝而立之。曹丕篡位,废刘协为山阳公,汉亡。吴长沙桓王,即孙策,字伯符。孙坚长子。东汉末江东豪强。庐陵郡,东汉分豫章郡置,属扬州。治所在石阳县(今江西吉安东北)。

【译文】

赣水又往东北流过石阳县西边,

石阳县,是汉和帝永元九年,从庐陵分出来设置的。汉献帝初平二年,设立庐陵郡,治所就在这里。豫章水又流经郡南,城中有井,井水颜色半清半黄,黄的像灰汁,汲水煮粥,就成金色,非常芳香。

又东北过汉平县南①,又东北过新淦县西②,

牵水西出宜春县③。汉武帝元光六年,封长沙定王子刘成为侯国。王莽之脩晓也。牵水又东迳吴平县,旧汉平也。晋太康元年,改为吴平矣④。牵水又东迳新淦县,即王莽之偶亭,而注于豫章水。湖汉及赣,并通称也。又淦水出其县下⑤,注于赣水。

【注释】

①汉平县：东汉中平中分宜春县置，属豫章郡。治所在今江西樟树市西南境吴平、门楼一带。三国吴改为吴平县。

②新淦（gàn）县：战国秦置，属九江郡。治所即今江西樟树市。西汉属豫章郡，为豫章都尉治，后为南部都尉治。

③牵水：即今江西西部之袁河，为赣江支流。宜春县：西汉高帝六年（前201）置，属豫章郡。治所即今江西宜春。三国吴宝鼎二年（267）改属安成郡。西晋太康元年（280）改名宜阳县。

④晋太康元年，改为吴平：《水经注疏》杨守敬按："《宋志》：吴平侯相，汉灵帝中平中立，曰汉平。吴更名。此作晋太康元年改，别有所据。盖以晋是年平吴为是。"

⑤淦水：即今江西樟树市西南淦水。

【译文】

赣水又往东北流过汉平县南边，又往东北流过新淦县西边，牵水发源于西方的宜春县。汉光武帝元光六年，把宜春封给长沙定王的儿子刘成，立为侯国。就是王莽时的修晓。牵水又往东流经吴平县，就是旧时的汉平。晋太康元年改为吴平。牵水又往东流经新淦县——就是王莽时的白偶亭，注入豫章水。湖汉水和赣水都是通称。此外，还有淦水发源于县中，注入赣水。

又北过南昌县西①，

盱水出南城县②，西北流迳南昌县南，西注赣水。

【注释】

①南昌县：西汉高帝六年（前201）置，为豫章郡治。治所在今江西南昌东。

②盱（xū）水：即盱水。今江西抚州临川区之抚河及南城县南之盱水。

南城县：西汉高帝六年（前201）置，属豫章郡。治所在石下（今江
西南城县东南洪门水库内）。

【译文】

赣水又往北流过南昌县西边，

旴水发源于南城县，往西北流经南昌县南边，西流注入赣水。

又有浊水注之①。水出康乐县②，故阳乐也。浊水又东
迳望蔡县③。县因汝南上蔡民萍居此土④，晋太康元年，改为
望蔡县。浊水又东迳建成县⑤。汉武帝元光四年⑥，封长沙
定王子刘拾为侯国。王莽更名之曰多聚也。县出燃石。《异
物志》曰⑦：石色黄白而理疏，以水灌之便热，以鼎着其上，
炊足以熟。置之则冷，灌之则热，如此无穷。元康中，雷孔
章入洛⑧，赍石以示张公⑨。张公曰：此谓燃石。于是乃知其
名。浊水又东至南昌县，东流入于赣水。

【注释】

①浊水：即今江西赣水支流锦江。

②康乐县：西晋太康元年（280）改阳乐县置，属豫章郡。治所在今
　江西万载东北罗城镇。

③望蔡县：西晋太康元年（280）改阳乐县置，属豫章郡。治所即今
　江西上高。

④汝南：即汝南郡。西汉高帝四年（前203）置。治所在上蔡县（今
　河南上蔡西南）。东汉徙治平舆县（今河南平舆北）。上蔡：战国
　楚置。后入秦，属陈郡。西汉属汝南郡。萍居：客居。

⑤建成县：西汉高帝六年（前201）置，属豫章郡。治所在今江西高
　安。汉武帝时曾为长沙定王子拾侯邑，东汉改作建城县。

⑥元光四年：前131年。

⑦《异物志》：书名。《水经注》多引之。具体不详。

⑧雷孔章：与西晋张华同时期人，著名学士。

⑨赍（jī）：持着，拿着。张公：即张华，字茂先。西晋惠帝时，历任太
　　子少傅、中书监，官至司空，进封壮武郡公。因拒绝参与赵王伦、
　　孙秀篡位阴谋而被杀。博学之士，著《博物志》。

【译文】

　　又有浊水注入。浊水发源于康乐县，就是旧时的阳乐。浊水又往东
流经望蔡县。因为汝南上蔡的人民流寓在这里，所以在晋太康元年改为
望蔡县。浊水又往东流经建成县。汉武帝元光四年，将这地方封给长沙
定王的儿子刘拾，立为侯国。王莽时改名为多聚。该县出产燃石。《异
物志》说：燃石呈黄白色，纹理稀疏，浇水就会发热，把锅子搁在上面，就
可以把东西烧熟。放着不动它就冷，浇水就热，可以无穷无尽地用下去。
元康年间，雷孔章去洛阳，带了这种石头给张公看。张公说：这叫燃石。
这才知道这种石头的名称。浊水又往东流到南昌县，往东流入赣水。

　　赣水又历白社西①，有徐孺子墓②。吴嘉禾中③，太守长
沙徐熙于墓隧种松④，太守南阳谢景于墓侧立碑⑤。永安中⑥，
太守梁郡夏侯嵩于碑傍立思贤亭⑦。松大合抱⑧，亭世修治，
至今谓之聘君亭也。

【注释】

①白社：《水经注疏》熊会贞按："《寰宇记》，徐稺冢在洪州（今江西
　　南昌）南十里，今号白社。"

②徐孺子：即徐稺，字孺子。豫章南昌（今江西南昌）人。东汉名士。

③嘉禾：三国吴大帝孙权的年号（232—238）。

④徐熙：三国吴长沙郡人。官太守。其余不详。墓隧：墓道。

⑤南阳：即南阳郡。战国秦昭襄王三十五年（前272）置。治所在宛县（今河南南阳）。谢景：字叔发。三国吴官吏。

⑥永安：三国吴景帝孙休的年号（258—264）。

⑦梁郡：新莽始建国元年（9）改梁国置。治所在睢阳县（今河南商丘南）。夏侯嵩：即曹嵩，字巨高。曹操之父。本姓夏侯，后为宦官曹腾养子，改姓曹。魏文帝登基后，追尊曹嵩为太皇帝。

⑧合抱：两臂环抱。描写树身之粗大。

【译文】

赣水又流经白社西，有徐孺子墓。吴嘉禾年间，太守长沙人徐熙在墓道旁植松，太守南阳人谢景在墓旁立碑。永安年间，太守梁郡人夏侯嵩在碑旁造思贤亭。松树大可合抱，亭子世代修缮，现在称为聘君亭。

赣水又北历南塘①，塘之东有孺子宅，际湖南小洲上。孺子名穉，南昌人，高尚不仕，太尉黄琼辟不就②。桓帝问尚书令陈蕃③：徐穉、袁闳④，谁为先后？蕃答称：袁生公族，不镂自雕⑤；至于徐穉，杰出薄域，故宜为先。桓帝备礼征之，不至。太原郭林宗有母忧⑥，穉往吊之，置生刍于庐前而去⑦。众不知其故，林宗曰：必孺子也。《诗》云：生刍一束，其人如玉。吾无德以堪之。年七十二卒。

【注释】

①南塘：在今江西南昌南，北通东湖。

②太尉：官名。秦始置，为最高军事长官，与掌政务、监察的丞相、御史大夫合称三公，其尊与丞相等。汉武帝元狩四年（前119）改称大司马，并加将军之号。黄琼：字世英。江夏郡安陆县（今湖北安陆）人。东汉名臣、尚书令黄香之子。辟：征召。不就：不就职。

③桓帝：东汉桓帝刘志。蠡吾侯刘翼之子。尚书令：秦汉少府属官。

掌文书。陈蕃：字仲举。汝南平舆（今河南平舆）人。东汉末大臣。

④袁闳（hóng）：字夏甫。少修志节，矫俗高厉。父卒，袁闳与兄弟
迎送棺柩，风餐露宿，体貌枯毁，手足血流。累征召皆不应。黄巾
军起义，攻没郡县，闳诵经不移，黄巾军相约不入其间。

⑤不镂（lòu）自雕：本指不用刻意雕镂，就能显示其华丽。这里比喻
袁闳不需别人抬举，自己就能出人头地。

⑥太原：即太原郡。战国秦庄襄王四年（前246）置。治所在晋阳县
（今山西太原西南）。郭林宗：即郭泰，字林宗。博通典籍，居家教
授，弟子至数千人。与河南尹李膺相友善，于是名震京师。善品
题海内人士。有母忧：遭母丧。

⑦生刍（chú）：鲜草。典出《诗经·小雅·白驹》："生刍一束，其人
如玉。"鲜草可养白驹，后因用作礼贤敬贤之典。庐：古人为守丧
而构筑在墓旁的小屋。

【译文】

赣水又往北流经南塘，塘东有孺子故居，在湖南小洲边。孺子名穉，
南昌人，品格高尚，不肯做官，太尉黄琼征召他，他不去。桓帝问尚书令
陈蕃：徐穉、袁闳两人相比，谁高谁下？陈蕃答道：袁生出身公族，不必别
人抬举，自己早已出人头地了；至于徐穉，是从穷乡僻壤脱颖而出的，所
以更高。桓帝准备了礼品征召他，他不肯去。太原人郭林宗母亲去世，
徐穉去悼吊，在墓前放了一束新割的青草后离去。人们都不知道这是什
么意思，郭林宗说：那一定是孺子了。《诗经》说：青草一束，其人如玉。
我没有这么高的德望可以当得起。徐穉到七十二岁去世。

赣水又迳谷鹿洲①，即蓼子洲也。旧作大艑处②。

【注释】

①谷鹿洲：在今江西南昌东湖百花洲西南南塘湾外。

②大艑（biàn）：大船。

【译文】

赣水又流经谷鹿洲，就是蓼子洲。过去是建造大船的地方。

　　赣水又北迳南昌县故城西，于春秋属楚，即令尹子荡师于豫章者也①。秦以为庐江南部，汉高祖六年②，始命陈婴以为豫章郡③，治此，即陈婴所筑也。王莽更名县曰宜善，郡曰九江焉。刘歆云④：湖汉等九水入彭蠡⑤，故言九江矣。陈蕃为太守，署徐穉为功曹，蕃在郡不接宾客，惟穉来，特设一榻⑥，去则悬之，此即悬榻处也。建安中⑦，更名西安⑧，晋又名为豫章。城之南门曰松阳门，门内有樟树，高七丈五尺，大二十五围，枝叶扶疏，垂荫数亩。应劭《汉官仪》曰⑨：豫章，樟树生庭中，故以名郡矣。此树尝中枯，逮晋永嘉中⑩，一旦更茂，丰蔚如初，咸以为中宗之祥也⑪。《礼·斗威仪》曰⑫：君政讼平，豫樟常为生。太兴中⑬，元皇果兴大业于南⑭。故郭景纯《南郊赋》云⑮：弊樟擢秀于祖邑是也⑯。以宣王祖为豫章故也⑰。

【注释】

①令尹：春秋战国时楚国执掌军政大权的最高长官，大都以公子或嗣君担任，相当于后世的宰相。子荡：楚灵王时，为令尹。

②汉高祖六年：前201年。

③始命陈婴以为豫章郡：陈婴一本作灌婴。后文陈婴亦为灌婴。《水经注疏》："赵（一清）云：按下有脱文。会贞按：赵谓有脱文，而不知所脱何语。考《汉书·灌婴传》云，定豫章。此必言命灌婴定

豫章,下言以为豫章郡治,此必先言置县。《元和志》,高帝六年置南昌县。然则婴下当有定豫章,置南昌县七字。"译文从之。灌婴,原睢阳贩缯者。从刘邦攻秦军,屡立战功,为西汉开国功臣。

④刘歆:字子骏。沛县(今江苏沛县)人。刘向之子。西汉经学家、目录学家。继父业总校秘府群书,成《七略》七卷。

⑤彭蠡:古泽薮名。即今江西鄱阳湖。

⑥榻:狭长而较矮的床,泛指床。

⑦建安:汉献帝刘协的年号(196—220)。

⑧更名西安:《水经注疏》:"赵(一清)云:按两汉及晋,豫章郡治南昌。《晋志》豫章郡领豫章县。刘昭《郡国志补注》引《豫章记》,豫章县,建安立,三国吴改曰西安。"

⑨《汉官仪》:书名。东汉应劭撰。记载汉官名称、职掌、俸秩及玺绶制度等。

⑩逮:至,到。永嘉:西晋怀帝司马炽的年号(307—312)。

⑪中宗:即东晋元帝司马睿,字景文。西晋灭亡后,称晋王,后在建康即帝位。

⑫《礼·斗威仪》:书名。谶纬类典籍。

⑬太兴:即大兴。东晋元帝司马睿的年号(318—321)。

⑭元皇:指东晋元帝司马睿。

⑮郭景纯:即郭璞,字景纯。河东闻喜(今山西闻喜)人。曾经注释《尔雅》《方言》《山海经》《穆天子传》等。

⑯擢秀:谓草木欣欣向荣。祖邑:祖宗之故乡。

⑰宣王:即司马懿(yì),字仲达。河内温县(今河南温县)人。东汉末曹操为丞相,辟为文学掾。迁黄门侍郎,转主簿。魏明帝即位,改封舞阳侯,任大将军。后为丞相,专擅朝政。死后,子司马师、司马昭相继专权。孙司马炎代魏称帝,建晋朝,追尊为宣帝。祖为豫章:据《晋书·宣帝纪》:曾祖量,字公度,官豫章太守。

【译文】

赣水又往北流经南昌县老城西边，南昌县在春秋时属楚国，令尹子荡出兵就是这地方。秦时作为庐江郡的南部，汉高祖六年才派灌婴去平定豫章，设置南昌县，郡治也在这里，城就是灌婴筑的。王莽时改名，县称宜善，郡名九江。刘歆说：湖汉等九水注入彭蠡，所以叫九江。陈蕃做太守，任徐穉为功曹，陈蕃在郡里从不接待宾客，只有徐穉来，才特地为他摆了一张坐榻，他去后就挂起来，这里就是悬榻的地方。建安年间，改名西安，晋时又名豫章。豫章城的南门叫松阳门，门内有樟树，高七丈五尺，大二十五围，枝叶扶疏，树荫掩蔽的地面广达数亩。应劭《汉官仪》说：豫章有樟树生在庭院中，所以作为郡名。此树一度曾经枯凋，到晋永嘉年间忽又茂盛起来，枝叶繁茂犹如当年，人们都以为是中宗的吉祥征兆。《礼·斗威仪》说：君王政治修明，诉讼平息，豫樟就常常盛长。太兴年间，元帝果然在南方振兴起大业。所以郭景纯《南郊赋》说：在祖先的城邑里，凋萎了的樟树又长出一片绿荫。这是因为宣帝的曾祖曾任豫章太守之故。

赣水北出，际西北历度支步①，是晋度支校尉立府处②。步，即水渚也。

【注释】

①度支步：在今江西南昌西北。
②度支校尉：《水经注疏》熊会贞按："《御览》二百四十二引《魏略》，司农度支校尉，黄初四年置，比二千石，掌诸军屯田。据此《注》则晋因魏旧，掌漕仓事，而《晋书·职官志》但言度支尚书，不言度支校尉，略也。"

【译文】

赣水往北流，在郡城西北流过度支步，这是晋度支校尉设立官署的地方。步，就是水边。

　　赣水又迳郡北为津步^①。步有故守贾萌庙^②。萌与安侯张普争地^③，为普所害，即日灵见津渚，故民为立庙焉。水之西岸有盘石，谓之石头^④，津步之处也。西行二十里曰散原山^⑤，叠嶂四周^⑥，杳邃有趣^⑦。晋隆安末^⑧，沙门竺昙显建精舍于山南^⑨，僧徒自远而至者相继焉。西北五六里有洪井，飞流悬注，其深无底。旧说洪崖先生之井也^⑩。北五六里有风雨池^⑪，言山高濑激^⑫，激着树木，霏散远洒若雨^⑬。西有鸾冈^⑭，洪崖先生乘鸾所憩泊也^⑮。冈西有鹄岭^⑯，云王子乔控鹄所迳过也^⑰。有二崖，号曰大萧、小萧，言萧史所游萃处也^⑱。雷次宗云：此乃系风捕影之论。据实本所未辩，聊记奇闻，以广井鱼之听矣^⑲。又按谢庄诗^⑳，庄常游豫章，观井赋诗，言鸾冈四周有水，谓之鸾陂^㉑，似非虚论矣。东大湖十里二百二十六步，北与城齐，南缘回折至南塘，本通章江，增减与江水同。汉永元中^㉒，太守张躬筑塘以通南路^㉓，兼遏此水。冬夏不增减，水至清深^㉔，鱼甚肥美。每于夏月，江水溢塘而过，民居多被水害。至宋景平元年^㉕，太守蔡君西起堤^㉖，开塘为水门^㉗，水盛旱则闭之^㉘，内多则泄之^㉙，自是居民少患矣。

【注释】

①津步：码头。步，同"埠"。停船的码头。

②贾萌：一说贾雍。具体不详。

③安侯：即安成侯。张普：西汉末时人。与豫章太守贾萌争夺土地。其余不详。

④石头：《水经注疏》："今石头渚在新建县（今江西南昌新建区）西

　　北十里,有石步镇,置石头驿。"

⑤散原山:即西山。在今江西南昌新建区西。

⑥叠嶂:峰峦层叠。嶂,山之高险者。

⑦杳邃:幽深貌。

⑧隆安:东晋安帝司马德宗的年号(397—401)。

⑨沙门:出家的佛教徒的总称。竺昙显:梁惠皎《高僧传》不载。具
　　体不详。精舍:这里指僧人居住修炼讲业之所。

⑩洪崖先生:亦称洪涯先生、洪先生。相传为轩辕黄帝的乐官,名伶
　　伦,后来修道成仙。

⑪风雨池:《水经注疏》杨守敬按:"池在今新建县西山之巅。"

⑫濑(lài)激:水流激荡。濑,急流,湍流。

⑬霏散:(水花)飞扬四散。

⑭鸾冈:当在今江西南昌新建区一带。

⑮鸾:传说中凤凰一类的鸟。憩泊:休息停止。

⑯鹄岭:一作鹤岭。当在今江西南昌新建区一带。

⑰王子乔:亦作王子晋、王乔。相传为春秋周灵王太子,名晋。以
　　直谏被废。相传好吹笙作凤凰鸣。有道士浮丘生接以上嵩高山。
　　三十余年后,预言于七月七日见于缑氏山巅。至期,晋果乘白鹤
　　至山头,举手以谢时人,数日而去。

⑱萧史:古代传说中秦穆公时善吹箫的人。游萃:游览息止。

⑲以广井鱼之听:以增广人们的见闻罢了。井鱼,井里的鱼。比喻
　　见识狭隘的人。典出《淮南子·原道训》:"夫井鱼不可与语大,
　　拘于隘也。"

⑳按:考察,依照。谢庄:字希逸。南朝宋辞赋家、诗人。

㉑鸾陂:《水经注疏》熊会贞按:"庄诗不言鸾冈鸾陂,盖诗《序》之
　　文。"

㉒永元:东汉和帝刘肇的年号(89—105)。

㉓张躬:汉和帝永元年间豫章太守。其余不详。

㉔至:极其,非常。

㉕景平元年:423年。景平,南朝宋少帝刘义符的年号(423—424)。

㉖蔡君:指蔡廓。《水经注疏》杨守敬按:"考《宋书·蔡廓传》为豫章太守,征为吏部尚书,不拜。徙为祠部尚书。太祖入奉大统,廓奉迎。元嘉二年卒。是其为豫章,恰在废帝景平时。此所云蔡君即廓也。"

㉗水门:水闸。

㉘盛旱:大旱。

㉙内多:接纳水流而聚多。泄:开闸泄水。

【译文】

　　赣水又流经郡北,有个码头。码头上有从前的郡守贾萌的祠庙。贾萌与安侯张普争地盘,被张普谋害,当日鬼魂在码头水边显灵,所以百姓为他立庙。赣水西岸有巨石,叫石头,是码头的所在地。西行二十里,有散原山,四周峰峦层沓,山深谷远,别有幽趣。晋隆安末年,僧人竺昙显在山南修建寺院,僧徒从远方来这里的络绎不绝。西北五六里处有洪井,上有瀑布,飞泻直下,注入井中,深不可测。旧时传说这是洪崖先生的井。往北五六里有风雨池,说是因山高水急,飞流冲激到树木,水花就飘散远洒,像下雨一样。西边有鸾冈,是洪崖先生骑鸾停下休息的地方。山冈西有鹄岭,传说是王子乔驾鹄经过的地方。有两座石崖,称为大萧、小萧,传说是萧史游憩的地方。雷次宗说:这都是捕风捉影的话。我本来就没有对那些事迹作过鉴别,只是聊以记下奇闻异事,以增广见闻罢了。谢庄常游豫章,见过此井,又写过诗。按他的诗,说鸾冈四周有水,叫鸾陂,好像这些说法又不是毫无根据的。东大湖十里二百二十六步,北面与城相平,南面弯弯曲曲,通到南塘,此湖本来与章江相通,湖水的涨落与江水相同。汉永元年间,太守张躬筑塘以通南路,同时又拦截章江的水。塘水无论冬夏都不增不减,水极清深,鱼极肥美。但每到夏天,江水从塘上泛滥四溢,村庄居民常遭水灾。到了宋景平元年,太守蔡君在西边筑堤,在塘上开了水闸,天旱时关闭闸门,水大就开闸排泄,从此以后,居民很少再遭受水灾了。

赣水又东北迳王步①。步侧有城,云是孙奋为齐王镇此城之②。今谓之王步,盖齐王之渚步也③。郡东南二十余里又有一城,号曰齐王城④。筑道相通,盖其离宫也⑤。

【注释】

①王步:在今江西南昌新建区北。

②孙奋:字子扬。三国吴主孙权之子。初封齐王,因擅杀封国属官而被废为庶人,后改封章安侯。

③渚步:码头。

④齐王城:《水经注疏》杨守敬按:"城在今南昌县(今江西南昌)东南。"

⑤离宫:除正宫之外,供帝王出巡时居住的宫殿。

【译文】

赣水又往东北流过王步。旁边有城,据说孙奋做齐王镇守这里时,筑了这座城。现在称为王步,因为这是齐王的埠头。郡城东南二十余里还有一座城,称为齐王城。筑路相通,这是齐王的行宫。

赣水又北迳南昌左尉廨西①。汉成帝时②,九江梅福为南昌尉居此③。后福一旦舍妻子④,去九江,传云得仙。

【注释】

①左尉:古代大县有左、右县尉。县尉,主管一县的治安。廨(xiè):官署,旧时官吏办公处的通称。

②汉成帝：西汉皇帝刘骜（ào），字太孙。孝元皇帝刘奭之子。

③梅福：字子真。九江寿春（今安徽寿县）人。汉成帝时任南昌县尉，
　后避世隐居。

④一旦：某一天。

【译文】

　赣水又往北流经南昌左尉官署西边。汉成帝时，九江梅福当南昌尉，住在这里。后来一天梅福抛下妻子儿女去到九江，传说他成仙了。

　赣水又北迳龙沙西①，沙甚洁白，高峻而陁②，有龙形，连亘五里中③，旧俗九月九日升高处也。昔有人于此沙得故冢，刻砖题云：西去江七里半，筮言其吉④，卜言其凶⑤。而今此冢垂没于水⑥，所谓筮短龟长也⑦。

【注释】

①龙沙：又名龙冈。在今江西南昌城北。

②陁（yǐ）：倾斜貌。

③连亘：连绵横亘。

④筮（shì）言其吉：用蓍草占卜，说吉利。筮，古人用蓍草占卦以卜
　问吉凶。

⑤卜言其凶：用龟甲卜，说不祥。卜，殷周时期的一种用火灼龟甲、
　兽骨取兆以占吉凶的行为。

⑥垂没：将要沦没。垂，将要，快要。

⑦筮短龟长：谓筮占所言理短，龟卜所言理长。

【译文】

　赣水又往北流经龙沙西边，沙很洁白，堆成沙丘，高峻倾斜，连绵长达五里，形状像龙，照老风俗，这是九月九日登高的地方。从前有人在这

里沙地中找到一座古墓,砖上刻的字说:西面离江七里半,用筮草占,说吉利;用龟甲卜,说不祥。现在墓就将没入水中了,真所谓筮短龟长了。

赣水又迳椒丘城下①。建安四年②,孙策所筑也。

【注释】

①椒丘城:在今江西南昌新建区东北。

②建安四年:199 年。建安,汉献帝刘协的年号(196—220)。

【译文】

赣水又流经椒丘城下。这座城是建安四年孙策所筑。

赣水又历钩圻邸阁下①。度支校尉治,太尉陶侃移置此也②。旧夏月③,邸阁前洲没,去浦远。景平元年,校尉豫章④,因运出之力,于渚次聚石为洲,长六十余丈,洲里可容数十舫。

【注释】

①钩圻邸阁:一作钩圻邸阁。《水经注疏》熊会贞按:"《宋书·臧质传》,盆口、钩圻米,辄散用之。《通鉴》宋孝建元年亦作钩圻,胡《注》,钩圻米,南江之运所积也。钩圻当依此作钩圻。邸阁即仓,说见《洧水》篇。《隋书·食货志》,外有钩矶仓,为大储备之处,即此也。其地在今新建县之东北、都昌县(江西都昌)之西南。"

②陶侃:字士行。本鄱阳人,吴平,徙家庐江之寻阳。早孤贫,为县吏。性聪敏,勤于吏职,恭而近礼,爱好人伦。

③夏月:夏天。

④校尉豫章:《水经注疏》:"赵(一清)云:按校尉豫章,疑作豫章校尉倒异耳。"

【译文】

赣水又流经钓圻邸阁下。这里原是度支校尉的治所，太尉陶侃曾迁到这里来。从前夏天时邸阁前的洲渚被水淹没，离水边较远。景平元年，豫章校尉借助运米的人力，在渚旁用石头结集成洲，长六十余丈，洲里可以容纳数十只船。

赣水又北迳鄡阳县^①，王莽之豫章县也。馀水注之^②。水东出馀汗县^③，王莽名之曰治干也。馀水北至鄡阳县注赣水。

【注释】

①鄡（qiāo）阳县：西汉高帝六年（前201）置，属豫章郡。治所在四望山（今江西都昌东南周溪镇泗山）。三国吴属鄱阳郡。

②馀水：在今江西余干南，为安仁江（今信江）支流。

③馀汗县：又作馀干县。秦置，属大江郡。治所在今江西余干东北。汉属豫章郡，徙治今余干。

【译文】

赣水又往北流经鄡阳县，就是王莽时的豫章县。有馀水注入。馀水发源于东方的馀汗县，王莽时称为治干。馀水往北流到鄡阳县，注入赣水。

赣水又与鄱水合^①。水出鄱阳县东^②，西迳其县南武阳乡也^③。地有黄金采^④，王莽改曰乡亭。孙权以建安十五年^⑤，分为鄱阳郡^⑥。鄱水又西流注于赣。

【注释】

①鄱水：鄱江，即古番水，又名长港、饶河。在今江西北部。南源乐

安江出江西婺源，北源昌江出安徽祁门，二水西流至江西鄱阳汇
合后称鄱江，入鄱阳湖。

②鄱阳县：西汉以番阳县改名，属豫章郡。治所在今江西鄱阳东北
古县渡镇。东汉建安十五年（210）孙权于此置鄱阳郡。三国吴
赤乌八年（245）徙治吴芮故城（今鄱阳）。晋属鄱阳郡。

③武阳乡：即武阳亭。在今江西鄱阳东。

④黄金采：开采黄金之处。相当于金矿。

⑤孙权：字仲谋。吴郡富春（今浙江富阳）人。孙坚次子。三国吴的
建立者。继其兄孙策据有江东六郡。建安十三年（208），和刘备
联军大败曹操于赤壁。黄龙元年（229）于武昌（今湖北鄂城）称
帝，建国号吴。不久迁都建业（今江苏南京）。

⑥鄱阳郡：东汉建安十五年（210）孙权分豫章郡置。治所在鄱阳县
（今江西鄱阳东北古县渡镇）。三国吴赤乌八年（245）徙治吴芮
故城（今鄱阳）。

【译文】

　　赣水又与鄱水汇合。鄱水发源于鄱阳县东边，往西流经县南武阳乡。
那地方有个黄金采，王莽时改名为乡亭。建安十五年，孙权把豫章分开
另立鄱阳郡。鄱水又往西流注入赣水。

　　又有缭水入焉①。其水导源建昌县②，汉元帝永光二年③，
分海昏立④。缭水东迳新吴县⑤，汉中平中立⑥。缭水又迳
海昏县，王莽更名宜生，谓之上缭水，又谓之海昏江，分为二
水。县东津上有亭，为济渡之要⑦。其水东北迳昌邑城⑧，而
东出豫章大江，谓之慨口⑨。昔汉昌邑王之封海昏也⑩，每乘
流东望，辄愤慨而还，世因名焉。其一水枝分别注，入于循
水也⑪。

【注释】

① 缭水：亦名上缭水。即今江西永修西南潦河。

② 建昌县：东汉永元十六年（104）分海昏县置，属豫章郡。治所在今江西奉新西一百四十里，潦河南。

③ 汉元帝：即西汉皇帝刘奭。汉宣帝子，母共哀许皇后。永光二年：前42年。

④ 海昏：即海昏县。西汉置，属豫章郡。治所在今江西永修西北艾城镇东三里。后为昌邑王刘贺封国。东汉亦为侯国。

⑤ 新吴县：东汉灵帝中平二年（185）置，属豫章郡。治所在今江西奉新西北三十里故县。

⑥ 中平：东汉皇帝刘宏的年号（184—189）。

⑦ 济渡之要：渡河的要冲之地。

⑧ 昌邑城：又名慨口城。在今江西南昌新建区东北一百二十里昌邑东游塘。西汉时筑，昌邑王刘贺封于此。

⑨ 慨口：在今江西南昌新建区东北一百二十里昌邑东游塘。

⑩ 昌邑王：刘贺。昌邑哀王刘髆之子，汉武帝之孙。刘髆卒后，刘贺嗣爵位。昭帝崩，大将军霍光等迎贺为皇帝。即位二十七日，行淫乱，被霍光等大臣废。

⑪ 循水：一作脩水。一名建昌江。在今江西西北部。

【译文】

又有缭水注入。缭水发源于建昌县，该县是汉元帝永光二年分海昏县设立的。缭水往东流经新吴县，该县是汉中平年间所立。缭水又流经海昏县——王莽时改名为宜生，叫上缭水，又叫海昏江，分为两条。县东渡口有个亭子，是渡河的要道。水向东北流经昌邑城，往东注入豫章大江，汇流处叫慨口。从前汉昌邑王封于海昏，每次在江上泛舟东望，就满怀愤慨而回，因此世人称之为慨口。一条水分出支流，注入循水。

又北过彭泽县西，

循水出艾县西，东北迳豫宁县^①，故西安也，晋太康元年更从今名。循水又东北迳永循县^②，汉灵帝中平二年立。循水又东北注赣水。其水总纳十川，同臻一渎^③，俱注于彭蠡也。

【注释】

①豫宁县：西晋太康元年（280）改西安县置，属豫章郡。治所在今江西武宁西石渡乡西安村。

②永循县：一作永脩县。东汉灵帝时置，属豫章郡。治所在今江西永修西北艾城西南。

③臻：至，到。

【译文】

赣水又往北流过彭泽县西边，

循水发源于艾县西边，往东北流经豫宁县，豫宁就是旧时的西安，晋太康元年改为今名。循水又往东北流经永循县，该县是汉灵帝中平二年所立。循水又往东北流，注入赣水。赣水把十条水全都接纳了过来，合成一条大河，注入彭蠡泽。

北入于江。

大江南，赣水总纳洪流，东西四十里，清潭远涨，绿波凝净，而会注于江川。

【译文】

赣水往北注入大江。

大江以南，赣水接纳了各大川，东西四十里间，澄碧的潭水向远处伸展，成为一片汪洋，绿波明澈宁静，汇注于江水。

庐江水

庐江水出三天子都①,北过彭泽县西,北入于江。

《山海经》,三天子都,一曰天子鄣。王彪之《庐山赋·叙》曰②:庐山③,彭泽之山也,虽非五岳之数,穹隆嵯峨④,寔峻极之名山也⑤。孙放《庐山赋》曰⑥:寻阳郡南有庐山⑦,九江之镇也⑧。临彭蠡之泽,接平敞之原。《开山图》曰⑨:山四方,周四百余里,叠障之岩万仞⑩,怀灵抱异,苞诸仙迹⑪。《豫章旧志》曰⑫:庐俗,字君孝,本姓匡,父东野王,共鄱阳令吴芮佐汉定天下而亡。汉封俗于鄡阳,曰越庐君。俗兄弟七人,皆好道术,遂寓精于宫亭之山⑬,故世谓之庐山。汉武帝南巡,睹山以为神灵,封俗大明公。远法师《庐山记》曰⑭:殷、周之际,匡俗先生,受道仙人,共游此山,时人谓其所止为神仙之庐,因以名山矣。又按周景式曰⑮:庐山匡俗,字子孝,本东里子,出周武王时⑯,生而神灵,屡逃征聘⑰,庐于此山,时人敬事之。俗后仙化,空庐犹存,弟子睹室悲哀,哭之旦暮⑱,事同乌号⑲。世称庐君,故山取号焉。斯耳传之谈⑳,非实证也。故《豫章记》以庐为姓㉑,因庐以氏,周氏、远师㉒,或托庐慕为辞㉓,假凭庐以托称㉔。二证既违㉕,二情互爽㉖。按《山海经》创之大禹㉗,记录远矣。故《海内东经》曰㉘:庐江出三天子都,入江彭泽西。是曰庐江之名,山水相依,互举殊称㉙,明不因匡俗始。正是好事君子,强引此类,用成章句耳。又按张华《博物志·曹著传》㉚,其神自云姓徐,受封庐山,后吴猛经过㉛,山神迎猛。猛语曰:君王此山近六百年,符命已尽㉜,不宜久居非据㉝。猛又赠诗云:

仰瞩列仙馆，俯察王神宅。旷载畅幽怀^㉞，倾盖付三益^㉟。此乃神道之事，亦有换转，理难详矣。吴猛，隐山得道者也。

【注释】

①庐江水：古水道名。据《山海经》和《汉书·地理志》，此水出于三天子都北麓，流经陵阳县（今安徽石台东北），北至彭泽县（今江西彭泽）境入江。三天子都：今安徽黄山山脉的古名。

②王彪之：东晋辞赋家、诗人。《庐山赋·叙》：《水经注疏》杨守敬按："《书钞》一百五十八节引彪之《庐山赋》，而叙他无所见。"

③庐山：古称南障山。又名匡山、匡庐。即今江西九江南庐山。耸立于鄱阳湖、长江之滨。

④穹隆：山体高大貌。嵯峨：形容山势险峻。

⑤寔：的确，确实。

⑥孙放：字齐庄。东晋辞赋家。

⑦寻阳郡：西晋惠帝永兴元年（304）分庐江、武昌二郡置。治所在寻阳县（今湖北黄梅西南）。东晋咸和中移治柴桑县（今江西九江西南二十里）。

⑧九江：即九江县。东晋初置，属寻阳郡。治所在今江西九江西。南朝宋元嘉初省入寻阳县。镇：古代称一地区最大最主要的名山，主山。

⑨《开山图》：书名。《隋书·经籍志》题荣氏撰。

⑩叠障之岩：重峦叠嶂上的岩石。万仞：形容极其高峻。

⑪苞诸仙迹：包藏着很多仙人的遗迹。

⑫《豫章旧志》：书名。晋熊默撰。记豫章郡人文及山水形胜。

⑬寓精：寄托精神。意谓修道。

⑭远法师：即东晋著名高僧释慧远。是佛教净土宗的开山祖师、创始人之一，庐山白莲社创始者。

⑮周景式:具体不详。

⑯周武王:名发。周文王姬昌之子。嗣位西伯。兴师伐纣,遂革殷命。
　　即天子位,都镐京,改国号曰周。

⑰征聘:征召聘任某人做官。

⑱旦暮:早晚。

⑲乌号:典出《汉书·司马相如传》:“《子虚赋》:‘左乌号之雕弓,右
　　夏服之劲箭。’”颜师古注:“张揖曰:‘黄帝乘龙上天,小臣不得上,
　　挽持龙髯,髯拔,堕黄帝弓,臣下抱弓而号,故名弓乌号。’”

⑳耳传之谈:口耳相传。

㉑《豫章记》:熊会贞认为即《豫章旧志》。

㉒周氏:指周景式。远师:即释慧远法师。

㉓庐慕:当为庐墓。庐舍和坟墓。

㉔假:凭借,依据。凭庐:一作凭虚。译文用凭虚。托称:寄托言辞。

㉕二证:指上文中提及的庐姓和庐墓。既违:与事实相违背。

㉖二情:当为三情之讹。指上文提及的《豫章旧志》、周景式和释慧
　　远法师三说。爽:差错,不同。

㉗《山海经》创之大禹:相传《山海经》是大禹所著。

㉘《海内东经》:《山海经》中的内容。

㉙互举殊称:互相凭借对方而得到不同的名称。

㉚《博物志》:书名。西晋张华撰。为笔记体志怪小说。多取材古籍,
　　分类记载异物、奇境、琐闻等,多神仙方术故事。

㉛吴猛:晋代隐士。

㉜符命:指上天给帝王受命的符兆。

㉝非据:不应该占据的地方。

㉞旷载:久远的年代。畅:畅快地倾述。幽怀:胸中之情怀。

㉟倾盖:本指车上的伞盖靠在一起,引申为关系亲密。付:交付,托
　　付。三益:本指友直、友谅、友多闻,后借指良友、益友。典出《论

语·季氏》:"孔子曰:益者三友,损者三友。友直,友谅,友多闻,
益矣。"

【译文】

庐江水

庐江水发源于三天子都,往北流过彭泽县西,往北注入江水。

查考《山海经》,三天子都又称天子鄣。王彪之《庐山赋·叙》说:庐
山,就是彭泽之山,虽然不在五岳之内,但峰峦嵯峨,上接苍穹,实在也是
极其高峻的名山。孙放《庐山赋》说:寻阳郡南有庐山,是九江的主峰。
此山俯临彭蠡泽,邻接平旷的原野。《开山图》说:庐山伸展向四方,周围
四百余里,层峦叠嶂,山岩高达万仞,其间藏着许多灵异的事物,留着许
多仙人的遗迹。《豫章旧志》说:庐俗,字君孝,本姓匡,他的父亲东野王
与鄱阳县令吴芮为辅佐汉室平定天下而死。汉封庐俗于鄡阳,名为越庐
君。庐俗兄弟七人,都喜好道术,就在宫亭山上修炼,所以世人称之为庐
山。汉武帝南巡时看到此山,觉得有点神灵,就封庐俗为大明公。远法
师的《庐山记》说:殷、周之交,匡俗先生从仙人接受了道术,同游此山,
当时人们以为他所栖止的地方是神仙的庐舍,因而就作为山名。又按周
景式说:庐山匡俗,字子孝,本来是东里子,出自周武王时,因他生来就有
神灵之性,屡次逃避朝廷的征聘,在这山上建庐而居,当时人们都很敬仰
他,奉他为师。匡俗后来升仙了,只留一间空屋,弟子看到他的居室都很
悲哀,早晚号哭,就像黄帝登仙时小臣们抱着他的乌号弓哀哭一般。世
人称他为庐君,山就因而取名为庐山了。这些都是民间的口头传说,并
非确实可信的记载。所以《豫章记》以庐为姓,照庐字来命名,周氏和远
师或者是托庐墓为辞,就编造了这些话,借庐俗作为假托。这三条记载
既相矛盾,事情又互不一致。查考《山海经》是大禹所著,记录的事情很
遥远了。《海内东经》说:庐江发源于三天子都,在彭泽以西入江。这就
是说庐江的名称是山水相依的,两者互举,分明不是由匡俗开始的。这
都是好事的人硬把这类传闻拿来编造故事罢了。又据张华《博物志·曹

著传》，山神自称姓徐，受封于庐山，后来吴猛经过这里，山神去迎接他。吴猛说：你在这山里为王已近六百年，现在你受命为王的期限已到头了，不宜再在非你所应占有的地方久居了。吴猛又赠诗说：仰望众仙的楼台馆舍，俯视大王的仙宫灵府。长年里只图心怀快畅，逢挚友当把真情倾吐。这是神道之类事情，却也有换任调动，按事理就很难说得清楚了。吴猛是隐居深山得道的人。

《寻阳记》曰①：庐山上有三石梁，长数十丈，广不盈尺，杳然无底②。吴猛将弟子登山③，过此梁，见一翁坐桂树下，以玉杯承甘露浆与猛。又至一处，见数人为猛设玉膏。猛弟子窃一宝，欲以来示世人，梁即化如指。猛使送宝还，手牵弟子，令闭眼相引而过。其山川明净，风泽清旷，气爽节和，土沃民逸。嘉遁之士④，继响窟岩⑤；龙潜凤采之贤⑥，往者忘归矣。秦始皇、汉武帝及太史公司马迁，咸升其岩，望九江而眺钟、彭焉⑦。

【注释】

①《寻阳记》：书名。《水经注疏》杨守敬按："张僧鉴《寻阳记》，《隋志》不著录。《新唐志》，二卷。"

②杳然：幽深貌。

③将：带领，率领。

④嘉遁：旧时谓合乎正道的退隐，合乎时宜的隐遁。

⑤继响：连绵不绝。窟岩：岩穴。

⑥龙潜凤采之贤：像龙凤一般蛰伏待时的贤才。

⑦九江：后人对九江的解释不尽相同：(1)《汉书·地理志》庐江郡寻阳："《禹贡》九江在南，皆东合为大江。"这是说九江在寻阳县

境内,即今湖北武穴、黄梅一带。汉唐学者一般皆主其说。(2)《晋太康地记》:"九江,刘歆以为湖汉九水,入彭蠡泽也。"此为汉人别说,以入彭蠡(今鄱阳湖)的湖汉水(今赣江)及其八大支流合称九江。钟:指石钟山。在今江西湖口县鄱阳湖入江之口。彭:指彭蠡泽。

【译文】

《寻阳记》说:庐山上有三石梁,长数十丈,但宽不到一尺,下面深杳无底。吴猛带弟子登山,走过这道石梁,看见一个老人坐在桂树底下,用玉杯承接了甘露浆递给吴猛。又到一处,看到有几个人给吴猛摆了玉膏。吴猛弟子偷了一件宝物,想拿来给世上的人看,石梁立即变得和手指一般细了。吴猛叫他把宝物送回去,手牵着弟子,叫他闭上眼睛,领着他回来。庐山山明水秀,风清气爽,气候温和,土壤肥沃,而人民安乐。山林隐逸之士,到岩穴中来隐居的从不中断;像龙凤一般蛰伏待时的贤才,一到这里也会乐而忘归了。秦始皇、汉武帝和太史公马迁,都曾登临这里的岩峰,遥望九江,凭眺石钟山和彭蠡泽。

庐山之北有石门水①。水出岭端,有双石高竦,其状若门,因有石门之目焉②。水导双石之中,悬流飞瀑,近三百许步,下散漫十许步,上望之连天,若曳飞练于霄中矣③。下有磐石,可坐数十人,冠军将军刘敬宣④,每登陟焉⑤。其水历涧,迳龙泉精舍南⑥。太元中⑦,沙门释慧远所建也。其水下入江。南岭,即彭蠡泽西天子鄣也。峰隥险峻⑧,人迹罕及。岭南有大道,顺山而下,有若画焉。传云:匡先生所通至江道。

【注释】

①石门水:当在今江西九江庐山北。

②目：名称。

③曳：摇曳，飘摇。飞练：飞舞的白练。霄中：云霄之中。

④刘敬宣：字万寿。彭城（今江苏徐州）人。东晋末年将领，镇北将军刘牢之之子。

⑤每：经常，常常。登陟（zhì）：攀登，登临。

⑥龙泉精舍：《水经注疏》熊会贞按："《舆地纪胜》龙泉庵在德化县（今江西九江）南二十一里。"

⑦太元：东晋孝武帝司马曜（yào）的年号（376—396）。

⑧峰磴（dèng）：上山的阶梯。磴，阶梯，石级。

【译文】

庐山北有石门水。石门水发源于岭端，那里有两块高耸的巨石，样子像门，因此有石门之名。水从这两块巨石之间流出，从悬崖上飞泻而下，高近三百步，到了底下，飘散开来十多步。从下面仰望，瀑布似乎高与天连，仿佛是从云端垂下的一幅飘曳的白绢。下面有巨石，可坐数十人，冠军将军刘敬宣常常来此攀登。石门水流过山间，流经龙泉寺南。此寺是太元年间僧人慧远所建。石门水往下流入大江。南面的山岭，就是彭蠡泽西面的天子郡。这里峰峦峻峭，山径艰险，人迹罕至。岭南有大路，沿山下行，风景如画。据传说，这是匡先生所开通到江边的道路。

岩上有宫殿故基者三，以次而上，最上者极于山峰。山下又有神庙，号曰宫亭庙，故彭湖亦有宫亭之称焉①。余按《尔雅》云②：大山曰宫。宫之为名，盖起于此，不必一由三宫也③。山庙甚神，能分风擘流④，住舟遣使⑤。行旅之人，过必敬祀，而后得去。故曹毗咏云⑥：分风为贰，擘流为两。昔吴郡太守张公直⑦，自守征还⑧，道由庐山。子女观祠，婢指女戏妃像人⑨。其妻夜梦致聘⑩，怖而遽发⑪，明引中流⑫，而船不行。合船惊惧,曰:爱一女而合门受祸也。公直不忍,遂令妻下女于江。其妻布席水上,以其亡兄女代之,而船得进。公直方知兄女,怒妻曰:吾何面目于当世也。复下己女于水中。将渡,遥见二女于岸侧,傍有一吏立曰:吾庐君主簿^⑬,敬君之义,悉还二女。故干宝书之于《感应》焉^⑭。

【注释】

①彭湖:即彭蠡泽。

②《尔雅》:书名。撰者不详。成书于西汉初年。是我国现存最早的一部解释词义的专著。全书按词条义类分篇,共有《释诂》《释言》《释训》《释鸟》《释兽》等十九篇。

③一由:全由,全部因为。

④分风:把风分开。擘(bò)流:把河水分开。擘,分开,剖裂。

⑤遣使:使船只行驶。

⑥曹毗:字辅佐。谯国(今安徽亳州)人。晋诗人、辞赋家。

⑦吴郡:东汉永建四年(129)分会稽郡置。治所在吴县(今江苏苏州)。张公直:即张璞,字公直。为吴郡太守。其余不详。

⑧自守征还:从太守任上征调回来。

⑨婢指女戏妃像人:婢女指着张公直的女儿,开玩笑说,将她许配给神像为妃子。像人,神像。

⑩聘:聘娶。

⑪遽发:匆忙出发。

⑫明:天亮。引:开船,引船。中流:江中心。

⑬庐君:庐山山神。主簿:官名。汉代中央及郡县官署多置,主管文书等事务。

⑭干宝:字令升。新蔡(今河南新蔡)人。晋史学家、文学家。采集神话故事和民间传说,撰《搜神记》,是我国志怪小说的代表作。

书之于《感应》焉：把这件事写进《搜神记》中的《感应》篇。

【译文】

岩上有三处宫殿遗址，依次而上，最上面的遗址在峰顶。山下又有神庙，称为宫亭庙，所以彭湖也有宫亭之称。查考《尔雅》说：大山叫宫。宫这名称大概就起源于此，未必就是由三宫而来的。这座神庙十分灵异，能分开风，隔开江流；能把船只钉在水上不移动，也能让它继续航行。往来行人经过这里，定要恭敬地祭祀，方才可以离开。所以曹毗歌咏道：把风分成两股，把水裂为两道。从前吴郡太守张公直，从任上被召返回，途经庐山。儿女们去参观祠庙，一个丫鬟同他女儿开玩笑，说把她许配给神像作妃子。那天晚上妻子梦见神来聘娶，很是害怕，立即就开船。天明时船到中流，就不能前进了。一船人都惊惶起来，说道：你舍不得一个女儿，全家都要遭殃了。张公直心里不忍，就让妻子把女儿放到江中去。妻子先把席子摊开，放在水上，然后让已故哥哥的女儿去顶替，于是船又能前进了。这时候张公直才发觉放下去的是哥哥的女儿，他对妻子发怒道：你这么做叫我还有什么脸见人？于是把自己的女儿放到水中。将抵对岸时，远远看到两个姑娘在岸边，旁边站着一个官吏说道：我是庐君的主簿，他敬佩你的义气，特此把两位姑娘送还。所以干宝把这件事写入他书中的《感应》篇内。

山东有石镜，照水之所出[1]。有一圆石，悬崖明净，照见人形。晨光初散，则延曜入石[2]，豪细必察[3]，故名石镜焉。

【注释】

[1]照水：《水经注疏》："朱（谋㙔）《笺》曰：照水未详。赵（一清）云：按下云，又有二泉，常悬注，若白云带山，即石镜所照之水也。"

[2]延：引入，导入。这里指照射。曜：阳光。

[3]豪细：如鸟兽新长出的细毛。比喻微小的事物。豪，通"毫"。毫毛。

必察：一定能看清楚。

【译文】

山东边有石镜，是照水的发源地。有一块圆石悬于崖上，光洁明净，能照见人的身形。当晨光中雾霭初散的时候，阳光照射在石上，周围事物照映得纤毫毕露，所以叫石镜。

又有二泉常悬注，若白云带山。《庐山记》曰：白水在黄龙南①，即瀑布也。水出山腹，挂流三四百丈，飞漱林表，望若悬素②。注处悉成巨井，其深不测。其水下入江渊。

【注释】

①白水：瀑布名。黄龙：即黄龙山。《水经注疏》杨守敬按："在今星子县（今江西庐山市）西三十里。"

②悬素：悬挂的白绢。

【译文】

又有两条泉水常在流泻，犹如白云在山间缭绕。《庐山记》说：黄龙南有白水，是一条瀑布。水从山腰流出，飞挂三四百丈，急流从林际奔泻而下，浪花飞溅，望去宛如高悬的白绢。瀑布下注的地方，都成为巨井，深不可测。水流向山下注入江水的深潭。

庐山之南有上霄石，高壁缅然①，与霄汉连接②。秦始皇三十六年③，叹斯岳远，遂记为上霄焉。上霄之南，大禹刻石志其丈尺里数，今犹得刻石之号焉。

【注释】

①高壁：高耸的岩壁。缅然：高远貌。

②霄汉：天河。亦借指天空。

③秦始皇三十六年：前 211 年。

【译文】

庐山南边有上霄石，陡峻的崖壁高远如与云霄相接。秦始皇三十六年，惊叹这座山岳的高远，于是就以上霄为名记载下来。上霄峰南，大禹刻石标明它的丈尺里数，所以现在还有刻石的名称。

湖中有落星石①，周回百余步，高五丈，上生竹木。传曰：有星坠此，因以名焉。又有孤石，介立大湖中②，周回一里，竦立百丈，矗然高峻，特为瑰异。上生林木，而飞禽罕集，言其上有玉膏可采，所未详也。耆旧云：昔禹治洪水至此，刻石纪功，或言秦始皇所勒③，然岁月已久，莫能合辨之也④。

【注释】

①落星石：亦名德星石。在今江西庐山市南。

②介立：独自耸立。

③勒：刊刻，镌刻。

④莫能合辨之：一作莫能辨之。译文从莫能辨之。

【译文】

湖中有落星石，周围百余步，高五丈，上面长着竹木。据传说，有星陨落在这里，所以叫落星石。又有一块孤石，独立在大湖中，周围一里，高耸百丈，瑰奇卓绝。顶上虽有林木丛生，但飞禽却极少聚集到这里来。传说上面有玉膏可采，但实际如何不得而知。老人们说：从前大禹治水到过这里，刻石纪功；又说碑是秦始皇所立，但年代久远，无从考辨了。

卷四十

渐江水　斤江水
江以南至日南郡二十水
《禹贡》山水泽地所在

【题解】

　　卷四十具有一种拼盘的味道,除了《渐江水》一篇以外,《斤江水》和《江以南至日南郡二十水》两篇都属于附录一类的东西。而《〈禹贡〉山水泽地所在》的内容并不完全是河流,似乎是外加的。《水经注》在北宋初期以后散佚,后来整理时,又把它凑成四十卷的足数,所以卷四十很可能是后人整理时拼凑起来的,不是郦道元原来的编次。

　　渐江水即今钱塘江,古称浙江,《庄子·外物》称澜河。"渐""浙""澜"均是一音之转。因为这个地区原是越人居住之地,通行越语,至今还保留着不少越语地名,如余杭、余姚、诸暨、上虞之类,渐、浙、澜大概都是越语的不同汉译。

　　《山海经》原称此水为浙江,大部分古籍也都称浙江,唯《汉书·地理志》《说文解字》《水经》有渐江之名。郦道元在《注》文中绝不说"渐江"而只说"浙江",大概是他不赞成"渐江"这个名称。

　　按《经》文和《注》文一致的说法,今新安江是此水的干流。但最近数十年来,不知是什么原因,从教科书到辞书,都说钱塘江发源于马金溪上游的莲花尖,也就是《注》文中所说的定阳溪水。这样,新安江就成了钱塘江的支流。从1983年起,浙江省地理学会、水利学会、林学会、测绘学会等几个学会,联合组成钱塘江河源河口考察队,进行了两年的实地考察。考察的结果,以大量数据证明《水经注》把新安江作为此水干流是正确的,并查实了此水发源于安徽休宁的六股尖,并在1985年举行的全国水利、地理界的考察成果论证会上,得到一致公认。其事详见浙江科学技术协会编印的《钱塘江河源河口考察报告》。

此外,读者如需进一步了解《浙江水》篇的情况,尚可参阅陈桥驿《水经·浙江水注补注》,收入《水经注研究》(1985年天津古籍出版社出版)。

卷四十记载的另一条河流是斤江水。武英殿本《水经注》戴震按语:"《汉书》作斤员水。"但实际上或是斤南水之误。卷三十六《温水》篇中,《经》文说:"又东至领方县,与斤南水合。"郦道元在《注》文中说:"(临尘)县有斤南水、侵离水,并迳临尘,东入领方县,流注郁水。"既然郦道元在《温水》篇已经做了说明,而且《经》《注》相同,所以此处的"斤江水",很可能是后来传写的错误,原来应作斤南水。斤南水即今西江上游之一的左江。

《江以南至日南郡二十水》,郦道元只在其中的"侵离"下写了《注》文,侵离水为斤南水即今左江的一条支流,或许是今广西的明江。其余十九水,现在都已难考实。

《〈禹贡〉山水泽地所在》这一篇相当杂乱,《经》文写了六十个地名,包括山四十座,泽八处,地五处(流沙地、九江地、东陵地、大邳地、三澨地),水五条(中江、北江、菏水、益州沱水、荆州沱水),还有敷浅原和陶丘。其中有不少与以前的《经》《注》内容重复。郦道元在六十条中,仅注了二十二条,其余三十八条没有作注。

渐江水
渐江水出三天子都[①],

《山海经》谓之浙江也②。《地理志》云:水出丹阳黝县南蛮中③。北迳其县,南有博山④,山上有石,特起十丈,上峰若剑杪⑤。时有灵鼓潜发,正长临县,以山鼓为候⑥,一鸣,官长一年,若长雷发声,则官长不吉。

【注释】

① 浙江水:古浙江的别名。以源出今安徽黝县古黝山南坡的章水、吉阳水等水为正源,南至渔亭称横江水,东会率水为屯溪,再东合练江所汇诸水为新安江。桐庐以下,东过钱塘,称钱塘江,再东连余杭等山阴之地,统称浙江,即今钱塘江流域的干流。三天子都:今安徽黄山山脉的古名。西起祁门、黝县,以黄山市区为中心,东连歙县、绩溪县等地,横亘在皖南山地的中枢,是长江下游与钱塘江的分水岭。今黄山主峰之一天都峰,即此名之简称。

② 浙江:亦名浙江水、渐水、之江。即今钱塘江。位于今浙江西北部。源出安徽休宁西南六股尖,向东北流到浙江海盐澉浦镇至余姚西三闸连线处入杭州湾,全长六百零五公里,干流有新安江、桐江、富春江诸名。

③ 丹阳:即丹阳郡,亦作丹扬郡。西汉元狩二年(前121)改鄣郡置。治所在宛陵县(今安徽宣城)。黝(yī)县:一作黟县。秦置,属鄣郡。治所在今安徽黝县东五里。西汉元封二年(前109)属丹阳郡。

④ 博山:当在今安徽黝县一带。

⑤ 剑杪(miǎo):剑锋。杪,末尾,末端。

⑥ 候:征兆,占验。

【译文】

浙江水

浙江水发源于三天子都,

《山海经》称为浙江。《地理志》说:它发源于丹阳郡黝县的南蛮地区。

北流经过此县,县南有一座博山,山上有一块岩石,高耸达十丈,石的顶端像剑峰。山中常有灵鼓隐隐发声,这里的县官任期,可按山鼓预卜,山鼓一鸣,县官任期一年,若山鼓长鸣,则任期虽长而于事不吉。

　　浙江又北历黟山①,县居山之阳②,故县氏之。汉成帝鸿嘉二年③,以为广德国④,封中山宪王孙云客王于此。晋太康中以为广德县⑤,分隶宣城郡⑥。会稽陈业⑦,洁身清行,遁迹此山。

【注释】

①黟(yī)山:今安徽黄山山脉的旧名。西起祁门、黟县,以黄山市区为中心,东连歙县、绩溪县,山势走向由西南偏向东北。俗称在旧歙县境的东段为北黟山,后改称黄山。黟县境内的西段仍称黟山。

②山之阳:这里指黟山之南边。

③鸿嘉二年:前19年。鸿嘉,西汉成帝刘骜(ào)的年号(前20—前17)。

④广德国:即广德王国。西汉鸿嘉二年(前19),封中山宪王孙云客于黟县,为广德王。治所在今安徽黟县东五里。

⑤太康:西晋武帝司马炎的年号(280—289)。广德县:东汉末吴分故鄣县置,属丹阳郡。治所在今安徽广德西南。西晋属宣城郡。

⑥宣城郡:西晋太康二年(281)分丹阳郡置。属扬州。治所在宛陵县(今安徽宣城)。

⑦陈业:《水经注疏》:"朱(谋㙔)《笺》曰:孔晔《会稽志》云:陈业,上虞(今浙江绍兴上虞区)人,为会稽太守,洁身清行,志怀霜雪,贞亮之信,同操柳下。遭汉中微,委官弃禄,遁迹黟、歙,以求其志。高邈妙踪,天下所闻。"

【译文】

浙江又北流经过黟山,县在山的南面,所以称为黟县。汉成帝鸿嘉二年,封中山宪王的孙子云客于此为王,称为广德国。晋太康年间,置为广德县,隶属于宣城郡。有一位名叫陈业的会稽人,清高廉洁,隐遁在此山中。

浙江又北迳歙县①,东与一小溪合。水出县东北翁山,西迳故城南,又西南入浙江。

【注释】

①歙(shè)县:秦置,属鄣郡。治所即今安徽歙县(徽城镇)。西汉元封二年(前109)属丹阳郡。郡都尉驻此。东汉建安十三年(208),分属新都郡。西晋太康元年(280)属新安郡。

【译文】

浙江又北流经过歙县,在县东与一条小溪汇合。这条小溪发源于县东北的翁山,西流经过歙县旧城以南,又西南流注入浙江。

又东迳遂安县南①,溪广二百步,上立杭以相通②。水甚清深,潭不掩鳞,故名新定③,分歙县立之。晋太康中,又改从今名。

【注释】

①遂安县:西晋太康元年(280)改新定县置,属新安郡。治所在今浙江淳安西南仙居村附近。

②立杭:搭建浮桥。杭,通"航"。指用船只连接成的浮桥。

③新定:即新定县。东汉建安十三年(208)孙权分歙县置,属新都郡。治所在今浙江淳安西南仙居村附近。西晋太康元年(280)因与宁州建宁郡之新定县重名而改为遂安县。

【译文】

浙江又东流经过遂安县南,江面在此宽达二百步,江上建浮桥以来往。江水又清又深,潭中游鱼清晰可见,所以县名新定,是从歙县分地而置的。晋太康年间,又改名为现在的遂安。

浙江又左合绝溪①。溪水出始新县西②,东迳县故城南,为东、西长溪。溪有四十七濑③,浚流惊急④,奔波聒天⑤。孙权使贺齐讨黟、歙山贼⑥,贼固黟之林历山⑦,山甚峻绝,又工禁五兵⑧。齐以铁杙椓山⑨,升出不意。又以白棓击之⑩,气禁不行⑪,遂用奇功平贼。于是立始新之府于歙之华乡,令齐守之。后移出新亭。晋太康元年⑫,改曰新安郡⑬。溪水东注浙江。

【注释】

①绝溪:《水经注疏》熊会贞按:"今有云源溪,出淳安县(今浙江淳安)西北,南流入新安江,疑即绝溪。"

②始新县:东汉建安十三年(208)分歙县置,为新都郡治。治所在今浙江淳安西北五十余里千岛湖威坪岛附近。西晋为新安郡治。

③濑(lài):流得很急的水,急流。

④浚流:深流。

⑤聒(guō)天:声音震天。

⑥贺齐:字公苗。会稽山阴(今浙江绍兴)人。三国吴名将。平定山越有功,迁威武中郎将,讨丹阳黟、歙。身经百战,深受孙权器重。

⑦林历山:在今安徽黟县西南十里,东厄黟县盆地南口,地势险要。

⑧禁五兵:此指刀枪不入的法术。禁,指禁咒术。五兵,泛指各种金属兵器。

⑨杙椓(yì zhuó):即椓杙。敲击而又戳刺。此处指借助嵌入的铁棍攀缘登山。

⑩棓（bàng）：通"棒"。棍棒。

⑪气禁：一种以运气为特征的咒术，传言可使刀枪不入。

⑫太康元年：280 年。

⑬新安郡：西晋太康元年（280）改吴新都郡置，属扬州。治所在始新县（今浙江淳安西北新安江北岸，现已没入千岛湖）。

【译文】

浙江又左与绝溪汇合。绝溪发源于始新县西，东流经过旧县城南，称为东、西长溪。溪中有四十七处礁滩，水势湍急，涛声震天。孙权派贺齐讨伐黟、歙一带的山贼，山贼固守黟县的林历山，山很险峻，山贼又有刀枪不入的法术。贺齐用铁棍攀缘登山，出其不意。又用木棍攻击，山贼的法术虽能抗御金铁兵器，却挡不住木棍，贺齐就这样用奇功平定了山贼。于是就在歙县的华乡置始新县，作为新都郡治，令贺齐为郡守。以后郡治移到新亭。晋太康元年，新都郡改为新安郡。绝溪东流注入浙江。

浙江又东北迳建德县南①。县北有乌山②，山下有庙，庙在县东七里。庙渚有大石，高十丈，围五尺，水濑浚激③，而能致云雨。

【注释】

①建德县：三国吴黄武五年（226）分富春县置，属东安郡。治所在今浙江建德东北五十里梅城镇。七年（228）属吴郡。南朝梁属东阳郡。

②乌山：即今浙江建德东北五十八里乌龙山。

③水濑（lài）：急流。浚激：激流澎湃。

【译文】

浙江又东北流，经过建德县以南。县北有一座乌山，山下有庙，位于县东七里。庙前小洲上有一块大石，高达十丈，周围五尺，水势奔腾，能兴云作雨。

浙江又东迳寿昌县南[①]，自建德至此八十里中，有十二濑，濑皆峻险，行旅所难。县南有孝子夏先墓[②]，先少丧二亲，负土成墓，数年不胜哀，卒。

【注释】

①寿昌县：西晋太康元年（280）改新昌县置，属吴郡。治所在今浙江建德西南五十二里古城山村。南朝梁属新安郡。

②孝子夏先墓：《水经注疏》熊会贞按："《寰宇记》，夏孝先，桐庐（今浙江桐庐西二十五里）人，父亡，负土成坟，庐其侧……《一统志》，夏孝先故宅在桐庐县西三十里孝泉乡，孝先墓亦在孝泉乡。"

【译文】

浙江又东流经过寿昌县南，从建德到此八十里中，江上有十二处礁滩，都很险峻，造成航行的困难。寿昌县南有孝子夏先墓，夏先年少时双亲去世，他亲自运土作坟，由于经不起悲哀，几年后他也死了。

浙江又北迳新城县[①]，桐溪水注之[②]。水出吴兴郡於潜县北天目山[③]。山极高峻，崖岭竦叠，西临峻涧。山上有霜木[④]，皆是数百年树，谓之翔凤林。东面有瀑布，下注数亩深沼，名曰浣龙池[⑤]。池水南流迳县西，为县之西溪。溪水又东南与紫溪合[⑥]，水出县西百丈山，即潜山也[⑦]。山水东南流，名为紫溪。中道夹水，有紫色磐石，石长百余丈，望之如朝霞。又名此水为赤濑，盖以倒影在水故也。

【注释】

①新城县：三国吴黄武五年（226）析富春县置，属东安郡。治所在今浙江富阳西南四十八里新登镇。寻废入桐庐。西晋太康末复置，

属吴郡。寻废。东晋咸和九年（334）再置，仍属吴郡。

②桐溪水：又名桐庐江、天目溪。即今浙江桐庐西北分水江。

③吴兴郡：三国吴宝鼎元年（266）分吴、丹阳二郡置，属扬州。治所在乌程县（今浙江湖州南十五里）。东晋义熙元年（405）移治今湖州城区。於（wū）潜县：古县名。东汉置，属丹阳郡。治所在今浙江杭州临安区西六十四里於潜镇。三国吴属吴兴郡。天目山：一名浮玉山。即今浙江西北部天目山。呈东北—西南走向，为长江与钱塘江水系分水岭。

④霜木：具体不详。一说为树身色白如霜的古木。

⑤浣龙池：当在浙西天目山。

⑥紫溪：一名赤濑。即今浙江杭州临安区西昌化溪，富春江支流分水江的上源之一。源出安徽绩溪县饭蒸尖，东南流至浙江杭州临安区西南紫溪村合天目溪后称分水江。

⑦潜山：一名百丈山。在今浙江杭州临安区西龙岗镇。

【译文】

浙江又北流经过新城县，桐溪水在此注入。桐溪水发源于吴兴郡於潜县北的天目山。此山十分高峻，悬崖绝岭，重重叠叠，其西峻峭，下有深涧。山上有霜木，都有几百年树龄，称为翔凤林。东面有瀑布，注入广达数亩的深沼，称为浣龙池。池水南流经过於潜县西，成为县的西溪。西溪水又东南流，与紫溪汇合，紫溪发源于县西的百丈山，即潜山。山水东南流，称为紫溪。溪两岸有紫色磐石，石长百余丈，望去像朝霞一般。因为倒影映入水中，所以又称此水为赤濑。

紫溪又东南流迳白石山之阴①，山甚峻极，北临紫溪。又东南，连山夹水，两峰交峙，反项对石②，往往相捍③。十余里中，积石磊砢④，相挟而上⑤。涧下白沙细石，状若霜雪。水木相映，泉石争晖，名曰楼林。紫溪东南流迳桐庐县东为桐溪⑥,孙权藉溪之名以为县目⑦,割富春之地立桐庐县⑧。自县至於潜,凡十有六濑。第二是严陵濑⑨,濑带山⑩,山下有一石室,汉光武帝时⑪,严子陵之所居也⑫。故山及濑皆即人姓名之⑬。山下有磐石,周回十数丈⑭,交枕潭际⑮,盖陵所游也。桐溪又东北迳新城县入浙江。县,故富春地,孙权置,后省并桐庐。咸和九年⑯,复立为县。

【注释】

①白石山:在今浙江嵊州西南。阴:山的北面。

②反项:项背相对。

③相捍:相互捍卫。

④磊砢(lěi luǒ):众多委积貌。

⑤相挟而上:相互依傍而耸立。挟,依扶,依傍。

⑥桐庐县:三国吴黄武五年(226)分富春县置,属东安郡。治所在今浙江桐庐西二十五里。七年(228)改属吴郡。

⑦县目:县名。

⑧富春:即富春县。西汉置,属会稽郡。治所即今浙江富阳。东汉属吴郡。东晋太元十九年(394)避郑太后阿春讳,改为富阳县。

⑨严陵濑:又名七里濑、七里滩。指今浙江钱塘江自建德东乌石滩至桐庐南泷口的七里泷峡谷,长二十二公里。

⑩带:环绕,围绕。

⑪汉光武帝:东汉光武帝刘秀。

⑫严子陵:即严光,字子陵。会稽馀姚(今浙江余姚)人。西汉末年曾与刘秀同学。刘秀称帝后,聘严为谏议大夫,他坚辞不受,只以故友身份入朝叙旧。后归隐于富春江。

⑬即:依旧,凭借。

⑭周回:方圆,周围。

⑮交枕：交错临近。枕，临近，靠近。

⑯咸和九年：334年。咸和，晋成帝司马衍的年号（326—334）。

【译文】

　　紫溪又东南流，经过白石山北，山势十分高峻，北临紫溪。紫溪又东南流，两岸山岳连绵，双峰夹水而峙，岩崖石壁，项背相对。十余里中，礁石累累，相互挟峙。溪底是白沙细石，好像霜雪。溪水与林木相映，泉流与山石争晖，这一段溪流称为楼林。紫溪东南流经过桐庐县东，称为桐溪，孙权分富春县地立桐庐县，以溪水之名作为县名。从此县到於潜共有十六处礁滩。第二处是严陵濑，严陵濑围绕着一座山，山下有一处石室，是汉光武帝时严子陵所住的地方。所以山和濑都以人名相称。山下有巨石，周围十多丈，交错在潭边，是严子陵游憩之处。桐溪又东北流经过新城县注入浙江。新城县原是富春县所属地，孙权建此县，后来又撤废并入桐庐县。晋咸和九年，重新建县。

　　浙江又东北入富阳县^①，故富春也。晋后名春^②，改曰富阳也。东分为湖浦。

【注释】

①富阳县：东晋太元十九年（394）改富春县置，属吴郡。治所即今浙江富阳。南朝属钱塘郡。

②晋后名春：即郑阿春。东晋元帝司马睿夫人，简文帝之母。

【译文】

　　浙江又东北流进入富阳县，就是原来的富春。因为晋朝有一个皇后名春，所以改为富阳。在这里，浙江以东，分汊成为湖泊。

　　浙江又东北迳富春县南。县，故王莽之诛岁也。江南有山，孙武皇之先所葬也^①。汉末，墓上有光，如云气属天^②。

黄武五年③，孙权以富春为东安郡④，分置诸郡，以讨士宗。

【注释】

①孙武皇：即孙坚，字文台。吴郡富春（今浙江杭州）人。时长沙贼
区星，自称将军，众万余人，攻围城邑，乃以孙坚为长沙太守。到
郡，亲率将士施设方略，旬月之间，克破星等。汉朝录前后功，封孙
坚为乌程侯。初平三年（192），袁术使孙坚征荆州，击刘表。刘表
遣黄祖，逆于樊、邓之间。孙坚击破之，追渡汉水，遂围襄阳。单马
行岘山，为黄祖军士所射杀。孙权既称尊号，谥坚曰武烈皇帝。

②属（zhǔ）天：一直上接天空。属，连缀，连接。

③黄武五年：226 年。黄武，三国吴大帝孙权的年号（222—229）。

④东安郡：三国吴黄武五年（226）分丹阳、会稽、吴三郡置，属扬州。
治所在富春县（今浙江富阳北十八里）。黄武七年（228）废。

【译文】

浙江又东北流经过富春县南。王莽曾改县名为诛岁。江南有山，是
孙武皇祖先的葬地。汉代末期，坟墓上有光，像云气一般与天相连。黄
武五年，孙权以富春县为东安郡，又建置了其他几郡，以讨伐士宗。

浙江又东北迳亭山西①，山上有孙权父冢②。

【注释】

①亭山：在今浙江绍兴南。

②孙权父冢：一本作"孙坚父冢"。《水经注疏》杨守敬按："'权'字
定是'坚'字之误，若是权父，则直当称孙坚冢。盖钟名晦而坚名
显也。"

【译文】

浙江又东北流经过亭山西，山上有孙权父墓。

北过馀杭^①，东入于海。

　　浙江迳县，左合馀干大溪^②。江北即临安县界^③。水北对郭文宅^④，宅傍山面溪，宅东有郭文墓。晋建武元年^⑤，骠骑王导迎文^⑥，置之西园，文逃此而终，临安令改葬之。建武十六年^⑦，县民郎稚作乱^⑧，贺齐讨之^⑨。孙权分馀杭立临水县^⑩，晋改曰临安县。因冈为城，南门尤高。谢安莅郡游县^⑪，迳此门，以为难为亭长^⑫。

【注释】

①馀杭：即馀杭县。秦始皇三十七年（前210）置，属会稽郡。治所在今浙江杭州余杭区西南七十六里余杭镇。东汉改属吴郡。三国吴宝鼎元年（266）属吴兴郡。

②馀干大溪：《水经注疏》杨守敬按："盖溪以县名也。大溪即东苕溪，源出临安县（今浙江杭州临安区）西北东天目山，东南流经县及馀杭县以下，北流入太湖，与富春江隔山不通流。"

③临安县：西晋太康元年（280）改临水县置，属吴兴郡。治所在今浙江杭州临安区北十八里高虹镇。

④郭文：字文举。河内轵县（zhǐ，今河南济源南）人。两晋之际隐士。少爱山水，每游山林，弥旬忘反。父母终，服毕，不娶，辞家游名山。

⑤建武元年：317年。建武，东晋元帝司马睿的年号（317—318）。

⑥骠骑：官名。亦称骠骑大将军。王导：字茂弘，小名阿龙。琅琊临沂（今山东临沂）人。东晋时著名政治家。历仕元、明、成三帝，领导南迁士族，联合江南士族，稳定了东晋在南方的统治。

⑦建武十六年：当为"建安十六年"，211年。译文从之。建安，东汉献帝刘协的年号（196—220）。

⑧郎稚：一作郎雅。具体不详。

⑨贺齐：字公苗。会稽山阴（今浙江绍兴）人。三国吴名将。

⑩临水县：东汉建安十六年（211）分馀杭县置，属吴郡。治所在今浙江杭州临安区北十八里高虹镇。三国吴属吴兴郡。西晋太康元年（280）因与司州广平郡之临水县重名而改名临安县。

⑪谢安：字安石。东晋陈郡阳夏（今河南太康）人。少有盛名，任司徒府佐著作郎，称疾辞，隐居会稽东山。年四十余始复出仕。孝武帝初，力阻桓温九锡之请。后位至宰相。寓居会稽期间，与王羲之及高阳许询、桑门支遁游处，出则渔弋山水，入则言咏属文，无处世意。

⑫亭长：官名。秦汉时城市中每十里设一亭，置亭长。乡村有乡亭，亦设亭长。掌治安，捕盗贼，理民事，兼管停留旅客。

【译文】

浙江北过馀杭县，东入于海。

浙江流经馀杭县，左和馀干大溪汇合。浙江以北，就是临安县界。江北对郭文的住宅，住宅依山面溪，以东有郭文墓。晋建武元年，骠骑将军王导把郭文迎来，让他住在西园之中，郭文却逃到这里终老，临安县令将他改葬于此。建安十六年，县民郎稚作乱，贺齐讨伐他。孙权把馀杭县的土地分出来，另外建立一个临水县，到晋朝改为临安县。临安县在山冈上建城，南门特别高。谢安到此郡县游历，经过这座城门，他以为在这里当亭长是很困难的。

浙江又东迳馀杭故县南、新县北。秦始皇南游会稽①，途出是地，因立为县。王莽之淮睦也。汉末陈浑移筑南城②。县后溪南大塘，即浑立以防水也。县南有三碑，是顾飏、范甯等碑③。县南有大璧山④，郭文自陆浑迁居也。

【注释】

①会稽：即会稽郡。秦始皇二十五年（前222）置。治所在吴县（今江苏苏州）。东汉永建四年（129）徙治山阴县（今浙江绍兴）。西

晋太康初改为会稽国。永宁元年（301）国除为郡。东晋咸和时
复为国。南朝宋复为郡。

②陈浑：字子厚。桐庐（今浙江桐庐）人。富阳侯陈硕之子，封馀杭侯。
东汉熹平元年（172）为馀杭县令，多惠政。

③顾飏：馀杭令。与葛洪、郭文、王导同时期人。官护军参军。苏峻
构逆，吴国内史庾冰出奔会稽，乃以蔡谟为吴国内史。蔡谟既至，
与张闿、顾众、顾飏等共起义兵，迎庾冰还郡。范宁：字武子。东
晋南阳顺阳（今河南淅川西南）人。少笃学，多所通览，崇儒抑俗。
为馀杭令，在县兴学校，养生徒，洁己修礼，志行之士莫不宗之。
迁临淮太守，封阳遂乡侯。征拜中书侍郎。甚被孝武帝亲爱。撰
有《春秋穀梁传集解》传世。

④大壁山：即大辟山，又名大涤山。在今浙江杭州余杭区西南与临
安交界处。

【译文】

浙江又东流经过馀杭旧县南、新县北。秦始皇南游到会稽，途中经过
这里，因此在这里立县。王莽把县名改为淮睦。汉朝末年，陈浑改筑了南城。
县城后面溪南的大塘，就是陈浑为了防水而修建的。县城南面有三块石碑，
是顾飏、范宁等人的碑。县以南有大壁山，郭文从陆浑迁到这里居住。

浙江又东迳乌伤县北①，王莽改曰乌孝，《郡国志》谓之
乌伤②。《异苑》曰③：东阳颜乌④，以淳孝著闻，后有群乌助
衔土块为坟，乌口皆伤。一境以为颜乌至孝，故致慈乌⑤，欲
令孝声远闻，又名其县曰乌伤矣。

【注释】

①乌伤县：秦置，属会稽郡。治所即今浙江义乌。三国吴宝鼎元年
（266）属东阳郡。

②《郡国志》：晋司马彪《续汉书》篇名。记述东汉时期全国行政区划、
　　人口以及《春秋》和"前三史"所载征伐、会盟所在的地名。《续汉
　　书》唯存八志，南朝宋时为后人补入范晔《后汉书》中而流传至今。

③《异苑》：书名。南朝宋刘敬叔撰。仿刘向《说苑》，内容基本上都
　　是各种奇闻逸事。

④东阳：即东阳郡。三国吴宝鼎元年（266）分会稽郡置，属扬州。
　　治所在长山县（今浙江金华）。颜乌：陈桥驿按，此卷《浙江水》中，
　　越语（汉语音译）地名甚多。秦一统后，越人流散，迁入的汉人，
　　往往以汉意曲解越语，"乌伤"就是很典型的例子。但王莽既已
　　改为"乌孝"，则在《异苑》以前，人们已经传播"东阳颜乌"的故
　　事了。唐代开始的"义乌"，也是从"乌孝"以来的以讹传讹。

⑤慈乌：即义乌。有仁义的乌鸦。

【译文】

浙江又东流经过乌伤县北，王莽把县名改为乌孝，《郡国志》称为乌
伤。《异苑》说：东阳有个名叫颜乌的人，他的纯洁孝心，闻名于乡里，后
来有一大群乌鸦衔了泥土帮他修坟，以致乌鸦的喙都受了伤。乡里以为
这是由于颜乌的无比孝心，所以才能招来仁义的乌鸦，为了使他的孝声
远闻，所以把县名称为乌伤。

　　浙江又东北流至钱塘县①，穀水入焉②。水源西出太末
县③，县是越之西鄙④，姑蔑之地也⑤。秦以为县，王莽之末
理也。吴宝鼎中⑥，分会稽立，隶东阳郡。穀水东迳独松故
冢下⑦，冢为水毁，其砖文：筮言吉，龟言凶，百年堕水中。今
则同龟繇矣⑧。

【注释】

①钱塘县：南朝时改钱唐县置。治所即今浙江杭州。

②榖水：即今浙江钱塘江支流衢江，秦汉称榖水。

③太末县：三国吴改大末县置，属会稽郡。治所即今浙江龙游。赤
　　乌三年（240）改名龙丘县，宝鼎元年（266）分属东阳郡，后复名
　　太末县。

④西鄙：西部边境。

⑤姑蔑：一作姑末。在今浙江龙游北。

⑥宝鼎：三国吴末帝孙皓的年号（266—269）。

⑦独松故冢：《水经注疏》杨守敬按："冢在今金华县（今浙江金华）
　　东矣。"

⑧龟繇（yáo）：龟卜所得的文辞。

【译文】

　　浙江又东北流到钱塘县接纳榖水。榖水发源于西部的太末县，这是
越国的西部小邑，属于姑蔑的地方。秦时才建为县，王莽改县名为末理。
三国吴宝鼎年间，从会稽郡分出来立县，隶属于东阳郡。榖水东流，经过
独松故冢下，这座坟墓，被大水所冲毁，砖上有文字说：筮言吉，龟言凶，
百年堕水中。现在已经应验了。

　　榖水又东迳长山县南①，与永康溪水合②。县，即东阳
郡治也。县，汉献帝分乌伤立③。郡，吴宝鼎中分会稽置。
城居山之阳，或谓之长仙县也。言赤松采药此山④，因而居
之，故以为名。后传呼乖谬⑤，字亦因改。溪水南出永康县⑥，
县，赤乌中分乌伤上浦立⑦。刘敬叔《异苑》曰⑧：孙权时，永
康县有人入山，遇一大龟，即束之以归。龟便言曰：游不量
时⑨，为君所得。担者怪之，载出欲上吴王。夜宿越里，缆船
于大桑树。宵中⑩，树忽呼龟曰：元绪⑪，奚事尔也？龟曰：
行不择日，今方见烹，虽尽南山之樵，不能溃我⑫。树曰：诸

葛元逊识性渊长⑬,必致相困,令求如我之徒,计将安治? 龟
曰:子明无多辞⑭。 既至建业⑮,权将煮之,烧柴万车,龟犹
如故。诸葛恪曰:燃以老桑乃熟。献人仍说龟言。权使伐
桑取煮之,即烂。故野人呼龟曰元绪。其水飞湍北注,至县
南门入穀水。

【注释】

①长山县:东汉初平三年(192)分乌伤县置,属会稽郡。治所即今
　浙江金华。以山得名。三国吴宝鼎元年(266)为东阳郡治。

②永康溪水:金华江支流,一名南溪。在今浙江永康南。

③汉献帝:名协。东汉灵帝中子。少帝立,封为陈留王。董卓废少
　帝而立之。关东起兵讨卓,卓奉帝西迁长安。曹操入朝,帝以操
　录尚书事,操迁帝于许,自是政归曹氏,天子守位而已。曹丕篡位,
　废帝为山阳公,汉亡。

④赤松:即赤松子。传说中远古时人。为神农时雨师。一说,尝为
　帝喾之师。后为道教所崇奉。

⑤传呼:流传称呼。乖谬:错误。

⑥永康县:三国吴赤乌八年(245)分乌伤县置,属会稽郡。治所即
　今浙江永康。宝鼎元年(266)后属东阳郡。

⑦赤乌:三国吴大帝孙权的年号(238—251)。上浦:即今浙江绍兴
　上虞区西南二十六里上浦镇。

⑧刘敬叔:彭城(治今江苏徐州)人。南朝宋文学家。仿刘向《说苑》
　撰《异苑》十卷,为古代志怪小说。

⑨量时:考虑日子。量,选择,考虑。

⑩宵中:半夜。

⑪元绪:当地人呼乌龟叫元绪。

⑫溃：这里指煮烂。

⑬诸葛元逊：即诸葛恪，字元逊。琅邪阳都（今山东临沂）人。诸葛
　瑾长子。三国吴大臣。孙权拜为抚越将军，领丹扬太守。陆逊卒，
　诸葛恪迁大将军，假节，驻武昌，代陆逊领荆州事。孙权疾困，召
　诸葛恪等属以后事。后被孙峻所害。识性：审察事物、辨别是非
　的禀性。

⑭子明：乌龟对桑树的称谓。

⑮建业：东汉建安十七年（212）孙权改秣陵县置，为丹阳郡治。治
　所在石头城（今江苏南京清凉山）。三国吴黄龙元年（229）自武
　昌（今湖北鄂城）迁都于此，形势胜于武昌。

【译文】

　　榖水又东流经过长山县南，接纳永康溪水。长山县就是东阳郡的郡治。汉献帝分出乌伤县建立此县。至于东阳郡，则是三国吴宝鼎年间从会稽郡分出来的。县城位于山南，县名或又称长仙。据说赤松子到此山采药，就住在这里，所以有长仙这个县名。后来因为把仙字错念成山字，县名也就改为长山了。永康溪水从南面的永康县发源，这个县是三国吴赤乌年间分乌伤县上浦之地而建立的。刘敬叔《异苑》说：孙权时，永康县有人进入山里，遇见一只大龟，就把它捆回家。乌龟说了话：我出门没挑日子，所以为你所得。肩挑乌龟的人极为骇怪，于是就想把它献给吴王。晚上在越里地方歇宿，把船系在大桑树下。半夜，大桑树忽然和乌龟说话：元绪，你遇着什么事了？乌龟说：我出门没挑日子，眼看就要被烹煮了，但是即使砍光南山的柴，却也烧不烂我。桑树说：那里有个诸葛元逊，他知识渊博，一定会使你遇上灾难，假使他使用像我这样的东西，你将怎么办？乌龟说：子明，不要再多说了。到了建业，孙权就要烹煮它，但烧了上万车柴火，乌龟却毫无影响。诸葛恪说：用老桑树烧就能烧熟。于是献龟者说出了老桑树和乌龟的对话。孙权派人砍伐了桑树来，一烧就烂。所以人们称乌龟为元绪。永康溪水飞流北注，到县南门注入榖水。

穀水又东，定阳溪水注之①。水上承信安县之苏姥布②。县，本新安县③，晋武帝太康三年④，改曰信安。水悬百余丈，濑势飞注，状如瀑布。濑边有石如床，床上有石牒⑤，长三尺许，有似杂采帖也⑥。《东阳记》云⑦：信安县有悬室坂，晋中朝时⑧，有民王质⑨，伐木至石室中，见童子四人弹琴而歌，质因留，倚柯听之⑩。童子以一物如枣核与质，质含之便不复饥。俄顷，童子曰，其归，承声而去，斧柯漼然烂尽⑪。既归，质去家已数十年，亲情凋落⑫，无复向时比矣。

【注释】

①定阳溪水：衢江支流。即今浙江衢州衢江区南乌溪江。

②信安县：西晋太康元年（280）改新安县置，属东阳郡。治所即今浙江衢州。苏姥布：地名。具体不详。

③新安县：东汉初平三年（192）分大末县置，属会稽郡。治所即今浙江衢州。三国吴宝鼎元年（266）分属东阳郡。西晋太康元年（280）因与司州河南郡新安县重名而改为信安县。

④太康三年：282年。太康，西晋武帝司马炎的年号（280—289）。

⑤牒：古代可供书写的简札。

⑥杂采帖：彩色帖。杂采，颜色缤纷貌。帖，请柬。

⑦《东阳记》：书名。唐郑缉之撰。一卷。已佚。

⑧中朝：东晋称建都于中原的西晋为"中朝"。

⑨王质：人名。具体不详。

⑩柯：斧柄。

⑪漼（cuī）然：烂坏貌。

⑫亲情：亲人。

【译文】

穀水又东流，接纳定阳溪水。定阳溪水上游接信安县的苏姥布。信安县原名新安县,晋武帝太康三年改名信安。这里,溪水成为悬流,高达百丈,飞注而下,形同瀑布。悬流边有一块如床的岩石,床上有三尺光景的石札版,颜色如摊着的彩色帖。《东阳记》说:信安县有悬室坂,晋朝中叶,有一个名叫王质的居民,因为伐木而到此室中,看到有四个童子边弹琴边唱歌,王质就留下来,倚靠在斧柄上听他们弹唱。童子拿了一颗好像枣核般的东西给王质,王质含在口里,就不再饥饿了。过了一会儿,童子说,归去吧,王质就应声而归,此时发现斧柄已经腐烂殆尽。归去后,才知道他离家已经数十年,亲人去世,与他离家时完全不同了。

　　其水分纳众流,混波东逝①,迳定阳县②,夹岸缘溪,悉生支竹,及芳枳、木连③,杂以霜菊、金橙④。白沙细石,状如凝雪。石溜湍波⑤,浮响无辍⑥。山水之趣,尤深人情。县,汉献帝分信安立⑦,溪亦取名焉。溪水又东迳长山县北⑧,北对高山,山下水际,是赤松羽化之处也⑨。炎帝少女追之,亦俱仙矣。后人立庙于山下。溪水又东入于毂水。

【注释】

①混波:汇合的波浪。

②定阳县:东汉建安二十三年(218)分新安县置,属会稽郡。治所在今浙江常山县治东三十二里招贤镇。三国吴宝鼎元年(266)属东阳郡。

③芳枳(zhǐ):木名。落叶灌木或小乔木。也叫枸橘(gōu jú)。木连:薜荔。

④霜菊:秋菊。因耐霜亦称霜菊。

⑤石溜:从石上流淌的水流。湍波:急流。

⑥浮响:漂浮的水声。

⑦汉献帝:名协。东汉灵帝中子。

⑧长山县：东汉初平三年（192）分乌伤县置，属会稽郡。治所在今浙江金华。以山得名。三国吴宝鼎元年（266）为东阳郡治。

⑨赤松：即赤松子。传说中远古时人。为神农时雨师。一说尝为帝喾之师。后为道教所崇奉。羽化：道教谓得道成仙飞升。

【译文】

定阳溪水接纳许多支流，汇合东流经过定阳县，沿溪两岸，都生长着支竹、芳枳、薜荔，并且夹杂白色的菊花和黄色的橙桔。溪滩上则是白沙和细石，看上去宛如积雪。急流刷石，潺潺不息。游山玩水的乐趣，远胜于人情的交往。定阳县是汉献帝分信安县的地方而建立的，溪也随县而得名。定阳溪水又东流，经过长山县北，北有高山屹立，山下水边，就是赤松子羽化登仙的地方。炎帝的小女儿追赶他，也一起成了仙。后来有人在这山下建造了庙宇。定阳溪水又东流注入榖水。

榖水又东迳乌伤县之云黄山①，山下临溪水，水际石壁杰立，高百许丈。又与吴宁溪水合②。水出吴宁县下③，迳乌伤县入榖，谓之乌伤溪水④。闽中有徐登者⑤，女子化为丈夫⑥，与东阳赵昞并善越方⑦。时遭兵乱，相遇于溪，各示所能。登先禁溪水为不流，昞次禁枯柳，柳为生荑⑧，二人相示而笑。登年长，昞师事之。后登身故，昞东入章安⑨，百姓未知，昞乃升茅屋，梧鼎而爨⑩，主人惊怪，昞笑而不应，屋亦不损。又尝临水求渡，船人不许，昞乃张盖坐中，长啸呼风，乱流而济。于是百姓神服，从者如归。章安令恶而杀之，民立祠于永宁⑪，而蚊蚋不能入⑫。昞秉道怀术⑬，而不能全身避害。事同苌弘、宋元之龟⑭，厄运之来，故难救矣。榖水又东入钱唐县⑮，而左入浙江。故《地理志》曰：榖水自太末东北至钱唐入浙江是也⑯。

【注释】

① 乌伤县：秦置，属会稽郡。治所即今浙江义乌。三国吴宝鼎元年（266）属东阳郡。云黄山：当在今浙江义乌南。

② 吴宁溪水：即东阳江。兰江支流。在今浙江金华南。

③ 吴宁县：三国吴改汉宁县置，属会稽郡。治所在今浙江东阳东二十七里金家村附近。宝鼎元年（266）属东阳郡。

④ 乌伤溪水：即东阳溪。又名东江。在今浙江义乌境内。

⑤ 徐登：闽中（今福建福州）人。东汉方士。少牧牛于山巅，遇异人，得仙术，能禁水使之不流。精于道家的方术，特别善于用禁术治疗各种疾病。

⑥ 丈夫：男人。

⑦ 赵昞：字公阿，又名侯。亦作赵炳。东阳（今浙江金华）人。与徐登共以方术治病，百姓神服，从者如归，后被章安令以惑众罪收杀之。百姓为其立祠纪念。俗称"赵侯祠"。越方：禁咒术，使人物不能动。

⑧ 荑（tí）：初生茅草的嫩芽。

⑨ 章安：指章安县。东汉初改回浦县置，属会稽郡。并为会稽东部都尉治。治所在今浙江台州椒江北岸之章安镇。三国吴为临海郡治。

⑩ 梧：支撑。鼎：古代炊器，又为盛熟牲之器。爨（cuàn）：烧火煮饭。

⑪ 永宁：即永宁县。东汉永和三年（138）分章安县置，属会稽郡。治所即今浙江温州。以山得名。三国吴太平二年（257）属临海郡。东晋太宁元年（323）为永嘉郡治。

⑫ 蚋蜹（ruì）：通常指蚊子。

⑬ 秉道怀术：拥有道术。秉，持有，拥有。

⑭ 苌弘（cháng）：亦作苌宏。周景王、周敬王时人。后被周人杀死。传说苌弘死后三年，其血化为碧玉。故有"苌弘化碧""碧血丹心"

之说,以喻忠诚正义。宋元之龟:《史记·龟策列传》:"宋元王二
年,江使神龟使于河,至于泉阳,渔者豫且举网得而囚之,置之笼
中。夜半,龟来见梦于宋元王曰:'我为江使于河,而幕网当吾路。
泉阳豫且得我,我不能去。身在患中,莫可告语。王有德义,故来
告诉。'元王惕然而悟。"宋元,即宋元公,子姓,名佐。春秋宋国
国君。

⑮钱唐县:秦置,属会稽郡。治所在今浙江杭州西灵隐山下。西汉
为会稽郡西部都尉治。东汉初省入馀杭县。东汉末复置,属吴郡。
迁治今杭州。

⑯太末:即太末县。三国吴改大末县置,属会稽郡。治所在今浙江
龙游。赤乌三年(240)改名龙丘县。宝鼎元年(266)分属东阳郡。
后复名太末县。

【译文】

　　毂水东流,经过乌伤县的云黄山,山下就是溪水,水边有石壁巍然耸
立,高达百余丈。毂水又接纳吴宁溪水。吴宁溪水发源于吴宁县境,经
过乌伤县注入毂水,称为乌伤溪水。闽中有个叫作徐登的人,由女子变
成男人,他和东阳赵昞,都善于巫术。因为当时遭到战乱,两人在乌伤溪
水相遇,各人显示他们的本领。徐登先阻遏溪水,使它不流,接着赵昞使
枯萎的柳树长出嫩芽,两人相对而笑。徐登年长,赵昞就以徐登为师长。
以后徐登去世,赵昞东行去到章安,百姓不了解他,赵昞就升到茅屋上,
架起鼎镬烧饭,主人惊骇,赵昞笑而不答,茅屋也不受损害。他又到河边
求渡,撑船的不答应,赵昞就张开伞子坐在其中,长啸呼风,在奔腾的河
水中过渡。于是,百姓敬服他的神通,许多人都归附于他。章安县令厌
恶他,将他杀掉,人民为他在永宁县建立了祠庙,这个祠庙蚊蝇是进不去
的。赵昞身有道术,却不能避开灾祸,保全生命。这件事和周朝的苌弘
及宋元公的神龟一样,恶运来时,拯救为难。毂水又东流进入钱唐县,而
左入浙江。所以《地理志》说:毂水从太末东北到钱唐注入浙江。

浙江又东迳灵隐山^①。山在四山之中,有高崖洞穴,左右有石室三所,又有孤石壁立,大三十围^②,其上开散,状如莲花。昔有道士,长往不归,或因以稽留为山号^③。山下有钱唐故县,浙江迳其南,王莽更名之曰泉亭。《地理志》曰:会稽西部都尉治。《钱唐记》曰^④:防海大塘在县东一里许^⑤,郡议曹华信家议立此塘^⑥,以防海水。始开募有能致一斛土者^⑦,即与钱一千。旬月之间,来者云集,塘未成而不复取,于是载土石者,皆弃而去,塘以之成,故改名钱塘焉。

【注释】

①灵隐山:即武林山,亦名仙居山。在今浙江杭州西。

②围:量词。多指两手或两臂之间合拱长度。

③稽留:停留,迁延。

④《钱唐记》:书名。具体不详。

⑤防海大塘:陈桥驿按,《钱唐记》记叙的"防海大塘",是我国古籍中第一次所见的海塘记叙,资料非常珍贵。至于故事内容,当然无稽。全祖望的《五校钞本》上,此处有施廷枢手写的"千钱诳众"之语,意在揭露故事的荒唐。

⑥郡议曹:官名。汉代郡守所辟无职事的属吏统称为议曹。华信家:人名。具体不详。

⑦斛:量词。多用于量粮食。古以一斛为十斗,南宋末改为五斗一斛。

【译文】

浙江又东流经过灵隐山。灵隐山在四面丛山包围之中,有高峻的岩崖和洞穴,左右有石室三所,还有孤石直立,大三十围,上面开散,形状像莲花。从前有道士,长期住此不归,这或许就是此山之所以称为灵隐的原因。山下有钱唐县旧址,浙江流过它南面,王莽改钱唐为泉亭。《地理志》说：这里是会稽西部都尉治。《钱唐记》说：防海大塘约在县东一里，郡议曹华信家建议建立此塘，以防御海水。于是开始征募民工，凡挑来一斛土的，给钱一千。十天到一月之间，挑土的人云集而来，因为塘没有修筑而不给钱，人们只好抛掉土石回去，土石成堆，塘因而修成，所以改名为钱塘。

　　县南江侧有明圣湖①，父老传言，湖有金牛，古见之，神化不测，湖取名焉。县有武林山②，武林水所出也③。阚骃云④：山出钱水，东入海。《吴地记》言⑤：县惟浙江，今无此水。县东有定、包诸山⑥，皆西临浙江。水流于两山之间，江川急浚，兼涛水昼夜再来。来应时刻⑦，常以月晦及望尤大，至二月、八月最高，峨峨二丈有余。《吴越春秋》以为子胥、文种之神也⑧。昔子胥亮于吴⑨，而浮尸于江。吴人怜之，立祠于江上，名曰胥山⑩。《吴录》云⑪：胥山在太湖边⑫，去江不百里，故曰江上。文种诚于越，而伏剑于山阴，越人哀之，葬于重山⑬。文种既葬一年，子胥从海上负种俱去，游夫江海。故潮水之前扬波者，伍子胥；后重水者，大夫种。是以枚乘曰⑭：涛无记焉，然海水上潮，江水逆流，似神而非。于是处焉。秦始皇三十七年⑮，将游会稽，至钱唐，临浙江，所不能渡，故道馀杭之西津也⑯。

【注释】

①明圣湖：一名金牛湖。即今浙江杭州之西湖，一说在今浙江杭州西南郊定山以南。早已湮没。

②武林山：即上文灵隐山。

③武林水：在今浙江杭州。

④阚骃（kàn yīn）：字玄阴。敦煌（今甘肃敦煌）人。北凉至北魏学者。所撰《十三州志》为地理类著作。

⑤《吴地记》：书名。亦作《吴纪》。晋太学博士环济撰。已佚。

⑥定：即定山。一名浙山。在今浙江杭州西南周浦乡境。包：即包山。当在今浙江杭州西南。

⑦来应时刻：按照一定的时间到来。应，对应。时刻，时间。

⑧《吴越春秋》：书名。东汉赵晔撰。是一部记述春秋时期吴、越两国史事为主的史学著作。子胥：即伍子胥，名员。春秋时楚国人。父伍奢、兄伍尚为楚平王所杀。伍子胥奔吴，佐吴伐楚。入郢都时，楚平王已卒，乃掘其墓，鞭尸三百。后吴败越，越王勾践请和，劝王灭越，杀勾践，并阻吴王伐齐，吴王均不纳，终被赐死。文种：也作文仲、少禽（一作子禽）。春秋末期楚之郢（今湖北荆州市荆州区西北）人，后定居越国。越王勾践被吴王夫差打败后，文种与范蠡辅佐勾践，恢复国力，灭掉吴国。灭吴后，自视功高，不听范蠡劝告，为勾践所不容，终被赐死。

⑨亮：诚信，忠诚。

⑩胥山：又名庙诸山、仆射山。在今江苏苏州西南四十里，太湖东岸胥口之南。

⑪《吴录》：书名。晋张勃撰。记录三国孙吴史事。已佚。

⑫太湖：古称震泽。亦名具区。又有笠泽、五湖等名。在今江苏南部，为长江和钱塘江下游泥沙堰塞古海湾而成。为我国第三大淡水湖。

⑬重山：一名卧龙山。即今浙江绍兴城区西隅府山。

⑭枚乘：字叔。淮阴（今江苏淮安）人。为吴王濞郎中。因在七国之乱前后两次上谏吴王而显名。汉景帝时升为弘农都尉。以辞赋闻名于世。

⑮秦始皇三十七年：前210年。

⑯馀杭：即馀杭县。秦始皇三十七年（前210）置，属会稽郡。治所在今浙江杭州余杭区西南七十六里余杭镇。东汉改属吴郡。三国吴宝鼎元年（266）属吴兴郡。

【译文】

钱唐县南江边上有明圣湖，据父老相传，古时曾见湖中有金牛，神奇莫测，所以称为金牛湖。钱唐县有武林山，武林水由此发源。阚骃说：从武林山发源的钱水，东流入海。《吴地记》说：现在没有钱水，钱唐县只有浙江。县东有定山、包山等山，都在浙江以西。江水流经两山之间，江水湍急，加上昼夜两度的海涛。海涛是按时刻来到的，月初和月半常常特别大，而二月和八月最高，高达两丈多。《吴越春秋》认为这是伍子胥和文种之神。从前伍子胥尽忠于吴国，最后却落得浮尸江中。吴人怜悯他，在江上为他立祠，称为胥山。《吴录》说：胥山在太湖边，离江不到百里，所以称为江上。文种尽忠于越，却在山阴伏剑而亡，越人怜悯他，把他葬在重山。文种葬后一年，伍子胥从海上来，带文种一起奔游在江海之中。所以在潮水前面扬波的是伍子胥，在潮水后面翻浪的是文种。因此枚乘说：潮水的这种故事并不见于记载，不过海潮上涨时，江水为之逆流，看起来似有神明驱使，但其实并非如此。所说就在这里。秦始皇三十七年，将要到会稽去，抵达钱唐后，面对浙江，不敢渡越，才改从馀杭以西的渡口过渡。

浙江北合诏息湖①，湖本名阼湖，因秦始皇帝巡狩所憩，故有诏息之名也。

【注释】

①诏息湖：一名御息湖。在今浙江杭州东北。

【译文】

浙江又北和诏息湖汇合，此湖原名阼湖，因秦始皇巡狩时曾在此休息，所以得到诏息的名称。

浙江又东合临平湖①。《异苑》曰②,晋武时③,吴郡临平岸崩④,出一石鼓,打之无声,以问张华⑤,华云:可取蜀中桐材,刻作鱼形,扣之则鸣矣。于是如言,声闻数十里。刘道民诗曰⑥:事有远而合⑦,蜀桐鸣吴石。传言此湖草薉壅塞⑧,天下乱;是湖开⑨,天下平。孙皓天玺元年⑩,吴郡上言:临平湖自汉末秽塞⑪,今更开通,又于湖边得石函,函中有小石,青白色,长四寸,广二寸余,刻作皇帝字。于是改天册为天玺元年⑫。孙盛以为元皇中兴之符征⑬,五湖之石瑞也。《钱唐记》曰:桓玄之难⑭,湖水色赤,荧荧如丹。湖水上通浦阳江⑮,下注浙江,名曰东江⑯,行旅所从,以出浙江也。

【注释】

①临平湖:在今浙江杭州余杭区东南。

②《异苑》:书名。南朝宋刘敬叔撰。仿刘向《说苑》,内容基本上都是各种奇闻逸事。

③晋武时:即西晋武帝司马炎在位期间,265—290年。

④吴郡:西汉初以会稽郡治所在吴县,故亦称吴郡。

⑤张华:字茂先。范阳方城(今河北固安西南)人。西晋辞赋家。撰笔记体志怪小说《博物志》等。

⑥刘道民:有两位:一是:道民,宋武帝小字也。二是刘穆之,字道和,小字道民。东莞莒(今山东莒县)人。汉齐悼惠王肥后也。世居京口。少好书传,博览多通。此处不知究竟为谁。

⑦事有远而合:即使相隔路途遥远,有些事情也会自然契合。

⑧草薉(huì)壅塞:被杂草淤塞。薉,杂草。

⑨湖开:这里指湖面的杂草荡然全无,水面显露。

⑩天玺元年:276年。天玺,吴末帝孙皓的年号,凡一年。

⑪秽塞：杂草壅塞。

⑫天册：三国乌程侯孙皓的年号，凡一年，即275年。

⑬孙盛：字安国。晋太原中都（今山西平遥）人。孙绰从兄。著《魏氏春秋》《晋阳秋》。元皇：即晋元帝司马睿，字景文。河内温县（今河南温县）人。晋武帝司马炎从子。

⑭桓玄之难：指403年12月，东晋将领桓玄篡位改年为建始一事。桓玄，字敬道，一名灵宝。谯国龙亢（今安徽怀远）人。大司马桓温之子。

⑮浦阳江：在今浙江杭州萧山区东。源出浙江浦江县西井亢岭，东北流经浦江县南、诸暨东，故道自今萧山区南临浦镇东折，经钱清镇而至三江口入海。

⑯东江：即东阳溪。在今浙江金华、义乌境内。

【译文】

浙江又东与临平湖汇合。《异苑》说，晋武帝时，吴郡临平湖湖岸崩塌，出现一个石鼓，打击它不发出声音，去问张华，张华说：可取四川桐木，把它雕刻成鱼形，用来打击此石鼓，就会发出声音。按照张华的话做，石鼓果然发声，声闻数十里。刘道民诗说：事有远而合，蜀桐鸣吴石。根据传说，若此湖被杂草淤塞，天下就要乱；若湖水开通，天下就太平。三国吴孙皓天玺元年，吴郡的地方官上书说：临平湖自汉末淤塞，如今已经开通，并在湖边得到一个石盒，盒内有青白色的小石，长四寸，宽二寸多，石上刻有皇帝字样。于是把原来的年号天册，改为天玺元年。孙盛认为这是元皇中兴的征兆，是五湖的石瑞。《钱唐记》说：桓玄发难之时，湖水变成红色，晶晶发光像丹砂一样。湖水上与浦阳江相通，下游注入浙江，称为东江，是旅客去到浙江的通道。

浙江又迳固陵城北①。昔范蠡筑城于浙江之滨，言可以固守，谓之固陵，今之西陵也。

【注释】

①固陵城：在今浙江杭州萧山区西北十里西兴镇。

【译文】

浙江又经过固陵城北。从前范蠡在浙江沿岸修筑城堡，称此城可以固守，所以叫作固陵，就是今天的西陵。

浙江又东迳柤塘①，谓之柤渎。昔太守王朗拒孙策②，数战不利。孙静说策曰③：朗负阻城守，难可卒拔，柤渎去此数十里，是要道也，若从此出，攻其无备，破之必矣。策从之，破朗于固陵。有西陵湖④，亦谓之西城湖。湖西有湖城山⑤，东有夏架山⑥，湖水上承妖皋溪⑦，而下注浙江。

【注释】

①柤（zǔ）塘：即查渎。又名柤渎、查浦。在今浙江杭州萧山区西南。

②王朗：本名严，字景兴。东海郯（今山东郯城北）人。三国时曹魏大臣。曹操拜为谏议大夫，参司空军事。后累迁大理，治狱宽恕。孙策：字伯符。孙坚长子。东汉末江东豪强。

③孙静：字幼台。吴郡富春（今浙江富阳）人。孙坚之弟。孙坚初起时，孙静集合乡里及宗族子弟随之。后献计并协助孙策击败钱塘太守王朗，平定会稽。孙策上表任孙静为奋武校尉。孙静不愿出外为官，请求留任家乡镇守。建安四年（200），孙权执政，升孙静为昭义中郎将。终老家乡。

④西陵湖：在今浙江杭州萧山区西。

⑤湖城山：当在今浙江杭州萧山区西。

⑥夏架山：当在今浙江杭州萧山区西。

⑦妖皋溪：当在今浙江杭州萧山区西。

【译文】

　　浙江又东流经过柤塘，又称为柤渎。从前，太守王朗在固陵抵抗孙策的进攻，孙策好几次作战都不利。孙静对孙策说：王朗凭险守城，难以攻克，柤渎离这里数十里，是一条要道，如果从那里进攻，是他所不及防备的，一定可以攻破他。孙策听从此话而行，在固陵攻破了王朗。这里有西陵湖，也称西城湖。湖西有湖城山，湖东有夏架山，湖上承妖皋溪水，往下注入浙江。

　　又迳会稽山阴县①，有苦竹里。里有旧城②，言句践封范蠡子之邑也。

【注释】

　　①山阴县：秦置，属会稽郡。治所即今浙江绍兴。以在会稽山之北而得名。东汉永建四年（129）为会稽郡治。

　　②旧城：即苦竹城。在今浙江绍兴西南。

【译文】

　　浙江又经过会稽郡山阴县，这里有苦竹里。里中有旧城，据说是勾践封范蠡儿子的封邑。

　　浙江又东与兰溪合①，湖南有天柱山②，湖口有亭，号曰兰亭③，亦曰兰上里。太守王羲之、谢安兄弟④，数往造焉。吴郡太守谢勖封兰亭侯⑤，盖取此亭以为封号也。太守王廙之移亭在水中⑥。晋司空何无忌之临郡也⑦，起亭于山椒⑧，极高尽眺矣。亭宇虽坏，基陛尚存⑨。

【注释】

　　①兰溪：钱塘江支流。在今浙江兰溪市。北至建德梅城镇与新安江

汇合。

②天柱山:在今浙江杭州余杭区西南余杭镇西。

③兰亭:在今浙江绍兴东南兰亭镇兰渚山下。

④王羲之:字逸少。司徒王导之从子。尤善隶书,为古今之冠,论者
　　称其笔势以为"飘若浮云,矫若惊龙"。谢安兄弟:谢安和谢石兄
　　弟。谢安,字安石。东晋陈郡阳夏(今河南太康)人。少有盛名,
　　任司徒府佐著作郎,称疾辞,隐居会稽东山。年四十余始复出仕。
　　孝武帝初,力阻桓温九锡之请。后位至宰相。谢石,字石奴。谢
　　安弟。

⑤谢勖(xù):山阴(今浙江绍兴)人。谢承之弟。曾任吴郡太守。
　　封兰亭侯。其余不详。

⑥王廙(yì):字世将。琅邪临沂(今山东费县)人。东晋官吏。丞
　　相王导从弟。少能属文,多所通涉,工书画,善音乐、射御、博弈、
　　杂技。

⑦司空:官名。周为六卿之一,主造器械车服、土木工程。汉改御史
　　大夫为大司空,与大司马、大司徒并列为三公,后去大字为司空。
　　何无忌:东海郡郯(今山东郯城西南)人。东晋将领。少有大志,
　　忠亮任气。跟随宋武帝刘裕起兵,讨伐桓玄。平定卢循之乱,与
　　徐道覆作战战死。

⑧山椒:山顶。椒,山巅。

⑨基陛:建筑物底部的台阶。

【译文】

　　浙江又东流与兰溪汇合,湖以南有天柱山,湖口有亭,称为兰亭,也
叫兰上里。太守王羲之和谢安兄弟曾多次到过那里。吴郡太守谢勖被
封为兰亭侯,即以此亭作为封号。太守王廙把亭移到湖中。晋朝的司空
何无忌到此郡做官,把亭修在天柱山之顶,登亭远望,一望无余。现在亭
宇虽已塌废,但基础仍然存在。

浙江又迳越王允常冢北①,冢在木客村②。耆彦云③:句践使工人伐荣楯④,欲以献吴,久不得归,工人忧思,作《木客吟》,后人因以名地。句践都琅邪⑤,欲移允常冢,冢中生分风,飞沙射人,人不得近,句践谓不欲,遂止。

【注释】

①越王允常冢:《水经注疏》杨守敬按:"冢在今山阴县(今浙江绍兴)南十五里木客山。"允常,姒姓。春秋时越国国君。相传为夏朝帝少康之后代。越王勾践之父。在位时,尝与吴王阖闾因争斗而相互仇杀。

②木客村:当在今浙江绍兴南十五里木客山附近。

③耆彦:年高望众之人。

④荣楯:木名。具体不详。

⑤琅邪:又作瑯琊。春秋末越国都城。在今山东青岛黄岛区西南琅琊镇(夏河城)。

【译文】

浙江又流经越王允常墓北,墓在木客村。老年人说:句践派工人砍伐荣楯树以贡献吴国,工人长久不得归家,心中忧闷,作《木客吟》的歌谣,后来人们把这里称为木客村。句践迁都到琅邪时,想把允常墓迁走,墓中起风,飞沙射人,人不能走近,句践认为这是允常不愿迁墓,就没有再迁。

浙江又东北得长湖口①。湖广五里,东西百三十里,沿湖开水门六十九所②,下溉田万顷,北泻长江。湖南有覆斗山③,周五百里,北连鼓吹山④,山西枕长溪,溪水下注长湖。山之西岭有贺台⑤,越入吴,还而成之,故号曰贺台矣。

【注释】

①长湖：即镜湖，又名鉴湖。东汉永和五年（140）由会稽太守马臻主持修筑，在今浙江绍兴南会稽山北麓。周三百余里。唐以后逐渐淤浅，至南宋大部分被围为田。

②水门：水闸。

③覆斗山：即覆釜山、会稽山。在今浙江绍兴南。

④鼓吹山：在今浙江象山县东南。

⑤贺台：当在今浙江绍兴南部。

【译文】

浙江东北流，就是长湖水口。长湖宽五里，东西长一百三十里，沿湖开水门六十九所，可以灌溉湖下农田万顷，向北注入长江。长湖以南有覆斗山，周围五百里，此山北连鼓吹山，山西有长溪流出，注入长湖。覆斗山的西岭有贺台，越人攻入吴国后，凯旋而建，所以称为贺台。

又有秦望山①，在州城正南，为众峰之杰，陟境便见。《史记》云：秦始皇登之，以望南海。自平地以取山顶七里，悬隥孤危②，径路险绝。《记》云：扳萝扪葛③，然后能升，山上无甚高木，当由地迥多风所致。山南有嶕岘④，岘里有大城，越王无馀之旧都也⑤。故《吴越春秋》云⑥：句践语范蠡曰，先君无馀，国在南山之阳，社稷宗庙在湖之南。

【注释】

①秦望山：即今浙江杭州南将台山。

②悬隥（dèng）：悬空的台阶。隥，阶梯，石级。

③扳：通"攀"。攀缘，攀附。扪：攀，挽。

④嶕岘（jiāo xiàn）：在今浙江绍兴东南。岘，小而高的山岭。

⑤越王无馀：越王勾践的先祖。

⑥《吴越春秋》：书名。东汉赵晔撰。是一部记述春秋时期吴、越两国史事为主的史学著作。

【译文】

又有秦望山，在州城正南，是群峰中最高的一座，一入此州境内就可望见。《史记》说：秦始皇曾登此山以望南海。从平地攀登山顶达七里，孤峰天梯，山路险绝。《记》说：必须攀附藤萝，才能升登，但山上没有什么高大的树木，这是因为地高多风的缘故。山的南面有嶕岘，嶕岘内有一座大城，是越王无馀的旧都。所以《吴越春秋》说：勾践告诉范蠡，先王无馀的故国在南山的南面，社稷和宗庙在湖的南面。

又有会稽之山①，古防山也，亦谓之为茅山，又曰栋山。《越绝》云②，栋犹镇也。盖《周礼》所谓扬州之镇矣③。山形四方，上多金玉，下多玦石④。《山海经》曰：夕水出焉，南流注于湖。

【注释】

①会稽之山：即古防山，又称为茅山、栋山。在今浙江绍兴南。

②《越绝》：书名。即《越绝书》。东汉袁康撰。记载了吴越两国史地人物及交战的历史，以补《春秋》等书所未备，多异闻旧说，与他书所记不同。

③《周礼》：书名。儒家经典之一。是书作者及成书年代，历来见解不一。杂汇周王室官制及战国年间各国制度，附会儒家政治理想，增损排比而成，分《天官冢宰》《地官司徒》《春官宗伯》等六篇。扬州：古九州之一。

④玦（jué）石：玉石。

【译文】

又有会稽之山，即古时的防山，也称为茅山，又名栋山。《越绝书》说，栋就是镇的意思。即《周礼》所说的扬州之镇。会稽山山形四方，上多金玉，下多玦石。《山海经》说：夕水发源于此，南流注入湖中。

《吴越春秋》称：覆釜山之中有《金简玉字之书》[①]，黄帝之遗谶也。山下有禹庙[②]，庙有圣姑像。《礼乐纬》云[③]：禹治水毕，天赐神女，圣姑即其像也。山上有禹冢[④]，昔大禹即位十年，东巡狩，崩于会稽，因而葬之。有鸟来，为之耘，春拔草根，秋啄其秽，是以县官禁民，不得妄害此鸟，犯则刑无赦。山东有湮井，去庙七里，深不见底，谓之禹井。云东游者多探其穴也。秦始皇登会稽山，刻石纪功，尚存山侧。孙畅之《述书》云[⑤]：丞相李斯所篆也[⑥]。又有石匮山[⑦]，石形似匮[⑧]。上有《金简玉字之书》，言夏禹发之，得百川之理也。

【注释】

①《金简玉字之书》：书名。相传为黄帝留给大禹的治水之书。以金作简札，用青玉为字。

②禹庙：祭祀大禹的庙宇。在今浙江绍兴东南六公里，禹陵右侧。

③《礼乐纬》：书名。汉代谶纬类著作。《后汉书·方术列传》注《礼纬》有《含文嘉》《稽命徵》《斗威仪》，《乐纬》有《动声仪》《稽耀嘉》《斗图征》。

④禹冢：亦称禹陵。在今浙江绍兴东南十三里会稽山麓。

⑤孙畅之：乐安（今山东博兴东北）人。南朝时宋官吏。官至奉朝请。其所撰《述画记》是我国较早的一部画品论著。已佚。《述书》：书名。具体不详。

⑥李斯：楚国上蔡（今河南上蔡西南）人。秦朝政治家、文学家，法家代表人物。辅佐秦王政统一中国。秦始皇以李斯为丞相，力主废分封、立郡县，焚《诗》《书》，车同轨，书同文，明法度，定律令。秦二世时，为赵高构陷，腰斩于咸阳，夷三族。工小篆，取大篆稍加整理简化而成秦时通用字体，秦始皇多次巡游，纪功刻石，旧时亦多以为出自李斯之手。有《谏逐客书》文传世。

⑦石匮（guì）山：《水经注疏》杨守敬按："山在今会稽县（今浙江绍兴）东南十五里。"

⑧匮：大型藏物容器。

【译文】

《吴越春秋》说：覆釜山中有《金简玉字之书》，这是黄帝所遗的谶书。山下有禹庙，庙中有圣姑像。《礼乐纬》说：禹治水完毕，天赐给他神女，圣姑就是神女的像。覆釜山上有禹墓，从前，大禹即帝位十年，到东方巡狩，死于会稽，就葬在这里。从此，就有鸟飞来耕耘，春天拔除草根，秋天又啄除杂草，因此，县官禁止百姓捕杀此鸟，否则就加刑不赦。覆釜山东面有湮井，离禹庙七里，深不见底，称为禹井。到东部游历的人，多要去探看这个洞穴。秦始皇登会稽山，曾刻石记载他的功绩，此石还留在山侧。孙畅之《述书》说：是丞相李斯所写的篆书。又有石匮山，因山的形状像石匮而得名。上有《金简玉字之书》，说是夏禹打开石匮而得到的，据此他懂得了治水的道理。

又有射的山①，远望山的，状若射侯②，故谓射的。射的之西有石室，名之为射堂③。年登否④，常占射的，以为贵贱之准。的明则米贱，的暗则米贵。故谚云：射的白，斛米百⑤；射的玄⑥，斛米千。

【注释】

①射的（dì）山：当在今浙江绍兴一带。的，箭靶的中心。

②射侯：用箭射靶。侯，用兽皮或布做成的靶子。

③射堂：古时习射的场所。

④年登否（pǐ）：年景丰歉。登，谷物丰收。否，谷物歉收。

⑤斛米百：一斛米只卖得一百钱。

⑥玄：黑暗。

【译文】

又有射的山，远望此山，宛如一个射手引弓射山，所以山名射的。此山以西有石室，称为射堂。人们常以射的山预占年景丰歉。射的山明朗则米价贱，射的山昏暗则米价贵。所以俗谚说：射的白，斛米百；射的玄，斛米千。

　　北则石帆山①，山东北有孤石，高二十余丈，广八丈，望之如帆，因以为名。北临大湖，水深不测，传与海通。何次道作郡②，常于此水中得乌贼鱼。南对精庐③，上荫修木，下瞰寒泉，西连会稽山，皆一山也。

【注释】

①石帆山：即今浙江绍兴东二十二里之吼山。

②何次道：即何充，字次道。庐江郡灊县（今安徽霍山县）人。晋朝
　　重臣。晋成帝时任散骑常侍，出为东阳太守、会稽内史。

③精庐：亦称精舍。修炼或专精讲习所业之处。

【译文】

　　射的山以北有石帆山，此山东北有孤石，高二十余丈，宽八丈，看去宛如船帆，所以得名。石帆山北濒大湖，水深不测，相传与海连通。何次道作郡守时，曾在此湖中捕得乌贼鱼。石帆山南对精庐，仰望有优美的

林木，俯视有清冷的泉水，西与会稽山相连，这些山其实都是互相连接的一片山岳。

东带若邪溪①。《吴越春秋》所谓欧冶涸而出铜②，以成五剑③。溪水上承嶕岘麻溪④，溪之下，孤潭周数亩，甚清深。有孤石临潭，乘崖俯视，猿狖惊心⑤。寒木被潭，森沉骇观。上有一栋树，谢灵运与从弟惠连常游之⑥，作连句⑦，题刻树侧。麻潭下注若邪溪，水至清照，众山倒影，窥之如画。汉世刘宠作郡⑧，有政绩。将解任去治，此溪父老，人持百钱出送，宠各受一文。然山栖遁逸之士，谷隐不羁之民，有道则见⑨，物以感远为贵⑩，荷钱致意，故受者以一钱为荣。岂藉费也，义重故耳。溪水下注大湖。

【注释】

①若邪溪：即今浙江绍兴东南之平水江。源出若邪山，北流至绍兴东入浙东运河。

②欧冶：亦称区冶子。春秋时越国人。善铸剑。

③五剑：一曰纯钩，二曰湛庐，三曰豪曹，四曰鱼肠，五曰巨阙。

④嶕岘：在今浙江绍兴东南。

⑤猿狖（yòu）：猿猴。狖，黑色的长尾猿。

⑥谢灵运：亦称谢康乐。陈郡阳夏（今河南太康）人。移籍会稽（今浙江绍兴）。谢玄之孙。袭封康乐公，故称谢康乐。东晋末及南朝宋初官吏、文学家。博览洽闻，精通佛老，尤以山水名胜诗为佳，开山水诗一派。惠连：即谢惠连。陈郡阳夏（今河南太康）人。谢方明子。十岁能文，深受族兄谢灵运知赏。所作《祭古冢文》《雪赋》为传世名篇。

⑦连句：即联句。作诗方式之一。由两人或多人各成一句或几句，
合而成篇。

⑧刘宠：字祖荣。东莱牟平（今山东烟台）人。齐悼惠王刘肥之后。
少受父业，以明经举孝廉，除东平陵令，治政仁惠，为吏民所爱。
累迁豫章太守、会稽太守，简除烦苛，禁察非法。作郡：作郡守。

⑨有道：谓政治清明。见：出山。

⑩感远：使远方之民受到感化。

【译文】

山东面靠若邪溪。《吴越春秋》说欧冶汲干此溪而得到铜，铸成了五
剑。若邪溪上承嶕岘麻溪，麻溪下有孤潭，周围数亩，水很清而潭极深。
潭边有孤石，登上此石下望，连猿猴也感到吃惊。浓荫森郁的树木，遮盖
了麻潭，看起来阴森可怕。上面有一棵栎树，谢灵运和他的堂弟谢惠连
常到此游览，并作连句，在树侧题刻。麻潭向下流注于若邪溪，溪水极清，
群山倒影映入溪中，看去犹如图画。汉朝时，刘宠在这里当郡守，政绩很
好。解任离郡之时，若邪溪一带的父老，每人拿了一百大钱前去送行，刘
宠只各接受一文。隐居深山野谷的人们，当政治清明的时候就带了钱出
来远道相送，以表敬意，情谊可贵，所以接受者虽仅取一文，就深感光荣。
情义深重，不必计较馈赠的多少。溪水下流注入大湖。

邪溪之东，又有寒溪。溪之北有郑公泉①，泉方数丈，冬
温夏凉。汉太尉郑弘宿居潭侧②，因以名泉。弘少以苦节自
居③，恒躬采伐，用贸粮膳。每出入溪津，常感神风送之，虽
凭舟自运，无杖楫之劳④。村人贪藉风势，常依随往还。有
淹留者⑤，徒辈相谓：汝不欲及郑风邪⑥？其感致如此。湖水
自东，亦注江通海。

【注释】

①郑公泉：在今浙江绍兴东。

②太尉：官名。为最高军事长官。郑弘：字巨君。会稽山阴（今浙江
　绍兴）人。东汉大臣。师同郡河东太守焦贶，贶坐楚王刘英谋反
　事被捕，道卒，妻子系诏狱。诸生故人变名姓以逃祸，弘独髡头负
　斧锧，诣阙上章，为贶申诉。明帝悟，赦其家属，遂显名。章帝时
　任尚书令、侍中，迁大司农，奏开零陵、桂阳峤道，利于中原与交阯
　交通。又奏宜省贡献，减徭费，以利饥人。位至太尉。宿居：长久
　居住。

③苦节：俭约过甚。后以坚守节操、矢志不渝为苦节。

④杖楫：指划桨。

⑤淹留：停滞，羁留。

⑥郑风：此指郑弘的神风。

【译文】

　　若邪溪以东，又有寒溪。溪北有郑公泉，泉广数丈，冬温夏凉。汉太
尉郑弘在此泉边居住，所以泉水得到此名。郑弘幼年时，生活艰苦，行为
高尚，经常亲自采樵换取口粮。每次入山采樵，由此溪往返，常感到有神
风推送，船只自己行驶，没有杖楫之劳。村民贪图往返的顺风，常常随同
郑弘行驶。对于那些在往返途中因故滞留的人，人们往往相告：你不想
借郑风的方便吗？大家就是如此感激郑弘的。湖水向东也注入江中，并
且通海。

　　水侧有白鹿山①，山北湖塘上旧有亭。吴黄门郎杨哀明
居于弘训里②，太守张景数往造焉③，使开渎作埭④，埭之西
作亭，亭、埭皆以杨为名。孙恩作贼⑤，从海来，杨亭被烧，后
复修立，厥名犹在。东有铜牛山⑥，山有铜穴三十许丈，穴中
有大树神庙。山上有冶官⑦，山北湖下有练塘里⑧。《吴越春

秋》云：句践练冶铜锡之处。采炭于南山，故其间有炭渎[9]。句践臣吴，吴王封句践于越百里之地[10]，东至炭渎是也。

【注释】

①白鹿山：在今浙江绍兴东南。

②黄门郎：官名。秦代初置，即给事于宫门之内的郎官，是皇帝近侍之臣，可传达诏令，汉代以后沿用此官职。杨哀明：具体不详。弘训里：当在今浙江绍兴一带。

③张景：具体不详。

④作埭（dài）：修建水坝。埭，堵水的土坝。

⑤孙恩：字灵秀。琅琊（今山东青岛黄岛区）人。孙秀之族人，世奉五斗米道，与叔父孙泰一起为乱。孙泰死，孙恩逃于海，聚合百余人众，攻上虞，杀县令，袭会稽，害内史王凝之。据会稽，自号征东将军。朝廷震惧，内外戒严。所至屠戮，残害百姓。被刘裕和刘敬宣打败，于是渐衰弱。后被临海太守辛景攻破，孙恩乃赴海自沉。

⑥铜牛山：《水经注疏》杨守敬按："《寰宇记》，铜牛山在会稽县（今浙江绍兴）东南五十八里。"

⑦冶官：铸冶之官署。

⑧练塘里：《水经注疏》熊会贞按："《舆地纪胜》，练塘在会稽县东五十里。在今县（会稽县，今浙江绍兴）东五十七里。"

⑨炭渎：一作炭浦。在今浙江绍兴东。

⑩吴王：即夫差。

【译文】

水边有白鹿山，山以北的湖塘上，旧时有亭。有三国吴黄门郎叫作杨哀明的，居住在弘训里，太守张景曾多次访问他，并在此开渠修埭，埭以西建亭，亭和埭都以杨为名。孙恩造反，从海上侵入，杨亭被烧毁，后来又重修，杨亭之名仍然存在。杨亭以东有铜牛山，山上有一个三十多丈的铜穴，穴中有一座大树神庙。铜牛山上有铸冶之官署，山北湖边有练塘里。《吴越春秋》说：这是句践冶炼铜锡的地方。当时在南山伐薪烧炭，所以这中间有一条称为炭渎的河渠。句践称臣于吴，吴王以越地一百里的土地封于句践，东到炭渎，就是这条河渠。

　　县南九里有侯山①，山孤立长湖中②。晋车骑将军孔敬康③，少时遁世，栖迹此山。湖北有三小山，谓之鹿野山④，在县南六里。按《吴越春秋》，越之麋苑也。山有石室，言越王所游息处矣。县南湖北有陈音山⑤。楚之善射者曰陈音⑥，越王问以射道，又善其说，乃使简士习射北郊之外⑦。按《吴越春秋》，音死，葬于国西山上。今陈音山乃在国南五里。

【注释】

①侯山：《水经注疏》熊会贞按："《寰宇记》，侯山在会稽县（今浙江绍兴）西南四里，《一统志》作南九里。"

②长湖：即镜湖，又名鉴湖。东汉永和五年（140）由会稽太守马臻主持修筑，在今浙江绍兴南会稽山北麓。

③车骑将军：官名。始置于西汉文帝。魏晋时，车骑将军开府者皆位从公。孔敬康：即孔愉，字敬康。会稽山阴（今浙江绍兴）人。晋大臣。惠帝末，归乡里。还会稽，入新安山中，改姓孙氏，以稼穑读书为务，信著乡里。后又出仕，修复故堰，皆成良业。

④鹿野山：《水经注疏》熊会贞按："《越绝书》八，乐野者，越王之戈猎处，大乐，故谓乐野。其山去县（会稽县，今浙江绍兴）七里，乐、鹿音近，即此山也。"

⑤陈音山：在今浙江绍兴西南。

⑥陈音：楚国之善射者。范蠡进陈音于越王勾践，勾践让他教越国

士兵射箭。

⑦简：挑拣，选拔。

【译文】

山阴县南九里有侯山，此山孤立于长湖之中。晋朝的车骑将军孔敬康，年轻时曾在此山隐居。长湖以北有三座小山，称为鹿野山，位于山阴县南六里。根据《吴越春秋》记载，这是越国的鹿苑。山上有石室，据说是越王游憩的地方。山阴县南、长湖以北有陈音山。楚国有一位神箭手名叫陈音，越王问他关于射箭的方法，并且加以赞赏，于是派他挑选士兵在北郊外练习射箭。据《吴越春秋》记载，陈音死后，葬在国都大越城的西山上。就是现在的陈音山，在大越城南五里。

　　湖北有射堂及诸邸舍①，连衍相属。又于湖中筑塘②，直指南山。北即大越之国③，秦改为山阴县④，会稽郡治也⑤。太史公曰：禹会诸侯，计于此，命曰会稽。会稽者，会计也⑥。始以山名，因为地号。夏后少康封少子杼以奉禹祠为越⑦，世历殷周，至于允常⑧，列于《春秋》。允常卒，句践称王，都于会稽。《吴越春秋》所谓越王都埤中⑨，在诸暨北界⑩。山阴康乐里有地名邑中者⑪，是越事吴处，故北其门，以东为右，西为左，故双阙在北门外⑫。阙北百步有雷门⑬，门楼两层，句践所造，时有越之旧木矣。州郡馆宇，屋之大瓦，亦多是越时故物。句践霸世，徙都瑯邪⑭，后为楚伐，始还浙东。城东郭外有灵汜⑮，下水甚深，旧传下有地道，通于震泽⑯。又有句践所立宗庙，在城东明里中甘滂南。又有玉笥、竹林、云门、天柱精舍⑰，并疏山创基，架林裁宇⑱，割涧延流。尽泉石之好，水流径通。

【注释】

①射堂：古时习射的场所。邸舍：府第。

②塘：堤坝，坝埂。

③大越之国：前490年勾践建都大越（今浙江绍兴）。

④山阴县：秦置，属会稽郡。治所即今浙江绍兴。以在会稽山之北而得名。

⑤会稽郡：秦始皇二十五年（前222）置。治所在吴县（今江苏苏州）。东汉永建四年（129）徙治山阴县（今浙江绍兴）。

⑥会计：会盟商量。

⑦少康：夏朝君主。其父被寒浞所杀。少康长大后为有仍氏牧正，又逃至有虞氏任庖正。后攻灭寒浞，建都纶城（虞城县西三十五里），恢复夏王朝的统治。少康有作为，史称少康中兴。少子杼：小儿子叫杼。《水经注疏》熊会贞按："当是少康封庶子无馀也。"

⑧允常：即越王允常。其先大禹之苗裔，夏后帝少康之庶子，封于会稽，以奉守大禹之祠。后二十余世，至于允常。允常时，与吴王阖闾战而相怨伐。前497年，允常去世，其子勾践继位。

⑨埤中：古地名。在今浙江诸暨东北。

⑩诸暨：即诸暨县。秦置，属会稽郡。治所即今浙江诸暨。

⑪康乐里：当在今浙江绍兴境内。

⑫阙：古代宫殿、祠庙、陵墓前两边高台上的楼观。

⑬雷门：古代会稽（今浙江绍兴）城门名。因悬有大鼓，声震如雷，故称。

⑭瑯邪：又作瑯琊。春秋末越国都城。在今山东青岛黄岛区西南琅琊镇（夏河城）。

⑮城东郭外有灵汜：《水经注疏》熊会贞按："有灵汜桥在今会稽（今浙江绍兴）东二里。"郭，外城。

⑯震泽：古泽薮名。又名具区。即今江苏太湖。

⑰玉笥、竹林、云门、天柱：四山名。玉笥与天柱为一山，即宛委山。在今浙江绍兴东南。云门山在今浙江绍兴南。竹林山具体未详。

⑱裁宇：建造屋舍。

【译文】

湖北有射堂和许多邸舍，互相连接。又在湖中筑塘，直到南山。以北就是大越之国，秦改为山阴县，是会稽郡的郡治。太史公说：禹召集诸侯，聚会计议于此，所以称这里为会稽。会稽就是会计的意思。会稽起初作为山名，后来就成为地方名称。夏朝帝王少康，封他的少子杼去奉禹祠，这就是越。经过殷、周各代，直到春秋的越王允常，都在《春秋》中有记载。允常死后，句践称王，建都会稽。《吴越春秋》所谓越王国都在埠中，位于诸暨北界。山阴康乐里有地名称为邑中的，是越国事奉吴国的地方，所以这里的城门向北敞开，以东边为右，西边为左，而双阙在北门以外。双阙以北百步有雷门，设有两层门楼，这是句践建造的，所以有越国时代的旧木料。州郡的馆堂建筑，所用的大瓦，也是越国时代的旧物。句践称霸的时代，国都迁到琅琊，后因被楚国所伐，才回到浙东。城东郭以外有一座称为灵氾的桥梁，桥下河水极深，从前传说，下面有地道通于震泽。又有句践所立的宗庙，在此城东明里的甘滂以南。还有玉笥、竹林、云门、天柱四座寺院，都是开山劈石，获得地基，架设木材，建造屋宇，斩断溪涧，连接川流而建成的。泉清石美，河渠沟通。

　　浙江又北迳山阴县西①，西门外百余步有怪山②，本琅邪郡之东武县山也③，飞来徙此，压杀数百家。《吴越春秋》称：怪山者，东武海中山也，一名自来山，百姓怪之，号曰怪山。亦云：越王无疆为楚所伐④，去琅邪，止东武，人随居山下。远望此山，其形似龟，故亦有龟山之称也。越起灵台于山上⑤，又作三层楼以望云物⑥。川土明秀，亦为胜地。故王逸少云⑦：从山阴道上，犹如镜中行也。浙江之上，又有大吴王、小吴王邨⑧，并是阖闾、夫差伐越所舍处也，今悉民居，然犹存故目。昔越王为吴所败，以五千余众，栖于稽山⑨。卑身待士，施必及下。《吕氏春秋》曰：越王之栖于会稽也，有酒投江，民饮其流，而战气自倍。所投，即浙江也。许慎、晋灼并言⑩：江水至山阴为浙江。江之西岸有朱室坞⑪。句践百里之封，西至朱室，谓此也。

【注释】

①山阴县：秦置，属会稽郡。治所即今浙江绍兴。以在会稽山之北而得名。东汉永建四年（129）为会稽郡治。

②怪山：亦名自来山、龟山。即今浙江绍兴西南塔山。

③瑯邪郡：亦作琅邪郡。秦置。治所在琅邪县（今山东青岛黄岛区西南琅琊镇）。西汉移治东武县（今山东诸城）。东武县：西汉置，为琅邪郡治。

④越王无疆：姒姓，名一作无疆。战国时越国国君。勾践六世孙。无疆时，越国日渐衰弱。

⑤灵台：古时帝王观察天文星象、妖祥灾异的建筑。

⑥云物：云气的形象及颜色，古人观测云象以预测吉凶及气候。

⑦王逸少：即王羲之，字逸少。司徒王导之从子。尤善隶书，为古今之冠，论者称其笔势以为"飘若浮云，矫若惊龙"。

⑧大吴王、小吴王邨（cūn）：当在今浙江绍兴一带。大吴王，即阖闾。小吴王，即夫差。阖闾之子。邨，同"村"。

⑨稽山：即会稽山。

⑩许慎：字叔重。汝南召陵（今河南漯河市召陵区）人。东汉著名的经学家、文字学家。博学经籍，有"五经无双许叔重"之称。著《说

文解字》。晋灼：河南（治今河南洛阳东北）人。西晋学者，官尚书
郎。撰《汉书集注》《汉书音义》。

⑪朱室坞：在今浙江杭州萧山区东二十八里洛思峰下。

【译文】

浙江又北流经过山阴县西，西门外百余步有一座怪山，此山原在瑯
玡郡东武县，飞到这里，压死了数百家。《吴越春秋》说：怪山是东武县海
中的一座山，一名自来山，百姓对此很奇怪，所以称为怪山。又说：越王
无疆被楚国攻伐，放弃了瑯玡而去到东武，跟他去的人都住在山下。远
望此山，形状像乌龟，所以也叫龟山。越国在山上建起一座灵台，并修筑
一座三层楼以仰观天象。这里山清水秀，也是一处胜地。所以王逸少说：
到了山阴道上，就像在镜中旅行。浙江沿岸，又有大吴王村和小吴王村，
均是吴王阖闾和夫差伐越时所驻扎的地方，现在都成了民居，但地名仍
然存在。从前越王为吴所败，五千多人，栖息在会稽山。越王很恭谦地
对待士民，有什么给施，都惠及下级。《吕氏春秋》说：越王栖息在会稽的
时候，把酒倒入江中，士民饮江水，士气倍增。越王倒酒的这条河流就是
浙江。许慎和晋灼都说：江水流到山阴就是浙江。江的西岸有朱室坞。
句践受封百里之地，西到朱室，就在这里。

浙江又东北迳重山西①，大夫文种之所葬也②。山上有
白楼亭③，亭本在山下，县令殷朗移置今处④。沛国桓俨⑤，
避地会稽，闻陈业履行高洁⑥，往候不见。俨后浮海，南入交
州⑦，临去，遗书与业，不因行李⑧，系白楼亭柱而去。升陟
远望⑨，山湖满目也。永建中⑩，阳羡周嘉上书⑪，以县远，赴
会至难，求得分置，遂以浙江西为吴⑫，以东为会稽⑬。汉高
帝十二年⑭，一吴也，后分为三，世号三吴，吴兴、吴郡⑮，会
稽其一焉。

【注释】

① 重山：一名卧龙山。即今浙江绍兴西隅府山。

② 文种：字少禽，一作子禽。春秋末期楚国郢（今湖北荆州市荆州区西北）人。越王勾践被吴王夫差打败后，文种与范蠡辅佐勾践，恢复国力，灭掉吴国。灭吴后，自视功高，不听范蠡劝告，为勾践所不容，终被赐死。

③ 白楼亭：在今浙江绍兴城区西隅府山上。

④ 殷朗：豫州（今河南汝南）人。南朝宋武帝时官吏。永初二年（421），与扬州顾练以秀才身份见武帝，所对称旨，并以为著作佐郎。

⑤ 桓俨：即桓晔，字文林。沛国龙亢（今安徽怀远西北）人。东汉末官吏。

⑥ 陈业：《水经注疏》："朱（谋㙔）《笺》曰：孔晔《会稽志》云：陈业，上虞人，为会稽太守，洁身清行，志怀霜雪，贞亮之信，同操柳下。遭汉中微，委官弃禄，遁迹黟、歙，以求其志。高邈妙踪，天下所闻。"履行：行为，德行。

⑦ 交州：东汉建安八年（203）改交州刺史部置。治所在广信县（今广西梧州）。十五年（210）移治番禺县（今广东广州）。

⑧ 行李：使者。

⑨ 升陟远望：登高望远。

⑩ 永建：东汉顺帝刘保的年号（126—132）。

⑪ 周嘉：字惠文。汝南安城（今河南汝南东南）人。东汉官吏。

⑫ 吴：即吴郡。东汉永建四年（129）分会稽郡置。治所在吴县（今江苏苏州）。

⑬ 会稽：即会稽郡。秦始皇二十五年（前222）置。治所在吴县（今江苏苏州）。东汉永建四年（129）徙治山阴县（今浙江绍兴）。

⑭ 汉高帝十二年：前195年。

⑮ 吴兴：即吴兴郡。三国吴宝鼎元年（266）分吴、丹阳二郡置。属

扬州。治所在乌程县（今浙江湖州南十五里）。

【译文】

浙江又东北流，经过重山之西，这是大夫文种被埋葬的地方。山上有一座白楼亭，此亭原来在山下，县令殷朗把它移到现在的地方。沛国桓俨隐退会稽，闻知陈业品行高洁，前往问候，陈业不接见。以后桓俨乘海船南去交州，临行时留信给陈业，信不用使者专送，而是把它系在白楼亭柱上。升登白楼亭远眺，湖山一览无余。永建年间，阳羡周嘉向上级写信，说因他的县境距郡治远，到郡治开会困难，请求把郡境分成两郡，于是在浙江以西建立吴郡，浙江以东建立会稽郡。此地在汉高帝十二年时，只有一个吴的称号，后来一分为三，称为三吴，有吴兴、吴郡，会稽也是其中之一。

浙江又东迳御儿乡[①]。《万善历》曰[②]：吴黄武六年正月[③]，获彭绮[④]。是岁，由拳西乡有产儿[⑤]，堕地便能语，云：天方明，河欲清，鼎脚折，金乃生。因是诏为语儿乡。非也。御儿之名远矣，盖无智之徒，因藉地名，生情穿凿耳。《国语》曰：句践之地，北至御儿是也。安得引黄武证地哉？韦昭曰[⑥]：越北鄙在嘉兴[⑦]。

【注释】

①御儿乡：亦作蘌儿、语儿。在今浙江桐乡西南崇福镇东南。

②《万善历》：书名。《水经注疏》杨守敬按："《御览》一百五十七引作《万岁历》。《隋志·子·五行类》有太史公《万岁历》一卷，盖即其书。此'善'当'岁'之误。据叙吴黄武事，则三国后人作也。"

③黄武六年：227年。黄武，三国吴大帝孙权的年号（222—229）。

④彭绮：三国吴鄱阳（今江西鄱阳）大帅。吴大帝黄武年间自称将军，

攻破数县,后为周鲂、胡综所破,战败被擒。

⑤由拳:即由拳县,一作由卷县。秦始皇三十七年(前210)改长水县置,属会稽郡。治所在今浙江桐乡东北二十里,后徙治今浙江嘉兴南。东汉属吴郡。三国吴黄龙三年(231)改禾兴县。

⑥韦昭:字弘嗣。吴郡云阳(今江苏丹阳)人。三国吴史学家。后因避司马昭之讳,改为韦曜。曾依刘向所作,校定群书。著有《国语注》《汉书音义》(已统)

⑦嘉兴:即嘉兴县。三国吴赤乌五年(242)改禾兴县置。属吴郡。治所在今浙江嘉兴南。

【译文】

浙江又东流,经过御儿乡。《万善历》说:三国吴黄武六年正月,擒获了彭绮。这一年,由拳县西乡发生了新生儿落地就能说话的事,新生儿的话说:天方明,河欲清,鼎脚折,金乃生。于是此地得诏,称为语儿乡。这种传说是错误的。御儿这个地名,很早就有了,这是没有知识的人,用地名来牵强附会罢了。《国语》就已经说过:句践之地,北至御儿。哪能用黄武年间的这种传说来证明地名的来源呢?韦昭说:越国的北部边境在嘉兴。

浙江又东迳柴辟南①,旧吴、楚之战地矣。备候于此,故谓之辟塞。是以《越绝》称②:吴故从由拳、辟塞渡会稽③,凑山阴是也④。

【注释】

①柴辟:即柴辟亭,又称辟塞。在今浙江桐乡西南崇福镇东南。

②《越绝》:书名。即《越绝书》。东汉袁康撰。记载了吴越两国史地人物及交战的历史,以补《春秋》等书所未备,多异闻旧说,与他书所记不同。

③吴故从由拳、辟塞渡会稽：陈桥驿按，武英殿本《水经注》："案近
　刻讹作'夷'。"按《越绝书》卷二："吴古故从由拳、辟塞，度会夷，
　凑山阴。""会稽""会夷"，当是越语的不同汉译，戴氏不察之故。

④凑：趋向，奔赴。

【译文】

　　浙江又东流，经过柴辟以南，这是从前吴、楚两国作战的地方。由于
这里有军事设备，所以称为辟塞。因此《越绝书》说：从前吴国从由拳的
辟塞到会稽抵山阴。

　　又迳永兴县北①，县在会稽东北百二十里，故馀暨县也②。
应劭曰③：阖闾弟夫槩之所邑④，王莽之馀衍也。汉末童谣云：
天子当兴东南三馀之间⑤。故孙权改曰永兴⑥。县滨浙江。

【注释】

①永兴县：三国吴太平二年（257）改馀暨县置，属会稽郡。治所即
　今浙江杭州萧山区。

②馀暨县：西汉置，属会稽郡。治所在今浙江杭州萧山区。

③应劭：字仲远，一作仲瑗。汝南南顿（今河南项城）人。东汉末学者。
　撰有《风俗通义》《汉官仪》《地理风俗记》等。

④阖闾：即公子光，亦名阖庐。春秋末吴国国君。吴王夫差之父。
　夫槩：吴王阖闾弟。吴伐楚国，至汉水。夫槩率部偷袭楚，楚师败，
　遂入郢。秦国救楚国，夫槩败亡，先归吴国而自立。阖闾闻之，引
　兵归，攻夫槩。夫槩奔楚国，楚王封之堂谿，为堂谿氏。

⑤三馀：馀暨（今浙江杭州萧山区）、馀杭（今浙江杭州余杭区）及馀
　姚（今浙江余姚），古人称之为三馀。

⑥孙权：字仲谋。吴郡富春（今浙江富阳）人。孙坚次子。三国吴的
　建立者。继其兄孙策据有江东六郡。黄龙元年（229）于武昌（今

湖北鄂城)称帝,建国号吴。不久迁都建业(今江苏南京)。

【译文】

浙江又经过永兴县以北,此县在会稽东北一百二十里,即从前的馀暨县。应劭说:这是阖闾的弟弟夫槩的封邑,王莽把它改为馀衍。汉朝末年,有童谣说:天子当兴东南三馀之间。所以孙权把它改名永兴。此县在浙江江边。

又东合浦阳江①。江水导源乌伤县②,东迳诸暨县③,与泄溪合④。溪广数丈,中道有两高山夹溪,造云壁立⑤。凡有五泄⑥。下泄悬三十余丈,广十丈。中三泄不可得至⑦,登山远望,乃得见之,悬百余丈,水势高急,声震水外。上泄悬二百余丈,望若云垂。此是瀑布,土人号为泄也。

【注释】

①浦阳江:在今浙江杭州萧山区东。源出浙江浦江县西井亢岭,东北流经浦江县南、诸暨东,故道自今杭州萧山区南临浦镇东折,经钱清镇而至三江口入海。

②乌伤县:秦置,属会稽郡。治所即今浙江义乌。三国吴宝鼎元年(266)属东阳郡。

③诸暨县:秦置,属会稽郡。治所即今浙江诸暨。

④泄溪:浦阳江支流。即今浙江诸暨西五泄江。

⑤造:到达。

⑥五泄:即今浙江诸暨西三十六里五泄瀑布。陈桥驿按,这是我国各种古代文献中,现存最早的记叙“五泄”瀑布的古籍。南方名胜,要藉北人记叙而保留,实亦郦氏之功。在这项记载中,还留了一个越语的普通名词,即这个“泄”字,是越人对瀑布的称谓。

⑦中三泄不可得至：陈桥驿按，武英殿本《水经注》："案'三'，近刻
　　讹作'二'。"按现尚可见到的古本，如残宋本、大典本、明练湖名
　　院钞本及朱谋㙔《水经注笺》等，"三"均作"二"，不能认为是讹。
　　我曾撰有"五泄"一文（收入《郦学札记》），载《中国历史地理论
　　丛》1995年第4期。

【译文】

　　浙江又东流与浦阳江汇合。浦阳江发源于乌伤县，东流经过诸暨与
泄溪汇合。泄溪宽达数丈，沿岸两旁有陡峭的高山耸入云表。共有五泄。
下泄高悬三十多丈，宽十丈。其中有三泄不能到达，攀登到山上远望，才
能看见，水悬挂达百余丈，山高水急，水声震耳，响及溪外。上泄悬流两
百多丈，看上去好像是白云下垂。这其实就是瀑布，当地人称之为泄。

　　江水又东迳诸暨县南，县临对江流。江南有射堂①，县
北带乌山②，故越地也。先名上诸暨，亦曰句无矣③。故《国
语》曰：句践之地，南至句无。王莽之疏虏也。夹水多浦，
浦中有大湖，春夏多水，秋冬涸浅。江水又东南迳剡县与白
石山水会④。山上有瀑布，悬水三十丈，下注浦阳江。

【注释】

①射堂：古时习射的场所。
②乌山：即今浙江建德东北五十八里乌龙山。
③句无：春秋越地。在今浙江诸暨南二十四里句乘山。
④剡（shàn）县：西汉置，属会稽郡。治所在今浙江嵊（shèng）州西
　　南十二里。东汉末徙治今浙江嵊州。白石山水：具体不详。

【译文】

　　浦阳江水又东流经过诸暨县以南，县面对江流。江以南有射堂，县
北面是乌山，从前是越国之地。这里过去名为上诸暨，也称句无。所以《国

语》说：勾践之地，南至句无。王莽改名为疎虏。两岸多水湾，其中有大湖，春夏季水量丰沛，秋冬季河干水浅。江水又东南流，经过剡县与白石山水汇合。山上有瀑布，水悬流而下达三十丈，注入浦阳江。

　　浦阳江水又东流南屈，又东回北转，迳剡县东，王莽之尽忠也。县开东门向江，江广二百余步。自昔耆旧传，县不得开南门，开南门则有贼盗。江水翼县转注[1]，故有东渡、西渡焉。东、南二渡通临海，并泛单船为浮航[2]。西渡通东阳[3]，并二十五船为桥航[4]。江边有查浦[5]，浦东行二百余里，与句章接界[6]。浦里有六里，有五百家，并夹浦居，列门向水。其有良田，有青溪、馀洪溪、大发溪、小发溪，江上有溪六，溪列溉散入江。夹溪上下，崩崖若倾。东有簟山[7]，南有黄山与白石三山[8]，为县之秀峰。山下众流泉导，湍石激波，浮险四注。

【注释】

①翼县：像两翼一样环绕县邑。

②浮航：并船而成的浮桥。

③东阳：即东阳郡。三国吴宝鼎元年（266）分会稽郡置，属扬州。治所在长山县（今浙江金华）。

④桥航：由多只船舶组成的浮桥。

⑤查浦：即查渎。在今浙江杭州萧山区西南。

⑥句章：即句章县。秦置，属会稽郡。治所在今浙江余姚东南五十里城山村。东汉为会稽郡东部都尉治。东晋隆安四年（400）迁治今浙江宁波鄞州区西南四十二里鄞州镇。

⑦簟（diàn）山：在今浙江嵊州东。

⑧黄山：《水经注疏》杨守敬按："《名胜志》，黄山在嵊县（今浙江嵊州）

南十里,厥势平正,又名方山。"白石三山:当在今浙江嵊州一带。

【译文】

浦阳江又东流南转,又东流折北,经过剡县以东,剡县即是王莽的尽忠县。县城东门面对浦阳江,江宽二百余步。从前老年人说,县城不能开南门,开南门就有盗贼。浦阳江转流经过县城的东、西两侧,所以有东渡和西渡。东、南二渡通临海,都有渡船。西渡通东阳,用二十五条船并合成为浮桥。江边有查浦,从查浦东行二百多里和句章交界。查浦浦内有六里村,有居民五百家,都在浦的两岸居住,民房门面朝水。在水边有许多良田,沿江有青溪、馀洪溪、大发溪、小发溪等六条溪流,各溪灌溉良田,然后注入江中。溪两岸,岩崖夹立,好像要倾倒一样。东有箪山,南有黄山和白石三山,是这个县里的峻美山峰。山下有许多由泉水发源的溪流,急流冲击着河床上的岩石,激起滚滚波浪,浪花向四面飞注,河道甚险。

　　浦阳江又东迳石桥①,广八丈,高四丈。下有石井,口径七尺。桥上有方石,长七尺,广一丈二尺。桥头有磐石,可容二十人坐。溪水两旁悉高山,山有石壁二十许丈。溪中相攻②,飍响外发③,未至桥数里,便闻其声。江水北迳嵊山④,山下有亭,亭带山临江⑤,松岭森蔚,沙渚平静。

【注释】

①石桥:今浙江嵊州百里有石桥。

②溪中相攻:溪水相互冲撞。攻,激荡,冲撞。

③飍(bì)响:巨响。飍,此指水流激越、咆哮的样子。

④嵊山:在今浙江嵊州北三十里剡溪东岸。

⑤带山:被群山环绕。

【译文】

浦阳江又东流经过石桥,此桥宽八丈,高四丈。桥下有石井,口径七尺。桥上有方石,长七尺,宽一丈二尺。桥头有一块可以坐得下二十人的磐石。溪水两旁,都是高山,山上有二十多丈的石壁。溪水相互冲激,发出洪亮的声音,离桥数里,就可以听到。浦阳江北流经过嵊山,山下有亭,亭子在群山环绕之中,且临近江水,山上有茂密的松林,河心有平静的沙洲。

　　浦阳江又东北迳始宁县崻山之成功峤①。峤壁立临江,攲路峻狭②,不得并行,行者牵木稍进,不敢俯视。峤西有山,孤峰特上,飞禽罕至。尝有采药者,沿山见通溪,寻上于山顶,树下有十二方石,地甚光洁。还复更寻,遂迷前路。言诸仙之所憩谯③,故以坛谯名山④。峤北有崻浦⑤,浦口有庙,庙甚灵验。行人及樵伐者,皆先敬焉。若相侵窃,必为蛇虎所伤。北则崻山,与嵊山接,二山虽曰异县,而峰岭相连。其间倾涧怀烟,泉溪引雾,吹畦风馨,触岫延赏,是以王元琳谓之神明境⑥。事备谢康乐《山居记》⑦。

【注释】

①始宁县:东汉永建四年(129)分上虞县置,属会稽郡。治所在今浙江嵊州北三十八里三界镇。东晋时迁治今浙江绍兴上虞区。崻(tū)山:在今浙江嵊州北二十八里。

②攲(qī):歪斜,倾斜。

③憩谯:栖息,闲居。谯,同“晏”。安息,闲居。

④坛谯:《水经注疏》熊会贞按:“《御览》四十七引孔晔《会稽记》,始宁县有坛谯山,相传云仙灵所谯集处。山顶有十二方石,石悉如坐席许大,皆作行列。”

⑤崻浦:《水经注疏》熊会贞按:“《名胜志》,剡溪(今浙江嵊州北三十

里）口，水深而清，曰崿浦。"

⑥王元琳：即王珣，字元琳。琅邪临沂（今山东临沂）人。东晋大臣。王导之孙。以才学文章见昵于孝武帝。

⑦谢康乐：即谢灵运。陈郡阳夏（今河南太康）人，移籍会稽（今浙江绍兴）。谢玄之孙。袭封康乐公，故称谢康乐。博览洽闻，精通佛老，尤以山水名胜诗为佳，开山水诗一派。《山居记》：即《山居赋》。辞赋名。谢灵运撰。描写庄园中自给自足的经济生活，力避枯燥的名物罗列，而着重于景物描写，借以体现其世家大族的闲情逸趣。

【译文】

　　浦阳江又向东北流，经过始宁县崿山的成功峤。此峤在江边上壁立，沿江有羊肠小道，只容一人攀缘前进，江深路狭，不敢下视。此峤以西，有一座极高的孤峰，连飞鸟都很少到达。曾经有采药的人，沿山循溪而行，竟到达山顶，山顶有树，树下有十二块方石，质地平整光洁。回来以后再次前去，但迷路不得到达。据说这是许多神仙休息宴集之处，所以称为坛谳山。成功峤北有崿浦，浦口有庙，非常灵验。行人和樵夫到此都先敬拜。若不尊敬，必要为毒蛇猛虎所伤。成功峤的北侧是崿山，和嵊山相接，两山虽然在不同的县内，但峰岭是互相连接的。这一带山间溪泉，浪花飞溅，引起一片雾露，山坞中吹来香风，峰峦相接，令人叹赏，所以王元琳称这里是神明境。此事在谢康乐的《山居记》中有详细记载。

　　浦阳江自崿山东北迳太康湖①，车骑将军谢玄田居所在②。右滨长江，左傍连山，平陵修通，澄湖远镜。于江曲起楼，楼侧悉是桐梓③，森耸可爱，居民号为桐亭楼④。楼两面临江，尽升眺之趣。芦人渔子，泛滥满焉。湖中筑路，东出趋山，路甚平直。山中有三精舍，高薨凌虚⑤，垂檐带空，俯眺平林，烟杳在下，水陆宁晏，足为避地之乡矣。江有琵琶圻⑥,圻有古冢堕水,甓有隐起字云⑦:筮吉龟凶⑧,八百年落江中。谢灵运取甓诣京,咸传观焉。乃如龟繇⑨,故知冢已八百年矣。

【注释】

①太康湖:与浙江绍兴上虞区西南的车骑山相近。

②谢玄:字幼度。陈郡阳夏(今河南太康)人。东晋名将。太元八年
(383),与前秦苻坚战于淝水,以少胜多,获淝水大捷。

③桐梓(zǐ):桐木与梓木。两者皆良材。

④桐亭楼:当在今浙江绍兴上虞区一带。

⑤高甍(méng):高耸的屋脊。

⑥琵琶圻(qí):《水经注疏》熊会贞按:"在今上虞县(今浙江绍兴上
虞区)西南。"

⑦甓(pì):砖。

⑧筮吉:用蓍草占卜,说吉利。龟凶:用龟甲卜,说不祥。

⑨龟繇:用龟甲占卜的文辞。繇,通"籀"。占卜的文辞。

【译文】

浦阳江从崿山向东北流经太康湖,这是车骑将军谢玄田园隐居之
地。其地右濒江而左依山,有一条修长的坦道与如镜的湖泊相通。在江
道的曲折之处修建楼台,楼边都是桐树和梓树,高大茂盛,非常可爱,居
民称此为桐亭楼。此楼两面临江,登楼远眺,极尽情趣。满湖都是采伐
芦苇的樵夫和捕鱼的渔夫。从湖中有一条平直道路向东与山相接。山
中有三座精舍,屋脊高耸,屋檐垂空,在此俯视树林,烟雾濛濛浮在山下,
水陆两界都显得安宁平静,真是个隐居避世的地方。江边有琵琶圻,圻
上有陷入水中的古墓,墓砖上隐约有字说:筮吉龟凶,八百年落江中。谢
灵运把砖拿到京城,让大家传观。从这首龟谚中可知,这座古墓已有
八百年了。

浦阳江又东北迳始宁县西①,本上虞之南乡也②。汉顺帝永建四年③,阳羡周嘉上书④,始分之旧治。水西常有波潮之患。晋中兴之初,治今处。县下有小江,源出姚山⑤,谓之姚浦⑥。迳县下西流注。于浦阳茱山下注此浦⑦,浦西通山阴浦而达于江⑧。江广百丈,狭处二百步,高山带江,重荫被水。江阅渔商,川交樵隐,故桂棹兰栈⑨,望景争途。江南有故城,太尉刘牢之讨孙恩所筑也⑩。

【注释】

①始宁县:东汉永建四年(129)分上虞县置,属会稽郡。治所在今浙江嵊州北三十八里三界镇。东晋时迁治今浙江绍兴上虞区五十里曹娥江东岸。

②上虞:即上虞县。秦置,属会稽郡。治所即今浙江绍兴上虞区(百官镇)。

③永建四年:129年。永建,东汉顺帝刘保的年号(126—132)。

④周嘉:字惠文。汝南安城(今河南汝南东南)人。东汉初官吏。

⑤姚山:当在今浙江绍兴上虞区境内。

⑥姚浦:当在今浙江绍兴上虞区境内。

⑦茱山:当在今浙江绍兴上虞区境内。

⑧山阴浦:《水经注疏》熊会贞按:"水在今县(上虞县,今浙江绍兴上虞区)西南。"

⑨桂棹兰栈:本指船桨。这里借代舟船。

⑩太尉:官名。秦统一全国后为最高军事长官。魏晋南北朝时已成为一种荣誉头衔,并无实权。刘牢之:字道坚。彭城(今江苏徐州)人。东晋将领。曾在淝水之战中为前锋,首战破苻坚。又率军镇压孙恩起事。后附桓玄,兵权为玄所夺。自杀。孙恩:字灵

秀。琅邪（今山东临沂）人。孙秀之族人。世奉五斗米道。与叔父孙泰一起为乱。孙泰死，孙恩逃于海，聚合百余人众，攻上虞，杀县令，袭会稽，害内史王凝之。据会稽，自号征东将军。朝廷震惧，内外戒严。所至屠戮，残害百姓。被刘裕和刘敬宣打败，于是渐衰弱。后被临海太守辛景攻破，孙恩乃赴海自沉。

【译文】

浦阳江又东北流经始宁县西，此境原是上虞的南乡。汉顺帝永建四年，阳美周嘉上书建议，才分出此县。浦阳江以西，常常有波涛的祸害。晋朝中兴的初期，县治设在这里。县内有一条小江，发源于姚山，称为姚浦。姚浦经过县境西流，注入浦阳江。小江江源从莜山注入此浦，此浦西通山阴浦而注入江中。江面宽一百丈，狭窄处为二百步，夹岸高山，树荫遮蔽了江面。江中有渔船、商船和采樵人的各种船只，在沿江美景中赶程。江南有一座旧城，是太尉刘牢之讨伐孙恩时修筑的。

江水东迳上虞县南，王莽之会稽也。本司盐都尉治^①，地名虞宾^②。《晋太康地记》曰^③：舜避丹朱于此，故以名县，百官从之，故县北有百官桥^④。亦云：禹与诸侯会事讫，因相虞乐^⑤，故曰上虞。二说不同，未详孰是。县南有兰风山^⑥，山少木多石，驿路带山傍江，路边皆作栏干。山有三岭，枕带长江，苕苕孤危^⑦，望之若倾。缘山之路，下临大川，皆作飞阁栏干，乘之而渡。谓此三岭为三石头^⑧。丹阳葛洪^⑨，遁世居之，基井存焉。琅邪王方平^⑩，性好山水，又爱宅兰风^⑪，垂钓于此，以永终朝。行者过之不识，问曰：卖鱼师得鱼卖否？方平答曰：钓亦不得，得复不卖。亦谓是水为上虞江^⑫。

【注释】

①司盐都尉：官名。掌盐务。

②虞宾：即上虞县治。

③《晋太康地记》：书名。又称《太康地记》等。撰者不详。成书于
　　晋太康三年（282）。记载晋初州、郡、县建制沿革、地名取义、山
　　水、物产等。

④百官桥：即今浙江绍兴上虞区治百官镇。

⑤虞：通“娱”。

⑥兰风山：一名兰芎山。在今浙江绍兴上虞区西北二十八里。

⑦苕苕（tiáo）：高貌。

⑧三石头：当在今浙江绍兴上虞区境内。

⑨丹阳：即丹阳郡，亦作丹扬郡。西汉元狩二年（前 121）改鄣郡置。
　　治所在宛陵县（今安徽宣城）。三国吴移治建邺（今南京）。葛洪：
　　字稚川。丹阳句容（今江苏句容）人。隐罗浮山炼丹，自号抱朴子。
　　著作有《抱朴子内篇》《抱朴子外篇》《神仙传》《西京杂记》等。

⑩王方平：即王宏之，字方平。琅琊临沂（今山东临沂）人。少孤。
　　从叔王献之及太原王恭贵重之。晋安帝隆安中，迁司徒主簿。甚
　　爱山水。

⑪爱宅：居住。

⑫上虞江：即今浙江绍兴上虞区西之曹娥江。

【译文】

浦阳江又东流经过上虞县以南，即是王莽的会稽县。这里原是司盐
都尉官署所在地，地名称为虞宾。《晋太康地记》说：尧不传位给他自己
的儿子丹朱而给舜，舜为了躲避丹朱而到了这里，所以称为上虞，当时有
百官跟他到这里，所以县北有百官桥。但也有另外一种说法：夏禹与诸
侯议事完毕，相互虞（娱）乐，所以称为上虞。两种说法不同，不知谁是谁
非。上虞南有兰风山，其山岩石裸露而少树木，有驿路沿山筑于江边，路

旁都有栏杆。有山岭三座,孤峰高耸在漫长的江流之上,看去仿佛要倒下来似的。沿山道路之下就是大江,所以沿途建有用栏杆护围的阁道,才能通过这条道路。上面所说的三座山岭,人们称之为三石头。丹阳的葛洪,避世在此隐居,他用过的井仍然存在。琅玡人王方平,性情喜欢山水,在兰风建立住宅,在这里垂钓,以度一生。过路人不认识他,问他说:卖鱼佬,有没有鱼出卖? 方平说:我没有钓到鱼,钓到了也不卖。这条河流也叫上虞江。

　　县之东郭外有渔浦①,湖中有大独、小独二山,又有覆舟山②。覆舟山下有渔浦王庙,庙今移入里山。此三山孤立水中③,湖外有青山、黄山、泽兰山,重岫叠岭,参差入云。泽兰山头有深潭,山影临水,水色青绿。山中有诸坞④,有石楗一所⑤。右临白马潭⑥,潭之深无底。传云,创湖之始,边塘屡崩⑦,百姓以白马祭之,因以名水。湖之南即江津也,江南有上塘、阳中二里,隔在湖南,常有水患。太守孔灵符遏蜂山前湖以为埭⑧,埭下开渎,直指南津。又作水楗二所⑨,以舍此江,得无淹溃之害。

【注释】

①渔浦:当在今浙江绍兴上虞区境内。

②覆舟山:当在今浙江绍兴上虞区境内。

③三山:《水经注疏》杨守敬按:"《上虞县志》谓中有三山:弓家山、印禄山、佛迹山也。则是大独、小独、覆舟之变名矣。"

④坞:地势周围高而中央凹的地方。

⑤石楗(jiàn):用石垒砌的阻障。楗,河中用来堵水的柱桩,也可用石垒砌。

⑥白马潭：即白马湖。在今浙江绍兴上虞区东十二里。

⑦塘：堤岸，堤防。

⑧孔灵符：即孔季恭子。会稽山阴（今浙江绍兴）人。南朝宋官吏。

　埭（dài）：堵水的土坝。

⑨水楗：填塞堤坝决口的柱桩。以竹、柳和土石等为之。

【译文】

　　在县东郭外有一个叫作渔浦的湖，湖中有大独山和小独山两座山，还有一座覆舟山。覆舟山下有渔浦王庙，此庙现在已经移到山中。这三座山，孤立在湖水之中，湖以外有青山、黄山、泽兰山，山岳重叠，一座又一座地高入云天。泽兰山上有一个深潭，山峰倒影在深绿色的潭水之中。山中有诸坞，并有石闸一所。右边是白马潭，潭极深无底。传说，此湖创立之初，湖塘多次崩塌，百姓用白马祭祀，所以得名。湖的南面即是江的渡口，江以南，有上塘、阳中二里，分隔在湖南，常常发生水灾。太守孔灵符在蜂山前湖修埭拦水，埭以下开渠，直到南津。又建水楗二所，此江从此没有溃决淹没的灾害。

　　县东有龙头山①，山崖之间，有石井，冬夏常冽清泉，南带长江，东连上陂②。江之道南，有曹娥碑③。娥父盱④，迎涛溺死，娥时年十四，哀父尸不得，乃号踊江介⑤，因解衣投水，祝曰⑥：若值父尸，衣当沉；若不值，衣当浮。裁落便沉⑦，娥遂于沉处赴水而死。县令度尚⑧，使外甥邯郸子礼为碑文⑨，以彰孝烈。江滨有马目山⑩，洪涛一上，波隐是山，势沦嵊亭⑪，间历数县，行者难之。

【注释】

①龙头山：《水经注疏》杨守敬按："《名胜志》，龙头山一名龙山，西

　　瞰曹娥江,在今上虞县(今浙江绍兴上虞区)西北三十里。"

②上陂:《水经注疏》杨守敬按:"《名胜志》,夏盖湖南,白马湖西,有
　　上妃湖,创于东汉,周三十五里。《水经注》谓之上陂湖。"

③曹娥碑:在今浙江绍兴上虞区。

④旴(xū):当为"盱"。译文从之。

⑤号踊(yǒng):号哭跳跃。江介:江边。

⑥祝:用言语向鬼神祈祷求福。

⑦裁:才,刚刚。

⑧度尚:字博平。山阳湖陆(今山东鱼台东南)人。东汉官吏。拜郎
　　中,除上虞长。为政严峻,明于发摘奸非,吏人谓之神明。

⑨邯郸子礼:即邯郸淳,一名竺,字子礼(一作子叔)。博学有才章,
　　尤善文字书法。

⑩马目山:当在今浙江绍兴上虞区西北。

⑪嵊(shèng)亭:当在今浙江嵊州北。

【译文】

　　县的东面有一座龙头山,山崖之间有一口石井,不论冬夏,井内都
有清泉,南面是漫长的江流,东面连接高处的陂湖。沿江的路南有曹娥
碑。曹娥的父亲曹旴,在江中迎潮而溺死,当时曹娥还只有十四岁,因为
找不到父亲的尸体而哀伤欲绝,在江岸上号哭跳跃,并解衣投入水中,祝
祷说:假使父亲尸体在此,衣就下沉;若不在此,衣就浮在水面。她把衣
投入水中,衣服立刻下沉,曹娥就在这里投水而死。县令度尚,叫他的外
甥邯郸子礼撰写碑文,以表彰她的孝烈。此江边上有马目山,江潮到来
之时,波涛把马目山隐没在江中,其势甚至要把嵊亭也吞没,而且涉及数
县,使行旅之人十分困难。

　　县东北上亦有孝子杨威母墓①。威少失父,事母至孝,
常与母入山采薪②,为虎所逼,自计不能御,于是抱母,且号

且行。虎见其情,遂弭耳而去③。自非诚贯精微,孰能理感于英兽矣? 又有吴溇,破山导源,注于胥江。上虞江东迳周市而注永兴④。《地理志》云:县有仇亭⑤,柯水东入海⑥。仇亭在县之东北十里,江北柯水,疑即江也。又东北迳永兴县东,与浙江合,谓之浦阳江⑦。《地理志》又云:县有萧山⑧,潘水所出⑨,东入海。又疑是浦阳江之别名也,自外无水以应之。浙江又东注于海。故《山海经》曰:浙江在闽西北入海。韦昭以松江、浙江、浦阳江为三江⑩。

【注释】

①杨威母墓:《水经注疏》熊会贞按:"《图书集成》,杨威母墓,今不知何所,当在上虞县(今浙江绍兴上虞区)北。"

②常与母入山采薪:陈桥驿按,王国维《宋刊残本水经注跋》(《海宁王静安先生遗书》)云"卷四十《浙江水注》,'入山采旅',诸本皆作'薪'。案《后汉书·光武纪》,'野谷旅生',注:旅,寄也,不因播种而生,故曰旅。今字书作穭,音吕。郦云采旅,正与事合,诸本改作薪,盖云不知采旅为何语耳。"与母上山,必是采旅。因薪量重而多,不宜其母之助。而"旅"则需识别,何者可食,何者不可食,其母见识广,故与母"入山采旅"不讹。王说是。译文从之。

③弭耳:犹帖耳。亦指驯服、安顺貌。

④上虞江:即今浙江绍兴上虞区西之曹娥江。周市:即今江苏昆山市东北周市镇。永兴:即永兴县。三国吴太平二年(257)改馀暨县置,属会稽郡。治所即今浙江杭州萧山区。

⑤仇亭:在今浙江绍兴上虞区东北。

⑥柯水:即今浙江东部钱塘江下游支流曹娥江。

⑦浦阳江:在今浙江杭州萧山区东。源出浦江县西井亢岭,东北流

经浦江县南、诸暨市东,故道自今萧山区南临浦镇东折,经钱清镇
而至三江口入海。

⑧萧山:在今浙江杭州萧山区西。

⑨潘水:当在今浙江杭州萧山区一带。

⑩韦昭:字弘嗣。吴郡云阳(今江苏丹阳)人。三国吴史学家。后因
避司马昭之讳,改为韦曜。曾依刘向所作,校定群书。著有《国语
注》《汉书音义》。

【译文】

县的东北有孝子杨威母亲的坟墓。杨威年幼丧父,侍奉母亲极孝,
常常和母亲到山中采谷,有一次遇着老虎追赶,杨威自己知道无力抵抗,
抱了母亲,一边哭,一边逃。老虎见到这种情况,就垂着耳朵顾自走了。
假使不是至诚之心深入精微,哪能使兽类也受感动呢?又有一条吴渎,
从山中发源注入胥江。上虞江向东经过周市而注入永兴。《地理志》说:
县境有仇亭,柯水东入海。仇亭在县东北十里,江北的柯水或许就是上
虞江。又东北经过永兴县东和浙江汇合,称为浦阳江。《地理志》又说:
县有萧山,潘水从这里流出,东入海。潘水或许是浦阳江的别名,因为另
外就没有河流可以相当了。浙江又东流注入海中。所以《山海经》说:
浙江在闽西北入海。韦昭把松江、浙江、浦阳江称为三江。

斤江水

斤江水出交阯龙编县①,东北至郁林领方县②,
东注于郁③。

《地理志》云:迳临尘县④,至领方县注于郁。

【注释】

①斤江水:陈桥驿按,实际上或是斤南水之误。斤南水即今广西西
南部左江及上源平而水。交阯:即交趾郡。秦亡后,南越赵佗置。

西汉武帝元鼎六年（前111）归汉。西汉时治所在赢陵县（今越南河内市西北）。东汉移治龙编县（今越南北宁省仙游东）。三国吴属交州。龙编县：亦称龙渊县。西汉置，属交趾郡。治所在今越南北宁省仙游东。

②郁林：即郁林郡。西汉元鼎六年（前111）置。治所布山县（今广西桂平西南古城）。三国吴永安六年（263）属广州。领方县：西汉置，属郁林郡。为都尉治。治所在今广西宾阳东南古城村。

③郁：即郁水。汉、魏、南北朝时期之郁水。即今广西之右江、郁江、浔江及广东之西江。

④临尘县：秦始皇三十三年（前214）置，为象郡治。治所即今广西崇左。西汉属郁林郡。

【译文】

斤江水

斤江水发源于交阯郡龙编县，东北到郁林郡领方县，东流注入郁水。

《地理志》说：斤江水经过临尘县，到领方县，注入郁水。

江以南至日南郡二十水

容容，

夜，

繲①，

湛，

乘，

牛渚②，

须无，

无濡，

营进，

皇无，

地零，

侵离③，

侵离水出广州晋兴郡，郡以太康中分郁林置④，东至临尘入郁。

无会，

重濑，

夫省，

无变，

由蒲，

王都，

融⑤，

勇外，

此皆出日南郡西⑥，东入于海。容容水在南垂，名之以次转北也。

右二十水，从江已南至日南郡也。

【注释】

①缃：《水经注疏》熊会贞按："字书无此字。"

②牛渚：即牛渚水。在今广西桂平东北。

③侵离：即侵离水。今广西西南部左江支流明江。广州：三国吴黄武五年（226）分交州置。治所在广信县（今广西梧州）。不久废。永安七年（264）复置，治所在番禺县（今广东广州）。晋兴郡：东晋大兴元年（318）分郁林郡置，属广州。治所在晋兴县（广西南

宁南二里郁江南岸亭子街）。

④太康：西晋武帝司马炎的年号（280—289）。

⑤融：即融水。今广西融江。

⑥日南郡：西汉元鼎六年（前111）平南越置。治所在西卷县（今越南广治省广治西北广治河与甘露河合流处）。

【译文】

江以南至日南郡二十水

容容水，

夜水，

緬水，

湛水，

乘水，

牛渚水，

须无水，

无濡水，

营进水，

皇无水，

地零水，

侵离水，

侵离水发源于广州晋兴郡，此郡是晋太康年间从郁林郡分置的，东流到临尘县注入郁水。

无会水，

重濑水，

夫省水，

无变水，

由蒲水，

王都水，

融水，

勇外水，

上列各水，均发源于日南郡西，东流入海。容容水在南部边疆，其余各水均按次排列于此水之北。

上列二十水，位于江以南到日南郡。

《禹贡》山水泽地所在

嵩高为中岳[①]，在颍川阳城县西北[②]。

《春秋说题辞》曰[③]：阴含阳，故石凝为山。《国语》曰：禹封九山，山，土之聚也。《尔雅》曰：山大而高曰崧，合而言之为崧高，分而名之为二室。西南有少室[④]，东北有太室[⑤]。《嵩高山记》曰[⑥]：山下岩中有一石室，云有自然经书，自然饮食。又云：山有玉女台[⑦]，言汉武帝见，因以名台。

【注释】

①嵩高：即嵩高山，又称外方山、太室山。即今河南登封西北嵩山。古称中岳。

②颍川：即颍川郡。秦始皇十七年（前230）置。治所在阳翟县（今河南禹州）。西汉高帝五年（前202）改为韩国。六年（前201）复为颍川郡。三国魏黄初二年（221）徙治许昌县（今河南许昌东三十六里古城）。阳城县：秦置，属颍川郡。治所即今河南登封东南二十四里告成镇。

③《春秋说题辞》：书名。又作《说题辞》。汉代谶纬类著作。撰者不详。

④少室：即少室山。在今河南登封西北。为嵩山之西部。

⑤太室：即太室山。在今河南登封北。为嵩山之东部。

⑥《嵩高山记》：书名。《水经注疏》熊会贞按："《初学记》五屡引卢
　元明《嵩山记》，《寰宇记·河南道》亦一引之，此是卢作。"

⑦玉女台：当在今河南登封西北嵩山。

【译文】

《禹贡》山水泽地所在

嵩高是中岳，位于颍川郡阳城县西北。

《春秋说题辞》说：阴中含阳，所以岩石凝结成山。《国语》说：禹封
九山，土聚集起来，称为山。《尔雅》说：大而高的山称为崧，合起来称为
崧高，分开来称为二室。西南有少室，东北有太室。《嵩高山记》说：山
下岩石中有一所石室，据说里面有自然形成的经书，有自然形成的饮食。
又说：山中有玉女台，汉武帝见过，所以称为玉女台。

泰山为东岳①，在泰山博县西北②。

岱宗也。王者封禅于其山③，示增高也。有金策玉检之
事焉④。

【注释】

①泰山：又称岱山、岱岳。古称岱宗。号称东岳。在今山东泰安北。

②泰山：即泰山郡。楚汉之际刘邦改博阳郡置。治所在博县（今山
　东泰安东南三十里旧县）。因境内泰山得名。后移治奉高县（今
　泰安东北）。博县：西汉改博阳县置，属泰山郡。治所在今山东泰
　安东南三十里旧县。

③封禅（shàn）：古代帝王祭祀天地的大典。在泰山祭天称作封，在
　泰山下的梁父山祭地称作禅。

④金策：古代记载大事或帝王诏命的连编金简。检：封缄。古书以
　竹木简为之，书成，穿以皮条或丝绳，于绳结处封泥，在泥上钤印，
　谓之检。

【译文】

泰山是东岳，位于泰山郡博县西北。

五岳中的正宗。帝王在此山封禅，以增高其地位。这里有金的书册和玉的印章。

霍山为南岳①，在庐江灊县西南②。

天柱山也。《尔雅》云：大山宫小山为霍③。《开山图》曰④：其山上侵神气，下固穷泉。

【注释】

①霍山：即今安徽霍山县西南天柱山。南岳：与今天所说的南岳衡山不同。

②庐江：即庐江郡。此处应指三国吴所置庐江郡，治所在皖县（今安徽潜山县）。灊（qián）县：西汉置，属庐江郡。治所在今安徽霍山县东北。东汉改潜县。后复为灊县。

③大山宫小山为霍：《尔雅·释山》："大山宫小山，霍。"邢昺疏："宫，犹围绕也。谓小山在中，大山在外，围绕之，山形若此者名霍。非谓大山名宫，小山名霍也。"

④《开山图》：书名。即《遁甲开山图》。《隋书·经籍志》题荣氏撰。三卷。是书所记皆天下名山即洪古帝王发迹之处。

【译文】

霍山是南岳，位于庐江郡灊县西南。

霍山就是天柱山。《尔雅》说：大山在外环绕小山称为霍。《开山图》说：此山上通神明，下达地府。

华山为西岳①，在弘农华阴县西南②。

《古文》之惇物山也^③。

【注释】

①华山：又称太华、华岳。在今陕西华阴南十里。

②弘农：即弘农郡。西汉元鼎四年（前113）置。治所在弘农县（今河南灵宝北故函谷关城）。华阴县：西汉高帝八年（前199）改宁秦县置。属京兆尹。为京辅都尉治。治所在今陕西华阴东南五里。东汉改属弘农郡。

③《古文》：此指《古文尚书》。惇（dūn）物山：一作敦物山。《水经注疏》熊会贞按："《经》明言敦物在扶风武功县西南，郦氏安得以华山为敦物？"

【译文】

华山是西岳，位于弘农郡华阴县西南。

华山就是《古文尚书》中的惇物山。

雷首山在河东蒲坂县东南^①。

【注释】

①雷首山：在今山西西南部，黄河与涑水河、沁河间。河东：即河东郡。战国魏置，后属秦。治所在安邑县（今山西夏县西北十五里禹王城）。蒲坂县：又作蒲阪县。战国时魏置，后入秦，属河东郡。治所在今山西永济西南蒲州镇。西汉改为蒲反县。东汉复为蒲坂县。

【译文】

雷首山位于河东郡蒲坂县东南。

砥柱山在河东大阳县东河中^①。

【注释】

①砥柱山：又名底柱山、三门山。在今山西平陆东、河南三门峡市陕
州区东北黄河中。为黄河漕运极为艰险之处。大阳县：西汉置，
属河东郡。治所在今山西平陆西南三门峡水库区。

【译文】

砥柱山位于河东郡大阳县东的黄河中。

王屋山在河东垣县东北也①。
昔黄帝受丹诀于是山也。

【注释】

①王屋山：在今河南济源西北九十里与山西阳城交界处。垣县：战
国魏置。后入秦，属河东郡。治所在今山西垣曲东南约三十五里
王茅镇。

【译文】

王屋山位于河东郡垣县东北。

从前黄帝在此山接受丹诀。

太行山在河内野王县西北①。
王烈得石髓处也②。

【注释】

①太行山：一名五行山，或称皇母山。在今河南、山西、河北三省交
界处。东北—西南走向。河内：即河内郡。秦置。治所在怀县（今
河南武陟西南）。野王县：战国韩置。后入秦，属河内郡。治所在
今河南沁阳。

②王烈：字长休。东晋邯郸（今河北邯郸）人。常服黄精并炼铅。相
　传年三百三十八岁，犹有少容。入太行山中，不知所终。石髓：即
　石钟乳。古人用于服食。也可入药。

【译文】

太行山位于河内郡野王县西北。

这是王烈获得石髓的地方。

恒山为北岳①，在中山上曲阳县西北②。

【注释】

①恒山：又名常山、大茂山。五岳之北岳。在今河北曲阳西北。
②中山：即中山郡。西汉高帝置。治所在卢奴县（今河北定州）。景
　帝改为中山国。上曲阳县：西汉改曲阳县置。属常山郡。治所在
　今河北曲阳西四里。东汉属中山国。

【译文】

恒山是北岳，位于中山郡上曲阳县西北。

碣石山在辽西临渝县南水中也①。

大禹凿其石，夹右而纳河。秦始皇、汉武帝皆尝登之。
海水西侵，岁月逾甚，而苞其山②，故言水中矣。

【注释】

①碣石山：在今河北昌黎北，又名仙台山，俗称娘娘顶。辽西：即辽
　西郡。战国燕置。秦时治所在阳乐县（今辽宁义县西）。临渝县：
　一作临榆县。西汉置，属辽西郡。治所在今辽宁朝阳东北。
②苞：通“包”。包裹。

【译文】

碣石山位于辽西郡临渝县南的海水之中。

大禹开凿此石，阻其右侧而接纳河水。秦始皇和汉武帝都曾经登临。海水向西侵入，长期以后全山沦入海中，所以说山在海中。

析城山在河东濩泽县西南①。

【注释】

①析城山：即今山西阳城西南析城山。濩泽县：西汉置，属河东郡。治所在今山西阳城西北二十五里泽城村。

【译文】

析城山位于河东郡濩泽县西南。

太岳山在河东永安县①。

【注释】

①太岳山：一名霍山、霍太山。即今山西霍州东南太岳山。为汾河与沁河、浊漳河分水岭。永安县：东汉顺帝时改彘县置，属河东郡。治所即今山西霍州。

【译文】

太岳山位于河东郡永安县。

壶口山在河东北屈县东南①。

【注释】

①壶口山：在今山西吉县西南。北屈县：秦置，属河东郡。治所在今山西吉县东北二十一里。

【译文】

壶口山位于河东郡北屈县东南。

龙门山在河东皮氏县西①。

【注释】

①龙门山：在今山西河津西北黄河东岸。皮氏县：战国魏置。后入秦，属河东郡。治所在今山西河津市西。

【译文】

龙门山位于河东郡皮氏县西。

梁山在冯翊夏阳县西北河上①。

【注释】

①梁山：在今陕西韩城西，接合阳界。冯翊：即冯翊郡。三国魏改左冯翊置。治所在临晋县（今陕西大荔）。夏阳县：战国秦置，秦属内史。治所在今陕西韩城南二十里西少梁。西汉属左冯翊。三国魏属冯翊郡。

【译文】

梁山位于冯翊郡夏阳县西北黄河西侧。

荆山在冯翊怀德县南①。

【注释】

①荆山：在今陕西大荔东南朝邑镇南。怀德县：战国秦置，属内史。治所在今陕西大荔东南。西汉属左冯翊。

【译文】

荆山位于冯翊郡怀德县南。

岐山在扶风美阳县西北①。

【注释】

①岐山:亦名天柱山,俗称箭括岭。在今陕西岐山县东北七十里。山有两岐,故名。扶风:即扶风郡。三国魏改右扶风置,属雍州。治所在槐里县(今陕西兴平东南十里)。美阳县:战国秦孝公置。治所在今陕西扶风北二十里法门镇。秦属内史。西汉属右扶风。以在美水之阳而得名。晋属扶风郡。

【译文】

岐山位于扶风郡美阳县西北。

汧山在扶风汧县之西也①。

【注释】

①汧(qiān)山:亦名吴山、岳山、吴岳山。即今陕西宝鸡西北吴山。汧县:周时为秦汧邑,襄公二年(前776)建都于此。春秋时秦宁公二年(前714)徙都平阳后置为县。治所在今陕西陇县东南三里。秦属内史。汉属右扶风。西晋属扶风郡。

【译文】

汧山位于扶风郡汧县以西。

陇山、终南山、惇物山,在扶风武功县西南也①。

【注释】

①陇山：即陇坻。在今陕西陇县、宝鸡与甘肃清水县、张家川回族自治县之间。终南山：又名南山、中南山、太一山。即今陕西秦岭山脉。东西走向。武功县：战国秦孝公置。治所在今陕西眉县东四十里渭水南岸。秦属内史。西汉属右扶风。

【译文】

陇山、终南山、惇物山，位于扶风郡武功县西南。

西顷山在陇西临洮县西南①。

《禹贡》中条山也②。

【注释】

①西顷山：又称蟲台山、西强山。即今青海东部、甘肃西南部西顷山。西北—东南走向。属秦岭西端。为洮河、白龙江分水岭。陇西：即陇西郡。战国秦昭襄王二十八年（前279）置。治所在狄道县（今甘肃临洮南）。以在陇山之西而得名。三国魏移治襄武县（今甘肃陇西东南）。临洮县：秦置，属陇西郡。治所即今甘肃岷县。以临洮水得名。

②《禹贡》：即《尚书·禹贡》。详细记载了古代九州的划分、山川的方位、物产分布以及土壤性质等。中条山：亦称薄山、襄山、雷首山等。在今山西永济西南蒲州镇南。

【译文】

西倾山位于陇西郡临洮县西南。

西倾山就是《禹贡》的中条山。

嶓冢山在陇西氐道县之南①。

南条山也。

【注释】

① 嶓（bō）冢山：又称南条山。即今陕西宁强北之嶓冢山。土人名
　汉源山，当为《禹贡》"嶓冢导漾"之嶓冢山。氐道县：西汉置，属
　陇西郡。治所在今甘肃礼县西北。

【译文】

嶓冢山位于陇西郡氐道县以南。

嶓冢山就是南条山。

鸟鼠同穴山在陇西首阳县西南①。

郑玄曰②：鸟鼠之山，有鸟焉，与鼠飞行而处之。又有止
而同穴之山焉，是二山也。鸟名为鵌③，似鵽而黄黑色④，鼠
如家鼠而短尾，穿地而共处⑥，鼠内而鸟外。孔安国曰⑤：共
为雌雄。杜彦达曰⑥：同穴止宿，养子互相哺食，长大乃止。
张晏言⑦：不相为牝牡⑧，故因以名山。

【注释】

① 鸟鼠同穴山：即鸟鼠山，一名青雀山。在今甘肃渭源县西南十五
　里。首阳县：西汉置，属陇西郡。治所在今甘肃渭源县东北渭水
　北岸。
② 郑玄：字康成。北海高密（今山东高密）人。东汉著名的经学家。
　遍注群经。
③ 鸟名为鵌（tú）：《尔雅·释鸟》："鸟鼠同穴，其鸟名鵌，其鼠为鼵
　（tū）。"郭璞注："鼵如人家鼠而短尾；鵌似鵽（duò）而小，黄黑色。
　穴入地三、四尺，鼠在内，鸟在外。"

④鵽（duò）：即鵽鸠，又名寇雉、突厥雀。即毛腿沙鸡。外形似鸽，无后趾，前三趾合生，密被短羽。

⑤孔安国：字子国。鲁（今山东曲阜）人。西汉经学家。相传他曾得孔壁所藏古文《尚书》，开古文《尚书》学派。

⑥杜彦达：一作杜彦远。具体不详。

⑦张晏：字子博。中山（今河北定州）人。有《汉书》注，多存于今颜师古《汉书注》中。

⑧牝牡（pìn mǔ）：鸟兽的雌性和雄性。

【译文】

鸟鼠同穴山位于陇西郡首阳县西南。

郑玄说：鸟鼠之山有鸟，与鼠共同飞行。它们共同居住之处则是同穴之山，这是两座山。鸟的名称叫鵌，和鵽相像而颜色黄黑，鼠像家鼠而尾巴短，它们穿地共居，鼠在内而鸟在外。孔安国说：雌雄共居。杜彦达说：同穴居住，产养以后就互相哺育，长大后才中止。张晏说：雌雄不相混杂，所以称此山为鸟鼠同穴山。

积石在陇西河关县西南①。

《山海经》云：山在邓林东②，河所入也。

【注释】

①积石：即积石山，又称大积石山，今又称阿尼玛卿山。河关县：西汉神爵二年（前60）置，属金城郡。治所在今青海贵德（河阴镇）西。东汉属陇西郡。

②邓林：具体不详。

【译文】

积石山位于陇西郡河关县西南。

《山海经》说：此山在邓林以东，是黄河流入的地方。

都野泽在武威县东北^①。

　　县在姑臧城北三百里^②，东北即休屠泽也。《古文》以为猪野也。其水上承姑臧武始泽^③。泽水二源，东北流为一水，迳姑臧县故城西，东北流，水侧有灵渊池^④。王隐《晋书》曰^⑤：汉末，博士燉煌侯瑾^⑥，善内学^⑦，语弟子曰，凉州城西泉水当竭^⑧，有双阙起其上^⑨。至魏嘉平中^⑩，武威太守条茂起学舍^⑪，筑阙于此泉。太守填水，造起门楼，与学阙相望。泉源徙发，重导于斯，故有灵渊之名也。

【注释】

①都野泽：即猪野泽，又名休屠泽。在今甘肃民勤东北北山村以南一带。武威县：西汉元狩二年（前121）置，属武威郡。治所在今甘肃民勤东北泉山镇东南连城遗址。

②姑臧：即姑臧县。西汉元狩二年（前121）置，为武威郡治。治所即今甘肃武威。三国魏黄初中移凉州治此。

③武始泽：古名谷水。即今甘肃武威西北之石羊河。

④灵渊池：《水经注疏》熊会贞按："《寰宇记》，灵泉池在姑臧县（今甘肃武威）南城中。"

⑤王隐：字处叔。陈郡陈（今河南周口淮阳区）人。东晋史学家。撰《晋书》，今佚。

⑥博士：官名。掌古今史事，典守书籍，或专掌某一经书的传授。侯瑾：人名。敦煌（今甘肃敦煌）人。其余不详。

⑦内学：谶纬之学。

⑧凉州城：今甘肃武威。

⑨双阙：古代宫殿、祠庙、陵墓前两边高台上的楼观。

⑩嘉平：三国魏齐王曹芳的年号（249—254）。

⑪武威：即武威郡。西汉元狩二年（前 121）置。治所在姑臧县（今
　甘肃武威）。条茂：武威太守。其余不详。

【译文】

都野泽位于武威县东北。

武威县在姑臧城北三百里，其东北就是休屠泽。《古文尚书》称为猪
野。此水上游接姑臧武始泽。泽水有两个源头，向东北流合成一条河流，
经过姑臧县旧城以西向东北流，水边有一个灵渊池。王隐《晋书》说：汉
朝末年，燉煌人博士侯瑾善于谶纬之学，他对其弟子说，凉州城以西的泉
水行将枯竭，当有双阙在此处兴建。到了魏嘉平年间，武威太守条茂在
此兴建学校房舍，在此泉上修筑双阙。太守把泉水填平，造起门楼，和学
校房舍及双阙相对。泉水的源头迁移到此重发，所以有灵渊这个名称。

泽水又东北流迳马城东①，城即休屠县之故城也②，本
匈奴休屠王都③，谓之马城河。

【注释】

①马城：在今甘肃武威北。

②休屠县：西汉太初三年（前 102）置，属武威郡。治所在今甘肃武
　威北六十里四坝镇三岔古城。西晋废。北魏复置，属武兴郡。

③休屠王：西汉时匈奴诸王。与浑邪王共守匈奴西境。被浑邪王所杀。

【译文】

都野泽水又东北流经过马城以东，这就是休屠县的旧城，是原来匈
奴休屠王的都城，泽水到此称为马城河。

又东北与横水合①。水出姑臧城下，武威郡、凉州治②。
《地理风俗记》曰③：汉武帝元朔三年④，改雍曰凉州，以其

金行⑤,土地寒凉故也。迁于冀⑥,晋徙治此。王隐《晋书》曰:凉州有龙形,故曰卧龙城⑦,南北七里,东西三里,本匈奴所筑也。及张氏之世居也⑧,又增筑四城箱各千步⑨。东城殖园果,命曰讲武场⑩;北城殖园果,命曰玄武圃。皆有宫殿。中城内作四时宫,随节游幸。并旧城为五,街衢相通,二十二门。大缮宫殿观阁,采绮妆饰,拟中夏也。其水侧城北流,注马城河。

【注释】

①横水:位于古代武威地区的一条河流,早已消失。

②武威郡:西汉元狩二年(前121)置。治所在姑臧县(今甘肃武威)。北魏属凉州,治所在林中县(今甘肃武威)。凉州:西汉武帝置,为十三州刺史部之一。东汉时治所在陇县(今甘肃张家川回族自治县)。三国魏黄初中移治姑臧县(今甘肃武威)。

③《地理风俗记》:书名。东汉应劭撰。今仅存辑本。

④元朔三年:前126年。

⑤金行:指古代五行学说中的金。五行学说谓西方、秋天为金。

⑥冀:即冀州。西汉武帝置,为十三刺史部之一。东汉治所在高邑县(今河北柏乡北)。

⑦卧龙城:即姑臧城。今甘肃武威城的前身。

⑧张氏:即张轨,字士彦。安定乌氏(今甘肃平凉西北)人。汉常山景王张耳十七代孙。家世孝廉,以儒学显。永宁初,为护羌校尉、凉州刺史。讨破鲜卑,遂威著西州,化行河右。设立学校,置崇文祭酒,位视别驾。

⑨箱:主城旁边的附城或副城。

⑩讲武场:讲习武事的场所。

【译文】

马城河又东北流与横水汇合。横水发源于姑臧城下,姑臧城是武威郡治和凉州州治。《地理风俗纪》说:汉武帝元朔三年,把雍州改成凉州,因其五行属金,而土地寒凉的缘故。州治迁到冀,晋朝又把州治迁到这里。王隐《晋书》说:凉州形状像龙,所以叫作卧龙城,此城南北七里,东西三里,原是匈奴所修筑的。等到张氏到这里世居,又增筑了各为一千步的四个城厢。东城种植果树,名为讲武场;北城种植果树,称为玄武圃。两处都有宫殿。中城内修建了一所四时宫,按时按节地供其游赏。把旧城并成五区,二十二门,大街小巷互相沟通。宫殿楼阁,大加修缮,妆饰得五彩缤纷,可以和京城皇宫比美。此水从城侧北流,注入马城河。

河水又东北,清涧水入焉①,俗亦谓之为五涧水也。水出姑臧城东,而西北流注马城河。

【注释】

①清涧水:亦称五涧水。在今甘肃武威东。

【译文】

马城河又东北流,与清涧水汇合,民间也称它为五涧水。清涧水发源于姑臧城东,西北流注入马城河。

河水又与长泉水合①。水出姑臧东揟次县②,王莽之播德也,西北历黄沙阜,而东北流注马城河。

【注释】

①长泉水:当在今甘肃武威境内。

②揟(xū)次县:西汉置,属武威郡。治所在今甘肃武威东南。

【译文】

　　马城河又与长泉水汇合。长泉水发源于姑臧城东的揓次县,就是王莽的播德县,西北流经过黄沙阜,再东北流注入马城河。

　　又东北迳宣威县故城南①,又东北迳平泽、晏然二亭东,又东北迳武威县故城东。汉武帝太初四年②,匈奴浑邪王杀休屠王③,以其众置武威县,武威郡治,王莽更名张掖。《地理志》曰:谷水出姑臧南山④,北至武威入海。届此水流两分,一水北入休屠泽,俗谓之为西海;一水又东迳百五十里,入猪野,世谓之东海。通谓之都野矣。

【注释】

　　①宣威县:西汉置,属武威郡。治所在今甘肃民勤西南薛百乡。

　　②太初四年:前101年。太初,西汉武帝刘彻的年号(前104—前101)。

　　③浑邪王:西汉诸侯。匈奴人。武帝时拥兵数万,常犯边境。匈奴单于欲杀浑邪王,浑邪王与休屠王约降汉。汉朝封浑邪王为漯阴侯,赏赐者数十巨万。

　　④谷水:亦称武始泽。即今甘肃武威西北之石羊河。

【译文】

　　马城河又东北流经过宣威县旧城南,又东北流经过平泽、晏然二亭以东,又东北流经过武威县旧城以东。汉武帝太初四年,匈奴的浑邪王杀掉了休屠王,他的士民众人就建置了武威县,是武威郡的郡治,王莽改名为张掖。《地理志》说:谷水发源于姑臧南山,北到武威注入海中。到了这里,河流分成两条,一条北流注入休屠泽,通常叫作西海;一条又东流一百五十里,注入猪野,通常称为东海。又统称为都野。

合离山在酒泉会水县东北①。

合黎山也。

【注释】

①合离山：即今甘肃高台北之合黎山。酒泉：即酒泉郡。西汉元狩
　　二年（前121）置。治所在禄福县（西晋改曰福禄，今甘肃酒泉市）。
　　会水县：西汉置，属酒泉郡。治所在今甘肃金塔东北双古城遗址。

【译文】

合离山位于酒泉郡会水县东北。

合离山就是合黎山。

流沙地在张掖居延县东北①。

居延泽在其县故城东北②，《尚书》所谓流沙者也。形
如月生五日也。弱水入流沙③。流沙，沙与水流行也。亦言
出锺山④，西行极崦嵫之山⑤，在西海郡北⑥。山有石赤白色，
以两石相打，则水润。打之不已，润尽则火出，山石皆然⑦，
炎起数丈⑧，径日不灭，有大黑风。自流沙出，奄之乃灭⑨，
其石如初。言动火之事，发疾经年，故不敢轻近耳。

【注释】

①流沙地：泛指我国西北方之沙漠地区而言。张掖：即张掖郡。西
　　汉元鼎六年（前111）分武威郡置。治所在觻得县（西晋改名永平
　　县，今甘肃张掖西北四十里）。居延县：西汉武帝时置，属张掖郡，
　　为郡都尉治。治所在今内蒙古额济纳旗东南黑城东北故城。东
　　汉为张掖属国都尉治。
②居延泽：在今内蒙古额济纳旗北境。

③弱水：上源指今甘肃山丹河，下游即今山丹河与甘州河合流后的
　　黑河，入内蒙古境后，称额济纳河。

④锺山：即今内蒙古河套北之阴山。

⑤崦嵫（yān zī）之山：即崦嵫山。在今甘肃天水市西五十里。

⑥西海郡：东汉建安中置，属凉州。治所在居延县（今内蒙古额济纳
　　旗东南黑城东北故城）。

⑦然：同"燃"。燃烧。

⑧炎：火焰。

⑨奄：覆盖，遮蔽。

【译文】

流沙地在张掖郡居延县东北。

居延泽在居延县旧城东北，即《尚书》所称的流沙。其形状像生出
五日的新月。弱水注入流沙。所谓流沙，就是河流与沙一起漫流。也有
说流沙发源于锺山的，西流远达西海郡以北的崦嵫之山。山上有红色和
白色的石头，用两石互相打击，石上就生水而润滑。若继续不断打击，水
干以后就发火，山上的石头都烧起来，火势高达数丈，整日不灭，并刮起
大黑风。要用流沙之水才能淹灭，石头就恢复原状。经常传言此山起火
的事情，因为发生很快，而且常年不熄，所以人们不敢轻易接近它。

流沙又迳浮渚①，历壑市之国，又迳于鸟山之东、朝云
国西②，历昆山西南，出于过瀛之山③。《大荒西经》云④：西
南海之外，流沙出焉，迳夏后开之东⑤。开上三嫔于天⑥，得
《九辩》与《九歌》焉⑦。又历员丘不死山之西⑧，入于南海。

【注释】

①浮渚：沙漠中的小洲。

②壑市之国、鸟山、朝云国：《山海经海内经》中的地名。具体不详。

③过瀛之山：具体不详。

④《大荒西经》：即《山海经·大荒西经》。

⑤夏后开：即夏朝国君启。避汉景帝刘启的讳。相传为大禹的儿子。

⑥嫔：妇人美称。

⑦《九辩》《九歌》：天帝乐名。按，以上语见《山海经·大荒西经》：
  "西南海之外，赤水之南，流沙之西，有人珥两青蛇，乘两龙，名曰
  夏后开。开上三嫔于天，得《九辩》与《九歌》以下。"

⑧员丘不死山：《山海经·海内经》："流沙之东，黑水之间，有山名
  不死之山。"郭璞注："即员丘也。"

【译文】

流沙又经过浮渚和墼市之国，又经过鸟山以东、朝云国以西，经过昆
山西南，从过瀛之山流出来。《山海经·大荒西经》说：流沙从西南海外
出来，经过夏后开以东。夏后开将三个美女献给天帝，获得了《九辩》和
《九歌》。流沙又经过员丘不死山之西，注入南海。

三危山在燉煌县南①。

《山海经》曰：三危之山，三青鸟居之②。是山也，广圆
百里，在鸟鼠山西③。即《尚书》所谓窜三苗于三危也④。《春
秋传》曰：允姓之奸，居于瓜州⑤。瓜州，地名也。杜林曰⑥：
燉煌，古瓜州也。州之贡物，地出好瓜，民因氏之⑦。瓜州之
戎，并于月氏者也⑧。汉武帝元鼎六年⑨，分酒泉置⑩。南七
里有鸣沙山⑪，故亦曰沙州也⑫。

【注释】

①三危山：即今甘肃敦煌东南三危山。燉煌县：西汉置，为敦煌郡治。
  治所在今甘肃敦煌西。

②青鸟：神话传说中为西王母取食传信的神鸟。

③鸟鼠山：一名青雀山。在今甘肃渭源县西南十五里。

④三苗：亦称有苗。部落名、族名。《史记·五帝本纪》载其地在江、淮、荆州，即今河南西南部至湖南洞庭湖、江西鄱阳湖一带。相传舜时被迁到三危一带，即今甘肃敦煌周围。

⑤允姓之奸，居于瓜州：语见《左传·昭公九年》。允姓，即允姓戎。部族名。先秦至汉代西北少数民族中戎族的一支。陆浑戎之祖。瓜州，春秋时为羌氏戎和允姓戎所居之地，在今甘肃敦煌。

⑥杜林：字伯山。东汉扶风茂陵（今陕西兴平东北）人。博洽多闻，时称通儒。治《古文尚书》。著有《苍颉训纂》《苍颉故》，均佚。

⑦氏：取名。

⑧月氏：古民族名。秦汉之际，游牧于敦煌、祁连间。西汉文帝时，月氏为匈奴所逐，大部西徙至今新疆西部伊犁河流域及其以西一带，称为大月氏。少数没有西迁的入南山（今祁连山），与羌人杂居，称为小月氏。

⑨元鼎六年：前111年。元鼎，西汉武帝刘彻的年号（前116—前111）。

⑩酒泉：即酒泉郡。西汉元狩二年（前121）置。治所在禄福县（西晋改曰福禄，今甘肃酒泉市）。

⑪鸣沙山：又名神沙山、沙角山。即今甘肃敦煌南十里鸣沙山。

⑫沙州：十六国前凉张骏十二年（335）置。治所在敦煌县（今甘肃敦煌西）。

【译文】

三危山在燉煌县南。

《山海经》说：三危之山，有三只青鸟住在那里。这座山，在鸟鼠山以西，方圆达百里。《尚书》所说的把三苗放逐到三危，就是此山。《春秋传》说：有允姓的奸邪之人，居住在瓜州。瓜州是地名。杜林说：古时的瓜州就是燉煌。瓜州的土地出好瓜，是这里的贡物，所以人们称这里为瓜州。

瓜州之戎,为月氏所并,也就是这个瓜州。汉武帝元鼎六年,分出酒泉郡的地方置这个县。县南七里有鸣沙山,所以也叫沙州。

朱围山在天水北、冀城南[①]。

即冀县,山有石鼓,《开山图》谓之天鼓山[②]。九州害起则鸣,有常应。又云:石鼓山有石鼓,于星为河鼓[③],星动则石鼓鸣,石鼓鸣则秦土有殃。鸣浅殃万物,鸣深则殃君王矣。

【注释】

①朱围山:一作朱圉山。在今甘肃甘谷西南三十里。天水:即天水郡。西汉元鼎三年(前114)置。治所在平襄县(今甘肃通渭)。东汉永平十七年(74)改为汉阳郡,并移治冀县(今甘肃甘谷)。三国魏仍改为天水郡。冀城:即冀县。春秋秦武公十年(前688)置。治所在今甘肃甘谷一带。秦始皇时属陇西郡。西汉属天水郡。东汉移天水郡置此。

②《开山图》:书名。即《遁甲开山图》。《隋书·经籍志》题荣氏撰。三卷。是书所记皆天下名山及洪古帝王发迹之处。

③于星为河鼓:对应天上的星宿为河鼓星(即牵牛星,古代称为河鼓)。

【译文】

朱围山位于天水北、冀城南。

朱围山就是冀县的山,山上有石鼓,所以《开山图》称它天鼓山。天下有灾祸时石鼓就鸣,常常得到应验。又说:石鼓山有石鼓,与星宿对应,星宿动的时候石鼓就鸣,石鼓鸣的时候秦地就有灾殃。石鼓鸣声轻,灾殃及于万物;石鼓鸣声重,灾殃及于君主。

岷山在蜀郡湔氐道西[①]。

《汉书》以为渎山者也[②]。

【注释】

①岷山：又名汶山、渎山、汶阜山、汶焦山。在今四川西北部，绵延四
　　川、甘肃两省边境。蜀郡：周赧王元年（前314）秦惠王置。治所
　　在成都县（今四川成都）。湔（jiān）氏道：西汉改湔氏县置，属蜀郡。
　　治所在今四川松潘西北。

②《汉书》：这里指《汉书·郊祀志》："渎山，蜀之岷山也。"

【译文】

岷山位于蜀郡湔氏道西。

就是《汉书》所称的渎山。

熊耳山在弘农卢氏县东①。

是山也，穀水出其北林也②。

【注释】

①熊耳山：在今河南卢氏东南。弘农：即弘农郡。西汉元鼎四年（前
　　113）置。治所在弘农县（今河南灵宝北故函谷关城）。卢氏县：战
　　国时韩置。后入秦，属三川郡。治所即今河南卢氏。西汉属弘农郡。

②穀水：即今河南渑池县南渑水及其下游涧水。东流至洛阳西注入
　　洛河。

【译文】

熊耳山位于弘农郡卢氏县东。

穀水从此山北侧的森林中发源。

荆山在南郡临沮县东北①。

东条山也②。卞和得玉璞于是山③，楚王不理，怀璧哭
于其下。王后使玉人理之，所谓和氏之玉焉。

【注释】

①荆山:在今湖北南漳西。漳水所出。古为豫州及荆州界山。南郡:
战国秦昭王二十九年(前278)置。治所在郢(今湖北荆州市荆州
区故江陵县城西北纪南城)。后徙治江陵县(今荆州市荆州区故
江陵县城)。后历次改国、改郡。东汉章帝元和二年(85)复为南
郡。临沮县:西汉置,属南郡。治所在今湖北远安西北。以临沮
水为名。东汉改为临沮侯国,后复为临沮县。

②东条山:具体未详。

③卞和:一作和氏。春秋时楚国人。相传于荆山觅得玉璞,先后献
给楚厉王、武王,均被认为欺诈,双足先后被截。及楚文王即位,
卞和又抱璞哭于荆山下,文王使玉人理其璞,果得宝玉,称为"和
氏之璧"。玉璞:未经打磨的玉。

【译文】

荆山位于南郡临沮县东北。

荆山就是东条山。卞和在此山得到一块美玉,但楚王不加以琢制,
卞和抱着美玉在山下哭。楚王后来叫琢玉的人琢制此玉,称为和氏之玉。

内方山在江夏竟陵县东北①。

《禹贡》注,章山也。

【注释】

①内方山:一名章山。即今湖北荆门东南马良山。江夏:即江夏郡。
西汉高帝六年(前201)置。治所在西陵县(今湖北武汉新洲区西
二里)。三国魏嘉平三年(251)徙治上昶城(今湖北云梦西南)。
竟陵县:战国楚置,后入秦,属南郡。治所在今湖北潜江市西北。
一说在今湖北钟祥西北九十里丰乐镇附近。西汉元狩二年(前
121)改属江夏郡。

【译文】

内方山位于江夏郡竟陵县东北。

《禹贡》注称之为章山。

大别山在庐江安丰县西南①。

【注释】

①大别山：即今湖北东北与安徽西南部交界处之大别山。庐江：即庐江郡。楚汉之际分秦九江郡置。汉武帝后治舒县（今安徽庐江县西南三十里城池乡）。安丰县：战国秦置，属九江郡。治所在今河南固始东南。西汉属六安国。东汉属庐江郡。

【译文】

大别山在庐江郡安丰县西南。

外方山，嵩高是也①。

【注释】

①外方山：即嵩高山、嵩高山。即今河南登封西北嵩山。

【译文】

外方山就是嵩高山。

桐柏山在南阳平氏县东南①。

【注释】

①桐柏山：在今河南桐柏县西南。南阳：即南阳郡。战国秦昭襄王三十五年（前272）置。治所在宛县（今河南南阳）。平氏县：西汉置，属南阳郡。治所即今河南桐柏县西北平氏镇。

【译文】

桐柏山位于南阳郡平氏县东南。

陪尾山在江夏安陆县东北^①。

【注释】

①陪尾山：一说在今湖北安陆北。一说即今山东泗水县东泗水所出
　的陪尾山。安陆县：战国秦置，属南郡。治所在今湖北安陆西北
　五十三里。西汉属江夏郡。

【译文】

陪尾山位于江夏郡安陆县东北。

衡山在长沙湘南县南^①。

禹治洪水，血马祭衡山^②，于是得《金简玉字之书》^③，
按省玉字^④，得通水理也。

【注释】

①衡山：五岳之一。在今湖南衡阳南岳区和衡山、衡阳县境，为湘水
　与资水的分水岭。长沙：即长沙郡。战国秦置。治所在临湘县（今
　湖南长沙）。西汉高帝五年（前202）改为长沙国。东汉复为郡。
　湘南县：秦置，属长沙郡。治所在今湖南湘潭西南花石镇。西汉
　属长沙国。东汉为湘南侯国，属长沙郡。三国吴仍为湘南县。

②血马：杀马取血，以为祭祀之用。

③《金简玉字之书》：书名。相传为黄帝留给大禹治水之书。以金
　作简札，用青玉为字。

④按省：探究，考寻。

【译文】

衡山位于长沙郡湘南县南。

禹治理洪水时,杀了马在衡山祭祀,因而得到《金简玉字之书》,对此书进行研究,懂得了治水的道理。

九江地在长沙下隽县西北①。

【注释】

①九江:水名。学界多认为在汉寻阳境内,即今湖北广济、黄梅一带。下隽县:西汉置,属长沙国。治所在今湖北通城西北。因隽水得名。东汉属长沙郡。

【译文】

九江位于长沙郡下隽县西北。

云梦泽在南郡华容县之东①。

【注释】

①云梦泽:古泽薮名。本有两个云梦泽。一在今湖北江陵以东,江汉之间监利、潜江等县市一带。一在今湖北汉水以北应城、天门市一带。南郡:战国秦昭王二十九年(前278)置。治所在郢(今湖北荆州市荆州区故江陵县城西北纪南城)。后徙治江陵县(今荆州市荆州区故江陵县城)。后历次改国、改郡。东汉章帝元和二年(85)复为南郡。华容县:西汉置,属南郡。治所在今湖北监利北周家咀关西三里(一说在今湖北潜江市西南马场湖村)。

【译文】

云梦泽位于南郡华容县东。

东陵地在庐江金兰县西北①。

【注释】

①东陵：古乡聚名。在今河南商城东南。庐江：即庐江郡。楚汉之际分秦九江郡置。汉武帝后治舒县（今安徽庐江县西南三十里城池乡）。金兰县：西汉置，但不见于《汉书·地理志》。一说县当置于汉初，中废。三国魏复置，晋又废。当在今湖北罗田或河南商城一带。

【译文】

东陵地位于庐江郡金兰县西北。

敷浅原地在豫章历陵县西①。

【注释】

①敷浅原：今地所在历来说法各异。《汉书·地理志》以为即今江西德安南博阳山。一般多从此说。豫章：即豫章郡。西汉高帝六年（前201）分九江郡置。治所在南昌县（今江西南昌东）。历陵县：西汉置，属豫章郡。治所在今江西德安东。

【译文】

敷浅原位于豫章郡历陵县西。

彭蠡泽在豫章彭泽县西北①。
《尚书》所谓彭蠡既猪，阳鸟攸居也②。

【注释】

①彭蠡泽：一说为今鄱阳湖。一说为近人考证认为《禹贡》彭蠡泽应在长江北岸，约当今鄂东皖西一带滨江诸湖。彭泽县：西汉置，

属豫章郡。治所在今江西湖口县东南三十余里柳德昭村附近。

②彭蠡既猪,阳鸟攸居:语见《尚书·禹贡》。猪,同"潴"。水流汇聚。

　　阳鸟,随阳之鸟,指鸿雁之类的候鸟。

【译文】

彭蠡泽位于豫章郡彭泽县西北。

《尚书》所说的彭蠡蓄水为大湖,鸿雁就到这里栖息。

中江在丹阳芜湖县西南①,东至会稽阳羡县入于海②。

【注释】

①中江:指今安徽芜湖东经江苏南京高淳区、东坝、溧阳至宜兴通太
　　湖的青弋江、水阳江、胥溪、荆溪,中间联结丹阳、固城诸湖。丹阳:
　　即丹阳郡,亦作丹扬郡。西汉元狩二年(前121)改鄣郡置。治所
　　在宛陵县(今安徽宣城)。三国吴移治建邺(今南京)。芜湖县:西
　　汉初置,属鄣郡。元封二年(前109)属丹阳郡。治所在今安徽芜
　　湖北咸保圩水阳江畔。三国吴黄武元年(222)移治今芜湖。

②会稽:即会稽郡。秦始皇二十五年(前222)置。治所在吴县(今
　　江苏苏州)。东汉永建四年(129)徙治山阴县(今浙江绍兴)。阳
　　羡县:秦置,属会稽郡。治所在今江苏宜兴南五里荆溪南。

【译文】

中江位于丹阳郡芜湖县西南,东到会稽郡阳羡县入海。

震泽在吴县南五十里①。

【注释】

①震泽:古泽薮名,又名具区。即今江苏太湖。吴县:春秋时吴国都

城。战国秦置县,为会稽郡治。治所即今江苏苏州。东汉属吴郡。

【译文】

震泽位于吴县南五十里。

北江在毗陵北界①,东入于海。

【注释】

①北江:指今长江下游干流为北江。毗陵县:西汉置,属会稽郡。治
　所即今江苏常州。东汉属吴郡。

【译文】

北江位于毗陵县北界,东入海。

峄阳山在下邳县之西①。

【注释】

①峄(yì)阳山:即葛峄山。今江苏邳州西南之岠山。下邳县:秦置,
　属东海郡。治所在今江苏睢宁西北古邳镇东三里。

【译文】

峄阳山位于下邳县西。

羽山在东海祝其县南也①。

县,即王莽之犹亭也。《尚书》,殛鲧于羽山②,谓是山
也。山西有羽渊③,禹父之所化,其神为黄熊,以入渊矣。故
《山海经》曰:洪水滔天,鲧窃帝之息壤以堙水④,不待帝命,
帝令祝融杀鲧羽郊者也⑤。

【注释】

①羽山：在今江苏东海县西北，与山东临沭交界处。东海：即东海郡。秦置。治所在郯县（今山东郯城北门外）。祝其县：西汉置，属东海郡。治所在今江苏连云港赣榆区西北夹谷山附近。

②殛（jí）：诛，杀。鲧：传说中颛顼之子，禹之父。居于崇，为崇伯。尧时由四岳举之，奉命治水。以土壤堵塞之法，九年未成。被舜杀于羽山。一说鲧死后化为黄熊。

③羽渊：亦名羽泽。在今江苏东海县东北。

④息壤：古代传说的一种能自行生长、永不减耗的土壤。堙（yīn）：堵塞，填塞。

⑤祝融：名重黎。传说中颛顼的后代。为帝喾时的火官。后世尊为火神。

【译文】

羽山位于东海郡祝其县南。

祝其县，就是王莽的犹亭。《尚书》所说的鲧在羽山被处死刑，就是此山。山的西面有羽渊，是禹的父亲鲧所变化的，他的神是一只黄熊，进入了禹渊。所以《山海经》说：洪水滔天，鲧盗窃帝的息壤堵塞洪水，不听帝的命令，帝命令祝融杀鲧于羽郊。

陶丘在济阴定陶县之西南①。

陶丘，丘再成也②。

【注释】

①陶丘：一名釜丘。在今山东菏泽定陶区西南七里。济阴：即济阴郡。西汉建元二年（前139）改济阴国置。治所在定陶县（今山东菏泽定陶区西北四里）。东汉属兖州。定陶县：战国秦置，属东郡。西汉彭越为梁王，都定陶。后为济阴郡治。

②再成:再次形成,即为两层。

【译文】

陶丘位于济阴郡定陶县西南。

陶丘是再次形成的丘阜。

菏泽在定陶县东①。

【注释】

①菏泽:在今山东菏泽定陶区东北。

【译文】

菏泽位于定陶县东界。

雷泽在济阴成阳县西北①。

【注释】

①雷泽:一名雷夏泽。在今山东菏泽东北。成阳县:西汉改城阳县
  为成阳县,属济阴郡。治所在今山东菏泽东北五十二里胡集乡东
  南一里。

【译文】

雷泽位于济阴郡成阳县西北。

菏水在山阳湖陆县南①。

【注释】

①菏水:即济水分流。据《水经·泗水注》,菏水自菏泽分流,东南经
  今山东巨野、金乡、济宁入于泗水。其水今湮。山阳:即山阳郡。
  西汉景帝中元六年(前144)分梁国置山阳国,立梁孝王子定为山

阳王。武帝建元五年（前 136）改为山阳郡。治所在昌邑县（今山
东巨野南六十里）。湖陆县：西汉末王莽时改湖陵县置，属山阳郡。
治所在今山东鱼台东南。东汉初复名湖陵县。章帝改为湖陆侯国，
封东平王苍子为湖陆侯，后改湖陆县。

【译文】

菏水位于山阳郡湖陆县南。

蒙山在太山蒙阴县西南①。

【注释】

①蒙山：又名东蒙山。在今山东蒙阴西南，接平邑界。太山：即泰
山郡。楚汉之际刘邦改博阳郡置。治所在博县（今山东泰安东南
三十里旧县）。因境内泰山得名。后移治奉高县（今山东泰安东
北）。蒙阴县：西汉置，属泰山郡。治所在今山东蒙阴西南十五里
大城子。县在蒙山之北，因名。

【译文】

蒙山位于太山郡蒙阴县西南。

大野泽在山阳钜野县东北①。

【注释】

①大野泽：又名钜野泽。在今山东巨野北五里。钜野县：西汉置，属
山阳郡。治所在今山东巨野东北。

【译文】

大野泽位于山阳郡钜野县东北。

大邳地在河南成皋县北①。

《尔雅》曰:山一成谓之邳②。然则大邳山名,非地之名也。

【注释】

①大邳:即大邳山。在今河南荥阳汜水镇西北黄河南岸。河南:即
河南郡。汉高帝二年(前205)改河南国置。治所在洛阳县(今河
南洛阳东北汉魏故城)。成皋县:西汉置,属河南郡。治所在今河
南荥阳西北汜水镇。

②山一成谓之邳:山一重谓之邳。

【译文】

大邳地位于河南郡成皋县北。

《尔雅》说:山,一重称为邳。所以大邳是山名而不是地名。

明都泽在梁郡睢阳县东北①。

【注释】

①明都泽:即孟猪泽。在今河南商丘东北、虞城西北。梁郡:新莽始
建国元年(9)改梁国置。治所在睢阳县(今河南商丘南)。睢(suī)
阳县:战国秦置,为砀郡治。西汉初属梁国。新莽时属梁郡。

【译文】

明都泽位于梁郡睢阳县东北。

益州沱水在蜀郡汶江县西南①,其一在郫县西南②,皆还入江。

【注释】

①益州:西汉武帝置,为十三州刺史部之一。沱水:亦作沱江。在今
四川成都郫都区西南,为古郫江之前身,为检江(流江即岷江正

流）之别流，东出至成都还入流江。蜀郡：周赧王元年（前314）
秦惠王置。治所在成都县（今四川成都）。东汉建武元年（25）公
孙述据蜀，改为成都尹。十二年（36）复改为蜀郡。汶江县：西汉
元鼎六年（前111）置，为汶山郡治。治所在今四川茂县北三里。
地节三年（前67）属蜀郡。

②郫县：秦于周慎王五年（前316）灭蜀国后在郫邑置，属蜀郡。治
所在今四川成都郫都区北一里。

【译文】

益州沱水位于蜀郡汶江县西南，其一在郫县西南，都回流
入江。

荆州沱水在南郡枝江县①。

【注释】

①荆州：西汉武帝置，为十三刺史部之一。沱水：在今湖北枝江市东。
南郡：战国秦昭王二十九年（前278）置。治所在郢（今湖北荆州
市荆州区故江陵县城西北纪南城）。后徙治江陵县（今荆州市荆
州区故江陵县城）。后历次改国、改郡。东汉章帝元和二年（85）
复为南郡。枝江县：西汉置，属南郡。治所在今湖北枝江市上百
里洲上。东汉移治县东境的沮漳河边（今当阳东南埠草湖镇西南
楚城），改为枝江侯国。三国魏复为枝江县。

【译文】

荆州沱水位于南郡枝江县。

三澨地在南郡邔县北沱①。

《尚书》曰：导汉水②，过三澨。《地说》曰③：沔水东行④，
过三澨合流，触大别山阪⑤。故马融、郑玄、王肃、孔安国

等⑥,咸以为三澨水名也。许慎言⑦:澨者,埤增水边土⑧,人所止也。按《春秋左传》文公十有六年⑨,楚军止于句澨⑩,以伐诸庸⑪。宣公四年⑫,楚令尹子越师于漳澨⑬。定公四年⑭,左司马戌败吴师于雍澨⑮。昭公二十三年⑯,司马薳越缢于薳澨⑰。服虔或谓之邑⑱,又谓之地。京相璠、杜预亦云水际及边地名也⑲。今南阳、淯阳二县之间⑳,淯水之滨㉑,有南澨、北澨矣㉒。而诸儒之论,水陆相半,又无山源出处之所,津途关路,惟郑玄及刘澄之言在竟陵县界㉓。《经》云:邔县北沱。然沱流多矣,论者疑焉,而不能辨其所在。

【注释】

①三澨(shì)地:在今湖北京山市、天门市境内。邔(qǐ)县:秦置,属南郡。治所在今湖北宜城北(一说在今襄阳南欧庙镇)。

②汉水:一称汉江。长江最大支流。源出今陕西宁强北之嶓冢(bōzhǒng)山。亦曰东汉水,初名漾水。东南流经陕西南部、湖北西北部和中部,在武汉入长江。

③《地说》:书名。具体不详。

④沔水:即今汉水。据《水经注》,北源出自今陕西留坝西,一名沮水者为沔水;西源出自今陕西宁强北者为汉水。两水合流后通称沔水或汉水。又沔水入江后,今湖北武汉以下的长江,古代亦通称沔水,以至《水经》叙沔水下游直至入海。

⑤大别山:一名鲁山。即今湖北武汉汉阳区东北之龟山。

⑥马融:字季长。扶风茂陵(今陕西兴平东北)人。东汉经学家、辞赋家。卢植、郑玄皆尝师事之。郑玄:字康成。北海高密(今山东高密)人。东汉著名的经学家。遍注群经。王肃:字子雍。东海郯(今山东郯城)人。三国魏经学家。善贾逵、马融之学而反郑玄。

孔安国：字子国。鲁（今山东曲阜）人。

⑦许慎：字叔重。字叔重。汝南召陵（今河南漯河市召陵区）人。东汉著名的经学家、文字学家。博学经籍，有"五经无双许叔重"之称。著《说文解字》。

⑧埤增水边土：在水边加土作岸。

⑨文公十有六年：前611年。

⑩句澨：春秋楚地。在今湖北丹江口市西北。

⑪庸：古国名。都上庸（今湖北竹山县东南）。春秋时为楚国所灭。

⑫宣公四年：前605年。

⑬楚令尹：春秋战国时楚国执掌军政大权的最高长官，大都以公子或嗣君为之，相当后世的宰相。子越：又称越椒、斗椒、伯棼。春秋时楚国人。漳澨：春秋楚地。在今湖北荆门西漳水侧。

⑭定公四年：前506年。

⑮左司马：官名。春秋战国时楚、赵等国置，为大司马之佐，协掌军务。雍澨：当在今湖北京山市一带。

⑯昭公二十三年：前519年。

⑰司马薳越：具体不详。缢：用绳子勒死，吊死。薳澨：春秋楚地。在今湖北钟祥南。

⑱服虔：字子慎，初名重，又名祇。河南荥阳（今河南荥阳）人。东汉经学家。善《左传》，作《春秋左氏传解谊》等。又撰《汉书音义》，收录于颜师古《汉书注》中。

⑲京相璠：西晋地理学者裴秀的门客。撰有《春秋土地名》三卷。杜预：字元凯。京兆杜陵（今陕西西安）人。西晋经学家。撰《春秋左氏经传集解》传世。

⑳南阳：即南阳县。战国秦昭襄王三十五年（前272）置。治所在宛县（今河南南阳）。淯阳：即淯阳县，亦作育阳县。西汉置，属南阳郡。治所在今河南南阳南六十里。西晋属南阳国。东晋为淯阳

郡治,后仍属南阳郡。

㉑淯水:一作育水。即今河南西南部之白河。滨:水边。

㉒南漜、北漜:赵一清《水经注释》:"南阳郡宛(今河南南阳)有北漜山,育阳(今河南南阳南六十里)有南漜聚。"

㉓刘澄之:南朝宋武帝刘裕的族弟刘遵考之子。著作甚丰,郦道元《水经注》多引,有时引文作刘中书。竟陵县:战国楚置,后入秦,属南郡。治所在今湖北潜江市西北。一说在今钟祥西北九十里丰乐镇附近。西汉元狩二年(前121)改属江夏郡。西晋属竟陵郡。

【译文】

三漜地位于南郡邔县北沱。

《尚书》说:疏导汉水,经过三漜。《地说》说:沔水向东,经过三漜而汇合,与大别山山坡接近。所以马融、郑玄、王肃、孔安国等,都把三漜作为水名。许慎说:所谓漜,就是在水边加土作岸,以让人止息。根据《春秋左传》文公十六年记载,楚军驻扎在句漜,以讨伐庸国。宣公四年,楚国的令尹子越带领部队到漳漜。定公四年,左司马戌在雍漜打败吴国的部队。昭公二十三年,司马蓬越在蓬漜自杀。对于这个漜,服虔说是城邑,又说是地方。京相璠和杜预也都说是水中和水边的地名。现在南阳和淯阳二县之间,淯水沿岸有南漜和北漜。对于这个三漜,各学者的说法,在水中和在陆上各居其半,又没有说出它发源于何山以及经过的路程,只有郑玄和刘澄之说它在竟陵县县界。《水经》说:是邔县以北的长江支流。但长江的支流很多,却不能辨明它的位置,论证这个问题的人是有怀疑的。

右《禹贡》山水泽地所在①,凡六十。

【注释】

①《禹贡》山水泽地所在:陈桥驿按,这一篇相当杂乱,《经》文写了

六十个地名,包括山四十座,泽八处,地五处(流沙地、九江地、东陵地、大邳地、三澨地),水三条(菏水、益州沱水、荆州沱水),还有敷浅原和陶丘。其中有不少与以前的《经》《注》内容重复。郦道元在六十条中,仅注了二十二条,其余三十八条没有作注。

【译文】

以上是《禹贡》山水泽地所在,共六十。

附录:《水经注》水名索引

编写说明:

1. 本索引收录《水经注》的《经》文和《注》文中出现的河流、湖泊、陂塘等水名。一水多名的,多个名称兼收,共得两千七百多条。

2. 水名按笔画顺序排列。同笔画按笔顺(横竖撇点折)排列。同名的水名,按页码顺序排列。

3. 水名后数字表示其所在册数、卷数及页码,如"一里水5/38/3078"表示"一里水"在第5册,第38卷,正文第3078页。

云梦薮	5/32/2628	支水	4/31/2571
木门谷水	3/17/1412	不家沟水	3/22/1792
木里水	4/28/2334	太上泉	1/4/268
木里沟	4/28/2338	太水	3/22/1799
木究水	2/14/1173	太公泉	2/9/739
木陵关水	4/30/2441	太白湖	4/28/2359
木蓼沟水	1/7/602	太阴谷水	2/15/1208
五丈沟	1/7/633	太谷水	1/6/480
五丈渠	3/19/1533		3/20/1589
五丈溪	4/27/2252	太陂	3/21/1690
五龙渠	3/16/1296	太拔回水	2/13/1069
五百沟水	2/14/1141	太罗河	1/3/205
五延水	2/15/1214	太室东溪	3/22/1710
五池沟	3/22/1791	太康湖	5/40/3207
五妇水	5/32/2641	太液池	3/19/1486
五里水	2/14/1153	太湖	4/29/2375
五里泉水	4/24/1993		5/40/3174
五城水	5/32/2639	区水	1/3/228
五泉	1/2/141	区落水	2/14/1153
五部水	5/32/2635	历水	2/8/679
五涧水	5/40/3235		5/39/3108
五渚	5/38/3053	历祀下泉	2/8/679
五梁沟	3/22/1775	历泉水	3/17/1412
五道泉	2/15/1240	历涧水	4/30/2480
五湖	4/29/2375	车轮渊	1/7/603
五渡水	2/14/1161	车辇水	2/14/1146
	3/22/1710	车箱水	4/29/2388

牛首水	2/10/878	长罗泽	2/8/649
牛渚水	5/40/3217	长星沟	2/11/982
牛鞞水	5/33/2688	长星渚	2/11/982
毛六溪水	3/17/1421	长思水	3/17/1416
毛泉谷水	3/17/1413	长泉水	1/4/329
长门川	1/2/144		2/9/729
长水	3/19/1512		5/40/3235
长平水	2/9/763	长洋港	5/35/2782
长平白水	2/9/767	长离水	3/17/1403
长丛沟	1/5/456	长涧水	2/15/1216
长乐厩泽	3/22/1832		3/19/1564
长宁川水	1/2/138	长埕谷水	3/17/1398
长江	5/35/2811	长蛇水	3/17/1422
长芦水	2/10/897	长清河	2/9/732
长芦淫水	2/10/896	长渎	4/29/2375
长杨溪	5/37/2952	长湖	5/40/3182
长谷水	3/17/1416	长塘曲池	2/13/1054
长沙水	4/26/2184	长溪	1/3/227
长沙沟水	2/9/832		5/40/3182
长直沟水	4/24/2031	仆水	5/33/2671
长直故沟	4/30/2477	仇鸠水	3/20/1601
长直故渎	4/24/1961	斤江水	5/40/3216
长松水	1/4/240	斤南水	5/36/2869
长明沟	2/9/725	从陂	2/10/923
	2/10/866	分界水	2/13/1098
长明沟水	2/9/728	公主水	2/10/850
	3/22/1829	公路涧	2/15/1230

五画		左阳水	3/18/1445
玉女池	3/22/1776	左谷水	3/20/1588
玉水	2/8/676		4/27/2265
	5/38/3044	左阜水	2/8/687
玉池	5/38/3044	左涧水	2/15/1215
玉涧水	1/4/274	厉水	5/32/2581
	5/35/2776	石山水	2/13/1080
邧溟沟	4/30/2487	石川水	3/16/1383
正回水	1/4/328	石门水	1/2/161
邛水	5/36/2824		1/3/187
邛池	5/36/2835		1/7/584
邛河	5/36/2835		2/14/1131
甘水	1/1/21		3/17/1406
	2/15/1223		5/39/3143
	3/16/1370	石门谷水	3/19/1512
	3/19/1467	石子涧	2/15/1271
	4/25/2107	石井水	4/26/2185
甘夷川水	1/2/142	石水	4/31/2567
甘枣沟	1/5/459	石瓜畴川	1/4/329
甘鱼陂	4/28/2352	石头泉	2/15/1216
甘泉水	2/12/1014	石羊水	1/3/226
古水	1/6/505	石杜水	1/2/137
古郎究	5/36/2879	石沟水	4/26/2153
可不塸水	1/3/204	石汶	4/24/2006
丙水	4/27/2253	石城川水	2/14/1179
	5/33/2712	石城水	1/5/358
左水	2/9/787	石泉水	1/5/358

平水	1/3/219		5/40/3177
	1/6/501	东汜水	3/22/1819
平乐水	3/20/1599	东阳川水	3/17/1409
	5/38/3063	东阳水	3/19/1547
平乐溪	5/38/3063	东陂	1/16/545
平州渚	2/8/691		4/31/2543
平阳川水	4/28/2299	东承云水	3/22/1749
平阳水	4/27/2287	东亭川水	3/17/1416
平阿水	3/20/1610	东亭水	3/17/1415
平河	1/6/499	东莲湖	4/30/2438
平相谷水	3/17/1405	东部水	3/17/1416
平洛水	3/22/1714	东海	1/1/47
平洛溪水	3/22/1714	东流水	1/7/570
平湖	2/13/1068		3/20/1618
平路渠	4/28/2337	东维水	3/20/1613
平模水	5/33/2675	东湖	5/35/2814
东大湖	5/39/3128	东湖水	5/38/3044
东川水	1/2/87	东温溪	1/6/468
东水	3/20/1625	东游水	3/20/1625
东长湖	3/21/1658	东溪	2/14/1159
东丹水	4/26/2146		5/32/2601
东石桥水	3/19/1559		5/38/3072
东辽水	4/31/2558	东溪水	4/29/2372
东台湖	5/32/2602	东藏水	2/14/1159
东关水	1/5/358	东瀼溪	5/33/2717
东江	4/29/2381	北川水	1/6/516
	5/38/3072		3/16/1281

竹水	3/19/1548		4/27/2285
竹岭水	3/17/1412	邬泽	1/6/478
休水	2/15/1231	邬城泊	1/6/478
休屠泽	5/40/3232	冰井水	3/18/1445
伏水	4/29/2392	刘水	2/15/1230
伏流水	1/4/326	交水	2/15/1246
伏溜水	1/2/137		3/19/1471
臼水	4/28/2343	交兰水	1/3/216
伐水	5/36/2869	交涧水	1/4/308
延乡水	2/13/1085	交湖	4/28/2311
延水	3/17/1416	决水	4/30/2445
延江水	5/33/2698		5/32/2585
	5/36/2853	决湖口	5/38/3048
华水	1/6/508	次水	1/2/161
	2/8/681	次浦	5/35/2808
	3/22/1796	次塘	3/22/1734
华泉	2/8/681	次溪	4/29/2383
自延水	1/2/163	衣谷水	3/17/1398
自亥水	3/17/1416	羊水	2/13/1045
自鲁水	2/14/1183	羊头溪	2/12/1009
伊水	2/15/1225	羊头涧水	5/32/2609
	2/15/1246	羊头溪水	5/32/2609
后塘	4/29/2366	羊汤水	5/32/2634
全鸠涧水	1/4/275	羊求水	1/4/238
杀水	4/31/2556	羊里水	4/24/1973
合水	2/15/1230	羊官水	5/36/2847
旬水	4/27/2279	羊洪水	3/20/1612

羊摩江	5/33/2655		5/33/2708
并沟	2/11/949	汤谷	2/10/855
关水	2/11/966		4/31/2504
关卢水	2/8/682		5/37/2929
关城川水	3/17/1395	汤溪	5/32/2634
关衬水	4/27/2287	汤溪水	5/33/2708
关溪	5/37/2981	兴水	5/37/2985
米流川	3/18/1451	安风水	4/30/2448
州江	5/36/2833	安乐水	5/33/2691
汙水	2/10/860	安乐浦	5/35/2811
江水	1/3/231	安夷川水	1/2/142
	4/29/2366	安众港	4/29/2401
	5/33/2648	安阳陂	2/9/735
	5/34/2721	安阳溪水	1/4/300
	5/35/2767	安吴溪	4/29/2372
江陵水	3/22/1743	安陂水	3/23/1918
汎水	4/28/2304	安昌水	3/20/1613
汜水	1/5/358	安城谷水	3/17/1395
	3/22/1819	安蒲溪水	3/17/1398
汝水	3/21/1641	祁夷水	2/13/1072
汝水别流	3/21/1695	祁薮	1/6/480
	3/22/1726	孙水	5/36/2837
汝水别渎	3/22/1737	阳门水	2/13/1089
汝水枝别	3/21/1686	阳元水	5/33/2712
汝水枝津	3/22/1737	阳水	2/15/1247
汝水枝流	3/22/1726		4/26/2184
汤水	1/1/215		5/32/2623

酉水	4/27/2272	吴溇	2/9/728
	5/36/2857		5/40/3215
	5/37/2976	町湖	5/39/3113
酉溪	5/37/2973	员水	5/37/3001
辰水	5/37/2973	听水	2/8/679
辰溪	5/37/2973	别汝	3/22/1741
邛泉	4/26/2154		4/31/2551
来谷水	1/2/145	别画湖	4/26/2160
来细水	5/36/2869	别濮水	2/8/639
来儒水	2/15/1262	岐山水	2/11/1004
连水	2/13/1078	岐水	3/16/1376
	5/38/3071		3/18/1451
连渊水	2/14/1155	岘水	3/21/1682
连渊浦	2/14/1155		4/26/2132
连绵水	4/25/2107	岑溪水	3/17/1391
连溪	5/38/3072	乱石溪水	3/17/1412
轩辕谷水	3/17/1419	利山湖	5/39/3088
步和川水	1/2/126	利水	5/35/2817
旱溪	3/17/1412		5/38/3074
旿水	5/39/3120	利漕渠	2/10/883
时水	2/8/688	秀延水	1/3/225
	4/24/1992	何宕川水	3/17/1409
时密水	4/25/2111	攸水	5/39/3106
吴宁溪水	5/40/3170	伯阳东溪水	3/17/1421
吴陂	2/9/722	伯阳谷水	3/17/1389
吴泽陂水	2/9/722	皂涧水	3/16/1285
吴涧水	2/15/1257	近溪	1/4/300

役水	3/22/1799	应水	4/31/2510
	3/22/1805		5/38/3023
返眼泉	3/18/1445	庐江水	5/39/3138
希水	5/32/2583	盲陂	2/8/707
	5/35/2810	冷池	2/14/1166
希水枝津	5/32/2583	冷溪	2/14/1166
希连禅河	1/1/26	序溪	5/37/2971
希湖	5/35/2810	冶水	1/7/576
谷水	1/4/285	冶谷水	3/16/1382
	2/13/1076	羌水	1/2/136
	2/13/1097		3/17/1416
	3/22/1730		3/20/1610
	3/22/1842		4/29/2392
	3/23/1862		5/32/2632
	4/29/2383	汧水	3/17/1422
	4/30/2433	沅水	5/35/2775
	4/30/2446		5/37/2969
	5/40/3236	沅渎	5/37/2981
邻水	5/37/2988	沔水	4/27/2241
邸水	5/38/3073		4/28/2291
条支乘水	1/2/70		4/29/2364
龟兹川水	1/2/86	沥滴泉	3/22/1749
狂水	2/15/1258	沌水	4/28/2359
	4/25/2083		5/35/2787
狄水	1/5/432	沘水	4/30/2450
系水	4/26/2197		5/32/2590
库谷水	2/15/1203	沙水	3/21/1658

孤山水	2/14/1116	荆头川水	3/17/1390
姑墨川水	1/2/86	荆州沱水	5/40/3254
始兴大庾	5/38/3074	荆溪水	3/19/1514
始兴水	5/38/3072	茱萸江	5/38/3007
始安水	5/38/3058	荡水	2/9/797
练沟	3/21/1695		2/9/828
	4/31/2551	荥播泽	1/5/353
练浦	5/35/2779	荥水	1/7/607
细水	3/22/1734		4/31/2558
	3/22/1846	荥泽	1/5/363
细谷水	1/2/145		1/7/584
驿渚	5/35/2788	荥渎	1/7/590
九画		故安河	2/11/941
契水	1/3/224	故城川水	1/2/118
封大水	2/14/1171	故城溪水	3/17/1396
封水	5/36/2876	故陵溪	5/33/2710
封溪水	3/17/1389	故道水	3/20/1603
	5/36/2876	胡谷水	3/20/1589
垣水	2/12/1011	胡城陂	3/22/1781
城阶水	3/20/1595	胡泉	2/11/983
挟崖水	3/20/1607	胡泉水	2/11/983
赵沟水	2/8/663	茹水	5/37/2961
赵渠	4/29/2418	南山五溪水	3/17/1428
垫江	1/2/121	南川水	3/17/1393
	4/29/2394	南五部水	3/20/1617
垫江水	1/2/121	南五部溪	5/32/2635
荆水	4/26/2222	南水	5/37/2939

南长水	4/29/2418		3/21/1660
南江	4/29/2372	柯水	5/40/3215
南池	2/13/1040	柯泽	1/5/427
	2/13/1044	柘水	2/14/1150
	5/36/2864		4/28/2352
南阳水	4/26/2189	柘湖	4/29/2383
南谷水	3/20/1582	粗水	4/26/2142
南沙沟	2/12/1011	粗渎	5/40/3179
南陂	3/21/1690	粗塘	5/40/3179
南易水	2/11/960	查浦	5/38/3052
南河	1/2/75		5/40/3204
南济	1/7/616	相水	4/24/1962
南室水	3/17/1405	柞水	4/27/2285
南桥水	5/36/2865	柞泉	4/25/2105
南流川水	1/2/146	柞溪	4/27/2285
南陵究	5/36/2891		4/28/2351
南黄水	2/14/1148	柞溪水	4/28/2351
南渠	3/16/1337	柏谷水	1/4/285
南梁水	4/25/2067	柏树溪水	4/31/2508
南集渠	5/33/2704	柏梁溠	2/10/922
南溪水	1/4/323	栅水	4/29/2366
	1/6/553	柳池	5/33/2663
	2/15/1231	柳泉	1/7/587
南濮水	3/22/1763		3/19/1464
南济	1/7/616	柳泉水	3/22/1786
奈榆沟	1/7/602	柳渚	2/9/834
枯渠	2/8/658	树亭川	3/18/1451

贺水	1/6/517	埋蒲水	3/17/1416
	5/36/2876	袁水	1/3/205
姦梁陂水	4/24/1931	袁公水	4/26/2136
臬水	3/17/1390	都官塞浦	5/36/2889
勇外水	5/40/3218	都野泽	5/40/3232
蚤谷水	2/15/1249	都粟浦	5/36/2893
绛故渎	2/9/815	都溪水	5/38/3019
绛水	1/6/520	热水	2/13/1076
	2/10/846	耿谷水	3/19/1464
绛渎	1/5/406	莲湖水	4/30/2438
绛渎水	1/5/407	莫水	3/18/1454
绝水	1/5/438	莫吾南川水	3/17/1401
	2/9/743	获水	2/8/715
绝溪	5/40/3154		3/23/1903
蟊蟊水	2/9/746	晋水	1/6/474
十画			1/6/560
秦川水	2/9/747	晋兴泽	1/6/545
秦水	3/17/1416	晋昌川水	1/2/138
敖水	2/14/1165	莎谷水	3/17/1416
捕獐山水	3/22/1762	莎泉水	2/11/962
盐井溪	5/33/2702	桂水	5/38/3075
盐水	1/6/535		5/39/3090
	5/34/2722	桓水	3/21/1660
盐台陂	2/11/954		5/36/2825
盐池	1/2/133	桓公河	4/24/2028
盐泽	1/2/93	桓公泉	2/13/1102
盐官水	3/20/1587	桓公渎	2/8/656

桐水	4/25/2100	原泉	4/26/2168
	4/29/2372	柴水	4/30/2439
桐溪水	5/40/3156	柴汶	4/24/2013
桥水	3/17/1415	鸬鹚陂	2/9/839
	4/31/2510	虑水	1/6/483
	5/36/2864	鸭子陂	3/22/1771
桃水	2/10/902	鸭湖	4/28/2314
	2/12/1011	畛水	1/4/328
根水	1/3/225	圃田泽	3/22/1788
索水	1/5/358	圆水	5/39/3097
	1/7/598	圁水	1/3/211
索头水	2/14/1159	钳岩谷水	3/17/1422
贾侯渠	3/22/1837	铁谷水	3/20/1582
辱水	1/3/225	乘水	5/40/3217
夏水	4/28/2354	倚亳川水	1/4/323
	5/32/2611	倚薄山水	2/15/1258
	5/32/2624	倒水	5/35/2798
夏杨水	5/32/2629	脩水	1/6/506
夏肥水	4/30/2454		2/13/1084
夏浦	5/35/2776		3/20/1600
夏泽	2/14/1140	脩溪	5/37/2984
夏屋山水	2/13/1040	倍涧水	2/9/756
砾石溪水	1/7/597	候卤水	2/14/1121
破社谷水	3/17/1405	臭池	4/28/2337
破羌川	1/2/145	射阳湖	4/30/2487
原公水	1/6/552	射湖	4/29/2375
原过水	1/6/555	皋水	3/21/1676

斾然水	1/7/598	酒池	3/19/1503
阎浆水	5/32/2598	浹水	2/12/1011
阆水	3/20/1624	涟水	5/38/3010
粉水	4/28/2291	涉河	2/10/935
	4/29/2406	涅水	2/9/745
	5/33/2697		2/10/855
益水	5/38/3008		4/29/2401
益州沱水	5/40/3253		5/37/3001
益阳江	5/38/3010	滇水	2/14/1191
	5/38/3052	混水	3/21/1683
朔方水	1/3/215	涓水	2/15/1252
烧车水	3/21/1681		4/26/2219
烛水	1/4/288	涓涓水	4/25/2066
凌水	4/30/2492	涡水	3/22/1836
浙江	4/29/2386	涢水	4/28/2359
	5/40/3151		4/31/2566
涝水	3/19/1459	涔水	4/27/2265
	5/39/3111		5/32/2643
涝陂	3/22/1775	浩亹河	1/2/143
	3/22/1842	浼水	5/33/2676
浦阳江	4/29/2386	海昏江	5/39/3135
	5/40/3202	浴马港	4/28/2330
涞水	1/4/263	浮水	1/5/424
	1/6/525	浮水故渎	2/9/822
浯水	4/26/2223	浮图沟水	2/13/1097
浯汶	4/26/2223	浮渎	2/9/822
涅水	1/4/294	涣水	3/23/1862

堵水	4/28/2291	黄卢山水	3/20/1604
	4/31/2542	黄卢水	1/3/231
堵水枝津	4/29/2411	黄瓜水	3/17/1412
域谷水	1/3/227	黄华水	2/9/834
教水	1/4/326		5/33/2704
教水枝川	1/6/519	黄军浦	5/35/2791
堀沟	2/11/993	黄花谷水	3/20/1582
聊城郭水	1/5/440	黄杜东溪水	3/17/1421
堇沟水	3/21/1658	黄邮水	4/31/2545
勒且溪水	1/2/143	黄岑水	5/39/3097
黄土川水	3/17/1399	黄岑溪水	5/38/3065
黄中涧水	2/15/1215	黄沙水	4/27/2252
黄水	1/7/612	黄沟	1/5/383
	2/8/707		1/5/439
	2/10/855		4/25/2075
	2/13/1061	黄陂	3/21/1654
	2/15/1241		4/30/2455
	3/21/1654	黄金浦	5/35/2776
	3/22/1760	黄金濑	5/35/2776
	3/23/1907	黄瓮涧	3/22/1800
	4/25/2065	黄河	1/1/15
	4/25/2072		1/2/151
	4/30/2441		1/5/428
	5/32/2643	黄泉	3/22/1760
	5/37/2964	黄须水	2/10/852
	5/39/3097	黄亭溪水	2/15/1201
黄水枝渠	1/7/633	黄洛水	2/14/1164

蛇水	4/24/2019		3/18/1439
崖水	1/4/300	豚水	5/36/2870
崦水	1/4/317	象水	5/36/2914
崞川水	2/13/1043	象浦	5/36/2914
崛谷水	1/4/247	鸾水	2/15/1246
婴侯水	1/6/478	鸾陂	5/39/3128
铜谷水	3/19/1507	麻溪水	5/38/3041
铜官水	3/16/1379	康水	2/15/1256
铜官浦	5/38/3043	康沟水	3/22/1829
铜鞮水	2/10/850	康浪水	4/26/2154
秽野薄	1/5/459	庸庸水	1/4/329
移溪	5/37/2988	鹿泉水	2/10/904
符禺水	3/19/1570	鹿部水	3/17/1394
符黑水	5/33/2682	盗泉水	4/25/2125
笠泽	4/29/2381	章水	4/31/2575
笥沟	2/13/1110	章浦	5/35/2811
偃乡涧水	1/4/294	商河	1/5/413
偃溪水	3/20/1615		1/5/451
槃谷水	2/15/1210	旋鸿池水	2/13/1044
盘山水	2/14/1141	旋溪水	4/29/2372
盘江	5/37/2930	望屯浦	5/38/3044
盘泉	2/14/1157	望松水	2/14/1421
船官川	5/36/2913	阌乡水	1/4/274
船官浦	5/35/2790	阎涧水	5/32/2598
船官湖	4/28/2351	盖野沟水	4/24/1995
	5/32/2603	粒水	5/33/2697
斜水	3/17/1428	断神水	5/32/2598

卷泠水	5/37/2932	清池水	3/20/1627
清口水	3/22/1798		3/22/1795
清川	2/9/735	清谷水	2/10/855
清水	1/3/228	清河	1/5/410
	1/4/323		2/9/804
	1/5/358	清河水	2/9/744
	1/5/451	清泉河	2/13/1104
	2/9/721	清涧水	5/40/3235
	2/9/735	清宾溪	3/17/1401
	2/14/1173	清检水	4/27/2251
	3/17/1416	清渊	2/9/803
	3/19/1533	清渊水	2/9/748
	3/20/1619	清淀水	2/12/1020
	3/20/1626	清梁陂	2/11/993
	3/22/1799	清溪水	4/29/2366
	3/22/1801		5/39/3096
	3/23/1910	清漳水	2/10/859
	4/25/2083		2/10/932
	4/30/2453	渚水	2/10/881
	4/31/2573		5/33/2679
	5/33/2706		5/38/3018
	5/35/2773	鸿上水	2/11/969
清水川	1/2/102	鸿关水	1/4/287
清水穴	5/33/2697	鸿池陂	3/16/1362
清水枝津	3/22/1806	鸿沟	3/22/1816
清夷水	2/13/1097	鸿沟水	1/7/607
清江	5/37/2947	鸿郤陂	4/30/2436

落里坑	1/5/451	紫渊	2/12/1028
韩大牛泉	2/9/829	紫溪	5/40/3156
韩江	4/30/2487	暖水	5/36/2853
朝夕塘	5/38/3062	景水	1/6/528
朝水	4/29/2407		5/35/2770
	4/31/2540	遄波水	1/3/208
朝平沟	2/8/643	崌水	3/22/1715
葱谷水	1/2/141	崿谷水	1/4/242
葱岭河	1/2/74	叟崮水	4/25/2112
蕬水	2/15/1246	赐水	5/32/2581
椒水	4/30/2453	黑水	1/3/216
惠水	2/15/1218		1/3/232
	2/15/1221		1/4/242
粟水	2/13/1099		1/6/497
	3/17/1392		1/6/516
軨水	4/28/2335		1/6/553
棘水	4/31/2542		3/17/1396
酢沟	3/22/1806		3/17/1401
雁门水	2/13/1085		3/19/1461
雄溪	5/37/2973		3/20/1611
辋谷水	3/19/1507		4/26/2194
紫川水	1/3/231		4/27/2265
紫水	2/12/1024		5/33/2683
紫石溪水	2/12/1024		5/36/2847
紫光沟水	3/22/1796	黑水池	2/11/980
紫光涧	3/22/1796	黑牛谷水	2/14/1145
紫谷水	1/6/517	黑岭水	2/9/749

黑城川水	2/13/1092	鄗池	3/19/1473
黑城溪水	1/2/115	敦水	2/13/1088
黑涧水	2/15/1216	敦薨水	1/2/90
智氏故渠	1/6/562	敦薨渚	1/2/90
犊奴水	3/17/1406	敦薨浦	1/2/90
犊泉	3/22/1712	敦薨薮	1/2/90
程乡溪	5/39/3096	道人溪水	2/14/1129
黍良谷水	2/15/1207	曾水	4/28/2299
筑水	4/28/2304	曾席水	3/17/1412
集池陂	4/28/2304	鹈鹕水	2/15/1203
焦沟水	3/22/1805	渍水	3/21/1674
焦泉	2/9/732	减水	5/33/2677
焦涧水	2/15/1251	湛水	1/2/146
焦陵陂	4/30/2447		1/6/565
奥水	4/31/2557		5/40/3217
復水	5/37/2921	渫水	5/37/2964
鲁公陂	3/21/1649	湖水	1/4/282
鲁阳关水	4/30/2507	湖汉水	5/39/3114
	4/31/2518	湖里渊	5/34/2748
鲁沟水	3/22/1806	湖浦	5/40/3159
	3/22/1821	湳水	1/3/208
颍水	3/22/1707	湘水	5/35/2776
颍水枝流	3/22/1715		5/38/3013
蛮水	4/28/2334	湘州潭	5/38/3036
	4/28/2335	湘江	5/35/2774
就水	3/19/1461	湮水	2/15/1258
鄗水	3/19/1473	溇水	3/17/1402

蒙水	5/36/2869	路涧水	1/4/308
蒙阴水	4/25/2112	错水	3/20/1589
蒙茏渠	3/19/1463	锡水	5/38/3044
蒙泽	3/23/1904	雉尾谷水	3/20/1589
禁水	5/36/2844	微水	3/22/1750
楚水	3/17/1422	微湖	5/38/3052
	3/20/1628	遥奴水	1/1/24
榆交水	2/10/850	腾沸水	4/31/2542
榆城河	2/12/1025	鲍丘水	2/14/1129
榆城溪水	1/2/115	肄水	4/31/2524
雷水	1/4/263	解水	4/30/2477
雷泽	4/24/1976	解塘	4/30/2477
雷簪海	1/2/65	禀水	3/22/1764
零水	3/23/1910	廉水	4/27/2261
	4/28/2335	靖涧水	3/22/1799
零鸟水	3/22/1752	新头河	1/1/21
零溪水	5/37/2962	新兴川水	3/17/1393
雹水	2/9/741	新阳崖水	3/17/1401
	2/11/951	新沟	3/22/1729
	2/11/970		3/22/1821
雹河	2/11/951		4/24/1972
督亢泽	2/12/1029	新陂	4/28/2337
睢水	3/23/1885	新郑水	3/19/1555
	4/24/1926	新河	2/9/798
鄏水	1/5/358		2/14/1170
照水	5/39/3146	新河故渎	2/14/1170
路白湖水	4/28/2347	新陶水	1/1/21

新渠	4/26/2140	滏水	2/10/875
雍川水	3/20/1616		5/37/2971
雍水	3/18/1445	溜溪	1/2/137
雍奴薮	2/14/1153	漷水	3/21/1670
雍谷溪	3/16/1281		3/22/1722
慈涧	2/15/1272		4/25/2054
	3/16/1290	滍水	3/21/1641
滠水	4/31/2578		4/31/2501
溱水	3/21/1688	慎水	3/21/1690
	5/38/3065		4/30/2435
潩水	3/21/1660	塞水	1/3/196
滇池	5/36/2863	窦氏泉	3/19/1527
滇池泽	5/37/2929	窦湖	4/29/2366
溇涫水	2/13/1036	福禄水	2/12/1017
溷湖	4/29/2375	**十四画**	
源水	4/26/2194	辟阳湖	4/26/2137
源泉水	2/11/944	瑶涧	2/9/721
源源水	2/9/763	瑶溪	2/9/721
滥水	1/2/129	墙陂	3/21/1701
滥泉	2/10/846	嘉吴江	5/35/2792
	5/32/2617	嘉陵水	3/20/1594
滥真水	2/14/1185	蔡子池	5/39/3103
滥渎	1/2/107	蔡水	4/28/2327
潭湖水	4/24/1958		4/29/2408
涺水	4/26/2180	蔡伏沟	2/10/930
塗水	5/35/2784	蔡沟	2/9/728
塗沟水	1/7/573	蔡沟水	2/9/728

蔡泽陂	3/22/1830		5/32/2598
蔡泽陂水	3/22/1834	彰川	3/17/1393
蔡塘	3/21/1695	端水	1/3/212
熙平水	5/38/3062	阚水	5/36/2853
蓼水	1/4/276	漹水	1/6/478
蓼沟	2/9/791	漆水	3/16/1372
酸水	2/8/644		3/18/1451
酸水故渎	2/8/644	漆谷常溪	1/2/142
酸渎水	2/8/644	漆沟水	4/24/2031
閤门河	1/2/146	漆沮水	3/16/1383
蜕罗跂禘水	1/2/65	漆渠	3/16/1376
嵼浦	5/40/3206		3/18/1451
锺水	5/39/3093	漕渠	3/19/1498
熏冶泉水	4/26/2149	滹沱水	2/9/826
箕山水	4/26/2133	滹沱别水	2/10/921
箕谷水	3/23/1913	滹沱别河故渎	2/10/930
管水	3/22/1794	滹沱别渎	2/9/824
槃谷水	2/15/1210	滹沱河	2/10/916
槃涧水	1/4/280	滹沱河枯沟	2/12/1032
鄱水	5/39/3134	滹沱故渎	2/10/920
铜水	3/21/1698	漫流水	1/7/573
铜陂	3/21/1690	漫涧	1/4/300
	3/21/1698	漢水	3/22/1776
	4/30/2447	漯水	3/22/1808
鲜水	5/36/2833	灌水	5/39/3090
豪水	2/15/1217		5/39/3093
	4/30/2467	過水	3/23/1855

溥溥水	2/15/1248	蕲水	4/24/1949
瀧水	5/38/3033		4/30/2482
	5/39/3110		5/32/2583
漓水	5/36/2876	蕤水	4/26/2160
	5/38/3058	横水	2/14/1121
漳水	1/5/404		3/17/1419
	5/32/2621		3/18/1451
漾水	3/20/1574		3/20/1598
滱水	2/11/957		5/40/3233
	2/11/962	横沟水	4/26/2141
漱浦	4/29/2383	横流溪	5/39/3097
漏水	3/19/1464	横塘	4/30/2459
漏江	5/37/2929	横塘陂	3/21/1700
漏泽	4/25/2034	横溪水	1/4/247
漻水	5/32/2581	横漳枝津故渎	2/9/815
潍水	4/26/2215	樠溪	5/37/2973
寡妇水	3/21/1660	樊口水	5/35/2788
熊溪	5/37/2970	樊氏陂	4/31/2540
緒姑水	1/4/287	樊石山水	2/11/939
十五画		樊梁湖	4/30/2489
麹谷水	3/17/1416	敷水	3/19/1560
璅泉水	3/22/1751	磊砢溪水	2/12/1024
播水	1/7/584	震泽	4/29/2375
毂水	2/15/1270		5/40/3248
	3/16/1276	暵沟水	3/17/1416
蕈川水	1/2/126	黎谷水	3/20/1582
蕈垲川水	1/2/127	黎浆水	5/32/2598

德会水	4/24/1993	潼陂	4/24/1962
磐石川	4/29/2408	澛水	3/22/1785
磐余水	3/20/1626	澧水	4/24/1993
	4/27/2263		4/26/2195
虢水	2/15/1223	潺水	5/32/2636
鲤鱼洞	1/4/237	澄湖	2/10/881
獠子水	4/27/2262	滴水	1/6/497
摩诃河	2/10/923		3/19/1486
摩陂	3/21/1662	窊浑泽	1/3/174
褒水	4/27/2253	熨斗陂	4/28/2337
	5/36/2829	熨湖	5/32/2609
潜水	4/29/2392	**十六画**	
潭水	5/36/2874	豫章大陂	4/31/2546
潭溪水	4/30/2439	豫章水	5/39/3114
潕水	4/31/2569	缭水	5/39/3135
潣水	5/38/3044	鄱江水	5/33/2658
	5/39/3112	燕无水	3/17/1403
澳水	2/9/789	燕完水	1/4/237
	4/29/2410	燕城湖	2/8/643
潘泉	2/13/1081	薛训渚	2/8/656
潘泉故渎	2/13/1081	薛训渚水	2/8/707
潘溪	4/30/2459	薄溪水	3/21/1702
潼水	4/30/2479	橐水	1/4/300
	4/31/2577	融水	5/40/3218
	5/32/2641	霍水	1/6/495
潼水故渎	4/24/1962	霍阳山水	3/21/1649
潼谷水	1/4/270	冀水	3/17/1399

濡溪	5/32/2595	潕水	4/31/2555
濮水	2/8/638	潕水	4/31/2549
濮水枝津	4/24/1974	疆川水	1/4/329
濮水枝渠	4/24/1974	醴水	3/21/1676
濮渠	2/8/637	**二十画**	
濠水	4/30/2463	犨水	4/31/2514
邃水	5/39/3091	灌水	3/19/1553
繡水	5/40/3218		5/32/2587
十八画		灌江	5/33/2655
藕池	3/19/1492	瀵水	1/4/254
瞻水	2/15/1221	骦水	5/36/2869
蟠泉	2/14/1159	**二十一画**	
瀿水	5/36/2853	霸水	1/4/305
瀍水	2/15/1269	露跳水	1/3/225
鞞鞾水	2/10/855	赣水	5/39/3114
十九画		灙水	4/29/2410
蓬蒢溪	4/27/2276	灅水	5/32/2590
辫水	2/10/935	瞿水	4/31/2553
覈泉水	3/17/1413	湿水	2/14/1145
醯兰那水	1/1/26	**二十三画**	
鄮湖	5/39/3104	灗水	4/27/2275
蹹鼓川水	5/32/2591	**二十四画**	
鰡部水	5/33/2691	灞水	3/16/1377
靡陂	3/22/1716	灤水	2/13/1035
瀤水	3/23/1910		

中华经典名著
全本全注全译丛书
（已出书目）